PÁGINA 36

# PÉ NA ESTRADA

SEU GUIA COMPLETO
Críticas aprofundadas, listas detalhadas e dicas de quem entende

MAPA – AS MELHORES EXPERIÊNCIAS PRÓXIMA PÁGINA

PÁGINA 321

# GUIA DE SOBREVIVÊNCIA

NUM PISCAR DE OLHOS
Como circular, se hospedar, ficar seguro e se comunicar



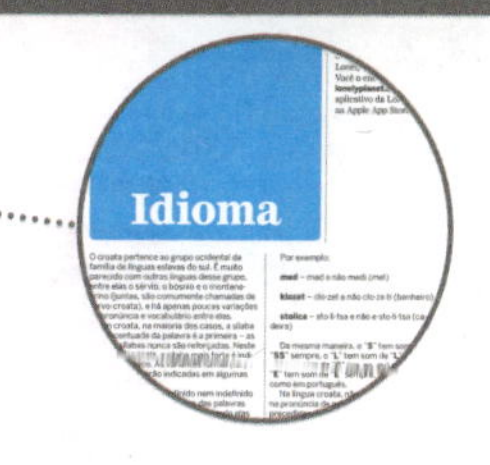



ESTA EDIÇÃO FOI ESCRITA E PESQUISADA POR

Anja Mutić, Iain Stewart

# › Croácia

Zagorje
Castelos de cartão-postal no topo das colinas (p. 67)
Zagreb
Sua tradição de cafeterias está viva e a todo vapor (p. 38)
Ístria
Ao estilo de *La dolce vita* (p. 94)
Kamenjak
Paisagens selvagens de beleza transcendental (p. 101)
Ilha de Cres
Intocada, misteriosa e rica em vida selvagem (p. 151)
Zadar
Cheia de atrações, histórica e legítima (p. 170)
Parque Nacional Paklenica
Escale os altos picos alpinos (p. 180)
Biševo
Visite a caverna com água azul cristalina (p. 243)
Split
Seu ponto alto é o Palácio de Diocleciano (p. 200)
ESLOVÊNIA
ITÁLIA
Ljubljana
Ptuj
Čakovec
Varaždin
Zabok
Zagreb
Novo Mesto
Portogruaro
Monfalcone
Trieste
Portorož
Obruč
V Planik
Rijeka
Pazin
Rovinj
Labin
Krk
Viševica
Karlovac
Sisak
Petrinja
Glina
Pula
Golfo de Kvarner
Cres
Rab
Otočac
Bihać
Šatorina
Bosansko Petrovac
Pag
Vaganski
Gračac
Zadar
Knin
Šibenik
Split
Vis
Pesaro
Senigallia
Ancona
Civitanova Marche
Macerata
Foligno
Ascoli Piceno
Teramo
Pescara
45°N
43°N
13°E
14°E
15°E

# Melhores experiências ›

# AS 17 MELHORES EXPERIÊNCIAS

## O paraíso de Plitvice

**1** Com uma faixa turquesa de água cristalina e cascatas na floresta no meio da Croácia Continental, o Parque Nacional dos Lagos de Plitvice (p. 178) é uma atração fascinante. São dezenas de lagos – do Kozjak, com 4km de extensão, até laguinhos cercados de junco –, todos com coloração incrível por causa do terreno calcário. Travertinos cobertos de musgo dividem os lagos, e calçadões permitem caminhar sobre esse extraordinário mundo de água. Fuja da multidão que se concentra nas margens dos lagos seguindo pelas trilhas no meio de faias, abetos e pinheiros.

## As riquezas de Dubrovnik

**2** Atração mais popular da Croácia, Dubrovnik (p. 244) é Patrimônio Mundial da Unesco com razão. Essa imensa cidade murada foi bombardeada sem trégua durante a Guerra de Independência da Croácia nos anos 1990. Hoje, suas muralhas, mosteiros, igrejas medievais, praças elegantes e fascinantes bairros residenciais estão lindos de novo. Para uma vista inigualável dessa pérola Adriática, primeiro vá de bonde até o Monte Srd, depois se aproxime da cidade caminhando pelos muros de Dubrovnik, enquanto a história local vai se revelando.

ANDREW BURKE

## Encante-se em Mljet

**4** Cercada por densas florestas de pinheiros, a intocada Mljet (p. 263) é uma ilha paradisíaca. Diz a lenda que Ulisses ficou abandonado por sete anos na ilha, e é compreensível que ele tenha demorado tanto para ir embora. Todo o lado voltado para o Ocidente é um parque nacional, com dois lindos lagos de tom azul-cobalto, um mosteiro e o pequeno e calmo Porto de Pomena, que de tão bonito parece um quadro. Não deixe de visitar o lado oriental de Mljet, que abriga ótimas enseadas e um paraíso gastronômico, o restaurante Stermasi.

ANDREW BURKE

## Hvar festeira

**3** No alto verão, não há lugar melhor para cair na gandaia do que Hvar (p. 232). Gente bonita e bronzeada desce dos iates para se divertir durante as 24 horas do dia nessa ilha glamorosa. Com festas pós-praia com o sol se pondo ao longe no horizonte do Adriático, coquetéis incrementados, tomados à beira-mar ao som de música house selecionada por DJs, e festas na praia na lua cheia, Hvar atrai um público elegante e festeiro.

RICHARD I'ANSON

## Mania de café em Zagreb

**5** Tomar café em uma das cafeterias de Zagreb já é um ritual dos visitantes que podem parar para observar as pessoas, fofocar ou simplesmente pensar, sem garçons por perto perturbando. Para viver a verdadeira e vibrante cultura europeia do café, antes que chegue uma *Starbucks*, pegue uma mesa no calçadão de pedra Tkalčićeva, com seus inúmeros cafés de rua, ou uma das mesas na calçada na Trg Petra Preradovića ou na Bogovićeva. Não perca o *špica* de sábado de manhã – o evento social mais importante da semana em Zagreb, que se resume a tomar café enquanto se observa as pessoas no centro da cidade.

## Jantar e vinho na Ístria

**6** *La dolce vita* reina na Ístria (p. 94), o maior destino gastronômico da Croácia. Frutos do mar, trufas, azeite, aspargos selvagens, vinho e a carne de uma raça bovina rara chamada boškarin se destacam junto a muitas outras especialidades regionais. *Slow food* é um sucesso na região: você pode prová-la em restaurantes de luxo em cidades à beira-mar, em tradicionais tavernas familiares em vilas medievais, e em antigos engenhos de azeite no topo das colinas verdejantes da península.

DWH/IMAGEBROKER

IMAGEBROKER/KONRAD WOTHE

## Caia na água em Bol

**7** Bol, na costa sul da Ilha de Brač, abriga a famosa praia de Zlatni Rat (p. 228), estreita e com cascalho dourado. A cidade é uma das favoritas de quem faz windsurfe: o braço de mar entre as ilhas de Brač e Hvar fornece condições ideais de vento, graças ao *maestral* oeste que sopra toda tarde entre o início de maio e o fim de setembro. O vento começa fraco de manhã, momento ideal para os iniciantes navegarem. Aos poucos, ele vai ficando mais forte e, à tarde, sopra muito forte, tornando-se perfeito para quem busca adrenalina de verdade.

## Caminhada e escalada em Paklenica

MARTIN MOOS

**8** É uma vista e tanto. O Parque Nacional Paklenica (p. 180) é o mais visitado da costa norte da Ilha de Pag – local perfeito para se apreciar as íngremes montanhas de Velebit que se erguem do litoral. Dois grandes cânions cortam essas montanhas, formando uma trilha que leva até os altos picos alpinos de Vaganski vrh (1.757m) e Babin vrh (1.741m). Para quem busca mais aventura, Paklenica é também um dos principais centros de escalada da Croácia, com centenas de rotas espetaculares.

ANDREW BURKE

## Tortas e gelato

**9** A Croácia também é o lugar perfeito para quem adora doces. Você não pode perder de jeito nenhum as *slastičarnas* (docerias) encontradas em cidades e vilas de todo o país. Não perca os bolos cremosos austríacos, o típico *kremšnite* (tortas) e os *strudels* caseiros. No verão, vá direto aos balcões das sorveterias, que normalmente oferecem de 10 a 20 sabores de sorvete feito no próprio local. O *sladoled* (sorvete) croata é forte concorrente do gelato italiano.

## Beleza selvagem em Kamenjak

COGOLI FRANCO/SIME-4CORNERS IMAGES

**10** A beleza selvagem e acidentada e o clima de fim do mundo fizeram dessa pequena península logo ao sul de Pula um destino *cult* para os frequentadores de praias croatas. Uma reserva natural, Kamenjak (p. 101) é um mostruário de plantas do brejo, arbustos e flores selvagens, cortado por um labirinto de estradas de terra. É margeada por enseadas de cascalho e praias rochosas isoladas e cercada por um mar cristalino verde-azulado. Fica cheia no verão, mas sempre há uma praia vazia para onde fugir, além de um bar divertido para encontrar gente.

# Magia azul em Biševo

**11** Das várias cavernas da remota ilha de calcário de Biševo (p. 243), a Gruta Azul (Modra Špilja) é a mais impressionante. O show de luz causado por esse raro fenômeno natural o surpreenderá. Em uma manhã clara, os raios de sol penetram por uma fenda, banhando o interior da caverna com uma hipnotizante luz azul prateada. Abaixo da água turquesa, rochas brilham em prateado e rosa, criando um efeito celestial. Nadar no interior da gruta é uma experiência surreal e obrigatória.

EMILY RIDDELL / ALAMY

## De ferry pelo Adriático

**12** De pequenas excursões nas ilhas próximas a passeios noturnos ao longo de toda a costa da Croácia, viajar pelo mar é um jeito bom e barato de ver esse lado do Adriático. Curta o impressionante litoral enquanto navega entre algumas das 1.244 ilhas do país, incluindo as populares Hvar e Brač e opções menos badaladas, como Vis. Se você tem dinheiro para gastar, visite as ilhas com estilo, alugando um veleiro, movido por ventos e correntes marítimas.

TIM HUGHES

RUDOLF ABRAHAM / ALAMY

## Kopački Rit – um pantanal maravilhoso

**13** A planície de inundação dos rios Danúbio e Drava, Kopački Rit (p. 89), tem uma paisagem de tirar o fôlego e é um dos melhores locais de observação de aves da Europa. Encaixe-se em uma excursão de barco e fique atento a águias--de-cauda-branca e imperiais, cegonhas-negras, garças-vermelhas e pica-paus – apenas algumas das quase 300 espécies registradas na região. Explore uma floresta inundada a bordo de uma canoa, caminhe nas trilhas ou vá a cavalo. O veado--vermelho, os javalis, cágados e serpentes inofensivas também são comuns.

JOHN ELK III

## A alma de Split

**14** Experimente a vida tal como ela era vivida há milhares de anos no Palácio de Diocleciano (p. 200), uma das ruínas romanas mais imponentes do mundo. As ruas labirínticas desse bairro movimentado, o coração e a alma de Split, são repletas de bares, lojas e restaurantes. Uma das experiências mais encantadoras da Croácia é perder-se no labirinto (pequeno o suficiente para você achar facilmente a saída) de ruas estreitas, passagens e pátios. Fuja das paredes do palácio para tomar um drinque na Riva, pavimentada de mármore e ladeada por palmeiras à beira-mar.

## Descubra Zadar

**15** Destino cada vez mais importante da Croácia, Zadar (p. 170) orgulha-se de sua história e cultura, mas mantém uma atmosfera pragmática. Suas principais atrações incluem duas magníficas instalações artísticas do arquiteto Nikola Bašić: o hipnotizante *Órgão do Mar* e a surpreendente *Saudação ao Sol*. Os festivais de música são igualmente atraentes. Realizado à beira-mar em uma adorável península sombreada por pinheiros, o Garden Festival é uma ótima oportunidade para se atualizar na cena eletrônica internacional.

JOHN ELK III

## Castelos de Zagorje

WAYNE WALTON

**16** Não perca os castelos medievais de cartão-postal de Zagorje. Embora seja de 1334, o Castelo Trakošćan (p. 75) foi restaurado em estilo neogótico, um estilo ainda hoje em evidência. Aprenda sobre a aristocracia croata no bem organizado museu e passeie pelos jardins de 870 mil m² do castelo, ao estilo inglês, com árvores exóticas e um lago artificial. Apesar de estar atualmente fechado para restauração, o castelo no topo da montanha de Veliki Tabor (p. 78; foto à esquerda) vale a visita pelo exterior pentagonal de suas torres e paisagens bucólicas que o cercam.

## Relaxe em Cres

**17** A região de Tramontana, ao norte de Cres (p. 151), tem uma inebriante beleza selvagem. Visite o centro de abutres em Beli e aprenda mais sobre essas aves de rapina ameaçadas de extinção. Depois, explore o labirinto de trilhas que levam pelas florestas originais e vilas abandonadas, onde você quase espera que um elfo pule de trás de um dos carvalhos gigantes. De volta a Beli, vá ao Pansion Tramontana (p. 154) para jantar um forte e reconfortante cordeiro e uma deliciosa salada de folhas, acompanhados de uma taça de vinho da Dalmácia.

# bem-vindo à Croácia

*A rara combinação de glamour e autenticidade à moda antiga faz da Croácia "o" destino da Europa, onde praia e sol competem com preciosidades culturais, arquitetura antiga e tradições populares que resistiram ao tempo.*

## A marca do turismo croata

Apesar de famosa como lugar da moda para férias na Europa, a Croácia não se rendeu ao turismo em massa. O "Mediterrâneo como ele foi um dia", mote do conselho de turismo da Croácia, pode parecer exagerado quando se considera o crescimento que tiveram esses concorridos destinos, mas existem focos de cultura autêntica e ainda há muito a descobrir fora do circuito. O país em transição, no limite entre a Europa Central e o Mediterrâneo, tem boas-novas para visitantes de todos os bolsos: a Croácia é tão diversificada quanto suas paisagens. Alguns dos lugares mais disputados no Adriático são caros nos meses de verão, enquanto a Croácia Continental custa uma fração do que se paga na costa. Os postos fronteiriços chiques e modernos podem fazer esquecer a guerra brutal que devastou a Croácia nos anos 1990. A forma como o país reagiu é sinal da capacidade de resistência da população – pessoas que são anfitriãs notáveis, uma vez rompida a barreira turista/local.

## Costa da Croácia

Fala-se muito da costa da Croácia, sem dúvida uma estrela do turismo. Há glamour e brilho de sobra em Dubrovnik e Hvar, onde agitação noturna, celebridades e coquetéis exclusivos em punho são a regra, e também onde iates bacanas aportam aos montes. Para quem quer sossego, há muitos refúgios à espera de serem descobertos, como faróis em pequenas ilhas remotas, atraentes vilas de pescadores, angras reclusas e atóis estilo Robinson Crusoé. As famílias afluem para as muitas praias seguras, e há atividades em abundância para todas as idades.

## Beleza interior: a Croácia Continental

Todos vão para os quase 2 mil quilômetros de costa, com mais de mil ilhas, mas a maioria das pessoas deixa de lado as injustiçadas belezas do interior. Aproveite a zona rural imaculada em hotéis-fazendas, passeie na natureza ou gaste energia com caminhada, bicicleta, rapel, parapente, rafting e canoagem. Zagreb pode ser secundária perto de Viena, mas essa capital em miniatura tem vida em seus cafés, um museu de arte contemporânea novo em folha, atrações antigas e agenda lotada de festivais e eventos.

## Croácia apetitosa

A Croácia sobe aos poucos a escada culinária da Europa. Os principais atrativos são produtos locais de primeira, da terra e do mar, preparados de forma criativa por *chefs* celebridade, ou no estilo caseiro em restaurantes familiares. Chegar a alguns desses refúgios gastronômicos exige esforço, mas logo que você provar a comida o seu paladar reconhecerá que valeu a pena. As regiões vinícolas da Croácia são efervescentes como o país, e os azeites (especialmente da Ístria) estão conquistando prêmios importantes.

# você precisa saber

**Moeda**

» Kuna (KN)

**Idioma**

» Croata

## Quando ir

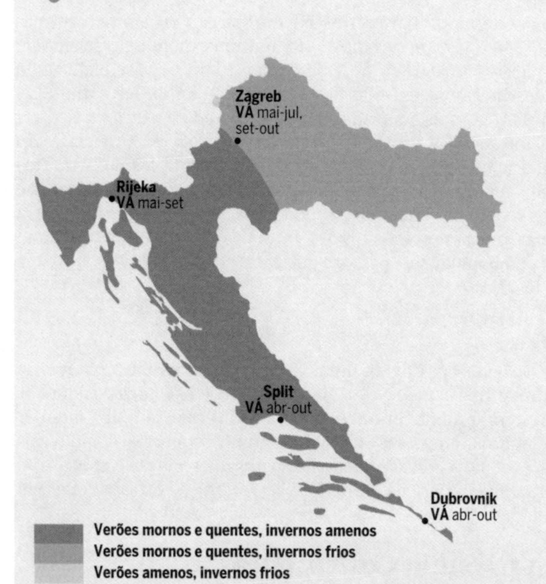


### Alta Temporada
(jul e ago)

» O melhor clima é o da alta estação. A Ilha Hvar é a mais ensolarada, seguida por Split, Ilha Korčula e Dubrovnik.

» Os preços são mais altos e a lotação é máxima na região da costa.

### Média Temporada
(mai–jun e set)

» A costa está linda, a temperatura do Adriático permite entrar na água; menos gente e preços menores.

» Na primavera e no começo do verão, o vento *magistral* constante é ótimo para velejar.

### Baixa Temporada
(out–abr)

» Ventos frios e preços baixos na Croácia Continental.

» Ventos sudeste carregam muita nebulosidade; ventos nordeste levam as fortes rajadas de ar seco e as nuvens embora.

## Seu orçamento diário

### Até 350KN

» Hospedagem em residências particulares; cama em dormitório compartilhado cerca de 150KN.

» Compre e prepare a própria comida.

» Restaurantes baratos, pizza e sorvete.

» Muitas atividades gratuitas.

### Médio 350-800KN

» Quarto de casal em hotel de padrão médio.

» Refeições em bons restaurantes e bebida à noite.

» Um ou outro passeio, além das atividades diárias.

### Alto, acima de 800KN

» Pequenos hotéis butique e quatro estrelas.

» Refeições nos melhores restaurantes.

» Tratamentos em spa.

» Passeios, viagens e aluguel de carro.

### Dinheiro

» Há muitos caixas eletrônicos. A maioria dos hotéis e restaurantes aceita cartão de crédito. Estabelecimentos pequenos e residências particulares só aceitam dinheiro.

### Visto

» Em geral não é necessário para períodos de até 90 dias nos casos de viagem de turismo, negócios, cobertura jornalística ou missão cultural. Para qualquer outra situação ele é exigido.

### Celulares

» Usuários com telefones desbloqueados GSM 900/1800 podem comprar um cartão SIM local, fácil de encontrar. Caso contrário, as ligações são feitas em *roaming* internacional.

### Direção

» Dirija na direita; o volante fica no lado esquerdo do carro.

## Websites

» **Croatian National Tourist Board** (www.croatia.hr) O melhor lugar para começar a planejar as suas férias (http://croatia.hr/es-ES/Homepage).

» **Adriatica.net** (www.adriatica.net) Reservas de quartos, apartamentos, hotéis e faróis em toda a costa.

» **Croatia Homepage** (www.hr/croatia) Centenas de links para tudo o que você quiser saber sobre a Croácia.

» **Lonely Planet.com** (www.lonelyplanet.com/croatia) Informações sobre destinos, reservas em hotéis, fórum de viajantes e muito mais.

## Câmbio

A troca de moeda estrangeira em moeda local pode ser feita em bancos, casas de câmbio e balcões dos correios, em conformidade com a taxa de câmbio do dia.

| | | |
|---|---|---|
| **Brasil** | R$1 | 3,05KN |
| **EUA** | US$1 | 5,37KN |
| **Euro** | €1 | 7,50KN |

Para cotação do dia, veja www.xe.com.

## Telefones importantes

Para ligações de fora da Croácia, disque o seu código de acesso internacional, depois o código da Croácia, o código de área (sem o 0 inicial) e o número.

| | |
|---|---|
| **Auxílio na estrada** | +987 |
| **Código do país** | +385 |
| **Código de acesso internacional** | +00 |
| **Auxílio à lista (internacional)** | +902 |
| **Auxílio à lista (local)** | +988 |

## Chegada à Croácia

» **Aeroporto de Zagreb (p. 61)**
Ônibus até o centro: horários conforme a chegada dos aviões, 5-22h
Táxis até o centro: 150KN a 300KN; cerca de 20min até a cidade

» **Aeroporto de Split (p. 214)**
Ônibus até o centro: horários conforme chegada dos aviões
Táxis até o centro: 200KN a 260KN; cerca de 30min até a cidade

## Hospedagem em casas particulares

Os hotéis na Croácia geralmente são caros e a relação custo-benefício não é boa, principalmente ao longo da costa na alta estação. A melhor forma de economizar um bom dinheiro e de poder vivenciar a peculiar hospitalidade croata é a hospedagem em casas particulares. Muitos proprietários tratam seus hóspedes como amigos que não veem há muito tempo, um serviço com o qual não se pode contar em hotéis.

Encontrar o quarto ou o apartamento adequado exige, porém, certo esforço. É melhor pesquisar as opções oferecidas on-line ou as dicas conseguidas no boca a boca antes de ir. Se viajar sem planejamento, uma vez no destino desejado, visite algumas opções através de uma agência de viagens antes de se instalar.

Algumas hospedagens em casa particular oferecem a opção de comer com os proprietários, o que é uma ótima forma de conhecer a cultura local.

Observe que, na alta temporada, muitas dessas hospedagens fixam uma taxa extra para estadias inferiores a três ou quatro noites.

# se você gosta de...

## Ilhas

O litoral da Croácia é composto de várias ilhas magníficas que variam de pequenas, verdejantes e despovoadas até enormes, áridas e badaladas.

**Hvar** A ilha mais popular da Croácia é a mais ensolarada – e mais turística. A cidade é a capital do glamour, onde as pessoas vão para badalar (p. 231).

**Vis** Remota, misteriosa, fora da rota habitual e proibida para estrangeiros por 4 décadas, Vis tem ótimas praias, belas cidades e comida excelente (p. 238).

**Mljet** Comprida, estreita e encantadora, Mljet tem uma lagoa, um mosteiro e uma paisagem imponente. É possível conhecê-la em um passeio de um dia, saindo de Dubrovnik (p. 263).

**Cres** Abençoada com paisagens inspiradoras, vilas medievais e uma linda cidade portuária, Cres é uma das ilhas menos turísticas da Croácia (p. 151).

**Brač** A maior de todas as ilhas do Adriático, Brač abriga a praia mais famosa da Croácia, a exuberante Zlatni Rat, situada na linda cidade de Bol (p. 225).

## Atividades ao ar livre

Há uma centena de programas na Croácia para quem gosta de atividades ao ar livre. Comece nadando pelo Adriático e avance para o mountain biking, windsurfe, caiaque, escalada, rafting e mais.

**Velejar** Deslize entre as mais belas ilhas croatas em um veleiro, atracando em destinos badalados como Hvar (p. 229) e explorando ilhas distantes como Kornati (p. 196) e Vis (p. 238).

**Caminhadas** Os vários parques nacionais – incluindo Plitvice (p. 178), Paklenica (p. 180) e Krka (p. 193) – são sensacionais para caminhadas, assim como a área rural de Zagreb (p. 65).

**Mergulho** As ilhas são os principais pontos para descobrir as belezas marinhas ao largo de Hvar (p. 229), Brač (p. 225), Krk (p. 156) e Kornati (p. 196), embora a maioria das cidades litorâneas seja boa para mergulho.

**Bicicleta** Pedale pela zona rural plana de Baranja (p. 89), ao longo da rota Parenzana (p. 119) na Ístria, ou nas ilhas do Adriático.

**Nudismo** A Croácia é um local atrativo aos nudistas desde 1936, quando Eduardo VIII e Wallis Simpson nadaram nus no litoral de Rab (p. 100).

## Arquitetura

A Croácia tem de tudo: de arquitetura romana, barroca, renascentista e românica até veneziana, gótica e contemporânea.

**Dubrovnik** Destacando-se do azulão do Adriático, Dubrovnik é uma das cidades europeias mais impressionantes visualmente, além de ser cercada por uma imponente muralha (p. 246).

**Trogir** Dessa minúscula cidade litorânea transbordam construções românicas e renascentistas bem preservadas, e uma das mais belas catedrais da costa croata (p. 217).

**Zadar** Compacta, a relaxante Zadar hospeda uma variedade de estilos arquitetônicos, de ruínas romanas até o *Órgão do Mar* e a *Saudação ao Sol*, obras-primas contemporâneas (p. 170).

**Palácio de Diocleciano** Uma das ruínas romanas mais impressionantes do mundo, essa relíquia protegida pela Unesco ainda hoje é o coração da cidade: esse antigo bairro, o coração e a alma de Split, continua cheio de vida (p. 198).

**Varaždin** Como uma vitrine de arquitetura barroca cuidadosamente restaurada, a antiga capital da Croácia aguarda o título de Patrimônio da Humanidade para sua refinadíssima cidade velha (p. 70).

» Construções históricas bem preservadas à beira-mar, Trogir (p. 217)

JOHN ELK III

# Praias

Sem roupa nenhuma ou com um traje de banho da moda, você é quem escolhe como ir às várias praias maravilhosas que pontilham o litoral e as ilhas da Croácia.

**Ilhas de Pakleni** Praias sombreadas por pinheiros para nudistas e não nudistas (p. 233).

**Bačvice** Agitada, divertida e transbordando de vida local (p. 203).

**Zrće** A capital croata da balada no verão (p. 187).

**Lubenice** Pequena, isolada, sensacional e difícil de chegar (p. 156).

**Zlatni Rat** Praia estreita de cascalho dourado, cheia de corpos bronzeados e atividades (p. 228).

**Lokrum** Essa praia rochosa com água cristalina é um paraíso para nudistas e está sempre calma (p. 262).

**Praia Paraíso** Uma maravilha de areia, com águas rasas e sombra de pinheiros (p. 167).

**Stiniva** Praia de cascalho afastada, fascinante e ladeada por rochas altas (p. 242).

**Brela** Série de praias de cascalho suaves cercadas por palmeiras (p. 225).

**Rt Kamenjak** Trinta quilômetros de praias de cascalho e rochas virgens (p. 101).

# Parques nacionais

A atração da Croácia é a natureza – cachoeiras, florestas, montanhas e a bela costa adriática. Grande parte, felizmente, protegida; há 8 parques nacionais, somando 961km$^2$.

**Lagos de Plitvice** Esse surpreendente fenômeno natural tem lindas cachoeiras, lagoas turquesa e florestas (p. 178).

**Krka** O lugar abriga cachoeiras fantásticas, além de um mosteiro isolado (p. 193).

**Paklenica** Vivencie a natureza em grande estilo: cânions e ótimos locais para caminhadas e escaladas (p. 180).

**Risnjak** Trilhas sombreadas por densas florestas e campos de flores selvagens (p. 144).

**Ilhas Kornati** A beleza agreste dessas ilhas é o que há em paisagem adriática livre de resorts (p. 196).

**Mljet** Descubra o paraíso Mediterrâneo nessa ilha serena, calma e intocada (p. 263).

**Brijuni** Esse arquipélago ao largo de Ístria é o mais organizado dos parques nacionais da Croácia (p. 105).

# Gastronomia

A cultura gastronômica está crescendo na Croácia. Você encontrará produtos locais da melhor qualidade, como azeite, trufas e presunto defumado, além de uma florescente cultura do vinho.

***Slow food*** Confira o movimento *slow food* da Croácia, que tem tudo a ver com promover ingredientes locais frescos da estação e cultivar o ritual de comer (p. 304).

**Azeite de oliva** A Ístria lidera a busca pelo azeite perfeito na Croácia (p. 306). Siga as rotas para visitar produtores locais e provar seus azeites.

**Vinho** Na Ístria, prove o excelente branco *malvazija*, o tinto *teran* e o doce *muškat*. O *Dingač* e o *postup*, da península Pelješac, são dos melhores da Croácia. Não perca as rotas do vinho da Eslavônia (p. 90) e de Medimurje (p. 75).

**Trufas** Não deixe de experimentar o apreciado cogumelo que cresce nas florestas da Ístria, onde você pode até ir procurar trufas no outono (p. 124).

# mês a mês

## Principais eventos

1. **Carnaval em Rijeka,** fevereiro
2. **Cest is D'Best,** junho
3. **Festival de Cinema de Motovun,** julho
4. **Garden Festival,** julho
5. **Festival de Verão de Dubrovnik,** julho-agosto

## Janeiro

**É quando o país volta ao trabalho depois das férias. No continente, a neve torna as estradas difíceis de trafegar e, na costa e nas ilhas, os ventos fortes limitam os horários dos ferries.**

### Esqui em Sljeme

Perto de Zagreb, em Sljeme, deslize montanha abaixo o pico principal do Monte Medvednica, onde há pistas de esqui e teleféricos, um deles triplo. Muitos croatas do tipo atlético se divertem por lá esquiando.

### Fuja da lotação na costa

Se você quer explorar as cidades costeiras da Croácia, essa é a melhor época para economizar. Muitos hotéis oferecem descontos de até 50%.

## Fevereiro

**Aproveite as pitorescas caminhadas na neve, mas cuidado com as estradas. Ventos bora sopram do Adriático, os *ferries* são escassos e muitos hotéis situados em cidades costeiras fecham.**

### Carnaval

Fantasias coloridas, muita dança e euforia ininterrupta nessa festa que precede a quaresma na cidade de Rijeka, onde o Carnaval é o ponto alto do calendário. Zadar e Samobor também têm comemorações de Carnaval cheias de cor.

### Festa de São Brás, Dubrovnik

Todo ano, no dia 3 de fevereiro, as ruas de Dubrovnik ficam cheias de vida, com gente dançando, concertos, comida, procissões e muitas atividades de rua, tudo em homenagem ao padroeiro da cidade, São Brás.

## Março

**Os dias ficam mais longos e a temperatura sobe, principalmente no litoral. Com o gelo do inverno derretendo, é uma ótima época para ver as cachoeiras de Plitvice e Krka. Ainda são poucas as atividades ao ar livre.**

### Zagrebdox

Aproveite para ver documentários do mundo todo durante esse festival internacional anual em Zagreb, o Zagrebdox (www.zagrebdox.net). Começa no fim de fevereiro e vai até março, atraindo uma pequena multidão de amantes de documentários.

## Abril

**Tome um pouco de sol e aproveite o sossego da costa e das ilhas ao sul. Na Croácia Continental ainda está frio, mas as árvores começam a florescer e, com os rios cheios, rafting e caiaque são ótimas opções.**

### Bienal de Música de Zagreb

Acontece na capital nos anos ímpares, desde a década de 1960. É o evento de música contemporânea mais sofisticado da Croácia. Não pense em "contemporânea" como sinônimo de "pop" – esse festival de prestígio celebra a música clássica de hoje.

### Colheita de aspargos selvagens, Ístria

No início da primavera, os campos no interior da Ístria ficam cheios de aspargos selvagens. Faça como a população local, saia para colher alguns e depois prepare uma rica *fritaja* (omelete) com eles.

## Maio

**Sol e temperaturas amenas na costa. Dá para entrar no mar. Os hotéis têm preços mais baixos e as multidões ainda não chegaram. A vida renasce nos cafés de Zagreb e Split.**

### Semana de Dança

Zagreb recebe companhias de dança experimental do mundo inteiro entre a última semana de maio e o início de junho. Algumas apresentações acontecem em Rijeka e Split e também no novíssimo Centro de Dança de Zagreb, um antigo cinema (www.danceweekfestival.com).

### Ljeto na Strossu, Zagreb

Com início no fim de maio, esse evento divertidíssimo se estende ao longo do verão, com exibições gratuitas de filmes ao ar livre, apresentações de grupos musicais locais, oficinas de arte, concursos de vira-latas e outros eventos curiosos, tudo no bulevar Strossmayer.

### Dia da Adega Aberta, Ístria

No último domingo de maio, plantadores de uva e produtores de vinho conceituados da Ístria, região que produz os melhores vinhos da Croácia, abrem as portas das suas adegas para degustações gratuitas e muita diversão regada a vinho.

## Junho

**Nade no Adriático, aproveite os festivais em todo o país e divirta-se com atividades ao ar livre. Os *ferries* já funcionam normalmente, os preços da alta estação ainda não entraram em vigor e os hotéis não estão lotados.**

### Festival VIP INmusic, Zagreb

Não perca a balada desse megaevento musical de 3 dias. As áreas ao redor do Lago Jarun, cercado de árvores, e com locais para acampar, ganham vários palcos nessa época. É o principal festival de música de Zagreb; que teve atrações como Billy Idol e Massive Attack na edição de 2010.

### Cest is D'Best, Zagreb

Por alguns dias, no início de junho, as ruas de Zagreb ganham vida com música, dança, teatro, arte, esporte e outros eventos interessantes. O festival de rua é um sucesso, há palcos espalhados pelo centro da cidade e cerca de 200 atrações internacionais.

### Eurokaz, Zagreb

Companhias de teatro e artistas de vanguarda do mundo inteiro levam seus espetáculos para Zagreb na segunda metade de junho para o Festival Internacional de Teatro Novo, que apresenta peças de teatro experimental desde 1987.

### Festival Hartera, Rijeka

Para ver as melhores bandas jovens de rock da Croácia e as principais atrações *indie* da Europa, vá a esse festival *underground*, que tem 3 dias de duração e acontece em uma fábrica de papel abandonada, em Rijeka – é o principal evento do calendário para os fãs de música.

## Julho

**A temporada de turismo já começou: os hotéis da costa e as praias ficam cheios. Os ferries operam em capacidade máxima e há inúmeros festivais. Boa época para explorar a Croácia, que está menos cheia.**

### Festival de Verão de Dubrovnik

O festival começa no meio de julho e vai até o fim de agosto, e acontece desde os anos 1950 em Dubrovnik. Inclui apresentações de música clássica, teatro e dança em diferentes espaços para eventos da cidade, entre eles o forte Lovrijenac.

### Garden Festival, Zadar

Baladeiros do mundo todo se reúnem na região de

Zadar para apresentações ao vivo de grandes nomes da música eletrônica nessa festa gigante que acontece na praia de Petrčane; idealizado pelos fundadores do bar Garden, em Zadar, o produtor britânico Nick Colgan e o baterista do grupo UB40, James Brown.

### Festival Internacional de Folclore, Zagreb

Zagreb se transforma em um turbilhão de cores e música quando violinistas e dançarinos fantasiados de todo o mundo chegam à capital para o evento. Há oficinas gratuitas de dança, música e arte, com foco na cultura popular croata.

### Festival de Cinema de Motovun, Ístria

Esse festival, o mais interessante da Croácia, apresenta uma seleção de filmes independentes e de vanguarda todo ano, no fim de julho. Exibições ininterruptas ao ar livre e em salas, concertos e festas dominam as ruas dessa cidade medieval no alto da colina.

## Agosto

**É o auge da temporada no Adriático, com as temperaturas mais altas, praias fervilhantes e preços elevados. Faz calor em Zagreb, mas a cidade fica vazia pois as pessoas estão no litoral.**

### Špancirfest, Varaždin

No fim de agosto, esse festival eclético anima os parques e praças de Varaždin com um rico repertório de eventos como shows de *world music* (afro-cubana, cigana, tango e outras), acrobatas, teatro, artesanato tradicional e ilusionistas.

### Festival de Cinema de Vukovar, Eslavônia

O festival de cinema anual em Vukovar exibe, no fim de agosto, filmes, documentários e curtas, principalmente de países da região do Danúbio. Visitando essa cidade você a estará ajudando a se recuperar da guerra.

## Setembro

**A agitação do verão acabou, mas ainda há muito sol, o mar está agradável e boa parte da multidão já se foi – é uma ótima época para visitar a Croácia. Zagreb volta à vida depois do êxodo dos turistas para o litoral no verão.**

### Festival Mundial de Teatro, Zagreb

O teatro contemporâneo de alta qualidade se desloca para Zagreb todo ano por algumas semanas, geralmente até o início de outubro, para o deleite dos visitantes apaixonados por essa arte.

### Noites Barrocas de Varaždin

A música barroca toma conta da cidade de Varaždin por duas a três semanas, todo mês de setembro. Orquestras locais e internacionais tocam na catedral, em igrejas e teatros da cidade.

## Outubro

**As crianças retornaram às aulas, os pais estão trabalhando e o país volta ao seu ritmo normal. Os *ferries* passam a operar nos horários de inverno, mas a temperatura ainda está bem agradável.**

### Festival de Cinema de Zagreb

Não perca esse importante evento cultural anual que acontece em meados de outubro, com exibições de filmes acompanhadas de festas e com diretores de cinema internacionais competindo pelo prêmio *Golden Pram*.

### Caça às Trufas, Ístria

Vá caçar as concorridas trufas brancas e negras que crescem nas florestas perto de Motovun e Buzet, no interior da Ístria. Depois, faça um risoto, macarrão ou omelete com essa iguaria.

## Novembro

**O continente esfria, mas o litoral ainda pode ter sol, mesmo que sem calor. Alguns hotéis ao longo da costa fecham as portas nessa época, assim como muitos restaurantes.**

### Festa de São Martinho

O Martinje (Dia de São Martinho) é comemorado nas regiões produtoras de vinho da Croácia no dia 11 de novembro. Há festas com vinho, muita comida, e degustação de vinhos novos.

# Roteiros

## Croácia essencial »

## O melhor da costa »

## Cidade e campo: Zagreb e arredores »

## Leste a oeste: Eslavônia e Ístria »

Interior da Basílica Eufrasiana de Poreč, construída no século 6º.

# Croácia essencial

## Duas semanas

**Conheça as principais atrações da Croácia numa viagem de duas semanas, partindo do continente em direção à costa e passando pela capital, dois parques nacionais e algumas preciosidades da costa da Dalmácia.**

PETE HILL/ALAMY

1

2

JOHN ELK III

» Comece na capital, **Zagreb** (p. 38), e passe alguns dias, de preferência de sexta a domingo, desvendando sua agitada vida noturna e seus ótimos restaurantes e museus.

» Parta para o sul, na direção do **Parque Nacional dos Lagos de Plitvice** (p. 178), tombado Patrimônio Mundial da Humanidade, e tire o dia para explorar seu labirinto verdejante, os lagos azul-turquesa e as cachoeiras.

» Continue até **Zadar** (p. 170), uma das cidades mais subestimadas da Croácia. É uma verdadeira joia: histórica, moderna, movimentada e cheia de atrações.

» Faça uma excursão de um dia para a **Ilha de Pag** (p. 185) e experimente seus famosos queijos. No alto verão, aproveite para ir às festas nas praias.

» Nade nas esplêndidas cachoeiras do **Parque Nacional de Krka** (p. 193) ou refresque-se nas lindas **Ilhas Kornati** (p. 196).

» Passeie pelas adoráveis ruas dignas de cartão-postal de **Trogir** (p. 217).

» Embrenhe-se pelas ruínas romanas de **Solin** (p. 216).

» Prepare-se para uma das atrações mais especiais da região: o Palácio de Diocleciano em **Split** (p. 200) é uma das maravilhas dessa exuberante cidade litorânea.

» Para terminar, entregue-se à ventania da estrada costeira que leva a **Dubrovnik** (p. 246), uma cidade magnífica, cuja beleza é de tirar o fôlego.

**No alto, a partir da esquerda**

**1.** Vida noturna em Tkalčićeva, Zagreb **2.** Igreja de São Crisógono, Zadar **3.** Parque Nacional dos Lagos de Plitvice **4.** Ilha Pag.

3

4

# O melhor da Costa

## Duas semanas

**Descubra as belezas da costa da Croácia em duas semanas – das atrações principais da Ístria às joias de Kvarner, até os pontos imperdíveis da costa da Dalmácia, ao sul, tanto em terra como nas ilhas.**

WATERFRAME/ALAMY

JOHN ELK III

» Comece a viagem na pequena cidade de **Poreč** (p. 113), admirando a Basílica Eufrasiana, tombada Patrimônio Mundial da Humanidade.

» Siga para o sul para andar pelas ruas de paralelepípedo e apreciar a arquitetura de inspiração veneziana de **Rovinj** (p. 106).

» **Pula** (p. 96), a próxima parada, abriga ruínas romanas e um anfiteatro, além de praias bem atraentes.

» Ao norte, é interessante fazer uma pausa para ver o antigo balneário austríaco de **Opatija** (p. 140). Em um passeio pelo calçadão da praia, aprecie a vista deslumbrante da costa de Kvarner.

» Dos arredores de **Rijeka** (p. 134), capital de Kvarner, pode-se pegar um catamarã até a bela **Rab** (p. 161). Depois de caminhar pela cidade antiga, relaxe na Praia Paraíso em **Lopar** (p. 167), que faz jus ao nome.

» O próximo passo é visitar **Zadar** (p. 170), por sua riqueza de museus, igrejas, cafés e bares.

» Viaje para o sul na direção de **Split** (p. 200), uma cidade agitada e ótimo ponto de partida para explorar as praias de **Brela** (p. 225) e as ilhas próximas dali.

» Em Brač, visite a bela **Bol** (p. 228).

» Siga para a elegante **Ilha de Hvar** (p. 231) e para as **Ilhas Pakleni** (p. 233) e tome sol com ou sem roupa de banho.

» Para descansar por alguns dias, mergulhar e comer bem, **Vis** (p. 238) é a ilha ideal.

» De Split, dirija no sentido sul para **Dubrovnik** (p. 246) e explore suas vias de mármore, a belíssima arquitetura e o agito das ruas.

» Não deixe de passar pela linda **Ilha de Mljet** (p. 263), onde o verde, os lagos salgados e a tranquilidade fazem bem à alma.

**No alto, a partir da esquerda**
**1.** Mergulho na Ilha de Vis **2.** Ruas de paralelepípedo em Rovinj **3.** Beira-mar em Rovinj **4.** Korita na Ilha Mljet.

3

4

# Cidade e campo: Zagreb e arredores

## Uma semana

**Zagreb é o ponto de partida perfeito para explorar a linda zona rural que a cerca. Então aproveite as delícias dessa pequena capital e depois parta para seus campos verdejantes, suas pequenas cidades e castelos de contos de fada.**

JOHN ELK III

JOHN ELK III

» Comece em **Zagreb** (p. 38), a dinâmica capital da Croácia, e aproveite os museus, a arte e a vida noturna local.

» Siga para a pequena e charmosa **Samobor** (p. 65) para experimentar deliciosos bolos e andar por trilhas pelo campo.

» Continue e explore **Zagorje** (p. 67), uma bucólica paisagem de florestas, pastos e fazendas pouco explorada pelo turismo. Comece por **Klanjec** (p. 78) e descubra a arte de Antun Augustinčić no museu da cidade.

» Não deixe de ver o local de nascimento do croata mais conhecido da história – Josip Broz Tito – em **Kumrovec** (p. 78). Não se trata de um reduto comunista, mas, sim, de um bom lugar para se observar o modo de vida das antigas vilas.

» Para conhecer mais sobre ancestrais neandertais, visite o novo Museu do Neandertal Krapina em **Krapina** (p. 76).

» Quem se sente atraído pela essência do passado vai se deliciar no **Castelo de Trakošćan** (p. 75) e na área verde ao redor dele.

» Para mergulhar ainda mais na história, siga para o Castelo de **Varaždin** (p. 70), uma fortaleza completa e belamente restaurada. À tarde, caminhe pela cidade para observar a arquitetura barroca.

» A caminho do sul, pare em **Marija Bistrica** (p. 79), um local de peregrinação, e aprecie a linda vista dos arredores.

**No alto, a partir da esquerda**
1. Praça principal de Samobor 2. Fortaleza branca em Varaždin 3. Vinhedos em Zagorje 4. Castelo de Trakošćan.

3

4

# Leste a oeste: Eslavônia e Ístria

## Dez dias

**Explore a região da Eslavônia, no leste da Croácia, então vá para o sudoeste até a península da Ístria, e conheça as cidades medievais nas colinas, a culinária e os hotéis de campo.**

DAVID RYAN

IMAGEBROKER/EGMONT STRIGL

» As encostas verdejantes ao redor de Zagreb vão se aplanando conforme se segue na direção leste, para a Eslavônia, na beira da Croácia. Faça uma pausa para conhecer a cidade de **Osijek** (p. 81), influenciada pela cultura húngara, no rio Drava.

» Siga para o **Parque Natural de Kopački Rit** (p. 89), com sua variedade de aves e abundância de lagos.

» Depois, não deixe de passar um dia na vila de **Karanac** (p. 90) e experimentar a típica culinária local.

» Continue no sentido sudoeste até **Ístria** (p. 94). A península da Ístria é campeã em trufas delicadas, *prosciutto*, azeitonas deliciosas e vinhos excelentes. Pare para o almoço e passeie pela menor cidade do mundo, **Hum** (p. 126).

» Explore **Buzet** (p. 125), considerado um importante centro de produção de trufas, e seus belos arredores.

» Siga em direção a **Pazin** (p. 122) para andar pelo famoso precipício, que inspirou Júlio Verne.

» Dirija pelas lindas colinas verdejantes de **Motovun** (p. 128) e **Grožnjan** (p. 130).

» A caminho do sul, passeie pela pitoresca **Svetvinčenat** (p. 121), cuja praça principal tem estilo renascentista.

» Relaxe na cativante **Bale** (p. 108).

**No alto**

**1.** Detalhe do interior de uma igreja de Osijek

**2.** Loja de suvenir em Motovun.

# Croácia para crianças

## Melhores regiões para crianças

### Dubrovnik e Sul da Dalmácia

Essa região oferece muito agito nas praias, museus divertidos e experiências únicas, como ficar de pé em uma gárgula em Dubrovnik.

### Split e Dalmácia Central

Em Split, passeie pelo labiríntico Palácio de Diocleciano e corra pela *Riva* pavimentada de mármore. A Riviera de Makarska tem ótimas praias, excelentes instalações familiares e opções recreativas.

### Norte da Dalmácia

Zadar oferece ótimos recursos para crianças e os sons hipnóticos do *Órgão do mar*. Šibenik tem um ótimo festival para crianças e adoráveis ilhas próximas.

### Ístria

Poreč e Rovinj são ótimas para explorar cavernas, parques de dinossauros, fiordes e praias, tomando *gelatos* deliciosos.

### Zagreb

Passeie de teleférico, vá aos vários e divertidos museus, mexa-se em Jarun e faça uma caminhada até o pico do Sljeme.

### Zagorje

Prove a vida do interior da Croácia em Vuglec Breg e Grešna Gorica, faça um tour no museu interativo de Krapina e visite castelos medievais.

Com praias de cascalho ótimas para nadar no Adriático, museus interativos e divertidos para passar um dia chuvoso, caminhadas fáceis nos parques nacionais e ruas labirínticas entre cidades e vilas antigas, a Croácia oferece diversão aos montes para quem viaja com os pequenos. Além disso, há uma atitude amigável com as crianças que deve ser aproveitada!

## Com as crianças

Como a maioria dos países europeus, a Croácia tem uma postura relaxada e positiva em relação às crianças. Os croatas têm orgulho de suas crianças e são amigáveis com os filhos de outras pessoas. Os pequenos ganham muitos sorrisos e elogios, então você não se sentirá incomodando quando viajar com a turma toda. Amamentar em público não é comum, mas com discrição é, geralmente, aceitável. São poucas as atrações específicas para crianças na região, apesar de isso estar mudando. Vá armado de uma atitude positiva, esteja pronto para improvisar e sua família vai se divertir muito.

Lembre-se de que algumas cidades litorâneas da Croácia são calmas demais para adolescentes querendo se divertir. Eles (e você, portanto) ficarão muito mais felizes nos lugares mais agitados do litoral, com cafés e atividades na praia. A maioria dos destinos, tanto no litoral quanto nas ilhas, tem cama elástica e *bungee jump* – que são superpopulares e muitas vezes têm filas.

Na Croácia há muito espaço aberto, um monte de playgrounds e zonas de pedestres onde não há o perigo do trânsito. A maioria das cidades litorâneas tem uma *riva* (calçadão à beira-mar) afastada da água, que é perfeita para uma volta e para as crianças correrem.

Croatas são bem intencionados quando se trata de crianças e estão sempre prontos a ajudar. Pais não têm que se preocupar muito com segurança. A principal preocupação deve ser com as queimaduras de sol; então, leve muito protetor solar e chapéus, pois o sol forte do Adriático pode enganar.

As crianças adoram ir à praia, mas escolha bem aonde levá-las – muitas praias são de tombo e rochosas, que podem machucar. A boa notícia é que há diversas praias para escolher na costa e nas ilhas. As de cascalho ou areia são ideais.

A última semana de junho e a primeira de julho são uma ótima época para famílias irem para a Croácia. A cidade litorânea de Šibenik tem o famoso Festival Internacional das Crianças (*Međunarodni Dječji Festival*), com oficinas de artesanato, música, dança, filmes, teatro, fantoches e desfiles.

### Descontos

Descontos para crianças são muito comuns em toda parte, de entradas de museus a hospedagem. O limite de idade costuma ser de 9 anos. Há diversas atrações gratuitas para os pequenos.

### Alimentação

O ambiente descontraído dos restaurantes permite que você leve as crianças a quase todos. Mesmo os mais chiques terão macarrão, pizza ou um prato com arroz que agrade às crianças. É fácil conseguir porções menores. No entanto, você nem sempre vai achar cadeiras altas para os pequenos, e os estabelecimentos raramente possuem fraldários. Comida de bebê e leite em pó são encontrados na maioria dos supermercados e farmácias, e vendidos de acordo com a faixa etária.

## Destaques

### Praias

» Baška, Ilha de Krk: Meia-lua de 2km de praia com montanhas ao fundo.

» Punta Rata, Riviera de Makarska: Linda faixa de cascalho margeada de pinheiros.

» Lapad, Dubrovnik: Escorregadores, cadeiras e guarda-sóis ao lado da cidade velha.

» Crveni Otok, Rovinj: Duas ilhas unidas repletas de praias de cascalho.

» Lopar, Ilha de Rab: Praias de areia, mar raso e recursos abundantes.

### Passeios de um dia

» Parque Nacional Krka: Dê um mergulho sob cascatas nas águas frescas de um lago.

» Parque Nacional dos Lagos de Plitvice: Lagos azul-turquesa, cachoeiras altas e densas florestas.

» Lokrum: Fuja para a exuberante ilha, que tem um jardim botânico e um mosteiro medieval.

» Mt Medvednica: Explore as trilhas verdejantes da montanha favorita de Zagreb.

### Museus

» Museu Bunari, Šibenik: Um divertido museu interativo em um antigo reservatório de água.

» Museu Técnico, Zagreb: Museu peculiar com um planetário e a réplica de uma mina.

» Museu do Neandertal de Krapina, Krapina: Veja de perto seus ancestrais.

» Casa Batana, Rovinj: Telas multimídia interativas ilustram a história da pesca em Rovinj.

» Museu Staro Selo, Kumrovec: Um divertido pedaço da tradicional vida de aldeia da Croácia.

## Planejamento

### Quando ir

Vá para a Croácia em julho e agosto atrás de agito. Se estiver buscando menos pessoas e preços mais baixos, junho e setembro são as melhores épocas, pois o mar está morno o suficiente para nadar e os dias, ensolarados.

### Hospedagem

A maioria dos locais de hospedagem na Croácia é boa para famílias, mas nem sempre especializada. Entre os melhores, estão o Family Hotel Diadora, da rede Falkensteiner, perto de Zadar, e o Hotel Vespera, em Mali Lošinj. Os hotéis podem ter berços, mas a quantidade normalmente é limitada e, às vezes, há uma taxa. Para mais conforto, tente alugar um apartamento pelo mesmo preço de um hotel. Não se esqueça de pedir detalhes sobre as instalações – se possui ar-condicionado, um terraço privativo e qual a distância até a praia, por exemplo.

## O que levar

Fraldas descartáveis são fáceis de achar, principalmente a americana *Pampers* e a alemã *Linostar*. Procure por supermercados como o Konzum e a farmácia DM. Poucos restaurantes e banheiros públicos têm fraldários. Esterilizadores elétricos são caros e difíceis de encontrar.

Se você planeja ir para as ilhas, especialmente as mais remotas, é sensato levar um kit de primeiros socorros, pois assistência médica nem sempre é fácil.

## Antes de ir

Não se exigem vacinas. Se for passar muito tempo na natureza na primavera, no verão ou no início do inverno, lembre-se de procurar carrapatos nas crianças, pois houve um aumento nas doenças causadas por carrapatos nos últimos anos; então, se achar algum, vá ao médico imediatamente.

# panorama das regiões

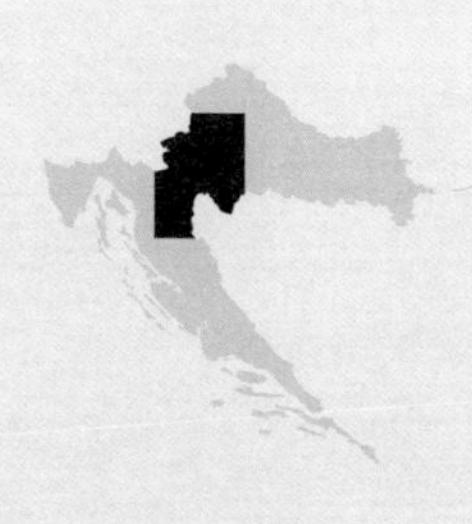

## Zagreb

**Cultura dos cafés** ✓✓✓
**Museus e galerias** ✓
**Culinária** ✓

### Cultura dos cafés
Bastião da famosa cultura europeia do cafezinho, os cafés nas calçadas de Zagreb estão sempre cheios (exceto no inverno), servindo uma bebida forte junto com a oportunidade de relaxar preguiçosamente com uma xícara por horas a fio. Para bem apreciar essa cultura, confira o ritual matinal de tomar café, conhecido como *špica*, que acontece em manhãs quentes de sábado, quando todo mundo aproveita para mostrar seus novos "modelitos".

### Museus e galerias
A nova estrela cultural de Zagreb, o charmoso Museu de Arte Contemporânea, deu um tom artístico à paisagem urbana da cidade. E há também os veteranos, como o Museu Mimara, com uma vasta coleção de pintura e escultura, e o delicioso Museu Croata de Arte Naïf. Para explorar o ritmo da arte contemporânea que pulsa pela cidade, não deixe de ver os espaços e as galerias independentes que organizam exposições de arte de vanguarda.

### Culinária
Quanto à comida, há muito para explorar na capital da Croácia, que se tornou um destino gastronômico nos últimos anos. Uma porção de restaurantes oferece receitas inovadoras preparadas com ingredientes de qualidade vindos de todo o país, enquanto tavernas baratas servem os pratos tradicionais sem frescura, para familiarizá-lo com o estilo propriamente croata de cozinhar.

p. 38

## Zagorje

**Castelos medievais** ✓✓
**Arquitetura** ✓
**Interior** ✓

### Castelos medievais
Castelos de contos de fadas pontilham as montanhas arborizadas dessa região bucólica. O neogótico Trakošćan dá uma mostra de como era a vida da antiga nobreza croata, enquanto o formidável Veliki Tabor, com torres e tudo, fica no verdejante topo de uma colina.

### Arquitetura
Mergulhe na arquitetura barroca de Varaždin. As construções do século 18, totalmente restauradas, brilham em sua glória, com fachadas recém-pintadas nos tons originais: ocres, rosas, azul-claros e cremes.

### Interior
A linda paisagem das colinas de Zagorje, cobertas de vinhedos, milharais, densas florestas e chalés de "João e Maria", parece saída de um conto de fadas. Desfrute o cotidiano tradicional em uma fazenda da Croácia distante do burburinho de turistas no sul.

p. 67

# Eslavônia

**Observação de pássaros** ✓✓✓
**Cultura** ✓✓
**História** ✓✓

**Observação de pássaros**
Um dos mais importantes pantanais da Europa, o Parque Natural Kopački Rit fica na planície de inundação onde o Danúbio encontra o Drava. É melhor ir ao parque, famoso pela diversidade de pássaros, durante as migrações da primavera e do outono.

**Cultura**
A capital da Eslavônia é uma das cidades mais verdes da Croácia, com um pitoresco calçadão à beira do rio e muitos parques. É uma das áreas culturalmente mais ricas, com o fascinante bairro Habsburgo, cheio de restaurantes típicos, ideais para se experimentar a culinária local, rica em páprica, como o *fiš paprikaš*.

**História**
O leste da Eslavônia sofreu muito com a Guerra de Independência, quando a região foi castigada por artilharia pesada. Em Vukovar, há locais para visitação que conservam lembranças pungentes da guerra.

**p. 80**

# Ístria

**Culinária** ✓✓✓
**Arquitetura** ✓✓
**Praias** ✓

**Culinária**
Entre no estilo *la dolce vita* da Ístria, deliciando-se com refeições superfinas feitas com criatividade. De trufas brancas e aspargos selvagens a azeites premiados e vinhos, comer e beber é destaque em qualquer estadia na Ístria, o lugar mais gourmet da Croácia.

**Arquitetura**
A mistura arquitetônica da Ístria inclui anfiteatros romanos, basílicas bizantinas, palacetes em estilo veneziano e cidades medievais nas montanhas, tudo lindamente concentrado em uma pequena península.

**Praias**
De praias de cascalho margeadas de pinheiros e cheias de atividades a um pulinho de Pula, Rovinj e Poreč às paisagens selvagens de Rt Kamenjak e suas enseadas isoladas, a Ístria tem praias para todos (exceto para os fãs obstinados da areia).

**p. 94**

# Kvarner

**Culinária** ✓✓
**Vida selvagem** ✓
**Arquitetura** ✓

**Culinária**
A pequenina enseada de Volosko é um viveiro da autêntica cozinha croata, com diversos *konobas* (estabelecimentos familiares simples) e restaurantes românticos e de alta qualidade.

**Vida selvagem**
Cada uma das ilhas ligadas de Lošinj e Cres abriga ótimos projetos de proteção à vida selvagem: na pequena Veli Lošinj há um fascinante centro de pesquisas de golfinhos no Adriático e, em Cres, há um projeto destinado aos abutres-fouveiros.

**Arquitetura**
Krk tem um núcleo medieval. A pequena mas perfeitamente configurada Rab tem uma série de igrejas e campanários históricos. Os palacetes em Cres, Veli Lošinj e Mali Lošinj apresentam uma forte influência veneziana.

**p. 132**

## Norte da Dalmácia

**Natureza** ✓✓✓
**Cidades** ✓
**Paisagens** ✓✓

### Natureza

A maioria visita a região por causa do litoral, mas há muitos atrativos no interior. Krka e Plitvice têm lindos lagos e cachoeiras. Vá até Paklenica ver montanhas que chegam às nuvens e fazer ótimas caminhadas.

### Cidades

Suas duas cidades oferecem cultura e história que não são turísticas. Šibenik tem indiscutivelmente a catedral mais elegante da Croácia e um notável bairro antigo, enquanto Zadar tem atrações fascinantes, bares descolados e restaurantes.

### Paisagens

Longa, estreita e muito interessante, a Ilha de Pag tem colinas áridas e crestadas pelo sol que somem no mais claro tom de verde. O litoral continental também é impressionante, com o azul do Adriático de um lado e uma barreira de montanhas ao leste.

**p. 168**

## Split e Dalmácia Central

**Praias** ✓✓✓
**Arquitetura** ✓✓
**Atividades** ✓

### Praias

Da divertida Bačvice, a adorada cidade costeira de Split, à Brela, com cascalhos e pinheiros, e Zlatni Rat, na Ilha de Brač, a Dalmácia Central tem algumas das melhores praias do país – populares ou menos frequentadas.

### Arquitetura

Na Dalmácia Central, dois Patrimônios da Humanidade ficam perto um do outro: o animado bairro da era romana que é o Palácio de Diocleciano em Split e o *pot-pourri* arquitetônico da cidade velha de Trogir.

### Atividades

Velejar, mountain bike, caiaque, mergulho, caminhadas, rafting, windsurfe, tomar sol: viajantes esportivos encontrarão de tudo nas variadas paisagens da Dalmácia Central.

**p. 197**

## Dubrovnik e Sul da Dalmácia

**História** ✓✓✓
**Ilhas** ✓✓
**Vinho** ✓

### História

Cidade histórica em uma das localizações mais bonitas do mundo, Dubrovnik é um sonho para a vista, uma delícia de explorar e difícil de ir embora. A cidade de Korčula, menor, mas linda, oferece uma experiência semelhante.

### Ilhas

As pouco povoadas ilhas de Mljet e Korčula e suas florestas de pinheiros são aclamadas, com razão, por sua beleza natural e praias de enseada. Mas não se esqueça da bela Elafitis, da pequena Lokrum ou do encanto da distante Lastovo.

### Vinho

A intocada península de Pelješac é uma das regiões vinícolas emergentes do país. Experimente os tintos encorpados e vibrantes como o *postup* e o *dingač* em uma excursão pelos vinhedos. A vizinha Korčula é famosa pelos vinhos brancos da uva *grk*.

**p. 244**

**Procure estes ícones:**

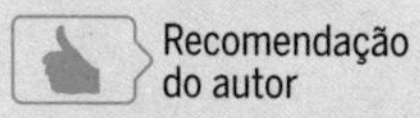
Recomendação do autor

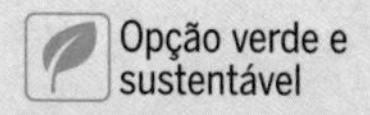
Opção verde e sustentável

GRÁTIS Entrada franca

Veja no índice a lista completa de destinos apresentados por este guia.

# Pé na estrada

# Zagreb

☎01 / POP. 779.145

## Inclui »



## Melhores lugares para comer

» Vinodol (p. 54)
» Tip Top (p. 55)
» Amfora (p. 55)
» Mano (p. 55)

## Melhores lugares para ficar

» Regent Esplanade Zagreb (p. 53)
» Arcotel Allegra (p. 53)
» Palace Hotel (p. 53)
» Hotel Dubrovnik (p. 53)

## Por que ir?

Todo mundo já ouviu falar da costa e das ilhas da Croácia, mas a menção à capital do país ainda gera uma dúvida: "Vale a pena ir?" A resposta é: Zagreb é um ótimo destino, com cultura, arte, música, arquitetura, gastronomia e tudo o que caracterizam uma capital de alto nível.

O visual de Zagreb é uma mistura da mais pura arquitetura austro-húngara e prédios de estilo mais socialista que deixam a desejar – às vezes a combinação não é das melhores. Esta minimetrópole foi feita para se passear pelas ruas, relaxar numa das cafeterias, sempre lotadas, visitar museus e galerias e se divertir com teatro, concertos e filmes. A cidade é agradável ao ar livre o ano inteiro: na primavera e no verão, todos correm para o lago Jarun, a sudoeste, para nadar, passear de barco ou dançar à noite toda nas discotecas que o circundam, enquanto no outono e no inverno os habitantes de Zagreb vão esquiar no monte Medvednica, a uma curta distância de tram, ou caminhar na vizinha Samobor.

## Quando ir

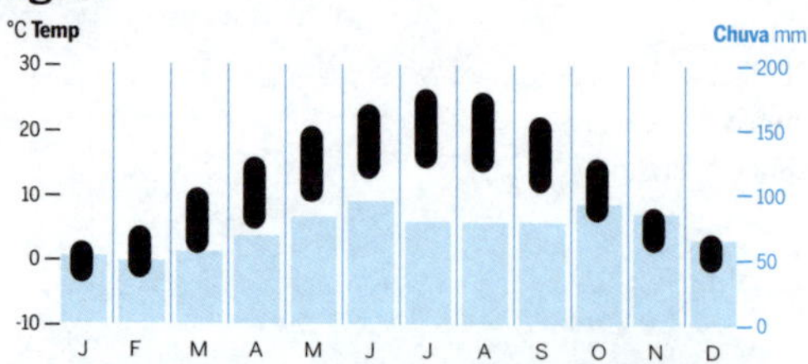


**Abril e maio** A cidade guarda os casacos de inverno e as calçadas dos cafés fervilham com a agitação.

**Junho** Alguns dos melhores festivais de Zagreb animam as ruas e fornecem muito material cultural.

**Setembro e outubro** As pessoas voltam das férias e a cidade exala a energia do verão.

### História

A história conhecida de Zagreb começa nos tempos medievais em dois montes: o Kaptol, onde hoje fica a catedral de Zagreb, e o Gradec. Quando eles se uniram, na metade do século 16, nasceu Zagreb.

A área conhecida agora como Trg Josipa Jelačića se tornou o local das lucrativas feiras comerciais de Zagreb, incentivando construções ao seu redor. No século 19, a economia se expandiu com o desenvolvimento de um próspero comércio de roupas e a linha de trem conectando Zagreb a Viena e a Budapeste. A vida cultural da cidade também ganhou força.

Zagreb foi ainda o centro do movimento ilírio (veja p. 289). O conde Janko Drašković, senhor do Castelo Trakošćan, publicou um manifesto em ilírio em 1832, e a convocação do renascimento nacional se espalhou pela Croácia. O sonho se realizou quando a Croácia se uniu ao Reino dos Servos, Croatas e Eslovenos depois da Primeira Guerra.

No período entre as duas guerras mundiais, surgiram bairros operários em Zagreb entre a linha de trem e o rio Sava, e foram construídos novos distritos residenciais nas escarpas do monte Medvednica. Em abril de 1941, os alemães invadiram a Iugoslávia, e Zagreb não ofereceu resistência quando chegaram. Ante Pavelić e os Ustaše logo proclamaram o estabelecimento do Estado Independente da Croácia (Nezavisna Država Hrvatska), tendo Zagreb como capital (veja p. 291). Apesar de Pavelić ter governado seu estado fascista em Zagreb até 1944, nunca teve muito apoio na capital, que se manteve ao lado dos guerrilheiros de Tito.

Na Iugoslávia do pós-guerra, Zagreb (para o seu próprio desgosto) ficou para trás de Belgrado, mas continuou a crescer e tornou-se a capital da Croácia em 1991, no mesmo ano da independência do país.

## Atrações

Por ser a parte mais antiga de Zagreb, a Cidade Alta (Gornji Grad), que inclui os bairros de Gradec e Kaptol, possui construções e igrejas históricas que datam dos primeiros séculos da história local. A Cidade Baixa (Donji Grad), localizada entre a Cidade Alta e a estação de trem, tem os museus de arte mais interessantes da cidade e belos exemplares da arquitetura dos séculos 19 e 20.

### CIDADE ALTA

**Catedral da Assunção da Sagrada Virgem Maria** IGREJA

(Katedrala Marijina Uznešenja; Kaptol; ⏲10-17h seg-sáb, 13-17h dom) A praça Kaptol é dominada pela catedral, antes conhecida como de Santo Estevão. As duas torres – quase sempre em reforma – se elevam sobre a cidade. A construção começou na segunda metade do século 13, tendo como modelo a Igreja de Santo Urbano em Troyes, na França.

### ZAGREB EM...

**Dois dias**

Comece o dia com um passeio pela Strossmayerov trg, o oásis verde de Zagreb. Passe pela **Galeria Strossmayer dos Grandes Mestres** e depois ande até a **Trg Josipa Jelačića**, o centro da cidade.

Siga para a **praça Kaptol** para uma visita à **catedral**, centro da vida religiosa de Zagreb. Ainda na Cidade Alta, compre umas frutas no **mercado Dolac** ou almoce no **Kerempuh**. Depois, vá conhecer o trabalho do maior escultor da Croácia no **Ateliê Meštrović** e veja o legado de arte naïf do país no **Museu Croata de Arte Naïf** ou uma exposição de arte contemporânea na **galeria Klovićevi Dvori**. Aprecie o relevo da cidade do alto da **torre Lotrščak** e depois passe a noite pulando de bar em bar na **Tkalčićeva**.

No segundo dia, faça um tour pelos museus da Cidade Baixa, reserve duas horas para o **Museu Mimara**. Almoce no **Tip Top** e descanse um pouco no **Jardim Botânico**. O melhor lugar no começo da noite é a **Preradovićev trg**, antes de ir jantar e conhecer a vida noturna de Zagreb.

**Quatro dias**

O terceiro dia deve incluir o agradável **cemitério Mirogoj**, com uma parada no **Medvedgrad** ou no **parque Maksimir**.

No quarto dia, faça uma viagem a **Samobor**, uma cidadezinha cheia de charme.

# Destaques de Zagreb

1. Tomar café ou uma bebida ao ar livre na **Tkalčićeva** (p. 57)
2. Antenar-se com a mais moderna arte croata no **Museu de Arte Contemporânea de Zagreb** (p. 49)
3. Caminhar pelas ruas sinuosas da **Cidade Alta** (p. 39)
4. Curtir as pinturas e esculturas do **Museu Mimara** (p. 47)
5. Fazer um piquenique no **parque Maksimir** (p. 50)
6. Refletir sobre a finitude entre árvores e túmulos no **Mirogoj** (p. 49)
7. Depois de um dia de caminhada, entupir-se de *štrukli* (bolinhos recheados de queijo cottage) em **Samobor** (p. 65)

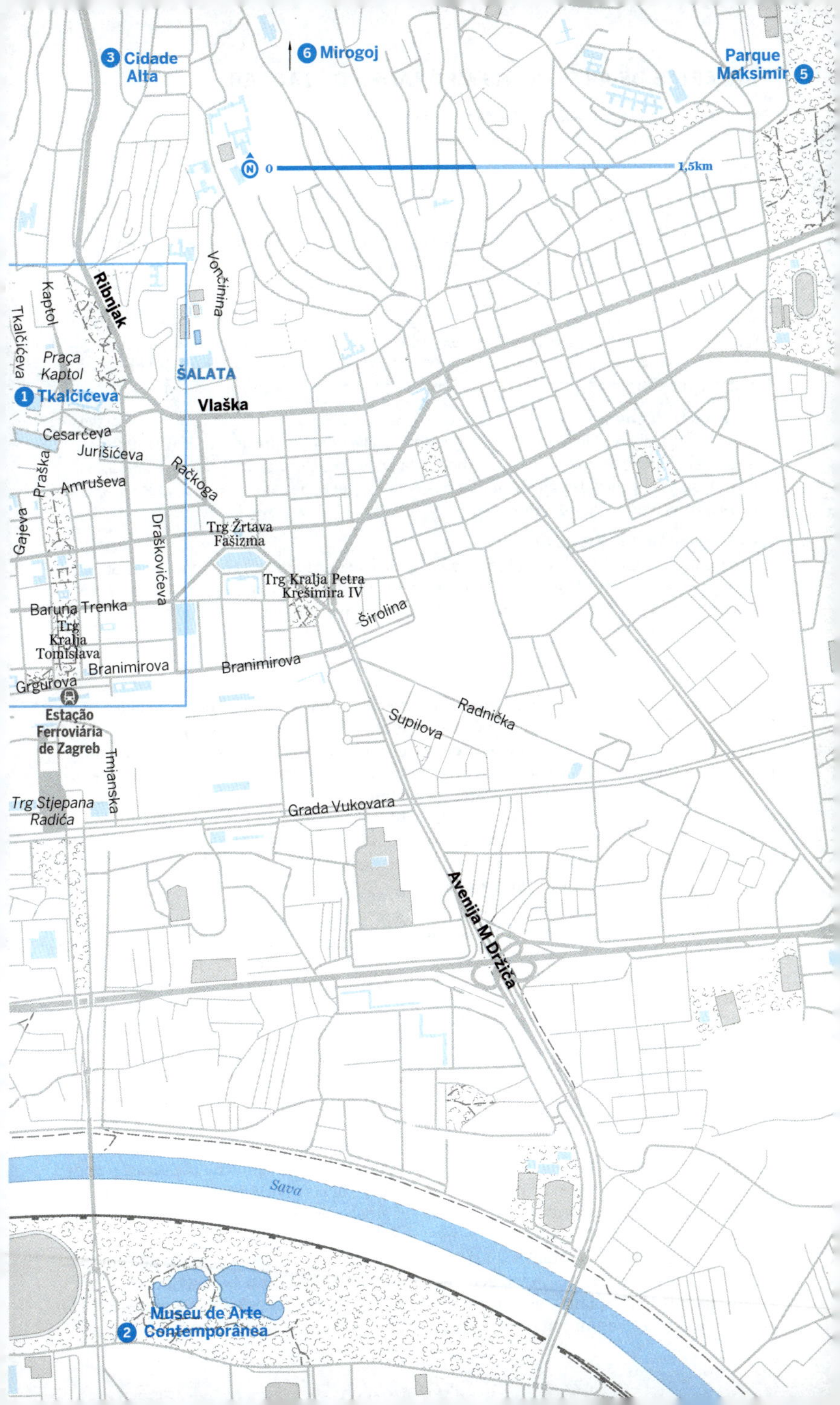

3 Cidade Alta
6 Mirogoj
Parque Maksimir 5
0
1,5km
Ribnjak
Kaptol
Tkalčićeva
Vončinina
Praça Kaptol
ŠALATA
1 Tkalčićeva
Vlaška
Cesarćeva
Jurišićeva
Praška
Račkoga
Amruševa
Gajeva
Draškovićeva
Trg Žrtava Fašizma
Trg Kralja Petra Krešimira IV
Širolina
Baruna Trenka
Trg Kralja Tomislava
Branimirova
Branimirova
Grgurova
Estação Ferroviária de Zagreb
Radnička
Supilova
Trnjanska
Trg Stjepana Radića
Grada Vukovara
Avenija M Držića
Sava
Museu de Arte Contemporânea
2

## GALERIAS DE ARTE CONTEMPORÂNEA DE ZAGREB

A energia criativa palpável de Zagreb é impulsionada por jovens artistas ambiciosos e pouco convencionais. Estes são alguns dos locais sem fins lucrativos onde você encontra arte local, boa parte tratando da transição da sociedade croata.

**Galerija Nova** GALERIA

(Teslina 7; entrada franca; ⌚12-20h ter-sex, 11-14h sáb) Espaço independente de arte administrado pelo coletivo curatorial **WHW (What, How & for Whom?**, ou **Što, Kako i za Koga?** em croata, ou **O quê, como e para quem?)** famoso por explorar questões políticas e sociais controversas. O pequeno espaço tem uma ativa programação anual.

**Galerija Studentski Centar** GALERIA

(Savska 25; entrada franca; ⌚12-20h ter-sex, 11-13h sáb) Você vai ver obras de alguns dos artistas mais jovens da Croácia neste espaço dedicado à arte conceitual. Além de instalações e projetos interativos apresenta peças de teatro, shows e festivais.

**Galerija Galženica** GALERIA

(www.galerijagalzenica.info; Trg Stjepana Radića 5, Velika Gorica; entrada franca; ⌚10-19h ter-sex, até 13h sáb) Esta galeria supermoderna em Velika Gorica, uma cidade vizinha, dá ênfase à arte surgida com as mudanças sociais, políticas e culturais sofridas pela Croácia nos últimos quinze anos.

**Galerija Miroslav Kraljević** GALERIA

(www.g-mk.hr; Šubićeva 29; entrada franca; ⌚12-19h ter-sex, 11-13h sáb) Fundado em 1986, o espaço de arte contemporânea se dedica à arte visual. Tem um repertório dinâmico de exposições, palestras, apresentações e programas de residência.

Embora a estrutura original gótica da catedral tenha sido remodelada muitas vezes, a sacristia ainda abriga um ciclo de **afrescos** que data do século 13. Posto mais avançado da cristandade no século 15, a catedral era cercada de muros com torres – uma delas ainda pode ser vista do lado leste. Um terremoto em 1880 danificou muito a catedral, a reconstrução em estilo neogótico começou perto da virada do século 20.

Apesar das cicatrizes estruturais, há muito que admirar em seu interior. Não perca o **tríptico** de Albrecht Dürer no altar lateral; os altares, as estátuas e o púlpito barrocos de mármore; e o **túmulo do Cardeal Alojzije Stepinac**, de Ivan Meštrović.

Se não estiver trajado adequadamente, você pode ser proibido de entrar – não são permitidos shorts ou blusas sem manga.

**Mercado Dolac** MERCADO DE COMIDA

(⌚6-15h seg-sáb, até as 13h dom) O mercado de frutas e verduras de Zagreb fica ao norte da Trg Josipa Jelačića. Comerciantes de toda a Croácia vêm vender seus produtos no movimentado centro das atividades diárias da cidade. O sobe e desce no Dolac acontece desde os anos 1930, quando as autoridades da cidade estabeleceram um espaço para o mercado na "fronteira" entre a Cidade Alta e a Baixa. A parte principal fica na praça elevada; no nível da rua, as barracas cobertas que vendem carne e laticínios e, pouco mais adiante em direção à praça, flores. As barracas mais ao norte têm produtos locais, como mel, enfeites artesanais e comida superbarata.

**Praça Kaptol** PRAÇA HISTÓRICA

A Cidade Alta medieval se concentra na praça Kaptol, onde a maioria das construções data do século 17. Não deixe de dar uma espiada no **Portão de Pedra**, o portão leste da cidade medieval de Gradec, agora um santuário. Conta a lenda que um grande incêndio em 1731 destruiu toda a parte de madeira do portão, exceto a pintura da Virgem com o Menino de autoria de um artista desconhecido do século 17. As pessoas acreditam que o quadro tem poderes mágicos e vêm regularmente rezar, acender velas e deixar flores diante dele. Há agradecimentos e louvores à Virgem gravados nas pedras da praça.

Na fachada oeste do Portão de Pedra fica a **estátua de Dora**, heroína de um romance histórico do século 18 que morava com o pai perto desse portão.

**Torre Lotrščak** CONSTRUÇÃO HISTÓRICA
(Kula Lotrščak; Strossmayerovo Šetalište 9; inteira/meia 10/5KN; ⌚10-20h) A torre foi construída na metade do século 13 para proteger o portão sul da cidade. Nos últimos cem anos, todos os dias, ao meio-dia, é disparado um tiro de canhão para comemorar um acontecimento histórico: segundo a lenda, o canhão foi disparado ao meio-dia contra turcos acampados do outro lado do rio Sava. No caminho, a bala atingiu um galo, que ficou em pedacinhos. O fato teria assustado os turcos, que desistiram de atacar a cidade. Uma explicação menos fantasiosa é que o tiro de canhão permite que as igrejas sincronizem os seus relógios.

É possível subir na torre para ter uma visão de 360 graus da cidade. Próximo ao local há o **funicular** (4KN), que foi construído em 1888 e faz a ligação entre a Cidade Alta e a Baixa.

**Igreja de São Marcos** IGREJA
(Crkva Svetog Marka; Markov trg; ⌚7h30-18h30) Esta igreja do século 13 é uma das construções mais emblemáticas de Zagreb. O telhado colorido, construído em 1880, exibe o brasão de armas medieval da Croácia, Dalmácia e Eslovênia do lado esquerdo, e o emblema de Zagreb do lado direito. O portal gótico composto por quinze estatuetas em nichos rasos foi esculpido no século 14. No interior há esculturas de Meštrović. Só é possível acessar o pátio de entrada durante o horário de funcionamento acima. A igreja mesmo só abre no horário das missas.

**Museu Croata de Arte Naïf** MUSEU DE ARTE
(Hrvatski Muzej Naivne Umjetnosti; www.hmnu.org; Ćirilometodska 3; inteira/meia 20/10KN; ⌚10-18h ter-sex, até as 13h sáb e dom) Se você gosta da arte naïf da Croácia, estilo em voga no país e no mundo todo nos anos 1960 e 1970, este pequeno museu é um prato cheio. Ele abriga mais de mil pinturas, desenhos e esculturas de alguns dos mais importantes artistas do gênero, como Generalić, Mraz, Virius e Smaljić. Mais sobre esses artistas na p. 76.

**DÊ A SUA OPINIÃO**

Achou um restaurante fantástico e quer partilhar a sua descoberta com o mundo todo? Discorda das nossas recomendações? Ou quer só falar sobre a sua última viagem?

Qualquer que seja o motivo, visite o lonelyplanet.com, onde você pode postar resenhas, fazer ou responder perguntas no fórum Thorntree, comentar algum blog ou partilhar fotos e dicas nos grupos de discussões. Ou simplesmente conversar com viajantes que gostam das mesmas coisas que você. Vamos lá, dê a sua opinião.

**Ateliê Meštrović** COLEÇÃO DE ARTE
(Mletačka 8; inteira/meia 30/15KN; ⌚10-16h ter-sex, até as 14h sáb e dom) O artista mais renomado da Croácia é Ivan Meštrović. Sua casa, uma construção do século 17 onde ele trabalhou e viveu de 1922 a 1942, é agora o Ateliê Meštrović. A excelente coleção tem cerca de cem esculturas, desenhos, litografias e mobiliário das primeiras quatro décadas da vida artística dele. Meštrović, que também foi arquiteto, projetou ele mesmo muitas partes da casa.

**Museu da Cidade** MUSEU
(Muzej Grada Zagreba; www.mgz.hr; Opatička 20; inteira/meia 20/10KN; ⌚10-16h ter-sex, 11-19h sáb, 10-14h dom) O Museu da Cidade localiza-se no Convento de Santa Clara, do século 17. Desde 1907, o convento abriga um museu histórico que apresenta a história de Zagreb através de documentos, arte, artesanato e exposições interativas que as crianças adoram. Veja a maquete da antiga Gradec. Há resumos em inglês sobre os objetos expostos em todas as salas.

**Galerija Klovićevi Dvori** GALERIA DE ARTE
(www.galerijaklovic.hr; Jezuitski trg 4; inteira/meia 30/20KN; ⌚11-19h ter-dom) Instalada em um antigo convento jesuíta, é o espaço de maior prestígio na cidade para exposições de arte moderna croata ou internacional. Já foram realizadas exposições de Picasso e Chagall, assim como de coleções de artistas de destaque da Croácia, como Lovro Artuković e Ivan Lovrenčić. A loja da galeria vende lembranças no estilo artístico, e há um café agradável no anexo.

**Igreja Jesuíta de Santa Catarina** IGREJA
(Crkva Svete Katarine; Katarinin trg; ⌚10h seg-sex, 11h dom, abre na hora da missa) Esta bela igreja barroca foi erguida entre 1620 e 1632. Apesar de ter sido vítima de um incêndio e um terremoto, a fachada ainda reluz e o interior contém um belo altar que data de 1762. O reboco data de 1720 e há medalhões do século 18 retratando a vida de Santa Catarina no teto da nave.

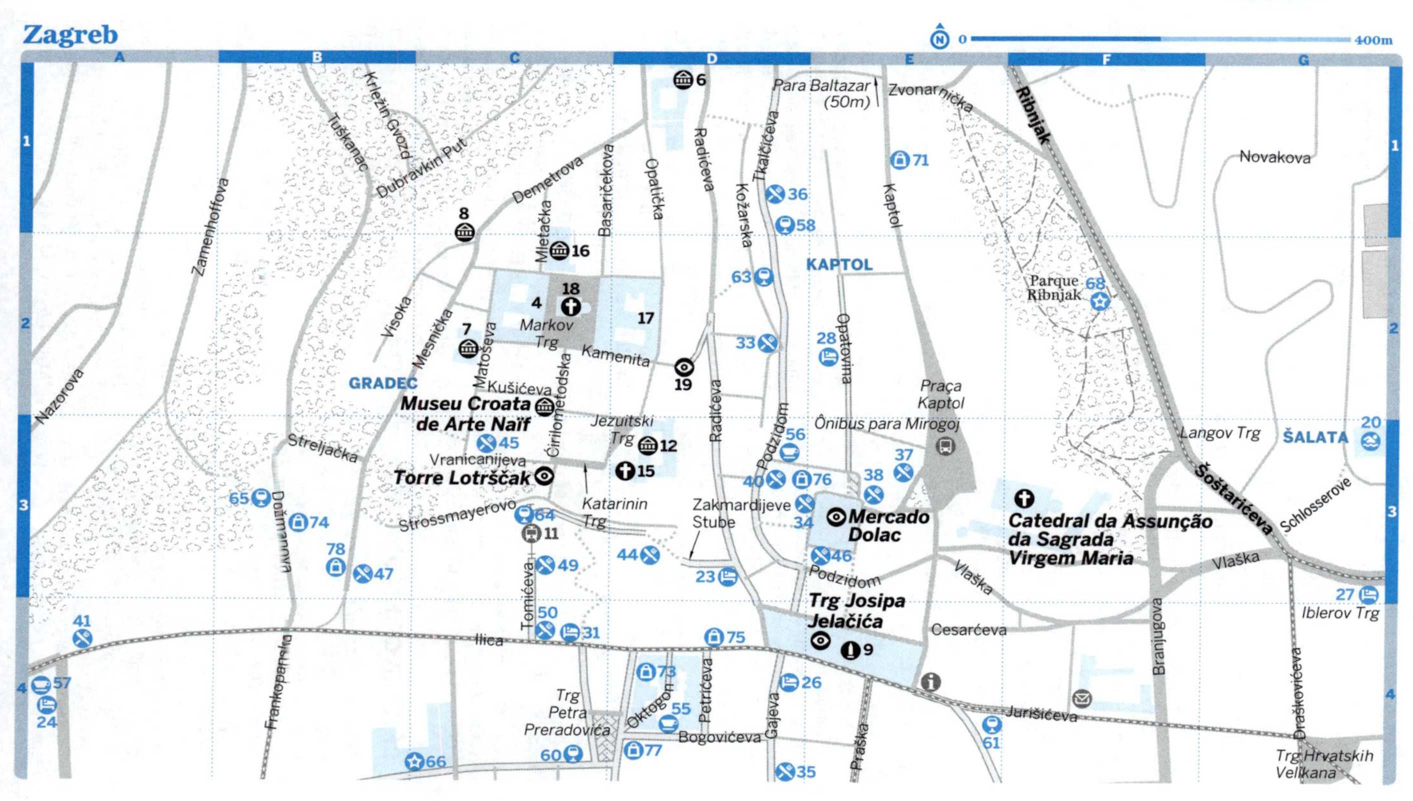
Zagreb
0
400m
Para Baltazar (50m)
Zvonarnička
Ribnjak
Novakova
Tuškanac
Krležin Gvozd
Dubravkin Put
Demetrova
Zamenhoffova
Mletačka
Basaričekova
Opatička
Radićeva
Tkalčićeva
Kožarska
Kaptol
KAPTOL
Parque Ribnjak
Markov Trg
Kamenita
Visoka
Mesnička
Matoševa
Nazorova
GRADEC
Kušićeva
Museu Croata de Arte Naïf
Ćirilometodska
Jezuitski Trg
Opatovina
Praça Kaptol
Ônibus para Mirogoj
Podzidom
Langov Trg
ŠALATA
Streljačka
Vranicanijeva
Torre Lotrščak
Katarinin Trg
Zakmardijeve Stube
Mercado Dolac
Šoštarićeva
Schlosserove
Catedral da Assunção da Sagrada Virgem Maria
Strossmayerovo
Dežmanova
Vlaška
Iblerov Trg
Tomićeva
Trg Josipa Jelačića
Cesarćeva
Ilica
Branjugova
Frankopanska
Petrićeva
Gajeva
Trg Petra Preradovića
Oktogon
Bogovićeva
Praška
Jurišićeva
Draškovićeva
Trg Hrvatskih Velikana
A
B
C
D
E
F
G
1
2
3
4

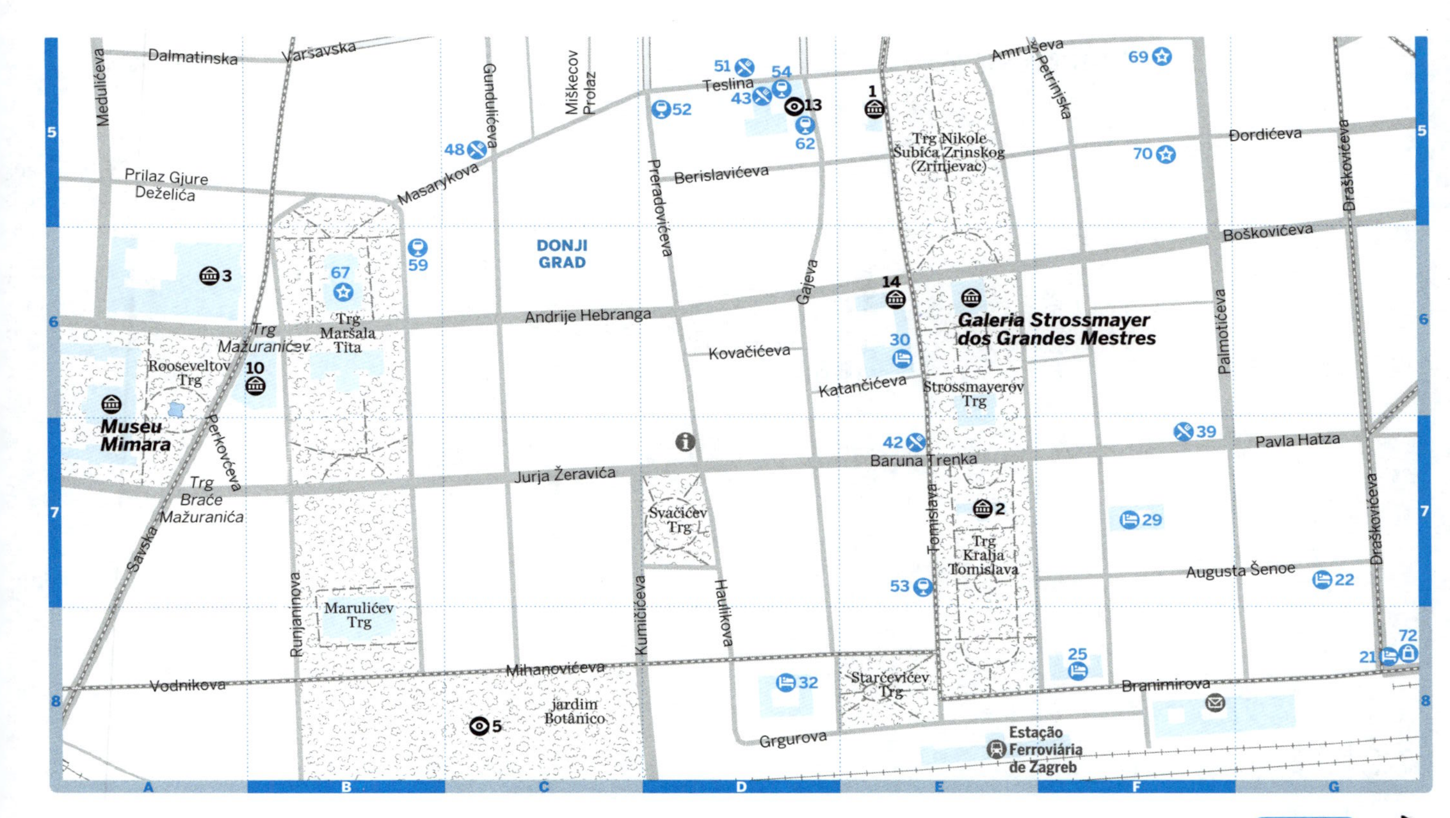
Museu Mimara
Galeria Strossmayer dos Grandes Mestres
DONJI GRAD
Estação Ferroviária de Zagreb
Jardim Botânico
Trg Nikole Šubića Zrinskog (Zrinjevac)
Strossmayerov Trg
Trg Kralja Tomislava
Starčevićev Trg
Svačićev Trg
Marulićev Trg
Trg Maršala Tita
Trg Mažuranićev
Rooseveltov Trg
Trg Braće Mažuranića
Medulićeva
Dalmatinska
Varšavska
Gundulićeva
Miškecov Prolaz
Teslina
Amruševa
Petrinjska
Đorđićeva
Draškovićeva
Prilaz Gjure Deželića
Masarykova
Preradovićeva
Berislavićeva
Boškovićeva
Gajeva
Andrije Hebranga
Kovačićeva
Katančićeva
Palmotićeva
Pavla Hatza
Baruna Trenka
Jurja Žeravića
Perkovčeva
Savska
Tomislava
Augusta Šenoe
Runjaninova
Kumičićeva
Haulikova
Mihanovićeva
Vodnikova
Branimirova
Grgurova
1
2
3
5
10
13
14
21
22
25
29
30
32
39
42
43
48
51
52
53
54
59
62
67
69
70
72
A
B
C
D
E
F
G
5
6
7
8

# Zagreb

**Destaques**

Catedral da Assunção da Sagrada Virgem Maria ... F3
Museu Croata de Arte Naïf ... C2
Mercado Dolac ... E3
Torre Lotrščak ... C3
Museu Mimara ... A6
Galeria Strossmayer dos Grandes Mestres .. E6
Trg Josipa Jelačića ... E4

**Atrações**

1 Museu Arqueológico ... E5
2 Pavilhão de Arte ... E7
3 Museu de Artes e Ofícios ... A6
4 Banski Dvori ... C2
5 Jardim Botânico ... C8
6 Museu da Cidade ... D1
7 Museu de História Croata ... C2
8 Museu Croata de História Natural ... C1
9 Estátua equestre ... E4
10 Museu Etnográfico ... B6
Fonte ... (veja 12)
11 Trilhos do Funicular ... C3
12 Galerija Klovićevi Dvori ... D3
13 Galerija Nova ... D5
14 Galeria de Arte Moderna ... E6
15 Igreja Jesuíta de Santa Catarina ... D3
16 Ateliê Meštrović ... C2
17 Sabor ... D2
18 Igreja de São Marcos ... C2
Estátua de Dora ... (veja 19)
19 Portão de Pedra ... D2

**Atividades, cursos e visitas guiadas**

20 Centro Esportivo e Recreativo Šalata ... G3

**Onde dormir**

21 Arcotel Allegra ... G8
22 Evistas ... G7
23 Fulir Hostel ... D3
24 Hobo Bear Hostel ... A4
25 Hotel Central ... F8
26 Hotel Dubrovnik ... D4
27 Hotel Jadran ... G3
28 Krovovi Grada ... E2
29 Omladinski Hotel ... F7
30 Palace Hotel ... E6
31 Pansion Jägerhorn ... C4
32 Regent Esplanade Zagreb ... D8

**Onde comer**

33 Agava ... D2
34 Amfora ... D3
35 Boban ... D4
36 Ivica i Marica ... D1
37 Kaptolska Klet ... E3
38 Kerempuh ... E3
39 Konoba Čiho ... F7
40 Nocturno ... D3
41 Nova ... A4
42 Pekarnica Dora ... E7
43 Pingvin ... D5
44 Pod Gričkim Topom ... D3
45 Prasac ... C3
46 Rubelj ... E3
47 Stari Fijaker 900 ... B3
48 Tip Top ... C5
49 Vallis Aurea ... C3
50 Vincek ... C4
51 Vinodol ... D5
Zinfandel's ... (veja 32)

**Onde beber**

52 Apartman ... D5
53 Bacchus ... E7
54 BP Club ... D5
55 Bulldog ... D4
56 Cica ... D3
57 Eli's Cafe ... A4
58 Funk Club ... D1
59 Hemingway ... B6
60 Kino Europa ... C4
61 Klub Kino Grič ... E4
62 Lemon ... D5
63 Melin ... D2
64 Stross ... C3
65 Velvet ... B3

**Entretenimento**

66 Instituto Croata de Música ... C4
67 Teatro Nacional da Croácia ... B6
68 Purgeraj ... F2
69 Rush Club ... F5
70 Studio Mobilus ... F5

**Onde comprar**

71 Bornstein ... E1
72 Branimir Centar ... G8
73 Croata ... D4
74 I-GLE ... B3
75 Nama ... D4
76 Natura Croatica ... D3
77 Profil Megastore ... D4
78 Prostor ... B3

### Museu Croata de História Natural MUSEU

(Hrvatski Prirodoslovni Muzej; Demetrova 1; inteira/meia 20/15KN; ⌚10-17h ter-sex, até as 13h sáb e dom) Este museu abriga uma coleção de ossos e ferramentas pré-históricas escavados na caverna Krapina e também exemplares que mostram a evolução da vida animal e vegetal na Croácia. Exposições temporárias geralmente enfocam regiões específicas. Observe que, no verão, o museu fecha às 20h às terças e às 19h aos sábados.

### Sabor PRÉDIO DO PARLAMENTO

O lado leste da Markov trg é ocupado pelo *sabor* (parlamento) croata, construído em 1910 no local onde antes existiam casas barrocas geminadas dos séculos 17 e 18. O estilo neoclássico fica bem deslocado na praça, mas a importância histórica deste prédio é inegável – a separação da Croácia do Império Austro-Húngaro foi proclamada do seu terraço, em 1918. É o centro da política croata hoje.

### Banski Dvori PALÁCIO

(Palácio de Ban; Markov trg) Já foi sede dos vice-reis croatas. Hoje, o palácio presidencial – composto por duas mansões barrocas – abriga tribunais, arquivos e escritórios do governo. Em 1991 o palácio foi bombardeado pelo exército federal em uma tentativa de assassinato (acreditam alguns) contra o presidente Franjo Tuđman. De junho a outubro, acontece a cerimônia de troca da guarda, todo sábado e domingo ao meio-dia.

### Museu de História Croata MUSEU DE HISTÓRIA

(Hrvatski Povijesni Muzej; www.hismus.hr; Matoševa 9; inteira/meia 10/5KN; ⌚10-18h seg-sex, até 13h sáb e dom) Localizado em um lindo prédio barroco, o Museu de História Croata exibe uma coleção bastante interessante de bandeiras, pedras, arte, fotografias, documentos e mapas que retratam a história da Croácia.

## CIDADE BAIXA

### Trg Josipa Jelačića PRAÇA

O principal ponto de referência de Zagreb e coração geográfico da cidade é a Trg Josipa Jelačića. É onde a maioria das pessoas combina de se encontrar e quem quiser observar gente interessante pode se sentar em um dos cafés e ficar olhando as pessoas que descem dos trams se cumprimentar e desaparecer entre os vendedores de flores e de jornais.

O nome da praça vem de Ban Jelačić, o *ban* (vice-rei ou governador) do século 19 que levou soldados croatas a uma batalha contra a Hungria na esperança de ganhar mais autonomia para o seu povo, mas foi derrotado. A **estátua equestre** de Jelačić marcou presença na praça de 1866 a 1947, quando Tito ordenou sua remoção, por estar associada ao nacionalismo croata. O governo de Franjo Tuđman desenterrou-a do depósito e, em 1990, ela voltou à praça.

A maioria das construções data do século 19; veja os relevos do escultor Ivan Meštrović no nº 4.

### Museu Mimara MUSEU

(Muzej Mimara; Roosveltov trg 5; inteira/meia 40/30KN; ⌚10-17h ter, qua, sex e sáb; até 19h qui; até as 14h dom out-jun; 10-19h ter-sex; até 17h sáb; até 14h dom jul-set) A variada coleção particular – a melhor da cidade – pertencia a Ante Topić Mimara, que doou mais de 3.750 peças de valor inestimável para Zagreb, onde nasceu, apesar de ter passado a maior parte de sua vida em Salzburgo, na Áustria.

Instalada em um prédio neorrenascentista que foi uma escola (1883), a coleção abrange uma ampla gama de períodos e regiões. Há uma seção de arqueologia com duzentos itens; objetos de arte do Extremo Oriente; uma coleção de vidro, tecidos e mobiliário que abrange séculos; e mil objetos de arte europeus.

Na coleção de pintura, veja as obras de Rafael, Caravaggio, Rembrandt, Bosch, Velázquez, Goya, Delacroix, Manet, Renoir e Degas.

### Galeria Strossmayer dos Grandes Mestres MUSEU DE ARTE

(Strossmayerova Galerija Starih Majstora; www.mdc.hr/strossmayer; Trg Nikole Šubića Zrinskog 11; inteira/meia 10/5KN; ⌚10-19h ter, até 16h qua-sex, até 13h sáb e dom) Este museu está instalado na Academia Croata de Artes e Ciências, belo prédio neorrenascentista do século 19, e abriga a admirável coleção de arte doada à cidade pelo bispo Strossmayer em 1884.

O museu inclui mestres italianos dos séculos 14 a 19, como Tintoretto, Veronese e Tiepolo; pintores flamengos e holandeses, como J. Brueghel o Jovem, o francês Proudhon e o espanhol El Greco; e os artistas clássicos croatas Medulić e Benković.

No pátio interno está a **Estela Baška** (Baščanska ploča), uma placa de pedra vinda da ilha de Krk, em que é possível ver o mais antigo exemplo da escrita eslava, datado de 1102. Há também uma **estátua do bispo Strossmayer**, obra de Ivan Meštrović.

**Museu Arqueológico** MUSEU
(Arheološki Muzej; www.amz.hr; Trg Nikole Šubića Zrinskog 19; inteira/meia 20/10KN; ⌚10-17h ter, qua e sex, até as 20h qui, até as 13h sáb e dom) As peças aqui datam desde os tempos pré-‑históricos. Entre as mais interessantes está a **Vučedolska golubica** (Pomba Vučedol), incensório de porcelana de 4 mil anos encontrado perto de Vukovar. O "pássaro" tornou-‑se símbolo de Vukovar e da paz. As **múmias egípcias** são fascinantes, há sons e luzes ambientes projetados para provocar reflexão. A **coleção de moedas** é uma das mais importantes da Europa, com cerca de 260 mil moedas, medalhas, medalhões e condecorações. O pátio, com uma coleção de **monumentos romanos** dos séculos 5º e 4º a.C., funciona como café ao ar livre no verão.

**Museu Etnográfico** MUSEU
(Etnografski Muzej; www.emz.hr; Trg Mažuranićev 14; inteira/meia 15/10KN, qui grátis; ⌚10-18h ter-‑qui, até as 13h sex-dom) O patrimônio etnográfico da Croácia está catalogado neste museu, dentro de um prédio abobadado de 1903. Dos 70 mil itens, cerca de 2.750 estão expostos, incluindo cerâmica, joalheria, instrumentos musicais, ferramentas, armas e vestimentas folclóricas croatas, como lenços bordados a ouro da Eslavônia e renda da Ilha de Pag. Graças a doações dos exploradores croatas Mirko e Stevo Seljan, há também artefatos da América do Sul, Congo, Etiópia, China, Japão, Nova Guiné e Austrália. São apresentadas muitas exposições temporárias no segundo andar.

**Museu de Artes e Ofícios** MUSEU
(Muzej za Umjetnost i Obrt; www.muo.hr, em croata; Trg Maršala Tita 10; inteira/meia 30/20KN; ⌚10-17h ter, qua, sex e sáb, até as 22h qui, até as 14h dom) Construído entre 1882 e 1892, o museu exibe mobiliário, tecidos, metalurgia, cerâmica e vidro que datam da Idade Média aos dias de hoje. É possível ver esculturas góticas e barrocas do norte da Croácia, além de pinturas, gravuras, sinos, fogões, anéis, relógios, encadernações, brinquedos, fotos e desenho industrial. O museu abriga uma biblioteca importante e, com frequência, exposições temporárias.

**Galeria de Arte Moderna** GALERIA DE ARTE
(Moderna Galerija; www.moderna-galerija.hr; Andrije Hebranga 1; inteira/meia 40/20KN; ⌚10-‑18h ter-sex, até as 13h sáb e dom) A galeria de arte moderna tem uma esplêndida coleção de artistas croatas dos últimos duzentos anos, incluindo mestres dos séculos 19 e 20, como Bukovac, Mihanović e Račić. Boa visão geral do vibrante cenário artístico.

**Pavilhão de Arte** CENTRO DE EXPOSIÇÕES
(Umjetnički Paviljon; www.umjetnicki-paviljon.hr; Trg Kralja Tomislava 22; inteira/meia 30/15KN;

## ARTE VERSUS HISTÓRIA

A **Associação Croata de Artistas Visuais** (Hrvatsko Društvo Likovnih Umjetnika; www.hdlu.hr; Trg Žrtava Fašizma bb; inteira/meia 15/10KN; ⌚11-19h ter-sex, 10-14h sáb e dom) é uma das poucas obras arquitetônicas de Ivan Meštrović e uma construção com algumas encarnações fascinantes, que resumem claramente a história da região.

Projetado por Meštrović em 1938 para ser um pavilhão de exposições, o prédio homenageava o rei Petar Karađorđević – soberano do Reino dos Sérvios, Croatas e Eslovenos –, o que desagradou os nacionalistas croatas. Com o início do governo fascista da Croácia, o local foi rebatizado como Centro dos Artistas de Zagreb, em maio de 1941, por poucos meses, quando Ante Pavelić, o líder fascista da Croácia, ordenou que todas as obras de arte fossem removidas do prédio, que seria transformado em mesquita. Segundo ele, isso faria a população muçulmana local se sentir em casa na Croácia. Houve movimentos de desaprovação por parte dos artistas, mas o prédio foi significativamente reestruturado e acabou circundado por três minaretes.

Com o estabelecimento da Iugoslávia socialista, a mesquita foi fechada e o intuito original do prédio retomado, mas o governo o rebatizou como Museu da Libertação do Povo. Uma exposição permanente foi organizada e, em 1949, os minaretes foram derrubados. Em 1951, um arquiteto chamado V Richter se propôs a fazer com que o prédio voltasse à forma original, de acordo com o projeto de Meštrović. Desde então, é um espaço para exposições, sendo utilizado por uma associação sem fins lucrativos de artistas croatas. Apesar de ter sido rebatizado como Associação Croata de Artistas Visuais pelo novo governo do país, em 1991, todo mundo em Zagreb ainda o conhece como "a antiga mesquita".

QUEM SABE, SABE

## IVANA VUKŠIĆ: FUNDADORA E DIRETORA DO MUSEU DE ARTE DE RUA DE ZAGREB

Inaugurado na primavera de 2010, o Museu de Arte de Rua de Zagreb não tem uma sede física fixa, horário de funcionamento, curadores ou vernissages pomposos, pelo menos é assim que a diretora do museu, Ivana Vukšić, define a iniciativa, concebida como uma série de projetos. O primeiro deles, concluído com sucesso quando foram cedidos 450 m do muro que separa a rua Branimirova dos trilhos de trem a oitenta artistas.

A seguir, Ivana nos convida para eventos artísticos e culturais da cena cultural de Zagreb.

### As melhores galerias de arte

As galerias mais interessantes para descobrir novas tendências da arte da Croácia são a **Galerija Studentski Centar**, a **Galerija Galženica** e a **Galerija Miroslav Kraljević**. A programação desses espaços sempre surpreende, com conceitos inovadores e trabalhos de primeira apresentados em ambientes despretensiosos.

### Os melhores eventos culturais

Os eventos de Zagreb muitas vezes são previsíveis, já que a cidade não possui uma produção cultural independente. Para fãs de cinema, dois eventos imperdíveis são o **Festival de Cinema de Zagreb** e o **Zagrebdox** (www.zagrebdox.net). O delicioso festival de rua **Cest is D'Best** movimenta Zagreb todo verão, transformando-a num circo contínuo.

⏲11-19h ter-sáb, 10-13h dom) O prédio amarelo do Pavilhão de Arte apresenta exposições temporárias de arte contemporânea. Construído em 1897 em um admirável estilo *art nouveau*, o pavilhão é o único espaço em Zagreb projetado para grandes exposições. A galeria fecha as portas do meio julho ao fim de agosto.

**Jardim Botânico** JARDIM

(Botanički Vrt; Mihanovićeva bb; ⏲9h-14h30 seg e ter, 9-19h qua-dom abr-out) Se você quer dar um tempo na peregrinação por museus e galerias, visite este agradável refúgio verdejante. Projetado em 1890, o jardim tem 10 mil espécies de plantas, incluindo 1.800 da flora tropical. O paisagismo criou recantos e caminhos tranquilos, que parecem outro mundo, perto do burburinho da cidade.

### NOVI ZAGREB

**Museu de Arte Contemporânea** MUSEU DE ARTE

(Muzej Suvremene Umjetnosti; www.msu.hr; Avenija Dubrovnik 17; inteira/meia 30/15KN, primeira qua do mês grátis; ⏲11-19h ter-dom, 11-22h qui) Instalado em um espetacular prédio funcionalista recém-construído, obra da estrela da arquitetura local Igor Franić, o novo e vistoso museu tem exposições individuais ou coletivas temáticas de artistas croatas e internacionais nos seus 1.500 m². A mostra permanente, chamada Coleção em Movimento, exibe 620 trabalhos supermodernos de 240 artistas, cerca de metade deles croata. Veja a obra interativa *Escorrrregador duplo*, do belga Carsten Holler, e a instalação *Ženska Kuća*, da artista mais destacada da Croácia, Sanja Iveković, sobre violência contra mulheres. A fachada de mídia voltada para a movimentada avenida é a maior da Europa Central. Extensa programação de filmes, teatro, concertos e arte performática o ano todo.

### NORTE AO CENTRO

**Mirogoj** CEMITÉRIO

(⏲6-20h abr-set, 7h30-18h out-mar) A dez minutos do centro da cidade pegando o ônibus 106 que sai da catedral (ou uma caminhada de meia hora por ruas arborizadas), é um dos cemitérios mais bonitos da Europa, no sopé do monte Medvednica. Foi projetado em 1876 pelo arquiteto Herman Bollé, nascido na Áustria, que também criou vários prédios espalhados por Zagreb. Vista de fora, a majestosa arcada com uma série de cúpulas parece uma fortaleza, mas é calma e elegante em seu interior. O cemitério é exuberante, entrecortado por ruelas e cheio de esculturas e túmulos elaborados. Não deixe de visitar os túmulos do poeta Petar Preradović, do líder político Stjepan Radić e o busto de Vladimir Becić, de Ivan Meštrović, muito interessantes. O acréscimo mais recente é uma **cruz memorial** em honra aos soldados mortos na Guerra de Independência da Croácia.

**Medvedgrad** FORTE

(9-19h; entrada 10KN) A fortaleza de Medvedgrad, no lado sul do monte Medvednica, logo acima da cidade, é o monumento medieval mais importante de Zagreb. Construída entre 1249 e 1254, foi erguida para proteger o local de invasões tártaras. Propriedade de uma sucessão de famílias aristocráticas, virou ruína por causa de negligência e de um terremoto. A restauração começou em 1979, mas o entusiasmo aumentou em 1994, quando o país buscava honrar monumentos de seu passado. Hoje é possível ver paredes espessas e torres reconstruídas, uma pequena **capela** com afrescos e o **Santuário da Independência**, que presta homenagem aos que morreram pela Croácia livre. Em um dia claro, a vista para Zagreb e os arredores é linda.

### LESTE DO CENTRO

**Parque Maksimir** PARQUE

(Maksimirska bb; www.park-maksimir.hr; 9h-anoitecer) O parque é um tranquilo refúgio cheio de árvores numa área de 18 ha; é de fácil acesso com os trams 4, 7, 11 e 12. Aberto ao público em 1794, foi o primeiro passeio público do sudeste da Europa. O paisagismo segue o estilo dos parques ingleses, com alamedas, gramados e lagos artificiais. A estrutura mais fotografada do parque é o primoroso **pavilhão Bellevue**, construído em 1843. Há também o **pavilhão Echo** e uma casa construída para se parecer com um chalé suíço rústico. Passe no **centro de informação** (10-16h ter-sex, até as 18h sáb e dom meados de abr-meados de out, 10-14h qui a dom no resto do ano) para saber mais sobre o parque. O **zoológico** (www.zoo.hr; adulto/criança 30/20KN; 9-20h) tem uma coleção modesta de fauna mundial e exibições diárias de alimentação de focas, leões-marinhos, lontras e piranhas.

## Atividades

**Parque Esportivo Mladost** PARQUE ESPORTIVO

(Jarunska 5, Jarun; entrada familiar para o dia nos fins de semana 60KN, adulto/criança 25/15KN; 9-14h e 15-20h seg-sex, 13-17h sáb, 10-14h dom) Perto do rio Sava, o parque tem piscinas olímpicas cobertas e abertas, piscinas para crianças, academia e quadras de tênis. Para chegar a Jarun, tome o tram 5 ou 17.

**Centro Esportivo e Recreativo Šalata** PARQUE ESPORTIVO

(Schlosserove 2; adulto/criança semana 20/15KN, fim de semana 30/20KN, entrada familiar semana/fim de semana 40/60KN; 13h30-17h30 seg-sex, 11-19h sáb e dom) O centro tem quadras de tênis abertas e cobertas, academia, rinque de patinação no gelo no inverno e duas piscinas ao ar livre. Há também uma pista de patinação coberta que oferece aluguel de patins.

**Sljeme** MONTANHA

Apesar de Zagreb não ser associada a esportes de inverno, é possível esquiar lá perto, em Sljeme, o principal pico do monte Medvednica, se a neve durar. Há quatro pistas de esqui, três teleféricos e um teleférico triplo; ligue para a **central de esqui** (45 53 382) ou acesse www.sljeme.hr para obter informações sobre as condições da neve.

**Lago Jarun** LAGO

O lago Jarun é muito frequentado pelos moradores em qualquer época do ano, mas principalmente no verão, quando suas águas claras são ideais para nadar. Apesar de parte do lago ser demarcada para competições de barco, há espaço mais do que suficiente para se divertir nadando. Pegue o tram 5 ou 17 para Jarun e siga as indicações para o *jezero* (lago). Ao chegar ao lago, siga para a esquerda, para o Malo Jezero, para **nadar** e **alugar canoas ou pedalinhos**, ou para a direita, em direção ao Veliko Jezero, onde há uma **praia de cascalho** e **windsurfe**.

## Visitas guiadas

Há diversos passeios para se fazer em Zagreb. Estes são alguns dos nossos favoritos.

**ZET** ÔNIBUS

(www.zet.hr) A rede de transporte público de Zagreb opera **ônibus de turismo abertos** no sistema com paradas para visitação, de abril a setembro, pela cidade antiga (sinalizado em vermelho) e pelos parques dos arredores e Novi Zagreb (sinalizado em verde). Custam 70KN para adultos, mas crianças com menos de 7 anos não pagam; os ônibus partem da praça Kaptol. O **bonde turístico** gratuito sai da Trg Josipa Jelačića todos os dias das 9h30 às 19h30, de hora em hora, no centro da cidade.

**Zagreb Inside** CAMINHADA

(www.zagrebinside.com) Os roteiros incluem "Mulheres de Zagreb", sextas às 17h, e "Você fala croata?", sábados às 13h, que ensina o básico sobre a língua. O ponto de encontro é em frente ao centro de informações turísticas e o preço 90KN (70KN estudante); não há passeios em agosto.

INÍCIO **TRG JOSIPA JELAČIĆA**
FIM **TRG PETRA PRERADOVIĆA**
DURAÇÃO **1H E 30MIN**

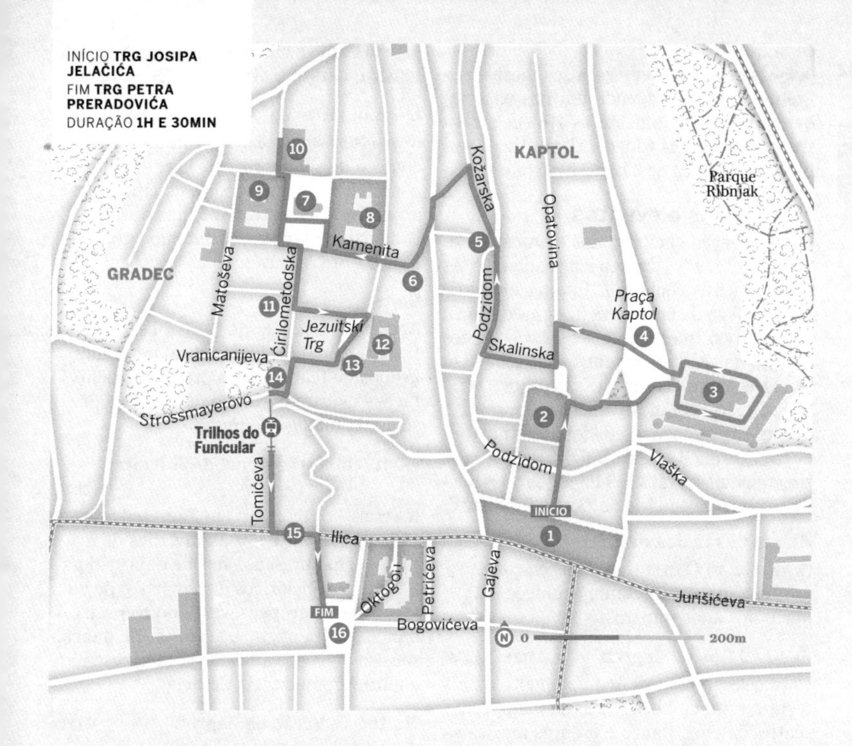


Passeio a pé

## ›Arquitetura, arte e vida nas ruas

Você pode pegar um exemplar do *Step by Step* grátis em qualquer guichê de informações turísticas. Ele sugere dois passeios a pé pelo centro explorando a Cidade Alta e a Baixa.

O ponto de partida natural de qualquer caminhada por Zagreb é a movimentada ❶ **Trg Josipa Jelačića**. Suba os degraus até o ❷ **mercado Dolac** e compre umas frutas ou outra coisa para comer antes de se dirigir à ❸ **catedral neogótica**. Atravesse a ❹ **praça Kaptol**, ladeada por construções do século 17, desça pela Skalinska ou saia na Tkalčićeva. Passeie pela rua e suba a escada ao lado do ❺ bar **Melin**, que tem um terraço, e chegue ao ❻ **Portão de Pedra**, um santuário muito interessante. Depois, suba a Kamenita, você vai chegar à Markov trg, onde ficam a ❼ **Igreja de São Marcos**, o local mais emblemático de Zagreb; o ❽ **Sabor**, o Parlamento do país; e o ❾ **Banski Dvori**, o palácio presidencial. Perambule pelas ruas tortuosas da Cidade Alta e vá conhecer diferentes aspectos do mundo da arte da Croácia no ❿ **Ateliê Meštrović**. Atravesse a Markov trg novamente, desça a Ćirilometodska, e visite um dos museus mais peculiares do país, o ⓫ **Museu Croata de Arte Naïf**. Atravesse a Jezuitski trg e entre na ⓬ **Galerija Klovićevi Dvori**, onde ocorrem exposições de arte contemporânea local e internacional. Depois de ver a arte local, admire a linda ⓭ **Igreja Jesuíta de Santa Catarina**, antes de finalmente chegar à ⓮ **torre Lotrščak**. Observe a cidade e, se quiser, desça de funicular. Ou desça pela escada – os dois levam à lateral da ⓯ **Ilica**, a rua comercial de Zagreb.

Atravesse a Ilica e vá até a ⓰ **Trg Petra Preradovića**, onde você pode fazer uma pausa em um dos muitos cafés ao ar livre.

**Blue Bike Tours** BICICLETA
(www.zagrebbybike.com) Para conhecer Zagreb de bicicleta, agende um dos passeios que partem diariamente às 11h (pelo centro) e às 15h (pela Cidade Alta antiga); ambos duram cerca de 3 horas e custam 170KN.

## Festas e eventos

Para a relação completa dos eventos de Zagreb, visite www.zagreb-convention.hr. As grandes feiras comerciais internacionais de Zagreb são a da primavera (meados de abril) e do outono (meados de setembro). Muitos eventos ao ar livre são grátis, mas shows em locais fechados geralmente são pagos. Os ingressos são cobrados conforme o evento, e quase sempre podem ser adquiridos na **Koncertna Direkcija Zagreb** (☎45 01 200; www.kdz.hr; Kneza Mislava 18; ⏲9-18h seg-sex). Os pontos altos do calendário de Zagreb incluem:

**Bienal de Música de Zagreb** MÚSICA
(www.mbz.hr) O evento de música contemporânea mais importante acontece em abril, nos anos ímpares.

**Festival Gay de Zagreb** GAYS E LÉSBICAS
(www.queerzagreb.org) Acampamento e festa no fim de abril-início de maio, com teatro, cinema, dança e eventos musicais.

**Festival Urbano** ARTE
(www.urbanfestival.hr) Festival de arte contemporânea que gira em torno de um tema anual leva arte a locais públicos, geralmente na primavera ou no outono.

**Vip INmusic Festival** MÚSICA
(www.vipinmusicfestival.com) Folia de três dias, todo mês de junho, é o festival de música mais destacado de Zagreb. Billy Idol e Massive Attack encabeçaram as atrações de 2010. Em anos anteriores, Franz Ferdinand, Iggy Pop e Morrissey passaram pelo palco principal no lago Jarun. Há vários palcos e locais para acampar.

**Festival Mundial de Animação** CINEMA
(www.animafest.hr) Este festival de prestígio acontece em Zagreb desde 1972, e agora anualmente, em junho – anos ímpares são dedicados a longas-metragens e anos pares a curtas.

**Cest is D'Best** FESTIVAL DE RUA
(www.cestisdbest.com) O festival de rua alegra Zagreb por alguns dias todo início de junho, com cinco palcos espalhados pelo centro da cidade, cerca de duzentos artistas internacionais e apresentações de música, dança, teatro, arte e esporte.

**Ljeto na Strossu** FESTIVAL DE RUA
(www.ljetonastrosu.com) Do fim de maio ao começo de setembro, este evento anual peculiar apresenta sessões de cinema ao ar livre, concertos, oficinas de arte e concurso de vira-latas, tudo no agradável bulevar Strossmayer.

**Eurokaz** TEATRO
(www.eurokaz.hr) Desde 1987, o Festival Internacional de Teatro Novo apresenta grupos de teatro inovadores e apresentações de vanguarda do mundo todo, na segunda metade de junho.

**Festival Internacional de Folclore** FOLCLORE
(www.msf.hr) Acontece em Zagreb desde 1966, geralmente por alguns dias de julho, com apresentações de dançarinos e cantores folclóricos da Croácia e de outros países europeus, vestindo trajes tradicionais. Há oficinas gratuitas de dança, música e arte, realizadas para apresentar a cultura popular da Croácia.

**Noites de Verão de Zagreb** MÚSICA
Este festival traz um ciclo de concertos na Cidade Alta, todo mês de julho. O pátio da Galerija Klovićevi Dvori na Jezuitski trg e o palco Gradec são usados para apresentações de música clássica, jazz, blues e world music.

**Festival Internacional de Teatro de Bonecos** BONECOS
(http://public.carnet.hr/pif-festival) Normalmente na última semana de agosto, este conhecido festival de teatro de bonecos, iniciado em 1968, traz conjuntos de destaque, oficinas de confecção e exposição de bonecos.

**Festival Mundial de Teatro** TEATRO
(www.zagrebtheatrefestival.hr) O teatro contemporâneo de alta qualidade vem a Zagreb por algumas semanas, todo mês de setembro, muitas vezes até o início de outubro.

**Zagreb Film Festival** CINEMA
(www.zagrebfilmfestival.com) Se você estiver em Zagreb em meados de outubro, não perca este importante evento cultural, com exibição de filmes e festas. Os diretores concorrem ao Carrinho de Ouro.

## Onde dormir

A hospedagem em Zagreb passou por uma mudança, pequena mas perceptível, com a chegada de linhas aéreas econômicas da Europa; a fatia econômica do mercado, em consequência, está ganhando força. Apesar de os novos hotéis atenderem principalmente mochileiros, já é um bom começo. Na faixa preço médio e para quem quer mais privacidade e atmosfera caseira, há quartos e apartamentos particulares, encontrados através de agências. Hotéis executivos e de preço elevado estão a todo vapor; Zagreb está na moda para conferências internacionais. Se você quiser esbanjar, há muitas opções.

Os preços geralmente são os mesmos em todas as estações, mas prepare-se para uma cobrança extra de 20% se você chegar durante um festival, especialmente a feira de outubro.

**Regent Esplanade Zagreb** HOTEL HISTÓRICO €€€
(☎4566 666; www.regenthotels.com; Mihanovićeva 1; q a partir de 1020KN; P❄@📶) Embebido de história, este hotel de seis andares foi construído perto da estação de trem em 1924 para receber o pessoal do *Expresso do Oriente* em grande estilo. Desde então, hospedou reis, artistas, jornalistas e políticos. A obra-prima *art déco* é repleta de paredes de mármore retorcido, escadas imensas e elevadores forrados de madeira. Dê uma espiada no majestoso Salão Esmeralda, coma no suntuoso restaurante Zinfandel ou patine no gelo no rinque sazonal, no Pátio dos Oleandros.

**Arcotel Allegra** HOTEL DESIGN €€€
(☎46 96 000; www.arcotel.at/allegra; Branimirova 29; s/c a partir de 730/840KN; P❄@📶) O primeiro hotel design de Zagreb tem 151 quartos espaçosos e peixes exóticos na recepção de mármore. As colchas têm rostos de ícones como Kafka, Kahlo, Freud e outros. Há um aparelho de DVD em cada quarto, e o hotel empresta filmes. O Orlando Fitness & Spa, na cobertura, oferece uma bela vista para a cidade. O restaurante Radicchio é bom e o Joe's Bar tem boa música latina. No verão, preços especiais a partir de 490KN.

**Palace Hotel** HOTEL HISTÓRICO €€€
(☎48 99 600; www.palace.hr; Strossmayerov trg 10; s/c a partir de 777/894KN; P❄@📶) O hotel mais antigo de Zagreb exala charme europeu. A grandiosa mansão secessionista de 1891 é ao mesmo tempo aristocrática e provida de equipamento moderno nos 118 quartos e suítes elegantes. Tente conseguir um quarto de frente para ter vista para o parque. Veja os fantásticos afrescos no fundo do café no térreo, além de apreciar a singular *finesse* austro-húngara.

**Hotel Dubrovnik** HOTEL €€€
(☎48 63 555; www.hotel-dubrovnik.hr; Gajeva 1; s/c a partir de 980/1.200KN; P❄📶) Cravado na praça principal, o prédio de vidro com pretensões nova-iorquinas é um marco na cidade. Ferve com gente em viagens de negócio que adora ficar no meio do agito. As 245 acomodações, elegantes e bem equipadas, têm estilo clássico tradicional. Tente conseguir um quarto com vista para a praça Jelačić e veja Zagreb passar sob a janela. Confira os ótimos pacotes e ofertas do hotel.

### UM LAR EM ZAGREB

Se você pretende ficar em casa particular ou apartamento, tente não chegar domingo, porque a maioria das agências fecha, a não ser que você já tenha combinado antes. Os preços para quartos de casal começam em cerca de 300KN e a partir de 400KN para quitinetes por noite. Geralmente há uma taxa extra para ficar por apenas uma noite. Algumas agências que vale tentar:

**Evistas** (☎48 39 554; www.evistas.hr; Augusta Šenoe 28; s a partir de 210KN, c 295KN, ap 360KN) Esta agência é recomendada pelo escritório de turismo; é a mais próxima da estação de trem e arranja hospedagem particular.

**InZagreb** (☎65 23 201; www.inzagreb.com; Remetinečka 13; ap 471-616KN) Apartamentos ótimos, com localização central e internet sem fio, com estada mínima de três dias. O preço inclui aluguel de bicicleta e traslado de/para a estação de trem ou ônibus. Reserve pelo site ou telefone.

**Never Stop** (Nemoj Stati; ☎091 637 8111; www.nest.hr; Boškovićeva 7a; ap 430-596KN) Ótimos apartamentos no centro da cidade, com estadia mínima de dois dias. Veja os detalhes no site e solicite os preços.

**Pansion Jägerhorn** HOTEL FAMILIAR €€
(☎48 33 877; www.jaegerhorn.hr; Ilica 14; s/c/ap 498/705/913KN; P❄📶) Pequeno hotel charmoso localizado logo abaixo da Torre Lotrščak, tem serviço simpático e treze quartos clássicos e espaçosos com vista (você pode ver o verdejante Gradec dos quartos situados no sótão). O restaurante no térreo, o mais antigo de Zagreb (desde 1827), serve carne de caça.

**Hotel Ilica** HOTEL €€
(☎37 77 522; www.hotel-ilica.hr; Ilica 102; s/c/ap 349/449/749KN; P❄📶) Os quartos deste local central com ambiente calmo e banheiros bem equipados vão do mais *kitsch* ao majestoso, com ornamentos dourados, camas macias, paredes decoradas e muito vermelho. Pegue os trams 1, 6 ou 11, ou vá a pé pela agitada Ilica.

**Hobo Bear Hostel** HOSTEL €
(☎48 46 636; www.hobobearhostel.com; Medulićeva 4; dc/c a partir de 122/400KN; ❄@📶) O hostel, instalado em um duplex, tem sete dormitórios, piso de madeira, armários grátis, cozinha, sala comunitária, troca de livros e serviço simpático. Pegue o tram 1, 6 ou 11 da Jelačić. Há três quartos de casal no outro lado da rua.

**Krovovi Grada** HOTEL ECONÔMICO €
(☎48 14 189; Opatovina 33; s/c 200/300KN; @📶) Básico, mas charmoso, é uma velha casa restaurada na Cidade Alta, perto da movimentada Tkalčićeva. O assoalho dos quartos range, a mobília é antiga e os cobertores de avó. Fique no quarto de cima para ter vista para os telhados da cidade antiga.

**Fulir Hostel** HOSTEL €
(☎48 30 882; www.fulir-hostel.com; Radićeva 3a; dc 130-140KN; @📶) Perto do agito da praça Jelačić e dos bares da Tkalčićeva, o Fulir tem 28 camas, proprietários simpáticos, cozinha (a proximidade do mercado Dolac é perfeita), armários, sala comunitária cheia de DVDs e internet, chá e café grátis.

**Hotel Jadran** HOTEL €€
(☎45 53 777; www.hoteljadran.com.hr; Vlaška 50; s/c 517/724KN; P📶) Hotel de seis andares com ótima localização, a minutos da praça Jelačić. Os 48 quartos são vibrantes e o serviço é simpático. Os preços são negociáveis dependendo da disponibilidade.

**Buzzbackpackers** HOSTEL €
(☎23 20 267; www.buzzbackpackers.com; Babukićeva 1b; dc/c a partir de 130/450KN; ❄@📶) Fora do centro, mas limpo e com quartos claros, internet grátis, cozinha brilhante e área para churrasco. Pegue o tram 4 ou 9 na estação de trem e desça na parada Heinzelova; a partir dali, é uma caminhada curta. Os donos também têm um hostel em estilo de apartamento no centro.

**Hotel Central** HOTEL €€
(☎48 41 122; www.hotel-central.hr; Branimirova 3; s/c 657/794KN; ❄📶) Ótimo lugar para quem precisa pegar o trem, o Central é um quadrado de concreto com 76 quartos confortáveis, mas um pouco sem graça. Os quartos do andar de cima dão para um pátio verde.

**Hotel Fala** HOTEL FAMILIAR €€
(☎/fax 61 94 498; www.hotel-fala-zg.hr; II Trnjanske Ledine 18; s/c 343/500KN; P❄@) Com quartos pequenos, mas arrumados e limpos. Vinte minutos a pé do centro, ou pegue o tram 5 ou 13 para Lisinski, de onde é uma caminhada curta.

**Ravnice Hostel** HOSTEL €
(☎23 32 325; www.ravnice-youth-hostel.hr; Ravnice 38d; dc/c 125/288KN; @📶) A 45 minutos a pé ou 20 minutos de tram do centro, o lugar tem quartos limpos mas espartanos, pingue-pongue no jardim, além de armários, chá, café e internet grátis.

**Omladinski Hostel** HOSTEL €
(☎48 41 261; www.hfhs.hr; Petrinjska 77; dm 113KN, s/c 203/286KN; 📶) Apesar de ter sido repaginado há pouco tempo, o ambiente ainda guarda um pouco do clima sombrio da era socialista. Os quartos são poucos e limpos, os dormitórios têm 3 ou 6 camas; é central e o mais barato da cidade.

## Onde comer

Só quem adora comida croata ou italiana (mediana) gosta dos restaurantes de Zagreb, mas estão surgindo novos, inclusive de comida japonesa e de outras partes do mundo. A maior mudança é a tendência da alta cozinha, com apresentação chique e alto preço.

A principal rua comercial da cidade, a Ilica, tem um fast-food atrás do outro e lanchonetes baratas.

**Vinodol** CROATA €€
(Teslina 10; pratos a partir de 70KN) Os fregueses locais e de fora gostam muito da bem preparada comida da Europa Central. Em dias quentes, coma no pátio coberto seguindo por uma passagem coberta de hera que sai da Teslina; no frio a alternativa é o imenso salão com teto de pedra. As atrações são o suculento cordeiro ou vitelo com batatas co-

## ZAGREB PARA CRIANÇAS

Zagreb tem ótimas atrações para a garotada, mas se locomover com crianças pequenas pode ser um desafio. Manobrar um carrinho nas ruas entre trilhos de trem, guias altas e carros não é fácil. Ônibus e trams geralmente estão muito cheios para caber o carrinho, apesar de haver local reservado para eles nos ônibus. Até os 7 anos, crianças não pagam transporte público. Se preferir táxi, saiba que poucos têm cinto de segurança para você ou para os pequenos.

As crianças vão ficar encantadas com a coleção de insetos do **Museu Croata de História Natural**, depois, siga para o **Museu Tecnológico** (Tehnički Muzej; Savska 18; adulto/criança menor de 7 anos coleções 15KN/grátis, planetário 15/15KN; ⌚9-17h ter-sex, até as 13h sáb e dom), que tem planetário, locomotivas a vapor, maquetes de satélites e naves espaciais, uma réplica de uma mina dentro do prédio, assim como seções de agricultura, geologia, energia e transporte. O planetário pode não interessar aos menores de 7 anos.

Para um pouco de atividade ao ar livre, o melhor lugar para os pequenos gastarem energia é o **Boćarski Dom** (Prisavlje 2). O parque tem o melhor playground, campos esportivos e rampa de patinação. Há também um caminho relaxante que acompanha o rio Sava, para os pais se divertirem. Para chegar, pegue o tram 17 até Prisavlje.

Há dois playgrounds e um zoológico dentro do parque Maksimir, mas são menores do que os do Boćarski Dom e normalmente mais cheios. Crianças aquáticas vão gostar das piscinas do Parque Esportivo Mladost ou do lago Jarun.

zidas sob uma *peka* (tampa para assadeira redonda).

**Tip Top** FRUTOS DO MAR €
(Gundulićeva 18; pratos a partir de 55KN; ⌚seg-sáb) Nós adoramos o Tip Top e seus garçons, que ainda usam os velhos uniformes socialistas e têm cara de bravo, mas acabam abrindo um sorriso. O melhor é a excelente comida dálmata. Cada dia tem seu menu fixo; o *goulash* de polvo da quinta é muito saboroso.

👍 **Amfora** FRUTOS DO MAR €
(Dolac 2; pratos a partir de 40KN; ⌚almoço) Ponto popular entre os locais, serve frutos do mar superfrescos, direto do mercado vizinho, combinados com verduras e legumes saídos das barracas. É pequeno; há algumas mesas fora e uma galeria no andar de cima com vista para o mercado. Ouça as sugestões dos funcionários e coma bem.

**Mano** INTERNACIONAL €€
(Medvedgradska 2; pratos a partir de 100KN; ⌚seg-sáb) Restaurante chique de carnes em um bonito prédio de tijolo aparente a poucos passos do Kaptol Centar, com interior espaçoso com paredes de pedra, colunas de aço e cozinha envidraçada. A iluminação é fraca e os pratos criativos – do tipo veado empanado com castanhas ou javali e polenta com gorgonzola.

**Kerempuh** CROATA TRADICIONAL €€
(Kaptol 3; pratos a partir de 75KN; ⌚almoço seg-dom) Com vista para o mercado Dolac, é um lugar fabuloso para experimentar cozinha croata simples e bem-feita. O menu fixo muda diariamente, dependendo do que o *chef* encontra no mercado. Pegue uma mesa externa e aproveite a comida excelente e a vista.

**Prasac** MEDITERRÂNEA €€
(☎48 51 411; Vranicanijeva 6; prato a partir de 87KN; ⌚seg-sáb) Comida mediterrânea criativa elaborada pelo *chef* croata-siciliano neste local intimista, com teto de vigas de madeira aparentes. O menu muda diariamente e a comida fresca do mercado é excelente, mas o serviço é lento e as porções pequenas. Refeição com quatro pratos 250KN. Perfeito para um jantar romântico.

**Stari Fijaker 900** CROATA TRADICIONAL €
(Mesnička 6; pratos a partir de 50KN; ⌚fecha no jantar dom no verão) Este restaurante-cervejaria já foi o melhor para se jantar fora em Zagreb. A decoração com sofás e toalhas brancas guarda uma sobriedade ultrapassada. A tradição reina na cozinha, experimente linguiças, ensopados com feijão e *štrukli* (bolinhos recheados com queijo cottage), ou o prato do dia, mais em conta.

**Pod Gričkim Topom** CROATA €€
(Zakmardijeve Stube 5; pratos a partir de 90KN; ⌚seg-sáb) Escondido em uma passagem logo abaixo da Cidade Alta, o charmoso restaurante tem um terraço e serve boas especialidades croatas à base de carnes. Ótimo para se esconder numa noite de inverno com neve ou jantar sob as estrelas no verão.

**Ivica i Marica** CROATA TRADICIONAL €€
(Tkalčićeva 70; pratos a partir de 70KN) Inspirado em *João e Maria*, dos irmãos Grimm, o pequeno restaurante-doceria foi feito para parecer a casa de doces do conto, com garçons vestindo roupas tradicionais. Oferece pratos vegetarianos e de peixe, além das carnes. Os sorvetes, bolos e *štrukli* são uma delícia.

**Kaptolska Klet** CROATA TRADICIONAL €
(Kaptol 5; pratos a partir de 50KN) O simpático restaurante tem um amplo terraço e o interior iluminado, estilo cervejaria. Apesar de ser famoso pelas especialidades de Zagreb, como carne, cordeiro e vitelo grelhados sob a *peka* e linguiças caseiras, também faz um bom pão de legumes.

**Konoba Čiho** FRUTOS DO MAR €€
(Pavla Hatza 15; pratos a partir de 80KN) Tradicional *konoba* (estabelecimento familiar simples) dálmata. Você pode pedir peixe (por quilo) e frutos do mar grelhados ou cozidos ao gosto do freguês. Experimente a grande variedade de *rakija* (destilado de uva) e vinhos da casa.

**Vallis Aurea** CROATA TRADICIONAL €
(Tomićeva 4; pratos a partir de 37KN; ⏲seg-sáb) Este estabelecimento realmente local tem uma das melhores comidas caseiras da cidade; não é de espantar que fique abarrotado no almoço pelos *gableci* (almoços tradicionais). Fica logo abaixo do funicular.

**Karijola** PIZZA €
(Kranjčevićeva 16a; pizzas a partir de 42KN) Os locais aprovam a pizza crocante de massa fina que sai do forno de barro nesta casa básica. Pizza com ingredientes de alta qualidade, como presunto defumado, azeite de oliva, mussarela, tomates-cereja, rúcula e cogumelos.

**Nova** VEGETARIANA, VEGANA €€
(Ilica 72; pratos a partir de 60KN; ⏲seg-sáb) O elegante restaurante macrobiótico é o lugar certo para seguidores da dieta *vegan*, com menus fixos a bons preços. É parte de um empório natural completo – há uma loja de comida natural no térreo, *shiatsu*, aulas de ioga e cursos de *feng shui*.

**Žlica & Vilica** CROATA €
(Kneza Mislava 13; pratos a partir de 35KN; ⏲fecha no jantar sáb e dom, e dom no verão) Este bistrô recém-inaugurado, um pouco afastado do centro, serve comida caseira croata em ambiente verde requintado e em mesas na calçada. Oferece cinco pratos que não estão no menu à escolha diariamente. Também serve café da manhã.

**Boban** ITALIANA €€
(Gajeva 9; pratos a partir de 70KN) Comida italiana é a jogada neste restaurante que pertence ao astro croata da Copa do Mundo, Zvonimir Boban. O menu tem uma robusta variedade de massas, risotos e carnes. O local é concorrido tanto no jantar quanto no almoço; o terraço do café no andar de cima atrai jovens de Zagreb.

**Baltazar** CROATA €€€
(Nova Ves 4; pratos a partir de 120KN; ⏲seg-sáb) Carnes – pato, cordeiro, porco, boi e peru – são grelhadas e preparadas à moda de Zagorje e da Eslavônia neste veterano chique. Boa oferta de pratos mediterrâneos e vinhos regionais. O terraço de verão é um ótimo lugar para jantar sob as estrelas.

**Nocturno** ITALIANA €
(Skalinska 4; pratos a partir de 40KN) Na rua íngreme logo abaixo da catedral, o local tem bons pratos italianos e um animado terraço ao ar livre. Oferece todas as pizzas tradicionais (25KN a 35KN) e enormes porções de risoto, boa pedida se você estiver faminto.

**Agava** INTERNACIONAL €€
(Tkalčićeva 39; pratos a partir de 80KN) Lugar bacana, oferece desde entradas, como carpaccio de peixe-espada, a pratos, como bife com trufas, e deliciosos pratos de risoto e massa com frutos do mar flambados com conhaque. A carta de vinhos tem muitas opções da Ístria e da Eslavônia.

**Zinfandel's** INTERNACIONAL €€€
(Mihanovićeva 1; pratos a partir de 170KN) Os pratos mais saborosos e criativos da capital são servidos com estilo no salão do Regent Esplanade. Para uma experiência ainda deliciosa, porém mais simples, vá para o afrancesado Le Bistro, também no hotel, e não perca os famosos *štrukli*.

**Rubelj** LANCHE RÁPIDO €
(Dolac 2; pratos a partir de 25KN) Um dos muitos Rubeljs da cidade, esta filial de Dolac é um ótimo lugar para uma porção rápida de *ćevapi* (pequena linguiça picante de carne de vaca, cordeiro ou porco). Ela quase se iguala às da Bósnia e Herzegóvina (a terra do *ćevap*).

**Pingvin** SANDUÍCHES €
(Teslina 7; ⏲9-4h seg-sáb, 18-2h dom) O Pingvim existe desde 1987, oferece gostosos sanduíches exclusivos e saladas, que os locais saboreiam acomodados nas poucas banquetas.

**Vincek** BOLOS €

(Ilica 18) O melhor sorvete da cidade e ótimos bolos são encontrados nesta *slastičarna* (confeitaria), as filas começam logo que o sol aparece.

**Pekarnica Dora** PADARIA €

(Strossmayerov Trg 7; ⌚24 horas) Perto da estação de trem, esta padaria fica aberta dia e noite, para o caso de necessidades tardias.

## Onde beber

Na Cidade Alta, bares e cafés pululam na chique Tkalčićeva. Na Cidade Baixa, há um bar atrás do outro na Bogovićeva, perto da Trg Josipa Jelačića, que se transforma em ponto de encontro nos dias de primavera e de verão e em noites agradáveis. A Trg Petra Preradovića (conhecida como Cvjetni trg) é o lugar preferido dos artistas de rua e bandas ocasionais na Cidade Baixa. Na meia dúzia de bares e cafés no calçadão entre a Trg Preradovića e a Bogovićeva, a cena em algumas noites de verão parece uma imensa festa ao ar livre; porém, tudo fecha à meia-noite, e as coisas ficam mais tranquilas de meados de julho até o fim de agosto, quando metade de Zagreb invade a costa.

**Booksa** LIVRARIA, CAFÉ

(www.booksa.hr; Martićeva 14d; ⌚11-20h ter-dom, fecha por 3 semanas a partir do fim de jul) Aficionados por livros, poetas, escritores, atores, esquisitos e artistas, basicamente todos os tipos criativos de Zagreb, vêm conversar, tomar café, comprar livros, usar internet sem fio grátis e ouvir leituras nesta agradável livraria. Há leituras em inglês também, verifique no site.

**Stross** BAR AO AR LIVRE

(Strossmayerovo Šetalište) De junho a setembro, um bar temporário é instalado no bulevar Strossmayer, na Cidade Alta, com bebida barata e música ao vivo quase toda noite, começando às 21h30. A frequência eclética, a bonita vista da cidade e as árvores tornam o lugar um ótimo local para fazer hora.

**Bacchus** BAR DE JAZZ

(www.bacchusjazzbar.hr; Trg Kralja Tomislava 16) Só com sorte se consegue uma mesa no jardim mais badalado de Zagreb – supergostoso, escondido em um corredor. Depois das 22 horas, o movimento passa para o espaço subterrâneo descolado, que recebe shows de jazz (quinta a sábado), saraus e noites de velha guarda. O ritmo diminui no verão.

**Cica** BAR

(Tkalčićeva 18) O minúsculo bar é a coisa mais *underground* da Tkalčićeva. O interior estiloso tem obras de artistas locais e achados do mercado de pulgas. Experimente um ou – se tiver coragem – os 15 tipos de *rakija* que fazem a fama do local. Aromatizado com ervas, castanhas, frutas – o que você imaginar, eles têm.

**Kino Europa** BAR CAFÉ

(Varšavska 3; ⌚seg-sáb) O cinema mais antigo de Zagreb, da década de 1920, abriga agora um magnífico café, bar de vinhos e *grapperia*. O espaço envidraçado com terraço externo tem um ótimo café, mais de 30 tipos de *grappa* e internet grátis. O cinema faz exibições diárias de filmes e festas ocasionais.

**Funk Club** BAR/CAFÉ COM MÚSICA

(Tkalčićeva 52) Beberique um café e observe as pessoas durante o dia. À noite, desça a escada em espiral e descubra por que o bar reina entre os locais. Num pequeno porão com arcos de pedra no teto, os DJs tocam house, jazz, funk e broken beat para uma multidão dançante (a não ser que seja verão).

**Limb** BAR

(Plitvička 16; ⌚seg-sáb) Ponto secreto – só os locais conhecem –, e com fama de ser o bar mais discretamente antenado da cidade, fica bem ao lado do KSET. Uma clientela boêmia um pouco mais velha lota as duas salas coloridas e o terraço de vidro com uma árvore no meio.

**Apartman** BAR

(Preradovićeva 7) Localizado no primeiro andar, decorado com almofadas grandes e com frequência jovem e descontraída, o Apartman tem algumas noites animadas com DJ. Também é bom para relaxar durante o dia.

### CAFEZINHO

Nem o primeiro Starbucks da Croácia (o boato é de que ele vai ser aberto em breve em Zagreb) tem a menor chance de competir com a *špica*, a tradição local de Zagreb de tomar um café no centro da cidade entre as 11h e as 14h no sábado, antes de percorrer o mercado Dolac. A oportunidade de exibir a última moda e os celulares, e de atualizar a fofoca, faz as pessoas se apressarem para conseguir boas mesas na Bogovićeva, na Preradovićeva e na Tkalčićeva. Ótima maneira de vivenciar Zagreb na sua versão mais vibrante.

**Klub Kino Grič** BAR/CASA NOTURNA
(Jurišićeva 6) Cinema das antigas recentemente transformado em um bar colorido de dois andares com um pequeno clube no porão (terça a sábado até as 2h). O lugar faz sucesso entre os locais com exposições de arte e exibição de filmes na confortável sala de projeção.

**Melin** BAR
(Tkalčićeva 47) Estilo rock and roll, lugares ruins para sentar, paredes cheias de grafites e música de estourar os ouvidos. Vestígio da antiga Zagreb bagunçada em uma rua que está ficando chique. Tem muita personalidade e um terraço para uma bebida ao ar livre.

**Velvet** CAFÉ
(Dežmanova 9; ⌚8-22h seg-sex, até às 3h sáb, até as 2h dom) Lugar moderno para uma boa xícara de java e um lanche. Interior minimalista chique, decorado pelo dono, Saša Šekoranja, o florista mais badalado de Zagreb.

**Lemon** BAR/CASA NOTURNA
(www.lemon.hr; Gajeva 10) Ótimo para um coquetel no verão, fica no pátio do Museu Arqueológico, rodeado de antigas placas de pedra. No outono e no inverno, chacoalhe no clube do andar de baixo.

**Eli's Cafe** CAFÉ
(www.eliscaffe.com; Ilica 63; ⌚8-16h seg-sáb, até as 14h dom, até as 14h diariamente meados de jul-meados de ago) O premiado café 100% arábica é o máximo. Experimente o *capuccino* e os biscoitinhos para molhar nele.

**Bulldog** CAFÉ/PUB
(Bogovićeva 6) As mesas na calçada são ótimas para observar o movimento na rua, exclusiva para pedestres. À noite, é um bom lugar para um drinque. Tem música ao vivo no clube do andar de baixo nos fins de semana.

**Palainovka** CAFÉ
(Ilirski Trg 1) Afirma ser o café mais antigo de Zagreb (de 1846). Serve café, chás e bolos deliciosos, no estilo dos cafés vienenses, sob o bonito teto de afrescos.

**BP Club** JAZZ BAR/CASA NOTURNA
(Teslina 7; ⌚22-2h seg-sáb) Vá a este porão clássico para beber sossegado ou, algumas noites, ao som de jazz, blues e bandas de rock.

**Movie Pub** PUB
(Savska 141) O apreciado pub tem pôsteres de estrelas de cinema nas paredes, trinta tipos de cerveja e karaokê às terças, às 22h30, para você soltar a voz no seu repertório.

**Hemingway** *LOUNGE* BAR
(Trg Maršala Tita 1) Os principais acessórios necessários para ir a este bar chique são óculos escuros e um iPhone. É um lugar para ver e ser visto.

## ☆ Entretenimento

É preciso dizer que a vida noturna de Zagreb não é das mais agitadas, mas existe uma cena musical e artística que está progredindo, e há cada vez mais viajantes querendo diversão. Os teatros e salas de concerto de Zagreb oferecem programas variados ao longo do ano. Muitos estão na lista da publicação mensal *Zagreb Events & Performances*, disponível no escritório oficial de turismo. As páginas finais dos jornais diários *Jutarnji List* e *Večernji List* exibem o que o circuito cultural e artístico tem a oferecer no momento.

### Casas noturnas

As entradas dos clubes noturnos vão de 20KN a 100KN, dependendo da noite e do evento. Eles abrem por volta das 22h, mas a maioria das pessoas aparece perto da meia-noite. Muitos só abrem de quinta a sábado.

**Aquarius** CASA NOTURNA
(www.aquarius.hr; Jarun Lake) Genial para se divertir, faz muito sucesso e tem vários ambientes que dão para um enorme terraço sobre o lago. House e techno são a regra, mas às sextas na festa Blackout Lounge a balada acontece ao som de hip hop e R&B. No verão a Aquarius se instala em Zrće, em Pag.

**Močvara** CASA NOTURNA
(www.mochvara.hr, in Croatian; Trnjanski Nasip bb) Situado em uma velha fábrica às margens do rio Sava, o Močvara tem alguns dos melhores eventos da cidade, com a nata da música alternativa e um estilo descolado, mas charmoso. As apresentações ao vivo vão de dub e dancehall a world music e heavy metal.

**KSET** CASA NOTURNA
(www.kset.org, in Croatian; Unska 3) É o lugar onde acontecem os melhores eventos musicais de Zagreb; tudo o que importa toca aqui – de etno a hip-hop. As noites de sábado são dos DJs, centenas de jovens dançam até tarde. As sessões e eventos agradam a gostos variados.

**Jabuka** CASA NOTURNA
(Jabukovac 28) A "Maçã" agrada aos saudosistas. Toca sucessos dos anos 1980 para um público com mais de trinta anos que relembra os bons tempos de jovens alternativos. Pegue

um táxi ou faça uma caminhada pelo bosque, fica em uma área chique mais afastada.

**Medika** CASA NOTURNA

(www.pierottijeva11.org; Pierottijeva 11) Fica em uma ex-fábrica de produtos farmacêuticos e se denomina um "centro cultural autônomo". Primeiro squat legalizado da cidade, tem programação de shows, exposições de arte e festas movidas a cerveja barata e *rakija*.

**Purgeraj** CASA NOTURNA

(www.purgeraj.hr; Park Ribnjak 1) Rock, blues e jazz de vanguarda ao vivo fazem parte do menu musical do local moderninho. Experimente a noite de sábado, com fusão de disco, funk, pop e música da década de 1980.

**Sirup** CASA NOTURNA

(www.sirupclub.com; Donje Svetice 40) Um público animado (a maioria homens) frequenta este clube grande, fora do centro da cidade, atraído pelo brilho da ambientação e DJs locais e internacionais famosos que tocam techno.

**Boogaloo** CASA NOTURNA

(www.boogaloo.hr, in Croatian; OTV Dom, Vukovarska 68) O lugar recebe DJs, tem noites temáticas e música ao vivo. A noite de house e techno, às sextas, faz sucesso. A 15 minutos a pé da praça Jelačića.

### Gays e lésbicas

A cena para gays e lésbicas de Zagreb está ficando mais aberta do que já foi, apesar de não ser liberada. Muitos gays percorrem discretamente a praia na parte sul do lago Jarun, e são bem-vindos na maioria das discotecas.

**David** BAR

(www.sauna-aquateam.hr; Ulica Ivana Broza 8a; ⏲17-23h) Sauna para homens, a sala de vídeo e o bar são um ponto popular da cena gay de Zagreb. A entrada vale um dia e custa 80KN.

**Studio Mobilus** CASA NOTURNA

(www.studio-mobilus.hr; Đorđićeva 10) Este clube de azaração para homens é um ótimo lugar para fazer novos amigos.

**Rush Club** CASA NOTURNA

(Amruševa 10) O público GLS mais jovem se mistura neste clube no centro da cidade. Tem entrada grátis às quintas e noites temáticas com karaokê.

### Teatro

Geralmente é possível comprar entradas, até para as peças mais procuradas.

**Teatro Nacional Croata** TEATRO

(☎48 88 418; www.hnk.hr; Trg Maršala Tita 15) Teatro neobarroco fundado em 1895. Apresenta espetáculos de ópera e balé. Veja a escultura de Ivan Meštrović, *O poço da vida* (1905), que fica em frente.

**Casa de Espetáculos Vatroslav Lisinski** CASA DE ESPETÁCULOS

(☎61 21 166; www.lisinski.hr; Trg Stjepana Radića 4) É o local de maior prestígio na cidade para concertos sinfônicos, apresentações de jazz e world music, assim como para produções teatrais.

**Instituto Croata de Música** CASA DE ESPETÁCULOS

(☎48 30 822; Gundulićeva 6a) Outro bom local para concertos de música clássica, muitas vezes composta e executada por músicos croatas.

### Esportes

No lago Jarun há competições de remo, caiaque e canoagem no verão. Ligue para ☎0800 300 301 para saber mais detalhes. Para informações sobre eventos esportivos disque ☎9841.

O basquete é apreciado em Zagreb, o time local é o Cibona. Prestigie o jogador mais fa-

### DIAS DE FEIRA

Não há muitas feiras em Zagreb, mas as que existem são boas. A **feira de antiguidades** do domingo (⏲9-14h) na Britanski trg é um dos prazeres centrais de Zagreb, mas para ver um mercado de pulgas sem igual na Croácia, o negócio é o **Hrelić** (⏲7-15h dom e qua). É um espaço enorme onde se encontra de tudo, de peças de carro e mobília antiga a roupas, discos, equipamento de cozinha, o que você puder imaginar. Tudo, é claro, de segunda mão, e a regra é pechinchar. Fora as compras, é uma grande experiência por si só, uma faceta de Zagreb que talvez você não encontre em nenhum outro lugar – prepare-se para ciganos, música, muita animação e carnes grelhadas fumegantes na seção de comida. No verão é bom levar um chapéu e aplicar filtro solar – não há sombra. Pegue o ônibus 295 (8KN, 20 minutos) para Sajam Jakuševac atrás da estação de trem.

moso do time no **Museu Memorail Dražen Petrović** (☎48 43 333; Savska 30; ingressos 20-100KN), perto do Museu Tecnológico. As partidas são frequentes; compre os ingressos na porta ou on-line em www.cibona.com.

O Dinamo é o time de futebol favorito de Zagreb e joga no **Stadion Maksimir** (☎23 86 111; Maksimirska 128; entradas a partir de 30KN), na parte leste de Zagreb. As partidas acontecem domingo à tarde de agosto a maio. Pegue o tram 4, 7, 11 ou 12 até a Bukovačka. Para mais informações, consulte www.nk-dinamo.hr.

## Onde comprar

A Ilica é a principal rua comercial de Zagreb, com marcas internacionais da moda em meio a prédios sóbrios.

**Prostor** MODA
(www.multiracionalnakompanija.com; Mesnička 5; ⏲12-20h seg-sex, 10-15h sáb) Apesar de pequena, é uma galeria de arte e loja de roupas fantástica, com peças de alguns dos melhores artistas independentes e jovens designers da cidade. Ótima para encontrar gente interessante e ver os tipos criativos de Zagreb. Fica em um pátio saindo da Mesnička. Consulte no site a abertura das exposições.

**Irmãs Bronić** ROUPAS, ACESSÓRIOS
(www.bronic.biz) Não perca as versáteis interpretações texturizadas das multitalentosas gêmeas Josipa e Marijana, que vendem seus trabalhos no próprio estúdio, em casa. É fácil passar horas combinando roupas e acessórios variados até encontrar o visual perfeito.

**Natura Croatica** SUVENIRES
(www.naturacroatica.com; Skalinska 2a) A loja vende mais de trezentos produtos e suvenires croatas totalmente naturais – de sabonetes artesanais e óleos de banho perfumados a *rakija*, vinhos, chocolates, geleias e temperos. Perfeita para presentes.

**Sherrif & Cherry** BUTIQUE DE DESIGNER
(www.sheriffandcherry.com; Medvedgradska 3) Consiga um par de tênis Starta da era iugoslava, repaginado e supermoderno, na butique-estúdio comandada pelo designer Mauro Massarotto, nascido em Rovinj.

**Profil Megastore** LIVRARIA
(Bogovićeva 7; ⏲9-22h seg-sáb) Instalada em um saguão, a livraria mais atmosférica de Zagreb tem uma ótima seleção, com uma seção de livros em inglês e um café agradável na galeria.

**Bornstein** ADEGA
(www.bornstein.hr; Kaptol 19) Se o vinho e os destilados da Croácia estão na sua mira, este é o lugar certo. A coleção de conhaque, vinhos e produtos gourmet surpreende.

**I-GLE** BUTIQUE DE DESIGNER
(www.i-gle.com; Dežmanova 4) Leve alguma das criações de Nataša Mihaljčišin e Martina Vrdoljak-Ranilović. São peças quase esculturais, mas usáveis, com destaque na indústria de moda do país desde os anos 1990.

**Croata** LOJA DE GRAVATAS
(www.croata.hr; Oktogon Passage, Ilica 5) Como o acessório é originário da Croácia, não há melhor lugar para comprá-lo nem presente mais autêntico. As gravatas de seda custam de 249KN a 2000KN.

Para shoppings, experimente os seguintes:

**Branimir Centar** (Draškovićeva 51) Cinema gigante, bares, cafés e restaurantes para ajudar a relaxar depois das compras.

**Nama** (Ilica 4) Eterna loja de departamentos de Zagreb.

## Informações

### Emergência

**Delegacia de Polícia** (☎45 63 311; Petrinjska 30)

### Acesso a internet

Há muitos cafés pequenos com internet na Preradovićeva.

**Sublink** (☎48 11 329; www.sublink.hr; Teslina 12; por h 15KN; ⏲9-22h seg-sáb, 15-22h dom) Primeiro (e melhor) cybercafé da cidade.

### Lavanderia

Se estiver hospedado em uma casa particular, normalmente você pode pedir ao dono para lavar suas roupas, o que é mais barato do que as opções indicadas a seguir. As duas cobram cerca de 60KN por 5kg de roupa e fecham no domingo.

**Dorateks** (Draškovićeva 31)

**Petecin** (Kaptol 11)

### Guarda-volumes

**Garderoba** estação de ônibus (primeiras 4 horas 20KN, depois 2,50KN a hora; ⏲5-22h seg-sáb, 6-22h dom); estação de trem (armários por 24 horas 15KN; ⏲ 24 horas)

### Assistência médica

**Emergência odontológica** (☎48 03 200; Perkovčeva 3; ⏲24 horas)

**KBC Rebro** (☎23 88 888; Kišpatićeva 12; ⏲24 horas) Fica no leste da cidade. Atende emergências.

**Farmácia** (☎48 16 198; Trg Josipa Jelačića 3; ⏲24 horas)

### Dinheiro

Há caixas eletrônicos nas estações de trem e ônibus, no aeroporto, e em vários locais da cidade. Alguns bancos das estações de trem e ônibus aceitam cheques de viagem. Casas de câmbio podem ser encontradas no Importanne Centar na Starčevićev trg, assim como em outros pontos da cidade.

### Correio

**Agência central** (☎48 11 090; Jurišićeva 13; ⊙7-20h seg-sex, até as 13h sáb) Tem uma central telefônica.

**Correio** (☎49 81 300; Branimirova 4; ⊙24 horas) Opera a posta-restante. Este correio também é o melhor lugar para se enviar pacotes.

### Informações turísticas

**Escritório de turismo central** (☎48 14 051, ligação gratuita ☎800-53-53; www.zagreb-touristinfo.hr; Trg Josipa Jelačića 11; ⊙8h30-21h seg-sex, 9-18h sáb e dom jun-set, 8h30-20h seg-sex, 9-17h sáb e dom out-mai). Mapas e folhetos grátis sobre a cidade; vende o Zagreb Card.

**Escritório do Parque Nacional de Plitvice** (☎46 13 586; Trg Kralja Tomislava 19; ⊙8-16h seg-qui, até as 15h30 sex) Detalhes e brochuras, principalmente sobre Plitvice e Velebit, além de outros parques nacionais da Croácia.

**Anexo sazonal do escritório de turismo** (aeroporto; ⊙9-21h seg-sex, 10-17h sáb e dom) Ao lado do desembarque internacional, aberto de junho a setembro.

**Anexo do escritório de turismo** (estação de trem; ⊙8h30-20h seg-sex, 12h30-18h30 sáb e dom) Mesmos serviços do escritório central.

**Associação de Turismo da Região de Zagreb** (☎48 73 665; www.tzzz.hr; Preradovićeva 42; ⊙8-16h seg-sex) Informações e material sobre atrações nos arredores de Zagreb, como rotas de vinho e trilhas de bicicleta.

#### ZAGREB CARD

Se você for ficar de um a três dias na cidade, o Zagreb Card é uma boa forma de economizar. Você pode escolher o de 24 ou o de 72 horas (60 ou 90KN) e usar transporte público à vontade, ter 50% de desconto em entradas de museus e galerias de arte, descontos em alguns bares e restaurantes, aluguel de carros, entre outros. Há uma brochura disponível com a lista dos locais que oferecem descontos, ou acesse www.zagrebcard.fivestars.hr para mais detalhes. O cartão é vendido no escritório de turismo central e em muitos hostels, bares e lojas.

### Agências de viagem

**Atlas Travel Agency** (☎48 07 300; www.atlas-croatia.com; Zrinjevac 17) Excursões por toda Croácia.

**Croatia Express** (☎49 22 237; Trg Kralja Tomislava 17) Reservas de trem, aluguel de carro, passagens aéreas e de ferry, hotéis por todo país e viagem de um dia para a praia, de junho a setembro (90kn ida e volta para Crikvenica).

**CYHA** (☎48 47 474; www.hfhs.hr; Trg Žrtava Fašizma 13; ⊙8-17h seg-sex) A associação de hostels da juventude da Croácia fornece informações sobre hostels hi em toda a Croácia e faz reservas.

**Generalturist** (☎48 07 660; www.generalturist.com; Praška 5) Tem filiais por toda a Croácia e agenda excursões para a costa, cruzeiros e passagens de avião.

##  Como chegar

### Avião

**Croatia Airlines** (☎66 76 555; www.croatia-airlines.hr; Zrinjevac 17) A companhia nacional opera voos internacionais e domésticos para e de Zagreb.

**Aeroporto de Zagreb** (☎45 62 222; www.zagreb-airport.hr) Localizado a 17 km de Zagreb, é um dos principais aeroportos do país, com diversas opções de voos internacionais e domésticos.

### Ônibus

A **estação rodoviária** de Zagreb (☎060 313 333; www.akz.hr; Avenija M Držića 4) Situa-se a 1km da estação ferroviária. Os trams 2, 3 e 6 vão da rodoviária para a ferroviária. O tram 6 vai para a Trg Josipa Jelačića. Há uma sala de espera onde você pode se esticar enquanto espera o ônibus.

Antes de comprar a passagem, informe-se sobre o horário de chegada – alguns ônibus pegam estradas locais e param por todas as cidades no caminho.

Veja o texto no quadro da p. 62 para obter detalhes sobre partidas de ônibus de Zagreb. Observe que os horários são reduzidos fora da alta estação.

### Trem

A **estação de trem** (☎060 333 444; www.hznet.hr) fica na parte sul da cidade. Assim que sair dela, você verá vários parques e pavilhões bem à sua frente e que levam ao centro da cidade. É recomendado reservar os bilhetes de trem devido ao número limitado de assentos. Veja a p. 63 para informações sobre trens saindo de Zagreb.

##  Como circular

### De/para o aeroporto

**Ônibus** O ônibus das Linhas Aéreas da Croácia para o aeroporto (30KN) sai da rodoviária a cada meia hora ou hora, aproximadamente das 5 às 20h, e volta do aeroporto do mesmo modo.

**Táxi** Custa entre 150KN e 300KN.

### Carro

É fácil circular de carro em Zagreb (os bulevares são largos e os estacionamentos no centro da cidade, apesar de escassos, custam 12KN por hora). Cuidado com os trams.

**Hrvatski Autoklub** (HAK; Auto Clube Croata; ☎46 40 800; www.hak.hr; Avenija Dubrovnik 44) Os motoristas podem discar ☎987 para obter assistência rodoviária.

As companhias internacionais de aluguel de carros com representantes em Zagreb são:

**Avis** (☎46 73 603; www.avis.com.hr; Radnička 45 e no aeroporto)

**Budget Rent-a-Car** (☎45 54 936; www.budget.hr; Pile 1 e no aeroporto)

**Hertz** (☎48 46 777; www.hertz.hr; Vukotinovićeva 4)

Lembre-se de que empresas locais costumam ter preços melhores. Experimente a **H&M** (☎37 04 535; www.hm-rentacar.hr; Grahorova 11 e no aeroporto).

### Táxi

Todos os táxis de Zagreb têm taxímetro, começam com 19KN e depois marcam 7KN por quilômetro. No domingo e à noite (das 22 às 5h) há um adicional de 20%. A espera custa 50KN a hora. A taxa para bagagem é de 3KN por volume.

Com esses preços altos, não é difícil encontrar táxis vazios; geralmente há placas azuis de ponto de táxi. Para reservar, disque ☎970 ou ☎060 800 800.

### Tram

O transporte público (www.zet.hr) tem uma eficiente rede de trams, mas o centro da cidade é compacto, tornando-a dispensável. Há mapas afixados na maioria das paradas, e o sistema é fácil de ser usado.

Compre passagens em bancas de jornal por 8KN. A passagem pode ser usada para baldeação por noventa minutos, mas apenas em uma direção. O tram é grátis para até duas paradas no mesmo sentido, saindo da praça principal.

## ÔNIBUS SAINDO DE ZAGREB

### Domésticos

| DESTINO | PREÇO (KN) | DURAÇÃO (H) | FREQUÊNCIA DIÁRIA |
|---|---|---|---|
| Dubrovnik | 215-228 | 9h e 30min-11 horas | 9-10 |
| Korčula | 239 | 11 horas | 1 |
| Krk | 163-194 | 3h-4h e 30min | 8 |
| Makarska | 169-199 | 6h e 30min | 12-14 |
| Mali Lošinj | 267-284 | 5-6 horas | 3 |
| Osijek | 125-165 | 4 horas | 8-11 |
| Plitvice | 72-83 | 2h-2h e 30min | 11 |
| Poreč | 150-221 | 4h-4h e 30min | 11 |
| Pula | 162-185 | 3h e 30min-5h e 30min | 14-17 |
| Rab | 183-197 | 4h-5h e 30min | 4 |
| Rijeka | 104-155 | 2h e 30min-3 horas | 20-25 |
| Rovinj | 146-185 | 3-6 horas | 9-11 |
| Šibenik | 135-165 | 4h e 30min-7 horas | 20-22 |
| Split | 165-181 | 5h-8h e 30min | 32-34 |
| Varaždin | 69 | 1-2 horas | 19-23 |
| Zadar | 99-138 | 3h e 30min-5 horas | 31 |

### Internacionais

| DESTINO | PREÇO (KN) | DURAÇÃO (H) | FREQUÊNCIA |
|---|---|---|---|
| Belgrado | 199-204 | 6 horas | 6 por dia |
| Florença | 438 | 10h e 30min | 1 por semana |
| Munique | 352 | 9h e 30min | 2 por dia |
| Paris | 800 | 11 horas | 2 por semana |
| Sarajevo | 188-244 | 7-8 horas | 4-5 por dia |
| Viena | 250 | 5-6 horas | 2 por dia |

## TRENS SAINDO DE ZAGREB

### Domésticos

| DESTINO | PREÇO (KN) | DURAÇÃO (H) | FREQUÊNCIA DIÁRIA |
|---|---|---|---|
| Osijek | 115 | 3h e 30min-5h e 30min | 6 |
| Rijeka | 97 | 4-5 horas | 5 |
| Šibenik | 153 | 8 horas | 1 |
| Split | 166 | 5h e 30min-8 horas | 5 |
| Varaždin | 57 | 2-3 horas | 12 |
| Zadar | 161 | 8 horas | 1 |

### Internacionais

| DESTINO | PREÇO (KN) | DURAÇÃO (H) | FREQUÊNCIA DIÁRIA |
|---|---|---|---|
| Banja Luka | 100 | 4h e 30min | 2 |
| Belgrado | 159 | 6h e 30min | 4 |
| Budapeste | 223 | 6-7 horas | 3 |
| Liubliana | 100 | 2h e 30min | 7 |
| Mostar | 282 | 11h e 30min | 1 |
| Munique | 674 | 8h e 30min-9 horas | 3 |
| Ploče | 313 | 13h e 30min | 1 |
| Sarajevo | 222 | 9h e 30min | 2 |
| Veneza | 303 | 7h e 30min | 1 |
| Viena | 446 | 5h e 30min-6h e 30min | 2 |

Um *dnevna karta* (passagem diária), válido para transporte público até as 4h da manhã seguinte, está disponível por 25KN na maioria das bancas de jornal.

Certifique-se de validar a passagem quando subir no tram, inserindo-a na caixa amarela.

# ARREDORES DE ZAGREB

Os arredores de Zagreb oferecem muitas opções de passeios curtos, como a pitoresca Karlovac e Samobor, com caminhadas pelos morros (e bolos deliciosos).

## Monte Medvednica

O Monte Medvednica, ao norte de Zagreb, oferece ótimas opções de **caminhadas**. Há duas rotas mais procuradas. Pegue o tram 14 até o ponto final e depois mude para o tram 15, até o ponto final. Você vai estar perto do funicular que sobe até o topo da montanha; junto dele há um caminho bem demarcado que também leva ao topo. Outra opção é tomar o ônibus 102 na Britanski trg, a oeste do centro na Ilica, para a igreja em Šestine e iniciar a trilha por lá. Calcule cerca de 3 horas (ida e volta) para cada uma das caminhadas e lembre-se de que a montanha tem uma floresta densa, e é fácil de se perder no local. Leve roupas quentes e água, e certifique-se de voltar antes de escurecer. No verão, há também o risco de carrapatos que transmitem doenças, então use calça comprida e blusa de manga comprida, e examine o corpo depois da caminhada. Para mais informações, procure o escritório de turismo de Zagreb.

Você pode também esquiar na **estação de esqui de Sljeme** (www.sljeme.hr), que oferece cinco pistas com dificuldade variada – o site fornece atualizações sobre cada uma delas. É possível almoçar em um dos restaurantes locais (o Purgerka é o preferido dos croatas); há equipamento para alugar no local.

## Karlovac

☎047 / POP. 60.000

Localizada na confluência de quatro rios – Kupa, Korana, Mrežnica e Dobra –, não surpreende que Karlovac e seus arredores tenham se tornado refúgio para os urbanoides em busca de sossego perto da água. A cidade em si é curiosa, o centro históri-

VALE A VIAGEM

## LAR DOCE LAR NA MONTANHA

Para uma amostra da vida no campo na Croácia perto de Zagreb, vá para **Kućica** (☎099-629-2939; www.kuchica.com; durante a semana/fins de semana 375/750KN, descontos para estadias mais longas), um adorável chalé tradicional de 120 anos feito de carvalho. A apenas meia hora da cidade, esse retiro na montanha no estilo "João e Maria" parece outro mundo. Do lado de fora: pomar, vinhas, horta orgânica, rede embaixo de uma castanheira, pássaros cantando... Dentro: mobília antiga restaurada, forno a lenha e decoração rústica colorida...

Projeto dos sonhos de Vanja e Iva, dois jovens profissionais de marketing de Zagreb, este refúgio encantador pode ser alugado por um dia, uma semana, ou o tempo desejado. Apesar de não haver muitas atrações, há boas opções de caminhadas e uma cidadezinha charmosa com uma igreja, uma loja e dois bares/cafés. Uma mesa de madeira comprida do lado de fora e uma churrasqueira fazem da "casinha" um sucesso entre famílias e grupos de amigos. Ocasionalmente, há retiros de ioga, oficinas de fotografia e outros eventos legais.

É uma viagem de um dia se você estiver motorizado. Do contrário, por cerca de 365KN, os donos podem ir buscar você em Zagreb, parar no mercado local no caminho para abastecer com comida, e deixar você na casa. Eles providenciam tortas caseiras, pães, bolo, *grappa* e legumes e verduras da horta, a seu pedido.

co tem a forma de uma estrela de seis pontas, dividida em 24 quarteirões quase retangulares. Situada na estrada principal que liga Zagreb a Rijeka, foi construída em 1579 para servir como fortaleza contra os turcos. Apesar de restarem apenas os fossos das fortificações originais, o centro da cidade conserva as ordenadas ruas geométricas com construções barrocas.

O rio Kupa divide a cidade ao longo do eixo leste-oeste. A rua principal é a Prilaz Većeslava Holjevca, com sentido norte-sul. A cidade antiga fica a leste da Prilaz Većeslava Holjevca, na margem sul do rio Kupa. A praça principal é a Trg Josipa Jelačića. A rodoviária fica na Prilaz Većeslava Holjevca, a cerca de 500m do centro da cidade, e a estação de trem a 1,5km do centro, também na Prilaz Većeslava Holjevca.

## Atrações e atividades

**Zvijezda** CENTRO HISTÓRICO

A principal atração de Karlovac é a Zvijezda (Estrela), a cidade antiga. A **Igreja da Santíssima Trindade**, do século 17, com um altar de mármore negro, e o **mosteiro franciscano** adjacente se destacam na Trg Josipa Jelačića. As residências de comerciantes e militares, dos séculos 17 e 18, nas ruas ao redor estão sendo restauradas para valorizar as suas belezas características. É agradável caminhar pela Radićeva, onde fica a casa do conde Janko Drašković.

**Town Museum** MUSEU

(Gradski Muzej; ☎615 980; Strossmayerov trg; inteira/meia 10/7KN; ⏲7-15h seg-sex, 10-12h sáb e dom) A um quarteirão da Trg Josipa Jelačića fica a Strossmayerov trg, uma praça semicircular em estilo barroco que abriga o Museu da Cidade, instalado em um palácio dos Frankopan. Há maquetes da antiga Karlovac entre objetos artesanais locais e históricos em exposição.

**Dubovac** FORTALEZA MEDIEVAL

(Zagrad 10) Uma caminhada de 30 minutos ao longo das margens do rio Kupa e depois morro acima leva a Dubovac, uma fortaleza medieval que dispõe de um café e de uma ótima vista de Karlovac.

## Onde dormir e comer

O escritório de turismo ajuda a encontrar hospedagem em casa particular (80KN a 110KN por pessoa). Há três hotéis no centro da cidade.

**Carlstadt Hotel** HOTEL €€

(☎611 111; www.carlstadt.hr; Vranicanijeva 1; s/c 317/469KN; P ❄ ☜) O Carlstadt é o preferido dos que viajam a negócios, com quarenta quartos em bege e marrom, TV e telefone. Excelente localização.

**Mirna** PEIXE €

(Koransko Šetalište bb; pratos a partir de 55KN) Depois de um aperitivo no Carlstadt, coma peixe de água doce e salgada no terraço com vista para o rio Korana.

**Slatki Centar** DOCERIA €

(Vlatka Mačeka 6) Os melhores bolos e panquecas.

## Informações

**Escritório de Turismo** (615 115; www.karlovac-touristinfo.hr; Petra Zrinskog 3; 8-15h seg-sáb, até as 13h dom jul e ago, 8-15h seg-sex, até as 13h sáb set-jun) Os folhetos são limitados, mas ajudam a achar hospedagem privada.

## Como chegar

A ligação de ônibus entre Karlovac e Zagreb é boa (32KN a 42KN, 50 minutos, vinte por dia). Há também trens para Zagreb (38KN, 50 minutos, vinte por dia) e Rijeka (80KN, 3 horas, seis por dia).

# Samobor

01 / POP. 19.000

Samobor é para onde os estressados habitantes da cidade vão para relaxar e obter comida substanciosa, bolos cremosos e bela paisagem. Um riacho serpenteia pelo centro da cidade, composta de casas ajeitadinhas em tom pastel e velhas igrejas, enquanto o Samoborsko Gorje é perfeito para caminhadas.

Fiel à missão de preservar o passado, a principal atividade econômica se concentra em pequenos negócios familiares de artesanato, restaurantes e produção de mostarda e destilados. As tradições literárias e musicais da cidade se refletem nos festivais anuais, principalmente o Fašnik (Carnaval de Samobor).

## Atrações e atividades

**Museu da Cidade** MUSEU

(Gradski Muzej; Livadićeva 7; inteira/meia 8/5KN; 9-14h ter-sex, até as 13h sáb, 10-17h dom jul e ago; 9-15h ter-sex set-jun) Instalado em uma mansão histórica, tem dois andares com objetos de algum interesse sobre cultura regional, inclusive uma coleção etnográfica.

**Museum Marton** MUSEU

(36 70 600; Jurjevska 7; inteira/meia 20/15KN; 10-13h sáb e dom só com hora marcada) Passe por lá para ver a coleção particular, mais focada em pinturas do período Biedermeier, assim como porcelana, vidro e mobília.

## Onde dormir

A maioria das pessoas vai e volta de Samobor no mesmo dia, saindo de Zagreb, mas você pode se hospedar aqui e ir para Zagreb.

**Hotel Livadić** HOTEL FAMILIAR €€

(33 65 850; www.hotel-livadic.hr; Trg Kralja Tomislava 1; s/c/st 360/465/700KN; P) Administrado por uma família, decorado no estilo do século 19, tem quartos confortáveis ao redor de um pátio florido. A comida é uma atração de Samobor; pode confiar na qualidade do restaurante e do café, que serve bolos deliciosos.

### VÁ CAMINHAR

Samobor é um bom ponto de partida para caminhadas no **Samoborsko Gorje**, uma cadeia de montanhas (parte da Cordilheira de Žumberak) que liga os picos dos Alpes a cavernas calcárias e abismos da Cordilheira Dinárica. Também é o berço do montanhismo como atividade organizada na Croácia desde maio de 1875 (veja www.plsavez.hr). Em 1999, a região, que abrange 333km², foi declarada parque natural por causa da biodiversidade, florestas, cavernas cársticas, cânions e das quatro cachoeiras. Coberta por prados e florestas, a cordilheira é o destino mais procurado para caminhadas na região. A maior parte das caminhadas é fácil; há chalés nas montanhas, que são agradáveis pontos de descanso. Muitos só abrem no fim de semana (exceto na alta temporada).

A cordilheira tem três grupos: o grupo do Oštrc no centro, o grupo do Japetić e o grupo do Plešivica. Os dois primeiros são acessíveis a partir do chalé e restaurante Šoićeva Kuća, a 10km de Samobor, aonde se chega com o ônibus 144. De lá, é uma caminhada íngreme de 30 minutos até o forte medieval de Lipovac e uma hora de caminhada até o pico do Oštrc (752m), onde há outro chalé.

Outra caminhada muito procurada é a subida de 1h e 30min do Šoićeva Kuća até o Japetić (879m), o pico mais alto dos Montes Samobor e famoso ponto de parapente (www.parafreek.hr). Você pode ainda seguir a trilha do Oštrc ao Japetić (2 horas). No grupo do Plešivica há ruínas de um forte medieval e uma área de floresta protegida; local famoso entre montanhistas. Acesso a partir da cidade de Rude (ônibus 143 para Rude e Braslovje). De Rude, vá até a cabana de caça Srndać, no passo do Poljanice (12km), de onde uma caminhada íngreme de 40 minutos leva ao pico do Plešivica (779m). O escritório de turismo da cidade fornece mapas e informações sobre caminhadas na região.

## PARQUE NATURAL DE LONJSKO POLJE

Lonjsko Polje é uma mistura de diversas atrações. Há muitos exemplares da arquitetura croata em madeira do século 19, e observadores de pássaros (na verdade, cegonhas) podem passar o dia em campo, assim como quem se interessa por cavalos. Para os fãs de história da II Guerra, a região conserva um dos monumentos mais pungentes da ex-Iugoslávia. Indicado para ser Patrimônio Mundial em janeiro de 2008, o **Lonjsko Polje** (044-672 080; www.pp-lonjsko-polje.hr; Čigoć; adulto/meia 40/30KN; 9h30-17h) é uma enorme área pantanosa de 506km² (polje quer dizer "campo") na região de Posavina, entre o rio Sava e o monte Moslavačka Gora. Localizada ao longo do rio Lonja, afluente do Sava que dá nome ao parque, a imensa bacia de retenção é famosa pela diversidade da fauna e da flora.

A área se divide em alguns povoados. **Čigoć** é um "ponto de encontro de cegonhas"; as aves fazem ninhos sobre as casas de madeira de Čigoć. Os pássaros "carregadores de bebês" se reúnem na cidade entre fim de março e começo de abril, e ficam por lá comendo insetos do pântano até fim de agosto, quando começam a revoada que dura de dois a três meses em direção ao sul da África. No outono ou no inverno, você ainda pode conseguir ver algumas cegonhas tardias, que se contentam em serem alimentadas pelos moradores. Em Čigoć há um ponto de informações sobre o parque e uma bilheteria, e uma pequena coleção etnográfica pertencente à família Sučić.

A cidade histórica de **Krapje** é conhecida pelas bem preservadas casas de madeira tradicionais e áreas para caça e pesca. Veja as escadarias, varandas e pilastras externas cobertas, e as fazendas com celeiros, secadeiras, chiqueiros e galinheiros. De abril a outubro, um centro de informações, instalado em uma das casas de madeira, oferece um guia para informar sobre o patrimônio cultural da região. Não deixe de ver o cavalo posavski, a raça local que pasta nas florestas de carvalho do Lonjsko Polje. Você pode andar a cavalo – informe-se no escritório de informações de Čigoć.

Jasenovac, também na região, foi local de um notório campo de concentração nazista na II Guerra, controlado pelos Ustaše e pelo governo croata pró-nazista. O número estimado de sérvios, judeus, ciganos e croatas antifascistas mortos ali varia entre 49 mil e um milhão, depende de para quem você pergunta. O **Museu Memorial Jasenovac** (www.jusp-jasenovac.hr; entrada franca; 9-17h seg-sex, 10-18h sáb e dom) é uma lembrança comovente dos horrores da guerra.

Lonjsko Polje fica a 50km de Zagreb. É melhor ir com transporte próprio – o transporte público é ruim, fica difícil circular pelo parque. É possível se hospedar em casas de madeira particulares dentro do parque.

**Hostel Samobor** HOSTEL €
(33 74 107; www.hostel-samobor.hr; Obrtnička 34; por pessoa 127KN; P @) Hostel novo, com 82 camas em quartos limpos, fotos na sala de refeições e corredores, serviço simpático. O dono oferece passeios guiados de motocicleta por Žumberak e outras partes da Croácia continental.

### Onde comer

**Gabreku 1929** RESTAURANTE €
(Starogradska 46; pratos a partir de 55KN) Restaurante clássico perto do centro da cidade, administrado pela mesma família desde os anos 1920. Famoso pelos 35 tipos de saborosos palačinke (crepes) doces.

**Pri Staroj Vuri** RESTAURANTE €
(Giznik 2; pratos a partir de 55KN) Pratos tradicionais servidos em um chalé aconchegante a uns 50m da Trg Kralja Tomislava. Prove o *pisanica* (carne com molho picante de cogumelo, cebola, tomate e vinho tinto).

**U Prolazu** BOLOS
(Trg Kralja Tomislava 5) As melhores *kremšnite* (tortas) da cidade.

### Informações

**Escritório de Turismo** (33 60 044; www.tz-samobor.hr; Trg Kralja Tomislava 5; 8-19h seg-sex, 9-17h sáb, 10-17h dom) No centro da cidade, há brochuras e mapas de Samobor e também de Samoborsko e de Žumberačko Gorje para consultas.

### Como chegar

A rodoviária (sem guarda-volumes) fica na Šmidhenova, a uns 100m da cidade, subindo. É fácil ir para Samobor usando transporte público. Pegue o ônibus na rodoviária principal de Zagreb (25KN, 30 minutos, a cada meia hora).

# Zagorje

## Inclui »



## Melhores lugares para comer

» Vuglec Breg (p. 77)
» Grešna Gorica (p. 78)
» Zlatne Gorice (p. 75)
» Zlatne Ruke (p. 73)

## Melhores lugares para ficar

» Vuglec Breg (p. 77)
» Hotel Varaždin (p. 73)
» Spa & Golf Resort Sveti Martin (p. 75)
» Ozis (p. 74)

## Por que ir?

Embora seja perto de Zagreb, a bucólica região de Zagorje, ao norte do país, recebe poucos turistas, mesmo no auge do verão. Isso é bastante surpreendente, visto que deliciosas aldeias, castelos medievais, intermináveis vinhedos e fontes termais pontuam seu relevo ondulado. As paisagens verdejantes e a comida e arquitetura de influência austríaca (e preços inalterados ao longo do ano) são uma boa alternativa para o agitado sul mediterrâneo, além de oferecerem uma saída para o calor do verão. É maravilhosamente livre de aglomeração, embora um pouco menos nos fins de semana, quando famílias de Zagreb invadem a região para passar o dia.

Zagorje começa ao norte do monte Medvednica, perto de Zagreb, alcançando a oeste a fronteira eslovena e ao norte Varaždin, uma vitrine de arquitetura barroca. Você poderá se regalar com a culinária substanciosa de restaurantes rústicos, mergulhar na água quente, ter uma amostra da vida do interior ou visitar castelos antigos. Prepare-se para diversões diferentes.

## Quando ir

### Varaždin

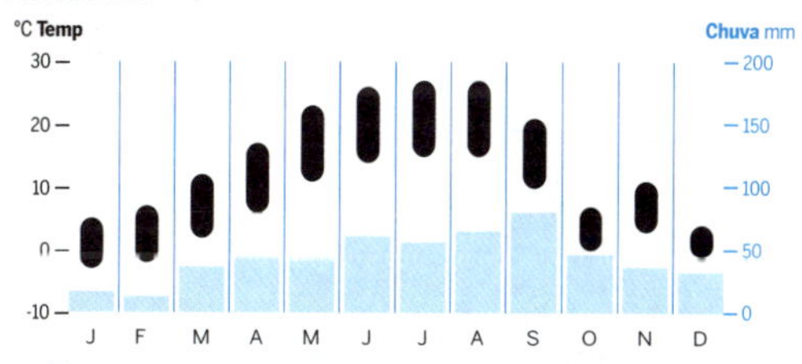


**Junho** Temperaturas de verão, perfeitas para passear pelos morros, castelos e balneários.

**Agosto** A Špancirfest chega a Varaždin com world music, teatro e outras divertidas apresentações.

**Setembro** Aproveite o folclore e a comida típica no Festival de Canções Kajkavianas de Krapina.

## Destaques de Zagorje

1. Admire a arquitetura barroca perfeitamente preservada de **Varaždin** (p. 70).
2. Conheça a vida da nobreza croata no **Castelo de Trakošćan** (p. 75).
3. Vivencie um pouco da vida tradicional das aldeias no **Museu Staro Selo** (p. 78), em Kumrovec.
4. Experimente especialidades culinárias croatas no **Vuglec Breg** (p. 77), perto de Krapinske Toplice.
5. Aprenda sobre nossos ancestrais Neandertais no **Museu do Neandertal de Krapina** (p. 76) em Krapina.
6. Veja a **Špancirfest** (p. 72), evento que movimenta as ruas de Varaždin.
7. Percorra as rotas do vinho na região de **Međimurje** (p. 75), que se estende a partir de Varaždin.

Beltinci
Mura
0
30km
Lendava
HUNGRIA
Bučkovci
Ljutomer
Sv Martin
Na Muri
Mursko
Sredi e
7
Região de
Me imurje
Jeruzalem
Sveti
Urban
Ivanjkovci
Podturen
Doma inec
Belica
Ormož
Sredi če
ob Dravi
Čakovec
Nedeli e
Goričak
Ivanovec
M Subotica
E65
Vinica
2
Sračinec
Prelog
A4
Drava
Varaždin 1 6
Ladanje
2
Para Koprivnica
(13km); Hlebine
(43km)
Bednja
Tužno
Ludbreg
Bednja
Varaždinske
Toplice
Beletinec
Ivanec
Lepoglava
Ivančica
(1059m)
Ljube ica
Kalničko
(642m)
Zlatar
E65
Krapina
A4
Križevci
Marija
Bistrica
Para Zagreb
(30km)
41

### Idioma

Muitos habitantes da região falam um dialeto local chamado Kajkavski, cujo nome vem de *kaj?* – "para quê?". Depois do croata ou Kajkavski, a segunda língua é provavelmente o alemão. Poucas pessoas falam inglês, e as que falam em geral são as mais jovens.

## Como chegar e circular

Existem linhas de trem e de ônibus entre cidades e atrações de Zagorje (www.tz-zagorje.hr) e Zagreb, mas as conexões são esporádicas. Por isso, é bom ter seu meio de transporte e ficar mais livre para apreciar a região. Alugar um carro por um ou dois dias e percorrer as estradas sinuosas de Zagorje é a melhor forma de aproveitar seu charme rústico. Ou programe excursões com a **Potepuh** (www.potepuh.hr), agência de viagens on-line especializada em turismo cultural e de aventura em Zagorje. As atrações incluem fins de semana românticos (visitas a castelos, vinícolas e restaurantes rurais), passeios de jipe e parapente.

# Varaždin

☎042 / POP. 49.075

Varaždin, a 81km ao norte de Zagreb, é um destino pouco procurado, muitas vezes serve apenas de ponto de passagem para ir ou voltar da Hungria. A cidade, porém, vale uma visita – o centro é uma vitrine de arquitetura barroca cuidadosamente restaurada e de jardins e parques bem cuidados. Ela já foi a capital e a cidade mais próspera da Croácia, o que explica a extraordinária sofisticação das construções. A cereja do bolo é a branca e reluzente Stari Grad (Cidade Antiga), com suas torres, onde fica o museu local.

O centro da zona de pedestres, que tem atraentes construções do século 18, é a Trg Kralja Tomislava, praça de onde partem as ruas antigas.

### História

A cidade de Garestin (hoje Varaždin) teve um papel importante na história da Croácia. Primeiro, em 1181, no reinado de Bela III, ela se tornou centro administrativo local, e em 1209 foi promovida a vila real livre, pelo rei André II. Recebeu, então, selo e brasão próprios. O aniversário de 800 anos desse acontecimento foi celebrado em 2009.

Quando a Croácia foi sitiada pelos turcos, Varaždin era a fortaleza mais segura e residência preferida dos generais. Depois que a ameaça otomana recuou, Varaždin prosperou como o centro cultural, político e comercial da Croácia. A proximidade com o norte da Europa facilitou o surgimento da arquitetura barroca, que se expandiu pelo restante da Europa naquele período. Com isso, os melhores artesãos e construtores da época foram para Varaždin, onde ergueram mansões, igrejas e prédios públicos.

A cidade tornou-se capital da Croácia em 1756, posição mantida até o desastroso incêndio de 1776, quando o *ban* (vice-rei) croata fez as malas e mudou o governo para Zagreb. A cidade, ainda próspera, foi rapidamente reconstruída no estilo barroco, ainda presente na sua arquitetura.

Zagorje é um centro de produção de tecidos, sapatos, móveis e produtos agrícolas, e um destino cada vez mais procurado em viagens curtas. Seu centro histórico foi restaurado recentemente.

## Atrações

O centro de Varaždin apresenta um belo conjunto de construções barrocas, algumas delas transformadas em museus. Muitas mansões aristocráticas e igrejas elegantes estão sendo restauradas por causa da candidatura da cidade à lista de Patrimônios da Humanidade, da Unesco. A maioria das construções tem placas com explicações sobre história e arquitetura em inglês.

**Museu da Cidade** MUSEU

(Gradski Muzej; www.gmv.hr; Strossmayerovo Šetalište 7; inteira/meia 25/15KN; ⌚9-17h ter-sex, até 13h sáb e dom) A fortaleza caiada, uma joia da arquitetura defensiva medieval no interior da Stari Grad (Cidade Antiga), é circundada por um lindo parque muitíssimo bem cuidado. Sua construção teve início no século 14, e a atual estrutura gótico-renascentista data do século 16, época em que se tornou a fortificação regional contra os turcos. A edificação esteve em mãos privadas até 1925; atualmente, é um museu que abriga mobília, quadros, relógios, cerâmica, objetos decorativos, insígnias e armas acumuladas ao longo de séculos, e agora distribuídas pelas trinta salas de exposição. A arquitetura é muito mais interessante do que as coleções históricas. Entre pela ponte levadiça e circule para ver as arcadas, os pátios e capelas desse amplo castelo fortificado.

## Varaždin

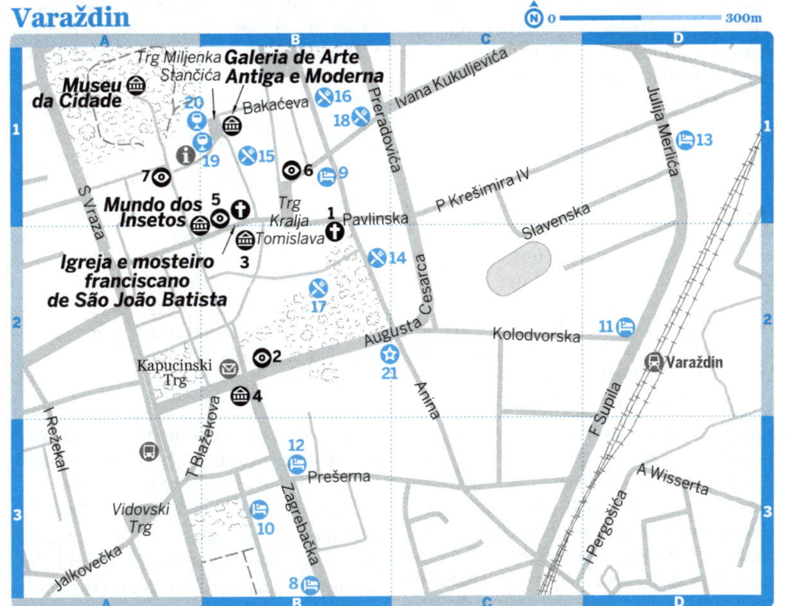


## Varaždin

**Destaques**

Igreja e mosteiro franciscano de São João Batista ... B1
Galeria de Arte Antiga e Moderna ... B1
Museu da Cidade ... A1
Mundo dos Insetos ... A2

**Atrações**

1 Catedral da Assunção ... B2
2 Teatro Nacional Croata ... B2
3 Palácio Patačić ... B2
4 Palácio Patačić-Puttar ... B2
5 Estátua do bispo Grgur Ninski ... B1
6 Prefeitura ... B1
7 Praça dos Ofícios Tradicionais ... A1

**Onde dormir**

8 Garestin Pansion ... B3
9 Hotel Istra ... B1
10 Hotel Turist ... B3
11 Hotel Varaždin ... D2
12 Maltar ... B3
13 Studentski Centar Varaždin ... D1

**Onde comer**

14 Angelus ... B2
15 Grenadir ... B1
16 Mercado ... B1
17 Park ... B2
18 Zlatne Ruke ... B1

**Onde beber**

19 Mea Culpa ... B1
20 Soho ... A1

**Entretenimento**

21 MMC Kult ... B2
Varaždin Concert Bureau ... (veja 2)

**Cemitério de Varaždin** CEMITÉRIO
(Hallerova Aleja; ⌚7-21h mai-set, até 17h out-abr) Uma caminhada de 10 minutos saindo da Cidade Antiga leva ao sereno Cemitério de Varaždin, obra-prima de jardinagem projetada em 1905 pelo arquiteto vienense Hermann Helmer. Circule por entre lápides, avenidas, passeios, e mais de 7 mil árvores, como magnólias, faias e bétulas, e aprecie o lindo paisagismo.

**Galeria de Arte Antiga e Moderna** MUSEU
(Galerija Starih i Novih Majstora; Trg Miljenka Stančića 3; inteira/meia 25/15KN; ⌚9-17h ter--sex, até 13h sáb e dom) O Palácio Sermage, em estilo rococó, foi construído em 1759.

Veja os medalhões entalhados na fachada e faça uma visita rápida ao museu, que tem retratos e paisagens das escolas croata, italiana, holandesa, alemã e flamenga. A exposição permanente às vezes é removida para dar espaço a mostras temporárias.

**Mundo dos Insetos** MUSEU

(Entomološka Zbirka; Franjevački trg 6; inteira/meia 25/15KN; ⏲9-17h ter-sex, até 13h sáb e dom) Essa fascinante coleção entomológica, instalada no Palácio Hercer, classicista, tem quase 4.500 exemplares do mundo dos insetos, abrangendo mil espécies diferentes. Os exemplos de ninhos, habitat e hábitos reprodutivos dos insetos são informativos e bem demonstrados; há estações interativas e audioguias gratuitos.

**Igreja e mosteiro franciscano de São João Batista** IGREJA

(Crkva Svetog Ivana Krstitelja; Franjevački trg 8; ⏲6h30-12h e 17h30-19h30) Construída em estilo barroco em 1650, no local em que havia uma estrutura anterior, a igreja tem a torre mais alta da cidade (54,5m). Há também uma antiga farmácia ornamentada com afrescos do século 18 no teto. Ao lado, há uma cópia da **estátua de bronze do bispo Grgur Ninski**, criada por Ivan Meštrović para Split. Toque o dedão da estátua e você terá boa sorte, pelo menos é o que se diz.

**Catedral da Assunção** CATEDRAL

(Katedrala Uznesenja Marijina; Pavlinska 5; ⏲7h-12h30 e 15h30-19h30) Essa ex-igreja jesuíta, localizada logo ao sul da Trg Kralja Tomislava, foi construída em 1646. A fachada se distingue por seu portal do início do barroco exibindo o brasão de armas da família nobre Drašković. A nave central é ocupada pelo altar, que apresenta entalhes elaborados, colunas de mármore e uma pintura da Assunção da Virgem Maria em dourado. Famosa pela excelente acústica, a catedral é palco de concertos durante as Noites Barrocas.

**Prefeitura** CONSTRUÇÃO HISTÓRICA

(Gradska Vijećnica; Trg Kralja Tomislava 1) Um dos prédios mais surpreendentes da cidade, a bonita estrutura românico-gótica é a sede da prefeitura local desde o século 16. Veja o brasão de armas da cidade na base da torre e o portal entalhado, que data de 1792. Há uma cerimônia de troca da guarda todo sábado às 11 horas, de maio a setembro.

Também recomendamos:

**Praça dos Ofícios Tradicionais** PRAÇA

(Trg Tradicijskih Obrta; ⏲10-18h seg-sáb abr-out) A mais nova atração da cidade é a Praça dos Ofícios Tradicionais. Demonstrações de olaria, tecelagem e chapelaria recriam os velhos tempos.

**Palácio Patačić** PALÁCIO

(Palača Patačić; Franjevački trg 4) O palácio rococó restaurado de modo exímio data de 1764 e tem um caprichado portal de pedra.

**Palácio Patačić-Puttar** PALÁCIO

(Palača Patačić-Puttar; Zagrebačka 2) Visite essa interessante mistura de estilos barroco e clássico. O portal de pedra ricamente ornamentado tem o brasão de armas da família Patačić.

**Teatro Nacional Croata** CONSTRUÇÃO HISTÓRICA

(Hrvatsko Narodno Kazalište; Augusta Cesarca 1) O impressionante teatro foi construído em 1873 em estilo neorrenascentista, segundo projeto de Hermann Helmer.

**Margem do rio Drava** BEIRA-RIO

Uma caminhada de 15 minutos saindo do centro da cidade leva à beira do rio, verde e sossegada, ladeada por passeios públicos e cafés ao ar livre onde se pode relaxar.

**Aquacity** PARQUE AQUÁTICO

(Motičnjak bb, Trnovec Bartolomečki) Para diversão aquática, afaste-se 3 km da cidade até essa versão praiana de Varaždin, na estrada para Koprivnica, com lago, quadras de tênis e restaurante.

## Festas e eventos

Varaždin é famosa pelo festival de música barroca **Noites Barrocas de Varaždin** (www.vbv.hr), que dura de duas a três semanas, sempre em setembro. Orquestras locais e internacionais tocam na catedral, nas igrejas e nos teatros da cidade. As entradas custam entre 75KN e 150KN, dependendo do evento, e estão disponíveis uma hora antes do concerto em agências de turismo ou na **Central de Concertos de Varaždin** (☎212 907; Teatro Nacional Croata, Augusta Cesarca 1).

No fim de agosto, a eclética **Špancirfest** (www.spancirfest.com) anima os parques e praças da cidade com world music (de afro-cubana a tango), acrobatas, teatro, artesanato tradicional e ilusionistas.

Um evento mais alternativo é o **Trash Film Fest** (www.trash.hr), com muitos filmes de ação de baixo orçamento, que acontece no **MMC Kult** (Anina 2) todo ano, em meados de setembro, por alguns dias.

## Onde dormir

Geralmente mais em conta do que Zagreb, os hotéis de Varaždin são, na maioria, limpos, bem cuidados e com boa relação custo-benefício. Boa parte da clientela chega de Zagreb e países vizinhos a negócios – isso quer dizer que os hotéis costumam estar cheios durante a semana e vazios no fim de semana.

Se você estiver procurando hospedagem em casa particular, o escritório de turismo tem a listagem dos quartos simples ou de casal, a partir de 150KN e 250KN, respectivamente. A regra local é não cobrar taxa extra para estadia de uma noite, e os preços não variam ao longo do ano.

**Hotel Varaždin** HOTEL €€
(290 720; www.hotelvarazdin.com; Kolodvorska 19; s/c a partir de 388/590KN; P ❄ @) Os iluminados quartos contemporâneos do mais novo hotel da cidade, em frente da estação de trem, estão lotados de comodidades, como internet e minibar. Há um restaurante com bar e terraço no local.

**Maltar** HOSPEDARIA €
(311 100; www.maltar.hr; Prešernova 1; s/c 235/435KN; P ❄ @) Boa relação custo-benefício nessa alegre hospedaria familiar perto do centro. Quartos bem cuidados com TV. Quatro suítes (2/3 pessoas 465KN/595KN) têm quitinetes.

**Garestin Pansion** HOTEL €€
(214 314; Zagrebačka 34; s/c 300/460KN; P ❄) Os locais frequentam o concorrido restaurante desse estabelecimento, a um pulo do centro, enquanto os visitantes podem relaxar nos 13 confortáveis quartos acima, equipados com minibar.

Também recomendamos:

**Hotel Turist** HOTEL €€
(395 395; www.hotel-turist.hr; Kralja Zvonimira 1; s/c 380/594KN; P @) Falta de personalidade compensada por instalações sólidas e mais de 35 anos de serviços. Quartos "executivos", mais caros (s/c 403KN/820KN), têm minibar.

**Hotel Istra** HOTEL €€€
(659 659; www.istra-hotel.hr; Ivana Kukuljevića 6; s/c a partir de 577/874KN; P ❄ @) Instalações que não surpreendem, localização imbatível e privilégios adicionais nos onze quartos da propriedade. Único quatro estrelas de Varaždin. Mas não impressiona.

**Studentski Centar Varaždin** HOSTEL €
(332 910, 332 911; www.scvz.hr; Julija Merlića bb; s/c 225/360KN; @) Residência estudantil e hostel, tem 30 quartos recém-reformados para aluguel o ano todo, todos com TV, internet a cabo e geladeira. Também tem serviço de lavanderia.

## Onde comer e beber

Apesar de não se destacar como destino gourmet, Varaždin oferece muitas opções para quem provar a cozinha continental da Croácia, adequadas a todos os bolsos. Há um **mercado** (Augusta Šenoe 12) aberto diariamente até as 14h. Muitas padarias vendem *klipić*, o gostoso pão de Varaždin em forma de dedo.

**Angelus** ITALIANA €
(Alojzija Stepinca 3; pizzas/pratos a partir de 30/45KN) Localizada em um porão arqueado, essa aconchegante pizzaria e trattoria produz pizza, macarrão (de nhoque a tagliatelle), risotos e carnes excelentes.

**Zlatne Ruke** CROATA MODERNA €€
(Ivana Kukuljevića 13; pratos a partir de 70KN) Esse restaurante subterrâneo é o local da cidade que mais dá atenção ao design, e o único com pretensões gourmet. Serve pratos criativos, como fígado de ganso com pêssego e tartar de veado, no salão com paredes de pedra branca.

**Grenadir** CROATA TRADICIONAL €
(Kranjčevića 12; pratos a partir de 35KN) Serve concorridos *gableci* (almoços substanciais e baratos, oferecidos durante a semana) simples, mas a preços ótimos, no centro da cidade.

**Park** CROATA €
(Jurja Habdelića 6; pratos a partir de 48KN) As carnes grelhadas e o bufê de salada não têm nada demais – a vista do terraço, o velho estilo da atmosfera e o almoço barato é o que realmente atrai.

**Mea Culpa** *LOUNGE* BAR
(Ivana Padovca 1) Tome a sua dose de cafeína ou um coquetel no vistoso *lounge bar* com dois andares internos e, nos dias de sol, mesas externas na Trg Miljenka Stančića.

**Soho** CAFE-BAR
(Trg Miljenka Stančića 1) Exatamente como o Mea Culpa, esse bar e café tem mesas na praça, mas o seu interior é mais intimista e discreto.

## Informações

### Acesso a internet

**Caffe Bar Aquamarin** (Gajeva 1; 7-0h seg-qui, até 2h sex e sáb, até a 1h dom) Livre acesso ao terminal de computadores na compra de uma bebida.

## ÔNIBUS SAINDO DE VARAŽDIN

| DESTINO | PREÇO (KN) | DURAÇÃO (H) | FREQUÊNCIA |
|---|---|---|---|
| Berlim (Alemanha) | 795 | 15 horas | 2 por semana |
| Munique (Alemanha) | 345 | 8 horas | 2 por dia |
| Castelo Trakošćan | 25 | 40 minutos | 9 por dia |
| Varaždinske Toplice | 15 | 30 minutos | 20 por dia |
| Viena (Áustria) | 215 | 6 horas | 1 por dia |
| Zagreb | 69 | 1h e 45min | de hora em hora |



### Guarda-volumes

**Garderoba** rodoviária (por volume 7KN; 4h30-22h); estação de trem (por dia 15KN; 7-20h) Guarda-volumes.

### Informações turísticas

**Escritório de Turismo** (210 987; www.tourism-varazdin.hr; Ivana Padovca 3; 8-19h seg-sex, 10-17h sáb abr-out, 8-16h seg-sex, 10-13h sáb nov-mar) Um mundo de informações e muitos folhetos coloridos à disposição no local.

### Agências de viagem

**Horizont Travel** (395 111; www.horizont-travel.hr; Aleja Kralja Zvonimira 1) Oferece excursões pela cidade e pela região de Zagorje.

## Como chegar

A estação de ônibus fica a sudoeste do centro da cidade. A de trem a leste, do outro lado da cidade. Distantes cerca de 1km, a ligação é feita por um micro-ônibus (5KN a 15KN) que serve a cidade e aldeias vizinhas.

Varaždin é um importante centro de transporte no norte da Croácia, linhas de trem e ônibus saem em todas as direções. Atenção, os ônibus que viajam para o norte saem de Zagreb e param em Varaždin, e o valor da passagem é o mesmo nas duas cidades.

A maioria dos ônibus para a costa passam por Zagreb. Os ônibus para Trakošćan e Varaždinske Toplice são reduzidos aos fins de semana.

São 12 trens diários para Zagreb (57KN, 2h e 30min); faça conexão em Zagreb para os trens para o litoral. Dois trens por dia para Budapeste, na Hungria (240KN, 7 a 10 horas), com uma troca em Koprivnica. Atenção, a espera em Koprivnica é maior para o primeiro trem.

# Varaždinske Toplice

042 / POP. 6.973

As fontes termais sulfurosas, a fumegantes 58°C de temperatura, atraem viajantes cansados a Varaždinske Toplice desde que os romanos fundaram o primeiro estabelecimento de saúde, no século 1º d.C. Montes suaves cobertos de matas cercam a atraente cidade, uma estância hidrotermal que tem uma variedade de igrejas e construções históricas, inclusive o castelo de **Stari Grad** (Trg Slobode 16). Atrás da fachada neogótica, esconde-se o **escritório de turismo** (633 133; www.toplice-vz.hr, em croata; 7h30-15h30 seg-sex), que distribui folhetos e informações sobre terapias relaxantes e pode ajudar a encontrar hospedagem em casa particular.

Ao lado, fica o **museu da cidade**, que exibe uma escultura de Minerva do século 3º d.C. Os fãs de história devem visitar o **Aqua Iasae**, os vestígios do spa romano construído entre os séculos 1º e 4º d.C., que fica perto do Stari Grad.

A estância fica a 12km de Varaždin e a 69km de Zagreb. Há muitos ônibus saindo de Varaždin.

## Onde dormir e comer

**Hotel Minerva** HOTEL €€

(630 831; www.minerva.hr, in Croatian; Trg Slobode 1; s 340-440KN, c 420-720KN; P) Hotel construído ao redor de piscinas termais com fama de ter poderes de cura, especialmente para problemas reumáticos. O prédio de concreto dispõe de quartos (alguns não reformados) com terraço, piscinas cobertas e abertas, parque aquático e academia. Hóspedes têm livre acesso às piscinas; visitantes pagam 35KN durante a semana e 40KN no fim de semana, pelo dia inteiro. Há ainda sauna (45KN a hora), massagens (90KN por 40 minutos) e vários programas antiestresse.

**Ozis** HOSPEDARIA €

(250 130; www.ozis.hr; Zagrebačka 7; s/c 180/300KN; P) A charmosa hospedaria familiar na entrada da cidade tem 10 quartos impecáveis e 3 suítes, além de um adorá-

vel pátio. Café da manhã à parte e 10% de cobrança extra para estadas inferiores a 3 noites.

**Zlatne Gorice** EUROPEIA CENTRAL €€
(www.zlatne-gorice.com; Banjšćina 104, Gornji Kneginec; pratos a partir de 55KN) Se estiver motorizado, pare para almoçar na interessante mansão restaurada, a 3km de Toplice pela antiga estrada para Varaždin. Cercada de vinhas, serve comida da Europa Central (*schnitzels*, ensopados e medalhões de vitela) em 4 salões internos ou no terraço com vista pastoril. Trilha do vinho, labirinto de plantas, degustação de vinho (45KN com queijo, fruta e pão) e 3 aconchegantes quartos duplos em cima (300KN).

## Castelo de Trakošćan

Um dos castelos mais admiráveis da Croácia Continental, o **Castelo de Trakošćan** (☎796 281; www.trakoscan.hr; inteira/meia 30/15KN; ⏲9-18h abr-out, até 16h nov-mar), a 80km de Zagreb, vale a visita pela apresentação do museu e do belo entorno. A origem exata da construção é desconhecida, mas a primeira menção oficial data de 1334. Não restaram muitas características românicas originais do castelo após ser restaurado em estilo neogótico em meados do século 19, e o jardim de 860 mil m² ganhou novo paisagismo no estilo romântico de parque inglês, com árvores exóticas e lago artificial.

Ocupado pela família aristocrata Drašković até 1944, o castelo tem três andares de objetos expostos, onde se encontram mobília original da família e uma infinidade de retratos. As salas variam em estilo, do neorrenascentista ao gótico e barroco. Há também uma coleção de espadas e armas de fogo, e uma cozinha de época no porão.

Depois de se embrenhar na história, passeie pelas trilhas verdejantes até o píer de



### A CAMINHO DA HUNGRIA: MEĐIMURJE

A paisagem ondulada de Međimurje se estende a partir do nordeste de Varaždin em direção à fronteira com a Hungria e a Eslovênia. Fértil, pitoresca, cheia de vinhas, pomares, campos de trigo e jardins, a área tem pouco turismo. Isso está mudando aos poucos conforme atrações locais, como adegas em ascensão e as termas da aldeia de Sveti Martin, vão sendo descobertas.

Para provar os melhores vinhos da região em ambiente familiar autêntico, vá até o **vinhedo Lovrec** (☎040 830 171; www.vino-lovrec.hr; Sveti Urban 133, Štrigova; ⏲hora marcada) na aldeia de Sveti Urban, a 20km de Čakovec, capital da região. A excursão guiada (disponível em inglês, francês e alemão) da propriedade rural informa sobre a produção de vinhos especiais e sobre sua história fascinante, que abrange seis gerações de produtores de vinho. Você vai ver a adega de 300 anos, com prensas e barris antigos, descansar à sombra de 2 plátanos imensos, que um dia serviram de ar-condicionado para a adega, apreciar a vista dos 6ha de vinhas, e, para terminar, provar 10 variedades de vinho, de chardonnay ao *graševina* local. A visita pode durar até 2 horas e custa 80KN (mais 20KN por gostosos petiscos de queijo, salame e pão), incluindo uma garrafa de vinho para levar para casa. Você vai ser incentivado a comprar outra garrafa.

A alguns quilômetros, passando por estradas montanhosas verdejantes, na agradável aldeia de Sveti Martin Na Muri, há um estabelecimento quatro estrelas recentemente renovado, o **Spa & Golf Resort Sveti Martin** (☎040 371 111; www.toplicesvetimartin.hr; Grkaveščak bb; s/c 590/1180KN). Há piscinas abertas, cobertas e termais, parque aquático, quadras de tênis, trilhas na floresta, lojas, restaurantes e campo de golfe. Vizinho ao resort, há vistosas unidades estilo apartamento, com sala, cozinha e terraço (a partir de 640KN). Para não hóspedes, entrada para usar as piscinas por um dia a partir de 50KN (60KN fins de semana); caindo para 10KN depois das 13h. Outras instalações incluem academia (25KN para o dia), sauna (60KN para o dia) e várias outras terapias corporais, como banho de lama (280KN a hora) e massagem de chocolate (330KN por 45min).

Na **fazenda Goričanec** (☎040 868 288; Dunajska 26), cerca de 4km da aldeia, você pode andar a cavalo, pescar ou caçar. O **Potrti Kotač** (☎040 868 318; Jurovčak 79; pratos a partir de 40KN), a 1km morro acima do spa, serve boa comida local e tem um apartamento para alugar (250KN).

madeira no lago, onde você poderá alugar um pedalinho (50KN a hora) se o tempo permitir.

Não há ônibus de Zagreb para Trakošćan, mas há conexões durante a semana saindo de Varaždin; é possível ir e voltar no mesmo dia.



## Krapina

049 / POP. 12.950

Krapina é um movimentado centro de província no coração de uma linda região rural. O principal motivo para ir até lá é um dos maiores sítios de escavação do homem de Neandertal da Europa, agora um museu recém-reaberto em nova versão. Em 1899, uma escavação arqueológica no monte Hušnjakovo desenterrou ossos de animais e humanos de uma tribo de homens de Neandertal que viveu na caverna de 100.000 a.C. a 35.000 a.C. Junto a ferramentas de pedra e armas do Paleolítico, foram encontradas 876 ossadas humanas, inclusive 196 dentes avulsos de algumas dezenas de indivíduos. Essas descobertas são o foco do novo museu.

Depois de fazer a conexão com nossos ancestrais de outrora e de um rápido passeio pela cidade, Krapina não oferece mais atrações.

A rua principal que atravessa a cidade é a Zagrebačka Ulica, que vira Ljudevita Gaja no centro e Magistratska na extremidade norte. O centro da cidade é a Trg Stjepana Radića, entre a Zagrebačka e a Ljudevita Gaja.

### Atrações

**Museu do Neandertal de Krapina** MUSEU
(Šetalište Vilibalda Sluge bb; inteira/meia 50/25KN; 9-19h ter-sex, 10-19h sáb e dom abr-jun, 9-18h ter-sex, 10-19h sáb e dom jul e ago, horário reduzido set-mar) A principal atração de Krapina é o museu, perto do centro, reaberto no inverno de 2010. Projetado dentro de uma parede de pedra com fachada de vidro, o espaço rupestre de dois andares tem exposições *high-tech* que traçam a história e a geologia da região, com informações trilíngues. Depois do vídeo introdutório no salão principal, a caminhada pelo museu é calculada para propiciar uma jornada de descoberta de volta às origens, com câmaras subterrâneas, dioramas hiper-realistas de homens de Neandertal e jogos interativos. Não perca a entrada do segundo andar, através de um corredor escuro com iluminação inusitada.

A parte externa do museu, o morro arborizado onde os restos foram encontrados, tem uma exposição com modelos de homens de Neandertal em tamanho real ocupados em atividades do seu cotidiano, como empunhar clavas e atirar pedras.

Atenção: as portas fecham uma hora antes do horário oficial de fechamento.

### ARTE NAÏF CROATA

A Croácia é o berço de uma versão própria de arte naïf, estilo específico de pintura do século 20, caracterizado pela representação extravagante e colorida da vida rural.

O pintor Krsto Hegedušić (1901-1975) foi quem fundou a Escola Hlebine na aldeia de mesmo nome na região de Podravina, a 13km do centro provincial de Koprivnica. Ao voltar de seus estudos em Paris nos anos 1930, ele reuniu um grupo de artistas autodidatas em arte e deu a eles a oportunidade de brilhar. A primeira geração de pintores naïf croatas incluía Ivan Generalić (1914-1992), hoje o mais aclamado internacionalmente, Franjo Mraz (1910-1981) e Mirko Virius (1889-1943). Todos eram artistas amadores que retratavam cenas da vida na aldeia em cores vibrantes e narradas de forma viva.

Hoje, um grupo de pintores e escultores ainda atua em Hlebine. Seu trabalho pode ser visto em exposição na **Galeria Hlebine** (Trg Ivana Generalića 15, Hlebine; inteira/meia 10/5KN; 10-16h seg-sex, até as 14h sáb). A **Galerija Josip Generalić** (048 836 430; Gajeva 75; inteira/meia 10/5KN; 10-17h seg-sex), também em Hlebine, cujo nome vem do filho do famoso Ivan, outro pintor renomado, localiza-se na casa da família Generalić. É bom ligar antes para ter certeza de que está aberta.

Outros lugares para ver arte naïf na Croácia são o Museu Croata de Arte Naïf (p. 43) em Zagreb e a recém-reformada **Galeria Koprivnica** (Zrinski trg 9, Koprivnica; 10-13h e 17-20h ter-sex, 10-13h sáb e dom), que tem uma pequena seção de arte decorativa.

Também recomendamos:

**Mosteiro Franciscano** MONASTÉRIO

Dê uma espiada nesse mosteiro barroco, que um dia abrigou uma escola de filosofia e teologia. A igreja vizinha tem afrescos tocantes do monge paulino Ivan Ranger na sacristia.

**Galeria de Arte da Cidade** GALERIA

(Magistratska 25; entrada grátis; ⏲10-15h seg-sex, até as 18h sáb, 11-18h dom) Apresenta exposições rotativas de artistas croatas.

## Festas e eventos

Anualmente, no início de setembro, o **Festival de Canções Kajkavianas** (Festival Kajkavske Popevke) traz apresentações folclóricas, leitura de poesia e comida tradicional de Zagorje.

## Onde dormir

**Pod Starim Krovovima** HOTEL €

(Trg Ljudevita Gaja 15; s/c 210/340KN) A agradável *pension* no centro da cidade tem 8 quartos simples, mas limpos, com banheiro. Durante a semana o restaurante do térreo serve *gablec* (almoço) barato e gostoso, a 25KN.

## Onde comer e beber

**Neandertal Pub** CHURRASCO, BAR E CAFÉ €

(Šetalište Vilibalda Sluge bb; pratos a partir de 50KN) O café e restaurante temático do homem de Neandertal na entrada do museu diz fazer seu churrasco segundo uma receita de 130 mil anos.

**Ilir** BAR E CAFÉ

(Trg Ljudevita Gaja 3) Para uma pausa com um café ao sol, pegue uma mesa externa no lugar – estilo *lounge* – ou, dentro, sinta a atmosfera antiga.

## Informações

**Escritório de turismo** (☎371 330; www.tz-zagorje.hr; Magistratska 11; ⏲8-15h seg-sex, 10-18h sáb, 11-18h dom abr-set, 8-15h seg-sex, até o meio-dia sáb out-mar) Não ajuda muito, mas oferece alguns folhetos e informações limitadas.

## Como chegar

De segunda a sábado, alguns ônibus vão de Zagreb para Krapina (40KN, 1 hora), mas só um no domingo. Até 13 trens durante a semana saem de Zagreb (40KN, 1h e 30min), com baldeação em Zabok; os trens rareiam nos fins de semana.

A estação de trem fica a uns 300m ao sul. O terminal de ônibus fica a 600m de distância pela mesma rua, na Frana Galovića 15.



# Krapinske Toplice

☎049 / POP. 5.744

Esse balneário, a cerca de 17km de Krapina, se localiza entre os montes ondulantes da zona rural de Zagorje. As atrações são as quatro fontes termais, ricas em magnésio e cálcio, e nunca a menos de 39°C. A cidade em si não é muito atraente, e a atmosfera também não é animada, já que, na piscina para visitantes, pacientes idosos em diversos programas de reabilitação são maioria. Isso pode mudar com a inauguração de um novo spa em fase de construção, que vai ter piscinas cobertas, saunas e muito mais para fitness e bem-estar.



## Onde dormir e comer

**Vuglec Breg** HOTEL RURAL €€

(☎345 015; www.vuglec-breg.hr; Škarićevo 151; s/c 490/540KN; P @) O delicioso hotel rural tem uma localização pitoresca, na aldeia de Škarićevo, a 4km de Krapinske Toplice. Os 4 chalés tradicionais (com 7 quartos renovados e 3 suítes) ficam entre montes, vinhedos e florestas. O **restaurante** (pratos a partir de 80KN) serve fantásticas especialidades de Zagorje saídas de um forno de pão, como *purica s mlincima* (peru assado lentamente e macarrão), em um terraço com vista panorâmica. A propriedade tem quadras de tênis, trilhas para caminhadas e adega (degustações a 45KN). Há mountain bikes para alugar (25KN a hora). Para manter os pequenos entretidos, passeio de pônei e parquinho.

É melhor ir para o Vuglec Breg de carro. Atravesse a cidade na direção de Krapina, seguindo as indicações para Vuglec Breg. No alto do monte Hršak Breg, vire à esquerda e siga até o fim da estrada.

**Hotel Aquae Vivae** HOTEL €€

(☎202 202; www.aquae-vivae.hr; Antuna Mihanovića 2; s/c 335/530KN; P) Os quartos, bem pequenos, têm decoração ultrapassada, então vale a pena pagar mais (solteiro 30KN, casal 60KN) por uma versão superior, com banheiro mais novo. Peça um quarto com vista para a área verde externa. Os preços incluem uso das piscinas aberta e coberta e da academia.

### Informações

**Escritório de turismo** (232 106; www.krapinsketoplice.net; Zagrebačka 4; 8-15h seg-sex, até as 13h sáb) Fornece folhetos e informações.

### Como chegar

A rodoviária fica no centro da cidade, perto da maioria dos serviços e do escritório de turismo. O balneário, a 46km de Zagreb, tem várias linhas para a capital (36KN, 1 hora, 7 a 12 por dia); dá tranquilamente para ir e voltar no mesmo dia.

## Castelo de Veliki Tabor

Conforme você se aproxima do castelo de Veliki Tabor no alto do morro, a 57km de Zagreb, um agradável panorama de montes, plantações de milho, vinhedos e florestas se revela. Só a paisagem rural já vale a visita, assim como a boa comida tradicional das proximidades.

A aristocracia croata começou a construir castelos fortificados na região no fim do século 16 para conter a ameaça turca. O pentagonal **Castelo de Veliki Tabor** (Košnički Hum 1, Desinić) estava fechado para reforma quando foi feita a pesquisa para este guia. Ele foi construído no local onde havia uma estrutura medieval anterior no início do século 16, as quatro torres semicirculares foram acrescentadas depois. Estrategicamente pendurado no alto do morro, o castelo-fortaleza amarelo dourado tem tudo o que um senhor medieval poderia querer: torres e buracos nas paredes para despejar alcatrão e óleo quente sobre o inimigo. Há até o crânio de Veronika Desinić, uma moça pobre da aldeia que, segundo a tradição local, foi punida pelo romance com o filho do dono do castelo e emparedada.

O castelo é sede de dois eventos anuais: o **Festival de Cinema de Tabor** (www.taborfilmfestival.com) em julho, com exibição de curtas internacionais, e uma **feira medieval**, em setembro, festa de um dia com batalhas de espadas, torneios de falcoaria e dança da Renascença.

Para admirar o castelo à distância, pegue uma mesa ao ar livre no **Grešna Gorica** (www.gresna-gorica.com; Taborgradska Klet 3, Desinić; pratos a partir de 60kn), restaurante rústico que, nos fins de semana, muitas vezes é tomado por famílias de Zagreb passando o dia. O lugar é um pouco exagerado, mas ótimo para crianças, com animais da fazenda zanzando, parquinho e muito espaço aberto. Os adultos vão gostar da paisagem campestre e dos bem preparados pratos típicos de Zagorje, como *štrukli* (bolinhos recheados de ricota) e *srneći gulaš* (goulash de veado). O restaurante fica a cerca de 2km a leste do Veliki Tabor; um caminho sinalizado saindo dos fundos do castelo leva ao restaurante (40 minutos a pé).

Oito ônibus por dia vão de Zagreb para Desinić (52KN, 1h e 30min a 2 horas) de segunda a sábado e quatro no domingo. É preciso andar 3km até o Veliki Tabor.

## Kumrovec

049 / POP. 1.854

Alguns croatas famosos nasceram na região de Zagorje, o mais conhecido é Tito, ou Josip Broz, nascido em Kumrovec. Aninhada no vale do Rio Sutla, perto da fronteira eslovena, a linda cidade foi cuidadosamente transformada em um museu etnográfico. Recriação de uma aldeia do século 19, o **Museu Staro Selo** (www.mdc.hr/kumrovec; Kumrovec bb; inteira/meia 20/10KN; 9-19h abr-set, até 16h out-mar) tem quarenta casas e celeiros feitos de taipa. Essas *hiže* (cabanas de Zagorje) estão repletas de mobília, manequins, brinquedos, prensas e ferramentas de padeiro (tudo acompanhado de legenda em inglês) com a finalidade de evocar artes, ofícios e costumes tradicionais da região.

Com um riacho borbulhando pelo ambiente idílico, o museu permite vislumbrar de forma viva as tradições camponesas e a vida na aldeia. Veja a escultura de bronze do Marechal Tito em tamanho natural do lado de fora do local humilde onde ele nasceu; dentro, há mobília original, cartas de líderes estrangeiros e lembranças esparsas. Nos fins de semana, de abril a setembro, o museu é palco de demonstrações de ferreiros, oleiros, tecelãos e fabricantes de velas.

Há dois ônibus por dia entre Zagreb e Kumrovec (39KN, 1h e 15min) nos dias de semana, um no sábado e nenhum no domingo. São seis trens por dia (32KN, 1h e 30min a 2h) durante a semana (menos nos fins de semana), com baldeação em Harmica.

## Klanjec

049 / POP. 3.234

Outro conhecido croata de Zagorje foi o escultor Antun Augustinčić (1900-1979), que criou o *Monumento à Paz* em frente ao prédio da ONU em Nova York. Klanjec, sua agradável cidade natal, tem uma **galeria** (www.mdc.hr/augustincic; Trg Antuna Mihanovića 10; inteira/meia 20/10KN; ⌚9-17h abr-set, até as 15h ter-dom out-mar) dedicada a sua obra, com muitos torsos de bronze sem cabeça e uma imensa réplica da estátua dedicada à paz. Há um pequeno jardim de esculturas do lado de fora e o memorial aos resistentes, mortos na região.

Depois de ver a galeria, não há muito mais o que fazer, mas dê uma volta pela charmosa cidade para ver a **igreja barroca** do século 17 e o **mosteiro franciscano** em frente à galeria, e para apreciar a vista dos montes à volta.

Os dois ônibus diários que vão de Zagreb para Kumrovec param em Klanjec (36KN, 1 hora a 1h e 30min). Atenção: só há um no sábado e nenhum no domingo.

## Marija Bistrica

☎049 / POP. 6.612

O maior centro de peregrinação da Croácia fica em Zagorje, em Marija Bistrica, aldeia a 37km de Zagreb, nas encostas do Monte Medvednica. O show fica por conta da **Igreja de Marija Bistrica** (Hodočasnička Crkva Marije Bistričke), onde está a estátua gótica de madeira da Virgem Negra, do século 15. Os poderes miraculosos atribuídos à estátua datam das invasões turcas do século 16, quando ela escapou de ser destruída. Mais tarde, ela foi novamente posta à prova quando, em 1880, saiu ilesa de um incêndio que destruiu tudo a sua volta.

Atrás da igreja fica a **Via Sacra**, um caminho que sobe o Morro do Calvário, com as catorze estações marcadas com obras de escultores croatas e belas vistas. A igreja atrai 600 mil peregrinos por ano, mas foram mais ainda em 1998, quando o Papa João Paulo II foi beatificar o Cardeal Alojzije Stepinac. Para ver uma verdadeira demonstração de devoção religiosa, no dia 15 de agosto é realizada a peregrinação mais concorrida, a da Velika Gospa (Assunção da Virgem Maria).

Há mais de vinte ônibus diários de Zagreb para Marija Bistrica (30KN a 45KN, 40min a 1 hora) durante a semana, menos nos fins de semana.

## Stubičke Toplice

☎049 / POP. 2.752

O balneário mais próximo de Zagreb, **Stubičke Toplice** (www.bolnicastubicketoplice.com) ajuda a evaporar o estresse de um fiel bando de *habitués* de Zagreb que frequenta o local, vestígio da era socialista.

A fonte de água quente (69°C) que sobe das camadas de rocha subterrâneas atrai turistas desde o século 18. As piscinas - oito externas e uma interna - têm temperatura entre 32°C e 36°C, e são usadas para tratar vários problemas musculares e reumáticos. Os serviços vão desde o mais básico - 15KN por 1 hora nas piscinas e 30KN por uma massagem de 15 minutos - além de uma gama completa de outras terapias. Visite o website para a descrição completa.

O ônibus leva até o centro da cidade, perto do **escritório de turismo** (☎282 727; Šipeka 24; ⌚8-19h seg-sex, até 13h sáb meados de jun a meados de set, 8-16h seg-sex restante do ano), que pode ajudar a encontrar hospedagem em casa particular.

**Hotel Matija Gubec** (☎282 630; www.hotel-mgubec.com; Viktora Šipeka 31; s/c 340/540KN; ❄P) tem quartos pequenos com TV e telefone, piscinas, sauna e academia. Se você não ficar no hotel, são 35KN para usar as piscinas externas, 45KN para usar a coberta e 20KN para a sauna.

Ônibus saindo da rodoviária central de Zagreb vão para a estação (37KN, 1 hora). São oito por dia durante a semana, quatro no sábado e dois no domingo.

# Eslavônia

**Inclui »**



## Melhores lugares para comer

» Stari Pochum (p. 93)
» Slavonska Kuća (p. 86)
» Josić (p. 91)
» Zelena Žaba (p. 90)

## Melhores lugares para ficar

» Maksimilian (p. 86)
» Zdjelarević (p. 90)
» Ivica Marica (p. 91)

## Por que ir?

A Eslavônia, plana e rica em rios, é praticamente intocada pelo turismo, com maravilhas naturais únicas e uma culinária deliciosa. Os pantanais de Kopački Rit são uma das melhores reservas ornitológicas da Europa, perfeita para passeios de barco, bicicleta e caminhadas. Osijek, a maior cidade da Eslavônia, tem um cenário encantador à beira do rio e uma fortaleza, enquanto a região de Baranja é famosa por suas vinícolas. O impacto da guerra foi maior no sudoeste, onde a histórica Vukovar está lentamente reconquistando seu papel de cidade regional importante, e Ilok, na fronteira com a Sérvia, está de novo atraindo visitantes para suas ótimas adegas e para a histórica cidade velha.

Delimitada por três grandes rios (o Sava, o Drava e o Danúbio), essa região fascinante mantém há muito tempo fortes ligações com a Hungria, a Sérvia e a Alemanha. Esse é o atrativo principal da Eslavônia, uma parte culturalmente atraente do país, que se parece mais com a Europa Central do que com o litoral da Croácia.

## Quando ir

### Osijek

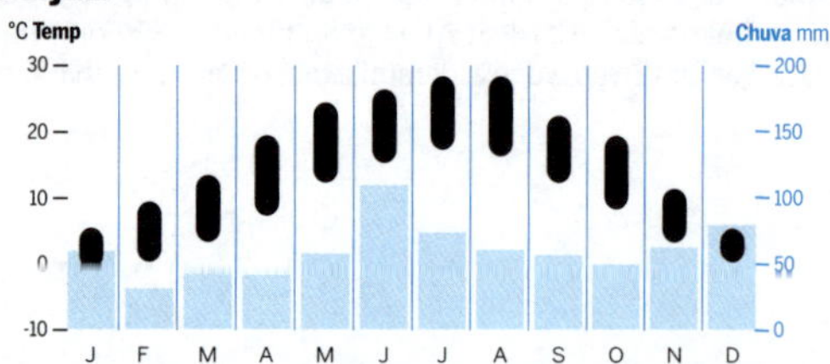


**Abril e maio** A primavera na Eslavônia é uma delícia, com temperaturas amenas e sem mosquitos.

**Junho a setembro** Vá em quantos festivais quiser, de música urbana a esculturas.

**Outubro a março** Os dias curtos são ideais para saborear os ensopados e carne de caça com páprica da Eslavônia.

### História
Antes de a guerra de 1991 desabrigar milhares de habitantes, a Eslavônia tinha uma das populações mais etnicamente diversificadas da Europa. Colonizada por tribos eslavas no século 7º, a região foi conquistada pelos turcos no século 16. Habitantes católicos fugiram, e sérvios ortodoxos, que eram mais bem recebidos pelos turcos, chegaram em massa.

Em 1690, sérvios partidários de Viena, em batalha contra os turcos, deixaram Kosovo e estabeleceram-se em Srijem, perto de Vukovar. Os turcos cederam a região para a Áustria em 1699, e os habsburgo transformaram grande parte dela em Fronteira Militar (Vojna Krajina).

Os muçulmanos fugiram, porém mais sérvios chegaram, além de comerciantes alemães, húngaros, camponeses da Eslováquia e da Ucrânia, católicos albaneses e judeus. Aristocratas alemães e húngaros construíram grandes mansões barrocas e clássicas perto de Osijek, Vukovar e Ilok. Muitos alemães foram mortos ou expulsos depois da I e II Guerras Mundiais.

A grande comunidade sérvia incitou Slobodan Milošević a tentar incorporar a região a uma "Grande Sérvia". Os ataques começaram em 1991 com a destruição de Vukovar e o bombardeio à cidade de Osijek. Estabeleceu-se um cessar-fogo a partir de 1992, mas a região só foi devolvida à Croácia em janeiro de 1998, como parte do acordo de paz de Dayton.

O combate acabou, mas a guerra teve efeitos profundos. Em cidades como Vukovar, sérvios e croatas levam vidas quase totalmente separadas. O sucesso dos esforços feitos para aproximar as comunidades tem sido limitado.

### Perigos e aborrecimentos
Milhares de minas foram espalhadas por Osijek e seu entorno na guerra dos anos 1990. Apesar de a cidade e seus arredores ao longo da rodovia principal terem sido limpos e serem completamente seguros, não é aconselhável andar pelo pântano norte do rio Drava, que leva até Kopački Rit. A maioria das minas está sinalizada; fique atento às placas.

Durante o verão, o parque Kopački Rit é infestado de mosquitos. Vista camisetas de manga longa e calças ou abuse do repelente.

## Osijek
031 / POP. 85.217

Uma cidade universitária histórica e arborizada, com uma deslumbrante avenida às margens do rio Drava e uma imponente fortaleza do século 18, Osijek vale a visita.

Nos anos 1990, a cidade sofreu muito com o bombardeio sérvio, e buracos de bala ainda marcam algumas construções, mas a maioria dos grandes edifícios de Osijek (inclusive algumas lindas mansões secessionistas) foi reformada.

A elegante capital está recuperando sua graça, impulsionada pela volta de exilados, pelo crescente número de estudantes, novos hotéis e restaurantes e por uma onda de turistas.

Fascinante, cosmopolita e agradável, Osijek é a base perfeita para passeios de um dia para o interior da Eslavônia e para o maravilhoso Parque Natural Kopački Rit.

### História
Osijek, localizada no rio Drava, perto da junção com o Danúbio (Dunav em croata), é um ponto estratégico há mais de dois milênios. Foram os eslavos que deram nome à cidade; no século 12, Osijek era um próspero centro comercial. Em 1526, os turcos destruíram Osijek, reconstruíram a cidade em estilo otomano e a transformaram em um centro administrativo.

Os austríacos expulsaram os turcos em 1687, os muçulmanos fugiram para a Bósnia, e a cidade foi repovoada por sérvios, croatas, alemães e húngaros. Ainda temendo ataques turcos, os austríacos ergueram, no início do século 18, a fortaleza Tvrđa, ainda de pé.

Até a recente guerra dos anos 1990, Osijek era um poderoso centro industrial da antiga Iugoslávia. Em 1991, quando estourou a guerra, o exército federal iugoslavo e unidades paramilitares sérvias invadiram a região de Baranja, ao norte de Osijek. Em julho de 1991, as primeiras bombas vieram de posições sérvias do outro lado do rio Drava. Quando Vukovar caiu, em novembro daquele ano, forças federais e sérvias voltaram sua atenção para Osijek, bombardeando-a com artilharia enquanto milhares de pessoas fugiam. O bombardeio devastador durou até maio de 1992, mas a cidade nunca caiu.

A economia de Osijek foi seriamente prejudicada pelos custos da reconstrução e do abrigo aos refugiados, e também pela perda

## Destaques

1. Explore o **Parque Natural Kopački Rit** (p. 89), um dos maiores pantanais da Europa e um paraíso de aves
2. Delicie-se com especialidades da Eslavônia perto da fortaleza **Tvrđa** (p. 85)
3. Vá aos emocionantes memoriais de guerra em **Vukovar** (p. 91)
4. Veja as rotas do vinho de **Baranja** (p. 89)
5. Passe o dia aproveitando as notáveis atrações culturais de **Osijek** (p. 81)
6. Curta um novo e marcante museu e compre produtos locais na linda **Ilok** (p. 92)
7. Entenda a vida em um vilarejo na **aldeia étnica de Karanac** (p. 90)
8. Veja o Danúbio do imponente memorial de guerra de **Batina** (p. 91)

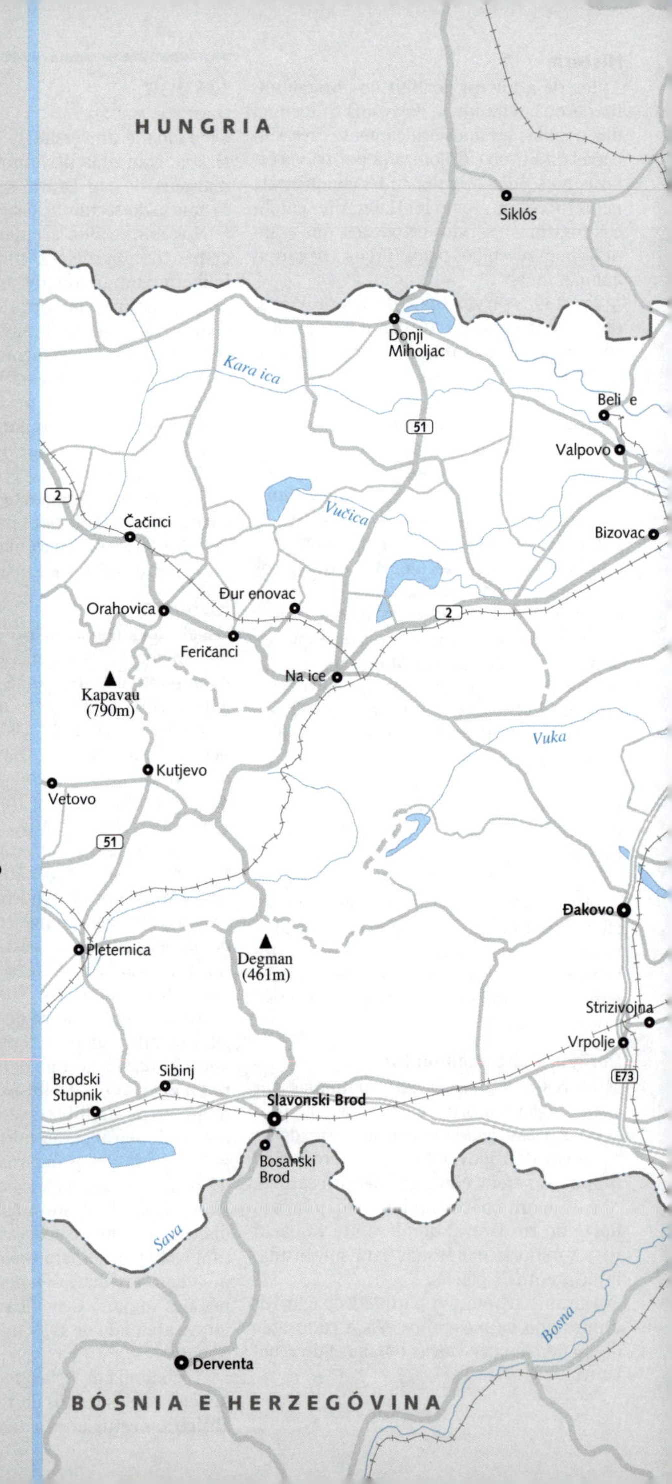

SÉRVIA
0
30km
Bezdan
Batina 8
E662
Beli Manastir
Sombor
Karanac 7
Kneževi Vinogradi
Parque Natural Kopački Rit 1
E73
4 Baranja
Danúbio
Petrijevci
Bilje
Kopačevo
Drava
Vi njevac
2 5 Osijek
Čepin
2
Bijelo
Antunovac
Dalj
E73
Trpinja
Borovo
55
3 Vukovar
Nu tar
Danúbio
Ivankovo
Vinkovci
St Jankovci
2
Bač Palanka
Ilok 6
Andrija evci
Privlaka
55
Gundinci
Gradi te
Otok
id
Sikirevci
SÉRVIA
Županja
E70
A3
Bosanski amac
Bo njaci
Bosut
Vrbanja
Drenovci
Sava

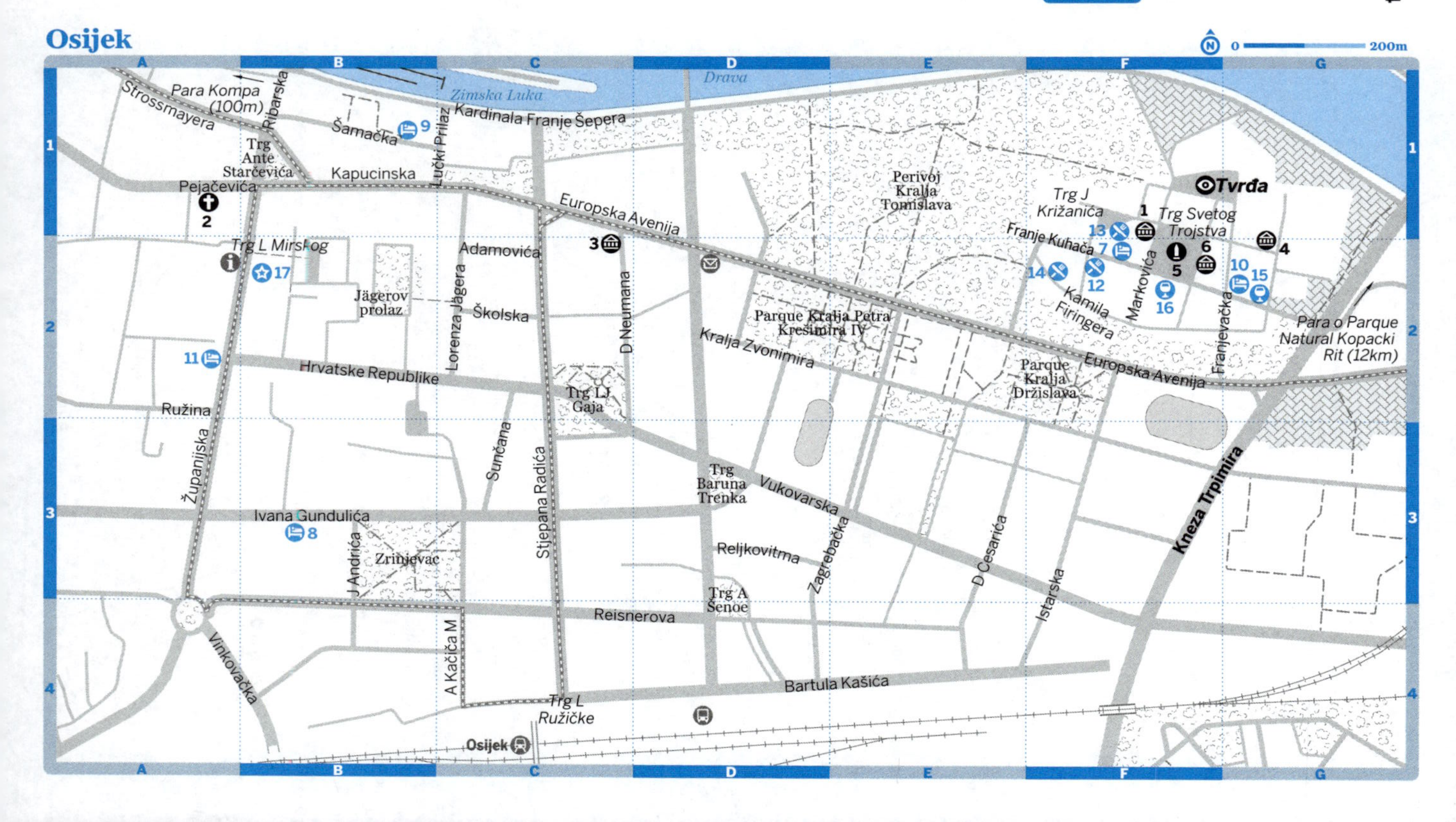

Osijek
0
200m
Drava
Zimska Luka
Para Kompa (100m)
Strossmayera
Ribarska
Šamačka
Lučki Prilaz
Kardinala Franje Šepera
Trg Ante Starčevića
Kapucinska
Pejačevića
Europska Avenija
Trg L Mirskog
Adamovića
Jägerov prolaz
Lorenza Jägera
Školska
D Neumana
Perivoj Kralja Tomislava
Trg J Križanića
Tvrđa
Trg Svetog Trojstva
Franje Kuhača
Markovića
Kamila Firingera
Franjevačka
Para o Parque Natural Kopacki Rit (12km)
Parque Kralja Petra Krešimira IV
Kralja Zvonimira
Parque Kralja Držislava
Hrvatske Republike
Trg LJ Gaja
Ružina
Županijska
Sunčana
Stjepana Radića
Trg Baruna Trenka
Vukovarska
Kneza Trpimira
Ivana Gundulića
Zrinjevac
J Andrića
Reljkovitma
Zagrebačka
D Cesarića
Istarska
Trg A Šenoe
Reisnerova
A Kačića M
Vinkovačka
Bartula Kašića
Trg L Ružičke
Osijek

## Ojisek

**Destaques**
Tvrđa ... F1

**Atrações**
1 Museu Arqueológico de Osijek ... F1
2 Igreja de São Pedro e São Paulo ... A1
3 Galeria de Belas Artes ... C2
4 Museu Gloria Maris ... G2
5 Monumento da Santíssima Trindade ... F2
6 Museu da Eslavônia ... F2

**Onde dormir**
7 Hostel Tufna ... F2
8 Hotel Drava ... B3
9 Hotel Osijek ... B1
10 Maksimilian ... G2
11 Waldinger ... A2

**Onde comer**
Kavana Waldinger ... (veja 11)
12 Kod Ruže ... F2
13 Restaurante Müller ... F1
14 Slavonska Kuća ... F2

**Onde beber**
15 Old Bridge Pub ... G2
16 St Patrick's Pub ... F2

**Entretenimento**
17 Teatro Nacional Croata ... B2
Tufna ... (veja 7)

de mercado para seus produtos. Mas, nos últimos anos, a cidade voltou a prosperar, e um novo otimismo é evidente.

## Atrações

**TVRĐA**

Construída pelos habsburgo para defesa contra ataques turcos, essa fortaleza do século 18 ficou relativamente intacta durante a guerra. O complexo barroco de ruas calçadas de pedra, praças espaçosas e majestosas mansões revela uma notável harmonia arquitetônica, com um ar de museu a céu aberto.

Na praça principal, Trg Svetog Trojstva, destaca-se o esmerado **Monumento da Santíssima Trindade**, um pilar barroco erguido em 1729 em homenagem às vítimas de uma praga que devastou a cidade.

**Museu Gloria Maris** MUSEU

(Svodovi bb; inteira/meia 20/15KN; 10-16h ter, qua e sex, até 20h qui, até 13h sáb e dom) Agora em boas e novas instalações dentro de uma galeria na antiga fortaleza, esse extraordinário museu é dedicado a conchas do mar e à vida marinha. É resultado da paixão de Vladimir Filipov, que, durante 48 anos, juntou cerca de 1 milhão de conchas de todos os cantos do mundo. Veja o animal mais venenoso do oceano (os restos de um polvo das Filipinas), fósseis (incluindo o de um dos primeiros seres vivos a andar na terra, há cerca de 650 milhões de anos), a mandíbula de um megalodonte e exemplares (empalhados) da vida marinha do Adriático. Ah, e as conchas, é claro – de moluscos gigantes a minúsculos.

Não há muita informação disponível em inglês, então ligue com antecedência e peça um intérprete.

**Museu da Eslavônia** MUSEU

(Muzej Slavonije Osijek; www.mso.hr; Trg Svetog Trojstva 6; inteira/meia 15/10KN; 8-14h ter, qua e sex, às 20h qui, 10-13h sáb e dom) Abriga uma coleção enorme de tesouros e artefatos relacionados à história da Eslavônia. Começa com ferramentas da Idade do Bronze e artefatos romanos da colônia de Mursa e continua com lindos tecidos e tecelagens, além de joias e móveis finos.

**Museu Arqueológico de Osijek** MUSEU

(Arheološki Muzej Osijek; Trg Svetog Trojstva 2; inteira/meia 15/8KN; 10-15h ter, qua e sex, 17-20h qui, 10-13h sáb e dom) O antigo prédio da guarda municipal reformado é lindo, com um chão de tacos de carvalho e uma cúpula de vidro sobre um pátio com arcadas. A mostra inclui de estelas romanas a capacetes celtas.

**CIDADE ALTA**

**Igreja de São Pedro e São Paulo** IGREJA

(8-12h e 14h-19h30) A Igreja de São Pedro e São Paulo paira sobre a Trg Ante Starčevića – a torre de 90m só é superada em altura pela catedral de Zagreb. Construída nos anos 1890, essa construção neogótica de tijolos vermelhos tem em seu interior quarenta requintados vitrais em estilo vienense e afrescos de cores vivas do pintor croata Mirko Rački.

**Galeria de Belas-Artes** GALERIA
(Galerija Likovnih Umjetnosti; www.gluo.hr; Europska Avenija 9; inteira/meia 10/5KN; ⌚10-18h ter, qua e sex, até 20h qui, até 13h sáb e dom) Localizada em uma elegante mansão neoclássica, a Galeria de Belas-Artes tem uma coleção de quadros e esculturas de artistas da Eslavônia do século 18 em diante.

### FORA DO CENTRO

**Zoológico de Osijek** ZOOLÓGICO
(www.unikom.hr; Tvrđavica 1; inteira/meia 8/4 KN; ⌚9-19h mar-ago, até 17h set-fev) Para dar uma descansada dos museus e igrejas, tome o *kompa* (balsa de pedestres feita de madeira e levada pela corrente de água) de graça de Gornji Grad até o Zoológico de Osijek, do outro lado do Drava. O maior zoológico da Croácia tem uma área de 11ha verdejantes à margem do rio, com oitenta espécies de animais e um aquário de répteis. O *kompa* funciona das 8h às 24h de junho a setembro e das 9h às 18h de outubro a maio.

## Festas e eventos

**Festival Internacional de Jazz** JAZZ
(www.huzuk-os.hr) Apresentações de músicos de jazz dos EUA e da Europa; acontece em abril.

**Urban Fest Osijek** MÚSICA
(www.ufo.com.hr) Evento em junho com artistas de hip-hop, rock e música eletrônica.

**Pannonian Challenge** ESPORTES
(www.pannonian.org) Festival de esportes radicais em agosto.

## Onde dormir

Osijek tem poucos hotéis; informe-se no escritório de turismo ou na OK Tours sobre casas particulares.

**Maksimilian** HOSPEDARIA €
(☎497 567; www.maxsimilian.hr; Franjevačka; s/c a partir de 207/364KN; ❄@) No centro da cidade velha, é uma ótima hospedaria administrada por uma equipe acolhedora que fala inglês. Os sete quartos desse edifício histórico (que data de 1860) são muito espaçosos, têm TV por satélite, tetos altos e móveis modernos (e a maioria tem ar-condicionado). Tem cozinha, internet gratuita e café/chá.

**Hotel Osijek** HOTEL DE LUXO €€€
(☎230 333; www.hotelosijek.hr; Šamačka 4; s/c 760/950KN; P❄@wi-fi) À beira do rio, esse imponente marco de Osijek é o melhor hotel da cidade. Os quartos são sofisticados, com um toque moderno; a maioria tem vista espetacular. O centro de bem-estar no 14º andar tem banho turco, jacuzzi e sauna.

**Hostel Tufna** HOSTEL €
(☎215 020; www.tufna.hr; Franje Kuhača 10; dc 100KN; @wi-fi) Melhor aposta para mochileiros, esse hostel amigável tem dois quartos com dez camas (um pouco apertadas, mas os colchões são bons), wi-fi e internet gratuitos, e um peculiar salão decorado em estilo anos 1970, com vinis clássicos e uma vitrola. O lado ruim é que fica em cima de uma balada, então leve tampões de ouvido nos fins de semana.

**Waldinger** HOTEL HISTÓRICO €€€
(☎250 450; www.waldinger.hr; Županijska 8; Pensão s/c 340/440KN, hotel s/c 650/950KN; P❄@wi-fi) Esse hotel tem duas alas. Os grandiosos quartos do prédio principal oferecem um pouco do charme antigo, com móveis estofados e tapetes grossos. A pensão é mais humilde, com quartos modernos e funcionais. Um bom café da manhã na majestosa sala de jantar está incluído, e o hotel possui uma academia bem equipada e um aconchegante café.

Também recomendamos:

**Hotel Drava** HOTEL MODERNO €€
(☎250 500; www.hotel-drava.com; Ivana Gundulića 25a; s/c 413/606KN; P❄@) Hotel moderno e acolhedor próximo às estações de trem e metrô com quartos coloridos e bem apresentados.

**Villa Sveti Rok** HOSPEDARIA €€
(☎310 490; www.villa-sveti-rok.hr; Svetog Roka 13; s/c 585/785KN; P❄@) Em uma rua residencial arborizada, os quartos bem equipados são um pouco extravagantes, mas confortáveis.

## Onde comer

Osijek é o melhor lugar para saborear a culinária reconfortante e apimentada da Eslavônia, muito influenciada pela vizinha Hungria. Quase todos os pratos, muitos deles à base de carne e peixes de água doce, levam páprica: *fiš paprikaš* (peixe cozido com molho de páprica e macarrão) é a comida mais típica da região.

**Slavonska Kuća** ESLAVÔNIA €
(Kamila Firingera 26a; prato principal a partir de 40KN; ⌚fecha jantar dom) Restaurante típico preferido dos locais, com muito *pečena*

VALE A VIAGEM

## CATEDRAL DE ĐAKOVO E CAVALOS

A tranquila e rústica Đakovo fica apenas 35km ao sul de Osijek e pode ser visitada em um dia. Há três principais razões para ir à cidade: a impressionante catedral, os cavalos lipizzaner e o ótimo festival folclórico no verão.

O orgulho da cidade é a **catedral** (Trg Strossmayera 6; ⏲6-12h e 15-19h) de tijolos vermelhos, que domina o centro com seus dois campanários de 84m. Encomendada pelo bispo Strossmayer em 1862, a construção neorromânica tem um interior de três naves pintado com coloridas cenas bíblicas.

Đakovo é famosa pelos cavalos lipizzaner, raça pura e nobre que data do século 16. Criados em uma fazenda fora da cidade, eles são treinados em **Ergela** (☎031 813 286; www.ergela-djakovo.hr; Augusta Šenoe 45; inteira/meia 20/10kn; ⏲7h-17h30 seg-sex), que fica a uma pequena caminhada da catedral. Cerca de cinquenta cavalos treinam diariamente para um dia servir em carruagens de alta classe.

No **Đakovački Vezovi** (Bordados de Đakovo), há uma demonstração de cavalos lipizzaner e uma apresentação folclórica todo ano no começo de julho, com danças e músicas tradicionais.

*riba* (peixe assado), incluindo um delicioso bagre. Preços razoáveis e porções grandes. Para acompanhar, beba *graševina*, um vinho branco frutado.

**Kod Ruže** ESLAVÔNIA €
(Kuhačeva 25a; prato principal a partir de 45KN; ⏲fecha jantar dom) A parafernália rústica fica espalhada (veja as cabeças de veados), mas esse é um lugar romântico para se comer uma refeição típica, especialmente nos fins de semana, pois há música folclórica ao vivo. Ótimos pratos de porco e muitas saladas (experimente a *alas salata*).

**Restaurante Müller** INTERNACIONAL €
(Trg Jurja Križanića 9; prato principal 30-70KN; ⏲7h30-22h) Boa opção para famílias: adultos podem deliciar-se com tradicionais pratos locais, como a truta grelhada e purê de castanha, enquanto as crianças experimentam uma panqueca. (Ou vice-versa!) Ótimas ofertas de almoço (25KN).

**Kavana Waldinger** CAFÉ €
(Županijska 8; bolos a partir de 12KN; ⏲7h30-23h) Café conceituado, atrai celebridades locais com ótimo serviço e uma variedade de bolos que valem cada caloria.

## Onde beber e entretenimento

### Bares e baladas

Os café-bares ao ar livre à margem do rio em torno do Hotel Osijek são muito populares, quando o clima permite. Caso contrário, a melhor aposta é a área de Tvrđa, onde tem de tudo, de pubs de estilo inglês a barulhentos botecos de turbo folk típicos.

**Old Bridge Pub** PUB
(www.oldbridgepub.hr; Franje Kuhača 4) Mortal para um beberrão londrino, o Old Bridge tem três andares e um pequeno terraço ao ar livre – o último andar é requintado, com elegantes sofás Chesterfield. À noite, nos fins de semana, há uma banda ou DJ.

**St Patrick's Pub** PUB
(Franje Kuhača 15) Melhor aposta para o começo da noite, esse pub acolhedor e movimentado tem um interior aconchegante de madeira escura e neon e um enorme terraço na praça principal. Não serve comida.

**Tufna** CLUB
(www.tufna.hr; Franje Kuhača 10) Clube pequeno com uma levada *underground*. DJs tocam música eletrônica eclética – de house a drum 'n' bass.

### Teatro

**Teatro Nacional Croata** TEATRO
(Hrvatsko Narodno Kazalište; ☎220 700; www.hnk-osijek.hr; Županijska 9) Grandioso, tem uma programação regular de setembro a junho com peças de teatro, balé e ópera.

## Informação

Há wi-fi gratuito disponível perto de Gornji Grad e Tvrđa.

**Hospital** (☎511 511; Josipa Huttlera 4)

**OK Tours** (☎212 815; www.ok-tours.hr; Trg Slobode 7) Passeios, informações e hospedagem em casa particular.

**Panturist** (☎214 388; www.panturist.hr; Kapucinska 19) A maior agência de turismo da Eslavônia. Opera ônibus para o litoral e também para destinos fora da Croácia, na Alemanha, Suíça e Bósnia e Herzegóvina.

**Correios** (Kardinala Alojzija Stepinca 17; ⌚7h30-19h seg-sáb) Ligações telefônicas e saques com Mastercard.

**Press Cafe** (Lorenza Jägera 24; internet 15KN por hora; ⌚7-23h seg-sáb, 8-23h dom) Navegue na internet em um bar.

**Privredna Banka** (Stjepana Radića 19)

**Agência oficial de turismo** (☎/fax 203 755; www.tzosijek.hr; Županijska 2; ⌚7-20h seg-sex, até 16h sáb) Um escritório muito bem equipado, com muitos panfletos, folhetos e mapas.

**Zlatna Greda** (☎565 180; www.zlatna-greda.org; Sjenjak 48; ⌚9-10h 1ª qua do mês) ONG ambientalista sem fins lucrativos, organiza passeios de canoa no Danúbio e em Kopački Rit, caminhadas, expedições para observação de aves, safáris fotográficos e passeios de bicicleta. O escritório só abre uma vez por mês, então mande e-mail.

## Como chegar

Osijek é um centro de transportes, com ônibus e trens chegando e partindo de todas as direções.

### Avião

O **Aeroporto de Klisa** (☎514 451, 060 339 338; www.osijek-airport.hr) fica a 20km de Osijek, na estrada para Vukovar. A sede na cidade fica na Vijenac J Gotovca 4. É um aeroporto com poucos voos internacionais, como o da Ryan Air para Frankfurt (Hann). A Croatia Airlines tem voos sazonais para Dubrovnik e Split.

### Ônibus

Abaixo estão alguns ônibus internacionais que saem de Osijek. Há mais ônibus que vão para a Alemanha do que se pode listar aqui.

### Trem

Diariamente um trem faz o trajeto entre Pećs e Osijek, nas duas direções (59KN, 2 horas). O trem que sai de Osijek vai até Budapeste (222KN, 5 horas). Há um trem diário para Sarajevo (144KN, 6h e 30min).

## Como circular

Um ônibus traslado pega passageiros no aeroporto e vai para o centro da cidade por 25KN. Também sai da estação de ônibus 2h e 30min antes de cada voo.

Há um serviço de táxi excelente e com preço bom na cidade. A **Cameo** (☎205 205) tem carros modernos com taxímetro; a maioria das corridas na cidade custa 13KN.

Osijek tem quatro linhas de tram. Custa 8KN com o motorista, ou 7KN em uma *tisak* (banca de jornal). Aos sábados, um **tram de turistas** (passagem 10KN; ⌚10-12h) com guia faz uma visita guiada de meia hora no centro (para pedir um guia que fale inglês, contate a agência oficial de turismo antes).

## ÔNIBUS DE OSIJEK

### Domésticos

| DESTINO | PREÇO (KN) | DURAÇÃO (H) | FREQUÊNCIA DIÁRIA |
|---|---|---|---|
| Bizovačke | 18 | 30 minutos | 10 |
| Đakovo | 32 | 45 minutos | 16 |
| Dubrovnik | 313 | 14 horas | 1 |
| Ilok | 60 | 2 horas | 5 |
| Požega | 69 | 2h e 15min | 4 (2 no domingo) |
| Rijeka | 245 | 7 horas | 1 |
| Slavonski Brod | 64 | 1h e 45min | 17 |
| Split | 296 | 11 horas | 1 |
| Toplice | 48 | 1 hora | 6 |
| Vukovar | 30 | 45 minutos | 11 |
| Zagreb | 130 | 4 horas | 10 |

### Internacionais

| DESTINO | PREÇO (KN) | DURAÇÃO (H) | FREQUÊNCIA |
|---|---|---|---|
| Belgrado | 120 | 3h e 30min | 4 por dia |
| Viena | 295 | 9 horas | 2 por semana |
| Zurique | 715 | 18 horas | 1 por semana |

## TRENS DE OSIJEK

| DESTINO | PREÇO (KN) | DURAÇÃO (H) | FREQUÊNCIA DIÁRIA |
|---|---|---|---|
| Bizovačke Toplice | 17 | 15 minutos | 12 |
| Požega | 56 | 3-4 horas | 3 |
| Rijeka | 201 | 9-10 horas | 2 |
| Šibenik | 242 | 14 horas | 1 (baldeação em Perković) |
| Slavonski Brod | 45 | 1h e 30min | 7 (apenas 2 diretos) |
| Zagreb | 115 | 5 horas | 7 |

Para os visitantes, as linhas de tram mais úteis são a 2, que liga a estação de trem e ônibus à Trg Ante Starčevića, no centro, e a 1, que vai para Tvrđa.

Ônibus ligam Osijek a Bilje; pegue o ônibus 6 (rota 24, 25 ou 27) com a placa Darda-Bilje.

# Baranja

031

Um pequeno triângulo no longínquo nordeste da Croácia, na confluência dos rios Drava e Danúbio, Baranja se estende ao leste de Osijek em direção à Sérvia, ao norte até a cidade de Beli Manastir e a sudoeste até Đakovo. A influência da Hungria é muito perceptível nessa grande área agrícola; todas as cidades têm nomes bilíngues e alguns habitantes não falam croata muito bem.

Nos últimos anos, essa pitoresca área de pântanos, vinhedos, pomares e campos de trigo (sem um único poste de luz) tem se tornado cada vez mais o destino turístico mais interessante do leste da Croácia. Isso graças à sua principal atração, o santuário de pássaros de Kopački Rit, mas também a uma porção de opções de hospedagem em fazendas autênticas e novas vinícolas.

### PARQUE NATURAL KOPAČKI RIT

A 12km de Osijek, o **Parque Natural Kopački Rit** (Park Prirode Kopački Rit; www.kopacki-rit.com; adultos/crianças 10/5KN) é um dos maiores pantanais da Europa: 293 espécies de aves já foram registradas aqui. No encontro dos rios Drava e Danúbio, a planície inundável tem dois lagos principais, Sakadaško e Kopačevo, e uma grande variedade vegetal – com flora aquática e campestre, salgueiros, álamos e florestas de carvalho. Dependendo da estação, você pode ver nenúfares, ciperáceas, samambaias aquáticas, lentilhas-d'água, junco e azevém.

Na água há 44 espécies de peixes, como carpas, gorazes, lúcios, bagres e percas. Fora da água zumbem 21 tipos de mosquito (traga muito repelente!) e vagam veados, javalis, castores, martas e raposas. Mas os pássaros são a principal atração – fique atento às raras cegonhas-negras, águias de rabo branco, mergulhões-de-crista, garças-vermelhas, colhereiros e gansos selvagens. A melhor época para vir ao parque é durante as migrações da primavera e outono.

O parque ficou anos fechado por causa das minas colocadas na guerra. A maioria já foi desativada, e as trilhas seguras foram marcadas. Há um moderno **centro de visitantes** (752 320; 9-17h) na entrada principal, na estrada Bilje-Kopačevo. Faça uma das trilhas educativas próximas, ou uma **visita guiada**. A excursão de barco na reserva zoológica custa 70KN e inclui um castelo e uma fazenda; uma excursão especializada em um barco pequeno para observar a vida selvagem custa 100KN por hora (no máximo quatro pessoas). Excursões saem de um ponto a cerca de 1km do centro de visitantes. Reserve com antecedência, principalmente na primavera e no outono.

No extremo norte do parque, a 12km do centro de visitantes, fica um castelo austro-húngaro com sete agradáveis quartos com vistas arborizadas e uma estação de pesquisas bioecológicas, o **Dvorac Tikveš** (752 320; 120KN por pessoa). Já usado por Tito como chalé para caça, o castelo foi ocupado pelos sérvios nos anos 1990, e as florestas ao redor ainda estão minadas, então não fique vagando sozinho. O almoço no **restaurante** (prato principal de 42kn a 86kn) é delicioso – a carpa é grelhada em uma forquilha, e o *fiš paprikaš* é cozido lentamente no fogão a lenha.

Não há transporte público até o parque, mas dá para ir de ônibus de Osijek até Bilje e andar 3km ou alugar uma bicicleta em Osijek, na **CetraTour** (☎031-372 920; www.cetratour.hr; Ružina 16).

A Zlatna Greda (p. 88) organiza visitas ao Kopački Rit e tem um **centro ecológico** (☎091 42 11 424) na aldeia de Puszta, dentro do parque, 15km ao norte de Osijek. Há caminhadas, passeios para observação de aves e aventuras de canoa. É um projeto em andamento, mas Zlatna Greda pretende abrir um camping, um café e um museu.

### ARREDORES DE KOPAČKI RIT

Bilje, a 5km de Osijek, é uma cidade-dormitório, com opções baratas de hospedagem. É um ponto de partida alternativo para Kopački Rit. **Bilje Plus** (☎750 264; www.biljeplus.hr) é uma associação de cinco B&Bs que alugam quartos e bicicletas (70KN por dia). O familiar **Mazur** (☎750 294; www.mazur.hr; K Braminira 2; q 150-240KN) é uma boa aposta, com quartos limpos (dois com banheiro privativo) e um vigoroso café da manhã. Uma ciclovia liga Bilje a Osijek.

No calmo vilarejo de Kopačevo, na extremidade de Kopački Rit, fica um ótimo restaurante típico, o **Zelena Žaba** (Ribarska 3; prato principal a partir de 40KN), ou "sapo verde", por causa de milhares deles coaxando no brejo. Você tem que comer a especialidade da casa, o *fiš perkelt*, cozido de peixe com massa caseira, queijo cremoso e bacon.

### KARANAC E ARREDORES

No norte de Baranja, 8km ao leste de Beli Manastir, a aldeia étnica e comunidade agrícola de Karanac oferece uma experiência autêntica da vida em uma aldeia na Eslavônia e está preparada para receber visitantes. Rodeada de cerejeiras e jardins bem cuidados, abriga três igrejas (protestante, católica e ortodoxa) e alguns exemplos bem conservados da arquitetura panônia.

Há muitas opções de hospedagem disponíveis em Karanac, como o intimista **Sklepić** (☎720 271; www.sklepic.hr, em croata; Kolodvorska 58; s/c 230/338KN), com pequenas



## UM GOLE DE VINHO DA ESLAVÔNIA

Videiras têm sido cultivadas na Eslavônia há milênios – dizem que o nome Baranja veio do húngaro para "mãe do vinho" – e depois de um período de estagnação a região está passando por um importante renascimento. Vinhos brancos de uvas locais, como o *graševina*, merecem a fama que têm, e tintos terrosos também são produzidos. É melhor ligar antes para as adegas, para garantir que alguém o receba e mostre o lugar.

Em **Kutjevo** (☎034-255 002; www.kutjevo.com, em croata; Kralja Tomislava 1, Kutjevo; ⊙hora marcada) há uma adega medieval de 1232, que pertencia à Abadia Cisterciense; você pode fazer uma visita guiada (20KN) e provar a marca de Gotho (incluindo tintos). Nas proximidades, há duas das melhores vinícolas da Eslavônia: **Krauthaker** (☎034-315 000; www.krauthaker.hr; Ivana Jambrovića 6, Kutjevo; degustação e visita 40KN), cujo graševina sempre ganha prêmios, e **Enjingi** (☎034-267 201; www.enjingi.hr; Hrnjevac 87, Vetovo; degustação e visita 50kn), que utiliza métodos ecológicos, usa barris de carvalho para envelhecer o vinho e orgulha-se de uma experiência que remonta a 1890.

Em Baranja, a vinicultura renasceu nas colinas suaves ao redor de Kneževi Vinogradi. Novos produtores de vinho, principalmente nas vilas de Zmajevac e Suza, trabalham ao longo de bem demarcadas trilhas. Tradicional no método de produção, **Gerstmajer** (☎031-735 276; Šandora 31, Zmajevac) oferece excursões para degustação em seu vinhedo de 11ha e em sua adega. Logo abaixo da colina fica o maior produtor da região, **Josić** (☎031-734 410; www.josic.hr; Planina 194, Zmajevac), dono de um ótimo restaurante. **Kolar** (☎031-733 006; Maršala Tita 141; ⊙9-17h) oferece degustações na adega e tem uma loja na rua principal de Suza.

A Eslavônia tem também adegas antigas, em Ilok, assim como o primeiro hotel vinícola da Croácia, **Zdjelarević** (☎035-427 775; www.zdjelarevic.hr), que fica em Brodski Stupnik, perto de Slavonski Brod, em um lindo terreno. O hotel sinalizou trilhas educativas pelas vinícolas, que você pode visitar com um agrônomo que ensina sobre pedologia (solos) e sobre as diferentes variedades de uva. Possui um ótimo restaurante, e podem ser marcadas excursões muito informativas nas adegas (e em outras vinícolas eslavônias).

e rústicas suítes. O **Ivica Marica** (☎091 13 73 793; www.ivica-marica.com; Ivo Lola Ribar 8a; 224KN por pessoa; P @), uma fazenda administrada por um jovem casal com agradáveis quartos e apartamentos revestidos de pinho, sauna e boas instalações para crianças, é outra ótima escolha.

Sklepić tem também um **museu étnico** (☎720 271; entrada 15KN; ⏲hora marcada) no fim da aldeia, em uma propriedade rural de 1897, com 2 mil objetos tradicionais, oficinas, uma adega e estábulos.

Você vai encontrar restaurantes e vinícolas excelentes nessa parte de Baranja. O **Baranjska Kuća** (☎720 180; Kolodvorska 99, Karanac; prato principal a partir de 45KN) é um deles, com pratos tradicionais, como os ensopados de peixe; no quintal sombreado por uma castanheira, há celeiros, uma serralheria e uma neveira. O **Josić** (☎031-734 410; www.josic.hr; Planina 194, Zmajevac; prato principal a partir de 40KN), na vila de Zmajevac, é uma opção de luxo, com mesas em adegas abobadadas; experimente as linguiças de páprica ou a sopa de pescador e não se esqueça de ir à adega degustar os vinhos.

Na fronteira da Croácia com a Sérvia e a Hungria, **Batina** é um impressionante monumento da era comunista que comemora uma vitória decisiva dos soviéticos sobre os nazistas na Segunda Guerra Mundial. A gigantesca estátua de uma mulher fica em uma elevação com vistas espetaculares para o Danúbio.

# Vukovar

☎032 / POP. 28.869

Ao visitar Vukovar hoje, o desafio é visualizar como a cidade era antes da guerra. Um lindo lugar no Danúbio, com raízes históricas que remontam ao século 10º e uma série de elegantes mansões barrocas, a cidade já foi movimentada, cheia de galerias de arte e museus. Mas tudo isso mudou com o cerco de 1991, que destruiu a economia, a cultura, a infraestrutura e a harmonia da cidade.

Desde que Vukovar voltou a fazer parte da Croácia, em 1998, já houve muito progresso na reparação dos danos. No centro, há prédios novos, mas muitas marcas de bala e fachadas destruídas permanecem. A antiga caixa d'água na estrada para Ilok foi deixada como prova da destruição.

Menos progresso foi feito na restauração da harmonia da cidade. Sérvios e croatas vivem em universos paralelos e hostis, convivendo em guetos. As crianças frequentam escolas diferentes, e os pais vão a cafés sérvios ou croatas. Organizações internacionais estão tentando encorajar a harmonia e a integração, mas para quem perdeu seu sustento e membros da família, não é fácil perdoar.

Inevitavelmente, muitas das atrações são ligadas à guerra, e visitá-las é uma experiência de grande impacto emocional.

## Atrações

### Lugar de Memória: Hospital de Vukovar
MUSEU

(☎452 011; www.ob-vukovar.hr/mjesto-sjecanja; Županijska 37; entrada 10KN; ⏲8-15h seg-sex, hora marcada) Esse museu multimídia relembra os eventos trágicos que ocorreram no hospital durante o cerco de 1991 (veja quadro, p. 92). Durante a perturbadora excursão, você passa por uma série de corredores protegidos por sacos de areia, projeções de imagens da guerra, buracos de bomba e pelo claustrofóbico abrigo onde ficavam os recém-nascidos e os filhos das enfermeiras. Há pequenos nichos onde você pode ouvir entrevistas e discursos das vítimas e dos sobreviventes.

### Memorial Ovčara
MEMORIAL

(⏲10-17h) Cerca de 6km fora da cidade, a caminho de Ilok, há um acesso para o Memorial Ovčara, que fica ainda 4km à frente. Esse é o galpão onde as duzentas vítimas do hospital foram espancadas e torturadas. Dentro da sala escura há projeções das fotos das vítimas, com uma única vela queimando no centro. Ela morreram em um milharal a 1,5km na estrada, hoje marcado com túmulos de mármore preto cobertos de velas e flores.

### Museu da Cidade
MUSEU

(Gradski Muzej; Županijska 2; meia/inteira 10/5KN; ⏲7-15h seg-sex) O Museu da Cidade fica no Palácio de Eltz, que data do século 18, mas estava fechado para reforma na época da

**ACESSO**

A recepcionista no Hospital de Vukovar não fala inglês e não marca (ou não pode) horário para quem não fala croata; a equipe na agência oficial de turismo pode ajudar você.

pesquisa deste guia; a reabertura estava prevista para 2011.

**Cemitério Memorial da Guerra** MEMORIAL
A uma distância de 3,5km fora da cidade, na rodovia principal para Ilok, 938 cruzes brancas homenageiam as vítimas do cerco no Cemitério Memorial da Guerra.

## Festas e eventos

No **Festival de Cinema de Vukovar** (www.vukovarfilmfestival.com) em agosto são exibidos longas, documentários e curtas, principalmente de países do Danúbio.

## Onde dormir e comer

**Hotel Lav** HOTEL MODERNO €€€
(☎445 100; www.hotel-lav.hr; JJ Strossmayera 18; s/c 590/900KN; P❄@📶) Hotel quatro estrelas, moderno e bem administrado, tem quartos iluminados, grandes e equipados, muitos com vista para o rio. Tem bar, café, restaurante e terraço.

**Hotel Dunav** HOTEL €
(☎441 285; Trg Republike Hrvatske 1; s/c 258/432KN; P❄) Um exemplo ligeiramente esquisito da era iugoslava, em que alguns dos quartos sem graça têm ótimas vistas do Danúbio. É uma segunda opção para o Lav.

**Dunavska Golubica** ESLAVÔNIA €€
(Lenjinovo S/vetalis/vte 10; prato principal a partir de 45KN) Elegante e em um local acolhedor, tem excelente reputação em especialidades eslavônias.

## Informações

Há caixas eletrônicos ao longo da rua principal, a Strossmayera. A **agência oficial de turismo** (☎/fax 442 889; www.turizamvukovar.hr; J J Strossmayera 15; ⌚7-16h seg-sex, até 12h sáb) não tem panfletos, mas a equipe se esforça para ajudar. A **Danubium Tours** (☎/fax 445 455; www.danubiumtours.hr; Trg Republike Hrvatske 1) oferece passeios de bicicleta, de caiaque no Danúbio e várias atividades dentro e nos arredores de Vukovar.

## Como chegar

A cidade tem ônibus para Osijek (30KN, 45 minutos, 14 por dia), Ilok (30KN, 50 minutos, 6 por dia) e Zagreb (154KN, 5 horas, 4 a 5 por dia). Há também serviços regulares para Belgrado (95KN, 3 horas, 5 por dia), na Sérvia. Um trem sai de Vukovar para Zagreb por dia (114KN, 4 horas).

# Ilok

☎032 / POP. 8.350

Cidade mais ao leste da Croácia, a 37km de Vukovar, Ilok fica em uma colina, com vista para o Danúbio e para a região sérvia de Vojvodina, do outro lado do rio. Cercada pelas colinas de Fruška Gora, famosas pela vinicultura desde a era romana, a bem preservada cidade medieval tem um caste-

### O CERCO DE VUKOVAR

Antes da guerra, Vukovar tinha uma população multiétnica de 44 mil pessoas, das quais 44% eram croatas e 37% sérvias. Enquanto a Croácia se afastava da Iugoslávia em 1991, a tensão entre os grupos aumentava. Em agosto de 1991, a força federal iugoslava atacou Vukovar com artilharia de grande calibre e infantaria em uma tentativa de tomar a cidade.

No fim de agosto, somente 15 mil dos habitantes originais de Vukovar não haviam fugido. Aqueles que ficaram esconderam-se em porões à prova de bombas, vivendo de comida enlatada e racionando água, enquanto corpos se amontoavam nas ruas. A cidade resistiu durante meses, enquanto seus defensores em minoria repeliam os ataques.

Em 18 de novembro, após semanas, Vukovar se rendeu. Em 20 de novembro, soldados servo-iugoslavos invadiram o hospital da cidade e removeram quatrocentos pacientes, funcionários e suas famílias; 194 pessoas foram mortas perto da vila de Ovčara, e seus corpos, jogados numa vala comum. Em 2007, no Tribunal de Guerra em Haia, dois oficiais do exército iugoslavo, Mile Mrkšić e Veselin Šljivančanin, foram condenados a vinte anos de prisão, o primeiro, e cinco anos, o segundo, pela participação no massacre. A sentença de Mrkšić foi confirmada em uma apelação em 2009 e a de Šljivančanin aumentou para 17 anos por sua ajuda e cumplicidade no massacre.

Estima-se que 2 mil pessoas – incluindo 1.100 civis – foram mortas enquanto defendiam Vukovar. Cerca de 4 mil foram feridas, milhares desapareceram, presumivelmente em valas coletivas, e 22 mil foram forçadas a ir para o exílio.

lo que abriga um dos melhores museus da Eslavônia.

Ocupada pela Sérvia nos anos 1990, Ilok foi reintegrada à Croácia em 1998. Desde então, a produção de vinho renasceu - a região tem hoje quinze vinícolas para você visitar -, e o centro da fortificada cidade está sendo reformado após escavações arqueológicas recentes.

## Atrações e atividades

A cidade medieval é arborizada e fica cercada pelas ruínas de uma muralha gigante. Tem duas raras amostras da herança otomana: um **hammam** do século 16 e um **turbe**, o túmulo de um nobre turco.

**Museu Odescalchi** MUSEU
(Muzej Grada Iloka; Šetalište Oca Mladena Barbarića bb; inteira/meia 20/10KN; 9-19h qua-sex, às 15h sáb, 11-18h dom) A atração principal de Ilok é esse excelente museu municipal localizado nos arredores do Palácio de Odescalchi, acima do Danúbio. O castelo foi construído na base de uma estrutura do século 15 pelo rei Nikola Iločki. No fim do século 17, a família italiana Odescalchi reconstruiu o castelo medieval em seu atual estilo barroco-classicista.

Os quadros explicativos do museu são muito bons, com painéis ilustrados e bem detalhados, em inglês e croata. As origens de Ilok, sua história e cultura, são explicadas por meio de vestígios arqueológicos impressionantes (como o pilar romano representando o Agnus Dei) e conteúdo etnográfico. Sabres e mosquetes representam o período turco da cidade, há belos móveis e obras de arte do século 19 e uma lápide e tapeçaria de uma antiga sinagoga.

**Iločki Podrumi** ADEGAS DE VINHO
(Iločki Podrumi; 590 088; www.ilocki-podrumi.hr; Dr Franje Tuđmana 72; excursões 5KN; 8-18h) As antigas adegas são adjacentes ao castelo e valem a visita. Não esqueça de experimentar o *traminac*, vinho branco seco servido na coroação da Rainha Elizabeth II. Uma excursão de 20 minutos leva à adega subterrânea e seus barris de carvalho. Tem uma extraordinária loja de vinhos, café e restaurante. Excursões em inglês precisam ser marcadas antes.

## Onde dormir e comer

**Hotel Dunav** HOTEL À BEIRA-RIO €€
(596 500; www.hoteldunavilok.com; Julija Benešića 62; s/c 300/500KN; P @) À beira do Danúbio, esse belo hotel tem dezesseis quartos atraentes com belas vistas e um café com terraço na margem do rio. A Danubium Tours tem uma filial aqui.

**Stari Pochum** HOTEL E RESTAURANTE €€
(590 088; www.ilocki-podrumi.hr; prato principal 45-100KN; P @) Nas antigas adegas do castelo, as salas de banquete com painéis de madeira e barris de carvalho compõem um magnífico cenário para uma refeição reconfortante. Muitos produtos locais - linguiças de porco de Ilok, ensopado com bolinhos e *fiš paprikaš* - e uma carta de vinhos de primeira, claro. Há um novo bloco com dezoito quartos grandes e modernos estilo chalé (s/c 350/500KN), com vista para o Danúbio e decoração luxuosa.

## Informação

**Agência oficial de turismo** (590 020; www.turizamilok.hr; Trg Nikole Iločkog 2; 8-16h qua-sex) Indica hotéis-fazendas, caminhadas perto de Ilok e dispõe de muitas informações. Ligue antes, pois os horários são esporádicos.

## Como chegar

Os ônibus param no centro da cidade, a poucos passos da cidade medieval. Sete ônibus diários vão de Ilok para Osijek (60KN, 1h e 45min), todos passando por Vukovar.

# Ístria

052

## Inclui »



## Melhores lugares para comer


» Toklarija (p. 128)
» Damir i Ornella (p. 119)
» Konoba Batelina (p. 102)
» La Puntulina (p. 111)


## Melhores lugares para ficar


» Monte Mulini (p. 109)
» Stancija 1904 (p. 122)
» Hotel Kaštel (p. 129)
» Hotel Istra-Neptun (p. 105)


## Por que ir?

A Croácia continental encontra o Adriático na Ístria (Istra para os croatas), península de 3.600km² em forma de coração ao sul da península de Trieste, na Itália. O bucólico interior de colinas e planícies férteis atrai interessados em arte aos vilarejos nas montanhas e aos hotéis e restaurantes em fazendas, e o litoral verdejante e recortado é muito popular pela combinação de mar e sol. Imensos complexos hoteleiros enfileiram-se por grande parte da costa, e, apesar de as praias rochosas não serem as melhores da Croácia, há todo tipo de instalação, o mar é limpo, e locais isolados ainda são abundantes.

O litoral, ou "Ístria Azul", como diz o conselho de turismo, é lotado de turistas no verão, mas você pode se sentir isolado e tranquilo na "Ístria Verde" (interior), mesmo no meio de agosto. Adicione à aclamada cozinha (frutos do mar frescos, excelentes trufas brancas, aspargos selvagens, azeites de primeira e vinhos premiados) uma pitada de charme histórico e o resultado é um pequeno pedaço do paraíso.

## Quando ir

### Pula

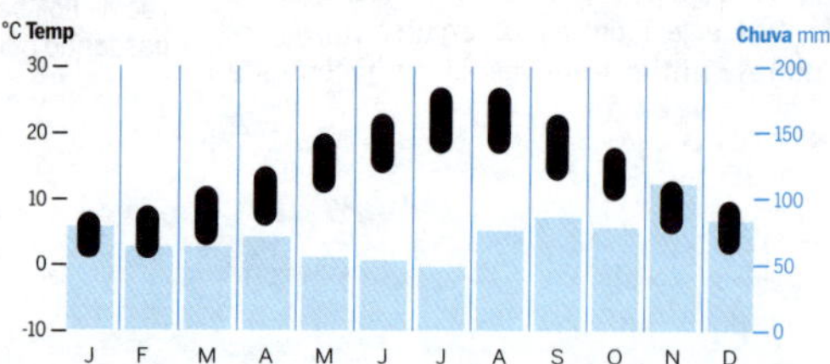


**Abril** Festeje a primavera indo aos campos colher aspargos selvagens.

**Julho e agosto** Festivais de música clássica, jazz, filmes e arte dão brilho às cidades da Ístria.

**Setembro** A temporada de trufas brancas começa com o Festival de Subotina, em Buzet.

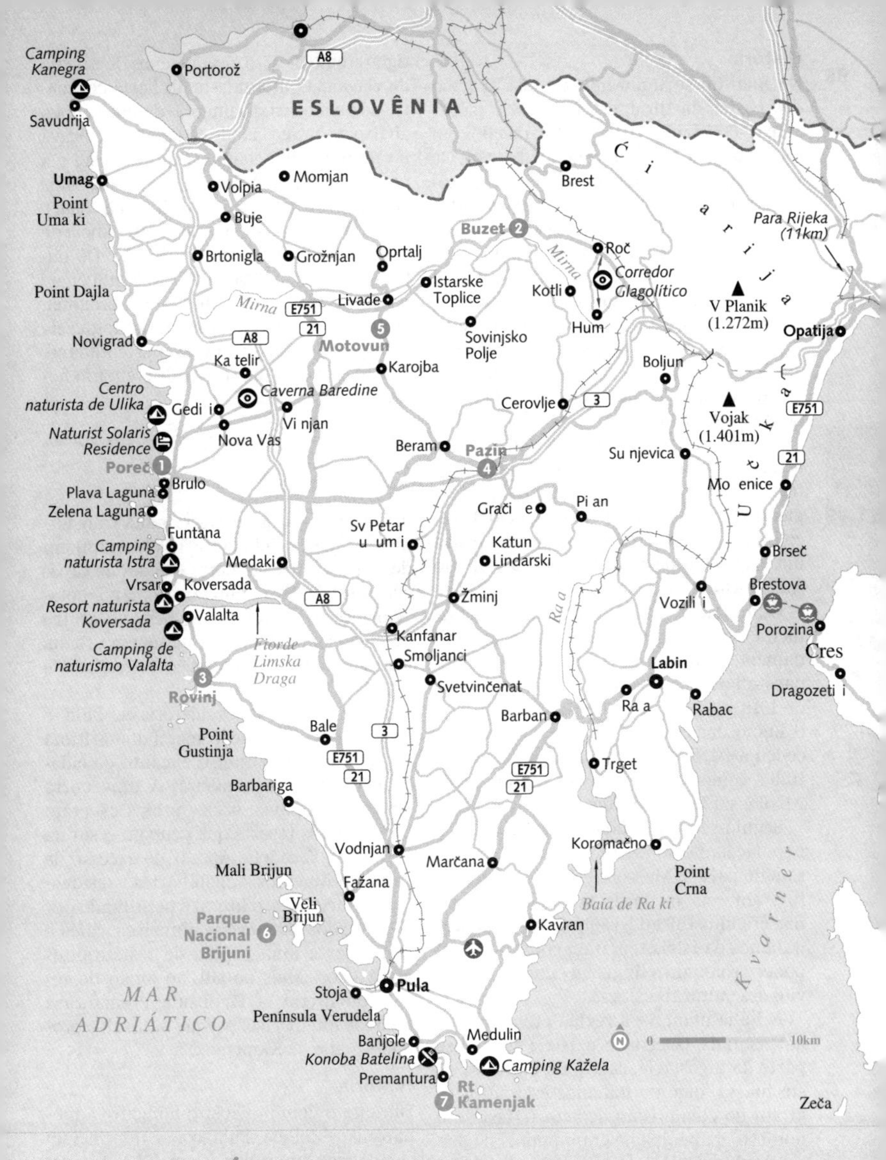


## Destaques de Ístria

1 Admire os mosaicos da **Basílica Eufrasiana** (p. 113) em Poreč

2 Vá caçar trufas nas florestas ao redor de **Buzet** (p. 125)

3 Veja a história da pesca em Rovinj na **Casa Batana** (p. 107)

4 Ande pelas trilhas do lendário **abismo de Pazin** (p. 123)

5 Assista sessões ao ar livre no festival de verão de cinema em **Motovun** (p. 128)

6 Deixe-se embeber pelo glamour comunista em **Brijuni** (p. 105), o refúgio de Tito

7 Explore as paisagens selvagens do cabo **Rt Kamenjak** (p. 101), perto de Pula

### História

No final do segundo milênio a.C., a tribo dos Histri, da Ilíria, estabeleceu-se na região e construiu vilarejos fortificados no topo das colinas do litoral e do interior. Os romanos se espalharam pela Ístria no século 3º e começaram a construir estradas e outros fortes como redutos estratégicos.

De 539 a 751, a Ístria esteve sob domínio bizantino, do qual o mais impressionante vestígio é a Basílica Eufrasiana, em Poreč. No período seguinte, o poder alternou-se entre tribos eslavas, governantes francos e alemães até que Veneza, cada vez mais poderosa, tomou o controle do litoral da Ístria no início do século 13.

Com a queda de Veneza em 1797, a Ístria ficou sob domínio austríaco, seguido pelo francês (1809 a 1813) e pelo austríaco novamente. Durante o século 19 e o início do século 20, a maior parte da Ístria era apenas um esquecido posto avançado do Império Austro-Húngaro.

O império se desintegrou no final da Primeira Guerra Mundial, e a Itália agiu rapidamente para tomar posse da Ístria. Tropas italianas ocuparam Pula em novembro de 1918, e, no Tratado de Rapallo de 1920, o Reino dos Sérvios, Croatas e Eslovenos cedeu a Ístria, Zadar e várias ilhas para a Itália, como recompensa por juntar-se aos Aliados na Primeira Guerra.

Seguiu-se uma mudança em massa na população: de 30 a 40 mil italianos chegaram do país de Mussolini, e muitos croatas fugiram com medo do fascismo. O medo não era injustificado, já que os governantes italianos da Ístria tentaram consolidar seu poder proibindo a língua, a educação e atividades culturais eslavas.

A Itália manteve a região até a derrota na Segunda Guerra, e a Ístria tornou-se parte da Iugoslávia, causando outro êxodo em massa, quando italianos e croatas fugiram do comunismo de Tito. Trieste e o noroeste da península eram pontos de disputa entre a Itália e a Iugoslávia até 1954, quando a região foi finalmente concedida à Itália. Como resultado da reorganização da Iugoslávia feita por Tito, o norte da península foi incorporado à Eslovênia, onde permanece até hoje.



## COSTA DA ÍSTRIA

Na ponta da península da Ístria fica Pula, a maior cidade da costa. As Ilhas Brijuni, antigo refúgio de Tito, fica a menos de um dia de viagem. O litoral leste da Ístria concentra-se no moderno balneário de Rabac, logo abaixo da antiga cidade de Labin, que ficava no topo de uma colina. O litoral oeste é a vitrine do turismo. Rovinj é a cidade mais encantadora, e Poreč é a escolha mais fácil e em conta para as férias, com abundância de opções de hospedagem e diversão. Do outro lado da água fica a Itália, e a influência italiana a faz parecer ainda mais próxima. O italiano é como uma segunda língua na Ístria, muitos possuem passaporte italiano, e os nomes de todas as cidades têm um homólogo nesse idioma.

## Pula

POP. 60.000

A riqueza da arquitetura romana transforma a prosaica Pula (antiga Polensium) em destaque entre as maiores cidades da Croácia. A estrela é o anfiteatro romano, notavelmente bem preservado, bem no centro da cidade, que domina a paisagem urbana e serve também como palco de festivais e shows de verão.

Além das atrações históricas, Pula é uma agitada cidade comercial marítima que conseguiu manter o encanto de cidade pequena e hospitaleira. A uma curta viagem de ônibus, várias praias esperam por você nos resorts que ocupam o sul da Península Verudela. Apesar do excesso de empreendimentos imobiliários residenciais e turísticos, o litoral é pontilhado por perfumados bosques de pinheiros, cafés à beira-mar e uma porção de restaurantes fantásticos. Mais ao sul, ao longo do recortado litoral, a Península Premantura esconde um incrível parque natural, o protegido cabo de Kamenjak.

### História

Durante o domínio austro-húngaro, a monarquia escolheu Pula como o principal centro naval do império, em 1853. A construção do porto e a inauguração de seu enorme estaleiro, em 1886, iniciaram uma expansão demográfica e econômica que transformou Pula em uma potência militar e industrial.

A cidade entrou novamente em declínio sob o domínio fascista, que durou de 1918 a 1943, quando Pula foi ocupada pelos alemães. No final da Segunda Guerra Mundial, Pula foi administrada por forças anglo-americanas até se tornar parte da

Iugoslávia pós-guerra, em 1947. A base industrial resistiu à recente guerra relativamente bem, e a cidade continua a ser um importante centro de tecidos, metais, vidro e construção de navios.

## Atrações

A parte mais antiga da cidade segue o antigo plano romano, com ruas circundando uma fortaleza central, enquanto as partes mais novas seguem um padrão de grade retangular. A maioria das lojas, agências e negócios fica agrupada na cidade velha e seus arredores, assim como em Giardini, Carrarina, Istarska e Riva, que se estende pela baía. Com algumas poucas exceções na cidade velha, a maioria dos hotéis e restaurantes, assim como as praias, fica 4km ao sul na Península Verudela; você pode chegar lá caminhando pela Arsenalska, que vira Tomasinijeva e depois Veruda.

### Anfiteatro Romano — RUÍNAS

(Arena; Flavijevska bb; inteira/meia 40/20KN; 8-21h no verão, 9-20h na primavera e outono, 9-17h no inverno) O anfiteatro do século 1º, com vista para a baía a nordeste da cidade velha, é a atração mais famosa e imponente de Pula. Construído com calcário local, o anfiteatro foi projetado para receber concursos de gladiadores, com lugar para até 20 mil pessoas. Você ainda poderá ver a laje usada para amparar a cobertura de tecido que protegia a plateia do sol. No topo das paredes fica uma calha que coletava água da chuva. No andar de baixo fica um pequeno **museu** com uma exposição de equipamentos antigos usados na produção de azeite. No verão, abriga o **Festival de Cinema de Pula** e shows de música pop e clássica.

### Templo de Augusto — TEMPLO ROMANO

(Forum; inteira/meia 10/5KN; 9-20h seg-sex, 10-15h sáb e dom no verão, com hora marcada pela agência oficial de turismo em outras épocas) O templo é o único resquício visível da era romana no Fórum, o ponto de encontro central de Pula da Antiguidade até a Idade Média. Havia templos e prédios públicos no local, mas, hoje, esse templo, erguido de 2 a.C. a 14 d.C., é a vitrine do Fórum. Quando os romanos foram embora, virou uma igreja e depois um armazém de grãos. Reconstruído após ser atingido por uma bomba em 1944, abriga agora um pequeno museu histórico com legendas em inglês.

### Museu Arqueológico — MUSEU

(Arheološki Muzej; Carrarina 3; inteira/meia 20/10KN; 9-20h seg-sáb, 10-15h dom mai-set, 9-14h seg-sex out-abr) Esse museu possui descobertas arqueológicas de toda a Ístria. A exposição permanente vai da pré-história à Idade Média, mas o destaque é o período que vai do século 2 a.C. ao século 6 d.C. Mesmo se você não entrar no museu, não deixe de visitar o grande **jardim de esculturas** ao seu redor e o **teatro romano** na parte de trás. O jardim, com seus portões duplos do século 2º na entrada, é palco de shows no verão.

### Arco Triunfal de Sergius — RUÍNAS

Ao longo de Carrarina ficam muralhas romanas que marcavam a fronteira oriental da velha Pula. Siga as muralhas para o sul pelo Giardini até o majestoso arco erguido em 27 a.C. para celebrar três membros da família Sergius que alcançaram distinção em Pula. Até o século 19, o portão da cidade ficava atrás do arco, que era cercado por muralhas. Os portões e as muralhas foram demolidos para permitir o crescimento da cidade.

### Catedral — IGREJA

(Katedrala; Kandlerova; 10-17h meio de jun-meio de set; missa em croata 8h diariamente e em italiano 9h dom) A catedral de Pula data do século 5º. O altar-mor é até mais antigo, pois é um sarcófago romano contendo relíquias de santos do século 3º. O piso revela fragmentos de mosaicos dos séculos 5º e 6º. A fachada, do final do Renascimento, foi colocada no começo do século 16. Pedras do anfiteatro foram usadas para construir a torre do sino no século 17.

### Museu de História — MUSEU

(Povijesni Muzej Istre; Gradinski Uspon 6; inteira/meia 15/7KN; 8-21h jun-set, 9-17h out-mai) O museu fica em uma fortaleza veneziana do século 17, em uma colina no centro da cidade velha. Os escassos objetos expostos estão relacionados principalmente à história marítima de Pula, mas a vista das muralhas da fortaleza vale uma parada.

### Capela de Santa Maria de Formosa — IGREJA

(Kapela Marije Formoze; Flaciusova) Essa construção bizantina é tudo o que resta do mosteiro beneditino do século 6º que já ocupou o local. Os mosaicos que o decoravam estão agora no Museu Arqueológico. A capela só é aberta para exposições de arte ocasionais no verão ou com agendamento prévio pelo Museu Arqueológico.

# Pula

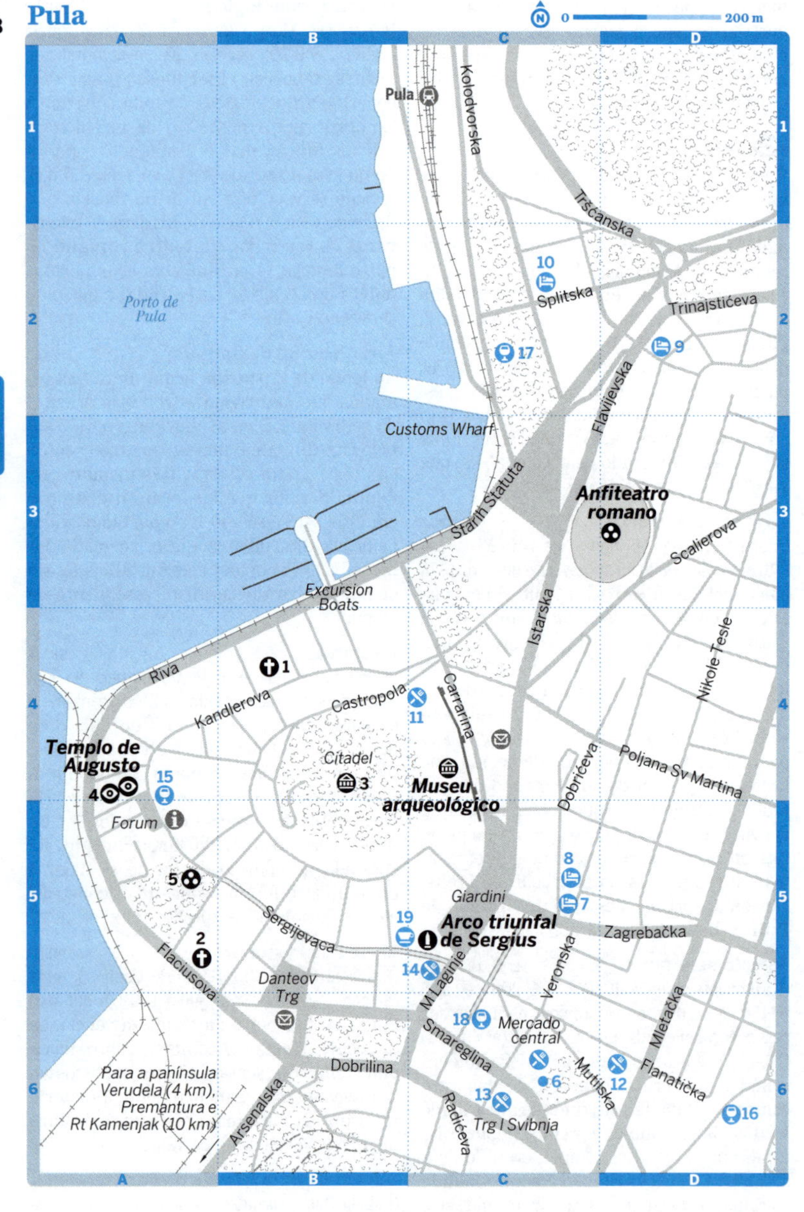




**Prefeitura Antiga** PRÉDIO HISTÓRICO

A prefeitura, no Fórum, foi construída em 1296 como sede das autoridades municipais de Pula. O prédio apresenta uma mistura de estilos arquitetônicos – do românico ao renascentista. Ainda é a sede da prefeitura de Pula.

**Mosaico Romano no Chão** MOSAICO

Localizado ao largo de Sergijevaca, o mosaico data do século 3º. No meio de motivos geométricos extremamente bem preserva-

## Pula

**Destaques**

- Museu arqueológico ... C4
- Anfiteatro romano ... D3
- Templo de Augusto ... A4
- Arco triunfal de Sergius ... C5

**Atrações**

1 Catedral ... B4
2 Capela de Santa Maria de Formosa ... A5
3 Museu de história ... B4
4 Prefeitura velha ... A4
5 Mosaico romano no chão ... A5

**Atividades, cursos e visitas guiadas**

6 Edo Sport ... C6

**Onde dormir**

7 Hotel Galija ... C5
8 Hotel Omir ... C5
9 Hotel Scaletta ... D2
10 Hotel Riviera ... C2

**Onde comer**

11 Jupiter ... C4
12 Kantina ... D6
13 Markat ... C6
14 Qpola ... C5

**Onde beber**

15 Cvajner ... A4
16 P14 ... D6
17 Pietas Julia ... C2
18 Scandal Express ... C6
19 Uliks ... B5

dos fica o painel central, que representa Dirce, a "garota má" da mitologia grega, sendo punida por tentar matar seu primo.

## Atividades

Uma trilha de bicicleta, de 41km, de Pula para Medulin, segue o trajeto dos gladiadores romanos.

**Diving Hippocampus** MERGULHO
(☎098 255 820; www.hippocampus.hr) Um grupo de mergulho no Camping Stoja.

**Edo Sport** EXCURSÕES
(☎222 207; www.edosport.com; Narodni Trg 9) Organiza excursões especializadas.

**Istria Bike** BICICLETA
(www.istria-bike.com) Site administrado pelo conselho de turismo, destacando trilhas, pacotes e agências que oferecem passeios de bicicleta.

**Orca Diving Center** MERGULHO
(☎224 422; Hotel Histria) Nesse centro, na Península Verudela, você pode marcar mergulhos para ver navios naufragados.

**Windsurf Bar** EXCURSÕES, WINDSURFE
(☎091 512 3646; www.windsurfing.hr; Camping Village Stupice) Além de windsurfe, esse grupo de Premantura oferece passeios de bicicleta (250KN) e caiaque (300KN).

## Visitas guiadas

A maioria das agências de turismo em Pula oferece viagens para Brijuni, Limska Draga, Rovinj e para o interior da Ístria, mas muitas vezes é mais barato marcar com um dos barcos no porto. Eles oferecem pescaria (220KN), excursões "panorâmicas" de duas horas para Brijuni (150KN) e uma voltinha por Rovinj, Limska Draga and Crveni Otok (250KN). Dois barcos vão para Brijuni e param para visita:

**Martinabela** PASSEIOS
(www.martinabela.hr; 280KN) Duas vezes por dia no verão.

**Fissa Brijuni** PASSEIOS
(www.fissa-brijuni.hr; 260KN) De terça a sábado no verão.

## Festas e eventos

**Festival de Cinema de Pula** FILMES
(www.pulafilmfestival.hr) Em sua 58ª edição, o festival de cinema, em julho, é o evento mais importante da cidade, com exibições voltadas aos filmes croatas e a alguns filmes internacionais na Arena e em outros lugares pela cidade.

**Jazzbina** JAZZ
(www.jazzbina.net) Um programa anual de shows de jazz, muitos com músicos mundialmente famosos, na praça Portarata durante o verão e em teatros e clubes em outras épocas do ano.

## Onde dormir

O ápice da temporada turística em Pula vai da segunda semana de julho ao fim de agosto. Durante esse período, é melhor reservar com antecedência. A ponta da Península Verudela, a 4km do centro da cidade, virou

## TIRANDO TUDO NA ÍSTRIA

Há uma longa e divertida história do nudismo na Croácia que começou na Ilha de Rab por volta da virada do século 20. Rapidamente, virou mania entre austríacos influenciados pelo movimento alemão Freikörperkultur, que na tradução livre significa "cultura do corpo livre". Mais tarde, o austríaco Richard Ehrmann abriu a primeira colônia de nudismo na Praia Paraíso, em Lopar (em Rab), mas os verdadeiros fundadores do nudismo do Adriático foram Edward VIII e Wallis Simpson, que popularizaram a prática ao nadarem pelados na costa de Rab em 1936.

Hoje, o litoral da Ístria abriga muitos dos maiores e mais bem desenvolvidos locais de nudismo da Croácia. Os campings de nudismo estão marcados com fkk, um abreviação de "Freikörperkultur".

Comece pelo norte no **Camping Kanegra** (www.istracamping.com), ao norte de Umag, um lugar relativamente pequeno em uma longa praia de cascalho. Seguindo para o sul, ao longo do litoral, você chegará ao **Centro naturista de Ulika** (www.plavalaguna.hr), em Červar, perto de Poreč, que tem 559 locais para barracas e trailers disponíveis para aluguel. Para quem prefere ficar em um apartamento, o **Naturist Solaris Residence** (www.valamar.hr) é a escolha ideal. Apenas 12km ao norte de Poreč, na arborizada Península Lanterna, o complexo inclui também um camping de nudismo. Ao sul de Poreč, ao lado da vila de pescadores de Funtana, fica o **Naturist Camping Istra** (www.valamar.hr). Maior, acomoda até 3 mil pessoas. Siga para o sul até depois de Vrsar e você vai chegar à nave mãe do nudismo, **Koversada** (www.campingrovinjvrsar.com). Em 1961, o nudismo foi liberado em toda a ilhota de Koversada, e a colônia logo se espalhou pelas proximidades. Hoje, esse gigante pode acomodar até 8 mil pessoas em campings, vilas e apartamentos. Se for demais para você, continue indo para o sul até o **camping de naturismo Valalta** (www.valalta.hr), do outro lado do canal de Lim, ao norte de Rovinj. Tem uma boa quantidade de apartamentos, bangalôs, trailers e campings. Se você prefere ficar perto de Pula, viaje pela costa até Medulin e o **Camping Kažela** (www.kampkazela.com), que tem trailers para aluguel e campings à beira-mar.

um vasto complexo turístico, repleto de hotéis e prédios. O lugar não é tão atraente, exceto pelas florestas de pinheiro sombreadas que o cobrem, mas há praias, restaurantes, quadras de tênis e esportes aquáticos. Qualquer agência de turismo pode dar informações e fazer reservas em um dos hotéis, ou você pode entrar em contato com a **Arenaturist** (☎529 400; www.arenaturist.hr; Splitska 1a).

As agências de turismo podem arranjar hospedagem em propriedades privadas, mas há pouca disponibilidade no centro da cidade. Prepare-se para pagar de 250KN a 490KN por um quarto de casal e de 300KN a 535KN por um apartamento para duas pessoas. Você pode checar a lista de hospedagens em propriedades privadas em www.pulainfo.hr.

**Hotel Scaletta** HOTEL €€
(☎541 599; www.hotel-scaletta.com; Flavijevska 26; s/c 505/732KN; P❄📶) Possui um amigável ar familiar. Os quartos, recentemente reformados, têm decoração de bom gosto e uma porção de regalias (como minibares); a comida do restaurante é decente, e os hóspedes têm 10% de desconto. Além disso, fica a um pulo da cidade.

**Hotel Galija** HOTEL €€
(☎383 802; www.hotelgalija.hr; Epulonova 3; s/c 505/732KN; ❄📶) A um pulo do mercado no centro da cidade, esse pequeno hotel familiar tem quartos confortáveis e bem equipados de diferentes tamanhos e cores, alguns com chuveiro de hidromassagem. As instalações incluem um restaurante.

**Hotel Histria** HOTEL €€€
(☎590 000; www.arenaturist.hr; Verudela bb; s 585-685KN, c 950-1150KN; P❄@🏊) Amplas instalações, quartos com varanda e acesso fácil à praia compensam a falta de personalidade desse gigante de concreto. Os novos quartos quatro estrelas, no andar executivo, têm um design moderno, TV de tela plana e wi-fi (solteiro 900KN a 1.180KN, casal 1.200KN a 1.575KN). O hotel tem piscinas cobertas e ao ar livre, quadras de tênis

e um cassino. Reserve pela internet para conseguir preços melhores.

**Hotel Omir** HOTEL €

(☎218 186; www.hotel-omir.com; Dobricheva 6; s/c 450/600KN; 📶) Melhor opção para quem não quer gastar, os quartos do Hotel Omir, no centro da cidade, são modestos, mas limpos, calmos e têm TV. Os mais caros têm ar-condicionado. Não há elevador.

**Hotel Riviera** HOTEL €

(☎211 166; www.arenaturist.hr; Splitska 1; s/c 350/555KN) O prédio, neobarroco do século 19, já foi grandioso, mas precisa urgentemente de uma reforma completa. A salvação: fica no centro e os quartos da frente têm vista para a água.

**Hotel Palma** HOTEL €€

(☎590 760; www.arenaturist.hr; Verudela 15; s 410-510KN, d 630-830KN; P) O prédio novo, um pouco mais barato, tem quartos com varanda e divide instalações com o vizinho, o Hotel Histria.

**Youth Hostel** HOSTEL €

(☎391 133; www.hfhs.hr; Valsaline 4; dc 117KN, trailers 137KN; @) O hostel tem vista para a praia na Baía de Valsaline, 3km ao sul do centro de Pula. Dormitórios e trailers divididos em dois pequenos quartos de quatro camas, cada um com banheiro e ar-condicionado a pedido (20KN o dia). Há lugar para acampar (por pessoa/barraca 70/15KN). Pegue os ônibus 2A ou 3A até a parada "Piramida", ande em direção à cidade até a primeira rua, vire à esquerda e procure a placa do hostel.

## PRAIAS

Pula é rodeada por um meio círculo de praias rochosas, cada uma com seu próprio fã-clube. Como bares e baladas, praias entram e saem de moda, e as mais cheias de turistas são, sem dúvida, as que ficam em torno do complexo hoteleiro na **Península Verudela**, apesar de alguns locais se aventurarem na **Praia Hawaii**, pequena e com mar azul-turquesa, perto do Hotel Park.

### Rt Kamenjak

Para se isolar, vá para o selvagem **Rt Kamenjak** (www.kamenjak.hr, em croata; pedestres e ciclistas não pagam, por carro/*scooter* 25/15KN; ⏲7-22h) na Península Premantura, 10km ao sul de Pula. Ponto mais ao sul da Ístria, o maravilhoso cabo, totalmente desabitado, tem lindas colinas, flores selvagens (incluindo trinta espécies de orquídeas), arbustos baixos do Mediterrâneo, árvores frutíferas e ervas medicinais, e cerca de 30km de praias virgens e enseadas. É entrecortado por um labirinto de estradas e caminhos de cascalho, tornando a locomoção fácil e agradável. As vistas para a Ilha de Cres e para os cumes de Velebit são extraordinárias. Não deixe rastros – lembre-se de usar a sacola plástica disponível na entrada para colocar todo o seu lixo. Fique atento a correntes fortes se estiver nadando ao largo do cabo sul.

Pare no **centro de visitantes** (☎575 283; ⏲9-21h no verão) que fica no prédio da antiga escola, no centro de Premantura, onde há um painel informativo bilíngue sobre os ecossistemas do parque. Bem próximo, o **Windsurf Bar** (www.windsurfing.hr) aluga bicicletas e equipamento de windsurfe (prancha e vela a partir de 70KN por hora). Oferece também cursos de windsurfe por 200KN a hora.

A **Praia Kolombarica**, na extremidade sul da península, é popular entre jovens ousados que mergulham de penhascos altos e nadam pelas cavernas rasas na beira da água. Logo acima fica um delicioso bar na praia, o **Safari** (lanches 25-50KN; ⏲mai--set), meio escondido nos arbustos perto da praia, aproximadamente 3,5km da entrada do parque. Sombreado, com exuberantes espaços para descansar, muita madeira que chega com a maré, objetos achados e um bar que serve lanches saborosos, é um ótimo lugar para se passar uma tarde.

Ir de carro é o jeito mais fácil de chegar ao Rt Kamenjak, mas dirija devagar para não gerar muita poeira, prejudicial ao meio ambiente. Para ser mais ecológico, pegue na cidade o ônibus 26 de Pula para Premantura (15KN) e depois alugue uma bicicleta no parque. No verão, em noites de lua cheia, sai de Premantura um passeio de bicicleta de 10km, adaptado para todas as idades.

**Camping Stoja** CAMPING €
(☎387 144; www.arenacamps.com; Stoja 37; por pessoa/barraca 57/34KN; ⊙Abr-out) Camping mais próximo de Pula, 3km a sudoeste do centro. Tem muito espaço no promontório sombreado, com um restaurante, centro de mergulho e pedras por entre as quais se pode nadar. Pegue o ônibus 1 para Stoja.

**Camping Puntižela** CAMPING €
(☎517 490; www.puntizela.hr; Puntižela; por pessoa/barraca 43/46KN) O agradável camping, em uma baía de 7km a nordeste de Pula, funciona o ano todo. Possui um centro de mergulho.

## Onde comer

### CENTRO DA CIDADE

Há vários lugares bons onde comer no centro da cidade, apesar de a maioria dos moradores locais sair dela em busca de preços melhores e menos turistas. Para gastar pouco, vá ao mercado central.

**Vodnjanka** ISTRIANA €
(Vitezića 4; pratos a partir de 40KN; ⊙fechado sáb no jantar e dom) A cozinha caseira desse lugar sem frescuras é sucesso entre os locais. Barato e casual, só aceita dinheiro e tem um menu pequeno, concentrado em pratos típicos simples. Para chegar, caminhe pela Radićeva até Vitezića.

**Kantina** INTERNACIONAL €€
(Flanatička 16; pratos a partir de 70KN; ⊙seg--sáb) A adega com vigas de pedra desse prédio habsburgo foi modernizada depois de uma reforma. Não vai ajudar você a caber no biquíni, mas o ravióli Kantina, recheado com *skuta* (ricota) e presunto cru, é imperdível.

**Qpola** INTERNACIONAL €€
(Trg Portarata 6; pratos a partir de 70KN) O bistrô, no topo de um pequeno shopping, tem um terraço com vista para a praça. No menu, pedidos confiáveis, como *carpaccio* de peixe e carne, e o ravióli com *ombolo*, carne de porco desossada típica da Ístria. Às quintas-feiras, festas com DJs locais.

**Jupiter** PIZZA €
(Castropola 42; pizzas 25-84KN) A pizza de borda fina deixaria qualquer *mama* italiana orgulhosa. O macarrão é delicioso. Há um terraço no andar de cima e 20% de desconto às quartas-feiras.

**Markat** CANTINA SELF-SERVICE €
(Trg I Svibnja 5; pratos a partir de 20KN) No que diz respeito a restaurantes self-service, essa cantina, em frente ao mercado central, vale uma parada, pela comida barata e decente, como as pizzas e a massa. Pegue o que quiser e pague no final.

### SUL E LESTE DA CIDADE

**Milan** MEDITERRÂNEA €€
(www.milan1967.hr; Stoja 4; pratos a partir de 70KN) Um clima de exclusividade, especialidades sazonais, quatro *sommeliers* e até um expert em azeite na equipe fazem do jantar uma experiência inigualável. O menu degustação de cinco pratos de peixe vale a pena. Há também um **hotel** (s/c 590/850KN) de luxo com doze quartos nos fundos.

**Konoba Batelina** FRUTOS DO MAR €€
(Cimulje 25, Banjole; pratos a partir de 70KN; ⊙apenas jantar) A comida excelente dessa taverna familiar vale a caminhada até a vila onde ela fica, 3km a oeste de Pula. O dono, o pescador e *chef* David Skoko, serve alguns dos melhores, mais criativos e cuidadosamente preparados frutos do mar da Ístria.

**Valsabbion** CROATA CRIATIVA €€€
(www.valsabbion.hr; Pješčana Uvala IX/26; pratos a partir de 120KN) A cozinha croata criativa do premiado restaurante, um dos melhores da Croácia, é uma delícia gastronômica. A decoração é chamativa, mas surpreendente, e a comida é das melhores, preparada com ingredientes locais, como trufas das florestas da Ístria, camarões de Kvarner e caranguejos de Premantura. É também um **hotel** (c 868KN) luxuoso, com dez quartos e um spa no último andar.

**Gina** ISTRIANA €€
(Stoja 23; pratos a partir de 80KN) Esse estiloso, mas discreto, restaurante, perto do camping Stoja, atrai o público local com suas bem preparadas especialidades istrianas, mesmo estando na categoria dos mais caros. Experimente o *semifreddo* (sobremesa semifrozen) com molho quente de figo, pinholi e lavanda.

## Onde beber e entretenimento

Você tem que ir a algum show no espetacular anfiteatro – a agência oficial de turismo tem a programação, e cartazes espalhados por Pula fazem propaganda das apresentações. A maior parte da vida noturna fica fora do centro, mas, quando o clima está ameno, os cafés no Fórum e nos calçadões Kandlerova, Flanatička e Sergijevaca viram locais animados para ver gente. Para se misturar com a galera jovem de Pula, leve cerveja e vá para a beira da praia em Lungomare, onde a música é proporcionada pelos alto-falantes dos carros estacionados.

**Cabahia** BAR
(Širolina 4) Em Veruda, o refúgio dos interessados em arte, tem um aconchegante interior de madeira e decoração eclética, com objetos antigos, meia-luz, clima sul-americano e, nos fundos, um terraço com jardim. Organiza shows e fica cheio nos fins de semana. Se estiver lotado demais, vá ao descontraído **Bass** (Širolina 3), do outro lado da rua.

**Rojc** CENTRO ARTÍSTICO
(Gajeva 3) Para experimentar o circuito artístico underground, confira a programação do Rojc, um quartel do exército convertido em centro multimídia de arte e estúdios com shows ocasionais, exposições e outros eventos.

**Cvajner** CAFÉ DAS ARTES
(Fórum 2) Pegue uma boa mesa ao ar livre nesse café da galera das artes, no meio do agitado Fórum, e veja as exposições temporárias no interior descolado, que exibe os trabalhos de artistas locais em ascensão.

**Tinja** BAR DE VINHOS
(Put od fortice 22; ⌚17-0h ter-dom) Administrado por um dos melhores *sommeliers* da Ístria e sua esposa, fica a 3km do centro, mas vale a caminhada. Com os aperitivos, experimente vinhos de mais de cem marcas no interior aconchegante, com piso de madeira e tons pastel. Um táxi custa 60KN só ida, ou pegue um ônibus que vá para Ližnjan.

**Pietas Julia** CAFÉ-BAR
(Riva 24) Nesse bar da moda, no meio do porto, as coisas esquentam tarde da noite nos fins de semana, já que o bar fica aberto até as 4h. Durante o dia, serve café da manhã e lanches (pizzas 35KN, sanduíches a partir de 20KN). Wi-fi gratuito.

**Scandal Express** CAFÉ-BAR
(Ciscuttijeva 15) Misture-se com locais de todos os tipos nesse popular ponto de encontro, que parece um vagão de trem e é lotado de pôsteres. Experimente o *pašareta*, um refrigerante local. É permitido fumar.

**E&D** CAFÉ-BAR
(Verudela 22) Logo acima da Praia de Ambrela, em Verudela. Você pode relaxar no exuberante terraço ao ar livre, com vários níveis de lugares para sentar e pequenas piscinas e cascatas. A vista do pôr do sol é linda, mas o serviço é lento.

**Uliks** CAFÉ
(Trg Portarata 1) James Joyce já deu aula nesse prédio, onde hoje você pode desfrutar uma bebida no café do andar térreo, enquanto reflete sobre *Ulisses* ou as praias de cascalho de Pula.

**P14** CAFÉ-BAR
(Preradovićeva 14; ⌚seg-sáb) Calmo no verão, o ponto de encontro dos locais oferece apresentações de jazz às sextas-feiras, noites literárias e outros eventos durante o ano. Procure a parede azul-clara.

**Aruba** CAFÉ-BAR, DISCOTECA
(Šijanska 1a) No caminho para o aeroporto, esse café-bar e discoteca é ponto de encontro relaxante durante o dia e, à noite, vira palco de música ao vivo e festas. O terraço externo fica lotado. As noites de quarta-feira são dedicadas à salsa.

## Informações

### Acesso à internet

**MMC Luka** (Istarska 30; 25KN por hora; ⌚8-0h seg-sex, às 15h sáb)

### Lavanderia

**Mika** (Trinajstićeva 16; ⌚8-14h seg-sex, às 12h sáb)

### Guarda-volumes

**Garderoba** (2,50KN por hora; ⌚4h-22h30 seg-sáb, 5h-22h30 dom) Os horários de funcionamento não são confiáveis.

### Assistência médica

**Hospital** (☎376 548; Zagrebačka 34)

**Ambulância turística** (Flanatička 27; ⌚8h-21h30 seg-sex jul e ago)

### Correio

**Correio central** (Danteov trg 4; ⌚7h30-19h seg-sex, às 14h30 sáb) Você pode fazer chamadas de longa distância. Dê uma olhada na escadaria do lado de dentro.

### Informações turísticas

**Centro de informação turística** (☎212 987; www.pulainfo.hr; Fórum 3; ⌚8-21h seg-sex, 9-21h sáb e dom no verão, 8-19h seg-sex, 9-19h sáb, 10-16h dom no resto do ano) A equipe, bem informada e amigável, fornece mapas, panfletos e calendários de eventos em Pula e Ístria. Pegue dois folhetos úteis: o *Domus*

## ÔNIBUS DE PULA

### Domésticos

| DESTINO | PREÇO (KN) | DURAÇÃO (H) | SAÍDAS DIÁRIAS |
|---|---|---|---|
| Dubrovnik | 557 | 15 horas | 1 |
| Labin | 38 | 1 hora | 16 |
| Poreč | 50-65 | 1h-1h e 30min | 14 |
| Rovinj | 35 | 45min | 20 |
| Split | 387-392 | 10 horas | 3 |
| Zadar | 255 | 7 horas | 3 |
| Zagreb | 170-216 | 4h-5h e 30min | 15 |

### Internacionais

| DESTINO | PREÇO (KN) | DURAÇÃO (H) | FREQUÊNCIA |
|---|---|---|---|
| Milão | 424 | 8h e 30min | 1 por semana (verão) |
| Pádua | 214 | 6 horas | 1 por dia |
| Trieste | 100-130 | 3 horas | 4 por dia |
| Veneza | 164 | 5 horas | 1 por dia |



*Bonus*, com as melhores opções de hospedagem em casas particulares na Ístria, e o *Istra Gourmet*, com todos os restaurantes.

### Agências de viagem

**Active Travel Istra** (☎215 497; www.activa-istra.com; Scalierova 1) Excursões pela Ístria, viagens de aventura e entradas de shows.

**Arenaturist** (☎529 400; www.arenaturist.hr; Splitska 1a) Reserva quartos na rede de hotéis que administra e oferece serviços de guia e excursões. Fica na Pousada Riviera.

**IstrAction** (☎383 369; www.istraction.com; Prilaz Monte Cappelletta 3) Oferece divertidos passeios de metade de um dia para Kamenjak e pelas fortificações de Pula, e excursões de um dia com tema medieval pela Ístria.

**Maremonti Travel Agency** (☎384 000; www.maremonti-istra.hr; Flavijevska 8) Reserve hospedagem e alugue carros e *scooters* (de 100KN a 180KN por dia).

## Como chegar

### Avião

O **Aeroporto de Pula** (☎530 105; www.airport-pula.com) fica 6km a nordeste da cidade. Há dois voos diários (apenas um no sábado) para Zagreb (40 minutos). No verão, há voos baratos e fretados que chegam das cidades europeias mais importantes. A **Croatia Airlines** (☎218 909; www.croatiaairlines.hr; Carrarina 8) tem um escritório no centro da cidade.

### Barco

O porto de Pula fica a oeste do terminal rodoviário. A **Jadroagent** (☎210 431; www.jadroagent.hr; Riva 14; ⏲7-15h seg-sex) tem programação de horários e passagens para barcos que ligam a Ístria às ilhas e ao sul da Croácia. Representa também a Jadrolinija.

**Commodore Cruises** (☎211 631; www.commodore-travel.hr; Riva 14) vende passagens para um catamarã que vai de Pula a Zadar (100KN, 5 horas), que sai cinco vezes por semana de julho ao começo de setembro e duas vezes por semana em junho e no resto de setembro. Oferece também um serviço de barco para Veneza (430KN, 3h e 30min) às quartas-feiras entre junho e setembro.

### Ônibus

Do **terminal rodoviário** (☎060 304 091; Trg 1 Istarske Brigade bb) de Pula, a 500m do centro da cidade, saem ônibus para Rijeka (77KN a 88KN, 2 horas) praticamente a cada hora. No verão, reserve com um dia de antecedência e não se esqueça de sentar do lado direito do ônibus, para apreciar a belíssima vista do golfo de Kvarner.

### Trem

A menos de 1km da cidade, a estação de trem fica perto do mar, ao longo de Kolodvorska. Há um trem direto para Ljubljana (144KN, 4h e 30 min) diariamente e três para Zagreb (140KN, 9 horas), mas você tem que pegar um ônibus em uma parte da viagem de Lupoglav até Rijeka.

Há cinco trens diários para Buzet (55KN, 2 horas).

## Como circular

Um ônibus do aeroporto (29KN) sai do terminal rodoviário várias vezes por semana; verifique na estação. Um táxi custa cerca de 120KN.

Os ônibus municipais de uso para visitantes são o 1, que vai para o Camping Stoja, e o 2A e 3A para Verudela. A frequência varia de 15 minutos a meia hora (das 5h às 23h30). Passagens são vendidas nas *tisak* (bancas de jornal) por 6KN, ou com o motorista por 11KN.

# Ilhas Brijuni

O arquipélago Brijuni (*Brioni*, em italiano) é formado por duas ilhas principais, cobertas de pinheiros, e doze ilhotas ao largo do litoral da Ístria, a noroeste de Pula, do outro lado do Canal Fažana. Somente as duas ilhas maiores, Veli Brijun e Mali Brijun, podem ser visitadas. Cobertas de campos, parques e florestas de carvalho e louro – e de algumas plantas raras, como o pepino selvagem e a papoula marinha –, as ilhas são parque nacional desde 1983.

Apesar de vestígios de ocupação datarem de mais de 2 mil anos, as ilhas na verdade devem sua fama a Tito, o extravagante líder iugoslavo que as transformou em retiro particular.

Todo ano, de 1947 até pouco antes de sua morte, em 1980, Tito passava seis meses no seu retiro em Brijuni. Para criar uma área exuberante e confortável, ele introduziu plantas subtropicais e criou um parque para abrigar os animais exóticos que ganhava de presente de líderes mundiais. A ovelha somali, que pode ser vista perambulando, é da Etiópia, e um líder zambiano deu de presente um antílope.

Em seu refúgio de verão, Tito recebeu em grande estilo noventa chefes de estado e várias estrelas do cinema. Bijela Vila, em Veli Brijun, era a "Casa Branca" de Tito: lugar para emitir decretos e fazer declarações, bem como para entreter. As ilhas ainda são usadas em visitas oficiais, mas também têm se tornado cada vez mais apreciadas no circuito internacional de iatismo, e, nos feriados, são o local favorito da realeza de reinos obscuros e bilionários que amam sua antiga aura de glamour.

Todo verão, fãs de teatro cruzam o canal até o forte, em Mali Brijun, para assistir às apresentações do **Teatro Ulysses** (www.ulysses.hr, em croata).

## Atrações

Quando você chega a Veli Brijun, depois de quinze minutos de barco saindo de Fažana, aporta em frente ao Hotel Istra-Neptun, onde os convidados ilustres de Tito ficavam. Um guia leva você em uma excursão de quatro horas pela ilha, a bordo de um minitrem turístico, começando com uma visita ao **parque de safári** de 9ha. Outras paradas incluem as ruínas de uma **casa de campo romana**, que data do século 1 a.C., um **museu arqueológico** dentro de uma fortaleza do século 16 e a **Igreja de São Germano**, atualmente uma galeria onde estão expostas cópias de afrescos medievais das igrejas da Ístria.

A **exposição Tito em Brijuni**, em um prédio atrás do Hotel Karmen, é muito interessante. Animais empalhados ocupam o andar térreo. No andar de cima, estão expostas fotos de Tito com estrelas, como Josephine Baker, Sophia Loren, Elizabeth Taylor e Richard Burton, e líderes mundiais, incluindo Indira Gandhi e Fidel Castro. Do lado de fora, fica um Cadillac de 1953 que Tito usava para mostrar a ilha a seus convidados célebres. Hoje em dia, você pode pagar 50KN para tirar uma foto dentro do carro ou alugá-lo por míseras 2.750KN por trinta minutos. Bicicletas (35KN por 3 horas) e carrinhos elétricos (300KN por hora) são opções mais baratas e um ótimo jeito de explorar a ilha.

## Onde dormir e comer

Não há hospedagem em casas particulares em Veli Brijun, mas há várias vilas luxuosas disponíveis para aluguel por meio da administração do parque nacional. A viagem de barco de e para o continente está incluída no preço dos hotéis a seguir; ambos ficam em Veli Brijun. Não há hospedagem em Mali Brijun. Os restaurantes dos hotéis em Veli Brijun são as únicas opções de lugar para comer.

**Hotel Karmen** HOTEL €€€
(☎525 807; www.brijuni.hr; s/c 705/1.160KN) Designers e arquitetos de Zagreb vão a esse hotel, que fica no porto, pelo seu autêntico design comunista – é cafona, verdadeiro e parece que ainda está nos anos 1950. Vamos torcer para que eles não reformem.

**Hotel Istra-Neptun** HOTEL €€€
(☎525 807; www.brijuni.hr; s/c 800/1.360KN) É a última palavra em elegância comunista. Apesar de serem decorados e confortáveis,

# Rovinj

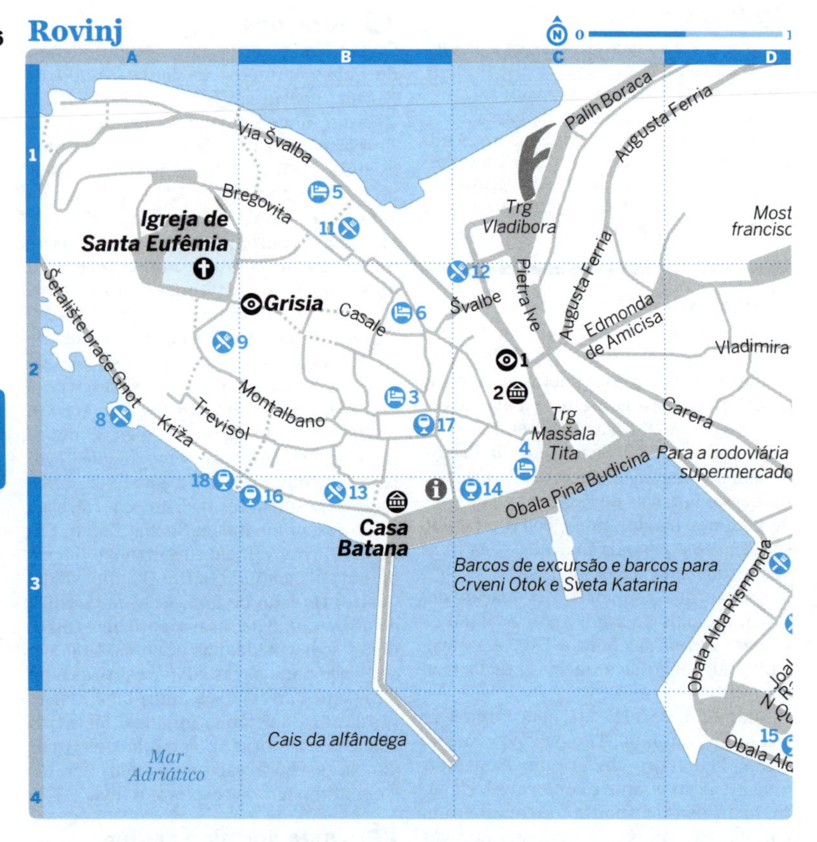




os quartos ainda mantêm seu ar puramente utilitário. Todos possuem varanda; alguns têm vista para a floresta. Só resta imaginar os famosos convidados de Tito descansando.

## Como chegar

Vários barcos de excursão saem da orla de Pula em direção às ilhas. Em vez de reservar um passeio com uma das agências de turismo em Pula, Rovinj ou Poreč, você pode pegar o ônibus 21 de Pula para Fažana (15KN, 8km) e, depois, agendar uma excursão na **administração do parque nacional** (☎525 883; www.brijuni.hr; excursões 125-210KN), perto do cais. É melhor reservar com antecedência, principalmente no verão, e pedir um guia que fale inglês. No verão, também são oferecidas excursões com piquenique e natação em Mali Brijun (170KN).

Procure excursões de barco para Brijuni ao longo da orla de Pula. Note que muitas das viagens "panorâmicas" de duas horas de Pula para Brijuni (150KN) não param de fato nas ilhas; *Martinabela* (280KN) para.

# Rovinj

POP. 14.234

Rovinj (*Rovigno* em italiano) é a estrela do litoral da Ístria. O lugar pode transbordar de turistas no verão, e seus moradores desenvolveram um olhar afiado para maximizar os lucros elevando hotéis e restaurantes a status de quatro estrelas, mas, ao mesmo tempo, é um dos últimos verdadeiros portos de pesca mediterrâneos. Pescadores levam a pesca para o porto de manhã cedo, seguidos por uma horda de gaivotas gritando, e remendam suas redes antes do almoço. Orações por uma boa pesca são feitas na enorme Igreja de Santa Eufêmia, cuja torre de 60m marca a península. Colinas arborizadas e hotéis baixos cercam a cidade velha, entrecruzada por ruas íngremes de pedra e praças. As treze ilhas verdes do arquipélago de Rovinj são um agradável passeio de uma tarde, e você

## Rovinj

**Destaques**

| | | |
|---|---|---|
| | Casa Batana | B3 |
| | Igreja de Santa Eufêmia | A2 |
| | Grisia | B2 |

**Atrações**

| | | |
|---|---|---|
| 1 | Arco de Balbi | C2 |
| 2 | Museu Heritage | C2 |

**Onde dormir**

| | | |
|---|---|---|
| 3 | Casa Garzotto | B2 |
| 4 | Hotel Adriatic | C2 |
| 5 | Hotel Heritage Angelo D'Oro | B1 |
| 6 | Villa Valdibora | B2 |

**Onde comer**

| | | |
|---|---|---|
| 7 | Kantinon | D3 |
| 8 | La Puntulina | A2 |
| 9 | Monte | A2 |
| 10 | Trattoria Dream | D3 |
| 11 | Ulika | B1 |
| 12 | Mercado de vegetais | C2 |
| 13 | Veli Jože | B3 |

**Onde beber**

| | | |
|---|---|---|
| 14 | Glamour Café | C3 |
| 15 | Havana | D4 |
| 16 | Monte Carlo | B3 |
| 17 | Piassa Granda | B2 |
| 18 | Valentino | A3 |

pode saltar das rochas na água cintilante abaixo do Hotel Rovinj.

A cidade velha fica em uma península em forma de ovo. A aproximadamente 1,5km ao sul, fica o Parque Florestal Punta Corrente e o arborizado cabo de Zlatni Rt (cabo Dourado), com seus antiquíssimos carvalhos e pinheiros, e vários grandes hotéis. No mar, perto da costa, fica um pequeno arquipélago; as ilhas mais populares são Crveni Otok (Ilha Vermelha), Sveta Katarina e Sveti Andrija. Há duas angras: a do norte, aberta, e a do sul, pequena e protegida.

### História

Originalmente uma ilha, Rovinj foi ocupada pelos eslavos no século 7º e começou a desenvolver uma forte indústria pesqueira e marítima. Em 1199, Rovinj assinou um importante tratado com Dubrovnik para proteger seu comércio marítimo, mas, no século 13, a ameaça da pirataria forçou Rovinj a pedir ajuda para Veneza.

Entre os séculos 16 e 18, a população de Rovinj cresceu muito, com um fluxo de imigrantes fugindo das invasões turcas na Bósnia e na Croácia continental. A cidade começou a crescer fora dos muros erguidos pelos venezianos, e, em 1763, a ilhota conectou-se com o continente e Rovinj tornou-se uma península.

Embora a indústria marítima da cidade tenha prosperado no século 17, a decisão da Áustria de tornar Trieste e Rijeka portos livres em 1719 foi um golpe para Rovinj. O declínio da navegação prejudicou ainda mais sua indústria naval que, na metade do século 19, foi substituída pelo estaleiro de Pula. Como o restante da Ístria, Rovinj foi do domínio austríaco para o francês, para o austríaco, para o italiano até finalmente tornar-se parte da Iugoslávia pós-guerra. Ainda existe uma considerável comunidade italiana em Rovinj.

## Atrações

**Igreja de Santa Eufêmia** IGREJA

(Sveta Eufemija; Petra Stankovića; 0h-18h30 mai-out, hr varia nov-abr) Essa igreja imponente, que domina a cidade velha de sua localização em uma colina no meio da península, é a vitrine da cidade. Construída em 1736, é a maior construção barroca da Ístria, refletindo o período, durante o século 18, em que Rovinj era a cidade mais populosa da região.

Dentro da igreja, procure o **túmulo de Santa Eufêmia**, feito de mármore, atrás do lado direito do altar. A santa padroeira de Rovinj foi torturada por causa de sua fé cristã pelo imperador Diocleciano e jogada aos leões em 304 d.C. Segundo a lenda, seu corpo desapareceu em uma noite escura de tempestade e apareceu ao largo da costa de Rovinj em um barco misterioso. Os habitantes da cidade não conseguiam mover o pesado sarcófago até que um garotinho apareceu com dois bezerros e levou o sarcófago para o topo da colina, onde permanece até hoje, na atual igreja. No aniversário do martírio (16 de setembro), devotos se reúnem no local. No topo da **torre do sino** de 60m, inspirada no campanário de São Marcos em Veneza, fica uma estátua de cobre de Santa Eufêmia que mostra a direção do vento ao girar em torno de seu próprio eixo. Você pode subir na torre por 10KN.

**Casa Batana** MUSEU

(Obala Pina Budicina 2; adulto/criança 10/5KN, com guia 15KN; 10- 15h e 19-23h jun-ago, 10-

VALE A VIAGEM

## BALE MEDIEVAL

Na região sudoeste da Ístria, entre Rovinj e Vodnjan, a cidade medieval de **Bale** é um dos segredos mais bem guardados da região. A apenas 7km do mar, tem um labirinto de ruelas de pedra e antigas residências que foram surgindo em torno do castelo gótico-renascentista da família Bembo, recentemente reformado. Dominada pelo campanário de 36m da igreja barroca de São Julião, tem também várias igrejas e uma prefeitura com uma *loggia* do século 14. O trecho de 9km de litoral, nas proximidades, é o mais primitivo da Ístria, com praias deliciosas e águas rasas.

Bale atrai esotéricos e boêmios, por causa de sua energia aparentemente muito poderosa – fato que você não vai achar em panfletos turísticos. Vá para Bale conhecer almas gêmeas e passar infinitas horas conversando, bebendo, sonhando e rabiscando.

Vá até o **Kamene Priče** (Stone Tales; Castel 57; www.kameneprice.com; pratos a partir de 100KN), um oásis para quem gosta de arte, em meio a ruínas antigas. Não há um cardápio nesse restaurante-bar-espaço para performances; a comida depende da estação e do humor do *chef*. A decoração excêntrica, com uma infinidade de objetos bizarros, e dois terraços na parte de trás tornam o local perfeito para passar o tempo.

Tem um pequeno festival de jazz no começo de agosto, muito bom. Em outras épocas, você pode encontrar leituras de poesia, performances teatrais, *stand-up comedy*, oficinas de sonho lúcido... sempre tem alguma atividade acontecendo em Kamene Priče. Tomo, o dono, é uma ótima fonte de informações sobre o "outro lado de Bale". Há quatro apartamentos no andar superior para quem quiser ficar (437KN a 510KN por noite).



-13h ter-dom set-dez e mar-mai) No porto de Rovinj, a Casa Batana é um museu dedicado ao *batana*, um barco de pesca de fundo chato que é símbolo da tradição marítima pesqueira da cidade. As exposições multimídia dentro do casarão do século 17 têm painéis interativos, com legendas excelentes e som acompanhando as *bitinadas*, canções típicas de pescador. Vá ao *spacio*, a adega no andar térreo onde se guardava, experimentava e vendia vinho em meio a uma agitada vida social.

**Grisia** ÁREA HISTÓRICA

Repleta de galerias onde artistas locais vendem seus trabalhos, essa rua de pedra leva até o topo do morro, atrás do arco de Santa Eufêmia. As ruelas sinuosas e estreitas que se espalham por Grisia são uma atração por si próprias. Janelas, varandas, portais e praças formam uma agradável confusão de estilos - gótico, renascentista, barroco e neoclássico. Repare nas singulares *fumaioli* (chaminés externas), construídas durante o *boom* populacional, quando famílias inteiras viviam em um único quarto com uma lareira.

**Parque Florestal Punta Corrente** PARQUE

Siga pela beira-mar a pé ou de bicicleta até passar o Hotel Park, em direção à área verdejante conhecida como Zlatni Rat, aproximadamente 1,5km. Com bosques de carvalhos e pinheiros e dez espécies diferentes de ciprestes, o parque foi fundado em 1890 pelo barão Hütterott, um admirador austríaco dono de uma vila em Crveni Otok. Você pode mergulhar das pedras ou sentar e admirar as ilhas no mar.

**Museu Heritage** MUSEU

(www.muzej-rovinj.com; Trg Maršala Tita 11; inteira/meia 15/10KN; ⏲10-14h 18-22h ter-sex, 10-14h e 19-22h sáb e dom meio de jun-set, 10-13h ter-sáb out-meio de jun) O museu, que fica em um palácio barroco, possui uma coleção de arte contemporânea e velhos mestres de Rovinj e outros lugares da Croácia, além de descobertas arqueológicas e uma seção marítima.

**Aquário de Rovinj** AQUÁRIO

(Giordano Paliaga 5; inteira/meia 20/10KN; ⏲9-21h jul e ago, hr reduzido set-jun) Ótimo para crianças, o aquário possui uma boa amostra da vida marinha do Adriático. Fundado em 1891 como parte de um centro local de pesquisas marítimas, dá uma aula esclarecedora sobre a fauna marinha local.

**Arco de Balbi** MONUMENTO

O trabalhado Arco de Balbi foi construído em 1679 no lugar do antigo portal da cidade. O topo do arco é ornado com a cabeça de um turco do lado de fora e de um veneziano do lado de dentro.

**Míni Croácia** PARQUE
(www.mini-croatia.com.hr; Turnina bb; inteira/meia 25/10KN; ⌚9-20h jun-ago, 10-18h abr, mai, set e out) No caminho para Pazin, a 2km do centro, o parque temático, popular entre as crianças, tem miniaturas dos prédios, monumentos, cidades e paisagens mais marcantes da Croácia, e um pequeno zoológico com animais originários do país.

## Atividades

A maioria das pessoas vai de barco **nadar, fazer snorkel** e **tomar sol**. É fácil marcar viagens para Crveni Otok e Sveta Katarina. O **Nadi Scuba Diving Centar** (☎813 290; www.scuba.hr) e a **Petra** (☎812 880; www.divingpetra.hr) têm passeios diários de mergulho. A atração principal é o **naufrágio Baron Gautsch**, navio austríaco de passageiros afundado a 40m de profundidade por uma mina naval em 1914.

Há oitenta **rotas de escalada** em uma antiga pedreira veneziana em Zlatni Rt, muitas delas boas para iniciantes. Observadores de aves podem ir de bicicleta até a **reserva ornitológica** em Palud Marsh, a 8km de Rovinj.

Um ótimo jeito de passar a tarde é **andar de bicicleta** por Rovinj e no Parque Florestal Punta Corrente.

## Visitas guiadas

A maioria das agências de turismo em Rovinj oferece **viagens de um dia** para Veneza (400KN a 500KN), Plitvice (550KN a 600KN) e Brijuni (380KN a 430KN). Há também **pescarias** (250KN), **viagens panorâmicas** (100KN) e passeios de barco para o **Fiorde Limska Draga** (150KN). Pode ser um pouco mais barato se você agendar com um dos operadores independentes que ficam em frente ao porto; o **Delfin** (☎848 265) é confiável.

Há opções mais emocionantes, como o **safári de canoa** (490KN a 510KN) pela pitoresca região de Gorski Kotar. Para andar de caiaque, marque com a **Istrian Kayak Adventures** (☎095 838 3797; Carera 69). Passeios de 8km no arquipélago de Rovinj custam 270KN; um passeio de 15km para o fiorde de Lim custa 290KN. Ambos incluem piquenique e equipamento de snorkel.

## Festas e eventos

O calendário anual de eventos da cidade inclui várias regatas do fim de abril até agosto. O **Festival de Verão de Rovinj** tem uma série de concertos de música clássica que acontecem na Igreja de Santa Eufêmia e no mosteiro franciscano.

O evento mais famoso da cidade acontece no segundo domingo de agosto, quando a estreita Grisia vira uma **galeria de arte** a céu aberto. Qualquer pessoa, de crianças a pintores profissionais, pode expor suas obras nas igrejas, estúdios e na rua.

Do meio de junho ao fim de agosto, todas as terças e quintas, há uma **procissão de batanas** com lampiões. A procissão sai às 20h30 e custa 50KN, ou 140KN pela procissão mais um jantar numa taverna tradicional. Reserve no museu Casa Batana.

## Onde dormir

Rovinj tornou-se o destino preferido da Ístria para uma horda de turistas no verão, então é altamente recomendável reservar com antecedência. Os preços têm aumentado constantemente e é provável que continuem assim, já que a cidade tenta alcançar o status de elite.

Se você quiser ficar em casas particulares, há pouca disponibilidade na cidade velha, onde também não há lugar para estacionar e a hospedagem é mais cara. O preço dos quartos de casal começa em 220KN na alta estação, com um pequeno desconto para uma pessoa; apartamentos para duas pessoas a partir de 330KN. Fora da temporada, os preços caem bastante.

A sobretaxa para estadas menores do que três noites é de até 50%, e para quem fica apenas uma noite às vezes é cobrada uma sobretaxa de 100%. Fora do verão, é possível negociar para não pagar a sobretaxa. Você pode fazer reservas em uma agência de turismo.

Com a exceção de algumas opções particulares, a maioria dos hotéis e campings é administrada pela **Maistra** (www.maistra.com), que abriu o ultraluxuoso Hotel Lone.

**Casa Garzotto** POUSADA-BUTIQUE €€€
(☎814 255; www.casa-garzotto.com; Via Garzotto 8; s/c 758/1.010KN; P ❄ @) Cada um dos quatro apartamentos tem detalhes originais como lareiras e vigas de madeira, um toque de estilo antigo e as comodidades mais modernas. O casarão histórico não podia ser mais bem localizado. Bicicletas são cortesia. Há dois anexos próximos: um com quartos mais básicos (650KN) e outro com apartamentos para quatro pessoas (1440KN).

**Monte Mulini** HOTEL DE LUXO €€€
(☎636 000; www.montemulinihotel.com; A Smareglia bb; s/c 2.013/2.516KN; P ❄ @ ᯤ ≋) Inau-

gurado em 2009, o hotel mais sofisticado e com o projeto mais arrojado de Rovinj fica em uma encosta que desce em direção à calma baía de Lone, a uma caminhada de dez minutos da cidade velha pelo Lungomare. Quartos com varanda têm vista para o mar e regalias cinco estrelas. O spa é de primeira, assim como o famoso restaurante mediterrâneo. Tem também três piscinas externas.

**Hotel Heritage Angelo D'Oro** HOTEL-BUTIQUE €€€
(☎840 502; www.rovinj.at; Via Švalba 38-42; s/c 916/1.580KN; P ❄ ᯤ) Fica em uma residência veneziana reformada, no centro da cidade. Os 23 quartos luxuosos e suítes (mais caras) desse hotel-butique têm muitas antiguidades, e um monte de moderninhos. Tem massagens (300KN por hora), uma sala de bronzeamento, bicicletas para alugar e um exuberante terraço interno em meio às ruínas.

**Villa Valdibora** HOTEL €€
(☎845 040; www.valdibora.com; Silvana Chiurco 8; s/c 958/1.368KN; ❄ ᯤ) Os nove quartos e suítes do prédio histórico têm chão gelado de pedra e regalias de luxo, como chuveiros com hidromassagem e sauna. Quatro dos apartamentos são quitinete. Tem academia, massagens (160KN a 270KN) e bicicletas de cortesia.

**Hotel Istra** HOTEL €€€
(☎802 500; www.maistra.com; Otok Sv Andrija; s/c 1.109/1.384KN; ❄ @ ≋) O famoso centro de bem-estar e spa é o principal recurso desse complexo quatro estrelas, a dez minutos de barco da Ilha Sveti Andrija. Há também um restaurante em um antigo castelo.

**Vila Lili** HOTEL FAMILIAR €€
(☎840 940; www.hotel-vilalili.hr; Mohorovičića 16; s/c 380/788KN; ❄ @) Os quartos iluminados têm todos os privilégios três estrelas, como ar-condicionado e minibar, em uma casa pequena e moderna a curta caminhada da cidade. Tem algumas suítes mais caras.

Também recomendamos:

**Hotel Park** HOTEL €€€
(☎808 000; www.maistra.com; IM Ronjgova bb; s/c 763/1.132KN; P ❄ @ ≋) É conveniente, pois fica perto da doca da balsa para Crveni Otok e tem instalações que agradam o público, como duas piscinas externas, academia e sauna.

**Hotel Adriatic** HOTEL €€€
(☎803 510; www.maistra.com; Pina Budicina bb; s/c 676/1.007KN; ❄ @ ᯤ) A localização à beira-mar é excelente, e os quartos, novinhos em folha, são bem equipados, embora sejam um pouco cafonas. Os quartos com vista para o mar, mais caros, são mais espaçosos.

**Hotel Eden** HOTEL €€€
(☎800 400; www.maistra.com; Luja Adamovića bb; s/c 1.258/1.573KN; P ❄ @ ᯤ ≋) Embora não seja um refúgio silencioso, o complexo de 325 quartos é arborizado e tem quadras de esporte, academia, sauna e piscinas. Há o que fazer em todos os climas.

**Porton Biondi** CAMPING €
(☎813 557; www.portonbiondi.hr; por pessoa/barraca 41/24KN; ⊙mar-out) O camping acomoda 1.200 pessoas e fica a cerca de 2km da cidade velha.

**Polari Camping** CAMPING €
(☎801 501; www.campingrovinjvrsar.com; por pessoa/barraca 66/80KN; @ ≋ ᯤ) Fica na praia, 3km a sudoeste da cidade. As instalações incluem piscinas, restaurantes e playgrounds.

## Onde comer

Você pode comprar guloseimas para um piquenique no supermercado ao lado do terminal rodoviário ou em uma das lojas Konzum da cidade. Se não quiser gastar muito, coma um *burek* (massa pesada recheada de carne ou queijo) em algum quiosque perto do mercado de vegetais.

A maioria dos restaurantes à beira-mar oferece os pratos padrão de peixe e carne a preços parecidos. Se quiser uma experiência mais *gourmet*, evite os locais com vista para a água. Não esqueça que muitos restaurantes fecham entre o almoço e o jantar.

**Kantinon** PEIXE €
(Alda Rismonda 18; pratos a partir de 53KN) Com o tema pesca, a cantina de teto alto é especialista em frutos do mar frescos e baratos. O Batana, prato à base de peixe para duas pessoas, tem ótima relação custo-benefício, assim como os menus degustação (a partir de 34KN).

**Ulika** ISTRIANA €€
(Vladimira Švalbe 34; pratos a partir de 80KN) Vá a essa pequena taverna, a algumas portas do Angelo D'Oro, tomar um lanche da tarde com queijo local, carne curada e aperitivos saborosos. Também oferece pratos mais substanciais.

### ÔNIBUS DE ROVINJ

| DESTINO | PREÇO (KN) | DURAÇÃO (H) | SAÍDAS DIÁRIAS |
|---|---|---|---|
| Dubrovnik | 589 | 15 horas | 1 |
| Labin | 80 | 2 horas | 3 |
| Poreč | 41 | 45 minutos | 11 |
| Pula | 38 | 50 minutos | 23 |
| Rijeka | 94 | 3 horas | 8 |
| Split | 416 | 11 horas | 1 |
| Trieste (Itália) | 88 | 2 horas | 3 |
| Zagreb | 193 | 5 horas | 10 |

**La Puntulina** MEDITERRÂNEA €€€
(☎813 186; Svetog Križa 38; pratos a partir de 100KN) Saboreie a cozinha criativa mediterrânea em um dos três terraços ao ar livre. Os pratos de massa são mais baratos (a partir de 80KN). À noite, pegue uma almofada e tome um coquetel nas pedras abaixo dessa residência adaptada. É recomendado reservar.

**Monte** MEDITERRÂNEA €€€
(Montealbano 75; pratos a partir de 180KN) O melhor restaurante de Rovinj fica logo abaixo da Igreja de Santa Eufêmia. Curta o elegante terraço de vidro e a decoração clássica. Não quer esbanjar? Coma massa ou risoto (a partir de 99KN).

**Veli Jože** PEIXE €
(Križa 3; pratos a partir de 50KN) Fique beliscando gostosas comidinhas típicas da Ístria, seja no eclético interior, repleto de bugigangas, seja nas mesas ao ar livre, com vista para o mar.

**Trattoria Dream** MEDITERRÂNEA €
(Joakima Rakovca 18; pratos a partir de 80KN) Escondida em um labirinto de ruas estreitas, a moderna trattoria, com dois terraços de cores terrosas ao ar livre, serve pratos saborosos, como o robalo cozido no sal.

## Onde beber e entretenimento

Embora haja vários lugares para tomar um drinque com calma durante o dia, à noite a maioria da badalação concentra-se no **Monvi Centar** (www.monvicenter.com; Luja Adamovića bb), a uma pequena caminhada do centro. O complexo de lazer tem *lounges*, restaurantes e baladas, e organiza regularmente shows ao ar livre e apresentações de DJs celebridades. É palco também do famoso **Rabac Summer Festival** (www.rabacsummerfestival.com), que atrai fãs de techno e house music com sua programação de DJs internacionalmente famosos.

**Havana** BAR DE COQUETÉIS
(Obala Aldo Negri bb) Coquetéis tropicais, charutos cubanos, guarda-sol de palha e a sombra de pinheiros fazem desse bar ao ar livre um lugar popular para relaxar e observar os navios passando.

**Piassa Granda** BAR DE VINHOS
(Veli Trg 1) A estilosa adega, com paredes vermelhas e teto de viga de madeira, tem 150 rótulos de vinho, principalmente da Ístria. Experimente a grappa de trufa e os deliciosos lanches e saladas.

**Monte Carlo** CAFÉ-BAR
(Križa 21) Mais calmo e simples que seu vizinho exibido, Valentino, esse café-bar discreto tem lindas vistas para o mar e para Sveta Katarina, em frente.

**Glamour Cafe** CAFÉ-BAR
(Pina Budicina bb) Madeira da Indonésia, palmeiras, cadeiras de vime e uma iluminação baixa no enorme terraço criam nesse cocktail bar um clima tropical de luxo.

**Valentino** BAR DE COQUETÉIS E CHAMPANHE
(Križa 28) Os preços elevados dos coquetéis nesse lugar elegante incluem uma vista fantástica do pôr do sol à beira d'água.

## Informações

### Acesso à internet

**A-mar** (☎841 211; Carera 26; 10min 6KN; ⌚9-22h jul e ago, hr reduzido set-jun)

### Lavanderia

**Galax** (Istarska bb; por 5kg 70KN; ⌚7-20h)

### Guarda-volumes

**Garderoba** (por dia 6KN; ⌚6-20h seg-sex, 7h45-

-19h30 sáb e dom) Fica no terminal rodoviário. Intervalos de meia hora às 9h15 e às 16h40.

### Assistência médica

**Centro médico** (☎813 004; Istarska bb)

### Dinheiro

Há caixas eletrônicos por toda a cidade. A maioria das agências de turismo e muitos hotéis trocam dinheiro.

### Correio

**Correio central** (Matteo Benussi 4; ⏲7-20h seg-sex, às 14h sáb) Você pode fazer chamadas telefônicas.

### Informações turísticas

**Escritório de turismo** (☎811 566; www.tzgrovinj.hr; Pina Budicina 12; ⏲8-22h jun-set, às 15h seg-sex, às 13h sáb out-mai) Tem vários panfletos e mapas. Logo depois da Trg Maršala Tita.

### Agências de viagem

**Eurostar Travel** (☎813 144; Pina Budicina 1) Especializada em passeios de barco para Brijuni e Veneza; também agenda excursões.

**Futura Travel** (☎817 281; www.futura-travel.hr; Matteo Benussi 2) Acomodação em casas particulares, câmbio, excursões e transfers.

**Globtour** (☎814 130; www.globtour-turizam.hr; Alda Rismonda 2) Excursões, acomodações em casas particulares e aluguel de bicicletas (60KN por dia).

**Kompas** (☎813 211; www.kompas-travel.com; Trg Maršala Tita 5) Excursões diárias.

**Planet** (☎840 494; www.planetrovinj.com; Križa 1) Bons negócios para acomodações em casas particulares. Também tem um cyber café (6KN por 10 minutos) e uma impressora.

## Como chegar

O terminal rodoviário fica perto da cidade velha. A estação de trem mais próxima é Kanfanar, a 20km no trajeto Pula–Divača; ônibus fazem conexão com Kanfanar e Rovinj.

## Como circular

Você pode alugar bicicletas em agências pela cidade, por cerca de 20KN por hora ou 60KN por dia. Também há *scooters* disponíveis por cerca de 200KN por dia.

# Arredores de Rovinj

Saindo de Rovinj, o passeio de barco de um dia até a adorável **Crveni Otok** (Ilha Vermelha) é muito popular. Com apenas 1,9km de comprimento, a ilha tem duas ilhotas, Sveti Andrija e Maškin, ligadas por uma ponte. No século 19, Sveti Andrija tornou-se propriedade do barão Hütterott, que a transformou em um parque arborizado exuberante. Hoje, o Hotel Istra domina **Sveti Andrija**, a preferida das famílias, com um playground e pequenas praias de cascalho. **Maškin** é mais calma, mais arborizada e tem várias enseadas isoladas, sendo a preferida dos nudistas. Traga uma máscara para fazer snorkel em volta das rochas.

Do outro lado da península, **Sveta Katarina** é uma ilha pequena, reflorestada por um conde polonês em 1905. Hoje, abriga o **Hotel Katarina** (☎804 100; www.maistra.com; Otok Sveta Katarina; s/c 1.003/1.258KN; ✱).

No verão, há saídas de barcos a cada hora das 5h30 à meia-noite para Sveta Katarina (ida e volta 30KN, 10 minutos) e Crveni Otok (ida e volta 40KN, 15 minutos). Os barcos saem da frente do Hotel Adriatic e também da doca da balsa Delfin, perto do Hotel Park.

Com 10km de comprimento, 600m de largura e um vale com paredes íngremes de até 100m de altura, o **fiorde Limska Draga** (Limski Kanal) é a atração mais emocionante da Ístria. A passagem foi formada quando o litoral afundou na última Era do Gelo, abrindo espaço para o mar invadir e encher o Vale do Draga. Na baía verde-escura há uma caverna na encosta do lado sul, onde o eremita Romualdo vivia e realizava cerimônias no século 11. A pesca, a criação de ostras e mexilhões e excursões de barco são as únicas atrações oferecidas.

No fiorde, você vai encontrar bancas de suvenir e dois restaurantes à beira d'água que servem mariscos estupidamente frescos, direto da fonte. Dos dois, o **Viking** (Limski Kanal 1; pratos a partir de 55KN) é a melhor opção. Aproveite as ostras (10KN cada), ótimas vieiras (22KN cada) e mexilhões, ou peixe (cobrado por quilo), no terraço com vista para o fiorde. Há também uma área para piquenique, uma café à beira d'água com mesas e cadeiras de madeira e uma enseada onde dá para nadar, atrás do outro restaurante (chamado Fjord).

Pequenos barcos de excursão fazem um passeio de uma hora cobrando 75KN por pessoa (negociável); os barcos saem frequentemente em julho e agosto, e esporadicamente em junho e setembro. Para chegar ao fiorde, você pode ir em uma excursão saindo de Rovinj, Pula ou Poreč, ou seguir as placas para o Limski Kanal, depois do vilarejo de Sveti Lovreč.

## Poreč

POP. 17.460

A antiga cidade romana de Poreč (Parenzo em italiano; *Parentium* nos tempos romanos) e toda a região ao seu redor são totalmente voltadas para o turismo de verão. Poreč é a peça central de um vasto sistema de resorts que se estende de norte a sul ao longo da costa oeste da Ístria. O maior é o Zelena Laguna, com uma vasta gama de instalações e acomodações.

Juntos, os vilarejos de férias e grupos de turistas resultam em uma experiência industrializada, com concreto e plástico demais e um excesso, desagradável para alguns, de ônibus turísticos. No entanto, quase todos os hotéis, restaurantes, escritórios turísticos e agências de viagem têm equipes multilíngues, que se esforçam para receber bem os visitantes. Apesar de esse não ser o local certo, se você quiser fugir para um lugar tranquilo (a não ser fora da temporada) há uma basílica considerada Patrimônio da Humanidade; uma mistura de construções góticas, românicas e barrocas; uma estrutura turística bem desenvolvida e o acesso ao interior intocado da Ístria é superfácil.

### História

O litoral de Poreč tem 37km incluindo as ilhas, mas a cidade velha fica em uma península de 400m de comprimento e 200m de largura. Os romanos conquistaram a região no século 2º a.C. e transformaram Poreč em um importante centro administrativo, de onde conseguiam controlar uma região que ia do fiorde Limska Draga ao rio Mirna. O mapa das ruas de Poreč foi criado pelos romanos, que dividiram a cidade em partes retangulares demarcadas na longitude pela Decumanus e na latitude pela Cardo.
Com o colapso do Império Romano no Ocidente, Poreč ficou sob domínio bizantino entre os séculos 6º e 8º. Foi durante esse período que a Basílica Eufrasiana, com seus lindos afrescos, foi erguida. Em 1267, Poreč foi forçada a se submeter ao domínio de Veneza.
A epidemia de peste na Ístria foi particularmente agressiva em Poreč, e a população caiu para cerca de cem pessoas no século 17. Com o declínio de Veneza, Poreč oscilou entre o domínio austríaco e o francês antes da ocupação italiana, que durou de 1918 a 1943. Quando a Itália se rendeu, os alemães ocuparam Poreč, que foi muito prejudicada com o bombardeio dos Aliados em 1944, até que a cidade se tornou parte da Iugoslávia pós-guerra e, mais recentemente, da Croácia.

### Atrações

A compacta cidade velha fica espremida em uma península, mas é lotada de lojas e agências. A antiga Decumanus romana, com suas pedras reluzentes, ainda é a rua principal da cidade, seguindo pelo meio da península. Hotéis, agências de viagem e barcos de excursão ficam no cais Obala Maršala Tita, que se estende do porto para barcos pequenos até a ponta da península.

**Basílica Eufrasiana** IGREJA

(Eufrazijeva bb; entrada gratuita; ⌚7-20h abr--meio de out) A principal razão para se visitar Poreč é a Basílica Eufrasiana do século 6º, Patrimônio da Humanidade e um dos melhores exemplares intactos da arte bizantina na Europa. Construída no lugar de um oratório do século 4º, o complexo religioso inclui uma igreja, um pátio e um batistério. Os **mosaicos** brilhantes na parede da abside atraem multidões. Essas obras-primas do século 6º retratam cenas bíblicas, arcanjos e mártires da Ístria. Repare no grupo da esquerda, que mostra o bispo Eufrásio, que encomendou a basílica, com um modelo da igreja nas mãos. O **campanário** (entrada 10KN), com acesso pelo batistério octogonal, tem uma vista revigorante da cidade velha. Do meio de outubro até março, é preciso agendar a visita com o escritório de turismo.

Também vale a pena visitar o vizinho **Palácio do Bispo** (entrada 10KN; ⌚10-19h abr--meio de out), onde há uma mostra de antigas esculturas de pedra, pinturas religiosas e mosaicos do século 4º, do antigo oratório. Entre o meio de outubro e março, agende com o escritório de turismo.

**Trg Marafor** PRAÇA

O fórum romano, onde aconteciam as assembleias públicas, ficava no lugar onde atualmente está a Trg Marafor. O piso original foi preservado ao longo da fileira de casas ao norte da praça. A oeste da praça retangular, dentro de um pequeno parque, ficam as ruínas do **Templo de Netuno**, do

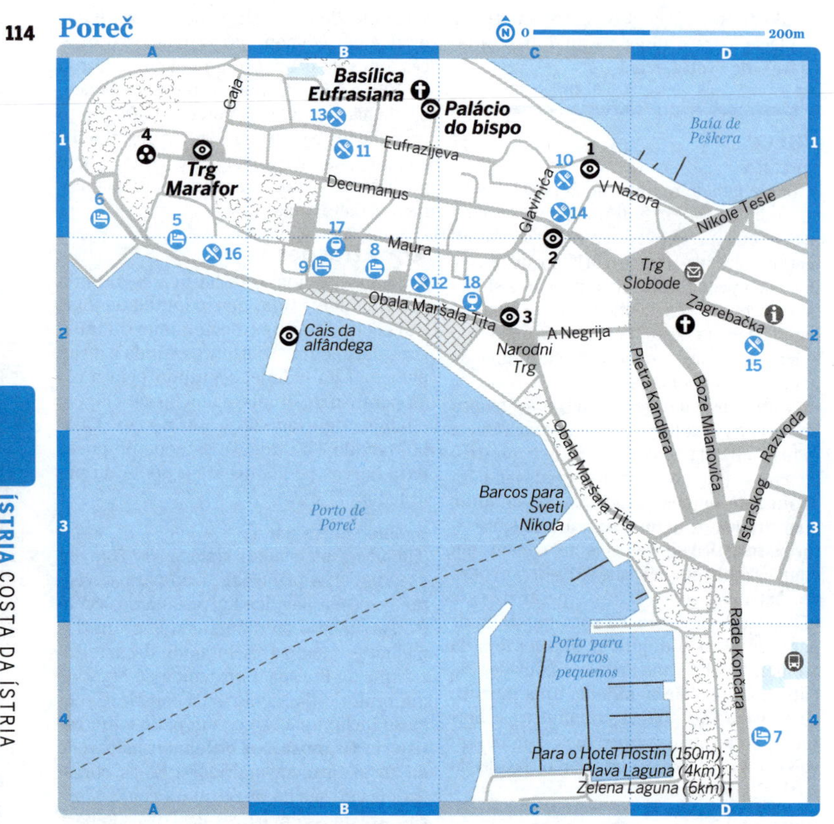




## Poreč

### Destaques



### Atrações



### Onde dormir



### Onde comer



### Onde beber

século 2º, dedicadas ao deus do mar. A noroeste da praça ficam os restos de um grande templo do início do século 1º.

**Torres Venezianas** RUÍNAS

A cidade tem três torres do século 15 que datam da época do domínio de Veneza e formavam os muros da cidade: a gótica **Torre Pentagonal**, no começo da Decumanus; a **Torre Redonda**, na Narodni Trg; e a **Torre Norte**, na Baía de Peškera.

**Sveti Nikola** ILHA

Você pode escolher entre as praias de concreto e cascalho, e há também quebra-mares rochosos e florestas sombreadas por pinheiros. Ótimas vistas da cidade em frente à ilha. Entre maio e outubro, **barcos de passageiros** (inteira/meia 20/10KN) fazem viagens para Sveti Nikola, a pequena ilha na frente da enseada de Poreč. Eles saem a cada trinta minutos (das 6h45 à 1h) do cais em Obala Maršala Tita.

## Atividades

Quase todas as atividades pelas quais você pode se interessar são oferecidas fora da cidade, em Plava Laguna ou Zelena Laguna. A maioria dos esportes e centros recreativos (são vinte) é afiliada a hotéis e tem windsurfe, remo, bungee jump, paintball, golfe, esqui aquático, parapente, aluguel de barcos, kart, canoagem e quadras de tênis, basquete e vôlei. Se o clima estiver ruim, você pode ir a uma academia ou fazer massagem em um dos spas. Para detalhes, pegue o folheto anual Poreč Info no escritório de turismo, que dispõe uma lista de todas as instalações recreativas da região.

No interior, o melhor jeito de explorar a região é de **bicicleta** ou **caminhando**, pois as colinas são suaves e há trilhas bem demarcadas. O escritório de turismo tem um mapa gratuito de estradas e trilhas saindo de Poreč, com sugestão de rotas. Você pode alugar uma bicicleta em agências pela cidade por cerca de 70KN por dia.

É bom **mergulhar** nos bancos de areia e seus arredores. Há também o *Coriolanus*, um navio de guerra da Marinha Real Britânica que afundou em 1945. No **Poreč Diving Center** (☎433 606; www.divingcenter-porec.com), mergulhos a partir de 110KN (mais por cavernas e destroços) ou 310KN com aluguel de todo o equipamento.

## Festas e eventos

Em julho e agosto acontece a **Poreč Annale**, uma exposição temática de arte contemporânea que é uma das mais antigas da Croácia. O **Festival de Arte de Rua**, que dura uma semana e ocorre em agosto, atrai artistas internacionais que fazem de tudo pelas praças e ruas da cidade velha, desde acrobacias até apresentações de teatro e música. **Concertos de música clássica** (www.concertsinbazilika.com) acontecem na basílica várias vezes por semana durante o verão; os ingressos podem ser comprados uma hora antes do show no local. Há também **shows de jazz** (www.jazzinlap.com), entre o fim de junho e o começo de setembro, que acontecem uma vez por semana no pátio do museu regional, do lado do Lapidarium. Há concertos gratuitos na Trg Slobode, que são parte do **Verão de Poreč**.

O escritório de turismo distribui um panfleto gratuito chamado *Poreč Day by Day* com uma lista de eventos sazonais.

## Onde dormir

A hospedagem em Poreč é abundante, mas quase tudo fica reservado, então é essencial planejar com antecedência se você for viajar em julho ou agosto.

Há vários hotéis na cidade velha; a maioria dos campings, hotéis, apartamentos e resorts fica espalhada pela costa, ao sul e ao norte de Poreč. Os maiores complexos turísticos são Brulo, 2km ao sul da cidade, Plava Laguna, 4km ao sul da cidade velha, e Zelena Laguna, 2km à frente. Ao norte de Poreč, ficam as estações de turismo de Borik e Špadići. Vinte hotéis e uma dúzia de prédios ficam nessas áreas arborizadas. A maioria dos hotéis é administrada pela **Valamar Hotels & Resorts** (☎465 000; www.valamar.com) ou pela **Plava Laguna** (☎410 101; www.plavalaguna.hr). Todos os hotéis abrem de abril a outubro; poucos ficam abertos o ano todo. Se for ficar menos de três noites, prepare-se para pagar uma sobretaxa de 20% no verão.

Se quiser achar acomodações em casas particulares, consulte as agências de turismo que listamos. Espere pagar entre 200KN e 250KN por um quarto de casal na alta temporada ou de 280KN a 350KN por um apartamento para duas pessoas, mais uma sobretaxa de 30% para estadas menores que quatro noites. A quantidade de quartos disponíveis na cidade velha é limitada, e não há lugar para estacionar. Em casas particulares, procure o certificado *Domus Bonus* de qualidade.

**Valamar Riviera Hotel** HOTEL €€€
(☎408 000; www.valamar.com; Obala Maršala Tita 15; s 990-1400KN, c 1.300-1.990KN; P ❄ @) O antigo Hotel Neptune, na frente do porto, foi totalmente esvaziado para dar espaço a essa propriedade novinha, que reabriu em 2010 em sua elegante versão quatro estrelas. Agora, os quartos são bem maiores, e alguns têm varanda de frente para o mar. Há uma praia particular em Sveti Nikola onde você chega de barco (gratuito) a cada 30 minutos. Descendo o calçadão fica a recém-reformada **Residence** (ste 2.250-2.950KN), com oito suítes luxuosas. Fique atento a promoções e pacotes.

**Hotel Palazzo** HOTEL €€€
(☎858 800; www.hotel-palazzo.hr; Obala Maršala Tita 24; s/c 1.281/1.602KN; P ❄ @ 🏊) Em um prédio de 1910 à beira-mar, a recente aquisição ao cenário de hotéis de Poreč tem setenta quartos e quatro suítes, um centro de bem-estar e spa, restaurantes e bares. O estilo é histórico elegante, misturando um design moderno com a beleza clássica. Os quartos 120 a 126 têm vista para o mar, para o farol e um lindo pôr do sol – eles são mais caros também.

**Hotel Hostin** HOTEL €€€
(☎408 800; www.hostin.hr; Rade Končara 4; s/c 683/966KN; P ❄ @ 🏊) O hotel, pequeno e charmoso, fica em uma grande área verde, a passos do terminal rodoviário, e tem 39 quartos bem equipados e com varanda. Piscina coberta, academia, banho turco e sauna são ótimas regalias, assim como a praia de cascalho a apenas 70m.

Também recomendamos:

**Jadran Residence** HOTEL €€
(☎408 800; www.valamar.com; Obala Maršala Tita 21; c 490-713KN) Esse hotel à beira-mar precisa de uma reforma. Hoje, tem 22 quartos espaçosos com duas camas, alguns deles com varanda, mas não muito conforto. Abre apenas de maio a setembro. Café da manhã não incluso.

**Hotel Poreč** HOTEL €€
(☎451 811; www.hotelporec.com; Rade Končara 1; s/c 475/720KN; ❄) Apesar de terem vistas nada inspiradoras do terminal rodoviário e do shopping em frente, os quartos são aceitáveis e ficam a uma curta caminhada da cidade velha.

**Camp Zelena Laguna** CAMPING €
(☎410 700; www.plavalaguna.hr; Zelena Laguna; por adulto/lugar 55/77KN; ⏲abr-set; 🏊) Bem equipado para a prática de esportes, o camping, a 5km da cidade velha, pode abrigar até 2.700 pessoas. Tem acesso a muitas praias, incluindo uma de nudismo.

**Camp Bijela Uvala** CAMPING €
(☎410 551; www.plavalaguna.hr; Zelena Laguna; por adulto/lugar 55/77KN; ⏲abr-set; 🏊) Esse camping pode ficar lotado, pois consegue receber até 6 mil pessoas, mas tem duas piscinas e fica a um pulo das instalações do Zelena Laguna.

## Onde comer

**Peterokutna Kula** INTERNACIONAL €€
(Decumanus 1; pratos a partir de 70KN) Dentro da Torre Pentagonal, da Idade Média, o restaurante de luxo tem dois pátios ao ar livre em uma galeria de pedra e um terraço no topo com uma vista linda. Serve vários pratos de peixe e carne, apesar de o serviço ser irregular. O robalo assado é especialmente bom.

**Dvi Murve** ISTRIANA €€
(Grožnjanska 17; pratos a partir de 70KN) É nesse restaurante, a 2km do centro da cidade, que os locais saboreiam uma boa refeição. Você vai ver um grande terraço, duas amoreiras em frente e especialidades da Ístria como *boškarin* (uma rara carne bovina da Croácia), carpaccio e filé Dvi Murve com massa. O táxi custa cerca de 50KN.

**Konoba Ulixes** MEDITERRÂNEA €€
(Decumanus 2; pratos a partir de 75KN) Os peixes e mariscos da taverna, perto da Decumanus, são ótimos. O prato Mediterrâneo para dois (140KN) tem bom custo-benefício, ou experimente a massa com lagostim e vinho espumante.

**Dva Ferala** ISTRIANA €
(Obala Maršala Tita 13a; pratos a partir de 60KN) Saboreie especialidades da Ístria bem preparadas, como o *istarski tris* (generoso trio de massas caseiras), para dois, no terraço da agradável *konoba* (taverna).

**Gourmet** ITALIANA €€
(Eufrazijeva 26; pratos a partir de 60KN) Nesse lugar, gostosas receitas italianas vêm em todas as formas – *penne*, *tagliatelle*, *fusilli*, *tortellini*, nhoque e outras. Há mesas na praça e um pátio mais calmo na parte de trás. Experimente o espaguete com mariscos (180KN para dois).

## ÔNIBUS DE POREČ

| DESTINO | PREÇO (KN) | DURAÇÃO (H) | SAÍDAS DIÁRIAS |
|---|---|---|---|
| Pula | 54 | 1 hora–1h e 30min | 8 |
| Rijeka | 85 | 2 horas | 7 |
| Rovinj | 42 | 45 minutos | 6 |
| Zagreb | 218 | 4 horas | 7 |

**Sveti Nikola** CROATA CRIATIVA €€
(Obala Maršala Tita 23; pratos a partir de 80KN) A inovação culinária faz parte do pacote nesse restaurante à beira d'água. Não dá para errar com os menus fixos do almoço (99KN) e do jantar (carne 139KN, peixe 149KN). Experimente o carpaccio de peru defumado com rúcula.

Também recomendados:

**Cardo** INTERNACIONAL €
(Carda Maximusa 8; pratos a partir de 65KN) Atravessando a praça, em frente ao Gourmet, fica seu irmão, que serve ótimas carnes, peixes e pratos típicos internacionais.

**Nono** PIZZA €
(Zagrebačka 4; pizzas 40-80KN) O Nono serve a melhor pizza da cidade, com a borda gorda e ingredientes como trufas. Outros pratos também são gostosos.

**Buffet Horizont** BAR DE PETISCOS DE PEIXE €
(Eufrazijeva 8; pratos a partir de 30KN) Se quiser comer petiscos de frutos do mar, como sardinha, camarão e lula, procure essa casa amarela com bancos de madeira do lado de fora.

## Onde beber e entretenimento

**Lapidarium** BAR
(Maura 10) Esse belo bar tem um pátio enorme na parte de trás do museu regional, e várias salas cheias de antiguidades. No verão, as noites de quarta-feira são de jazz, com música ao vivo ao ar livre.

**Byblos** BALADA
(www.byblos.hr; Zelena Laguna bb) Às sextas, DJs convidados, como David Morales, agitam com o som da house music essa enorme balada ao ar livre, um das mais famosas da Croácia. Mexa-se com os *sets* de dance music nos sábados à noite.

Também recomendamos:

**Saint & Sinner** CAFÉ-BAR
(Obala Maršala Tita 12) A decoração em plástico preto e branco marca esse ponto de encontro à beira d'água, onde os jovens aproveitam chococcinos durante o dia e caipiroskas de morango à noite.

**Epoca** CAFÉ-BAR
(Jadran Residence, Obala Maršala Tita 24) Relaxe à beira d'água e observe o sol se pondo, tome um café rápido ou aproveite com calma um coquetel de saideira nesse café-bar.

**Torre Rotonda** CAFÉ-BAR
(Narodni trg 3a) Suba pelas escadas íngremes até o topo da histórica Torre Redonda e pegue uma mesa no café ao ar livre para observar o movimento no cais.

## Informações

### Acesso a internet

**CyberM@c** (Mire Grahalića 1; por hora 42KN; 10-22h) Centro de informática com todos os serviços.

### Guarda-volumes

**Garderoba** (por hora 6KN; 7h-20h30) Na estação de ônibus.

### Assistência médica

**Centro Médico de Poreč** (451 611; Maura Gioseffija 2)

### Dinheiro

Você pode trocar dinheiro em qualquer uma das agências de turismo ou bancos. Há caixas eletrônicos por toda a cidade.

### Correio

**Correio central** (Trg Slobode 14; 8-12h e 18-20h seg-sex, 8-12h sáb) Tem um centro telefônico.

### Informações turísticas

**Escritório de Turismo** (451 293; www.to-porec.com; Zagrebačka 9; 8-21h seg-sáb, 9-13h e 18-21h dom jun-set, 8-20h seg-sáb, 9-13h dom out-mai)

### Agências de viagem

**Atlas Travel Agency** (434 933; www.atlas-croatia.com; Eufrazijeva 63) Reserva excursões.

**Di Passeios** (432 100; www.di-Passeios.hr; Prvomajska 2) Encontra acomodações em casas particulares.

**Fiore Passeios** (☎431 397; www.fiore.hr; Mate Vlašića 6) Também lida com casas particulares.

**Sunny Way** (☎452 021; sunnyway@pu.t-com.hr; Alda Negrija 1) Especializada em passagens de barco e excursões para a Itália e pela Croácia.

### Como chegar

**Ustica Line** (www.usticalines.it) tem catamarãs que vão até Trieste todos os dias menos às segundas-feiras (160KN; 1h e 30 min). Quatro catamarãs vão para Veneza diariamente na alta estação (2 horas, só ida 225KN a 474KN, ida e volta 300KN a 880KN), pelas seguintes companhias:

**Astarea** (☎451 100) A opção mais barata.

**Commodore Cruises** (www.commodore-cruises.hr)

**Venezia Lines** (www.venezialines.com)

O **terminal rodoviário** (☎432 153; Rade Končara 1) fica perto da cidade velha, atrás da Rade Končara.

Entre Poreč e Rovinj, o ônibus percorre o fiorde Limska Draga. Para conseguir ver bem, sente-se do lado direito se estiver viajando para o sul, ou do lado esquerdo se estiver em direção ao norte.

A estação de trem mais próxima é em Pazin, 37km ao leste. Cerca de seis ônibus por dia chegam de Poreč (37KN, 45 minutos).

### Como circular

Você pode alugar uma bicicleta por cerca de 70KN o dia. De maio ao começo de outubro, um trem turístico opera regularmente saindo de Šetalište Antuna Štifanića pela marina até Plava Laguna (15KN) e Zelena Laguna (15KN). Há um barco de passageiros (15KN) que faz o mesmo trajeto de balsa, aportando a cada hora, das 9h até um pouco antes da meia-noite. Os ônibus mais frequentes para Vrsar param em Plava Laguna, Zelena Laguna e outros locais ao sul da cidade.

# INTERIOR DA ÍSTRIA

Saindo do litoral, siga para o interior da Ístria e você vai perceber que as multidões se dissipam, os complexos hoteleiros desaparecem e surge um interior intocado, com cidades medievais nas montanhas, florestas de pinheiros, vales férteis e colinas cobertas de vinhedos. O ritmo da rotina diminui consideravelmente e é definido menos pelas necessidades dos turistas e mais pela demanda da colheita de uva, da caça de trufas e aspargos selvagens e do cultivo de oliveiras. Fazendas estão abrindo suas portas para visitantes que buscam uma experiência autêntica nas férias, tavernas rústicas no meio do nada servem comida caseira deliciosa, e os melhores produtores de vinho da Croácia oferecem degustações em suas adegas. Vilarejos remotos nas colinas, que pareciam fadados à ruína, estão atraindo colônias de artistas e artesãos, assim como estrangeiros endinheirados. Apesar de muitos compararem a região com a Toscana – e a influência italiana não pode ser negada –, ela é um mundo próprio: único, atraente e completo.

Você vai precisar de um carro para explorar essa área, pois ônibus e trens são esporádicos. Notícia boa – você nunca fica longe do mar!

## Labin

POP. 12.426

Situada no topo de uma montanha logo acima da costa, Labin é o destaque incontestável do leste da Ístria e também seu centro histórico e administrativo. Sua vitrine é a cidade velha, uma mistura encantadora de ruas íngremes, ruelas pavimentadas e casas em tons pastel enfeitadas com ornamentos de pedra.

Em volta, mais abaixo, uma nova cidade surgiu como resultado da indústria de mineração de carvão. Labin era a capital da mineração da Ístria até os anos 1970, quando a montanha havia sido escavada de maneira tão extensa que a cidade começou a ruir. A mineração acabou em 1999, os reparos necessários foram feitos, e a cidade ressurgiu como destino turístico.

Labin tem muito para oferecer em uma visita de um dia. Os labirintos da cidade velha escondem um excêntrico museu em um palácio barroco, várias igrejas e palácios inspirados no estilo veneziano, e algumas poucas lojas de artesanato e galerias. A cidade litorânea de Rabac, a 5km de Labin, é desenvolvida demais, com casas de veraneio espremidas, hotéis e blocos de apartamentos, mas as praias são decentes e a cidade pode ser um bom lugar para passar uma tarde.

### Atrações

Vagar pelas ruas medievais de Labin é o destaque de qualquer visita. Labin é dividida em duas partes: a cidade velha, no topo da montanha, com a maioria das atrações; e Podlabin, uma seção bem mais nova, abai-

## OS VARIADOS REFÚGIOS DA ÍSTRIA

Um único capítulo do guia não é suficiente para todos os destaques da Ístria. Aqui está um resumo do que mais se pode esperar.

**Novigrad** é uma atraente e antiga cidade espremida em uma península, a apenas vinte minutos (17,6km) de Poreč. Tem um dos melhores restaurantes da Ístria, o **Damir i Ornella** (☎758 134; Zidine 5), uma taverna com 28 lugares famosa por suas especialidades de peixe cru. A lagosta grelhada, o sushi e sashimi ao estilo mediterrâneo são de comer ajoelhado.

A vila de pescadores de **Savudrija** fica no ponto mais ocidental da Croácia e abriga o **farol** (www.lighthouses-croatia.com) mais antigo da Ístria, construído em 1818. Hoje, o farol está disponível para aluguel semanal (1.150KN por semana para quatro pessoas).

**Vrsar**, localizada entre Rovinj e Poreč, é uma agradável cidade pesqueira que se ergue no topo de uma colina em meio a uma mistura de construções medievais. É mais calma que suas vizinhas e tem um parque de esculturas ao ar livre, com o trabalho do famoso escultor croata Dušan Džamonja.

No interior, quem gosta de arte deve ir para **Beram**, perto de Pazin, ver os lindos afrescos do século 15 na Igreja de Santa Maria de Škriljine; a agência oficial de turismo de Pazin dá detalhes. A *konoba* (taverna) do vilarejo, **Vela Vrata** (⊙ter-dom; pratos a partir de 40KN), serve uma ótima massa caseira, carne muito boa e crepes excelentes com *skuta* (ricota) e mel, tudo combinado com uma vista arborizada.

De Poreč, é fácil chegar à **Caverna Baredine** (www.baredine.com), cujas câmaras subterrâneas são repletas de estalagmites e estalactites; varias agências oferecem excursões.

Perto de Labin fica a cidade mais nova da Ístria, **Raša**, vitrine da arquitetura modernista funcional que surgiu durante o governo de Mussolini, nos anos 1930.

No topo de uma montanha ao norte de Motovun fica **Oprtalj**, menos desenvolvida que sua vizinha, com ciprestes e uma vista fantástica do cenário ao seu redor.

Não deixe de ir ao antigo vilarejo de **Kotli**, a 1,5km da rodovia principal, entre Hum e Roč, no rio Mirna. Esse protegido complexo rural tem quintais preservados, escadarias externas, passagens arqueadas e chaminés pitorescas.

Se estiver buscando uma experiência gastronômica refinada, vá ao **Konoba Morgan** (⊙ter-dom; pratos a partir de 60KN), a 2km de Brtonigla, no caminho para Buje. Tem um adorável terraço, com uma vista maravilhosa do interior. O cardápio, que muda todo dia, é focado em carne de caça e ingredientes sazonais, como trufas e aspargos.

Quem anda de bicicleta não pode perder a **trilha de bicicleta Parenzana** (www.istria-bike.com), ao longo de uma estrada de ferro desativada que ligava Trieste e Poreč entre 1902 a 1935. Hoje, a trilha cruza três países, Itália, Eslovênia e Croácia (o trecho croata tem 80km).

O **Observatório de Višnjan** (www.astro.hr; ☎091 449 1788), no interior da Ístria ocidental, a 13km de Poreč, também vale a viagem. Ativo desde os anos 1970, é o terceiro do mundo a descobrir mais asteroides. Mesmo sendo voltado para fins educacionais, o centro é um ótimo lugar para se visitar. Recentemente, o observatório mudou para novas instalações em um lindo parque no topo de uma colina, com um "prédio cyber-romântico" que abriga um telescópio, florestas cheirosas de pinheiros e vistas incríveis que, em um dia claro, revelam a curvatura da terra. Ligue antes para agendar uma excursão gratuita (doações são bem-vindas) ou faça uma visita durante a AstroFest, evento de dois dias que começa em 21 de junho (solstício de verão) com música new age, percussão e observação de estrelas.

xo da montanha, com a maioria das lojas, restaurantes e serviços da cidade.

**Museu da Cidade** MUSEU
(Gradski Muzej; 1 Maja 6; inteira/meia 15/10KN; ⊙10-13h e 18-21h seg-sáb, 10-13h dom jul-set, 8-15h seg-sex out-jun) O andar térreo do museu, que fica no Palácio Battiala-Lazzarini, uma construção barroca do século 18, é dedicado a descobertas arqueológicas. No andar de cima, fica uma coleção de instrumentos musicais e algumas divertidas instalações interativas, e o último andar abriga uma galeria de arte contemporânea. O museu fica sobre um poço de carvão que foi transformado em uma recriação realista de

uma mina. Ao andar pelos claustrofóbicos túneis, você vai entender por que os mineiros preferiram outro emprego.

**Fortaleza** FORTALEZA
(Forica) A fortaleza, na ponta ocidental da cidade, é o ponto alto de Labin. Para chegar até ela, ande pela Ulica 1 Maja ou siga o caminho mais longo, seguindo a Šetalište San Marco pela muralha da cidade. Abaixo da fortaleza, surge uma vista deslumbrante do litoral, da cadeia de montanhas de Učka e da Ilha de Cres.

**Loggia** PRÉDIO HISTÓRICO
(Titov Trg) A *loggia* de 1550 servia como centro comunitário no século 16. Notícias e vereditos judiciais eram anunciados no prédio, havia feiras, e os rebeldes eram punidos no pilar da vergonha. Hoje, abriga um mercado bem caro de antiguidades no verão.

**Igreja do Nascimento da Santíssima Virgem Maria** IGREJA
(Ulica 1 Maja; só missa) Contemple essa mistura de estilos venezianos gótico e renascentista, incluindo um leão veneziano elegantemente esculpido no portal. Do lado direito da igreja, repare no **Palácio Scampicchio**, renascentista do século 15, que tem um pátio interno.

## Festas e eventos

A **República das Artes de Labin** (Labin Art Republika) domina essa cidade cheia de artistas - mais de trinta artistas moram e trabalham nela - todo mês de julho e agosto. Durante o festival, a cidade ganha vida com teatros de rua, shows, peças, palhaços e ateliês abertos.

## Onde dormir

Não há hotéis em Labin, mas Rabac é repleta de opções. A maioria dos alojamentos é do tipo grande hotel-resort, com algumas propriedades menores. A **Valamar** (www.valamar.com) administra dez propriedades no local, incluindo duas opções de luxo (Valamar Sanfior Hotel e Valamar Bellevue Hotel & Residence), quatro propriedades três estrelas, um vilarejo turístico, um complexo de apartamentos e uma vila. Na alta estação (leia-se agosto), os preços variam muito, de 1.250KN a 1.700KN por um quarto de casal em um hotel quatro estrelas (meia pensão), e de 890KN a 1.190KN em um hotel dois estrelas. Apartamentos para duas pessoas também estão disponíveis em propriedades duas estrelas, três estrelas e vilas de luxo. Uma sobretaxa é cobrada por estadas inferiores a três noites.

O **Maslinica** (884 150; www.maslinica-rabac.com) tem três hotéis intermediários na baía de Maslinica: o Hedera, o Mimosa e o Narcis, com tudo incluído. Quartos de casal a partir de 846KN com meia pensão; os de solteiro custam 423KN. Administra também o **Camp Oliva** (872 258; Rabac bb; por lugar 75KN), na praia de Rabac, em frente aos hotéis grandes.

Há dois hotéis independentes e com mais personalidade, o **Hotel Amfora** (872 222; www.hotel-amfora.com; Rabac bb; s/c 253/810KN; P) na cidade, e o elegante **Villa Annette** (884 222; www.villaannette.hr; Raška 24; s/c 854/1.222KN; P @), na encosta da montanha; o último tem uma piscina ao ar livre com vista para a baía. Ambos cobram sobretaxa por estadas inferiores a três noites.

A agência de turismo Veritas encontra quartos de casal e apartamentos (190KN/285KN) na cidade velha de Labin.

## Onde comer

Labin é famosa por suas trufas com massas ou ovos, e os preços costumam ser bons. Em Rabac, muitos lugares servem pratos típicos de frutos do mar, mas a maioria atende as multidões de turistas pouco exigentes.

**Gostiona Kvarner** ISTRIANA €
(Šetalište San Marco bb; pratos a partir de 55KN) A poucos passos da Titov trg, esse restaurante tem um terraço com vista para o mar, boa comida e uma fiel clientela local. O espaguete com trufas custa míseras 80KN, uma pechincha se considerados os custos da caça de trufas.

## Informações

**Assistência médica** (855 333; Kature Nove bb)

**Escritório de turismo oficial** (855 560; www.rabac-labin.com; Aldo Negri 20; 7-15h seg-sex) O escritório de turismo oficial fica logo abaixo da cidade velha.

**Correios** (Titov trg bb; 8-15h seg-sex) Na cidade velha.

**Anexo do escritório de turismo oficial** (852 399; Titov trg 10; 8-21h seg-sáb, 10-13h e 18-21h dom mai-out) Na entrada da cidade velha.

**Veritas** (885 007; www.istra-veritas.hr; Ulica Sv Katarine 8) Única agência de viagens na cidade velha; especializada em acomodação em casas particulares.

## Como chegar

Labin é bem conectado a Pula por ônibus (38KN, 1 hora, 11 por dia). No verão, o ônibus para Rabac (7KN), passando pela cidade velha, sai a cada hora entre as 6h e a meia-noite.

## Como circular

Os ônibus param na Trg 2 Marta em Podlabin, de onde você pode pegar um ônibus local para a cidade velha. Esse ônibus segue até Rabac na alta estação.

# Vodnjan

POP. 3.700

Interessados no macabro não podem deixar de ir a Vodnjan (*Dignano* em italiano), 10km ao norte de Pula. Dentro de uma igreja sóbria dessa pacata cidade, estão as múmias que constituem a principal atração turística de Vodnjan. Dizem que esses restos mortais dessecados de santos de cem anos, cujos corpos misteriosamente não se decompuseram, têm poderes mágicos.

Não há muito mais o que fazer na cidade, que tem a maior população de ciganos da Ístria. O centro é a Narodni trg, composta de vários palácios neogóticos em estágios variados de decadência e restauração.

**Igreja de São Braz** IGREJA

(Crkva Svetog Blaža; Župni Trg; 9h30-18h30 seg-sáb, 14h-18h30 dom jun-set). A poucos passos da Narodni trg, essa bela igreja neobarroca foi construída na virada do século 19, quando o estilo veneziano dominava o litoral da Ístria. Com sua **torre do sino** de 63m de altura, quase a mesma altura do campanário de São Marcos, em Veneza, é a maior igreja paroquial da Ístria e já vale a visita só por seus magníficos altares. As **múmias** (35KN) ficam isoladas por uma cortina em uma área atrás do **altar-mor**. Na luz fraca, os corpos inteiros de Nikolosa Bursa, Giovanni Olini e Leon Bembo lembram bonecas de madeira em suas caixas de vidro. Partes variadas dos corpos de outros três santos completam a mostra. Enquanto você examina a pele, o cabelo e as unhas dessas pessoas, mortas há muito tempo, uma fita em inglês narra a história de suas vidas. Considerada a múmia mais bem preservada da Europa, dizem que o corpo de São Nikolosa emite um círculo de 32m de bioenergia que já causou cinquenta curas milagrosas.

Se as múmias aguçarem seu apetite por relíquias de santos, vá à **Coleção de Arte Sacra** (Zbirka Sakralne Umjetnosti; entrada inclui múmias inteira/meia 50/25KN) na sacristia, onde há centenas de **relíquias** que pertenceram a 150 santos diferentes, incluindo uma urna com a língua de Santa Maria Egipcíaca. Há objetos menos macabros, como um políptico magistral de São Leon Bembo feito por Paolo Veneziano no século 14. Não esqueça de cobrir seu corpo, pois o excêntrico padre da paróquia é conhecido por mandar embora pessoas "vestidas inapropriadamente". Os horários de funcionamento são esporádicos de outubro a maio.

## Onde comer

**Vodnjanka** ISTRIANA €

(Istarska bb; pratos a partir de 60KN; fechado dom no almoço) Esse excelente restaurante regional tem várias salas rústicas, muito estilo e serviço personalizado. As especialidades incluem o *fuži* (massa caseira de ovos trançada em um formato único) com trufas, *maneštra* (sopa de feijão e vegetais), vários tipos de *fritaja* (omelete normalmente servido com vegetais da estação) e presunto cru. De sobremesa, experimente o *kroštule* (massa frita passada no açúcar). O terraço tem lindas vistas dos telhados da cidade velha e da ponta da torre da igreja.

## Informações

O **escritório de turismo** (511 700; www.istra.hr/vodnjan; Narodni trg 3; 8-14h e 19-21h jun-set, 8-14h seg-sex out-mai) fica na praça principal.

## Como chegar

Vodnjan é bem conectado a Pula por ônibus (20KN, 30 minutos, 18 a 20 por dia).

# Svetvinčenat

POP. 300

No sul da Ístria, entre Pazin e Pula, Svetvinčenat (também conhecida como Savičenta) é uma cidade pequena e acolhedora. Inicialmente ocupada pelos beneditinos, no centro da cidade fica uma praça do período da Renascença. Com os ciprestes ao seu redor, prédios harmoniosamente posicionados e ambiente descontraído, é um lugar agradável para um passeio.

## Atrações

**Castelo Grimani** CASTELO

A parte norte da praça central é ocupada por esse palácio muito bem preservado do século 13. No século 16, em uma reforma veneziana, foram colocadas torres que serviam como residência e prisão. Havia banquetes, paradas, feiras e queima de bruxas no palácio (Marija Radoslović foi supostamente torturada e queimada no castelo sob a acusação de feitiçaria, mas na verdade foi morta por ter um caso impróprio com um dos Grimani).

**Igreja da Anunciação de Maria** IGREJA

Essa igreja paroquial, no lado leste da praça, tem uma fachada renascentista em trifólio, feita de pedra talhada da região, e cinco elaborados altares venezianos de mármore, em seu interior.

## Festas e eventos

A melhor época para ir para Svetvinčenat é o meio de julho, durante o **Festival de Dança e Teatro Não Verbal** (www.svetvincenatfestival.com), um evento anual. O festival tem peças de dança contemporânea, teatro de rua, circo e mímica, além de outras várias formas não verbais de expressão. O evento internacional tem artistas da Croácia e da Europa, e as apresentações variam do hip-hop finlandês à capoeira.

## Onde dormir e comer

**Stancija 1904** HOTEL CAMPESTRE €€

(560 022; www.stancija.com; Smoljanci 2-3; s/c 518/690KN) No vilarejo de Smoljanci, a 3km de Svetvinčenat no caminho para Bale, esse hotel rural sofisticado é um dos melhores da Ístria. Cercada por jardins de ervas perfumadas e sombreada por árvores altas e antigas, a tradicional casa de pedra foi reformada e estilizada por uma família suíço-croata. Oferecem ótimas refeições (130KN por uma refeição "Istra gastro mix"), café da manhã elaborado (100KN), servido até o meio-dia, e cursos de culinária. Há uma sobretaxa de 30% para estadas de apenas uma noite.

**Kod Kaštela** ISTRIANA €

(Savičenta 53; pratos a partir de 50KN) No coração da cidade, com lindas vistas do castelo e da praça, esse restaurante regional serve massa caseira e um saboroso *pršut* (presunto cru). Há quartos para alugar no andar de cima (280KN); informe-se no restaurante.

## Informações

O sazonal **escritório oficial de turismo** (560 349; www.svetvincenat.hr; 9-14h seg--sex, 14-18h sáb, 10-13h dom), na praça central, tem informações sobre acomodação em casas particulares na cidade e seu entorno, panfletos e o mapa de uma trilha nova de bicicleta: um circuito de 35km de Svetvinčenat a Sveti Petar, com painéis informativos explicando a história, fauna e flora locais em inglês.

# Pazin

POP. 9.227

Famosa pelo abismo que inspirou Júlio Verne e por seu castelo medieval, Pazin é uma cidade rústica e rotineira na Ístria central. A cidade merece uma parada tanto pelo

### MATHIAS SANDORF E O ABISMO DE PAZIN

O autor conhecido por dar a volta ao mundo em oitenta dias, viajar ao centro da terra e percorrer 20 mil léguas submarinas encontrou inspiração no centro da Ístria. O futurista-fantasista francês Júlio Verne (1828-1905) ambientou *Mathias Sandorf* (1885), um dos 27 livros da série *Viagens Extraordinárias*, no castelo e no abismo de Pazin.

No romance, transformado depois em filme, o conde Mathias Sandorf e dois companheiros são detidos por um policial austríaco por atividade revolucionária e ficam presos no palácio de Pazin. Sandorf escapa escalando um para-raios, mas, atingido por um raio, cai no tempestuoso rio Pazinčica. Ele é arrastado para as profundezas escuras do abismo, mas o destemido herói se agarra rapidamente a um tronco de árvore e (ufa!), seis horas depois, o agitado rio o deixa na entrada tranquila do fiorde Limska Draga. Ele anda até Rovinj e é visto pela última vez pulando no mar de um penhasco em meio a uma chuva de balas.

Verne nunca visitou Pazin – ele baseou as aventuras de Sandorf em imagens e relatos de viajantes –, mas isso não impediu que Pazin celebrasse a cada oportunidade. Há uma rua com o nome de Júlio Verne, dias especiais de Júlio Verne e um site do **Clube de Júlio Verne** (www.ice.hr/davors/jvclub.htm), com sede em Pazin.

## TRANSPORTE DE PAZIN

### Ônibus

| DESTINO | PREÇO (KN) | DURAÇÃO (H) | SAÍDAS |
|---|---|---|---|
| Motovun | 28 | 30 minutos | 2 por dia seg-sex |
| Osijek | 275 | 8 horas | 1 por dia |
| Poreč | 37 | 45 minutos | 5 por dia |
| Pula | 45 | 50 minutos | 2 por dia |
| Rijeka | 46-57 | 1 hora | 5 por dia |
| Rovinj | 36-41 | 40 minutos | 5 por dia |
| Trieste (Itália) | 60-70 | 2 horas | 1 por dia seg-sáb |
| Zagreb | 173-197 | 3-4 horas | 10 por dia |

### Trem

| DESTINO | PREÇO (KN) | DURAÇÃO (H) | SAÍDAS DIÁRIAS |
|---|---|---|---|
| Buzet | 22 | 50 minutos | 6 |
| Ljubljana | 116 | 3h e 30min-4h e 30min | 2, com transfer em Buzet ou Divača |
| Pula | 32 | 1 hora | 7-9 |
| Zagreb | 118 | 5h-8h e 30min | 4 |



abismo quanto pelo castelo, mas parte do atrativo é o clima de cidade pequena e a falta de estrangeiros circulando pelas ruas. Grande parte do centro da cidade é reservada para áreas de pedestre, e o extenso interior da Ístria cerca os arredores meio sem graça da cidade.

No coração geográfico da Ístria, Pazin é sede administrativa e tem excelentes conexões por rodovias e estradas de ferro com praticamente todos os destinos da região. A seleção de hotéis e restaurantes na cidade é limitada – é melhor fazer uma visita de um dia, já que Pazin fica a uma hora da maioria das cidades da Ístria. No entanto, o campo ao redor de Pazin oferece diversas atividades, como caminhadas, escaladas, passeios de bicicleta e visitas aos produtores locais de mel.

## Atrações

**Abismo de Pazin** CAVERNA

(www.pazinska-jama.com; inteira/meia 30/10KN; ⏲10-18h jul e ago, hr reduzido set-jun) A atração mais famosa de Pazin é, sem dúvida, esse abismo de mais ou menos 100m, através do qual o rio Pazinčica mergulha em um curso subterrâneo, formando três lagos subterrâneos. Suas profundezas escuras inspiraram a imaginação de Júlio Verne e também a de vários escritores croatas. Visitantes podem caminhar pela **trilha demarcada** de 1.300 m dentro da fenda natural, que demora cerca de 45 minutos e tem uma subida sinuosa leve. Há duas entradas, uma pelo Hotel Lovac e uma pela passarela que leva ao abismo, a 100m do castelo. A entrada é gratuita entre outubro e abril, mas não há nenhuma equipe no local, então o risco é todo seu. Você pode entrar na caverna com um especialista em espeleologia (100KN), se marcar com antecedência no escritório de turismo. Se a jornada para dentro do abismo não atrai você, há um mirante do lado de fora do castelo.

**Kaštel** CASTELO

(Trg Istarskog Razvoda 1) Erguendo-se sobre o abismo, o Kaštel de Pazin é a maior e mais bem preservada construção medieval da Ístria. A primeira referência ao castelo é de 983 d.C., e ele é uma mistura da arquitetura românica, gótica e renascentista. Dentro do castelo, há dois museus; o preço da entrada vale para os dois. O **museu da cidade** (inteira/meia 25/18KN; ⏲10-18h diariamente jul e ago, hr reduzido set-jun) tem uma coleção de sinos medievais das igrejas da Ístria, uma exposição sobre revoltas eslavas e instrumentos de tortura na masmorra. O **Museu Etnográfico** (www.emi.hr) tem cerca de 4.200 artefatos retratando a vida em um tradicional vilarejo na Ístria, incluindo roupas, ferramentas e cerâmicas. Os horá-

## COGUMELOS MÁGICOS?

O comércio de trufas é mais um culto muito lucrativo do que um negócio. Ele gira em torno de um fungo subterrâneo, caro e malcheiroso, supostamente dotado de poderes semimágicos, que é colhido em florestas escuras e depois exportado e vendido por uma pequena fortuna. Devotos dizem que, uma vez que você experimenta essa pequena iguaria em forma de noz, todo o resto parece insípido.

Existem setenta tipos de trufa no mundo, dos quais 34 vêm da Europa. Os países tradicionalmente produtores são a Itália, a França e a Espanha, mas nas florestas da Ístria nascem três tipos de trufas negras e também a trufa branca gigante – uma das mais valiosas do mundo, a 34.000KN o quilo. A maior exportadora de trufas istrianas da Croácia é a Zigante Tartufi, cuja participação no mercado croata de exportação é de cerca de 90%. Em 1999, o dono da companhia, Giancarlo Zigante, e sua cachorra Diana encontraram a maior trufa da Ístria, pesando 1,31kg , que entrou no *Guinness – Livro dos Recordes*.

O mercado de trufas da Ístria é relativamente novo. Em 1932, quando a Ístria foi ocupada pela Itália, um soldado italiano de Alba, a capital da trufa, supostamente percebeu as semelhanças entre a vegetação de sua região e a da Ístria. Ele voltou depois de terminar o serviço militar com cães especialmente treinados que, depois de cheirar e cavar o suficiente, eventualmente descobriram a preciosa mercadoria.

Como nenhum sinal da trufa aparece na superfície, nenhum humano é capaz de achá-la, então cães (ou, tradicionalmente, porcos) são a chave do sucesso de uma caça. Os *breks* (cães caçadores de trufas) istrianos podem ser vira-latas, mas são muito bem treinados. Os filhotes começam o treinamento com dois meses, mas apenas 20% deles têm carreiras bem-sucedidas como caçadores de trufas.

A temporada de caça começa no início de outubro e dura três meses, durante os quais pelo menos 3 mil pessoas e de 9 a 12 mil cachorros vagam pelas florestas úmidas de Motovun. O epicentro da região onde nascem as trufas é a cidade de Buzet.

Alguns acreditam que trufas são afrodisíacas, apesar de pesquisas cientificas nunca terem conseguido provar. Teste você mesmo.

rios de funcionamento são os mesmos do museu da cidade.

### Festas e eventos

Na primeira terça-feira do mês acontece a **Feira de Pazin**, com produtos de toda a Ístria. Os **Dias de Júlio Verne** , na última semana de junho, são o modo de Pazin honrar o escritor que colocou a cidade no mapa cultural. Há corridas, encenações do romance e jornadas refazendo os passos de Mathias Sandorf, herói de Verne.

### Onde dormir e comer

O escritório de turismo ajuda a arranjar acomodação em casas particulares, e geralmente o preço é razoável. Espere pagar no mínimo 100KN por pessoa por um quarto.

**Hotel Lovac** HOTEL €
(☎624 324; Šime Kurelića 4; s/d 268/466KN; P)
A arquitetura do final dos anos 1960 do único hotel de Pazin poderia ser um sucesso, se ao menos os quartos fossem bons. Peça um dos quartos mais arrumados, com vista para o abismo. A comida do restaurante do hotel é aceitável – principalmente porque não há nenhum grande restaurante em Pazin. Fica no lado mais ocidental da cidade.

### Informações

A melhor fonte de informações sobre Pazin é o **escritório de turismo** (☎622 460; www.tzpazin.hr; Franine i Jurine 14; ⏲9-19h seg-sex, 10-13h sáb jul e ago, 9-16h seg-sex, 10-13h sáb set-jun), que também lida com toda a região da Ístria central. Eles distribuem um mapa de caminhadas e locais de produção de mel (você pode visitar os criadores e experimentar o delicioso mel de acácia) e um panfleto sobre os vinhedos ao redor de Pazin. Outra parada útil é a **Futura Travel** (☎621 045; www.futura-travel.hr; 25 Rujna 42), que troca dinheiro e agenda excursões para outros lugares dentro da Croácia e para Veneza.

### Como chegar

**Terminal rodoviário** (☎624 364; Šetalište

Pazinske Gimnazije) Saídas reduzidas nos fins de semana.

**Estação de trem** (☎624 310; Od Stareh Kostanji 3b) Na viagem de trem até Zagreb, o trajeto entre Lupoglav e Rijeka é feito de ônibus. Saídas reduzidas nos fins de semana.

### Como circular

A cidade é relativamente pequena, estendendo-se por pouco mais de 1km, da estação de trem à ponta leste ao Kaštel, na extremidade ocidental. O terminal rodoviário fica a 200m da estação de trem, e a parte antiga da cidade abrange os 200m que levam até o Kaštel.

## Gračišće

Gračišće é uma calma cidade medieval cercada por colinas e um dos segredos mais bem guardados da Ístria, a apenas 7km de Pazin. Sua coleção de construções antigas inclui o **Palácio de Salamon**, veneziano-gótico do século 15, a **Igreja de Santa Eufêmia**, de estilo românico, e a **Igreja de Santa Maria**, de 1425.

A maioria das construções não foi reformada (apesar de alguns esforços nesse sentido). Você não precisa de mais de trinta minutos para circular pela pequena cidade, mas o ambiente é realmente agradável. Há uma **trilha** de 11,5km bem demarcada por placas.

Outra razão para fazer uma visita são as especialidades caseiras do **Konoba Marino** (pratos a partir de 55KN; ⌚fechado qua). Essa taverna aconchegante serve porções generosas de *fuži* com carne de caça, *ombolo* (lombo de porco desossado) com repolho e vários pratos com trufas. Os mesmos donos simpáticos administram o **Poli Luce** (☎687 081; www.konoba-marino-gracisce.hr; q por pessoa 125KN, café da manhã 25KN; P), um adorável casarão reformado com quatro quartos rústicos.

## Buzet

POP. 6.059

Essa pode não ser a cidade mais fascinante da região, mas a calma Buzet, a 39km de Poreč, à margem do rio Mirna, oferece um sopro do encanto atemporal da Ístria antiga. Ocupada inicialmente pelos romanos, Buzet realmente se destacou com os venezianos, que construíram muros, portões e várias igrejas. Com seus prédios cinza de pedra, em vários estágios de decadência e restauração, e as ruas de pedra quase desertas (a maioria dos moradores mudou-se para a base da colina, para a não indicada parte nova da cidade, há muito tempo), a cidade velha de Buzet é calma, mas charmosa.

Curta um passeio rápido pelo labirinto de ruas estreitas e praças de Buzet, cujas atrações são todas bem sinalizadas com placas em inglês. Outra razão para ir a Buzet são as magníficas trufas. Apelidada de "cidade das trufas", Buzet leva o título a sério. No epicentro da região onde elas nascem, há diversos jeitos na cidade de celebrar os fungos cheirosos, de experimentá-los no excelente restaurante da cidade velha a diversas outras atividades. O melhor evento é o **Festival de Subotina**, no segundo sábado de setembro, que marca o começo da estação de trufas brancas (que dura até dezembro). O ponto alto do festival é a preparação de um omelete gigante de trufas – com mais de duzentos ovos e dez quilos de trufas – numa frigideira de mil quilos.

### Atrações e atividades

A maior parte do comércio fica na Fontana, parte nova da cidade, na base da montanha. Trg Fontana é a pequena praça central, com alguns cafés e lojas. Se estiver de carro, você deve estacionar na montanha, perto do cemitério, e subir até a cidade velha, caminhando por dez minutos.

**Museu Regional** MUSEU

(Zavičajni Muzej Buzet; Ulica Rašporskih Kapetana 5; inteira/meia 15/10KN; ⌚9-15h seg-sex, com hora marcada na agência oficial de turismo sáb e dom) A principal atração de Buzet é o Museu Regional, dentro de um palácio do século 18. No museu, está exposta uma coleção de artefatos romanos e pré-históricos e também alguns itens etnológicos, como ferramentas de campo e trajes típicos.

Também recomendamos:

**Poço Barroco** RUÍNAS

Em uma praça, a alguns metros do museu, fica esse refinado poço, que foi restaurado em 1789 e ostenta um leão veneziano em relevo.

### Visitas guiadas

**Caça às trufas** CAÇA ÀS TRUFAS

(☎667 304; www.karlictartufi.hr; Paladini 14) Se você quiser saber como é caçar trufas, entre em contato com a amigável família Karlić, que vive no vilarejo de Paladini, a 12km de Buzet; peça uma excursão em inglês com antecedência. A excursão (150KN a 200KN por pessoa) inclui degustações de queijos e trufas, uma aula sobre trufas e a caça na floresta que dura até duas horas.

## Onde dormir e comer

Várias fazendas nos arredores da cidade têm quartos e apartamentos para alugar (a partir de 100KN por pessoa). O escritório de turismo tem os detalhes e informações de contato. Só há um hotel na cidade.

**Hotel Fontana** HOTEL €
(☎662 615; www.hotelfontanabuzet.com; Trg Fontana 1; s/c 330/460KN; P) Fica em um prédio dos anos 1970 que parece uma caixa de concreto. Os quartos, todos com carpete, estão precisando muito de atenção e cuidado, apesar de alguns terem sido arrumados e a maioria deles ter varanda. A decoração vermelha e branca dá uma animada no lugar.

**Stara Oštarija** ISTRIANA €
(Petra Flega 5; pratos a partir de 65KN) Esse é o lugar para experimentar trufas na cidade velha. O restaurante serve até sorvete com azeite e trufas! Se quiser esbanjar, peça um menu *slow food* de trufas com seis pratos (690KN para dois) e curta a vista do vale abaixo.

## Onde comprar

**Zigante Tartufi** LOJA
(www.zigantetartufi.com; Trg Fontana) Abasteça-se de trufas de várias formas e tamanhos - inteiras, cortadas a mão, amassadas e com azeitonas ou cogumelos.

## Informações

O **escritório de turismo** (☎662 343; www.tz-buzet.hr; Trg Fontana 7/1; ⊙8-15h seg-sex, 9-14h sáb abr-out, 8- 15h seg-sex nov-mar) tem informações sobre hospedagem e diversos mapas e folhetos sobre vinho, azeite e rotas de trufas pela região, além de várias atividades, como caminhadas, trilhas de bicicleta (há treze trilhas novas pela cidade) e parapente. A agência vai se mudar para a cidade velha, então fique atento à nova localização.

A **Istriana Travel** (☎667 022; www.istrianatravel.hr; Vrh 28) tem excursões para caçar trufas, uma oficina de pintura afresco, passeios de bicicleta, caminhadas, parapente e mais.

## Como chegar

Buzet tem conexões de ônibus com Poreč (41KN a 69KN, 1 a 2 horas, 2 por dia), Rijeka (52KN, 1 hora, 3 a 5 por dia) e Pula (60KN, 2 horas, 1 por dia exceto aos domingos). Não há terminal rodoviário na cidade, mas os ônibus param no primeiro poste de luz em Fontana, em Riječka; o escritório de turismo tem os horários.

A **estação de trem** (☎662 899) fica a 4km do centro da cidade, mas não há transporte público, então você tem que se virar, andando a pé ou de táxi. Há um trem para Pula (47KN, 2 horas, 5 por dia) e Ljubljana (75KN a 80KN, 2h e 30min a 3 horas, 2 por dia no verão, 1 no resto do ano); em um dos trens para Ljubljana é preciso fazer baldeação em Divača. Todas as saídas são reduzidas nos fins de semana.

# Arredores de Buzet

As colinas, bosques, pastos e vinhedos ao redor de Buzet são perfeitos para uma pitoresca e memorável viagem de carro. Você precisa de um carro para explorar a região.

### ROČ

A pequena e sossegada Roč, a 8km de Buzet, fica compactada dentro de suas muralhas do século 15. Um meandro revelará a românica **Igreja de Santo Antônio**, uma **casa renascentista** do século 15 na praça ao lado da igreja e um **lapidário romano** dentro do portão da cidade. O **escritório de turismo** (⊙9-19h ter-dom jul-set, 10h30-17h30 sáb e dom out-jun) tem as chaves de todas as igrejas da cidade, então peça se quiser ver os interiores, e uma réplica da prensa de Gutenberg. Lá você também encontra informações sobre a oficina de pintura afresco oferecida na cidade.

Roč dorme a maior parte do ano e acorda apenas para o **Festival de Acordeão**, evento anual que acontece no segundo domingo de maio e reúne acordeonistas da Croácia, Itália e Eslovênia.

Um dos prédios de pedra de Roč abriga um restaurante típico, o **Počka Konoba** (pratos a partir de 35KN; ⊙ter-dom), com mesas ao ar livre e uma lareira na área interna. Descubra especialidades da Ístria, como o *fuži*, salsichas caseiras e o *maneštra*. Há quartos particulares na cidade por cerca de 100KN a noite; o escritório de turismo tem os detalhes.

Roč fica na linha de trem Pula-Buzet, mas a estação fica a 1.500m do vilarejo.

### HUM

Fora de Roč fica o **Corredor Glagolítico**, uma série de onze esculturas ao ar livre que comemoram a importância da região como centro do alfabeto glagolítico. Há passeios a cavalo em um clube equestre

## OS MELHORES REFÚGIOS RURAIS DA ÍSTRIA

O agroturismo tem se tornado cada vez mais popular no interior da Ístria. Algumas residências são fazendas em funcionamento que se dedicam à produção de vinho, vegetais e aves domésticas; algumas são casas de campo de luxo com quartos rústicos para alugar, e outras são vilas modernas com piscinas. O que quer que você escolha, os destaques são a comida saudável e as opções de caminhadas e passeios de bicicleta.

O escritório de turismo da Ístria publicou um panfleto com fotos e informações sobre férias rurais por toda a região; você também pode consultar o www.istra.com/agroturizam. Você precisa ter um carro para chegar à maioria desses alojamentos, pois muitos ficam no meio do nada. Normalmente, há uma taxa para estadas menores que três noites. A **Agroturizam Ograde** (693 035; www.agroturizam-ograde.hr; Katun Lindarski 60; por pessoa inclui café da manhã 250KN; P), no vilarejo de Katun Lindarski, a 10km de Pazin, tem cavalos, ovelhas, galinhas, patos e burros. A comida, servida numa escura *konoba*, é um caso sério: vegetais da horta, carnes curadas no local e vinho da adega. A hospedagem fica em um prédio novo, na parte de trás, com dois apartamentos e uma piscina. A **Agroturizam San Mauro** (779 033; Mauro 157; por pessoa 165KN), perto da cidade de Momjan, a 5km de Buje, é especializada em degustações de seus vinhos premiados (40KN), pratos com trufa (o bolo doce *tartufone* é uma delícia) e geleias, mel e sucos caseiros que você pode experimentar no café da manhã. Alguns quartos têm terraço e vista para o mar. Há uma pequena sobretaxa para estadas de uma noite. Os dois porcos que ficam passeando, Jack e Gigi, são caçadores de trufa aposentados.

No topo da escala fica o **San Rocco** (725 000; www.san-rocco.hr; Srednja Ulica 2; c a partir de 1.234KN; P @), um hotel-butique no vilarejo de Brtonigla, perto de Buje. Esse refúgio rural tem doze quartos estilosos – todos totalmente diferentes, mas equipados com comodidades modernas e enfeitados com detalhes originais. Há uma piscina externa, um restaurante de primeira categoria e um pequeno spa – e de vez em quando um pouco de grosseria por parte da equipe.

A **Casa Romântica Parenzana** (777 460; www.parenzana.com.hr; Volpia 3; s/c 281/562KN; P @) é outro ótimo hotel rural, a 3km de Buje, no vilarejo de Volpia. Tem dezesseis quartos com decoração rústica de madeira e pedra e uma *konoba* (fechada às terças) famosa pela comida típica, como o *čripnja* (carne ou peixe assado cozido com batatas em uma panela de ferro em uma fogueira). Tem wi-fi, aluguel de bicicletas (70KN por dia) e excursões que precisam ser marcadas.

O Stancija 1904 (p. 122), perto de Svetvinčenat, também se encaixa na lista dos melhores refúgios rurais.



próximo, a partir de mais ou menos 120KN a hora; o escritório de turismo em Buzet tem os detalhes.

Sete quilômetros ao sudoeste, a estrada termina em **Hum**, um lugar muito bem preservado que se apresenta como a menor cidade do mundo, com uma população permanente de 23 pessoas. Diz a lenda que os gigantes que construíram a Ístria só tinham algumas pedras sobrando e as usaram para construir Hum.

No verão, essa minúscula e adorável cidade recebe um fluxo constante de visitantes que vêm perambular por suas vielas estreitas e visitar o **Museu da Cidade** (Gradski Muzej; entrada gratuita; 10-19h mar-nov, somente fins de semana dez-fev), com algumas ferramentas antigas do vilarejo, mas que serve mais como loja de suvenir. Leva apenas trinta minutos para conhecer a cidade em uma excursão autoguiada, pois cada igreja e prédio são demarcados com placas informativas multilíngues. Se os portões da cidade estiverem fechados, apenas empurre e entre. Não deixe de ver os afrescos do século 12 na românica **Capela de São Jerônimo** (Crkvica Svetog Jerolima) que retratam a vida de Jesus em cores excepcionalmente vivas. A capela, ao lado do cemitério, fora dos portões, fica trancada, mas você pode pegar a chave na pousada da cidade.

A própria pousada é razão suficiente para visitar Hum. A **Humska Konoba** (Hum 2; www.hum.hr; pratos a partir de 35KN; fechado seg nov-abr, apenas no fim de semana no inverno) não só serve especialidades da Ístria de primeira classe, como também tem um agradável terraço ao ar livre com vistas panorâmicas. Comece com uma dose do doce *biska* (grappa de visco branco feita de acordo com uma antiga receita celta), passe para a *maneštra od bobića* (sopa de feijão e milho fresco), continue com o *fuži* com trufas brancas e termine com o *kroštuli* (massa frita coberta de açúcar). Depois, tome outra dose de *biska*. Se você gostar da refeição, abasteça-se na **loja Imela**, administrada pelos donos do restaurante, que tem azeites, trufas, geleias, vinhos, mel e suvenires. Fica no fim do vilarejo.

Hum fica na linha Pula–Buzet, mas a estação de trem é a 5km.



### SOVINJSKO POLJE

A calma vila de Sovinjsko Polje fica nas montanhas da estrada de Buzet para Istarske Toplice (siga as placas por 4km por uma estrada estreita e cheia de curvas).

**Toklarija** SLOW FOOD €€€
(☎091 926 6769; Sovinjsko Polje 11; refeição com 6 pratos inclui vinho 400-500KN; ⊙fechado ter) A razão para visitar essa pequena vila, no topo das montanhas, é uma das melhores experiências gastronômicas da Ístria. Quem gosta de comida não pode perder uma refeição *slow food* nesse lugar. No moinho de seiscentos anos convertido, comprado por seu pai nos anos 1950, o dono Nevio Sirotić serve uma comida típica deliciosa e caseira. Uma refeição pode demorar até quatro horas, com uma sequência planejada de pratos delicados. O cardápio muda diariamente e tem presunto cru da Ístria, cogumelos porcini, salada de aspargos, trufas e carnes suculentas. Noventa por cento da comida é local, e todas as frutas e os vegetais são do jardim da família. Até os pães e o macarrão são caseiros, e é tudo combinado com vinhos locais como o *teran* e o *malvazija*. Coma sob a sombra de cedros do lado de fora ou peça pela aconchegante sala particular, ao lado da lareira. Reserve alguns dias antes.

Se quiser ficar, o **Karoca** (☎663 039; Sovinjak bb), na vila de Sovinjak, bem próxima, tem quartos simples para alugar e uma taverna que serve comida caseira.

## Motovun

POP. 590

Motovun é uma cidade pequena e cativante no topo de uma colina de 277m no vale do rio Mirna, a cerca de 25km de Poreč. Os venezianos decidiram fortificar a cidade, no século 14, construindo dois conjuntos de muros grossos.

Há várias galerias e lojas antes da entrada da cidade e entre os portões, incluindo uma loja de degustação de vinho e outra Zigante, de comida. Dentro da muralha, um conjunto de construções românicas e góticas hoje abrigam alguns estúdios de artistas. Casas mais novas apareceram na ladeira que leva até a cidade velha, onde acontece todo ano o popular festival de cinema.

Um leão veneziano olha zangado do portão externo, do qual estende-se um terraço com uma *loggia* barroca e mesas ao ar livre de um café, perfeitas para observar o sol se pondo no vale. Um leão menos carrancudo enfeita o portão interno, que abriga um restaurante antigo. Do lado de dentro, há uma praça sombreada por árvores com o único hotel da cidade, um velho poço e a Igreja de São Estevão.

### Atrações e atividades

**Igreja de São Estevão** IGREJA
(Svetog Stjepana; Trg Andrea Antico) O destaque da cidade é a Igreja Renascentista de São Estevão. Projetada pelo artista veneziano Andrea Palladio, atualmente está passando por uma longa reforma. Ao longo da parede interna que cerca a cidade velha, ergue-se um **campanário** do século 16.

**Baluartes** RUÍNAS
Não se esqueça de andar pelas paredes externas dos baluartes. A vista dos vinhedos, campos e bosques de carvalho é memorável.

**Motovun Ranch** PASSEIOS A CAVALO
(☎098 411 404; www.motovun-ranch.com) O Rancho Motovun, nas proximidades, oferece aulas de equitação (125KN por 50 minutos), passeios de duas horas ao longo do rio Mirna (100KN) e excursões maiores pelo interior da Ístria.

### Festas e eventos

O **Festival de Cinema de Motovun** (www.motovunfilmfestival.com), no fim de julho ou começo de agosto, tem uma programação de filmes independentes e de vanguarda. Mais de dez anos após sua criação, esse pequeno evento cresceu e se tornou muito popular, atraindo hoje um público grande, com exibições ininterruptas em salas fechadas e ao ar livre, shows e festas.

## Onde dormir e comer

**Hotel Kaštel** HOTEL €€
(☎681 607; www.hotel-kastel-motovun.hr; Trg Andrea Antico 7; s/c 405/684KN; P @ ≋) O único hotel da cidade é um lugarzinho supercharmoso em um palácio do século 17 restaurado, com 33 quartos simples. Por 1.018KN, fique em um dos três quartos com varanda, com vista para a arborizada praça. Há um bom restaurante, com trufas e vinhos da Ístria, e um novo centro de bem-estar.

**Mondo** ISTRIANA €€
(Barbacan 1; pratos a partir de 70KN; ⏲fechado ter baixa estação) Antes do portão que dá para fora da cidade, a pequena taverna com um pequeno terraço tinha uma clientela fiel quando ainda era Barbacan. Desde então, perdeu parte do seu encanto, mas as especialidades istrianas ainda são de boa qualidade. Experimente o ravióli caseiro com molho de trufas negras.

**Pod Voltom** ISTRIANA €
(Trg Josefa Ressela 6; pratos a partir de 60KN; ⏲fechado qua) Em uma galeria dentro dos portões da cidade, logo abaixo do hotel, esse lugar com vigas de madeira serve comida caseira da Ístria e pratos mais caros, com trufa. Experimente o carpaccio de carne com trufas frescas. De junho a setembro, pegue uma mesa na *loggia*, com uma vista linda para o vale.

**Restaurant Zigante** TRUFAS €€€
(☎664 302; www.zigantetartufi.com; Livade 7, Livade; pratos a partir de 160KN) *Gourmands* de longe vão comer nesse restaurante, considerado um dos top 10 da Croácia, alguns quilômetros abaixo de Motovun, no vilarejo de Livade. Espere um jantar cinco estrelas, com trufas como carro-chefe – fígado de ganso com batata e trufa negra, carpaccio de badejo fresco com trufas negras e até sorvete de trufa negra... um menu fixo de cinco pratos varia de 610KN a 625KN. O complexo também tem **apartamentos luxuosos** (s/c inclui café da manhã de trufas 740/1.168KN) e uma loja ao lado.

## Informações

A **agência de turismo** do hotel (☎681 607; Trg Andrea Antico 8; ⏲8-16h seg-sex) funciona como fonte de informações sobre Motovun, já que não há escritório de turismo local. Há um caixa eletrônico logo depois da entrada da cidade, à direita.

A **Montona Tours** (☎681 970; www.montonatours.com; Kanal 10; ⏲16-19h) é outra ótima fonte de informação; eles podem ajudá-lo com a hospedagem na Ístria central, estadas no campo e apartamentos particulares.

## Como chegar

Não é fácil visitar Motovun sem carro. Há conexões de ônibus, apenas durante a semana, de Pazin (27KN, 40 minutos, 2 por dia) e Poreč (29KN, 45 minutos, 1 por dia).

## Como circular

Há três áreas para estacionar na cidade. A primeira é na base do vilarejo, de onde é preciso caminhar 1km numa subida íngreme até os portões da cidade. A outra fica 300m abaixo da cidade velha. A última é para moradores e hóspedes do hotel. Se você não estiver hospedado, há uma taxa de 15KN por dia de junho a setembro nos outros dois estacionamentos.

# Istarske Toplice

Da era romana, **Istarske Toplice** (www.istarske-toplice.hr) é uma das termas mais antigas e pitorescas da Croácia. Embaixo de um penhasco de 85m, e cercada de vegetação, esse complexo tem um hotel que parece uma caixa de concreto, um novo centro de bem-estar e – como a maioria dos balneários na Croácia – um toque levemente geriátrico. O cheiro de ovo podre se deve à grande quantidade de enxofre na grande piscina externa, onde as temperaturas chegam a 34°C. Dizem que as águas termais ajudam com o reumatismo, problemas de pele e problemas do sistema respiratório. Aproveite a acupuntura (150KN), as saunas (70KN), várias massagens – de pedras quentes (225KN a hora), a mediterrânea (300KN por hora) – e tratamentos de beleza (a partir de 40KN), ou só fique na piscina (25KN).

O **Hotel Mirna** (☎603 411; www.istarske-toplice.hr; Stjepana 60; s/c 305/530KN; P ≋) não tem muita personalidade em seus quartos reformados, mas oferece pacotes com tudo incluído e bom custo-benefício. O anexo recentemente adicionado, **Sveti Stjepan** (s/c 425/730KN), tem quartos melhores, mais caros, alguns com varanda. Há também a opção de fazer caminhadas, escaladas, passeios de bicicleta (bicicletas para alugar por 10KN a primeira hora, 5KN cada hora seguinte) na floresta ao redor e várias excursões para vilarejos próximos. O verão é baixa estação no spa, então os preços são menores.

Não há transporte público, mas é fácil chegar pela estrada. Fica a apenas 10km ao norte de Motovun e 11km ao sul de Buzet, na estrada que liga as duas cidades.

## Grožnjan

POP. 193

Até o meio dos anos 1960, Grožnjan, a 27km de Poreč, estava caindo em esquecimento. Citada pela primeira vez em 1102, essa cidade, no topo de uma montanha, era uma importante fortaleza estratégica para os venezianos no século 14. Eles criaram um sistema de baluartes e portões, e construíram uma *loggia*, um celeiro e várias igrejas. Com o colapso do império veneziano no século 18, Grožnjan sofreu um declínio em sua importância e população.

Em 1965, o escultor Aleksandar Rukavina e um pequeno grupo de artistas "descobriram" o degradado apelo medieval de Grožnjan e começaram a montar seus estúdios nos prédios abandonados. Quando a cidade estava voltando à vida, atraiu a atenção da Jeunesses Musicales Internacional, um programa internacional de treinamento para jovens músicos. Em 1969, um curso de verão para músicos, o Jeunesses Musicales Croácia, estabeleceu-se em Grožnjan e tem se mantido forte desde então. Todo ano, há cursos e recitais de música, orquestra e balé. No verão, apresentações e eventos musicais acontecem quase todo dia. Você pode ouvir os músicos ensaiando enquanto passa pelas várias lojas de artesanato e galerias dessa pequena cidade, composta por um emaranhado de vielas sinuosas e praças arborizadas.

### Atrações e atividades

Todas as atrações são sinalizadas por placas que tem explicações em inglês. A ***loggia*** renascentista fica imediatamente à direita do portão da cidade, ao lado do escritório de turismo. Siga em frente e, à sua direita, você vai ver o barroco **Palácio Spinotti Morteani**, com seu pátio tomado pelas mesas ao ar livre da loja da **Zigante Tartufi** (www.zigantetartufi.com; Umberta Gorjana 5) e a adega adjacente. Em seguida, vem o **Kaštel**, palco de muitos shows.

A cidade é dominada pelo campanário de arenito amarelo da **Igreja de São Vito, São Modesto e Santa Crescência**, construída no século 14 e reformada em estilo barroco em 1770.

Há mais de trinta galerias e estúdios espalhados pela cidade; a maioria fica aberta todos os dias entre maio e setembro. A **Galeria Fonticus** (Gradska Galerija Fonticus; Trg Lođe 3; ⏲10-13h e 17-20h ter-dom) promove o trabalho recente de artistas croatas e alguns artistas internacionais. Não tem uma coleção permanente, mas abriga uma pequena mostra de parafernália heráldica, que inclui capacetes, insígnias e brasões.

### Festas e eventos

Shows de música no verão são organizados pelo **Centro Cultural Internacional de Jeunesses Musicales Croácia** (www.hgm.hr, em croata). Os shows são gratuitos, e não é preciso reservar. Normalmente, acontecem na igreja, na praça principal, na *loggia* ou no Kaštel.

### Onde dormir e comer

Não há hotéis em Grožnjan, mas a equipe na Galeria Fonticus, que funciona também como agência de turismo, coloca você em contato com os donos de quartos particulares. Espere pagar cerca de 100KN por pessoa.

**Kaya Energy Bar & Design** CAFÉ-BAR
(Vincenta iz Kastva 2) O novo local, na entrada da cidade, tem muitas facetas em uma – é café, bar, loja, showroom e galeria. Feito para transmitir grande energia (tem até um cristal especial de aumento de energia), esse refúgio familiar tem um estiloso interior de pedra, algumas mesas do lado de fora, na praça, e um adorável terraço do lado com uma vista fantástica do vale. Serve sucos feitos na hora, *smoothies*, uma boa variedade de chás orgânicos e ayurvédicos e um *malvazija* local muito bom por apenas 10KN a taça. O conceito showroom significa que tudo dentro está à venda – de sachês de lavanda orgânica e joias feitas à mão, mais caras. Há planos para organizar diferentes eventos e noites temáticas.

**Bastia** ISTRIANA €€
(1 Svibnja 1; pratos a partir de 70KN) O restaurante mais antigo da cidade fica na praça central. A decoração é alegre e agradável, o cardápio é extenso e serve-se muitas trufas.

Também recomendamos:

**Konoba Pintur** ISTRIANA €
(1 Svibnja bb; pratos a partir de 40KN) Mais barato, fica na praça principal, tem mesas ao ar livre e serve uma comida aceitável.

**Cafe Vero** CAFÉ-BAR
(Trg Cornera 3) A bela vista para o vale é o principal atrativo desse café-bar, no final do vilarejo, com mesas de madeira enfeitando o terraço.

## Como chegar

Os ônibus para Grožnjan coincidem apenas com os períodos escolares: não há ônibus direto do fim de junho até o começo de setembro, quando a maioria das crianças está em férias escolares. Se for dirigindo de Motovun, não pegue a primeira saída sinalizada para Grožnjan, pois o caminho não é asfaltado e demora muito mais. Continue na estrada por mais ou menos 1km até passar por outra placa para a Grožnjan – esse acesso é muito melhor.

# Kvarner

☎051

## Inclui »



## Melhores lugares para comer

» Tramerka (p. 143)
» Bukaleta (p. 152)
» Skalinada (p. 144)
» Restaurant Nada (p. 160)
» Astoria (p. 166)

## Melhores lugares para ficar

» Hotel Marina (p. 158)
» Grand Hotel Bonavia (p. 137)
» Youth Hostel Veli Lošinj (p. 150)

## Por que ir?

Protegido por montanhas altas, o golfo de Kvarner é uma meca de visitantes que se sentem atraídos pelo clima ameno e pela água azul-cobalto. A relação histórica da região com a Áustria e a Hungria deu à costa sua arquitetura imponente: as mansões de estilo habsburgo em Opatija e as casas venezianas nas ilhas. Hoje, a conexão com a Europa central e a Itália continua forte, com turistas lotando os resorts na alta estação. Mas há muito mais em Kvarner do que praias.

Saindo da cidade-portal de Rijeka, é fácil chegar ao enclave gastronômico de Volosko e às trilhas dos parques nacionais de Učka e Risnjak. As ilhas de Krk, Rab, Lošinj e Cres têm românticos portos antigos e trechos intocados de litoral, pontilhados com enseadas distantes ótimas para nadar. E a dramática vida selvagem também dá as caras por ali: Cres tem um importante projeto para abutres-fouveiros, e Lošinj tem um centro marinho que monitora os golfinhos do Adriático.

## Quando ir

### Rijeka

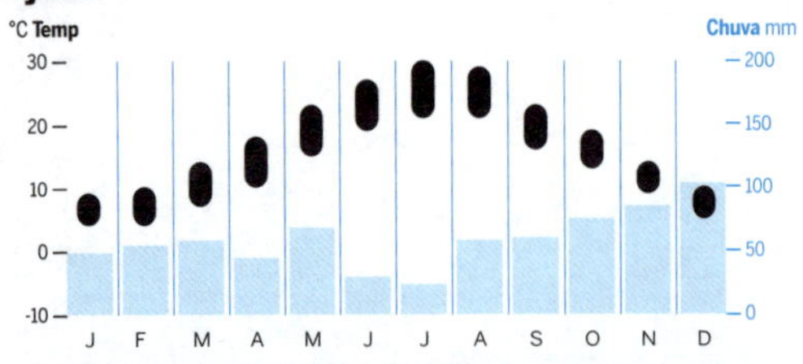


**Janeiro a março** Rijeka vira o "Rio na Europa" durante duas semanas de carnaval.

**Maio e junho** Golfinhos são vistos regularmente ao largo da costa de Lošinj.

**Julho e agosto** A Ilha de Rab se solta, com a semana de moda e um festival de DJs.

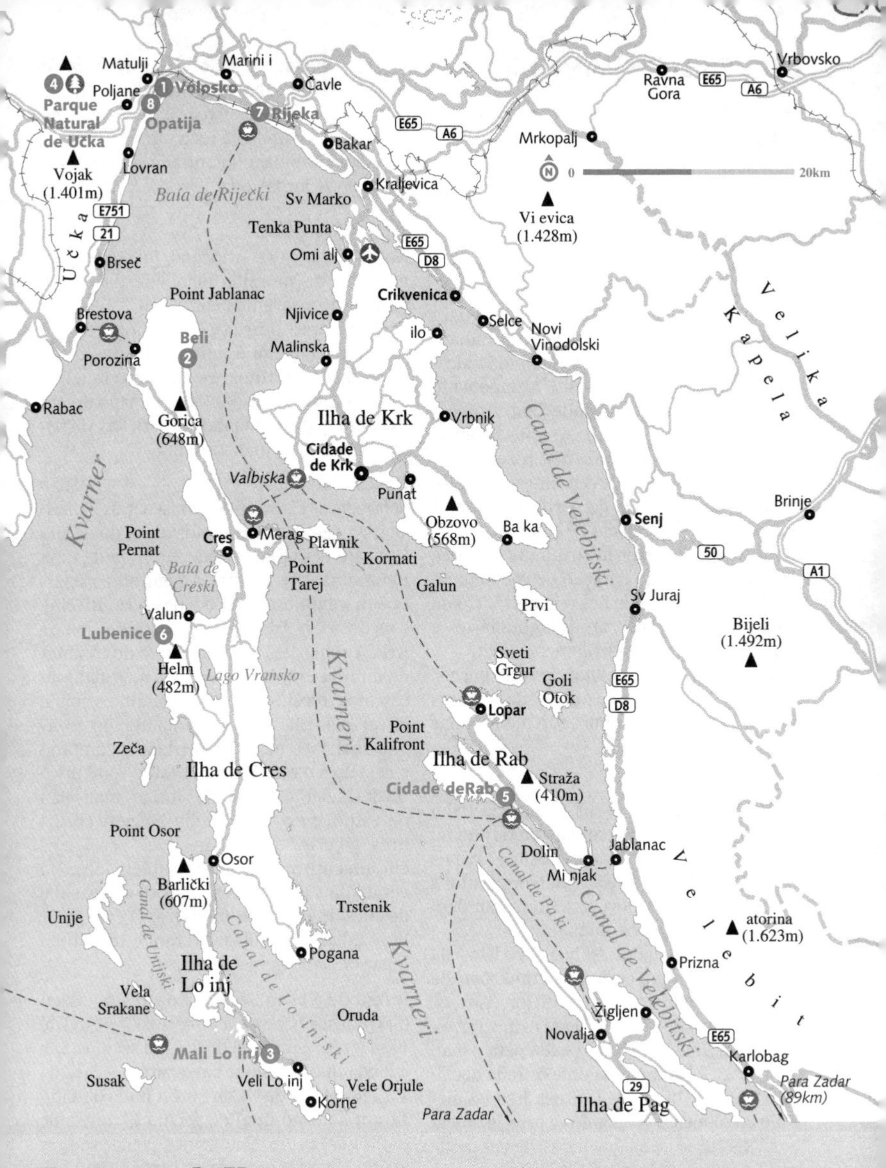


## Destaques de Kvarner

1 Experimente especialidades croatas em **Volosko** (p. 143), um paraíso de restaurantes

2 Aprenda tudo sobre os **abutres-fouveiros** (p. 151) e caminhe por seus domínios ao redor de Beli

3 Nade nas várias **enseadas distantes** (p. 145) e intocadas ao sul de Mali Lošinj

4 Ande, vá de bicicleta ou dirija pelo maravilhoso **Parque Natural de Učka** (p. 143)

5 Vague pelas ruas de pedra da majestosa e medieval **cidade de Rab** (p. 163)

6 Contemple o isolamento em **Lubenice** (p. 156) e admire sua beleza e sofrimento

7 Curta a vista panorâmica do **Castelo de Trsat** (p. 134), em Rijeka

8 Passe pelas grandiosas mansões habsburgo ao longo do **calçadão** (p. 140) de Opatija

## Rijeka

POP. 137.860

Rijeka, a terceira maior cidade da Croácia, é uma interessante mistura da energia de uma cidade portuária com a grandeza dos Habsburgo. Quase todos passam rápido por Rijeka a caminho das ilhas ou da Dalmácia, mas a cidade oferece charme e cultura para quem fica. Misture-se com os locais tomando café no Korzo, um movimentado calçadão, curta os museus e visite a imponente fortaleza de Trsat. A cidade tem também uma agitada vida noturna, ótimos festivais e o carnaval mais colorido da Croácia.

Tirando alguns empreendimentos arquitetônicos lamentáveis na periferia, a maior parte do centro é repleta de construções ornamentadas em estilo austro-húngaro. Uma vez que você sai do coração de concreto de Rijeka, a cidade, onde fica o maior porto da Croácia, com navios, cargas e guindastes à beira-mar, é surpreendentemente verde.

Rijeka é um centro vital de transportes, mas como não há praias de verdade na cidade (e os hotéis são poucos), a maioria das pessoas fica em Opatija.

### História

Após conquistarem os indígenas da tribo ilíria dos Liburni, os romanos fundaram no local um porto chamado Tarsaticae. Tribos eslavas migraram para a região no século 7º e construíram um novo assentamento dentro da antiga cidade romana.

A cidade mudou de senhores feudais - da nobreza alemã para os duques Frankopan, de Krk - antes de se tornar parte do império austríaco no final do século 15. Para os austríacos, Rijeka era uma importante saída para o mar, e, em 1725, foi construída uma estrada que ligava Viena ao litoral de Kvarner. Isso estimulou o crescimento econômico e principalmente a construção de navios, indústria que desde então é centro da economia da cidade.

Com o surgimento da monarquia dupla austro-húngara, em 1867, Rijeka foi entregue à jurisdição do governo húngaro. Prédios públicos imponentes foram construídos e uma nova ferrovia passou a ligar a cidade a Zagreb, Budapeste e Viena, trazendo os primeiros turistas para o golfo de Kvarner.

Entre 1918, quando tropas italianas tomaram Rijeka e a Ístria, e 1942, quando Rijeka tornou-se parte da Iugoslávia pós-guerra, o poder mudou de mão várias vezes, com períodos esporádicos de liberdade. Rijeka tornou-se parte da Croácia independente em 1991, mas ainda há uma minoria italiana considerável e bem organizada, que tem até seu próprio jornal, o *La Voce del Popolo*.

### Atrações

**Korzo**, o calçadão principal, foi construído no lugar da muralha demolida da cidade para ser uma avenida comercial.

O labirinto de ruas e praças no antigo coração de Rijeka é muito bem sinalizado com placas multilíngues que contam a história de cada atração. Pegue o mapa de um **passeio a pé** chamado Turistička Magistrala no escritório de turismo.

**Castelo de Trsat** CASTELO

(inteira/meia 15/5KN; 9-18h mai-out, às 17h nov-abr) As semirruínas da fortaleza do século 13 ficam acima da cidade, no topo de uma montanha. Dos baluartes e muralhas, a vista é maravilhosa, com o vale do rio Rječina e as docas, o Adriático e a distante Ilha de Krk. A construção atual foi obra dos duques da família Frankopan de Krk, mas a alteração mais recente é de 1824, quando o conde Laval Nugent, um comandante do exército austríaco nascido na Irlanda, comprou o castelo e o restaurou em estilo romântico Biedermeier clássico. O antigo mausoléu de estilo grego da família Nugent abriga uma galeria, e há exposições ocasionais em uma antiga masmorra subterrânea. No verão, há shows, apresentações de teatro e desfiles de moda na fortaleza. O café ao ar livre (aberto até 0h no verão) é um ótimo lugar de onde apreciar a vista.

**Igreja de Nossa Senhora de Trsat** IGREJA

(Crkva Gospe Trsatske; Frankopanski Trg; 8-17h) Essa igreja é um ímã de fiéis há séculos. Diz a lenda que anjos que carregavam a casa da Virgem Maria de Nazaré até a Itália descansaram aqui no final do século 13, antes de levá-la a Loreto. Peregrinos começaram a visitar a capela erguida no local, e, em 1367, quando o papa doou à igreja uma imagem de Maria, choveram fiéis. O famoso quadro fica no altar principal, atrás de um grandioso portão de ferro forjado. Não deixe de ver os ex-votos espalhados por todo o mosteiro barroco e marque um horário para conhecer a valiosa coleção de arte sacra; você pode também assistir a um filme de 15min sobre a igreja. Para seguir os passos dos peregrinos, suba a **Escadaria Petar Kružić** saindo de Titov trg, construída em 1531 para os fiéis a caminho da Nossa Senhora de Trsat. As escadas íngremes são cercadas por capelas dedicadas a santos, usadas como locais de descanso pelos peregrinos. Se quiser subir mais rápido, pegue o ônibus municipal 2, que vai até o Castelo de Trsat.

**Monumentos da Cidade** MONUMENTOS
Um dos poucos prédios que sobreviveram ao terremoto, a inconfundível e amarela **Torre da Cidade** (Gradski Toranj) servia originalmente como passagem da beira-mar para a cidade. Os Habsburgo colocaram as decorações barrocas após o desastre, incluindo o portal com brasões e bustos de imperadores. O relógio, que ainda funciona, foi colocado em 1873.

Passe embaixo da Torre da Cidade e vá até o **Portão Romano** (Stara Vrata). O arco simples marca a entrada do Pretório, um antigo complexo militar, cujos restos você pode ver em uma pequena área de escavação.

**Museu Marítimo e de História** MUSEU MARÍTIMO
(Pomorski i Povijesni Muzej Hrvatskog Primorja; www.ppmhp.hr; Muzejski trg 1; inteira/meia 10/5KN; ⏲9-20h seg-sex, às 13h sáb jun-set, às 16h ter-sex, às 13h sáb out-mai) Instalado no Palácio do Governador, é um excelente exemplo de arquitetura húngara. Pegue o pequeno folheto em inglês para ter um retrato vívido da vida em meio a marinheiros, navios modelo, cartas marítimas, instrumentos de navegação e retratos de capitães.

**Centro Astronômico** OBSERVATÓRIO
(Astronomski Centar; www.rijekasport.hr; Sveti Križ 33; ⏲8-23h ter-sáb) No topo de uma colina a leste da cidade, o primeiro centro astronômico da Croácia é um impressionante e moderno complexo, formado por observatório, planetário e centro de estudos. O planetário tem um programa às 21h (22h às quartas-feiras para falantes de inglês, francês e italiano). O observatório fica aberto ao público nas tardes de quinta-feira e sábado (se o tempo estiver bom). Para chegar, pegue o ônibus 7A no centro.

**Museu de História Natural** MUSEU
(Prirodoslovni Muzej; www.prirodoslovni.com; Lorenzov Prolaz 1; inteira/meia 10/5KN; ⏲9-19h seg-sáb, às 15h dom) Esse museu, em um grandioso casarão do século 19, é voltado para a geologia, a botânica e a vida marinha da região do Adriático. Há um pequeno aquário, exposições sobre tubarões e raias, e um monte de insetos. Não deixe de ver o jardim botânico ao lado, com mais de 2 mil espécies de plantas nativas.

**Museu de Arte Moderna e Contemporânea** MUSEU DE ARTE
(Muzej Moderne i Suvremene Umjetnosti; www.mmsu.hr; Dolac 1; inteira/meia 10/5KN; ⏲10-13h e 18-21h seg-sex, às 13h sáb) No segundo andar da Biblioteca da Universidade, esse pequeno museu monta exposições temporárias de alta qualidade, de fotografia de rua até artistas croatas contemporâneos.

**Catedral de São Vito** CATEDRAL
(Katedrala Svetog Vida; Trg Grivica 11; ⏲7-12h e 16h30-19h seg-sáb, às 12h dom jun-ago, 6h30-12h set-mai) A catedral fica ao norte do Portão Romano. Foi construída pela ordem jesuíta em 1638 no lugar de uma igreja mais antiga e dedicada ao santo patrono de Rijeka. Pilares enormes de mármore apoiam a cúpula central embaixo da qual ficam altares barrocos e um crucifico gótico do século 13.

**Museu Municipal de Rijeka** MUSEU MUNICIPAL
(Muzej Grada Rijeke; Muzejski Trg 1/1; inteira/meia 10/5KN, seg entrada franca; ⏲10-13h e 17-20h seg-sex, às 13h sáb) Dentro de uma estrutura cubista dos anos 1970, esse modesto museu tem uma pequena e eclética coleção permanente de exposições relacionadas com a cidade (incluindo alguns torpedos, que foram inventados aqui). Também organiza eventos temporários.

**Igreja Capuchinha de Nossa Senhora de Lourdes** IGREJA
(Crkva Gospe Lurdske; Kapucinske Stube 5; ⏲8-12h e 16-18h) Essa igreja, com sua fachada em decoração neogótica, data de 1904 e fica em cima de uma elaborada escadaria dupla italiana. Encontra-se ao lado da estação de ônibus.

## Festas e eventos

**Carnaval de Rijeka** CARNAVAL
(www.ri-karneval.com.hr) É o maior carnaval da Croácia, com duas semanas de festa com concursos, danças de rua, shows, bailes de máscara, exposições e um desfile. Não deixe de ver os *zvončari*, homens mascarados vestidos com peles de animais que dançam e tocam sinos altos para assustar espíritos malignos. As festividades acontecem entre o fim de janeiro e o começo de março, dependendo de quando for a Páscoa.

**Hartera** MÚSICA
(www.hartera.com) Um festival anual de música eletrônica com DJs e artistas de toda

## Rijeka

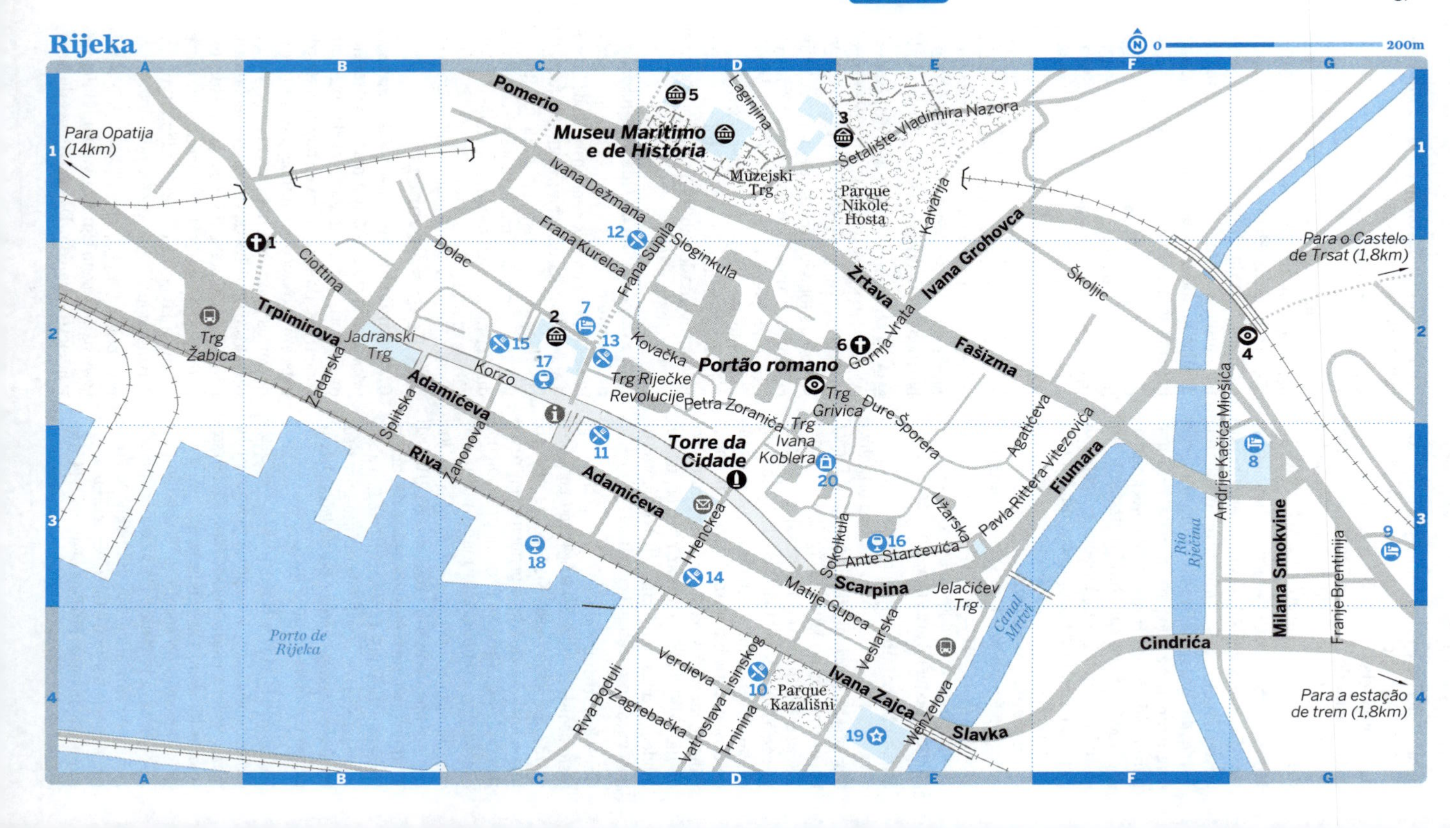
0
200m
Pomerio
Museu Marítimo e de História
Laginjina
Muzejski Trg
Šetalište Vladimira Nazora
Parque Nikole Hosta
Kalvarija
Para Opatija (14km)
Ivana Dežmana
Frana Kurelca
Frana Supila
Sloginkula
Dolac
Ciottina
Trpimirova
Trg Žabica
Jadranski Trg
Zadarska
Korzo
Adamićeva
Splitska
Zanonova
Riva
Kovačka
Trg Riječke Revolucije
Petra Zoranića
Portão romano
Trg Grivica
Gornja Vrata
Dure Šporera
Trg Ivana Koblera
Torre da Cidade
I Henckea
Žrtava
Ivana Grohovca
Fašizma
Školjic
Agatićeva
Pavla Rittera Vitezovića
Fiumara
Užarska
Ante Starčevića
Sokolkula
Scarpina
Jelačićev Trg
Matije Gupca
Veslarska
Ivana Zajca
Wenzelova
Slavka
Verdieva
Vatroslava Lisinskog
Trninina
Zagrebačka
Riva Boduli
Parque Kazališni
Porto de Rijeka
Canal Mrtvi
Rio Rječina
Andrije Kačića Miošića
Milana Smokvine
Franje Brentinija
Cindrića
Para o Castelo de Trsat (1,8km)
Para a estação de trem (1,8km)
A
B
C
D
E
F
G
1
2
3
4
1
2
3
4
5
6
7
8
9
10
11
12
13
14
15
16
17
18
19
20

## Rijeka

**Destaques**

Torre da Cidade ... D3
Museu Marítimo e de História ... D1
Portão Romano ... D2

**Atrações**

1 Igreja Capuchinha de Nossa Senhora de Lourdes ... B2
2 Museu de Arte Moderna e Contemporânea ... C2
3 Museu de História Natural ... E1
4 Escadaria Petar Kružić ... G2
5 Museu Municipal de Rijeka ... D1
6 Catedral de São Vito ... E2

**Onde dormir**

7 Grand Hotel Bonavia ... C2
8 Hotel Continental ... G3
9 Hotel Neboder ... G3

**Onde comer**

10 Mercado Municipal ... D4
11 Food City ... C3
12 Mlinar ... C1
13 Municipium ... C2
14 Restaurante Spagho ... D3
15 Zlatna Školjka ... C2

**Onde beber**

16 Club Boa ... E3
17 Hemingway ... C2
18 Karolina ... C3

**Entretenimento**

19 Croata National Teatro Ivan Zajc ... E4

**Onde comprar**

20 Mala Galerija ... D3

a Europa. Acontece no meio de junho em uma antiga fábrica de papel nas margens do rio Rječina e dura três dias.

**Noites de Verão de Rijeka (Riječke Ljetne Noći)** TEATRO
As apresentações acontecem no Teatro Nacional Croata em junho e julho.

**Festival de Fotografia de Rijeka** FOTOGRAFIA
(www.mmsu.hr) O festival estreou em julho de 2010 e fez grande sucesso, com exposições e palestras em quatro locais espalhados pela cidade. Deve se tornar um evento anual; para mais informações acesse o site.

## Onde dormir

Os preços nos hotéis de Rijeka não mudam muito ao longo do ano, exceto no carnaval, quando você deve se preparar para pagar uma sobretaxa; reserve com antecedência nessa época. Há poucas opções de acomodação em casas particulares em Rijeka; o escritório de turismo tem uma lista no site. Na vizinha Opatija há muito mais opções.

**Grand Hotel Bonavia** HOTEL DE LUXO €€€
(357 100; www.bonavia.hr; Dolac 4; s/c a partir de 729/899KN; P ❄ @ wi-fi) Bem no coração da cidade, esse impressionante prédio modernista com fachada de vidro abriga o melhor hotel de Rijeka, com serviço de primeira e excelente atenção aos detalhes. Os quartos são bem equipados, e o nível de conforto é alto (apesar de seu design ser talvez um pouco internacional). Possui um restaurante bem-conceituado, um spa e um elegante café.

**Best Western Hotel Jadran** HOTEL COM VISTA PARA O MAR €€€
(216 600; www.jadran-hoteli.hr; Šetalište XIII Divizije 46; s/c a partir de 714/840KN; P ❄ @ wi-fi) A 2km do centro, esse atraente hotel quatro estrelas tem um verdadeiro diferencial: reserve um quarto com vista para o mar e descubra a maravilhosa vista do Adriático da sua varanda, logo acima da água. O café da manhã é excelente, e o acesso ao wi-fi está incluído na diária; abaixo do hotel fica também uma pequena praia.

**Youth Hostel** HOSTEL €
(406 420; www.hfhs.hr; Šetalište XIII Divizije 23; dc/s/c 165/192/330KN; @ wi-fi) Na arborizada área residencial de Pečine, a 2km do centro, o casarão reformado do século 19 tem quartos limpos e espaçosos e uma área comum com televisão. Pode ser reservado por grupos escolares, portanto reserve com antecedência. Pule o café da manhã.

**Hotel Neboder** HOTEL MODERNISTA €€
(373 538; www.jadran-hoteli.hr; Strossmayerova 1; s/c a partir de 464/582KN; P ❄ @) Com um design icônico, a torre modernista pode atrair estudantes de arquitetura, pois estava muito à frente de seu tempo quando abriu, em 1939. Oferece quartos pequenos, arrumados e na moda, a maioria com varandas e vistas incríveis; no entanto, só os quartos melhores têm ar-condicionado.

**Hotel Continental** HOTEL CENTRAL €€
(372 008; www.jadran-hoteli.hr; Andrije Kačića Miošića 1; s/c/ste 530/663/810KN; P ❄ @) O hotel é um marco, mas poderia ser melhor;

no térreo, a recepção e o bar estão ultrapassados, e parte da equipe pode ser desleixada. Dito isso, os quartos recentemente reformados são muito confortáveis, e a localização é excelente.

## Onde comer

Há poucas opções aos domingos, quando a maioria dos lugares fecha. Muitos cafés no Korzo servem refeições leves. Fãs de comida devem considerar a opção de ir até Volosko, onde há uma área de restaurantes de alta qualidade.

**Na Kantunu** FRUTOS DO MAR €€
(Demetrova 2; pratos principais a partir de 45KN) Ignore a localização encardida, ao lado do porto, porque, por dentro, essa pequena joia é muito elegante, com taças de vinho de primeira e serviço refinado. (E taças refinadas e serviço de primeira.) Peixes e frutos do mar frescos são a especialidade: aponte o pescado de sua escolha ou deixe a equipe prepará-lo à moda da casa.

**Kukuriku** CROATA €€€
(691 519; www.kukuriku.hr; Trg Matka Laginje 1a, Kastav; refeição com 6 pratos 380-550KN; fecha seg nov-Páscoa) O luxuoso, mas moderno, hotel-restaurante é do pioneiro da *slow food* Nenad Kukurin, famoso pela postura inovadora em relação às receitas croatas tradicionais (veja p. 304). No histórico Kastav, subúrbio de Rijeka que fica no topo de uma colina, o restaurante vale a extravagância. Os ônibus 18 saindo de Rijeka (e 33 e 37 de Opatija) levam você ao local.

**Zlatna Školjka** FRUTOS DO MAR €€
(Kružna 12; pratos principais 65-95KN) Saboreie os frutos do mar deliciosamente preparados e a seleção de vinhos croatas nesse restaurante clássico com tema marítimo. Os especiais do dia, como o *pečena hobotnica* (polvo assado), são escritos em uma lousa. O vizinho Bracera, dos mesmos donos, serve uma pizza crocante, mesmo aos domingos.

**Restaurante Spagho** ITALIANA €
(Ivana Zajca 24a; pratos principais a partir de 40KN) Restaurante italiano moderno e estiloso, com tijolos expostos, arte e cadeiras descoladas, oferece ótimas porções bem servidas de massas, pizza, saladas e pratos de carne e peixe. A música típica, com batida de pés, pode ser um pouco demais.

**Municipium** CROATA €€
(Trg Riječke Rezolucije 5; pratos principais a partir de 70KN) Goza de uma reputação sólida entre a comunidade executiva de Rijeka pela qualidade e integridade da cozinha e do serviço. O menu se concentra em clássicos croatas: ensopado de carne com bolinhos de batata da Dalmácia, muitos frutos do mar (lula adriática) e peixes locais (st peter, garoupa, sargo e linguado).

### Por conta própria

**Mlinar** PADARIA
(Frana Supila; itens a partir de 13KN; 6-20h seg-sex, 6h30-15h sáb, 7-13h dom) A melhor padaria da cidade, com deliciosas baguetes recheadas, pão integral, croissants e *burek* (massa recheada de carne, espinafre ou queijo).

**Food City** PARA VIAGEM
(Korzo; itens a partir de 12KN; 24 horas) Bom para uma comidinha rápida.

**Mercado Municipal** MERCADO
(entre Vatroslava Lisinskog e Trninina; 7h30-14h seg-sáb, 12h dom) Excelente para frutas e vegetais.

## Onde beber

As avenidas principais, Riva e Korzo, são as melhores apostas para drinques, com tudo, de bares *lounge* a pubs sérios.

**Gradena** CAFÉ NO TOPO DE UMA MONTANHA
(Trsat; www.bascinskiglasi.hr; ) Nas dependências do castelo, esse animado café-bar com música relaxante e serviço amigável faria sucesso em qualquer lugar. Adicione *aquela* vista e não é nenhuma surpresa que todos acabem ficando horas a mais do que planejavam.

**Karolina** BAR ESTILOSO
(Gat Karoline Riječke bb) Em uma impressionante estrutura de vidro de frente para o mar, é um dos bares mais frequentados de Rijeka. É bom para tomar um café durante o dia e, depois, vira ponto de encontro da turma descolada, principalmente no verão, quando DJs tocam ao vivo.

**Hemingway** BAR ELEGANTE
(Korzo 28) Esse lugar estiloso, para tomar coquetéis e café e observar as pessoas, homenageia seu homônimo com grandes fotos em preto e branco do homem de barba branca.

**Club Boa** *LOUNGE* BAR
(Ante Starčevića 8) Elegante café/bar/balada com um clima de *lounge* e cadeiras malucas lilás e branco que atrai um público rico, jovem e chique. Tem terraços na frente e nos fundos e DJs nos fins de semana.

## Entretenimento

**Croata National Teatro Ivan Zajc** TEATRO
(☎355 900; www.hnk-zajc.hr; Verdieva 5a) Em 1885, a inauguração desse imponente teatro foi iluminada pela primeira lâmpada elétrica da cidade. Hoje em dia, você pode assistir a peças em croata e italiano, além de óperas e balés. Gustav Klimt pintou alguns dos afrescos no teto.

**Terminal** BAR, BALADA
(Lukobran bb) É a balada mais glamorosa de Rijeka, com globos gigantes de luz, assentos rosa-chiclete e vistas incríveis do porto. Atrai um público jovem e antenado, que se entrega ao som de techno pesado.

**Nina 2** BALADA
(www.nina2.com; Adamićev Gat) Atracado no porto, o barco foi redecorado recentemente. Oferece drinques durante o dia e tem muito agito à noite, com DJs e bandas ao vivo.

## Onde comprar

Procure a tradicional criação de Rijeka conhecida como *morčići*, uma joia com um mouro vestindo um turbante. Você pode comprar uma na **Mala Galerija** (www.mala-galerija.hr, em croata; Užarska 25).

## Informações

**Erste Club** (Korzo 22; ⏲7-23h seg-sáb, 8-22h dom) Quatro terminais onde você pode usar a internet de graça por curtos períodos. Há wi-fi gratuito ao longo do Korzo e em partes da Trsat.

**Garderoba terminal rodoviário intermunicipal** (guarda-volumes; por dia 15KN; ⏲5h30-22h30); estação de trem (por dia em armário 15KN; ⏲4h30-22h30). O *garderoba* da estação de trem fica no café ao lado da bilheteria.

**Hospital** (☎658 111; Krešimirova 42)

**Correio** (Korzo 13; ⏲7-20h seg-sex, às 14h sáb) Tem um centro telefônico e uma casa de câmbio.

**Dinheiro** Há caixas eletrônicos e casas de câmbio pelo Korzo e na estação de trem.

**Centro de Informação Turística** (☎335 882; www.tz-rijeka.hr; Korzo 33a; ⏲8-20h seg-sáb abr-set, às 20h seg-sex, às 14h sáb out-mar) Tem bons mapas coloridos da cidade, muitos panfletos e listas de hospedagem em casas particulares.

## Como chegar

### Avião

O aeroporto de Rijeka é usado principalmente por companhias de frete.

**Air Berlin** (www.airberlin.com) Voa para cidades alemãs, incluindo Hamburgo e Berlim, e para Viena.

**Croatia Airlines** (☎330 207; www.croatiaairlines.hr; Jelačićev Trg 5) Reserve voos domésticos e internacionais, apesar de atualmente não ter voos saindo de Rijeka.

### Barco

**Jadroagent** (☎211 626; www.jadroagent.hr; Trg Ivana Koblera 2) Tem informações sobre todos os barcos ao redor da Croácia.

**Jadrolinija** (☎211 444; www.jadrolinija.hr; Riječki Llukobran bb; ⏲8-20h seg-sex, 9-17h sáb e dom) Vende passagens para as balsas que passam o ano todo entre Rijeka e Dubrovnik no caminho para Bari, na Itália, passando por Split, Hvar, Korčula e Mljet. Outras rotas incluem Rijeka–Cres–Mali Lošinj e Rijeka–Rab–Pag. Horários e preços atualizados no site. Todos os barcos saem do novo terminal.

### Ônibus

Se você for de avião até Zagreb, a Croatia Airlines tem uma van que vai direto para o aeroporto de Rijeka diariamente (155KN, 2 horas, 15h e 30min). Ela volta para Zagreb às 5h. Há três ônibus diários para Trieste (50KN, 2h e 30min) e um ônibus diário para Ljubljana (170KN, 5 horas). Para chegar em Plitvice (130KN, 4 horas), você tem que trocar de ônibus em Otočac.

O **terminal de ônibus intermunicipal** (☎060 302 010; Trg Žabica 1) fica no centro da cidade.

### Carro

A **AMC** (☎338 800; www.amcrentacar.hr; Lukobran 4), com sede no prédio do novo terminal de balsas, tem carros a partir de 243KN por dia.
A **Dollar & Thrifty Rental Car** (☎325 900; www.subrosa.hr), com uma cabine no terminal intermunicipal, também é competitiva.

### Trem

A **estação de trem** (☎213 333; Krešimirova 5) fica a 10 minutos de caminhada do centro da cidade. Sete trens diários vão para Zagreb (100KN, 4 a 5 horas). Com destino ao sul, há uma conexão diária para Split (170KN, 8 horas), apesar de sair às 5h45 da manhã e ser preciso mudar de trem em Ogulin. Duas saídas diárias seguem para Ljubljana (98KN, 3 horas), e um trem diário vai para Viena (319KN a 525KN, 9 horas).

## Como circular

### De/para o aeroporto

O **Aeroporto de Rijeka** (☎842 040; www.rijeka-airport.hr) fica na Ilha de Krk, a 30km da cidade. Um ônibus sai do aeroporto toda vez que chega um avião e faz o trajeto de 40 minutos até a Jelačićev Trg; ele sai da mesma praça 2h e 20min antes do horário de saída dos voos. Você pode comprar a passagem (25KN) no ônibus. Táxis cobram até 300KN para ir até o centro.

## ÔNIBUS SAINDO DE RIJEKA

| DESTINO | PREÇO (KN) | DURAÇÃO (H) | SAÍDAS DIÁRIAS |
|---|---|---|---|
| Baška | 77 | 2h e 15min | 4-8 |
| Dubrovnik | 357-496 | 12-13 horas | 3-4 |
| Krk | 56 | 1-2 horas | 14 |
| Pula | 92 | 2h e 15min | 8 |
| Rab | 129 | 3 horas | 2-3 |
| Rovinj | 86 | 1-2 horas | 4 |
| Split | 253-324 | 8 horas | 6-7 |
| Zadar | 161-203 | 4-5 horas | 6-7 |
| Zagreb | 137-155 | 2h e 15min-3 horas | 13-15 |

### Ônibus

Rijeka tem uma extensa rede de ônibus municipais que circulam do terminal central à Jelačićev Trg. Um bilhete para duas viagens custa 16KN em qualquer *tisak* (banca). Um bilhete só de ida custa 10KN com o motorista.

Há também um ônibus turístico (um dia, 70KN) que circula pelas principais atrações de Rijeka, Trsat e Opatija. Informações sobre bilhetes e a programação detalhada no escritório de turismo.

### Táxi

Os táxis são bem razoáveis em Rijeka (se você pegar com a firma certa). Os táxis da **Cammeo** (☎313 313) são modernos, não são caros, têm taxímetro e são muito bem recomendados; uma corrida no centro custa 20KN.

## Opatija

POP. 7.872

Apenas 15km a oeste de Rijeka, Opatija é um refúgio chique em um cenário maravilhoso. As montanhas, com suas florestas, descem em direção ao brilhante Adriático, e toda a costa é ligada por um calçadão à beira-mar que vai de Volosko a Lovran.

A localização de tirar o fôlego e o clima agradável ao longo do ano fizeram de Opatija a estância balneária mais frequentada pela elite vienense durante o império Austro-Húngaro. Entre as guerras mundiais e durante o período iugoslavo, no entanto, os casarões da *belle époque* entraram em declínio e Opatija perdeu seu antigo esplendor.

As casas enormes dos mais abastados desde então foram reformadas e transformadas em hotéis chiques, com ênfase especial em spas e férias saudáveis. Fãs de comida também chegam em bandos aos fantásticos restaurantes da vizinha Volosko. Não espere encontrar grandes praias (elas não existem), mas ainda assim há ótimos lugares para nadar nas baías abrigadas.

### História

Até os anos 1840, Opatija era uma minúscula vila de pescadores com 35 casas e uma igreja, mas a chegada do endinheirado Iginio Scarpa, de Rijeka, mudou as coisas. Ele construiu a Villa Angiolina (em homenagem à sua esposa) e a cercou de espécies exóticas de plantas subtropicais. O casarão recebeu aristocratas europeus aos montes (incluindo a rainha da Áustria Maria Anna, mulher de Ferdinand), e a reputação elegante de Opatija se consolidou.

O desenvolvimento de Opatija também foi estimulado pela conclusão de uma ligação ferroviária na linha Viena-Trieste em 1873. A construção do primeiro hotel de Opatija, o Quarnero (hoje o Hotel Kvarner), começou, e visitantes abastados chegaram em massa. Parecia que todo mundo que era alguém era obrigado a visitar Opatija, incluindo os reis da Romênia e da Suécia, czares russos e as celebridades da época.

Hoje, Opatija continua sendo um local refinado (alguns diriam conservador), muito popular entre os alemães e austríacos mais velhos. Não é um lugar de noites selvagens ou baladas que viram a noite, e é assim que seus frequentadores gostam.

### ◉ Atrações e atividades

**Lungomare** CALÇADÃO

Cercado de casarões majestosos e jardins amplos, o lindo calçadão é o sonho de todo observador e o prazer de quem caminha. Ele segue a costa, casarão após casarão, por 12km de Volosko até Lovran, passando pelos vilarejos de Ičići e Ika. No caminho, você pode observar atentamente os casarões dos mais ricos e maravilhar-se com os palácios de frente para o mar. O caminho serpenteia por arbustos exóticos, bosques de bambu, uma marina e baías de pedra onde você pode deixar a toalha e pular no mar - uma opção melhor que a praia de concreto de Opatija.

**Villa Angiolina** CASARÃO HISTÓRICO
(Park Angiolina 1; ⌚9-13h e 16h30-21h30 ter-dom no verão, horário reduzido no resto do ano) Restaurada, a Villa Angiolina dá a chance de ver o interior de uma das construções mais grandiosas de Opatija - uma maravilha de afrescos *trompe l'œil*, capitéis coríntios, espelhos com moldura dourada e mosaicos geométricos no chão -, apesar de as janelas de plástico serem imperdoáveis. O casarão abriga hoje o **Museu Croata de Turismo**, um título grande para uma coleção modesta de antigas fotografias, cartões-postais, panfletos e cartazes que contam a história das viagens, mas sempre há também uma exposição bem-apresentada com um tema de viagem ou turismo. Não deixe de passear pelos jardins verdejantes que cercam o casarão, repleto de árvores gingko, sequoias, carvalhos, camélias japonesas (o símbolo de Opatija) e até mesmo um pequeno teatro ao ar livre onde há recitais com figurinos de época.

## Onde dormir

Não há hotéis realmente baratos em Opatija, mas há bom custo-benefício na faixa média e elevada. A **Liburnia Hotels** (☎710 444; www.liburnia.hr) tem 15 hotéis na região e é uma boa aposta para conseguir um quarto. Opatija fica lotada nas férias de Natal, então, nessa época, reserve com antecedência.

Há muitas acomodações em casas particulares, mas é um pouco mais caro que em outras áreas; espere pagar de 170KN a 240KN por pessoa. As agências de turismo providenciam acomodações em casas particulares.

**Villa Ariston** HOTEL HABSBURGO €€
(☎271 379; www.villa-ariston.com; Ulica Maršala Tita 179; s/c 480/800KN; P ❄ @ ☜) Em um local maravilhoso ao lado de uma enseada pedregosa, o hotel histórico tem altíssima reputação no mundo das celebridades (Coco Chanel e os Kennedy foram hóspedes). O interior continua grandioso e impressionante, com uma escadaria, lustres e muito do charme do período, e você pode admirar o golfo do terraço do restaurante.

**Design Hotel Astoria** HOTEL MODERNO €€
(☎706 350; www.hotel-astoria.hr; Ulica Maršala Tita 174; q 677KN; P ❄ @ ☜) Cansado do estilo antiquado habsburgo? Então os quartos elegantes e discretos desse hotel, que foi reformado, devem servir bem: cores sutis, todo tipo de conforto e varandas com vistas incríveis do litoral de Kvarner. Ótimo custo-benefício.

**Hotel Opatija** HOTEL NO TOPO DE UMA MONTANHA €€
(☎271 388; www.hotel-opatija.hr; Trg Vladimira Gortana 2/1; q a partir de 486KN; P ❄ @ ≋) A localização, uma mansão da era Habsburgo, é o ponto forte do hotel três estrelas, com quartos confortáveis, um incrível terraço, uma pequena piscina de água do mar e agradáveis jardins (tem até um labirinto!).

**Hotel Kvarner-Amelia** HOTEL HISTÓRICO €€€
(☎271 233; www.liburnia.hr; Pave Tomašića 1-4; s/c 578/1.039KN; P ❄ @ ≋) O hotel mais antigo de Opatija é um sopro de charme do jet-set, com piscinas cobertas e ao ar livre,

### DE BICICLETA EM KVARNER

Em Kvarner, há uma variedade de opções para quem gosta de andar de bicicleta, de passeios leves a subidas de acelerar o coração nas íngremes estradas da ilha. Há várias trilhas ao redor de Opatija; duas mais fáceis saem de Mt Kastav (360m), e uma desafiante aventura de 4h e 30min vai de Lovran ao Parque Natural de Učka. Em Lošinj, há um passeio de 2h e 30min de dificuldade moderada, que começa e termina em Mali Lošinj. Em Krk, uma vagarosa volta de 2 horas sai da cidade e passa pelos prados, campos e aldeias do pouco visitado interior da ilha. Uma rota saindo de Rab explora as matas virgens da Península de Kalifront. Em Cres, uma trilha de 50km leva você da marina da cidade até depois de Lubenice, um vilarejo medieval no topo de uma montanha, e Valun, uma joia à beira-mar.

Para detalhes sobre esses itinerários, peça em qualquer escritório de turismo um panfleto *Kvarner by Bicycle*, que tem 19 rotas pela região. Os sites www.kvarner.hr e www.pedala.hr (em croata) têm detalhes sobre as trilhas nessa região.

instalações fabulosas e recepções enfeitadas (mas os quartos são menos imponentes). O anexo Amelia tem preços moderados para um endereço de tão alto nível.

Há alguns campings:

**Medveja** CAMPING €
(☎291 191; medveja@liburnia.hr; por adulto/barraca 44/32KN; ⏲Páscoa–meados de out) Em uma bela praia de cascalho a 10km de Opatija; tem apartamentos e trailers para alugar.

**Autocamp Opatija** CAMPING €
(☎704 836; Liburnijska 46, Ičići; adulto/barraca 39/29KN; ⏲abr-out) Aproveita uma agradável floresta de pinheiros perto da praia de Ičići.

## Onde comer

Maršala Tita é repleta de restaurantes aceitáveis, que servem pizza, carne grelhada e peixe. Vá até a vizinha Volosko para um jantar fino com especialidades regionais.

**Istranka** ISTRIANA €
(Bože Milanovića 2; pratos principais a partir de 55KN) Vale a pena procurar esse pequeno e aconchegante *konoba* (estabelecimento simples familiar), especializado em pratos típicos da cozinha istriana, como *maneštra* (sopa de legumes e feijão), e que tem, é claro, muita trufa no menu. Tem um terraço sombreado ao lado e música folclórica tradicional em algumas noites.

**Kaneta** CROATA €
(Nova Cesta 64; pratos principais a partir de 50KN) Despretensioso e familiar, a especialidade são sabores fortes e porções generosas: pernil de vitela assado (encomende antes), bife com gorgonzola, carne de caça e risotos. A carta de vinhos é muito bem escolhida.

**Bevanda** GOURMET €€€
(Zert 8; pratos principais a partir de 180KN) Um caminho de mármore leva até o maravilhoso restaurante, que tem um terraço enorme com vista para o mar, colunas gregas e cadeiras monocromáticas modernas (apesar de a música de elevador estragar o clima). No cardápio curto e moderno, ótimos pratos de peixe fresco e carne – experimente o enrolado de peito de filhote de pato com pistache e risoto de passas.

Para comprar comida, há um **supermercado/delicatessen** (Ulica Maršala Tita 80).

## Onde beber e entretenimento

Opatija é um lugar bem tranquilo, e enquanto terraços de hotéis e cafés de estilo vienense fazem sucesso com a clientela mais madura, também há alguns bares estilosos.

**Tantra** BAR DESCOLADO
(Lido) Projetando-se para o golfo de Kvarner, esse é o único reduto levemente boêmio da cidade. É um ótimo lugar para passar o dia, com espreguiçadeiras estilosas e uma praia artificial logo embaixo.

**Hemingway** *LOUNGE* BAR
(Zert 2) Um bar elegante, com cadeiras modernas e vistas distantes do horizonte de Rijeka, ideal para tomar uns drinques. Foi o primeiro do que, hoje, é uma rede nacional; tem também um restaurante ao lado.

**Choco Bar** CAFÉ
(Ulica Maršala Tita 94) Chocólatras vão ao café atrás de uma dose – serve ótimos sorvetes, bolos e coquetéis de chocolate.

**Disco Seven** BALADA
(www.discoseven.hr; Ulica Maršala Tita 125) O clube intimista à beira-mar promove DJs croatas que estão começando. Na ordem do dia estão, principalmente, as batidas da moda.

## Informações

Na Ulica Maršala Tita há caixas eletrônicos e agências de viagem loucas para trocar dinheiro. Há wi-fi gratuito no centro de Opatija e Volosko.

**Da Riva** (☎272 990; www.da-riva.hr; Ulica Maršala Tita 170) Boa fonte para acomodação em casas particulares e oferece excursões pela Croácia.

**GI Turizam** (☎273 030; www.tourgit.com; Ulica Maršala Tita 65) Acha acomodação em casas particulares, reserva excursões, aluga carros e troca dinheiro.

**Linea Verde** (☎701 107; www.lineaverde-croatia.com; Andrije Štangera 42, Volosko) Viagens para Risnjak e para o Parque Natural de Učka e excursões *gourmet* pela Ístria.

**Correios** (Eugena Kumičića 4; ⏲7-20h seg-sex, às 14h sáb) Atrás do mercado.

**Escritório de turismo** (☎271 310; www.opatija-tourism.hr; Ulica Maršala Tita 128; ⏲8-22h seg-sáb, 17-21h dom jul e ago, 8-19h seg-sáb abr-jun e set, às 16h seg-sáb out-mar) O escritório tem uma equipe bem informada, muitos mapas, folhetos e panfletos.

## Como chegar

O ônibus 32 passa pelo centro de Rijeka pela Adamićeva até a Riviera de Opatija (18KN, 15km) e até Lovran a cada 20 minutos diariamente até o fim da noite.

## PARQUE NATURAL DE UČKA

Um dos segredos naturais mais bem guardados da Croácia, esse parque de 160km² fica a 30 minutos da Riviera de Opatija. Formado pelo maciço montanhoso de Učka e o planalto adjacente de Ćićarija, é oficialmente dividido entre Kvarner e a Ístria. Vojak (1.401m), o pico mais alto, tem vistas extraordinárias dos alpes italianos e da baía de Trieste em dias claros.

Boa parte da área é coberta por florestas de faia, mas há também castanheiras, carvalhos e carpinos. Ovelhas pastam nos campos alpinos, águias douradas voam sobre a cabeça dos visitantes, ursos pardos vagam e campânulas endêmicas florescem.

A equipe bem informada do **escritório do parque** (293 753; www.pp-ucka.hr; Liganj 42; 8h-16h30 seg-sex) em Lovran ajuda a planejar passeios. Há também dois postos de informações sazonais: um em **Poklon** (9-18h meados jun–meados set) e outro em **Vojak** (9-18h meados jun–meados set).

O incrível cânion de **Vela Draga**, na extremidade leste do parque, é uma atração surpreendente, com seu vale cercado de pilares de calcário ou "chaminés de fadas". Aves de rapina, como falcões europeus e peregrinos, podem ser vistos cruzando as termas, e bufos-reais e trepadeiras-dos-muros também podem ser vistos. Da estrada, fica a 15 minutos de descida em uma trilha com placas explicativas que vai até um mirante sobre o cânion.

**Mala Učka**, um vilarejo semiabandonado a mais de 995m acima do nível do mar, é intrigante. Alguns pastores vivem lá de maio a outubro, e você pode comprar um delicioso queijo de cabra na casa com janelas verdes ao lado do córrego no final do vilarejo. É só pedir *sir* (queijo).

Atividades organizadas no parque incluem **mountain bike** e **caminhadas** em 150km de trilhas. Pegue um mapa (55KN) no escritório do parque ou no escritório de turismo em Opatija. Há também **escalada livre** no cânion Vela Draga, **passeios a cavalo** (cerca de 80KN por hora) e **observação de pássaros**. **Parapente e asa-delta** podem ser marcados com o **Clube de Voo Livre Homo Volans** (www.homo-volans.hr) em Opatija.

O parque tem várias opções de acomodação, incluindo o **Učka Lodge** (091 76 22 027; www.uckalodge.com; c 360KN), um B&B ecológico no meio da floresta administrado por um casal de ingleses. Os donos já devem ter terminado a reforma do charmoso local quando você estiver lendo isto; a comida é fresca e regional (geleia de frutas da floresta e queijo de cabra dos vizinhos), e viagens e excursões podem ser organizadas.

Saboreie a cozinha do interior no **Dopolavoro** (299 641; www.dopolavoro.hr; Učka 9; pratos principais a partir de 50KN; ter-dom), que serve ótima carne de caça: bife de cervo com mirtilo, javali com cogumelos da floresta e também, uh, urso. Há bicicletas para alugar do lado do restaurante (20/90KN por hora/dia).

# Volosko

Volosko, a 2km de Opatija, é um dos lugares mais bonitos do litoral, uma vila de pescadores (você verá homens consertando redes no minúsculo porto) que, nos últimos anos, se transformou também em uma espécie de meca de restaurantes. De fato, é muito pitoresca – casas de pedra com varandas floridas sobem do litoral por um labirinto de ruelas estreitas. Não é um lugar tipicamente turístico, e se estiver passando, seja para tomar um drinque ou comer uma refeição *gourmet*, você vai gostar do clima e do cenário pitoresco.

Rijeka e Volosko são ligadas por ônibus, e você também pode andar de Opatija pelo calçadão, uma caminhada de 30 minutos em meio a louros, palmeiras, figueiras, carvalhos e casarões grandiosos.

## Onde dormir

**Apartmentos Komel** APARTAMENTOS €
(701 007; kristian.komal@rit-com.hr; Put Uz Dol 8; ap 330-590KN; P) Sete apartamentos acima da avenida litorânea principal, a 5 minutos de caminhada da praia. Um pouco espalhafatosos, não vão ganhar nenhum prêmio de design ou decoração, mas o custo-benefício é bom e alguns apartamentos são tamanho família.

**Tramerka** CROATA €€
(Andrije Mohorovičića 15; pratos principais a partir de 60KN; ter-dom) Não tem vista para o

mar, mas esse lugar maravilhoso ganha pontos em todos os outros quesitos. Na verdade, a localização é incrível, é um restaurante que parece uma caverna e ocupa o interior descolado, crepuscular de um antigo casarão. O *chef* Andrej Barbieri guia os clientes muito bem pelo curto cardápio, escolhido a partir dos frutos do mar mais frescos (o cozido de peixe *gregada* é sensacional) e carnes locais.

**Skalinada** CROATA €€
(www.skalinada.org; Put Uz Dol 17; refeições a partir de 80KN) Um bistrô, intimista e romântico, com meia-luz, paredes de pedra e um cardápio criativo de comida croata (*tapas* ou pratos principais) feita com ingredientes locais e da estação. Muitos, mas muitos vinhos regionais são vendidos por taça. Fica na ponta norte da rua principal do vilarejo.

**Le Mandrać** MEDITERRÂNEA MODERNA €€€
(Supilova Obala 10; pratos a partir de 60KN) Comida mediterrânea moderna e inovadora, de qualidade (robalo com azeite da Ístria) e muito bem-feita; experimente o *limun buzara* (mariscos com molho de espuma de limão e um pouco de presunto regional e salsinha). O local, que tem uma área envidraçada como anexo, talvez seja um pouco demais para a discreta Volosko, mas pelo menos tem personalidade.

**Konoba Ribarnica Volosko** PEIXE €
(Štangerova 5; pratos principais a partir de 45KN; fecha jantar dom) Sem dinheiro para gastar? Esse pequeno estabelecimento tem o peixe mais fresco de Volosko. Escolha a criatura do mar que deseja – lula, sardinha, lagosta, camarão – e coma o bem preparado prato em um pequeno salão subterrâneo na esquina. Fica na rua principal do vilarejo, subindo do porto.

**Plavi Podrum** FRUTOS DO MAR €€€
(Supilova Obala 12; pratos principais 80-180KN) Nesse restaurante enorme à beira-mar, o clima é bem formal (para a casual Volosko), e a decoração marítima talvez esteja um pouco ultrapassada. Dito isso, não há nada de errado com a comida – com muitas trufas em evidência – ou com a carta de vinhos (o dono é um *sommelier* de primeira).

**Caffe Bar Surf** BAR
(Supilova Obala bb) Prefere um lugar mais simples? Esse pequeno bar à beira-mar, um pouco bagunçado, mas muito amigável, tem um terraço sombreado de frente para o mar e uma boa mistura de moderninhos de Rijeka e pescadores.

## Parque Nacional de Risnjak

Relativamente isolado, raramente visitado e certamente subestimado por turistas estrangeiros, esse majestoso **parque** (adulto/meia 30/15KN), a apenas 35km de Rijeka, merece ser muito mais conhecido. Parte da região de florestas de Gorski Kotar, ocupa uma área de 63km² e chega a 1.528m de altitude em seu pico mais alto, Veliki Risnjak. A paisagem é de vegetação densa com faias e pinheiros, atapetada com campos e flores silvestres e marcada por formações de calcário: buracos, fendas, cavernas e abismos. A aconchegante brisa dos Alpes faz do parque o esconderijo perfeito quando o calor e as multidões do litoral se tornam excessivos. A vida selvagem inclui ursos pardos, linces (*ris* em croata, do qual vem o nome do parque), lobos, gatos selvagens, javalis, cervos, camurças e 500 espécies de borboleta.

A maior parte do parque é mata virgem e intocada, com apenas alguns povoados. A central de informações do parque (836 133; 9-16h seg-sex, às 18h sáb e dom) fica perto do vilarejo de Crni Lug. Você pode encontrar a melhor base da região, o Hotel Risnjak (508 160; www.hotel-risnjak.hr; Lujzinska 36; s/c a partir de 350/580KN; P), um lugar ótimo com quartos recentemente reformados, um restaurante e áreas de fitness e spa, a 14km da entrada no vilarejo de Delnice. Muitas atividades, incluindo mountain bike, rafting, arco e flecha e até parapente, podem ser organizadas.

O melhor jeito de explorar o parque é fazendo a **Caminhada Leska**, uma deliciosa trilha de 4,5km que começa na entrada do parque. É uma caminhada fácil e sombreada com vários painéis explicativos (em inglês) contando tudo sobre a história, a topografia, a geologia, a flora e a fauna do parque. Você vai passar por riachos cristalinos, florestas de pinheiros altos, formações rochosas bizarras, uma estação de alimentação para os cervos e uma cabana com mesa de piquenique.

Não há transporte público até o parque. Para chegar de carro, saia da autoestrada Zagreb–Rijeka em Delnice e siga as placas.

# ILHAS DE LOŠINJ E CRES

Separadas por um canal de 11m de largura, as duas pouco povoadas e pitorescas ilhas no arquipélago de Kvarner frequentemente são tratadas como uma só. Apesar da topo-

VALE A VIAGEM

## UMA ENSEADA SÓ SUA

Ao sul de Mali Lošinj, a ilha forma uma maravilhosa península em forma de polegar quase inabitada, abençoada com belíssimas baías naturais e perfeita para caminhadas. Pegue no escritório de turismo uma cópia do excelente mapa dessa região, chamado *Promenades and Footpaths*. Uma única estrada desce pela espinha desse maravilhoso pedaço de terra com montanhas e florestas, eventualmente terminando em Mrtvaška, onde começa Lošinj. Você pode contornar toda a península a pé em um dia, parando para nadar em enseadas desertas. Se você quiser ir a uma praia só, dirija 5km até a saída para **Krivica**, estacione, e desça por 30 minutos até a idílica e protegida baía, rodeada de pinheiros. A água é cor de esmeralda e é ótima para nadar.

grafia diferente, as identidades das ilhas são confundidas por uma história em comum. Em Lošinj, os belos refúgios de Mali Lošinj e Veli Lošinj atraem muitos turistas no verão. Mais selvagem e desolada, Cres tem campings remotos e praias intocadas, especialmente fora da cidade de Cres, e uma porção de vilarejos medievais no topo de montanhas. Ambas as ilhas são atravessadas por trilhas de bicicleta e caminhada.

### História

Escavações indicam que uma cultura pré-histórica espalhou-se por ambas as ilhas, da Idade da Pedra à Idade do Bronze. Os gregos antigos chamavam as ilhas de Apsyrtides que foram conquistadas sucessivamente pelos romanos, depois colocadas sob domínio bizantino e ocupadas por tribos eslavas nos séculos 6º e 7º.

Depois, as ilhas ficaram sob o domínio veneziano, seguido pelo dos reis húngaros-croatas e, mais uma vez, pelo veneziano. Quando Veneza caiu, em 1797, Veli Lošinj e Mali Lošinj haviam se tornado importantes centros marítimos, enquanto Cres havia se dedicado à produção de azeite e vinho. Durante o século 19, a construção de barcos prosperou em Lošinj, mas, com o advento do navio a vapor, foi substituída pelo turismo da saúde como indústria principal. Enquanto isso, Cres tinha seus próprios problemas, na forma de uma epidemia de filoxera que dizimou os vinhedos. Ambas as ilhas eram pobres quando foram anexadas à Itália no Tratado de Rapallo, em 1920. Tornaram-se parte da Iugoslávia em 1945 e, mais recentemente, da Croácia, em 1991.

Hoje, exceto por um pequeno estaleiro em Nerezine, em Lošinj, e alguma produção de oliveiras, fazendas de ovelhas e um pouco de pesca em Cres, a principal fonte de renda das ilhas é o turismo.

## Como chegar

**BARCO** O principal porto de entrada para as ilhas é Mali Lošinj, que é conectada a Rijeka, Pula, Zadar, Veneza e Koper no verão. A empresa **Jadrolinija** (☎231 765; www.jadrolinija.hr; Riva Lošinjskih Kapetana 22) tem uma balsa por dia entre Zadar e Mali Lošinj (47KN, 7 horas) de junho a setembro. Em julho e agosto, também tem um catamarã por dia de Mali Lošinj a Cres (31KN, 2h e 30min) e Rijeka (44KN, 4 horas). Você também encontra uma balsa para carros da Jadrolinija que vai de Brestova, na Ístria, a Porozina, a ponta de Cres (passageiro/carro 18/115KN, 20 minutos).

A **Split Tours** (www.splittours.hr) tem um serviço de catamarã de Zadar a Pula passando por Mali Lošinj 5 vezes por semana em julho e agosto (50KN, 2 horas); em junho e setembro, o serviço é reduzido para 2 vezes por semana. De julho a agosto, a **Venezia Lines** (www.venezialines.com) opera catamarãs de Veneza a Mali Lošinj por Pula 2 vezes por semana (€149, 5 horas).

**ÔNIBUS** A maioria dos ônibus nas ilhas sai (ou chega) de Veli Lošinj e para em Mali Lošinj e Cres; alguns seguem até o continente. Há de 6 a 9 ônibus por dia de Veli Lošinj até a cidade de Cres (56KN, 1h e 30min); 4 por dia para Merag (67KN, 2 horas) e Valbiska, em Krk (105KN, 2h e 30min); 3 por dia para Porozina, em Cres (86KN, 2h e 30min); 2 por dia para Brestova, na Ístria (116KN, 3 horas); 4 ônibus por dia para Rijeka (153KN, 4h e 15min); 3 a 4 por dia para Zagreb (267KN a 284KN, 5h e 30min a 6 horas). Há também um por dia para Ljubljana (310KN, 6h e 15min), na Eslovênia, entre junho e o começo de setembro.

# Ilha de Lošinj

A mais povoada e turística das ilhas irmãs, Lošinj, com 31km de extensão, tem um litoral mais recortado que Cres, especialmente no sul, onde há algumas maravilhosas baías desertas. É uma ilha com florestas densas: as cidades históricas de Mali Lošinj e Veli Lošinj são rodeadas de pinheiros. A vegetação é exuberante e variada, com 1.100 espécies de plantas, 230 tipos de ervas medicinais e alguns cultivos atípicos, como limão, banana, cedro e eucalipto, trazidos de terras exóticas por capitães de barcos.

Lošinj é conhecida pelos golfinhos; de fato, as águas são a primeira área marinha protegida para golfinhos em todo o mediterrâneo. A ONG Blue World, com sede em Mali Lošinj, tem feito um ótimo trabalho protegendo essas agradáveis criaturas marinhas com um centro de educação e pesquisa.

### MALI LOŠINJ

POP. 6.314

Mali Lošinj fica na beirada da enseada em forma de v localizada na costa sudeste de Lošinj. Vestígios da prosperidade do século 19 ainda podem ser vistos nas imponentes casas dos antigos capitães alinhadas à beira-mar na cidade velha. Mesmo com o tumulto de turistas no verão, essa antiga parte da cidade consegue manter seu charme e clima. Todos os resorts ficam fora da cidade, subindo da praia para Sunčana Uvala ao sul e Čikat a sudoeste.

A área arborizada começou a prosperar no final do século 19, quando a abastada elite de Viena e Budapeste, atraída pelo "ar saudável" de Mali Lošinj, começou a construir casarões e hotéis luxuosos ao redor de Čikat. Algumas dessas grandiosas residências continuam de pé, mas muitos dos hotéis atuais são construções modernas cercadas por florestas de pinheiros que cobrem as enseadas e as belas praias.

Apesar de ser mais tranquilo visitar a região na primavera e no outono, mesmo nos agitados meses de verão Mali Lošinj pode servir como uma boa base para passeios por Lošinj e Cres ou para as pequenas ilhas vizinhas de Susak, Ilovik e Unije.

## Atrações

A atração principal é a maravilhosa paisagem de Mali Lošinj: um deslumbrante porto natural cercado de belas casas mediterrâneas ligeiramente desgastadas e pelo verde das colinas ao redor.

**Art Collections** GALERIA

(Umjetničke Zbirke; Vladimira Gortana 35; inteira/meia 10/5KN; ⌚10-13h e 19-21h ter-sex, 10-13h sáb Páscoa-out, horário reduzido no resto do ano) Essa grandiosa mansão exibe as coleções de arte das famílias Mihičić e Piperata e recebe exposições rotativas. Dê uma olhada nas obras modernas croatas, incluindo estátuas de bronze de Kršinć, e também nos antigos mestres.

**Apoksiomen** ESTÁTUA GREGA

A antiga e extraordinária estátua de Apoksiomen, encontrada próxima à Lošinj, no fundo do mar, em 1999, voltou à ilha (para um espaço no Palácio de Kvarner) no final de 2011 depois de ter sido emprestada a Zadar. O atleta de 2 mil anos, possivelmente um lutador, foi meticulosamente restaurado.

**Jardim dos Aromas Finos** JARDIM

(Miomirisni Otočki Vrt; www.miomirisni-vrt.hr; Braće Vidulić bb; entrada franca; ⌚10-12h e 18-21h jul e ago, 10-12h set-jun) Esse paraíso de fragrâncias, na extremidade sul da cidade, tem mais de 250 variedades de plantas nativas e 100 espécies exóticas, todas cercadas por *gromače* (cercas tradicionais de pedra). Também são vendidos perfumes naturais, sais e licores.

**Igreja da Natividade da Virgem** IGREJA

No centro da cidade, visite a Igreja da Natividade da Virgem (Župna Crkva Male Gospe) antes ou depois da missa de domingo às 10h. Dentro, há algumas obras de arte, incluindo uma pintura da Natividade da Santa Virgem Maria, feita por um artista veneziano do século 18, e relíquias de são Rômulo.

## Atividades

As enseadas ao sul de Mali Lošinj são muito pitorescas, cercadas por florestas de pinheiros, mas podem lotar na alta estação com famílias em férias. Em **Sunčana Uvala** as praias protegidas de cascalho são excelentes para nadar e seguras para as crianças. A vizinha **Čikat** é o lugar para fazer windsurfe, com uma praia estreita e ótima exposição ao vento. Faça uma aula na **Sunbird** (☎095 837 7142; www.sunbird.de), perto do Hotel Bellevue, onde um curso para iniciantes custa 515KN; tem também pranchas para aluguel (assim como mountain bikes e caiaques).

**Bicicleta e caminhadas** têm se tornado cada vez mais populares em Lošinj. O conselho de turismo faz um panfleto excelente chamado *Promenades and Footpaths*, com mapas de 220km de trilhas e tempos precisos de caminhada. As cinco ilhas do arquipélago (Lošinj, Cres, Ilovik, Susak e Unije) estão no mapa. Suba ao pico de Televrina (588m) e aprecie a bela vista, caminhe até as enseadas afastadas de Mali Lošinj ou visite enseadas secretas em Susak.

Lošinj tem boas opções de **mergulho**, com ótima visibilidade e boa vida marinha.

## ILHAS AO REDOR DE LOŠINJ

Livre de carros, as ilhas de Susak, Ilovik e Unije são os passeios de um dia mais populares saindo de Mali Lošinj. A pequena **Susak** (população 183, área 3,8km²) é única, com uma espessa camada de areia fina que cobre a superfície de calcário e forma belíssimas praias. Mas é a cultura inusitada da ilha que a torna particularmente interessante. Os moradores falam seu próprio dialeto, que é quase incompreensível para outros croatas. Em dias de banquete e casamentos você pode ver as mulheres vestidas em tradicionais saias multicoloridas e *leggings* vermelhas. Quando vir as antigas casas de pedra da região, lembre-se de que cada pedra foi trazida de Mali Lošinj e carregada a mão até seu destino. Nas últimas décadas, a ilha tem perdido parte de sua população (tinha mais de 1.600 em 1948), com muitos cidadãos se mudando para Hoboken, em Nova Jersey (EUA).

Diferente da plana Susak, **Ilovik** (população 145, área 5,8km²) é uma ilha montanhosa, conhecida pela abundância de flores. Coberta de loendros, rosas e eucaliptos, é popular entre os iatistas e tem algumas enseadas isoladas onde se pode nadar.

A maior das ilhas no arquipélago de Lošinj, **Unije** (população 274, área 18km²) tem uma paisagem ondulada cheia de arbustos típicos do Mediterrâneo, praias de cascalho e várias enseadas e baías. A única ocupação na ilha é uma pitoresca vila de pescadores com casas de paralelepípedo.

Agências de viagem vendem passeios para Susak, Ilovik e Unije, mas você pode ir por conta própria. A **Jadrolinija** (www.jadrolinija.hr) faz circuito diário no verão que vai de Rijeka até Mali Lošinj: 6 vezes por semana o circuito vai por Susak, 4 vezes por Unije e 3 vezes por Ilovik. A balsa sai de Rijeka às 6h e uma balsa volta às 17h. No site há o calendário e preços atualizados.

Quem sabe, você pode descobrir o próximo Apoksiomen! Há um navio naufragado que data de 1917, uma gruta grande e relativamente rasa, boa para iniciantes, e o Coral Margarita, ao largo da ilha de Susak. O **Diver Sport Center** (☎233 900; www.diver.hr), em Čikat, oferece cursos (o SSI Open Water custa 2.505KN) e faz mergulho técnico em destroços de navios no fundo do Adriático, como os do torpedeiro *Audace*.

## Onde dormir

Não há muitas opções de acomodação em Mali Lošinj, mas as poucas que existem têm muita personalidade. Os hotéis ficam espalhados pelas enseadas e florestas de pinheiros em Čikat e Sunčana Uvala e trabalham com pacotes de viagem. A maioria dos hotéis é simples e voltada para férias em família. Muitos são administrados pela **Lošinj Hotels & Villas** (www.losinj-hotels.com) e ficam fechados de novembro até a Páscoa.

Agências providenciam quartos e apartamentos, e o escritório de turismo tem um panfleto com uma lista de acomodações em casas particulares.

**CIDADE**

**Hotel Apoksiomen** HOTEL €€
(☎520 820; www.apoksiomen.com; Riva Lošinjskih Kapetana 1; q 722KN; P ❄ @ ᯤ) Ao lado do porto, os 25 quartos modernos desse hotel têm vista para o mar ou para o parque, carpete, obras de arte moderna, TV, cofre e banheiros igualmente modernos (a maioria com duas pias). A equipe é prestativa e há um aconchegante restaurante-café no térreo. Reserve pelo site para conseguir ofertas melhores.

**Alaburić** B&B €
(☎233 996; www.alaburic-losinj.info; S Radića 17; por pessoa 188KN; P) Uma acolhedora pousada familiar com quartos e apartamentos simples e bem equipados, todos com banheiro – dois têm vista distante para o mar. Fica a cerca de 700m do porto.

**Mare Mare Suites** HOTEL-BUTIQUE €€€
(☎232 010; Riva Lošinjskih Kapetana 36; s/c/ste 900/1.050/1.500KN; P ❄ @ ᯤ) Em uma localização nobre na extremidade norte do porto, o casarão histórico foi convertido em quartos e pequenas suítes: todos imaculadamente bem apresentados e decorados um a um. No último andar, a Suíte do Capitão tem um telescópio e antigos mapas navais. É bom, mas um pouco caro demais; considere a opção de ficar no anexo vizinho.

**LITORAL**

**Villa Favorita** HOTEL HISTÓRICO €€€
(☎520 640; www.villafavorita.hr; Sunčana Uvala; c 1.150KN; P ❄ @ ≋) Envolto por florestas de pinheiros e ao lado de uma pequena praia, a atraente mansão habsburgo tem muita per-

sonalidade, uma equipe prestativa e ótima localização. Tem 8 quartos luxuosos, sauna, massagem e piscina de água do mar em um belo jardim. Há um anexo mais barato (Villa Jelena), com quartos menores e sem ar-condicionado.

**Hotel Vespera** RESORT €€
(231 304; www.losinj-hotels.com; Sunčana Uvala bb; s/c 462/810KN; ) É um hotel enorme e muito voltado para famílias, com ótimas instalações que incluem quadras de tênis e um excelente complexo aquático com três piscinas (uma delas tem 37m) e uma jacuzzi. Muitas instalações de lazer e atividades organizadas completam o pacote.

**Camping Village Poljana** CAMPING €
(231 726; www.poljana.hr; Poljana bb; por adulto/lugar 40/191KN) Cercado de árvores, esse camping luxuoso tem energia elétrica e outras regalias, como internet wi-fi (gratuita), um restaurante e um supermercado.

**Camping Čikat** CAMPING €
(232 125; www.camps-cres-losinj.com; Dražica 1, Čikat bb; por adulto/lugar 57/22KN; Páscoa-out) Mais uma cidade de lona e trailers que um camping, o enorme lugar sombreado por pinheiros tem centenas de locais para barracas, trailers para alugar e outras facilidades. Há até um mercado, lojas e um massagista à disposição.

**Hotel Bellevue** RESORT €€
(231 222; www.losinj-hotels.com; Čikat bb; s/c 435/798KN; ) Os pontos positivos são a localização em uma floresta de pinheiros, o centro de bem-estar, a piscina coberta e os quartos modernos e atraentes. Mas o clima pacote de férias pode não agradar a todos.

## Onde comer

Os restaurantes ao lado do porto têm as melhores vistas, mas servem comida comum (massas, frutos do mar e carnes grelhadas) para atrair os turistas, com pouca variedade de preço ou qualidade. Para uma cozinha mais inovadora, vá aos restaurantes nas ruas mais afastadas ou fora da cidade.

**Corrado** FRUTOS DO MAR €
(Svete Marije 1; pratos a partir de 50KN) Propriedade de um pescador de águas profundas, é um dos melhores restaurantes de Lošinj e fica em um agradável jardim com muros. Cordeiro assado na *peka* (encomende antes) e lagosta *buzzara* são especialidades, e não é servido peixe de cativeiro.

**Porto** FRUTOS DO MAR €€
(Sveti Martin 35; pratos principais a partir de 60KN) Em cima da colina no lado leste da cidade, o fino restaurante de peixe fica em uma bela enseada, ao lado de uma igreja. A especialidade é o file de peixe com ouriço-do-mar, mas todos os pratos são muito bem preparados e apresentados.

**Pizzeria Draga** ITALIANA €
(Braće Ivana i Stjepana Vidulića 77; pizzas a partir de 40KN) No verão, maravilhosas pizzas saem do fogão a lenha desde a hora do almoço até o fim da noite. Aproveite o seu pedido no famoso terraço da Draga.

**Barakuda** FRUTOS DO MAR €€
(Priko 31; pratos principais a partir de 70KN) A decoração e o ambiente tradicional do restaurante atraem muitos turistas, mas o peixe fresco e o talento dos *chefs* têm ótima reputação entre os habitantes. Tem um terraço virado para o porto e, normalmente, uma lousa com um ou dois pratos do dia.

**Bulaleta** ITALIANA €
(Priko 31; pratos principais a partir 45KN) Esse local descontraído não tem vista, mas possui um belo terraço na cidade velha, bons preços e um ótimo clima nas noites de verão, quando o restaurante ganha vida.

Para comprar comida, você pode ir ao grande supermercado na Trg Zagazinjine, ao norte da extremidade do porto.

## Onde beber e entretenimento

**Mystik** *LOUNGE* BAR
(Braće Ivana i Stjepana Vidulića 40) O QG da juventude animada de Lošinj, com DJs, decoração elegante e bons drinques. A música é bastante inovadora, com uma grande seleção de sons eletrônicos, e não apenas o batidão de pista de dança.

**Katakomba** MÚSICA AO VIVO
(Del Conte Giovanni 1) Um boteco que parece uma caverna com uma atmosfera ruidosa na alta estação, quando há música folk e rock.

**Marina** BAR, BALADA
(Velopin bb) Divirta-se sobre a água nesse bar-balada ancorado no lado sudoeste do porto.

## Informações

Não faltam agências de viagem para arranjar acomodação em casas particulares, trocar dinheiro e marcar excursões.

**Cappelli** (☎231 582; www.cappelli-tourist.hr; Kadin bb) Reserva acomodação em casas particulares em Cres e Lošinj e oferece cruzeiros e passeios no Adriático.

**Erste Banka** (Riva Lošinjskih Kapetana 4) Tem caixa eletrônico.

**Hospital** (☎231 824; Dinka Kozulića 1)

**Manora Lošinj** (☎520 100; Priko 29) Agência amigável com uma gama completa de serviços.

**Correios** (Vladimira Gortana 4; ⏲8-21h seg-sex, às 12h sáb)

**Escritório de turismo** (☎231 884; www.tz-malilosinj.hr; Riva Lošinjskih Kapetana 29; ⏲8-20h seg-sáb, 9-13h dom jun-set, 8-17h seg-sex, 9-13h sáb out-mai) Muito útil, com uma equipe bem informada e vários mapas e panfletos (práticos e em papel de boa qualidade), além de uma lista abrangente de acomodações com sites e e-mails dos donos.

## Como chegar

Há de 6 a 9 ônibus que fazem o trajeto entre Mali Lošinj e Veli Lošinj por dia (15KN, 10 minutos). Para outras conexões de ônibus ou barco veja a p. 157. O escritório da **Jadrolinija** (☎231 765; www.jadrolinija.hr; Riva Lošinjskih Kapetana 22) tem informações sobre balsas e vende passagens.

## Como circular

Entre o fim de abril e a metade de outubro, um traslado sai a cada hora (10KN) e vai do centro da cidade para a área de hotéis e Sunčana Uvala e Čikat, até as 23h. Vá na **SanMar** (☎233 571; www.sanmar.hr; Priko 24) alugar mountain bikes (100KN por dia) e bicicletas motorizadas (250KN).

Não esqueça que você tem que pagar para entrar no centro de Mali Lošinj de carro (2 horas 12KN).

### VELI LOŠINJ

POP. 920

Apesar do nome (em croata, *veli* significa grande, e *mali*, pequeno), Veli Lošinj é muito menor, mais desanimada e um tanto mais vazia que Mali Lošinj, apenas 4km a noroeste. É um lugar excepcionalmente pitoresco, não muito mais que um amontoado de casas, cafés, hotéis e lojas em tons pastel em uma pequena ilha. Em abril e maio, às vezes aparecem golfinhos na boca estreita da baía.

Assim como sua vizinha, Veli Lošinj tem sua cota de capitães que construíram casarões e encheram seus jardins de plantas exóticas trazidas de longe. Você pode vislumbrar os casarões enquanto caminha pelas íngremes ruas que saem do porto. Os capitães também decoraram as igrejas da cidade, particularmente a de Santo Antônio, no porto.

Nos meses de verão, você vai ter que estacionar acima da baía e descer a pé pelas estreitas ruas de paralelepípedo. Rovenska, outra idílica enseada, fica a 10 minutos de caminhada ao longo da costa.

## Atrações e atividades

**Centro de Educação Marinha de Lošinj** CENTRO MARINHO
(www.blue-world.org; Kaštel 24; inteira/meia 15/10KN; ⏲9-13h e 18-22h jul e ago, 9-13h e 18-20h jun e set, 10-16h resto do ano) A atração mais instrutiva da cidade é o Centro de Educação Marinha de Lošinj, um ótimo passatempo que consegue ser divertido e educativo – as crianças vão adorar as apresentações audiovisuais, mas algumas ficam decepcionadas ao descobrir que não há golfinhos. A exposição inclui a vértebra de uma baleia (um bebê) de 11m e uma sala acústica onde você pode ouvir os cliques de comunicação entre golfinhos, um mural com as 12 espécies de baleias e golfinhos do Mediterrâneo, e tem suvenires à venda. O centro é um projeto da Blue World (veja quadro, p. 150).

**Museu da Torre** MUSEU
(entrada 10KN; ⏲10-13h e 16-22h ter-dom meados jun a meados set, 10-13h ter-sáb meados set a out e da Páscoa a meados junho) Essa impressionante torre de defesa, no labirinto de ruas atrás do porto, foi construída pelos venezianos em 1455 para defender a cidade de piratas. Vale a pena visitar, e há um pequeno museu e uma galeria dedicados à história marítima da ilha, com explicações em inglês. Dê uma olhada nos fragmentos de cerâmica romana, sabres austríacos e turcos, antigos cartões-postais e um modelo de um *bark* (barco) antigo antes de subir até as ameias e olhar a vista incomparável de Veli.

**Igreja de Santo Antão o Eremita** IGREJA
Construída em estilo barroco em 1774, a igreja é elaboradamente decorada com altares de mármore, uma rica coleção de pinturas italianas, um órgão de tubos e relíquias de são Gregório. Só abre na missa de domingo, mas você pode espiar o interior através do portão de metal.

**Galeria de Arte Ultramarin** GALERIA
(www.ultramarin.hr; Obala Maršala Tita 7; ⏲9-22h jun-ago) Galeria administrada por um casal que faz barcos decorativos, vasos e candelabros coloridos de madeira que chega pela correnteza à ilha.

## Onde dormir

As agências Val e Turist providenciam acomodação em casas particulares.

**Youth Hostel** HOSTEL €
(☎236 234; www.hfhs.hr; Kaciol 4; por pessoa 135KN; ⊙jun-out; @) Um dos melhores hostels da juventude da Croácia, o casarão reformado tem um clima amigável e uma equipe hospitaleira, parece mais um lugar de mochileiros à vontade do que um afiliado à rede YH. Os dormitórios (todos com armários com fechadura) são espaçosos, os quartos privados com vigas de pinheiro são elegantes, e o terraço é um ótimo lugar para conhecer pessoas e tomar uma cerveja (10KN a lata).

**Villa Mozart** POUSADA €€
(☎236 262; www.villa-mozart.hr; Kaciol 3; por pessoa 295KN; ❄@) Pousada atraente com 18 quartos estilosos; todos são pequenos, mas têm TV e banheiro, e alguns têm vista para o porto. O terraço do café da manhã é virado para as águas brilhantes do porto e para a igreja.

## Onde comer e beber

Os restaurantes-café no porto tendem a servir pratos italianos, frutos do mar e carnes baratos, mas não muito empolgantes.

**Bora Bar** MEDITERRÂNEA €€
(www.borabar.com; Baía de Rovenska 3; pratos principais a partir de 70KN; 📶) Paraíso dos amantes da trufa, esse restaurante chique e descontraído é fruto do sonho gastronômico do *chef* italiano Marko Sasso, que tem uma paixão (obsessão?) pelo fungo mágico. Delicie-se com o carpaccio de atum com aipo e trufa ou até com a *panna cotta* com mel trufado. Vinhos da Ístria e vegetais orgânicos regionais fazem parte do cardápio. Fica na Baía de Rovenska, a 10 minutos a pé de Veli.

**Ribarska Koliba** CROATA €€
(Obala Maršala Tita 1; www.konoba-ribarska-koliba.com; pratos principais a partir de 55KN) Logo depois da igreja, a antiga construção de pedra tem um lindo terraço ao lado do porto e serve saborosos pratos de carne (experimente o leitão no espeto) e frutos do mar.

**Saturn** BAR
(Obala Maršala Tita bb) Melhor bar da cidade, esse lugar aconchegante tem mesas viradas



### MUNDO AZUL

O **Instituto Blue World de Pesquisa e Conservação Marinha** (☎236 406; www.blue-world.org; Kaštel 24) é uma ONG com sede em Veli Lošinj fundada em 1999 para promover a consciência ambiental no Adriático. Hoje, tem um segundo escritório em Vis. A Blue World atinge o público com palestras, apresentações multimídia e com a organização do **Dia do Golfinho**, em Veli Lošinj, no primeiro sábado de agosto, com exposições de fotografia, uma feira ecológica, apresentações de rua, competições de polo aquático, caça ao tesouro e painéis com centenas de desenhos e pinturas feitas por crianças. É um belo evento.

Como parte do Projeto de Golfinhos do Adriático, a Blue World estuda golfinhos que frequentam a área entre Lošinj e Cres. Cada um recebe um nome e é catalogado por meio de fotos das marcas naturais vistas em suas nadadeiras dorsais.

Os golfinhos eram caçados na região nas décadas de 1960 e 1970, quando a pesca era recompensada pelo governo local – os pescadores eram pagos por cauda. A proteção começou em 1995, mas um declínio acentuado na população desses animais foi registrado entre 1995 e 2003. Depois, a Blue World conseguiu criar a **Reserva de Golfinhos de Lošinj**. Os números parecem estáveis, embora ainda ameaçados, em cerca de 120 indivíduos. Em agosto de 2009, um grupo de 60 golfinhos foi visto perto da Ilha de Trstenik, um recorde. De vez em quando são vistas também outras espécies, como o golfinho-listrado (e tubarões-elefante).

A maior ameaça para os golfinhos de Lošinj são os barcos, que fazem barulho e causam agitação. Em julho e agosto, os animais não são vistos perto da costa e evitam ir para o sul e o leste de Cres, onde fica a maior oferta de comida, pois é comum encontrar merluzas. A pesca excessiva também é uma preocupação, reduzindo a oferta de presas.

Você pode se envolver **adotando um golfinho** (150KN), o que ajuda o Projeto de Golfinhos do Adriático, ou sendo voluntário: um programa de dez dias custa a partir de €675 por pessoa, com descontos para estudantes.

## OS CAÇADORES E A CAÇA

A **ovelha tramontana**, nativa de Cres, só existe na ilha e se adaptou perfeitamente às pastagens cársticas desenvolvidas pelos ilírios há mais de mil anos. Mas, agora, a criação extensiva de ovelhas na ilha está em decadência. Há algumas décadas, Cres tinha 100 mil ovelhas tramontanas. Hoje, tem cerca de 15 mil. Um dos principais fatores desse declínio foi a introdução de **javalis**, feita pelo poderoso grupo de caçadores da Croácia. A população de javalis cresceu exponencialmente (já se espalharam até os acampamentos em Mali Lošinj), e eles atacam as ovelhas e carneiros – no inverno de 2006, o Centro Ecológico Caput Insulae, de Beli, registrou 2.500 carneiros mortos por javalis, mas acredita-se que os números reais sejam muito maiores.

A queda na população de ovelhas tem diversas formas de impacto no ecossistema. Não há carcaças suficientes para os **abutres-fouveiros** sobreviverem, e eles têm que ser alimentados por voluntários em áreas especiais. Como diminuíram os pastos, zimbros e espinheiros substituíram o gramado e as flores originais, resultando em uma queda da biodiversidade da região. Pequenos muros de pedra chamados *gromače* eram usados pelos criadores de ovelha para barrar o vento e evitar a erosão do solo, mas eles não são mais mantidos e muitos estão desmoronando.

para o porto, cadeiras de vime e almofadas e uma seleção eclética de música ocidental e croata. Nove quartos com bom custo-benefício ficam no andar de cima (reserve com a agência Val).

### Informações

**Erste Banka** (Obala Maršala Tita) Tem um balcão de câmbio. Há outros caixas eletrônicos em Veli.

**Palma** (☎236 179; www.losinj.com; Vladimira Nazora 22) Informações para turistas, câmbio, acesso à internet e acomodação em casas particulares.

**Correios** (Obala Maršala Tita 33; ⊙8-21h seg--sex, às 13h sáb).

**Turist** (☎236 256; www.island-losinj.com; Obala Maršala Tita 17) Faz passeios para Susak e Ilovik (120KN), providencia acomodação em casas particulares, troca dinheiro e aluga bicicletas (80KN por dia) e *scooters* (360KN).

**Val** (☎236 352; www.val-losinj.hr; Vladimira Nazora 29) Agência que reserva acomodação em casas particulares, faz excursões e tem internet (30KN por hora).

### Como chegar

De 7 a 9 ônibus por dia fazem o trajeto entre Veli Lošinj e Mali Lošinj (15KN, 10 minutos).

## Ilha de Cres

Cres tem um encanto selvagem, natural, que é inebriante e inspirador. Pouco povoada, é coberta de florestas primitivas e tem um litoral escarpado, com grandes penhascos, enseadas escondidas e cidades antigas no topo de montanhas. Céu aberto e lindas vistas fazem parte da programação em Cres, e é como se todas as ruas e os caminhos tivessem paisagens realmente muito belas – é uma ilha e tanto.

O lado norte de Cres, conhecido como Tramontana, é coberto de densas florestas de carvalho, carpino, castanheiras e alces. É um importante local de migração dos protegidos abutres-fouveiros (veja p. 154), e você pode ver esses pássaros enormes em um ótimo centro de visitantes em Beli, na costa leste.

Até recentemente, a principal fonte de renda de Cres era a criação de ovinos (o cordeiro da ilha é famoso por seu sabor), mas a introdução de javalis em seu ecossistema tem causado problemas e colocou uma cultura antiquíssima em perigo (veja o quadro acima).

As principais áreas habitadas ficam no lado oeste de Cres. A sudoeste de Valun ficam montanhas e a impressionante cidade medieval de Lubenice.

Os habitantes pronunciam "Tres".

### CIDADE DE CRES

POP. 2.340

Casas com terraços em tons pastéis e mansões venezianas abraçam o porto medieval da cidade de Cres, uma linda baía protegida e rodeada de colinas verdes com pinheiros e vegetação rasteira do Adriático.

A forte influência italiana na cidade data do século 15, quando os venezianos mudaram para a região após Osor ser atingida por pragas e pela peste. Prédios públicos e palácios aristocráticos foram construídos ao redor do porto, e uma muralha foi construída no século 16. Quando passear pelo calçadão à beira-mar e pelo labirinto de ruas antigas da cidade, você vai perceber as lembranças do domínio italiano, incluindo brasões de poderosas famílias venezianas e arcadas renascentistas.

## Atrações

**Trg Frane Petrića** PRAÇA CENTRAL

No final da Riva Creskih Kapetana fica a Trg Frane Petrića e um elegante **pavilhão municipal** do século 16, cenário de anúncios públicos, transações financeiras e festivais no período do domínio veneziano. Hoje, abriga uma feira toda as manhãs.

**Igreja de Santa Maria das Neves** IGREJA

(Sv Marije Snježne; Pod Urom; só missa) Atrás do pavilhão fica um portão do século 16 que leva para a Igreja de Santa Maria das Neves. A fachada é famosa pelo portal renascentista com um relevo da Virgem com o Menino. Vale a pena ver o sereno interior antes ou depois da missa e a *pietà* de madeira do século 15 (hoje dentro de um vidro protetor) no altar esquerdo.

**Ruta** CENTRO DE ARTESANATO

(571 835; www.ruta-cres.hr; Zazid 4; esporádico ou com hora marcada) Esse local fascinante é uma cooperativa que promove a tradição cultural da ilha de tecer e feltrar lã. Usando a lã descartada das ovelhas nativas de Cres, os artesãos fazem ótimos chinelos, chapéus, bolsas e roupas. Você pode ver a oficina, aprender sobre o feltro ou até tentar fazer você mesmo (aulas de 3 horas disponíveis por 150KN).

## Atividades

Há um lindo calçadão no lado oeste da baía, com áreas para tomar sol e nadar, e boas praias em volta do Hotel Kimen. A **Diving Cres** (571 706; www.divingcres.de, em alemão), no Autocamp Kovačine, oferece cursos e divertidos mergulhos. A **Cres-Insula Activa** (091 73 89 490; www.cres-activa.hr, em croata) organiza passeios de windsurfe, de bicicleta e escaladas. Dê uma passada na agência de turismo e pegue um mapa de caminhadas e trilhas ao redor de Cres.

## Onde dormir

É mais barato entrar em contato com agências de viagem e alugar um quarto particular. Quartos de solteiro custam a partir de 150KN por pessoa, os de casal começam em 220KN.

**Autocamp Kovačine** CAMPING €

(573 150; www.camp-kovacine.com; adulto/criança/barraca 76/31/71KN; Páscoa–meados out) Esse camping tem ótima localização. Fica na ponta de uma pequena península arborizada, então tem vista para o mar e a praia fica a um ou dois passos. Você vai encontrar lugar para tomar sol, banheiros abastecidos por energia solar, um restaurante e atividades à vontade, como basquete, vôlei e mergulho. Um quarto do camping é reservado para nudistas, e eles têm uma praia de nudismo própria. Fica a 1km da cidade.

**Tamaris** QUARTOS €€

(573 150; www.camp-kovacine.com; Melin 1/20; s/c 364/641KN; ) Parte do Autocamp Kovačine, esse pequeno prédio tem 13 suítes modernas com telefone e TV; alguns têm varandas com vista para o mar.

**Hotel Kimen** RESORT €€

(573 305; www.hotel-kimen.com; Melin 1/16; s/c 575/786KN; P ) Resort que se beneficia da localização na beira da praia e do terreno sombreado por pinheiros. Todos os quartos estão em ótimas condições e têm varanda; há um novo centro de bem-estar e wi-fi (gratuito). A maioria dos hóspedes é de famílias alemãs, italianas e croatas.

## Onde comer e beber

**Bukaleta** GRELHADOS €€

(571 606; www.bukaleta.hr; Loznati; pratos principais a partir de 44KN; abr-out) O cordeiro de Cres é a melhor fonte de faturamento do agradável restaurante, administrado há 30 anos pela mesma família. O cordeiro (a partir de 85KN) pode ser servido à milanesa, grelhado ou cozido no espeto; vegetarianos podem comer nhoque e massas. É um lugar simples, com bancos de madeira, toalhas xadrez e *rakija* (aguardente) caseira. Gostou tanto que não quer ir embora? Não precisa; eles têm quartos para alugar e não são caros (a partir de 240KN). O Bukaleta fica em Loznati, 5km ao sul da cidade, e há placas na estrada.

**Busola** MEDITERRÂNEA €€

(Kopača 2; pratos principais a partir de 60KN) Logo atrás da igreja, esse pequeno *konoba* tem um clima romântico, com mesas embaixo de uma arcada antiga e uma sala de jantar com vigas e paredes de pedra. É famoso pelo peixe fresco – é só escolher o seu na bancada de gelo.

**Café Inn Port** BAR-CAFÉ €
(Lungomare Sveti Mikule 4/1; lanches a partir de 10KN) Um pequeno e estiloso café que fica no calçadão, ao lado do porto, e tem um clima relaxado. É bom para saborear um café com croissant no começo do dia e para tomar uma cerveja à noite.

**Restaurant Riva** FRUTOS DO MAR €€
(Riva Creskih Kapetana 13; pratos principais a partir de 50KN) O restaurante tradicional tem um lindo terraço no porto e é a escolha de muitos locais para comer peixe e frutos do mar: lagosta, lula do Adriático e lagostim.

**Luna Rossa** ITALIANA €
(Palada 4b; pizzas a partir de 20KN, pratos principais a partir 38KN) É o melhor lugar de comida italiana, com uma seleção tradicional: pizza, macarrão, risotos e nhoque.

**Santa Lucia** FRUTOS DO MAR
(Lungomare Sveti Mikule 4; pratos principais a partir de 45KN) Peixe assado no sal é a especialidade desse restaurante no calçadão à beira-mar.

O **supermercado** (Trg Frane Petrića) fica na frente do pavilhão municipal.

## Informações

**Autotrans** (☎572 050; www.autotrans-turizam.com; Zazid 4) Ótima agência que arranja acomodação em casas particulares, bicicletas (20KN por hora), excursões e passagens de ônibus.

**Cresanka** (☎750 600; www.cresanka.hr; Varozina 25) Entre em contato para acomodação em casas particulares, excursões ou trocar dinheiro.

**Erste Banka** (Cons 8) Tem caixa eletrônico.

**Gonzo Bikes** (☎571 000) Aluga ótimas bicicletas (24 horas 90KN).

**Correios** (Cons 3; ⌚7h30-19h seg-sex, às 13h sáb)

**Agência de Turismo Croácia** (☎573 053; www.cres-travel.com; Melin 2/33) Arranja acomodação em casas particulares, tem acesso à internet (1KN por minuto) e aluga bicicletas e *scooters*.

**Escritório de turismo** (☎571 535; www.tzg-cres.hr; Cons 10; ⌚8-20h seg-sáb, 9-13h dom jul e ago, 8-14h seg-sex set-jun) Bem servida de mapas e panfletos, incluindo listas de acomodações com fotos.

## Como chegar

Dois ônibus por dia vão para Opatija (87KN, 2 horas) e 4 para Rijeka (107KN, 2h e 15min). Dois ônibus por dia também vão para Brestova, na Ístria (com a balsa 69KN, 1h e 30min).

Veja na p. 155 informações sobre rotas de ônibus entre Cres e Mali e Veli Lošinj.

### BELI

POP. 30

No coração da região Tramontana, na extremidade norte da ilha, com antigas matas virgens, vilarejos abandonados, capelas solitárias e mitos sobre elfos do bem, Beli é um dos assentamentos mais antigos da ilha e fica sobre uma montanha de 130m acima de uma bela praia de cascalho. Seus 4 mil anos de história podem ser sentidos nas estradas sinuosas e austeras casas de pedra tomadas por plantas. Você pode dar uma volta no nostálgico, mas pequeno, vilarejo em cerca de 5 minutos, parando em um mirante para admirar a vista impressionante do Adriático e das montanhas no continente.

## Atrações e atividades

**Centro Ecológico Caput Insulae** CENTRO ECOLÓGICO
(☎/fax 840 525; www.supovi.hr; Beli 4; inteira/meia 40/20KN; ⌚9-20h, fecha nov-mar) Parte parque natural, parte santuário para abutres-fouveiros ameaçados de extinção (veja quadro, p. 154), esse centro ecológico, criado em 1994, é dedicado ao cuidado e à manutenção do hábitat desses majestosos pássaros. Trabalha com fazendeiros da região para garantir uma oferta de ovelhas suficiente para a sobrevivência das aves e com capitães de navios para o resgate dos que estejam se afogando. Cerca de 12 abutres pequenos são salvos todo verão – esses filhotes não podem voar mais alto que 500m; muitos caem no mar e se afogam depois de ficarem atordoados com barcos passando perto demais. Os abutres-fouveiros estão seriamente ameaçados pelo declínio da criação de ovelhas por causa da introdução de animais para caça (particularmente do javali).

Uma visita ao centro, dentro de uma antiga escola, começa com apresentações que explicam a biologia e os hábitos dos abutres, mas o destaque são os próprios pássaros. Normalmente, há cerca de 15 pássaros batendo as asas em uma grande área atrás do centro cercada por uma rede. Eles têm também um abutre africano de pescoço vermelho (encontrado em uma praia na Croácia; acredita-se que ele foi mantido como animal de estimação). Fique de olho no céu e verá um dos pássaros sobrevoando sua cabeça.

O centro tem um bem estabelecido programa de voluntários que funciona o ano todo e também programas para a adoção de abutres (o que são €50 para salvar um

## O AMEAÇADO ABUTRE-FOUVEIRO

Com quase 3m de envergadura, medindo cerca de 1m de ponta a ponta e pesando entre 7 e 9kg, o abutre-fouveiro parece ser grande o suficiente para levar passageiros. Voa confortavelmente entre 40km/h e 50km/h, mas alcança velocidades de até 120km/h. Seu poderoso bico e o pescoço longo são perfeitamente adequados para remexer as entranhas de sua presa, que muito provavelmente será uma ovelha morta.

Achar preciosas carcaças de ovelha é um trabalho de equipe para os abutres. Normalmente, uma colônia de pássaros sai voando em uma formação de pente de até 1km. Quando um abutre vê uma carcaça, ele roda, dando sinal para seus vizinhos se juntarem ao banquete. Os pastores não se incomodam com os abutres, pois sabem que os pássaros impedem que qualquer doença ou infecção que possa ter matado uma ovelha se espalhe pelo rebanho.

O total conhecido de abutres-fouveiros na Croácia é de cerca de 230, com mais da metade deles vivendo nos penhascos no litoral de Cres e os outros em pequenas colônias nas ilhas de Krk e Prvić. Preferências na dieta dos pássaros significam que eles tendem a seguir as ovelhas, apesar de comerem outros mamíferos mortos e se colocarem em risco: os últimos pássaros do Parque Nacional de Paklenica morreram depois de comer raposas envenenadas, e, em 2000, 20 abutres morreram em Cres depois de comer carne envenenada.

A população de abutres-fouveiros tem proteção legal na Croácia por ser uma espécie ameaçada de extinção. Matar um pássaro ou incomodá-lo quando estiver no ninho implica uma multa de €5 mil. É raro alguém matar intencionalmente, mas como os filhotes não voam mais de 500m em dias sem vento, turistas em lanchas os fazem levantar voo e muitas vezes acabam ameaçando suas vidas. Cansados, caem na água e se afogam (os sortudos são resgatados e levados ao Centro Ecológico Caput Insulae, em Beli).

Os hábitos de acasalamento impedem o surgimento de uma grande população, pois um casal de abutres só tem um filhote por ano, e o pássaro demora cinco anos para amadurecer. Durante esse período, os abutres em fase de crescimento viajam muito: um pássaro marcado no Parque Nacional de Paklenica foi encontrado no Chade, a 4 mil km. Aos 5 anos, os abutres voltam para Cres (às vezes para a mesma rocha onde nasceram) para achar um companheiro, que será seu par para o resto da vida.

Acredita-se que os abutres vivam até 60 anos, mas é mais normal que eles vivam 35 – a taxa de mortalidade (prematura) é de 90%. Os perigos que os jovens pássaros enfrentam incluem as armas de caçadores italianos, envenenamentos e fios de eletricidade, mas de longe o maior problema é a queda na criação de ovelhas em Cres, que vem reduzindo a fonte de alimento a cada dia (veja p. 151). Agora, os abutres precisam ser alimentados em "restaurantes" espalhados pela ilha, onde uma equipe de voluntários distribui carne para os pássaros.



abutre-fouveiro?). Veja o jardim de ervas (em forma de labirinto) e as atrações criadas para entreter e educar as crianças.

A entrada do parque inclui o acesso às sete **trilhas ecológicas** (entre 1,5km e 20km) bem demarcadas que ligam os vilarejos abandonados de Tramontana passando por oliveiras, carvalhos, figos e romãzeiras e muros antigos de pedra. Há também 20 esculturas de pedra e labirintos dedicados aos antigos deuses eslavos e croatas, criados para conectar os visitantes ao espírito da natureza. Pegue folhetos informativos e mapas que explicam a história, cultura, a flora e a fauna da região.

**Diving Beli** MERGULHO
(840 519 www.diving-beli.com) Faz mergulhos de barco e na praia; quem não mergulha também pode ir aos passeios.

### Onde dormir e comer

**Pansion Tramontana** COMIDA DO CAMPO €
(840 519; www.beli-tramontana.com; pratos a partir de 40KN; P @ ) Ao lado do centro de abutres-fouveiros fica esse restaurante rústico, onde é servido churrasco de grandes pedaços de carne. Também são servidas ótimas saladas orgânicas e chope Guinness. No andar de cima, os quartos recentemente reformados (182KN a 378KN por pessoa) são muito agradáveis.

Na praia, a cerca de 1km da cidade, tem uma lanchonete e o pequeno **camping Brajdi**

(/fax 840 532; Beli bb; por pessoa e lugar 56KN; ⊙mai-set).

## Como chegar

No verão, 3 ônibus fazem o trajeto entre a cidade de Cres e Beli (29KN, 30 minutos) por dia, exceto aos domingos.

### OSOR

POP. 70

Hoje, o pequeno e histórico vilarejo de Osor é um dos lugares mais calmos que você pode imaginar, mas o estado atual das coisas esconde um grande (e problemático) passado.

O vilarejo fica em um estreito canal entre Cres e Lošinj que, acredita-se, pode ter sido cavado pelos romanos - por causa dele, Osor conseguiu controlar uma importante rota de navegação. No século 6º, foi estabelecida uma diocese com autoridade sob ambas as ilhas que durou toda a Idade Média. Até o século 15, Osor foi uma forte presença comercial, religiosa e política na região, mas uma combinação de peste, malária e novas rotas marítimas devastou a economia da cidade, que aos poucos foi entrando em decadência.

Hoje, está ganhando vida como cidade-museu, com igrejas, esculturas a céu aberto e sinuosas ruelas herdadas do centro da cidade no século 15. Porém, ainda não tem um escritório de turismo.

Quando estiver atravessando de Lošinj para Osor, você pode ter que esperar na ponte levadiça do **canal de Kavuada**, pois ela levanta 2 vezes por dia (às 9h e às 17h) para dar passagem aos barcos.

## Atrações

Entrando pelo portão no canal, você passa pelas antigas muralhas da cidade e ruínas do castelo antes de chegar ao centro da cidade.

**Museu Arqueológico** MUSEU
(entrada 10KN; ⊙10-13h e 19-22h ter-dom jun-set, 10-13h ter-sáb out-mai) Na praça principal da prefeitura do século 15, esse museu tem uma coleção de fragmentos de pedra e relevos dos períodos romano e do início do cristianismo, cerâmicas e esculturas.

**Igreja da Assunção** IGREJA
(Crkva Uznesenja; ⊙10-12h e 19-21h jun-set) Ao lado do museu fica a Igreja da Assunção, construída no final do século 15, com um lindo portal renascentista na fachada. Na parte de dentro, o altar barroco tem relíquias de são Gaudêncio, o padroeiro de Osor.

**Daleki Akordi** ESTÁTUA
Antes de sair da praça, veja a estátua *Daleki Akordi* (Cordas Distantes), de Ivan Meštrović, umas das muitas estátuas modernas e de tema musical da cidade.

## Festas e eventos

Durante as **Noites Musicais de Osor** (Osorske Glazbene Večeri) de meados de julho ao fim de agosto, artistas croatas de alto calibre fazem apresentações de música clássica na catedral e na praça central. Os escritórios de turismo de Mali Lošinj e Cres têm os detalhes.

## Onde dormir e comer

Há disponibilidade de acomodação em casas particulares e dois campings na região. Os escritórios de turismo de Mali Lošinj e Cres têm listas dos quartos e apartamentos.

**Osor Pansion** HOTEL, RESTAURANTE €
(☎237 135; ossero@rit-com.hr; Osor bb; q por pessoa 184-221KN, pratos principais a partir de 40KN; ⊙mar-nov; P ❄) Um jardim maravilhoso é o grande atrativo desse bem administrado restaurante, com mesas sob vinhas e entre arbustos floridos. O cardápio tem cordeiro de Cres e peixe do Adriático. No andar de cima, os 7 quartos com vigas de pinheiro são uma boa opção.

**Konoba Bonifačić** CROATA €€
(Osor 64; pratos principais a partir de 50KN) O restaurante, que fica em um jardim, tem um cardápio com gosto de comida caseira, com saborosos risotos, carne grelhada e peixes. Quando estiver lá, tome um dose de *grappa* de sabugueiro.

**Bijar** CAMPING €
(☎/fax 237 027; www.camps-cres-losinj.com; por pessoa 65KN) Localizado em uma adorável prainha de cascalho ótima para nadar. Entre as atividades, tênis de mesa, vôlei e basquete. Fica a 500m de Osor, no caminho para Nerezine.

**Preko Mosta** CAMPING €
(☎237 350; www.jazon.hr; Osor bb; por pessoa/lugar 55/43KN) Com vista para o canal, esse pequeno camping é simples e sombreado por alguns pinheiros.

## Como chegar

Todos os ônibus que saem de Cres (37KN, 45 minutos) e Mali Lošinj (30KN, 30 minutos) viajam pela única estrada da ilha, passando por Osor.

### VALUN

POP. 68

O belo vilarejo de Valun, a 14km de Cres, é cercado de penhascos e praias de cascalho.

VALE A VIAGEM

## LUBENICE

Sobre o cume de uma rocha exposta, 378m acima do litoral da ilha, esse vilarejo medieval é um dos lugares mais nostálgicos de Cres. Semiabandonado (a população é de 17 pessoas), o labirinto de antigas casas de pedra e igrejas que caracteriza Lubenice parece fundido à própria rocha, dando ao vilarejo o aspecto de uma fortaleza moura.

O **Ekopark Pernat** (☎513 010; www.ekoparkpernat.org), um centro de desenvolvimento sustentável com sede em Rijeka, tem trabalhado muito para manter Lubenice viva. Eles administram um **espaço cultural-educacional** (☎840 406; doação sugerida 7KN; ⏱9-22h Páscoa-out) no prédio de uma antiga escola na ponta do vilarejo, com uma pequena exposição sobre a criação de ovelhas, e organiza vários workshops.

Lubenice fica acima de uma das **praias** mais bonitas e isoladas de Kvarner, uma enseada acessível por uma trilha íngreme através da mata. A caminhada de 45 minutos é tranquila, mas a subida é mais desafiadora (você pode considerar a opção de pegar um barco táxi saindo de Valun ou Cres).

Outra razão para visitar Lubenice é a anual **Lubeničke Glazbene Večeri** (Noites Musicais de Lubenice), com concertos de música clássica ao ar livre todas as sextas-feiras à noite em julho e agosto.

O escritório de turismo em Cres tem listas das acomodações em casas particulares em Lubenice, apesar de não haver muitas opções para escolher.

Você vai encontrar dois lugares para comer ou beber: o **Konoba Hibernicia** (Lubenice 17; pratos principais a partir de 45KN), conhecido por seus pratos de cordeiro e presunto regional, e o **Bufet Loza**, na entrada do vilarejo, ótimo para tomar cerveja.

No verão, 2 ônibus por dia ligam Lubenice a Cres (29KN, 35 minutos), exceto aos domingos.



Estacione o carro e desça os íngremes degraus até a cidade velha e a praia. A baía de Valun e seus restaurantes raramente estão fechados, e o lugar tem uma agradável falta de barracas de suvenir e de movimento turístico.

Um **escritório de turismo** (☎525 050; ⏱8-21h jul e ago), um caixa eletrônico e uma filial da **Cresanka** (www.cresanka.hr; ⏱irregular) ficam a alguns passos do porto. A hospedagem é limitada e, normalmente, deve ser reservada com bastante antecedência.

A principal atração do vilarejo é a **Estela de Valun**, do século 11, guardada na paróquia da Igreja de Santa Maria (cujos horários de funcionamento são esporádicos). Com inscrições em glagolítico e latim, a lápide reflete a composição étnica da ilha, que foi habitada por descendentes de romanos e recém-chegados que falavam croata.

Os grandes atrativos de Valun são a tranquilidade e as **praias** de enseada. À direita do porto, uma trilha leva a uma praia de cascalho e um camping. A 700m do vilarejo fica outra praia agradável, cercada de pinheiros.

O idílico **camping Zdovice** (por pessoa 101KN; ⏱mai-set) é bem simples e ocupa uma região de antigos terraços agrícolas. Fica em uma praia ótima para nadar, tem uma quadra de vôlei e faz sucesso com famílias alemãs e austríacas. Não aceita reservas.

Valun tem 6 restaurantes, todos, exceto um, de frente para o mar. O **Konoba Toš-Juna** (Valun bb; pratos principais a partir de 40KN) é destaque em frutos do mar. Fica em um engenho de azeite reformado, com paredes de pedra e um lindo terraço no porto.

Valun não é bem atendida pelo transporte público. Um ônibus por dia vem de Cres (25KN, 20 minutos), e nenhum aos domingos. Ônibus que vão e voltam só saem 2 vezes por semana (segundas e quartas às 5h31 da manhã).

# ILHA DE KRK

A maior ilha da Croácia, conectada ao continente por uma ponte, Krk (*Veglia* em italiano) é também uma das mais cheias – no verão, alemães e austríacos enchem as casas de praia, os campings e hotéis. Não é a ilha mais magnífica, nem a mais bonita (na verdade, é desenvolvida demais), mas com certeza você vai achar Krk um bom lugar para visitar, com transporte fácil e infraestrutura.

O litoral noroeste da ilha é rochoso, íngreme e pouco habitado por causa do violento *bura*, um vento que sopra na região durante o inverno. O clima é mais ameno no sul, com mais vegetação e praias, enseadas e baías. As cidades mais importantes - Krk, Punat e Baška - ficam no litoral sudoeste, uma região de florestas.

Na região central, Krk é uma boa base. A vizinha Punat é porta de entrada para a ilha e o mosteiro de Košljun. A praia de Baška, em uma longa baía de areia na base de uma cadeia de montanhas, é um destino popular. Na costa leste e fora da rota comum, Vrbnik é um vilarejo medieval no topo de um penhasco conhecido pelo vinho *žlahtina*.

### História

Os habitantes conhecidos mais antigos de Krk foram os membros da tribo ilíria dos liburni, seguidos pelos romanos, que se fixaram no litoral norte. Mais tarde, Krk foi incorporada ao império Bizantino e depois passou por reis venezianos e croatas-húngaros.

No século 11, Krk se tornou um centro do dialeto glagolítico. O manuscrito preservado mais antigo que existe foi encontrado em um antigo mosteiro beneditino na cidade de Krk. O glagolítico foi usado até o século 19 na região.

Em 1358, Veneza concedeu o domínio da ilha aos duques de Krk, mais tarde conhecidos como os Frankopans, que se tornaram uma das famílias mais ricas e poderosas da Croácia. Apesar de serem vassalos de Veneza, eles governaram com certa independência até 1480, quando o último membro da linhagem colocou a ilha sob proteção de Veneza.

Apesar de o turismo ser a principal atividade na ilha, há dois pequenos estaleiros em Punat e Krk e um pouco de agricultura e pesca.

## Como chegar

O aeroporto de Rijeka fica em Krk, o principal ponto de partida de voos para Kvarner, apesar de ser pouco usado – algumas companhias aéreas baratas e de fretados voam nos meses de verão. A ponte de Krk liga a parte norte da ilha ao continente.

Doze balsas da Jadrolinija ligam Valbiska a Merag (passageiro/carro 18/115KN, 30 minutos), em Cres, no verão; no inverno, as viagens são reduzidas, mas ainda regulares. A Split Tours opera uma balsa entre Valbiska e Lopar (37KN/225, 1h e 30min), em Rab, 4 vezes por dia no verão e 2 vezes por dia no resto do ano, quando os preços são menores.

Rijeka e Krk estão ligadas por 9 a 13 ônibus por dia (56KN, 1 a 2 horas), alguns passando por Punat. De segunda a sexta, 2 ônibus por dia seguem até Vrbnik (25KN, 35 minutos). Nove ônibus por dia fazem o trajeto entre Baška e Krk (29KN, 45 minutos). Todos os serviços são reduzidos, se funcionarem, nos fins de semana.

Seis ônibus diários vão de Zagreb para Krk (179KN a 194KN, 3 a 4 horas). Não esqueça que algumas linhas são mais diretas que outras, que param em todos os vilarejos no caminho. Dois ônibus rápidos da **Autotrans** (www.autotrans.hr) saem por dia. Fora do verão, todos os serviços são reduzidos.

Para ir de Krk para Cres e Lošinj, mude em Malinska para o ônibus em direção a Lošinj que vem de Rijeka ou Zagreb, mas verifique os horários de saída e partida no site, pois as conexões só funcionam bem em alguns horários.

## Como circular

As conexões entre as cidades são frequentes porque muitos dos ônibus de e para Rijeka pegam passageiros nas principais cidades da ilha.

# Cidade de Krk

POP. 3.373

No litoral sul da ilha, a cidade de Krk aglomera-se em torno de um centro medieval cercado por um muro e, espalhando-se pelas praias e montanhas ao redor, uma área de desenvolvimento mais moderno tem um porto, praias, campings e hotéis. O calçadão à beira-mar pode ficar muito cheio no verão, com turistas e croatas transbordando nas estreitas ruas de paralelepípedo que formam a antiga parte da cidade.

Tirando a multidão, esse labirinto de pedra é o grande destaque da cidade. No assentamento romano de outrora, ainda há partes das antigas muralhas e portões da cidade, e também uma catedral de estilo românico e um castelo Frankopan do século 12.

Você não precisa de mais que algumas horas para ver as atrações da cidade, mas saindo de Krk é fácil explorar o resto da ilha.

## Atrações

**Catedral da Assunção** IGREJA

(Katedrala Uznesenja; Trg Svetog Kvirina; (missa de manhã e à noite) No local de um antigo balneário romano e uma basílica antiga, essa imponente estrutura românica data do século 12. Repare na gravura na coluna do lado do abside, do início do cristianismo, de dois pássaros comendo um peixe. Na nave esquerda há uma capela gótica do século 15, com brasões dos príncipes Frankopan que usavam a capela como lugar de adoração.

**São Quirino** IGREJA

(Trg Svetog Kvirina; entrada 5KN; ⏲9-13h seg-sáb) O campanário da catedral, do século 18 e com um anjo no topo, é dividido com a vizinha São Quirino, uma igreja do início do estilo românico construída em pedra branca e dedicada ao padroeiro da cidade. O **museu da igreja** é um tesouro de arte sacra, com um retábulo de prata de 1477 da Virgem Maria e um políptico de Paolo Veneziano.

**Kaštel** FORTALEZA

(Trg Kamplin) A fortaleza à beira-mar em ruínas protegia a cidade velha contra ataques de piratas. Há uma torre do século 12 que já foi usada como um tribunal Frankopan e outra torre redonda de defesa construída pelos venezianos. Hoje, no verão, o castelo é palco de concertos e peças ao ar livre.

## Atividades

Pegue um mapa da ilha no escritório de turismo e explore de bicicleta as estradas em volta da cidade: a **Speed** (☎221 587; S Nikolića 48) e a **Losko** (☎091 91 50 264), que ficam na estação de ônibus, alugam bicicletas por 80KN o dia.

Escolas de mergulho como a **Diving Centre Krk** (☎222 563; www.fun-diving.com; Braće Juras 3) e a **Adria Krk** (☎604 248; Creska 12) oferecem cursos e mergulhos em volta da ilha. Alguns dos melhores passeios são o *Peltastis*, um navio de carga grego de 60m que naufragou, e os corais de Punta Silo e Kamenjak, ricos em vida marinha, com cobras do mar e polvos e uma variedade de cavernas submarinas.

O excelente **Wakeboard Club Krk** (☎091 27 27 302; www.wakeboarder.hr; 5 voltas 50KN; ⏲abr-set) tem um teleférico de 650m para wakeboard e esqui na água, que anda a uma velocidade de 32km/h. Não se sinta intimidado: a maioria dos clientes é totalmente iniciante. Se você for mais experiente, pode alugar *wakeboards*, *wakeskates* e roupas de lona. Fica entre Krk e Punat.

## Festas e eventos

Todo ano, em julho e agosto, o **Festival de Verão de Krk** tem shows, peças e apresentações de dança em um antigo mosteiro franciscano (a 500m do porto) e nas praças da cidade velha. O escritório de turismo tem a programação. A **Feira de Krk** é um evento de inspiração veneziana que toma conta da cidade durante 3 dias no meio de agosto, com shows, pessoas fantasiadas com trajes medievais e barracas que vendem comida típica.

## Onde dormir

A cidade velha só tem um hotel; todos os outros ficam em um grande complexo a leste do centro e são mais voltados para famílias. Consulte as opções de acomodação em casas particulares com as agências de viagem. O único hostel da cidade é bem caído.

**Hotel Marina** HOTEL-BUTIQUE €€€

(☎221 357; www.hotelikrk.hr; Obala Hrvatske Mornarice 6; q/ste 890/1.606KN; P ❄ @ ᯤ) É o único hotel na cidade velha e é muito bom. Fica de frente para o mar, em um lugar privilegiado, e você pode observar o porto e os iates das varandas de alguns dos 10 quartos (reserve um quarto com terraço para ter as melhores vistas). Todos têm decoração moderna e estilosa e banheiros descolados.

**Bor** HOTEL DE PRAIA €€

(☎220 200; www.hotelbor.hr; Šetalište Dražica 5; s/c a partir de 471/825KN; ⏲abr-out; P ᯤ) Muito próximo de uma pequena praia e uma bela costa rochosa, esse pequeno hotel tem 22 quartos modestos, alguns com varanda, e um adorável terraço. É cercado de pinheiros antigos e fica a 10 minutos de caminhada do centro da cidade. Os preços caem consideravelmente na baixa estação.

**Autocamp Ježevac** CAMPING €

(☎221 081; camping@valamar.com; Plavnička bb; por adulto/lugar 47/59KN; ⏲meados abr-meados out) Camping de frente para a praia, com lugares sombreados em antigos terraços agrícolas; bons lugares para nadar e fazer churrasco. Dez minutos de caminhada da cidade.

**Politin FKK** CAMPING €

(☎221 351; www.camping-adriatic.com; por adulto/lugar 46/56KN; ⏲meados abr-set; ᯤ) Atraente camping de nudismo na arborizada Península de Prniba, a uma pequena distância da cidade e com vistas para as ilhas de Plavnik e Cres. Tem wi-fi gratuito, e a área de chuveiros foi recentemente reformada.

**Camping Bor** CAMPING €

(☎221 581; www.camp-bor.hr; Crikvenička 10; por adulto/barraca 46/29KN; ⏲abr-out) Em um colina com bosques de oliveira e florestas de pinheiro, esse camping tem bons chuveiros e um restaurante. Fica a 10 minutos de caminhada da praia.

**Hostel Krk** HOSTEL €
(☎220 212; www.hostel-krk.hr; D Vitezića 32; por pessoa 145KN) O hostel está em péssimas condições, e o adorável prédio histórico que ele ocupa precisa desesperadamente de atenção. Costuma estar vazio, mas será suficiente por uma noite.

## Onde comer

**Konoba Nono** CROATA €
(Krčkih Iseljenika 8; pratos principais a partir de 40KN) Restaurante de estilo rústico famoso pela comida típica de Krk. Experimente a especialidade da casa, o *šurlice sa junećim* (macarrão com *goulash*). O Nono tem até sua própria prensa de azeite, e os donos vão convencê-lo a experimentar o produto da casa.

**Galija** PIZZA €
(www.galija-krk.com; Frankopanska 38; pratos principais a partir de 45KN) Longe da praia, nas ruas estreitas da cidade velha, a romântica e festiva construção de pedra é metade *konoba*, metade pizzaria. Deguste sua pizza *margarita* ou *vagabondo*, massas, risoto, carne grelhada ou peixe fresco debaixo do teto de vigas de madeira.

**Konoba Šime** CROATA €
(Antuna Mahnića 1; pratos principais a partir de 45KN) A localização, de frente para o porto, é imbatível, e a comida é a melhor da região cheia de restaurantes: massas, *ćevapčići* (linguiças apimentadas de carne bovina, cordeiro ou porco) e lula fresca do Adriático.

Para comprar comida, há um supermercado bem abastecido na Stjepana Radića.

## Onde beber e entretenimento

**Casa dei Frangipane** BAR-CAFÉ
(Šetalište Svetog Bernardina bb) Esse bar estiloso fica de frente para o mar, e o café no terraço tem uma seleção ótima (e uma lista completa de coquetéis). Experimente os bolos, como o *baklava* fresco. Funciona também à noite: a área interna funciona como uma balada, com DJs e dança.

**Volonis** BAR, BALADA
(Vela Placa) Drinques e *lounge music* compõem o cenário desse lugar elegante, com um terraço ao ar livre e o interior que parece uma caverna (tem até uma coleção de relíquias arqueológicas). Nos finais de semana, DJs se apresentam ao vivo.

**Jungle** BALADA
(Stjepana Radića bb; ⌚mai-set) A balada atrai um público mais jovem, com batidas e remixes pesados. A decoração estilo Tarzan conta com trepadeiras ao melhor estilo floresta tropical subindo pelas paredes. Não é nada discreta.

## Informações

**Aurea** (☎221 777; www.aurea-krk.hr; Vršanska 26l; ⌚8-14h e 15-20h) Excursões de ônibus e barco pela ilha. Pode reservar acomodação em casas particulares.

**Autotrans** (☎222 661; www.autotrans-turizam.com; Šetalište Svetog Bernardina 3) Instalada na rodoviária, providencia acomodação em casas particulares e vende passagens de ônibus.

**Erste Banka** (Trg Bana Josipa Jelačića 4) Troca dinheiro e tem um caixa eletrônico.

**Hospital** (☎221 224; Vinogradska bb)

**Krk Sistemi** (☎222 999; Šetalište Svetog Bernardina 3; internet por 10KN 20min; ⌚9-14h e 17-22h seg-sáb, 10-21h dom) Vende vales para o wi-fi e tem terminais para navegar na internet.

**Correios** (Bodulska bb; ⌚7h30-21h seg-sex, às 14h sáb) Dá para pegar dinheiro com o cartão de crédito.

**Escritórios de Turismo** (☎220 226; www.tz-krk.hr, em croata) Obala Hrvatske Mornarice (Obala Hrvatske Mornarice bb; ⌚8-20h jun--set, às 14h dom Páscoa-mai e out); Vela Placa (Vela Placa 1; ⌚8-15h seg-sex) O útil escritório temporário de turismo distribui panfletos e materiais, como um mapa de trilhas, e dá dicas



VALE A VIAGEM

### PAZ NA PRAIA

Muitas das melhores praias de Krk são muito urbanizadas e ficam lotadas no verão. Em busca de tranquilidade, vá para o sul de Punat na estrada solitária que vai para Stara Baška (não sudeste, para Baška). É uma viagem bem legal através de morros íngremes e áridos numa paisagem lunar. A própria Stara Baška é um aglomerado de casas de férias e campings, mas se você estacionar 500m antes do primeiro camping, há uma série de praias de cascalho e areia ótimas para um banho. Você terá que estacionar na estrada e descer a pé um dos caminhos pedregosos para chegar ao mar.

em muitas línguas. No inverno, vá ao escritório central, que fica próximo.

## Punat

POP. 1.789

Oito quilômetros ao sul de Krk fica a pequena cidade de Punat, frequentada por iates por causa de sua marina. A principal atração da cidade é o mosteiro na ilhota de Košljun, a apenas 10 minutos de barco. A minúscula ilha tem um **mosteiro franciscano** (entrada 20KN; ⌚9h30-18h seg-sáb, 10h30-12h30 dom) do século 16 construído no lugar de uma abadia beneditina do século 12. Os destaques são uma grande e apropriadamente arrepiante pintura do *Juízo Final*, feita em 1653, na igreja do mosteiro, e o pequeno museu com uma exposição modesta de outras pinturas religiosas, uma coleção etnográfica e uma cópia rara do *Atlas* de Ptolomeu, impressa em Veneza no final do século 16. Tire um tempinho extra para passear pelas florestas da ilha, com 400 espécies de plantas.

É fácil chegar à Košljun saindo de ônibus de Krk. Barcos-táxi fazem a travessia saindo do porto (25KN ida e volta). No verão, você vai encontrar várias pessoas interessadas em dividir um barco.

Com um lindo calçadão cheio de *gelaterias* e praias decentes em seus arredores, Punat também pode ser uma alternativa de lugar para ficar, apesar de ser bastante calma. É melhor seguir pela costa, onde há dois campings. O enorme **Camping Pila** (☎854 020; www.hoteli-punat.hr; Šetalište Ivana Brusića 2; por adulto/lugar 41/130KN; ⌚abr-meados out; @), perto do centro da cidade, é bom para tipos organizados que gostam de boas instalações – você vai encontrar um cybercafé e banheiros inteligentes, e é tudo ecológico (como a energia solar). Outra alternativa é o camping de nudismo **FKK Konobe** (☎854 049; www.hoteli-punat.hr; Obala 94; por adulto/lugar 51/98KN; ⌚meados abr-set; 📶), cerca de 3km ao sul, que tem um clima menos desenvolvido e uma ótima localização, ao lado de uma praia da blue-flag (Programa Bandeira Azul).

## Vrbnik

POP. 947

No topo de um penhasco de 48m com vista para o mar, Vrbnik é um belo vilarejo medieval de ruas íngremes e com arcadas. Não é nenhum segredo (excursões passam no vilarejo de vez em quando), mas na maior parte do ano o lugar é calmo.

Vrbnik já foi o centro do dialeto glagolítico, acumulando muitos manuscritos. A língua foi mantida viva por padres, que sempre foram abundantes na cidade, pois muitos jovens entravam no sacerdócio para evitar terem de servir nos navios venezianos.

Hoje, o vilarejo é um ótimo lugar para curtir a paisagem e experimentar o vinho branco *žlahtina*, produzido na região. Depois de passear pelas vielas apertadas de paralelepípedo, desça até a praia da cidade para nadar.

O pequeno **escritório de turismo** (☎857 479; Placa Vrbničkog Statuta 4; ⌚8-15h seg-sex, 9-13h sáb e dom jul e ago) tem poucas informações. A **Mare Tours** (☎604 400; www.mare-vrbnik.com; Pojana 4) é uma fonte alternativa de informação, promove passeios pela cidade e a região e oferece acomodação em casas particulares (reserve com antecedência).

👍 **Restaurant Nada** (www.nada-vrbnik.hr; Glavača 22; pratos principais a partir de 55KN) é o restaurante mais famoso desse lado de Krk e faz jus à sua fama. O terraço coberto no andar de cima é um bom lugar para experimentar o cordeiro de Krk, *šurlice* com *goulash*, risoto de lagosta ou peixe salgado. Você pode também descer à adega (somente de março a novembro) e experimentar o queijo de ovelha, vinho, *prosciutto* e azeite em meio aos barris de vinho. Os donos do Nada também alugam elegantes casas de pedra na cidade e nos arredores.

Durante a semana, 4 ônibus por dia vão de Krk à Vrbnik (25KN, 20 a 35 minutos), alguns passando por Punat, e voltam. Não há ônibus no fim de semana.

## Baška

POP. 904

A estrada até a extremidade sul da Ilha de Krk é maravilhosa, passando por um vale fértil cercado por montanhas erodidas. A estrada acaba em Baška, uma das principais estâncias de Krk, onde há uma linda praia em forma de meia-lua cercada de colinas áridas. E, com os picos dramáticos do continente do outro lado, você fica cercado de montanhas altas.

No entanto, e esse é um problema considerável, no verão os turistas esticam suas toalhas lado a lado e o que costumava ser uma praia linda e estreita se torna uma briga por um lugar ao sol. O calçadão de Baška sofre também de um pouco de excesso de suvenires baratos.

O pequeno núcleo de casarões venezianos do século 16 é agradável, mas é cercado por construções turísticas, com blocos de apartamentos e restaurantes genéricos. Mas a infraestrutura é boa, e há boas trilhas nas montanhas ao redor, além de praias mais isoladas ao leste da cidade, onde você pode chegar andando ou em um táxi aquático.

## Atrações e atividades

Uma das trilhas leva até a **Igreja de Santa Lúcia** (Sveta Lucija; entrada 10KN; ⌚8-12h e 14-20h), românica, no vilarejo de Jurandvor, a 2km de distância; nela foi encontrada a tábua de Baška, do século 11. A que fica na igreja é uma réplica, pois a original está no Museu Arqueológico em Zagreb.

Várias caminhadas populares começam em torno do Camping Zablaće, como uma impressionante trilha de 8km até Stara Baška, uma baía rodeada de rígidas montanhas de calcário lavadas pelo sal.

Há também dois lugares de **escalada** na região; o escritório de turismo tem mapas e informações.

## Onde dormir

Entre em contato com as agências **PDM Guliver** (☎/fax 856 004; www.pdm-guliver.hr; Zvonimirova 98) ou **Primaturist** (☎856 132; www.primaturist.hr; Zvonimirova 98) para arranjar acomodação em casas particulares. Normalmente, há uma permanência mínima de 4 noites no verão (ou uma pesada taxa), e os quartos lotam rápido. Muitos hotéis e os dois campings são administrados pelo grupo **Hoteli Baška** (☎656 111; www.hotelibaska.hr).

**Hotel Tamaris** HOTEL DE FRENTE PARA A PRAIA €€€
(☎864 200; www.baska-tamaris.com; q a partir de 899KN; P ❄ ᯤ) Esse pequeno hotel três estrelas tem quartos decentes, ainda que pequenos, com carpete e em bom estado – a maioria tem banheiros recentemente reformados e TV a cabo. Fica de frente para a praia e seu café-restaurante é um ótimo lugar para observar a baía.

**Atrium Residence Baška** HOTEL DE FRENTE PARA A PRAIA €€€
(☎656 111; www.hotelibaska.hr; q a partir de 878KN; P ❄ ᯤ) O Atrium Residence Baška cumpre seu papel, com quartos e apartamentos modernos e elegantes, muitos com vista para o mar. Mas não esqueça que a sede do grupo de hotéis fica a 1km da praia, e você terá que andar até as piscinas e o centro de bem-estar.

**FKK Camp Bunculuka** CAMPING €
(☎856 806; www.bunculuka.info; por adulto/lugar 47/98KN; ⌚abr-out) Esse sombreado camping de nudismo fica a 15 minutos de caminhada pela montanha a leste do porto, em uma bela praia. Possui boas atrações para crianças, como minigolfe e tênis de mesa, além de um restaurante, um mercado de frutas e verduras e uma padaria.

**Camping Zablaće** CAMPING €
(☎856 909; www.campzablace.info; por adulto/lugar 47/98KN; ⌚abr-meados out) Se espalha em uma longa praia de cascalho e tem bons chuveiros e lavanderia.

## Onde comer

Ali, só há refeições turísticas básicas, com poucas exceções.

**Cicibela** INTERNACIONAL €€
(Emila Geistlicha bb; pratos principais a partir de 60KN) É o mandachuva da região, com cadeiras estilosas e um menu tentador com pratos de peixe, carne e frutos do mar. Fica na ponta leste do calçadão.

**Bistro Forza** INTERNACIONAL €
(Zvonimirova 98; pratos principais a partir de 40KN) Uma boa opção de comida barata, o restaurante serve pizza, carne grelhada, massas e saladas.

Para comprar comida, há diversos mercados.

## Informações

Perto da estação de ônibus, entre a praia e o porto, fica o **escritório de turismo** (☎856 817; www.tz-baska.hr; Zvonimirova 114; ⌚7-21h seg-sáb, 8-13h dom jun-meio de set, às 14h seg-sex meados set-mai). Quem for caminhar deve passar no escritório de turismo e pegar um mapa de trilhas. A equipe sabe falar quatro idiomas.

# ILHA DE RAB

Rab (*Arbe* em italiano) é a ilha mais atraente de Kvarner quando o assunto é a diversidade da paisagem. O sudoeste, mais habitado, é cheio de florestas de pinheiros, praias e enseadas, enquanto a costa nordeste é uma região de ventos, com poucos habitantes, penhascos altos e um aspecto árido, infértil. No interior, terras férteis são protegidas dos ventos frios pelas montanhas, permitindo o cultivo de oliveiras, uvas e vegetais. A Península de Lopar tem as melhores praias de areia.

A vitrine cultural e histórica da ilha é a encantadora Cidade de Rab, caracterizada

# Ilha de Rab

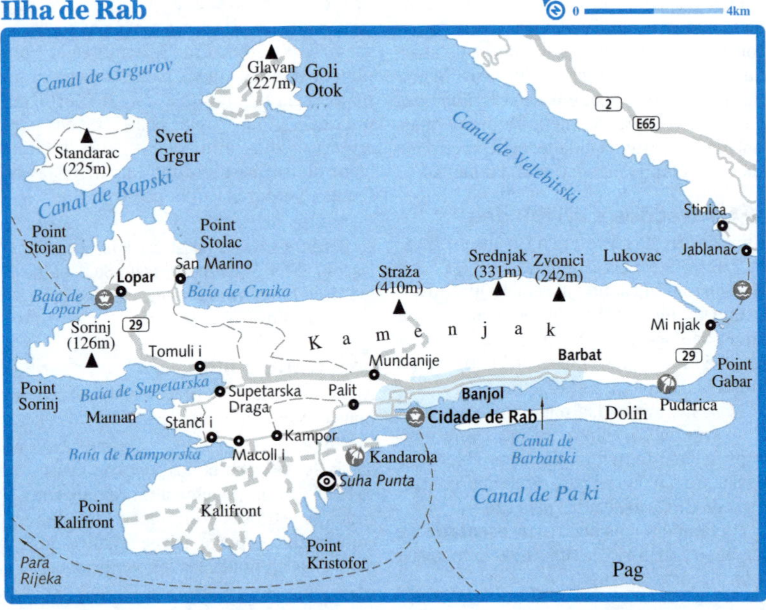




por 4 elegantes campanários elevando-se das ruas de pedra. Mesmo no ápice do verão, quando a ilha é invadida por visitantes, você ainda pode se sentir fazendo descobertas ao passear pela parte antiga da cidade ou fugir para praias desertas próximas, que ficam a uma rápida viagem de barco. Na primavera e no outono, Rab é um ótimo lugar para visitar, pois o clima é ameno e a cidade tem poucos visitantes.

### História

Habitada originalmente pelos ilírios, Rab passou por períodos de domínio romano, bizantino e croata antes de ser vendida para Veneza, junto com a Dalmácia, em 1409. Fazendas, pesca, vinhedos e a produção de sal eram os pilares econômicos da cidade, mas a maior parte da renda ficava para Veneza. No século 15, duas epidemias de peste quase dizimaram a população e levaram a uma paralisação da economia.

Quando Veneza caiu, em 1797, houve um curto período de domínio austríaco até a chegada dos franceses, em 1805. Depois da queda de Napoleão, em 1813, o poder voltou para as mãos dos austríacos, que favoreciam a elite italianizada, e somente em 1897 o croata se tornou a língua "oficial". A indústria do turismo começou na virada do século 20. Após o fim do império Austro-Húngaro, em 1918, Rab se tornou parte do Reino da Iugoslávia. Ocupada por tropas italianas e depois alemãs no início dos anos 1940, a cidade foi libertada em 1945. No governo de Tito, Goli Otok ("Ilha Estéril"), ao largo da Península de Lopar, funcionava como uma famosa prisão; estalinistas, anticomunistas e adversários políticos eram secretamente enviados para a pequena ilha e mantidos em condições terríveis.

Hoje em dia, o turismo é comum em Rab, com vários estabelecimentos especialmente construídos para essa finalidade. Mesmo com a guerra nos anos 1990, Rab conseguiu manter os turistas austríacos e alemães.

## Como chegar

A balsa da Split Tours entre Valbiska, em Krk, e Lopar (passageiro/carro 37/225KN, 1h e 30min) sai 2 vezes por dia (outubro a maio) e 4 vezes por dia na alta estação; os preços caem no inverno.

Nos meses de verão, uma balsa de carros da Rapska Plovidba faz o trajeto de ida e volta sem parar entre Mišnjak, na extremidade sudeste da ilha, e Jablanac (passageiro/carro 16/94KN, 20 minutos), no continente; mesmo no inverno, são feitas 12 viagens por dia. Um novo porto está sendo construído em Jablanac e vai permitir que balsas maiores façam o trajeto, conhecido por suas filas, triplicando a capacidade a partir de 2011.

A cidade de Rab tem uma conexão por dia com Lun (58KN, 40 minutos), em Pag; a balsa da Rapska Plovidba sai todo dia, mas visitas de um dia só são possíveis às terças, quintas e sextas. Entre junho e setembro, a Jadrolinija tem um rápido catamarã (só para passageiros) entre Rijeka e Rab (40KN, 2 horas); segue até Novalja, em Pag.

Não há ônibus direto de Rab para Zadar, mas vários ônibus diários fazem conexão em Senj com ônibus de Rijeka indo para Zadar (210KN, 5 horas). Dois ônibus por dia ligam Rab à Rijeka (129KN, 3 horas). Na alta estação, de 3 a 4 ônibus por dia vão direto de Zagreb para Rab (197KN, 4 a 5 horas); reserve antes, pois essa rota é cheia.

### Como circular

De Rab para Lopar (25KN, 15 minutos), há 11 ônibus diários (9 aos domingos) em ambas as direções; alguns horários são programados para encontrar a balsa Valbiska-Lopar.

Existe um serviço de táxi aquático entre Rab e Suha Punta (25KN) que sai 4 vezes por dia em julho e agosto, diretamente do porto. Barcos podem levar passageiros para qualquer praia na ilha de nudismo, como Frkanj e Kandarola (25KN por pessoa; ambos quase a cada hora de junho a setembro).

## Cidade de Rab

POP. 556

A cidade medieval de Rab está entre as atrações mais espetaculares do norte do Adriático. Espremida em um estreita península, seus 4 campanários instantaneamente reconhecíveis saem como pontos de exclamação de uma confusão de casas de pedra e tetos vermelhos. Um labirinto de ruas leva até a parte mais alta da cidade, onde há antigas igrejas e maravilhosos mirantes. É um belo cenário, com as águas azuis do pequeno porto de Rab em contraste com a cadeia de montanhas da ilha, que protege a baía dos gelados ventos *bura*. Depois de aproveitar a cidade, excursões e barcos levam os turistas para as belas praias espalhadas pela ilha.

A 5 minutos de caminhada da cidade velha fica o envelhecido e deteriorado centro comercial, com lojas e a estação de ônibus.

### Atrações

É uma delícia vagar pelas estreitas vielas de Rab e explorar o porto, a parte alta da cidade e os parques.

#### Cidade Alta

As principais atrações de Rab são as igrejas e torres históricas, espremidas na estreita rua Gornja Ulica (e sua continuação, Ivana Rabljanina), na Cidade Alta. Todas as igrejas a seguir só abrem para as missas de manhã e à noite mas, mesmo quando elas estão fechadas, você pode espiar pelos portões de metal para ver os interiores.

**Igreja e Torre de São João** IGREJA EM RUÍNAS
(Svetog Ivana; entrada para a torre 5KN; ⌚10-13h) Chegando em Gornja do oeste, a igreja é a primeira coisa que você encontra – acredita-se que ela seja do século 5º. Hoje, a basílica de estilo românico está em ruínas, apesar de algumas colunas e pilares ainda estarem de pé. Suba no **campanário**, do século 12, e admire a vista do mar.

**Igreja da Cruz Sagrada** IGREJA
(Svetog Križa) A igreja do século 13 tem uma cruz na qual Cristo supostamente chorou por causa da conduta imoral dos habitantes da cidade. Hoje, é palco de shows durante as Noites Musicais de Rab.

**Igreja de Santa Justina** IGREJA
(Svete Justine) Essa igreja (atualmente em reforma) possui um campanário de 1572 e uma coleção de artefatos religiosos. Fica ao lado da bela **Trg Slobode**, que tem um carvalho e vista para o mar.

**Igreja de Santo André** IGREJA
(Svetog Andrije) Tem o campanário mais antigo de Rab. Olhe pela treliça e verá uma nave tripla; parte do reboco foi descoberto para revelar a pedra original.

**Campanário** TORRE DO SINO
(Svetog Andrije; entrada 7KN; ⌚10-13h e 19h30-22h mai-set) O campanário mais alto de Rab, e um dos mais bonitos em todo o litoral da Croácia, data do século 13. Esse edifício de 26m é encimado por uma pirâmide octagonal cercada por uma balaustrada românica e apresenta uma cruz com cinco pequenos globos e relicários de vários santos. Suba a escadaria muito íngreme e sairá bem ao lado do mecanismo dos sinos, e uma vista estonteante dos telhados da cidade velha e do mar.

**Santa Maria Maior** IGREJA
(Crkva svete Marije Velike) Chamada localmente de *katedrala* (catedral), é a igreja mais grandiosa da cidade alta. As principais atrações são a impressionante fachada sem enfeites, as estalas do século 15 do coro, uma nave longa e pilares marcados pelo tempo. Foi muito remodelada com o passar dos anos, mas mosaicos encontrados na igreja indicam que ela foi um local de adoração cristã desde o século 4º ou 5º.

# Cidade de Rab

## Cidade de Rab



**Igreja de Santo Antônio** IGREJA
(Svetog Antuna) Na extremidade leste da faixa de terra, a igreja tem mármore pintado e uma escultura de Santo Antônio, o Eremita, sentado. Ao lado, há um convento de freiras franciscanas que cuidam do jardim e fazem toalhas de renda de agave.

Perto da Igreja de Santo Antônio, uma escada leva até as belas paisagens do **Parque Komrčar**, um ótimo lugar para descansar em um dia quente de verão.

### Outras atrações

**Capela de São Cristóvão** CAPELA
(Svetog Kristofora) A adorável capela abriga uma pequena coleção de pedras antigas no **lapidário** (entrada com doação; 10h-12h30 e 19h30-21h seg-sáb, 19h30-21h dom mai-set). Tem também um **mirante** sensacional.

**Palácio de Dominis** PALÁCIO
(Srednja) Construído no final do século 15 por uma proeminente família aristocrática que ensinou o público a ler e escrever no local, a fachada tem janelas renascentistas e um belíssimo portal decorado com o brasão da família.

## Atividades

Rab é atravessada por 100km de **trilhas de caminhada** e 80km de **trilhas de bicicleta**, a várias das quais há acesso pela Cidade de Rab. Pegue uma cópia do excelente mapa *Biking & Trekking* no escritório de turismo. Atrás do Hotel Istra, sai uma trilha que vai até o pico de Sveti Ilija. Demora 30 minutos a pé e a vista é linda. Você pode alugar bicicletas em várias agências de turismo.

Há muitos lugares para mergulhar: os destroços do Rosa com suas florestas vermelhas de gorgonáceas, enguias e lagostas; cavernas e túneis submarinos; e um sítio protegido de ânforas ao largo do cabo de Sorinj. O **Mirko Diving Centre** (721 154; www.mirkodivingcenter.com; Barbat 710), com sede em Barbat, oferece cursos (o Discover Diving custa €30) e mergulhos divertidos.

## Visitas guiadas

Passeios de barco pela ilha, com paradas para nadar e visitas a ilhas próximas, como Sveti Grgur e a infame Goli Otok, são oferecidos por muitos agentes de viagem; os preços começam em cerca de 125KN. Você também pode combinar com os próprios pilotos sobre os passeios: à noite, a parte principal do porto fica cheia de barcos de excursão. Passeios para Lošinj (170KN) e Krk (170KN), e até para Plitvice (385KN), também podem ser feitos.

## Festas e eventos

Toda a cidade volta para a Idade Média durante a **Feira de Rab** (Rapska Fjera; 25 a 27 de julho), quando os habitantes se vestem com trajes típicos e há tambores, procissões, fogos de artifício, danças medievais e competições de besta, uma arma medieval.

As **Noites Musicais de Rab** acontecem entre junho e setembro e giram em torno de concertos todas as quintas à noite (21h) em lugares como a Igreja da Santa Cruz e de Santa Maria.

Em julho, há uma agitada **semana de moda** em Rab, e, no começo de agosto, acontece um enorme **Festival de Verão** na área de Blato, no norte da cidade, que atrai grandes DJs de trance e house, além de artistas pop croatas.

## Onde dormir

Há vários campings e hotéis em Rab (mas poucos de qualidade), e muitos são administrados pelo grupo **Imperial** (www.imperial.hr). Entre em contato com as agências de viagem para providenciar acomodação em casas particulares ou procure você mesmo

- há muitas opções na rodovia de acesso, vindo da autoestrada.

**Pansion Tamaris** HOTEL PEQUENO €€
(☎724 925; www.tamaris-rab.com; Palit 285; c 742KN; P ❄ ☎) A 10 minutos de caminhada da cidade, o pequeno hotel é bem administrado, com uma equipe atenciosa e localização tranquila. Os quartos são simples, mas muito estilosos, com chão laminado e lençóis macios, e a maioria das varandas tem vista para o mar. Tem um restaurante bom (vale a pena pagar meia pensão), e o café da manhã é uma delícia, em um terraço com vista para a água.

**Hotel Arbiana** HOTEL HISTÓRICO €€€
(☎775 900; www.arbianahotel.com; Obala Kralja Petra Krešimira IV 12; s 876KN, c 1.300KN; P ❄ @ ☎) No endereço mais elegante de Rab, esse hotel histórico data de 1924 e mantém muito da personalidade do período e de sua elegância. Os 28 quartos foram recentemente renovados e têm TV de LCD, mesas e réplicas de móveis bacanas. A maioria tem varanda (o quarto 301 tem duas). Tem também um ótimo restaurante (o Santa Maria).

**Hotel Istra** HOTEL €€
(☎724 134; www.hotel-istra.hr; Šetalište Markantuna Dominisa bb; s 458KN, c 509-771KN; P) A localização, bem no porto, é a chave desse hotel. Os quartos são um pouco pequenos e ultrapassados, mas bons para uma noite ou duas - nenhum tem ar-condicionado, mas todos têm aquecimento.

**Hotel Imperial** HOTEL €€
(☎724 522; www.imperial.hr; Palit bb; c 960KN; P ❄ @ ☎) É um pouco fora de moda, mas tem uma ótima localização, no sombreado parque Komrčar. Os quartos variam de qualidade e aspecto (reserve um com vista para o mar ou você pode acabar olhando para um estacionamento). Tem quadras de tênis, uma academia e um spa, e o percurso de barco até a praia está incluso.

**Campsite Padova III** CAMPING €
(☎724 355; www.rab-camping.com; Banjol bb; por adulto/barraca 47/32KN; ⊙abr-out) A 2km da cidade, fica em uma praia de areia e tem boas instalações e trailers para alugar.

## Onde comer

A cozinha em Rab se concentra em peixe fresco, frutos do mar e massas. A qualidade e o preço são bem uniformes, apesar de algumas notáveis exceções.

**Astoria** GOURMET €€
(www.astoria-rab.com; Trg Municipium Arba 7; pratos principais 90-160KN) Um clássico, o restaurante refinado tem um terraço com belíssima vista do porto e uma cozinha ambiciosa e muito elogiada. Experimente o tamboril, ou a maravilhosa *lagosta municipium arbe* (ao alho e vinho branco). Também há opções para os vegetarianos, um queijo regional de ovelha para petiscar e deliciosos vinhos croatas e italianos.

**Santa Maria** CROATA €€
(Dinka Dokule 6; pratos principais a partir de 55KN) Ah, se todos os restaurantes de hotel fossem assim! Seu terraço é um dos lugares mais românticos para comer em Rab - com velas nas mesas e cercado pelos antigos muros da cidade. O menu é criativo - experimente o frango com mel de sálvia e molho de limão, ou a lula assada -, e os pratos são muito elogiados.

**Paradiso** CROATA €€
(www.makek-paradiso.hr; Stjepana Radića 1; pratos principais 75-140KN; ⊙8-0h mai-out) Misture arte, vinho e boa comida, sirva tudo em um antigo casarão de pedra e você está na metade do caminho para o paraíso. Experimente os vinhos da Ístria e de Pelješac na *vinoteka* e depois saboreie carne, peixe ou massa no maravilhoso pavilhão veneziano ou no pátio na parte de trás.

**Konoba Rab** CROATA €€
(Kneza Branimira 3; pratos principais a partir de 65KN; ⊙fecha almoço dom) O restaurante se destaca pela comida rústica, mas o inglês no cardápio é péssimo: alguém quer "grotto of the island of Rab"? Fique com as especialidades de carne e peixe ou peça com antecedência o cordeiro cozido na *peka*.

Há um supermercado de frente para o porto.

## Entretenimento

Baladeiros de plantão vão muito para a praia de Zrce, na vizinha Ilha de Pag, pegando o catamarã no fim da tarde e voltando no barco das 6h.

**Dock 69** BAR, BALADA
(Obala Kralja Petra Krešimira IV) Esse elegante bar-balada tem um terraço de frente para o porto e uma balada dentro, onde DJs aumentam o volume com muito ritmo e batidas de blues, house e músicas da moda.

**Santos Beach Club** BALADA NA PRAIA
(www.sanantonio-club.com; Praia de Pudarica; ⊙10h-amanhecer fim de jun–começo de set)

VALE A VIAGEM

## SANTA EUFÊMIA

O **Mosteiro Franciscano de Santa Eufêmia** (Samostan Svete Eufemije; Kampor; entrada 10KN; ⏲10-12h e 16-18h seg-sáb) e sua vizinha, a igreja barroca de São Bernardino, valem os 2,5km de caminhada de Palit até Kampor. Os monges franciscanos têm um pequeno museu com antigos pergaminhos, pedras e pinturas religiosas, mas é o ambiente tranquilo que torna esse lugar especial. Visite o agradável mosteiro e, dentro da igreja, repare na delicada pintura no teto, contrastando totalmente com a agonia representada no crucifixo de madeira do final do período gótico. Repare também no políptico do século 15, feito pelos irmãos Vivarini.

A balada, que só funciona no verão, fica a 10km da cidade de Rab, perto de Barbat (há traslados à noite). DJs tocam para um público animado e tem shows ao vivo e desfiles de moda. Também funciona como um lugar para ficar de dia, com espreguiçadeiras e vôlei de praia.

###  Informações

Há wi-fi gratuito nos arredores do escritório de turismo e na Trg Svetog Kristofora.

**Digital X** (☎777 010; Donja bb; por hora 30KN; ⏲10-14h e 18-0h seg-sáb, 18-0h dom) Acesso à internet.

**Erste Banka** (Mali Palit bb) Troca dinheiro e tem um caixa eletrônico.

**Garderoba** (Mali Palit bb; por hora 1KN; ⏲5h30-20h) Guarda-volumes na rodoviária.

**Katurbo** (☎724 495; www.katurbo.hr; Šetalište Markantuna Dominisa 5) Acomodação em casas particulares, câmbio, aluguel de bicicletas (por hora 20KN) e passeios para lugares como o Parque Nacional dos Lagos de Plitvice.

**Numero Uno** (☎724 688; www.numero-uno.hr; Šetalište Markantuna Dominisa 5) Reserva acomodação em casas particulares, aluga bicicletas e organiza caminhadas, passeios de barco, caiaque (320KN) e bicicleta (290KN).

**Correios** (Mali Palit 67; ⏲7-20h seg-sex, às 14h sáb).

**Escritório de turismo** (☎771 111; www.tzg-rab.hr; Trg Municipium Arba 8; ⏲8-22h meados mai-set, às 2h seg-sex out-meados mai) Bem organizado, com uma equipe prestativa e muitos mapas, panfletos e folhetos úteis. Tem uma filial (das 8h às 22h junho a setembro) na esquina da estação de ônibus.

## Lopar

POP. 1.194

A urbanização devida ao turismo na Península de Lopar, que ocupa a extremidade norte da Ilha de Rab, não é muito charmosa, mas há uma boa razão para visitar o lugar – 22 praias de areia cercadas por bosques de pinheiro. Famílias da Europa Central lotam a península nos meses de verão, pois o mar é raso e ótimo para crianças pequenas. Isso é particularmente verdade na **Praia Paraíso** (Rajska Plaža), na baía de Crnika, com 1,5km de comprimento, onde você pode (quase) caminhar até uma ilhazinha em frente. A vizinha **Praia de Livačina** é uma opção mais tranquila.

Se quiser tirar o biquíni, a **Praia Sahara** é um famoso *point* de nudismo em uma agradável enseada no norte da península. É preciso caminhar 45 minutos por uma trilha passando por florestas de pinheiro; pegue a trilha atrás do complexo do Hotel San Marino. Uma opção mais próxima é **Stolac**, a 15 minutos de caminhada da Praia Paraíso.

No centro da cidade, há um **escritório de turismo** (☎775 508; www.lopar.hr; Lopar bb; ⏲8-21h jul e ago, às 20h seg-sáb, às 14h dom jun e set). A **Sahara Tours** (☎775 444; www.sahara-tours.hr; Lopar bb) tem vários quartos, casas e apartamento particulares registrados e faz excursões de barco pela ilha.

A colônia turística da baía de Crnika é formada pelo imenso Camping San Marino, cinco hotéis (todos do grupo Imperial) e uma série de barracas de suvenir e restaurantes genéricos. O familiar **Hotel Epario** (☎777 500; www.epario.net; Lopar 456a; s/c 252/612KN; P ❄ @ ☜) é a melhor aposta, com 28 quartos limpos e confortáveis; a maioria tem varanda.

Para comer, o **Lukovac** (pratos a partir de 35KN), na Praia Paraíso, não é caro e serve saborosos *picarels* (pequenos peixes fritos) e saladas. O **Fortuna** (Lopar bb; pratos a partir de 50KN), um pouco fora da cidade, é mais chique, com um lindo terraço sombreado.

A balsa vinda de Valbiska para a 1km do centro da cidade; um pequeno ônibus-trem leva os passageiros (adulto/criança 10/5kn).

# Norte da Dalmácia

☎022, 023

**Inclui »**



## Melhores lugares para comer

» Pelegrini (p. 192)
» Boškinac (p. 188)
» Foša (p. 175)
» Taverna-Konoba Marasović (p. 182)
» Bistro Na Tale (p. 188)

## Melhores lugares para ficar

» Boškinac (p. 188)
» Hotel Bastion (p. 174)
» Hotel Adriana (p. 174)
» Pansion Eco-House (p. 179)

## Por que ir?

Isolado da Europa Continental pelos montes Velebit, o Norte da Dalmácia tem paisagens incríveis e é uma região amena. É um lugar para férias e, tendo em vista a refinada costa, as cidades históricas, as sublimes ilhas e os parques nacionais, é fácil perceber por quê. Ainda assim, o Norte da Dalmácia está longe de ser lotado: trechos inteiros estão preservados e conservam grande beleza natural.

Zadar, a entrada principal, é uma cidade culta, rica em museus, ruínas romanas, restaurantes e festivais de música. A vizinha Šibenik tem um bairro medieval extraordinário. Das dezenas de ilhas adriáticas, Pag abriga a maior variedade de lugares para dançar e se divertir no verão da Croácia, e Dugi Otok e as Ilhas Kornati são o paraíso dos que preferem isolamento.

Os mais impressionantes parques nacionais da Croácia também ficam lá: Paklenica oferece ótimas oportunidades de caminhada e escalada, Krka e Plitvice exibem cachoeiras e lagos em abundância.

## Quando ir

**Zadar**

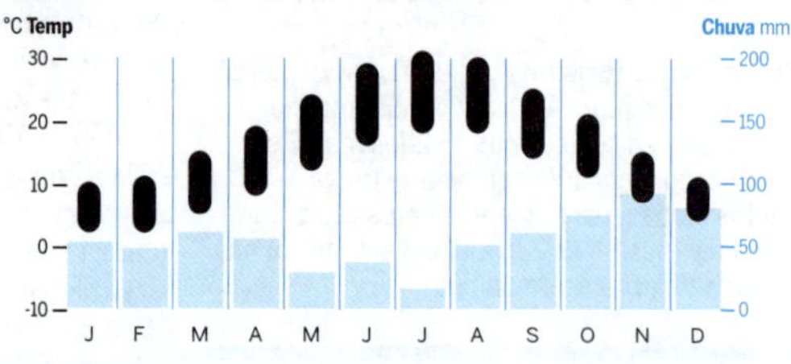


**Abril e maio** Temperatura amena ideal para caminhar nos parques nacionais de Paklenica e Plitvice.

**Junho e julho** Desfrute o melhor de Šibenik no famoso Festival das Crianças.

**Agosto e setembro** Petrčane abriga uma alegre variedade de festivais de música.

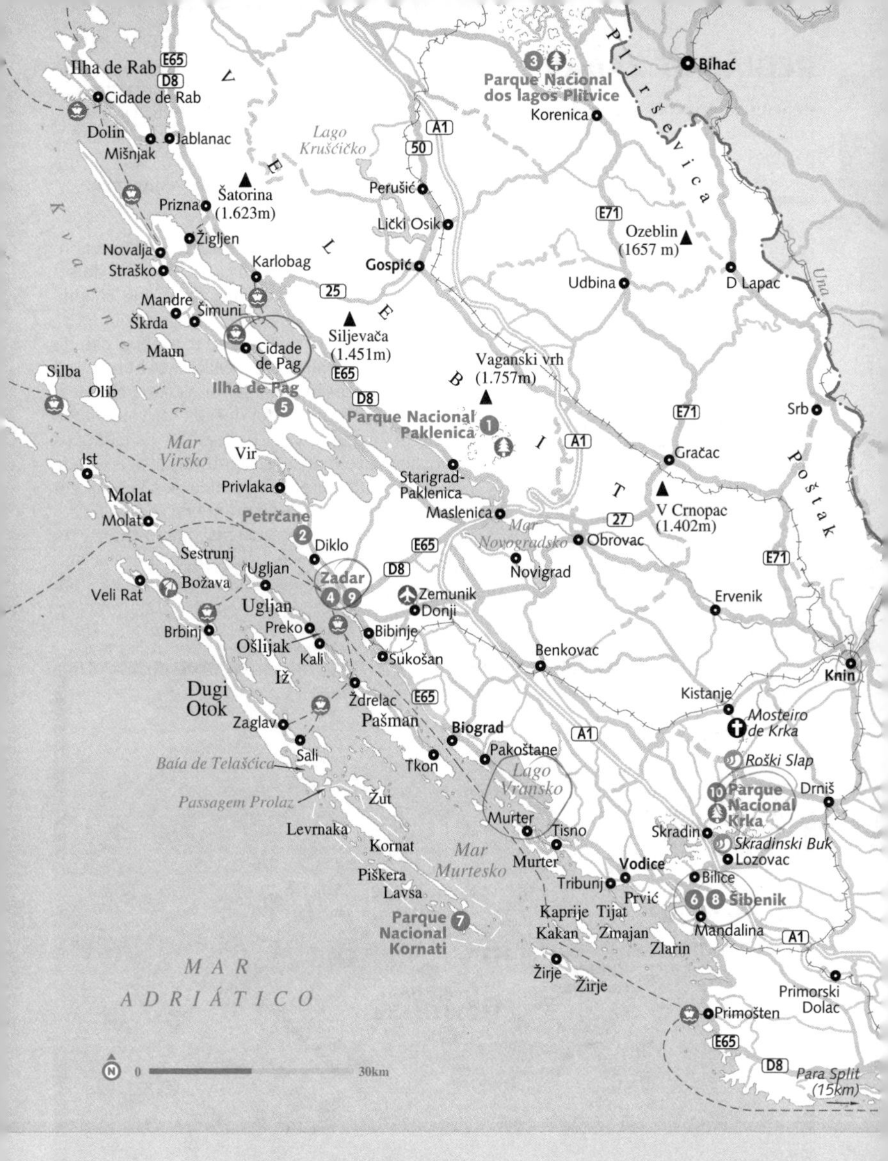


## Destaques da Dalmácia do Norte

1. Caminhe nos incríveis cânions e nas trilhas alpinas do **Parque Nacional Paklenica** (p. 180)
2. Caia na gandaia em **Petrčane** (p. 177), palco de alguns dos festivais de música mais inovadores da Europa
3. Maravilhe-se com os lagos e as cachoeiras turquesa do **Parque Nacional de Plitvice** (p. 178)
4. Descubra **Zadar** (p. 170), umas das cidades históricas mais subestimadas da costa
5. Curta as delícias de **Pag** (p. 186) – vida noturna animada, cenário deslumbrante e queijo sofisticado
6. Percorra as ruas medievais de **Šibenik** (p. 189)
7. Explore a estranha beleza das **Ilhas Kornati** (p. 196)
8. Aprenda sobre predadores no **Centro Sokolarski** (p. 193)
9. Esqueça da vida com estilo no moderníssimo spa **Acquapura Thalasso** (p. 173)
10. Nade nos lagos selvagens do **Parque Nacional Krka** (p. 193)

# REGIÃO DE ZADAR

Repleta de atrações, a área inclui a cosmopolita cidade de Zadar e os sensacionais parques de Plitvice e Paklenica.

## Zadar

☎023 / POP. 73.442

Exibindo uma cidade velha histórica com ruínas romanas e igrejas medievais, cafés cosmopolitas e excelentes museus, Zadar está começando a imprimir de verdade sua marca. Não é superlotada, não há uma avalanche de turistas e proporciona duas atrações únicas: os espetáculos de luz e som do Órgão do Mar e a Saudação ao Sol, que é preciso ver e ouvir para acreditar.

Não é um lugar de cartão-postal - passeando pela cidade velha veem-se feios prédios de escritório justapostos à elegante arquitetura habsburgo -; não é Dubrovnik. Zadar é uma cidade de trabalho e um núcleo importante de transporte, com ótimas ligações por ferry para as ilhas adriáticas da Croácia, Kvarner, Sul da Dalmácia e Itália.

O centro da cidade não tem muitos hotéis. A maioria dos visitantes fica na arborizada área de resorts de Borik, na vizinhança.

### História

Zadar era habitada pela tribo ilíria dos liburnos já no século 9º a.C. Por volta do século 1º a.C., Zadar tornou-se uma colônia romana. Os eslavos se instalaram lá entre os séculos 6º e 7º, e Zadar acabou caindo sob a autoridade dos reis croato-húngaros.

A ascensão do poder de Veneza, em meados do século 12, foi duramente contestada - houve uma série de levantes de cidadãos nos duzentos anos seguintes, mas a cidade foi finalmente conquistada por Veneza em 1409, junto com o restante da Dalmácia.

As frequentes guerras vêneto-turcas resultaram na construção dos famosos muros da cidade de Zadar, no século 16. Com



## Zadar

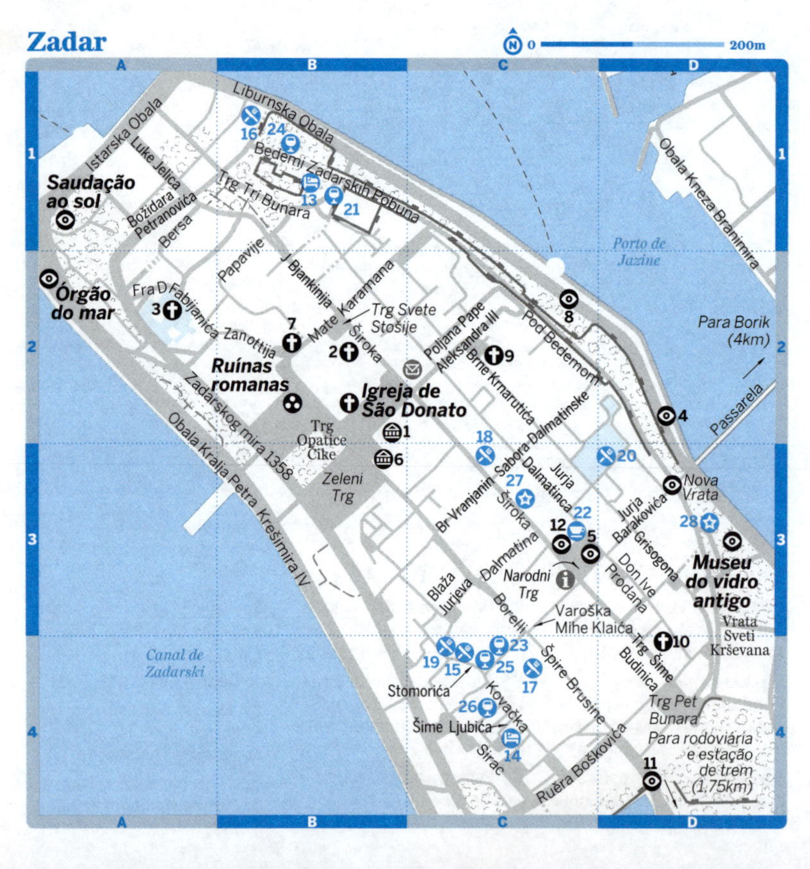

a queda de Veneza em 1797, a cidade passou para o governo austríaco, que a administrou com a aristocracia italianizada da cidade. A influência italiana perdurou até o século 20, com Zadar como uma província italiana. Quando a Itália se rendeu aos aliados, em 1943, a cidade foi ocupada pelos alemães e, então, bombardeada por eles; quase 60% da cidade velha foram destruídos. A cidade foi reconstruída segundo a disposição original das ruas.

A história se repetiu em novembro de 1991, quando mísseis iugoslavos mantiveram Zadar sob cerco durante três meses. Não há marcas visíveis da guerra, no entanto, e Zadar ressurgiu como uma das cidades mais dinâmicas da Croácia.

## Zadar

**Destaques**

Igreja de São Donato ... B2
Museu do vidro antigo ... D3
Ruínas romanas ... B2
Órgão do mar ... A2
Saudação ao sol ... A1

**Atrações**

1 Museu arqueológico ... B2
2 Catedral de Sta. Anastácia ... B2
3 Igreja e monastério franciscanos ... A2
4 Portão de São Roque ... D2
5 Loggia ... C3
6 Museu de arte sacra ... B3
7 Igreja ortodoxa ... B2
8 Portão do porto ... C2
9 Igreja de São Crisógono ... C2
10 Igreja de São Simeão ... D4
11 Portão da cidade ... D4
12 Torre de guarda ... C3

**Atividades, cursos e visitas guiadas**

Castell ... (veja 13)

**Onde dormir**

13 Hotel Bastion ... B1
14 Venera Guest House ... C4

**Onde comer**

15 Do ortuna ... C4
16 Kornat ... B1
17 Na po ure ... C4
18 Supermercado ... C3
19 Trattoria Canzona ... C4
20 Mercado ... D3

**Onde beber**

21 Arsenal ... B1
22 Caffe Bar Lovre ... C3
23 Galerija Đina ... C4
24 Garden ... B1
25 Kult Caffe ... C4
26 Zodiac ... C4

**Entretenimento**

27 Teatro nacional ... C3
28 Satir ... D3

## Atrações

### Órgão do Mar e Saudação ao Sol

ARTE CONTEMPORÂNEA

O incrível Órgão do Mar de Zadar, projetado pelo arquiteto local Nikola Bašić, é único. Um sistema de tubos e apitos que assobiam e exalam suspiros melancólicos conforme o mar empurra o ar através deles fica instalado dentro de uma escadaria perfurada na pedra que desce para o mar. O efeito é hipnótico, com os tons suaves aumentando de intensidade quando um barco ou um ferry passam. Dá para mergulhar dos degraus e nadar ouvindo o som do Órgão do Mar.

Logo ao lado fica a Saudação ao Sol, outra criação maluca e maravilhosa de Bašić. É um círculo de 22m cortado no calçamento, preenchido com trezentas placas de vidro em muitas camadas que armazenam a energia do sol durante o dia e, junto com a energia das ondas que produz o som do Órgão do Mar, gera um espetáculo de luz viajante do pôr do sol ao nascer do sol que simula o sistema solar. Graças ao clima da Croácia, a Saudação ao Sol coleta hoje energia suficiente para abastecer todo o sistema de iluminação da beira-mar.

### Igreja de São Donato e Ruínas Romanas

IGREJA

(Crkva Svetog Donata; Šimuna Kožičića Benje; entrada 12KN; 9-21h mai-set, às 16h out-abr) Do início do século 9º, essa igreja recebeu seu nome por causa do bispo Donato, que supostamente mandou construí-la seguindo o estilo da arquitetura bizantina antiga. A incomum planta circular é especialmente visível no lado sul, e o interior é maravilhosamente simples, não adornado e refrescante nos dias quentes. Não é mais usada como igreja.

A igreja foi erguida sobre o **fórum romano**, que foi construído entre os séculos 1º e 3º d.C. Alguns fragmentos arquitetônicos estão preservados, e dois pilares inteiros foram integrados à igreja. O piso original foi removido, mostrando fundações do fórum antigo. Repare nas inscrições latinas nas ruínas dos altares sacrificiais romanos.

No exterior da igreja, no lado noroeste, fica um pilar do período romano que serviu, na Idade Média, de **pelourinho**, onde os malfeitores eram acorrentados e humilhados em público. O lado oeste da igreja tem mais **ruínas romanas**, incluindo pilares com relevos das figuras mitológicas Júpiter, Amon e Medusa. Embaixo, pode-se ver os restos de altares usados em sacrifícios pagãos sangrentos. Acredita-se que essa área tenha sido um templo dedicado a Júpiter, Juno e Minerva, do século 1º a.C.

**Muros da Cidade** MUROS DE DEFESA

Um passeio pelos muros da cidade dá uma boa visão da história de Zadar. Comece nos muros orientais perto da ponte de pedestres, os únicos remanescentes das fortificações romanas e do início da Idade Média (a maioria dos muros foi construída sob domínio veneziano). Ali perto ficam quatro antigos portões da cidade – a noroeste fica o **Portão de São Roque**, depois, o **Portão do Porto**. Este último foi construído em 1573, ainda conserva o leão veneziano e parte de um arco do triunfo romano e tem uma inscrição comemorativa da Batalha de Lepanto, de 1571. No sudeste fica o ornamentado **Portão da Cidade**, de 1543. Sua decoração em estilo renascentista inclui São Krževan a cavalo e o leão veneziano. O quarto portão fica em Trg Pet Bunara.

**Museu do Vidro Antigo** MUSEU

(www.mas-zadar.hr; Poljana Zemaljskog Odbora 1; inteira/meia 30/10KN; ⌚9-21h mai-set, às 19h seg-sáb out-abr) A mais nova atração de Zadar é muito impressionante, um museu bem projetado e agradável de visitar: a disposição é excelente, com grandes luminárias e música etérea para tornar a experiência especial. A história e a invenção do vidro são explicadas, com exemplos de ferramentas, maçaricos e vasos antigos do Egito e da Mesopotâmia. Milhares de peças estão em exibição: potes, jarras, frascos, joias, aneis, amuletos e muitas peças incomuns encontradas na região de Zadar, incluindo miniaturas romanas usadas pelas mulheres para guardar perfume e óleos.

Verifique se a impressionante estátua grega de **Apoxiomeno** (visita incluída no ingresso) também estará exposta. Esse atleta de bronze tem sua própria sala de exposição com excelentes painéis de informação que explicam seu significado e o cuidadoso processo de restauração que trouxe o grego de volta a sua forma.

**Gradski Trgovi** PRAÇAS DA CIDADE

**Narodni trg** era o centro tradicional da vida pública. O lado oeste da praça é dominado pela **Torre de guarda** renascentista de 1562. A torre do relógio foi construída durante o governo austríaco em 1798. Anúncios públicos e julgamentos eram proclamados do ***loggia*** em frente, que hoje é um local de exposições. Centenas de metros a noroeste de Narodni trg fica a **Igreja Ortodoxa**, atrás da qual há um pequeno bairro sérvio.

A **Trg Pet Bunara** (Praça dos Cinco Poços) foi construída em 1574 no lugar de um antigo fosso e contém uma cisterna com cinco poços responsáveis pelo abastecimento de água em Zadar até 1838.

Sua prima menor, a **Trg Tri Bunara** (Praça dos Três Poços), no outro lado da cidade, exibe um ótimo arsenal, um antigo depósito naval que hoje é um centro cultural com bar, restaurante e várias lojas. Logo na saída da praça fica o bar e clube Garden, o que faz dessa área um pequeno núcleo cultural.

**Igreja de São Simeão** IGREJA HISTÓRICA

(Crkva Svetog Šime; Trg Šime Budinica; ⌚8-12h e 18-20h jun-set) A igreja foi reconstruída nos séculos 16 e 17 no lugar de um edifício mais antigo. O sarcófago de São Simeão é uma obra-prima da ourivesaria medieval. Encomendado em 1377, o caixão é feito de cedro e coberto por dentro e por fora com placas em relevo de prata banhadas a ouro. O relevo central, mostrando a apresentação de Jesus no templo, é uma cópia do afresco de Giotto na Capella Dell'Arena, em Pádua, Itália. Outros relevos retratam cenas da vida de santos e a visita do rei Ludovico a Zadar. A cobertura mostra São Simeão deitado.

**Catedral de Santa Anastácia** CATEDRAL

(Katedrala Svete Stošije; Trg Svete Stošije; ⌚8-12h e 17h-18h30 seg-sex) A Catedral Românica de Santa Anastácia foi erguida nos séculos 12 e 13 no lugar de uma igreja anterior. Atrás da fachada ricamente decorada, fica um interior, em três naves, impressionante com marcantes murais pintados nas absides laterais, que datam do século 13. No altar da abside esquerda fica um sarcófago de mármore com as relíquias de Santa Anastácia, e o presbitério tem estalas do coro ricamente entalhadas. A catedral foi muito bombardeada durante a Segunda Guerra Mundial, mas foi reconstruída depois. Visite o **cam-**

**panário** (10KN) pela deslumbrante vista da cidade.

**Museu de Arte Sacra** MUSEU
(Trg Opatice Čike bb; inteira/meia 20/10KN; ⌚10h-12h45 e 18-20h seg-sáb, 10-12h dom) Esse museu impressionante no mosteiro beneditino tem uma bela coleção de relicários e pinturas religiosas. Além da ourivesaria, repare também no retrato de Nossa Senhora, do século 14, nas esculturas de mármore e na pintura de Paolo Veneziani. No segundo andar há esculturas e bordados do século 15 e 16, e seis pinturas do pintor veneziano do século 15 Vittore Carpaccio.

**Museu Arqueológico** MUSEU
(Arheološki Muzej; Trg Opatice Čike 1; inteira/meia 12/6KN; ⌚9-20h ter-sex, 9-13h sáb, 10-13h dom mai-set, 9-15h ter-sex, 10-13h sáb e dom out-abr) Esse museu está passando por um período de reformas. O andar superior, com pré-história, cerâmica e metalurgia ilíria e libúrnia, está pronto. O andar do meio está vazio, salvo por uma impressionante estela romana de Asseria e uma estátua de Augusto em mármore, de 2,5m do século 1º a.C. O andar de baixo é dedicado aos achados arqueológicos locais, incluindo importante material croata.

**Mosteiro e Igreja Franciscanos** MOSTEIRO
(Samostan Svetog Frane; Zadarskog mira 1358; entrada grátis; ⌚7h30-12h e 16h30-18h) Igreja gótica mais antiga da Dalmácia, foi consagrada em 1280. O interior tem várias características renascentistas, como a adorável capela de Santo Antônio. Na sacristia, uma placa comemora o tratado de 1358, pelo qual Veneza abriu mão de seus direitos sobre a Dalmácia em favor do rei húngaro-croata Ludovico.

**Igreja de São Crisógono** IGREJA
(Crkva Svetog Krševana; Brne Krnarutića; ⌚só missas) Essa igreja é outra bela construção e já foi parte de um mosteiro beneditino do século 12. Atualmente está fechada para reformas, mas tem um belo altar barroco e afrescos bizantinos.

## Atividades

Zadar é ótima para ser explorada de bicicleta. A **Supernova** (☎311 010; Obala Kneza Branimira 2a) tem bicicletas a 90KN por dia.

Há uma **área de natação** com plataformas para mergulho, um pequeno parque e um café no calçadão à beira-mar de Kralja Dmitra Zvonimira. Ladeado por pinheiros e pequenos parques, o bulevar leva a uma praia em frente ao Hotel Kolovare e, daí, serpenteia por cerca de 1km ao lado da costa.

Como alternativa para a ponte, pode-se embarcar em um *barkarioli*, um barco a remo, para um relaxante passeio entre a península da cidade velha e o continente.

### Spas

**Acquapura Thalasso** CENTRO DE BEM-ESTAR
(☎206 184; www.borik.falkensteiner.com; Club Fulmination Borik, Majstora Radovana 7, Borik; ⌚8-22h) Um centro de bem-estar reconhecido que foi eleito recentemente Spa do Ano na Croácia. É um espaço enorme, com instalações lindamente reformadas, salas de sauna e *jacuzzi* e todo tipo de piscina e banheiras, massagens e tratamentos de beleza. Uma massagem aromaterapêutica de uma hora custa 290KN, um tratamento "olhos vitais", 200KN. Você merece!

**Castell** SPA EM HOTEL
(☎494 950; www.hotel-bastion.hr; Hotel Bastion, Bedemi Zadarskih Pobuna 13; ⌚9-21h) Instalado no subsolo do Hotel Bastion, esse pequeno spa não tem luz natural, mas as massagens corporais e faciais e os tratamentos são muito profissionais. Um banho de vapor "Aura" com óleos aromáticos custa 240KN.

## Visitas guiadas

As agências de viagem oferecem viagem de barco pela baía Telašćica e pelas lindas Ilhas Kornati, que incluem almoço e um mergulho no mar ou em um lago salgado. A **Aquarius Travel Agency** (☎212 919; www.juresko.hr; Nova Vrata bb) cobra 250KN por pessoa por um passeio de dia inteiro, ou então você pode perguntar em Liburnska Obala (onde atracam os barcos de passeio).

Visitas guiadas aos parques nacionais de Paklenica, Krka e Lagos Plitvice também são muito procuradas.

## Festas e eventos

A região de Zadar é hoje internacionalmente famosa por seus **festivais de música**; veja p. 177.

Outros eventos:

**Tardes Musicais** MÚSICA CLÁSSICA
Apresentações de música clássica com artistas importantes do mundo todo são realizadas em São Donato e outros lugares em Zadar.

**Sonhos de Zadar** TEATRO
(Zadar Snova; www.zadarsnova.hr) Um festival que toma os parques e as praças de Zadar

com dança, música e teatro contemporâneos entre 7 e 14 de agosto.

**Festival da Lua Cheia** FESTIVAL LUNAR
Durante esse festival (realizado na lua cheia de agosto), os cais de Zadar são iluminados por tochas e velas, barracas vendem quitutes locais, e os barcos viram um mercado de peixes flutuante.

**Festival de Corais** MÚSICA CORAL
Eventos com os corais mais famosos da Europa ocorrem nas igrejas de Zadar em outubro.

## Onde dormir

Há poucas acomodações na própria Zadar. A maioria dos visitantes fica no "assentamento turístico" de Borik, que não é tão ruim quanto pode parecer, pois é um bom lugar para nadar, tem um calçadão bacana e muito verde. A maioria dos hotéis de Borik é do tempo da Iugoslávia (ou antes) e há também um hostel, um camping e *sobe* (quartos). Muitos hotéis são administrados pelo **grupo Falkensteiner** (www.falkensteiner.com) da Áustria.

Procure as agências de viagem para se hospedar em casas particulares; porém há muito pouca oferta na cidade velha.

### Zadar

**Hotel Bastion** HOTEL-BUTIQUE €€€
(☎494 950; www.hotel-bastion.hr; Bedemi Zadarskih Pobuna 13; s/c/ste a partir de 905/1.140/1.290KN; P❄@📶) Até que enfim. A cidade velha de Zadar finalmente tem algo com estilo e recursos onde se hospedar. Construído nas ruínas de uma fortaleza, o Bastion emana personalidade, com um agradável estilo *art déco* dominante. Os 28 quartos são muito bem-acabados, muitos com rodapé de mármore, e a suíte tem seu próprio terraço com vista para o porto. Em termos de localização, não poderia ser melhor. É ao lado do Garden Bar e do Arsenal. Também há um restaurante de alto nível e um spa no subsolo, embora a academia seja decepcionante. O estacionamento custa 70KN por dia.

**Villa Hrešć** CASARÃO ADAPTADO €€
(☎337 570; www.villa-hresc.hr; Obala Kneza Trpimira 28; s/c 650/850KN; P❄📶🏊) Esse casarão fica a uma caminhada de vinte minutos das atrações históricas de Zadar e, de seu jardim, tem uma vista frontal completa da cidade velha. Todos os quartos, de boa relação custo-benefício, ganham com as cores sutis e a decoração atraente; alguns têm terraços enormes.

**Pousada Venera** POUSADA €
(☎214 098; www.hotel-venera-zd.hr; Šime Ljubića 4a; c 450KN) Uma pousada modesta com dois pontos a seu favor: boa localização na cidade velha e a amigável família de proprietários. Os quartos, simples, são limpos, mas antiquados e pequenos, cada um com duas camas de solteiro, ventilador, escrivaninha e chuveiro. Há planos de instalar ar-condicionado e construir um restaurante. Café da manhã não está incluído.

**Student Hostel** HOSTEL €
(☎224 840; Obala Kneza Branimira bb; dc 147KN; ⏱jul e ago) Esse dormitório de estudantes vira hostel de julho a agosto. Tem localização central – atravessando a ponte de pedestres – e quartos de três camas sem frescuras.

### Borik

**Hotel Adriana** HOTEL DE PRAIA €€€
(☎206 636; www.falkensteiner.com; Majstora Radovana 7; s/c 1.494/2.286KN; ⏱meio mai-out; P❄@📶🏊) Um lugar elegante e muito relaxante para se hospedar, esse hotel se organiza em torno de um lindo casarão do século 19 e tem um adorável terreno sombreado que desce até o Adriático. Os quartos, num anexo dos anos 1960, têm acabamento de alto padrão e conservam características da época sensacionais. Muitos hóspedes escolhem a meia pensão, já que o restaurante é excelente, com as mesas espalhadas por uma bela varanda.

**Hotel Niko** HOTEL DE PRAIA €€€
(☎337 888; www.hotel-niko.hr; Obala Kneza Trpimira 9; s/c 732/952KN; P❄@📶) Um hotel pequeno e bem administrado, com uma adorável vista da cidade velha e do Adriático a partir da varanda do restaurante. Os quartos espaçosos são decorados com carpete vermelho e mobília de boa qualidade, e muitos têm terraços com vista para o mar. O pessoal é eficiente e amigável.

**Club Funimation Borik** RESORT €€€
(☎206 636; www.falkensteiner.com; Majstora Radovana 7; s/c 1.296/1.714KN; P❄@📶🏊) Hotel familiar eficientemente administrado, à beira-mar e com instalações maravilhosas, que incluem um ótimo complexo de ginástica com piscina coberta e ao ar livre. As crianças são bem cuidadas em sua própria "Falky Land". O hotel é dos anos 1960, e o design reformado reflete fielmente a épo-

ca, com iluminação extravagante e um bar *kitsch* em estilo safári. Os quartos são muito espaçosos, e as suítes, dignas de um palácio. O trunfo do Funimation é seu extraordinário spa.

**Pansion Albin** POUSADA €€
(☎331 137; www.albin.hr; Put Dikla 47; s 327KN, c 436-509KN; P ✱ @ ☏ ≋) Essa pousada administrada com carinho tem quartos bem-apresentados, alguns com terraço, e é uma boa escolha para hospedagem. O restaurante da casa é bom (o café da manhã é generoso), e a localização é tranquila, com a praia pertinho.

**Zadar Youth Hostel** HOSTEL €
(☎331 145; zadar@hfhs.hr; Obala Kneza Trpimira 76; por pessoa €12-17; P @) Hostel muito grande (com 300 camas), é um dos poucos lugares baratos em Zadar. É um hostel bem típico, com quartos simples (11 de casal) e grandes dormitórios, perto da orla de Borik. É legal por uma noite ou duas, mas fica periodicamente lotado com enormes grupos escolares.

**Autocamp Borik** CAMPING €
(☎332 074; por adulto 56KN, por lugar 94-146KN; ⊙mai-out) Boa opção para quem quer acesso fácil a Zadar, esse camping fica a passos da praia em Borik. O lugar é sombreado por pinheiros altos, e as instalações são boas.

## Onde comer

As opções em Zadar são ecléticas e geralmente com boa relação custo-benefício. Há restaurantes elegantes especializados em cozinha dálmata (especialmente frutos do mar) e cantinas simples para encher a barriga.

### Centro de Zadar

**Foša** MEDITERRÂNEA €€
(www.fosa.hr; Kralja Dmitra Zvonimira 2; pratos a partir de 85KN) Com uma linda varanda para o mar e um interior chique que combina paredes de pedra com estilo contemporâneo, é um lugar de classe. Comece degustando os azeites e vá para um peixe do Adriático grelhado, salmão ou lagostim (mas os apreciadores de carne também não ficarão desapontados). Entre as sobremesas há o delicioso bolo de amêndoas dálmata e a *panna cotta* com essência de cereja azeda.

**Kornat** CROATA €€
(Liburnska Obala 6; pratos a partir de 70KN) Bonito, em um ponto privilegiado de frente para o mar, esse lugar elegante, com muita madeira polida e mesas na calçada, é um dos melhores restaurantes de Zadar. A cozinha é muito saborosa, embora mais para o tradicional, com muitos molhos fortes – prove a carne com molho de trufas, cordeiro ao rosmaninho e vinho tinto, ou o risoto negro.

**Zalogajnica Ljepotica** DÁLMATA €
(Obala Kneza Branimira 4b; pratos a partir de 35KN) O lugar mais barato da cidade serve de três a quatro pratos por dia (risoto, massa e carne grelhada) com preços imbatíveis numa decoração sem frescura.

**Trattoria Canzona** ITALIANA €
(Stomorića 8; pratos a partir de 40KN) Cantina simples e divertida com mesas cobertas com toalha xadrez na calçada – é o melhor para uma refeição barata. As saladas são fartas, e o nhoque é macio e suculento.

**Na po ure** CROATA €
(Špire Brusine 8; pratos a partir de 40KN) Com fome? Essa *konoba* familiar despretensiosa é o lugar para saciar o apetite com cozinha genuinamente dálmata: cordeiro grelhado, fígado de vitela e peixe fresco com batatas e vegetais.

**Do ortuna** PETISCOS GOURMET €
(Stomorića 4; refeições 12-30KN) Esse pequeno bar com mesas em dois andares serve sanduíches enormes, crepes, *papaline* (minúsculos peixes fritos em fatias de pão) e saladas. E faz isso muito bem.

O **mercado** de Zadar (⊙6-15h), na Juria Barakovica, é um dos melhores da Cróacia, com produção local a preços baixos: melancias e laranjas, presunto e queijo de Pag (por cerca de 100KN o meio quilo). Há também um **supermercado** (esq. Široka e Sabora Dalmatinske) que fica aberto até tarde.

### Borik

**Pearl of Siam** TAILANDESA €€
(Put Dikla 9; pratos a partir de 60KN; ⊙17h-23h30 fev-nov) Numa casa de subúrbio lotada de suvenires siameses, esse restaurante adorável é administrado por uma equipe tailandesa/alemã. Um banquete de seis pratos custa 230KN, mas eles podem servir algo mais simples por cerca de 60KN o prato.

**Niko** PEIXE €€
(www.hotel-niko.hr; Obala Kneza Domagoja 9; pratos a partir de 60KN) Um restaurante muito frequentado que serve ótimos grelhados de peixes e frutos do mar (embora também haja carne e pratos vegetarianos no menu).

Coma na grande varanda com vista para o Adriático.

## Onde beber

Zadar tem cafés com mesa na calçada, *lounge bars*, bares boêmios e tudo que fica entre essas categorias. Vá ao distrito de Varoš, no lado sudoeste da cidade velha, pelos interessantes barzinhos locais muito frequentados por estudantes e tipos criativos.

**Garden** HAPPY HOUR
(www.thegardenzadar.com; Bedemi Zadarskih Pobuna; ⌚fim de mai-out) Se algum lugar pode reivindicar ter posto Zadar no mapa, é o notável bar-clube-jardim-restaurante encarapitado nos muros da cidade, com uma vista do porto de cair o queixo. É bem estilo Ibiza, com almofadões, salinhas reservadas, luz de vela, decoração em branco e roxo e música eletrônica. Os preços são bastante razoáveis, dada a localização. Todo mundo acaba ficando mais do que pretendia, porque o lugar tem um poder hipnótico. Veja no quadro ao lado mais sobre o império Garden.

**Arsenal** BAR, RESTAURANTE
(www.arsenalzadar.com; Trg Tri Bunara 1) Um enorme galpão portuário reformado, que agora abriga um *lounge bar*, um restaurante, uma galeria e um centro cultural, e tem um clima culto bacana. É um lugar fascinante para passar um tempo, com salinhas extravagantes para *happy hour*, arte para dar uma olhada, eventos musicais, boa comida e bebida e até um balcão de informações turísticas (que pode ou não ter alguém).

**Caffe Bar Lovre** CAFÉ
(Narodni Trg 1) Lindo café com uma enorme varanda na Narodni Trg, o Lovre deve muito de sua atmosfera ao fato de incluir as ruínas da Igreja de São Lovre, do século 12 (ficam no fundo). Bom para um café da manhã leve: mordisque um croissant, saboreie um cappuccino e absorva o clima do coração da cidade.

**Kult Caffe** BAR DESCOLADO
(Stomorića 4) O Kult Caffe atrai uma galera jovem e antenada com seu interior estiloso e a música moderna. Sua enorme varanda é um dos principais pontos de encontro da cidade.

Estes estão entre os melhores do distrito de Varoš:

**Zodiac** BAR BOÊMIO
(Olica Simana Ljubavca bb) Quartel-general dos artistas, escritores e sonhadores de Zadar. Suas mesas na ruela são repletas de personagens interessantes.

**Galerija Đina** BAR NO CENTRO
(Varoška 2) Um lugarzinho animado, que derrama gente pela rua estreita no centro de Varoš. A agitação nos fins de semana é contagiante.

## Entretenimento

**Satir** CLUBE
(www.satir.hr; Poljana Zemaljskog Odbora 2; ⌚qui-sáb) Um novo clube intimista que apresenta DJs de techno e house, noites fetichistas, bandas e desfiles de moda.

**Callegro** CINEMA
(www.callegro.com; Široka 18; ingresso 20-25KN) Cinema miniplex que vai de filmes de arte a sucessos de Hollywood, nos idiomas originais.

**National Theatre** TEATRO
(☎314 552; Široka; ⌚9-17h seg-sex) Para diversão de alto nível.

## Informações

**Agência de Viagem Aquarius** (Aquarius - putnička agencija; ☎212 919; www.juresko.hr; Nova Vrata bb) Reserva hospedagem e excursões.

**Garderoba** (guarda-volumes por dia 15KN) rodoviária (⌚6-22h seg-sex); cais Jadrolinija (⌚7h-20h30 seg-sex, às 15h sáb); estação ferroviária (⌚24 horas)

**Geris.net** (Federica Grisogona 81; acesso à internet por hora 25KN) O melhor cybercafé da cidade.

**Hospital** (☎315 677; Bože Peričića 5)

**Miatours** (☎/fax 212 788; www.miatours.hr; Vrata Svetog Krševana) Arranja excursões e hospedagem.

**Correio** (Poljana Pape Aleksandra III; ⌚7h30--21h seg-sáb, às 14h dom) Pode-se telefonar e há um caixa eletrônico.

**Escritório de turismo** (☎316 166; www.tzzadar.hr; Mihe Klaića 5; ⌚8-22h seg-sex, às 21h sáb e dom jun-set, às 20h out-mai) Publica um bom mapa colorido e o *Zadar City Guide* gratuito.

**Zagrebačka Banka** (Knezova Šubića Bribirskih 4). Com caixa eletrônico e câmbio.

## Como chegar

### Avião

O aeroporto de Zadar fica a cerca de 12km a leste do centro da cidade. O ônibus da Croatia Airlines (20KN) serve todos os pousos.

A **Croatia Airlines** (☎250 101; www.croatiaairlines.hr; Poljana Natka Nodila 7) tem voos para Zagreb e Pula. **Ryanair** (www.ryanair.com) voa para destinos como o aeroporto Stansted, em Londres, Dublin e Estocolmo.

### Barco

No porto, a **Jadrolinija** (☎254 800; Liburnska Obala 7) tem passagens para todos os ferries locais. Há bilhetes internacionais em **Jadroagent** (☎211 447; jadroagent-zadar@zd.t-com.hr; Poljana Natka Nodila 4), logo que se entra os muros da cidade.

### Ônibus

**A Croatia Express** (☎250 502; www.croatia-express.com; Široka 14) vende passagens para Zagreb, Split e Trieste (Itália) e muitas cidades alemãs.

A **rodoviária** (☎211 035; www.liburnija-zadar.hr, em croata) fica a cerca de 2km a leste da cidade velha. Dali os ônibus vão para Zagreb (95KN a 143KN, 3h e 30min a 7 horas, a cada 30 minutos), Rijeka (149KN, 5 horas, 6 por dia), Split (105KN, 3 horas, 8 por dia) e Dubrovnik (174KN a 215KN, 8 horas, 7 por dia).

### Trem

A **estação** (☎212 555; www.hznet.hr; Ante Starčevića 3) é ao lado da rodoviária. Há seis trens diários para Zagreb, mas a viagem é muito longa: o mais rápido leva mais de 8 horas.

##  Como circular

Ônibus frequentes vão para o porto e para Borik. Ônibus com a placa "Poluotok" vão para o porto, e os "Puntamika" (5 e 8), para Borik, a cada 20 minutos (a cada hora nos domingos). As passagens custam 8KN (13KN para dois com um *tisak*).

A **Lulic** (☎494 494) opera táxis eficientes e baratos. Um percurso de até 5km custa 20KN.

# Arredores de Zadar





**PETRČANE**

Com uma praia de cascalho estreita e algumas casas de veraneio esparsas, Petrčane (12km ao norte de Zadar) ainda estaria cochilando pacificamente no século 21, se a Garden, de Zadar, não tivesse estabelecido uma temporada de festivais de verão (veja abaixo).

Erguendo-se sobre a beira-mar, **Pinija** (☎202 500; www.hotel-pinija.hr; s/c 548/952KN; P ❄ @ ≋) é um típico hotel/resort com trezentos quartos, diversão organizada e restaurante bufê. Os festivais ocorrem dentro do significativo terreno desse hotel. Uns 2km ao norte, erguendo-se como o Eldorado da planície à beira-mar, o novo e amplo empreendimento Falkensteiner em Punta Skala representa uma visão de turismo incrivelmente organizada, eficiente e meticulosamente planejada: o **Family Hotel Diadora** (☎555 911; www.falkensteiner.com; q a partir de 718KN; P ❄ @ ≋), inaugurado em 2010, tem instalações de lazer excepcionais, quartos e restaurante de alta qualidade e bom gosto. Um spa com o que há de mais moderno foi inaugurado em 2011. Campistas devem ir para o **Camp Pineta** (☎364 261; www.camp-pineta. com; por pessoa 20KN, barraca 30-38KN), onde é possível se instalar sob pinheiros perto do Adriático, ou para o discreto e bem administrado **Auto Camp Peros** (☎265 830; www.camp-pineta.com; por pessoa/barraca 56/124KN; ≋), um pouco adiante.

Petrčane tem alguns restaurantes: o tradicional **Konobo Amore** (pratos a partir de

## O GARDEN CRESCE

De julho a setembro, a região de Zadar recebe alguns dos mais famosos artistas, bandas e DJs de música eletrônica do planeta. São milhares de estilos e música eclética: cosmic disco, soul e funk, folk com elementos eletrônicos, deep house e lounge. Trance não faz parte da cena, e a galera é musicalmente bem informada e madura. O centro desses festivais é o bar Garden, de Zadar, mas os festivais acontecem na vizinha Petrčane, 10km ao norte, pela costa.

O evento original, o **Garden Festival** (www.thegardenzadar.com), acontece desde 2006, mas, em 2010, quatro outros festivais (Soundwave, Suncebeat, Electric Elephant e Stop Making Sense) se juntaram à festa de Petrčane entre julho e setembro. Todos apresentam artistas inovadores (mais do que grandes nomes e DJs bombando) como Carl Craig, Hercules and Love Affair, Crazy P, Andrew Weatherhall e Phil Mison. Há um local adorável à beira-mar, espaços sombreados para relaxar e três áreas musicais diferentes (inclusive um clube chamado Barbarella que foi restaurado em toda sua glória dos anos 1970 com globo de espelho e tudo). Junte as famosas festas em barcos Argonaughty (com o cintilante mar Adriático) e é uma cena e tanto.

70KN) à beira-mar, onde um prato enorme de frutos do mar ou peixe para dois custa 250KN.

### UGLJAN

POP. 1.320

A ilha de Ugljan é facilmente acessível de barco de Zadar, o que a torna um refúgio frequentado pela população local e uma espécie de subúrbio arborizado para quem trabalha na cidade. É densamente habitada, abrigando cerca de 7.500 pessoas, e pode ficar lotada aos fins de semana no verão. Há pouca floresta, mas muitos *macchia* (arbustos), alguns pinheiros e um bom tanto de fazendas com hortas, olivais e vinhedos. A costa oriental é a mais recortada e a parte mais desenvolvida da ilha; o oeste é relativamente deserto.

A entrada do porto é **Preko**, bem em frente a Zadar, com dois pequenos embarcadouros e um atracadouro para ferry. Embora haja uma praia da cidade, a melhor praia da ilha é **Galovac**, a apenas 80m do centro. Pequena, bonita e arborizada, Galovac tem um mosteiro franciscano do século 15. Se estiver de carro, você pode visitar a **aldeia de Ugljan**, localizada numa baía com uma praia de areia; a vila de pescadores de **Kali**; e a ilhota vizinha de **Ošljak**, coberta de pinheiros e ciprestes.

A **Jadrolinija** (www.jadrolinija.hr) opera ferries que partem a cada hora de 5h30 a 23h de Zadar para Preko (18KN, 25 minutos) o ano todo.

## Parque Nacional dos Lagos Plitvice

☎053

O Parque Nacional dos Lagos Plitvice fica mais ou menos na metade do caminho entre Zagreb e Zadar. É um cenário magnífico – colinas de floresta cercam lagos turquesa, ligados por uma série de cachoeiras. Pontes de madeira para pedestres e trilhas serpenteiam pelas bordas dos lagos e sob as cascatas, por 18km maravilhosamente úmidos. Em 1979, a Unesco declarou os Lagos Plitvice um Patrimônio da Humanidade.

A beleza natural extraordinária do parque merece alguns dias, mas é possível aproveitar bastante mesmo em uma visita de um dia de Zadar ou Zagreb. Não há um momento ruim para ir: na primavera, as cascatas estão cheias de água; no verão, as colinas em volta estão mais verdes; e no outono há menos visitantes, e você se deliciará com as cores da folhagem que mudam de tonalidade.

O sistema de lagos divide-se em seção superior e inferior. Os lagos superiores, num vale dolomítico, são cercados de floresta densa e interligados por várias cachoeiras. Os lagos inferiores são menores e mais rasos. A maior parte da água vem dos rios Bijela e Crna (Branco e Preto), que se encontram ao sul do lago Prošćansko, mas os lagos são alimentados também por fontes subterrâneas. Em alguns pontos, a água desaparece no calcário poroso para ressurgir em outro lugar. Toda essa água desemboca no rio Korana perto das cachoeiras Sastavci.

Os lagos superiores estão separados por barreiras dolomíticas que se expandem com o líquen e as algas, as quais absorvem o carbonato de cálcio conforme a água do rio passa pela rocha calcária. As plantas incrustadas crescem umas por cima das outras, formando barreiras de travertino e criando cascatas. Elas passam por um processo semelhante, já que o travertino constantemente se forma e reforma em novas combinações, assim a paisagem está sempre mudando. Essa interação única entre água, rocha e a vida das plantas ocorre mais ou menos sem perturbações desde a última glaciação.

A cor dos lagos também muda constantemente. A maior parte do tempo eles têm um tom turquesa surreal, mas a tonalidade muda com a quantidade de minerais e organismos na água, a chuva e o ângulo de incidência do sol. Em alguns dias os lagos podem estar verde-jade ou cinza como aço.

A vegetação abundante do parque nacional é outro encanto. A parte nordeste do parque é coberta por florestas de faia, e o restante é coberto de faias, abetos, abetos vermelhos e pinheiros-brancos com manchas de mostajeiro branco, bétulas e freixo, que mudam de cor no outono.

Infelizmente não se pode nadar nos lagos. Os ônibus param nas áreas de camping em ambas as entradas.

#### História

Uma sociedade de conservação foi fundada em 1893 para garantir a proteção dos lagos, e o primeiro hotel foi construído em 1896. Os limites do parque foram estabelecidos em 1951, e os lagos tornaram-se uma grande atração turística até a guerra civil (que, na verdade, começou em Plitvice em 31 de março de 1991, quando sérvios rebeldes assumiram o controle das instalações do parque). O policial croata Josip Jović tornou-se a primeira vítima da guerra ao ser morto nesse território. Os rebeldes sérvios mantiveram a área durante toda a guerra, transformando os hotéis em quartéis e saqueando os bens do parque. O exército croata retomou o parque em agosto de 1995, e um longo programa para reparar as instalações teve início. Hoje, Plitvice está bem e verdadeiramente de volta ao mapa, e há turistas de toda parte.

## Atrações

Se você começar pela Entrada 2, a mais ao sul das duas entradas, é só descer até a margem do **lago Kozjak** na P1 (uma cabana e parada de barco), onde se pode alugar barco a remo (50KN por hora). Kozjak é o maior lago (cerca de 4km de extensão) do parque e marca a divisa entre os vales superior e inferior. Cercado por encostas íngremes cobertas de floresta, o Kozjak tem uma pequena ilha oval, formada de travertino. Uma boa trilha corre pela margem oriental do lago: siga-a para chegar aos espetaculares lagos mais baixos – com florestas, grutas, escarpas e cachoeiras – ou tome um dos barcos regulares (cada 20 minutos). Em seguida fica o **lago Milanovac**, cor de esmeralda, e, daí, a trilha passa abaixo das escarpas ao lado do **lago Gavanovac**. Acima dali fica a caverna de **Šupljara**, de onde se tem uma bela vista da região mais baixa de Plitvice. Um caminho de madeira atravessa para a margem norte, circunda o **lago Kaluđerovac** cercado de junco e passa por dois altos grupos de cachoeiras. O segundo e apropriadamente chamado **Slap Veliki** é o mais alto da Croácia, com uma queda de 78m.

Para explorar a parte superior dos lagos, volte à P1 e siga as trilhas para o **lago Gradinsko**, margeado de junco que frequentemente abriga ninhos de patos selvagens.

### VIDA SELVAGEM

As estrelas do parque são ursos e lobos, mas há também veados, javalis, coelhos, raposas e fuinhas. Preste atenção nos pássaros, entre eles, gaviões, corujas, cucos, martins-pescadores, patos selvagens, garças e, ocasionalmente, cegonhas-negras e águias-pescadoras são vistas.

Uma série de cascatas liga Gradinsko ao lindo **lago Galovac**, onde a abundância de água formou uma série de piscinas e cascatas. Uma escadaria de concreto, construída há muito tempo, acabou coberta pelo travertino, formando novas cascatas num panorama espetacular. Vários lagos menores ficam abaixo do **lago Okrugljak**, abastecido por duas poderosas cachoeiras. Subindo mais, chega-se ao **lago Ciginovac** e, por fim, ao **lago Prošćansko**, cercado de floresta densa.

## Onde dormir

As estradas de acesso ao parque estão salpicadas de pousadas e *sobe*.

A maioria dos hotéis intermediários se concentra em Velika Poljana, muito perto da Entrada 2, acima do lago Kozjak. Todos são de estilo iugoslavo (muito marrom, bege e vidro fumê), embora alguns tenham sido reformados; reserve quartos em www.np-plitvicka-jezera.hr.

**Pansion Eco-House** POUSADA €
(☎774 760; www.plitviceetnohouse.com; c 436KN; P Wi-Fi) Uma autêntica casa de campo, esse lugar adorável tem dez quartos decorados em pinho, com personalidade e conforto: todos com TV, escrivaninha, assoalho de tábuas, chuveiro e colchas claras. Há um pequeno salão para o café da manhã ou jantar. O pai do dono está construindo um lugar muito semelhante ao lado, com mais oito quartos. Sauna e uma piscina também estão em construção. Fica 1,5km ao sul da Entrada 2.

**Hotel Plitvice** HOTEL €€
(☎751 100; s/c 533/858KN; P @) Goza de uma tranquila localização na floresta e tem três tipos de quarto; os mais chiques são bem modernos, espaçosos e bonitos.

**Hotel Jezero** HOTEL GRANDE €€
(☎751 400; s/c 614/873KN; P @) Outro antiquado hotel iugoslavo com muitas instalações (sauna, piscina, boliche, academia e quadra de tênis). Com 229 quartos, o Jezero recebe todos os grupos de excursão.

**Hotel Bellevue** HOTEL €€
(☎751 700; s/c 407/548KN; P) Os quartos acarpetados e aquecidos são antiquados, mas funcionais; a maioria tem terraço com vista para a floresta. Ao menos a localização é ótima, bem ao lado da Entrada 2.

**Korana Camping Ground** CAMPING €
(☎751 015; por pessoa/barraca 51/65KN; abr-

-out) Um camping com restaurante, um bar-café e quarenta bangalôs para alugar. Fica a cerca de 6km ao norte da Entrada 1 na estrada para Zagreb.

**Hotel Grabovac** HOTEL €€
(751 999; s/c 385/518KN; P @) A cerca de 10km na estrada para Zagreb, é uma decadente herança dos anos 1970, com a decoração original e tudo. Dá para uma noite.

## Onde comer

Todos os hotéis citados têm restaurantes. Há um restaurante self-service que não é caro junto ao posto de turismo da Entrada 2.

**Lička Kuća** COZINHA CAMPESTRE €
(pratos a partir de 55KN) Bem em frente à Entrada 1, esse lugar movimentado serve bons cordeiros, salsichas locais e *đuveč* (cozido de arroz, cenoura, tomate, pimenta e cebola).

## Informações

O **escritório de turismo** (751 015; www.np-plitvicka-jezera.hr; inteira/meia abr-out 110/80KN, nov-mar 80/60KN; 7-20h) tem agências na Entrada 1 (Plitvička Jezera) e 2 (Velika Poljana), perto dos hotéis. Ambas as entradas têm bilheterias e oferecem folhetos e mapas para caminhar pelos lagos. O ingresso inclui os barcos e os trenzinhos que percorrem o parque. Há uma rede de trilhas bem sinalizadas – escolha entre roteiros de 1 ou 2 horas até uma de 10 horas. Um sistema de passarelas de madeira permite apreciar a beleza da paisagem sem danificar o ambiente.

Há um caixa eletrônico no Hotel Bellevue. A bagagem pode ser deixada no centro de informações turísticas na entrada principal do parque. Estacionamento é caro (por hora/dia 7/70KN).

## Como chegar

Nem todos os ônibus Zagreb–Zadar param lá, já que os mais rápidos usam a autoestrada, então verifique antes de embarcar. Você pode verificar os horários em www.akz.hr. A viagem leva 3 horas de Zadar (75KN a 89KN) e 2h e 30min de Zagreb (62KN a 70KN), e há dez viagens por dia.

# Parque Nacional Paklenica

023

Elevando-se bem acima do Adriático, os pesados picos do Maciço de Velebit estendem-se por 145km e formam uma impressionante barreira entre a Croácia continental e o Adriático. O Parque Nacional Paklenica cobre 36km² dessa cadeia de montanhas. Com um público bem democrático, de eventuais andarilhos a alpinistas, o parque oferece muito a ser explorado e algumas das paisagens mais lindas do país: caminhe por gargantas, escale paredes de pedra ou perambule por trilhas sombreadas ao lado de corredeiras.

O parque engloba duas profundas gargantas, Velika Paklenica (Grande Paklenica) e Mala Paklenica (Pequena Paklenica), que marcam as montanhas como uma ferida de machado, com penhascos de mais de 400m de altura. A rocha calcária seca que forma a Serra de Velebit é altamente absorvente, mas várias nascentes fornecem um contínuo abastecimento de água e alimentam uma vegetação abundante. Metade do parque é coberta de florestas, faia e pinheiro, na maior parte, seguidas por carvalho e variedades de mostajeiro. A vegetação muda com a altitude, assim como o clima, que vai de mediterrâneo a continental e subalpino. As regiões mais baixas, especialmente as expostas ao sul, podem ser muito quentes no verão, e o bura (vento frio de nordeste) que sopra na cordilheira no inverno traz chuvas e tempestades repentinas.

Há poucos animais, mas pode-se ver abutres-do-egito, águias douradas, águias listadas e falcões-peregrinos, que fazem ninhos nos penhascos das duas gargantas. Linces, ursos e lobos vivem nas regiões mais altas do parque, mas as chances de vê-los são mínimas.

A melhor época para visitar o parque é abril, maio, junho e setembro. No fim da primavera o parque está mais verde, os cursos d'água viram torrentes e há poucos visitantes. Em julho e agosto as trilhas ainda não estão cheias, já que a maior parte das pessoas vai à região por causa das praias, mas pode estar quente demais para caminhar com conforto.

## Atividades

### Caminhada

A maioria das caminhadas no parque é de um dia, do "campo-base" em Starigrad ou Seline, ou de uma das cabanas na montanha.

**Mala Paklenica a Velika Paklenica** CAMINHADA
Uma espetacular caminhada de 8 a 10 horas que passa pelas duas gargantas. Começando em Mala Paklenica (Entrada 2), a rota segue um desfiladeiro estreito no calcário impressionante. As primeiras três horas são bem

duras - você tem que escalar blocos colossais (às vezes usando cordas) –, mas a trilha é bem sinalizada. Ela pode ficar escorregadia depois da chuva e cruza várias vezes um riacho. A trilha segue direto até a garganta de Mala Paklenica, depois ziguezagueia subindo uma colina até 680m. Depois, ela fica plana num adorável vale e se estende por pastos e pelo vilarejo abandonado de Jurline (lugar ideal para almoçar). A recompensa é uma vista estonteante do cânion de Velika Paklenica, antes de a trilha descer abruptamente pela floresta até a base do vale. A rota segue um rio por mais ou menos uma hora, passando por maciços cinza e **túneis** (atualmente em reforma para acesso dos visitantes) que eram um *bunker* ultrassecreto na época de Tito, até chegar ao estacionamento de Velika Paklenica. Dali, uma estradinha sinalizada leva de volta a Mala Paklenica, a cerca de uma hora.

**Starigrad a Planinarski Dom** CAMINHADA

Comece na Entrada 1 e vá direto até a garganta de Velika Paklenica. Quando passar por umas pedras caídas à sua direita, você estará em **Anića Luka**, um platô verde semicircular. Um quilômetro à frente, uma trilha íngreme leva à caverna de **Manita Peć** (entrada 10KN; ⊙10-13h jul-set, hr variável out-jun). Há uma abundância de estalagmites e estalactites ressaltadas pela iluminação estrategicamente colocada na câmara principal (40m de extensão e 32m de altura). Essa caverna fica a uma caminhada de cerca de duas horas do estacionamento e precisa ser visitada com guia (não incluído no ingresso - arranje tudo na entrada do parque).

Da caverna você pode seguir a trilha para **Vidakov Kuk**, que leva 1h e 30min. A subida até o pico de 866m é bastante acidentada, mas, em dias claros, a recompensa é uma vista inesquecível de Pag do outro lado do mar. Você pode continuar numa trilha fácil para **Ramići** e então seguir a leste para a trilha principal até o abrigo Planinarski Dom Paklenica.

Outra opção é contornar Manita Peć e continuar até a cabana no bosque de **Lugarnica** (um pouco mais de duas horas a pé do estacionamento), que abre diariamente do meio de abril ao fim de outubro. Vendem-se bebidas e lanches ali. Uma trilha continua pela floresta de faias e pinheiros até o abrigo Planinarski Dom Paklenica.

**Alto de Velebit** CAMINHADA

De Planinarski Dom Paklenica chega-se facilmente a qualquer pico de Velebit em um dia, mas você precisaria de mais de uma semana para explorar todos. O ponto mais alto na Serra de Velebit é **Vaganski vrh** (1.757m). Do topo plano e gramado tem-se uma vista de até 150km terra adentro por cima dos picos de Velebit, quando a visibilidade está boa. Pode ser um dia longo e duro (dependendo do seu preparo físico), mas dá para chegar a ele com tempo suficiente para retornar ao abrigo ao anoitecer.

Outro destino popular é **Babin vrh** (Pico da Vovó; 1.741m). Siga a trilha com o riacho Brezimenjača à esquerda até o passo de Buljma (1.394m) e então continue até Marasova, agora pela floresta decídua. Há um pequeno lago no sopé do Babin vrh que nunca seca (mas a água foi poluída por ovelhas).

Também dá para chegar a todos os picos partindo de Mala Paklenica, mas leve equipamento de sobrevivência, um mapa e a certeza de que ambas as cabanas estejam abertas. Depois de **Sveti Jakov** em Mala Paklenica pegue o caminho à direita para a cabana de Ivine Vodice. Trilhas sinalizadas levam a **Sveto brdo** (1.751m), **Malovan** (1.709m), Vaganski vrh e Babin vrh antes de descer para o abrigo de Planinarski Dom Paklenica.

### Escalada

Paklenica tem rotas de escalada do nível iniciante até o quase suicida. A rocha firme, ocasionalmente afiada, oferece escaladas graduadas, incluindo 72 rotas curtas e 250 mais longas. As rotas para iniciantes são visíveis no começo do parque com penhascos chegando a 40m, mas as melhores e mais avançadas escaladas ficam em Anića Kuk, que tem cem rotas de até 350m. Quase todas as rotas são bem equipadas com grampos e mosquetões, exceto o apropriadamente chamado **Psycho Killer**.

As escaladas mais populares são **Mosoraški** (350m), **Velebitaški** (350m) e **Klin** (300m). A primavera é a melhor época, já que os verões podem ser muito quentes e o inverno com muito vento. Há um serviço de resgate disponível.

## Onde dormir

Há hospedarias rústicas administradas pelas autoridades do parque para praticantes de caminhada e montanhistas.

GRÁTIS **Ivine Vodice** CABANA DE MONTANHA

(Sklonište; ⊙diariamente jun-set, sáb e dom out-mai) A leste de Planinarski Dom Paklenica, essa cabana não tem camas nem água corrente, mas pode acomodar dez pessoas com sacos de dormir. É grátis e não precisa de reservas.

**Planinarski Dom Paklenica**

ABRIGO NA MONTANHA €

(☎301 636; pd.paklenica@zd.t-com-hr; dc 70KN; ⏲diariamente meio de jun-meio de set, sáb e dom resto do ano) Não tem água nem eletricidade, mas dá para chegar aos picos mais altos de Velebit de lá. Tem 45 camas em quatro quartos; leve saco de dormir. Há uma cozinha e um salão para refeições. É bom reservar nos meses de verão.

## Informações

O **Escritório do Parque Nacional Paklenica** (☎/fax 369 202; www.paklenica.hr; Dr F Tuđmana 14a; inteira/meia 40/20KN abr-out, 30/20KN nov-mar; ⏲escritório 8-16h seg-sex abr-out, parque a partir das 7h o ano todo) vende livretos e mapas. O guia *Paklenica National Park* dá uma excelente visão geral do parque e detalha as trilhas de caminhada. Licenças para escalada custam de 60KN a 80KN dependendo da época; montanhistas devem pedir orientação aos guias no escritório do parque.

A **Associação Montanhista da Croácia** (☎01-48 24 142; www.plsavez.hr; Kozarićeva 22, Zagreb) também tem informação atualizada e publica um mapa útil do parque. Pode-se, também, consultar o guia para montanhistas *Paklenica*, de Boris Čulić, para saber tudo.

## Como chegar

O melhor jeito de chegar a Paklenica (a não ser que você esteja de carro) é tomar um dos ônibus Rijeka-Zadar (veja www.autotrans.hr) que param, todos, em Starigrad (28KN, 45 minutos de Zadar, 6 por dia). O melhor lugar para descer do ônibus é no Hotel Alan.

# Starigrad

☎023 / POP. 1.103

Starigrad se espraia em ambos os lados da estrada costeira principal de Rijeka a Zadar e é uma boa base para explorar o Parque Nacional Paklenica.

## Atrações

GRÁTIS **Casa Étnica Marasović**

MUSEU

(⏲13-20h mai-out) Esse centro ocupa uma pequena casa reformada na aldeia de Marasović, 1km para dentro da Entrada 1. Há uma mostra modesta de antigas ferramentas agrícolas, fotos da região e um tear antigo. Vendem-se mapas e cartões-postais, e guardas-florestais estão disponíveis para informações.

## Onde dormir

Não será uma luta achar um lugar para acampar, um apartamento ou um quarto na região de Starigrad, que tem dezenas de lugares ao longo (ou perto) da estrada. Há poucos hotéis.

**Hotel Alan**

RESORT €€

(☎209 050; www.bluesunhotels.com; Dr Franje Tuđmana 14; s/c 754/1.216KN; ⏲meio de mar-meio de nov; P❄@📶≋) Considerado um ponto de referência, esse hotel e resort em formato de minitorre tem quartos modernos e instalações que incluem quadra de tênis e spa (com sauna a vapor e vários tratamentos disponíveis). Há muito entretenimento também.

**Camping Pinus**

CAMPING €

(☎658 652; www.camping-pinus.com; Dr Franje Tuđmana bb; por adulto/barraca 32/25KN; ⏲abr-out) Um camping muito relaxante, 3km ao norte na estrada para Rijeka, é um lugar bonito e sem frescura bem na costa.

**Camping Paklenica**

CAMPING €

(☎209 062; www.paklenica.hr; Dr Franje Tuđmana bb; por adulto 40KN; ⏲abr-out) Ao lado do escritório do parque, esse lugar pequeno fica numa praia de cascalho boa para nadar. É muito usado por praticantes de caminhada, mas não aceitam reservas.

**Hotel Vicko**

HOTEL €€

(☎369 304; www.hotel-vicko.hr; Jose Dokoze bb; s/c 608/805KN; P❄@) Um hotel moderno, bem administrado, com dezoito quartos claros e arejados, alguns com terraço. Tem um jardim arborizado e fica a apenas 50m da praia.

## Onde comer

**Taverna-Konoba Marasović**

DÁLMATA €

(pratos a partir de 40KN; ⏲mai-out) Um quilômetro adentro da Entrada 1, essa *konoba* ocupa uma fantástica casa de aldeia com varanda na entrada e mesas rústicas no salão. Peça presunto dálmata, risoto de lula, lulas ou cordeiro/porco assados numa *peka* (encomende com antecedência). Fica embaixo de uma casa típica reformada.

**Buffet Dinko**

FRUTOS DO MAR €

(pratos a partir de 45KN) No cruzamento da autoestrada com a estrada de acesso à Entrada 1, esse restaurante muito frequentado tem uma varanda sombreada e peixes e frutos do mar excelentes.

**Pizzeria Tomate** PIZZA €
(refeições a partir de 40KN; Wi-fi) Uma pizzaria simples na autoestrada, entre o Hotel Alan e o centro de Starigrad. Wi-fi grátis.

## Informações

O **escritório de turismo** (369 245; www.rivijera-paklenica.hr; 8-21h jul e ago, às 15h seg-sáb set-jun) fica no centro da cidade na rua principal do outro lado do pequeno porto. HVB Splitska Banka (entre o posto de turismo e o Hotel Alan) tem caixa eletrônico. O Hotel Alan oferece acesso à internet (por hora 30KN).

## Como chegar

Starigrad fica a cerca de 51km de Zadar e 165km de Rijeka. Seis ônibus por dia passam em ambas as direções: consulte horários em www.autotrans.hr. Os ônibus param fora do Hotel Alan e ao longo da estrada.

Infelizmente, não há táxis em Starigrad. Alguns hotéis levam e buscam hóspedes nos portões de entrada do parque.

# DUGI OTOK

023 / POP. 1.800

O que Dugi Otok tem é beleza natural intocada, então, se você está em busca de férias relaxantes e tranquilas, encontrará seu paraíso ali. O aglomerado de pequenas ilhas do Parque Natural da Baía de Telašćica é obrigatório, e o lago de água salgada Mir (Paz), a arenosa baía Sakarun e um passeio panorâmico ao longo da acidentada costa rochosa são verdadeiros prazeres.

O nome Dugi Otok significa "ilha comprida". Estendendo-se de noroeste a sudeste, a ilha tem 43km de extensão e só 4km de largura. A costa sudeste é marcada por colinas e penhascos íngremes, e a metade norte é composta por vinhedos, pomares e pastagens de carneiro. No meio há uma série de colinas calcárias que erguem-se até 338m em Vela Straža, o ponto mais alto da ilha.

A maioria das pessoas se hospeda em Sali, na costa sudeste, ou em Božava na costa nordeste. Sali tem mais opções de hospedagem em casas particulares, e Božava proporciona uma experiência de resort.

Há uma rápida alta estação nas primeiras três semanas de agosto, quando italianos em férias aparecem em massa.

### História

Ruínas na ilha revelam assentamentos antigos dos ilírios, romanos e, depois, dos primeiros cristãos, mas o primeiro registro sobre a ilha é de meados do século 10º. Mais tarde, ela se tornou propriedade dos mosteiros de Zadar. A ocupação se expandiu com as invasões turcas do século 16, que causaram a imigração de outros pontos da costa.

O destino de Dugi Otok esteve muito ligado ao de Zadar, conforme esta mudava de mãos entre venezianos, austríacos e franceses, mas, quando o Norte da Dalmácia foi entregue a Mussolini, a ilha continuou com a Croácia. Os mais velhos se lembram das dificuldades que enfrentaram quando o centro médico e administrativo mais próximo era Šibenik, a uma longa e penosa viagem de barco, na costa.

O desenvolvimento econômico sempre foi prejudicado pela escassez de água doce - água potável tem que ser armazenada da chuva ou trazida de barco de Zadar. A população foi diminuindo ao longo das últimas décadas, deixando umas poucas almas resistentes para enfrentar os verões secos e os invernos gelados pelo *bura*.

## Como chegar

A **Jadrolinija** (www.jadrolinija.hr) tem ferries diários o ano todo de Zadar para Brbinj (24KN, 1h e 30min, 2 ou 3 por dia) e uma conexão por ferry e catamarã entre Zaglav e Sali (18KN, 45 minutos a 1h e 30min, 3 por dia).

## Como circular

Os únicos ônibus em Dugi Otok coincidem com as conexões por barco e vão de Božava a Brbinj, no norte, e de Sali a Zaglav, no sul (antes e depois dos barcos). Há *scooters* para alugar tanto em Sali quanto em Božava.

## Sali

POP. 1.152

Como maior porto e cidade da ilha, Sali é uma metrópole quando comparada ao restante das cidades e aldeias espalhadas por Dugi Otok. Nomeada em razão das salinas que, um dia, empregaram os habitantes, a cidade tem uma aparência envelhecida, vivida. Seu pequeno atracadouro é um porto de pescadores ativo e fica movimentado com os barcos de passageiros e os iates que atracam ali no verão a caminho da baía de Telašćica e das Ilhas Kornati. Embora a cidade seja tentadoramente próxima dessas maravilhas naturais, você terá que se juntar a uma excursão ou alugar seu próprio barco para visitá-las.

## Atrações e atividades

Há pouca coisa no quesito atrações dentro da cidade, mas você pode visitar a interessante **Igreja de Santa Maria** (Crkva Svete Marije; Svete Marije; ⌚só nas missas), construída no século 15. O altar de madeira e várias pinturas renascentistas impressionam.

O parque subaquático marinho das Ilhas Kornati é excepcional para mergulho em águas transparentes, com escarpas íngremes e muitas cavernas. Há duas escolas de mergulho na vizinha baía de Zaglav: **Dive Kroatien** (☎377 079; www.dive-kroatien.de) e **Kornati Diver** (☎377 167; www.kornati-diver.com). Atenção: você terá que pagar uma entrada de €20 para mergulhar dentro do Parque Nacional Kornati.

**Passeios de barco** (350KN), incluindo uma tranquila excursão na baía de Telašćica e uma parada em uma das Ilhas Kornati, saem do porto de Sali. Há também excursões de pesca: procure a **Tome** (☎377 489; www.tome.hr; a partir de 350KN).

## Festas e eventos

No fim de semana anterior à Assunção (15 de agosto), o **Festival Saljske Užance** atrai visitantes de toda a região, com corrida de burro e uma procissão de barcos iluminada por velas em volta do porto. Homens e mulheres usam roupas tradicionais, tocam instrumentos feitos de chifre de vaca e apresentam danças típicas.

## Onde dormir

Hospedagem em casas particulares tem preços razoáveis em Sali, especialmente fora da temporada, e o escritório de turismo pode providenciar alguns lugares afastados maravilhosos, inclusive uma casa numa ilha própria. Procure apartamentos em www.sali-dugiotok.com (em croata).

O preço de quartos e apartamentos é baseado numa estada mínima de três dias no verão, com uma sobretaxa de 30% para menos noites. Como a ilha é muito seca, tente evitar banhos longos.

Não existem campings.

**Hotel Sali** HOTEL €€

(☎377 049; www.hotel-sali.hr; q 571KN; ⌚abr-out; P ❄) A cerca de 1km do porto, esse hotel fica em sua própria praia rochosa num terreno sombreado por pinheiros antigos. Seus quatro blocos de quartos são pintados de branco e azul-marinho e há um restaurante. Os quartos são decorados com simplicidade; todos têm TV por satélite, frigobar e terraço (muitos com vista para o mar). Há bicicletas para alugar.

**Apart Šoštarić** HOTEL €

(☎377 050; bsostaric@gmail.com; q/ap 219/366KN; P ❄) Esse prédio rosa antigo no extremo norte do porto é um pouco feio, mas raramente está lotado e, portanto, vale tentar em épocas movimentadas. Ele tem acomodações um pouco antiquadas, mas aceitáveis; as da frente têm uma linda vista.

## Onde comer e beber

Meia dúzia de restaurantes está aglomerada em volta do porto e há também um supermercado bem abastecido.

**Maritimo** BAR

O coração de Sali, esse bar tem sempre uma boa *vibe*, chova ou faça sol. Ele tem muita personalidade, com um grande balcão de madeira e fotografias antigas decorando as paredes, e uma varanda muito frequentada, ótima para um coquetel, um café ou uma cerveja. A legislação antifumo da Croácia é frequentemente ignorada.

**Pizza Bruc** ITALIANA €

(pizza a partir de 38KN; ⌚abr-out) O mais amigável restaurante da cidade e com uma varanda bem ao lado dos iates. Experimente a apimentada *pizza picante*.

## Informações

O **escritório de turismo** (☎/fax 377 094; www.dugiotok.hr; ⌚8-21h jun-set, às 15h seg-sex out-mai) à beira do cais tem boas informações sobre a ilha e pode fornecer mapas coloridos ótimos para caminhadas e passeios de bicicleta, com perfil dos roteiros e outros folhetos. Eles arranjam hospedagem e excursões e você pode navegar na internet também (15KN, 30 minutos).

Não há banco, mas há um caixa eletrônico onde se pode trocar moeda ou sacar dinheiro com cartão MasterCard no **correio** (Obala Petra Lorinija; ⌚8-14h seg-sáb).

**A Louvre** ☎098 650 026) aluga *scooters*.

# Baía de Telašćica

A ponta sudeste de Dugi Otok é separada em duas pela bastante recortada baía Telašćica, pontuada por cinco pequenas ilhas e cinco ilhotas ainda menores. Com sensacionais águas azuis protegidas, é um dos maiores, mais bonitos e menos deteriorados portos naturais do Adriático. É muito frequentado por iates.

As Ilhas Kornati se estendem quase até a entrada da baía Telašćica e a topografia dos dois grupos de ilha é idêntica - calcário branco com manchas de vegetação rasteira. A ponta do lado oeste da ilha dá para o mar aberto, onde o vento e as ondas escavaram escarpas de até 166m. Não há cidades, colônias ou estradas nessa parte de Dugi Otok, apenas um par de restaurantes na **baía Mir** que atende os iatistas.

Ao lado da baía Mir fica o **lago Mir**, de água salgada, alimentado por canais subterrâneos que correm pelo calcário para o mar. O lago, que é claro, mas tem fundo lamacento, é cercado por florestas de pinheiro e sua água é muito mais quente do que a do mar. Dizem que a lama de lá, como a de outros lugares incomuns, faz bem para a pele.

## Božava

POP. 111

Božava é um lugarzinho tranquilo em torno de um porto natural que se transformou de vila de pescadores em resort de férias em duas gerações. A aldeia é coberta de árvores frondosas floridas e há trilhas sombreadas adoráveis ao longo da costa. O turismo, hoje, domina totalmente a economia local, na forma dos quatro hotéis da "aldeia turística" de Božava e há restaurantes ao lado do porto.

O **escritório de turismo** (/fax 377 607; turisticko-drustvo-bozava@zd.t-com.hr; 9-14h e 18-20h seg-sáb, às 12h dom jun-set), logo acima do pequeno embarcadouro, arranja aluguéis de bicicleta, *scooter* ou carro e providencia hospedagem em casas particulares.

O **complexo hoteleiro de Božava** (291 291; www.hoteli-bozava.hr; ) inclui três hotéis três estrelas (todos 564KN por pessoa), entre os quais se destaca o Hotel Mirta que acabou de ser reformado. O quatro estrelas Hotel Maxim (622KN por pessoa) é mais luxuoso e tem belos quartos e apartamentos familiares, todos com TV por satélite, frigobar, acesso à internet e varanda com vista para o mar. Você terá acesso a quadras de tênis com iluminação, serviços de massagem e academia.

**Veli Rat** é uma linda aldeia com uma marina em uma baía muito bem protegida perto da ponta noroeste da ilha. Os ônibus vão de/para Brbinj para as conexões com barcos; fora isso, é um lugar extremamente isolado com uma dúzia de pessoas e uma solitária loja/bar.

# ILHA DE PAG

Pag parece cenário de um filme italiano dos anos 1950, perfeita para uma locação de um Antonioni intimista em preto e branco - é desolada, rochosa, cor de sépia, com amplas paisagens vazias estendendo-se no horizonte. O Adriático em torno dela tem cor de aço, e, sob um céu de tempestade, é o lugar de aparência mais dramática em toda a Croácia: as formas da rocha calcária parecem uma paisagem lunar, definida por duas cadeias de montanhas, manchas de vegetação rasteira e uma dúzia de vilas e aldeias.

Tecnicamente, Pag não é mais uma ilha (está ligada ao continente por uma ponte), mas em termos de cultura e produção é muito independente e peculiar. Os ilhéus cultivam o solo miserável e produzem um vinho branco doméstico decente, o Šutica. As resistentes ovelhas locais pastam a erva e o capim salgado, dando ao leite um sabor característico e produzindo o *paški sir* (queijo de Pag - mergulhado no azeite de oliva e envelhecido em pedra; veja p. 186). A intrincada renda de Pag é famosa e adorna e emoldura muitas paredes croatas.

Mas Pag é muito mais do que tradições e cultura centenária. A parte norte de Novalja é um dos resorts mais descontraídos e animados da Croácia, e a vizinha praia Zrće é um reduto de clubes.

### História

A ilha foi habitada pelos ilírios antes de cair em mãos romanas no século 1º a.C. Os romanos ergueram fortes e aquedutos. Os eslavos se instalaram em torno de Novalja no século 7º d.C. e começaram a construir igrejas e basílicas. No século 11 a produção de sal começou a decolar, resultando em conflitos com Zadar e Rab por causa do comércio desse produto. Em 1409, Pag foi vendida a Veneza, junto com Zadar e o restante da Dalmácia. Desavenças subsequentes fizeram a ilha ser invadida por venezianos, austríacos, franceses (depois austríacos de novo) e então uma ocupação ítalo-germânica durante a Segunda Guerra Mundial.

## QUEIJO DE PAG

Não há queijo exatamente igual ao característico *paški sir* – queijo de Pag. Salgado e ardido, seu sabor remonta facilmente à ilha que o produz. Conforme o vento sopra sobre as colinas baixas da Ilha de Pag, uma fina camada de sal se deposita no solo e na flora que brota dele. Os carneiros e as ovelhas criados soltos na ilha alimentam-se da erva e do capim salgados, transmitindo o sabor para a carne e o leite.

O leite para o queijo de Pag é tirado em maio, quando o sabor está no auge. É deixado sem pasteurizar, o que permite que um sabor mais forte emerja durante o processo de fermentação. Quando a fermentação do queijo termina, ele é esfregado com sal marinho, coberto com azeite de oliva e envelhecido de seis meses a um ano. O resultado é um queijo forte e firme que amadurece para um queijo seco, aromático e quebradiço. Como entrada, é servido em fatias finas com azeitonas pretas, mas também pode ser ralado e usado no lugar do queijo parmesão.

Procure também o *skuta*, um tipo de ricota macia com sabor sutil encontrado (embora raro) em restaurantes, inclusive o Boškinac, perto de Novalja.

## Como chegar

### Barco

Um catamarã diário da **Jadrolinija** (www.jadrolinija.hr) liga Rijeka a Novalja (40KN, 2h e 30min), passando por Rab. Ferries de carro regulares (12KN) também ligam Žigljen, na costa nordeste de Pag, a Prizna, no continente; eles navegam a cada uma hora mais ou menos, no inverno, e ininterruptamente de junho a setembro.

### Ônibus

Cinco ônibus diários operados pela **Antonio Tours** (www.antoniotours.hr) ligam Novalja, cidade de Pag e Zadar no verão. Da cidade de Pag, dois ônibus diários vão para Rijeka (166KN, 3h e 30min) de segunda a sábado e um no domingo, passando por Novalja no caminho; um ônibus por dia vai para Split (158KN, 4 horas); e há três ônibus diários para Zagreb (243KN, 6 horas).

## Como circular

Seis ônibus diários fazem o trajeto de 30 minutos entre a cidade de Pag e Novalja (22KN).

O relevo (razoavelmente) plano de Pag é ideal para bicicletas. A **Jadranka** (☎098 306 602), na cidade de Pag, aluga bicicletas por 20/100KN por hora/dia. Há cerca de 115km de trilhas de bicicleta levando a toda parte na ilha.

# Cidade de Pag

☎023 / POP. 2.709

A cidade histórica de Pag tem uma localização espetacular, margeando uma estreita faixa de terra entre colinas crestadas pelo sol, com uma baía azul-celeste em seu flanco leste e salinas cintilantes a oeste. É um conjunto de alamedas estreitas e casas de pedra desoladas cuja vida se derrama nas ruas – os habitantes fazem renda sentados em banquetas, e a praça de mármore branco é um ponto animado de socialização. Há praias de cascalho pertinho.

No início do século 15 o próspero negócio do sal impulsionou a construção da cidade de Pag quando a vizinha Stari Grad não podia mais atender a demanda de sua população crescente. Os governantes venezianos contrataram o melhor construtor da época, Juraj Dalmatinac, para desenhar a cidade – a primeira pedra foi posta em 1443. De acordo com o que eram então as ideias mais avançadas em urbanismo, as ruas principais e as secundárias se cruzam em ângulos retos e levam a quatro portões da cidade. No centro, há um praça com a catedral, um palácio ducal e um palácio episcopal inacabado. Em 1499, Dalmatinac começou a trabalhar nos muros da cidade, mas só sobrou o canto norte, com partes de um castelo.

## Atrações e atividades

**Museu da Renda** MUSEU

(Kralja Dmitra Zvonimira; Trg Kralja Krešimira IV; entrada 10KN; ⏲10-12h e 18-22h jun-set, aberto apenas para grupos no resto do ano) Instalado hoje no espetacular Palácio Ducal restaurado (Kneževa Palača), que também foi projetado por Juraj Dalmatinac, esse excelente museu exibe algumas criações notavelmente intrincadas. A história da renda em Pag e sua importância para a comunidade são ilustradas por fotos e bons painéis informativos.

**Igreja de Santa Maria** IGREJA

(Crkva Svete Marije; Trg Kralja Krešimira IV; ⏲9-12h e 17-19h mai-set, só missas out-abr) A igreja gótica de Santa Maria, também construída por Juraj Dalmatinac, está em perfeita harmonia com as modestas construções que a cercam. A luneta sobre o portal de entrada representa a Virgem com mulheres de Pag em vestes e penteados medievais, e há dois frisos de esculturas inacabadas de santos. Terminado no século 16, o interior foi reformado com decoração barroca no teto no século 18.

**Museu do Sal** MUSEU
(Stari Grad; entrada 10KN; ⌚10-12h e 20-22h jun-set, aberto apenas para grupos no resto do ano) Logo depois da ponte, no que restou de Stari Grad - que é bem pouco -, esse novo museu (num antigo galpão) documenta a produção de sal em Pag com fotos e objetos.

## Festas e eventos

O último dia de julho é o **Carnaval de Pag**, uma boa oportunidade de ver a tradicional *kolo* (uma animada dança de roda eslava) e apreciar a elaborada vestimenta tradicional de Pag. A praça principal enche-se de dançarinos e músicos, e uma trupe de teatro apresenta a peça folclórica *Paška robinja* (A garota eslava de Pag).

## Onde dormir

A maioria dos hotéis de Pag está espalhada em torno da baía, a oeste da cidade, e fecha de outubro a maio.

Agências de viagem arrumam hospedagem em casas particulares, e mulheres oferecem *sobe* na rodoviária. Muitos quartos e apartamentos ficam do outro lado da ponte.

**Hotel Pagus** HOTEL €€€
(☎611 310; www.coning-turizam.hr; Starčevića 1; s/c 542/1.055KN; P❄@📶🏊) Reformado recentemente, esse hotel tem ótima localização na praia, a uns passos da cidade velha. Os quartos são elegantes e estilosos, e o centro de bem-estar é uma verdadeira delícia.

**Camping Šimuni** CAMPING €
(☎697 441; www.camping-simuni.hr; Šimuni; por adulto 60KN) Numa linda enseada com uma praia de pedregulhos, a meio caminho entre a cidade de Pag e Novalja, perto do porto de Šimuni. Todos os ônibus internos da ilha param ali. Os trailers (a partir de €30) são legais e uma opção barata fora da estação.

**Barcarola** QUARTOS €
(☎611 239; Vladimira Nazora 12; q 293KN; ⌚abr-nov) Bem ao lado da parada de ônibus, esses quartos modernos ficam sobre uma *konoba*. Todos são espaçosos, com chão de madeira, e bem decorados, ainda que simples, com guarda-roupa e banheiro.

### BALADA NA PRAIA

Apesar da sensação dominante de tranquilidade na Ilha de Pag, há uma leva de festas alucinantes durante todo o verão. Cerca de 3km a sudeste de Novalja, a **praia de Zrće** tem três grandes clubes e vários bares. São DJs bem *maisntream* – não conte com um ambiente muito underground. Os clubes são na praia (ao contrário de Ibiza, com que Zrće é frequentemente comparada).

O **Kalypso** é o mais sofisticado. Um lugar lindamente decorado, construído numa enseada no extremo norte da praia, com milhares de bares cercados de palmeiras. Durante o dia pode-se relaxar ali em maravilhosos colchões e, depois que escurece, os DJs tocam house para uma galera mais velha. O **Aquarius** (www.aquarius.hr) é a parada mais badalada, um espaço enorme, com cantinhos estilosos, ótima vista e uma área envidraçada. Alguns nomes muito importantes, como Roger Sanchez e Benny Benassi, tocaram ali em 2010. O **Papaya** (www.papaya.com.hr) é um clube atraente construído em terraços, um dos quais é a pista principal, que atrai uma galera variada. A programação musical é irregular, embora muitos gigantes, como Tiesto e Paul Van Dyk, já tenham tocado para os fregueses hedonistas. Todos os clubes abrem no fim de junho e fecham no meio de setembro. O preço da entrada depende muito do evento – as noites são, normalmente, grátis no começo da temporada e custam até €35 no meio de agosto.

A praia em si é uma baía bem fechada, um crescente de cascalho de 1km sem árvores – alugue um guarda-sol. É ótima para nadar, mas você vai ter que aguentar o zumbido dos jet-skis (confinados a faixas determinadas). Zrće é atraente, com vista para uma faixa crestada do leste de Pag, com as montanhas do continente erguendo-se no horizonte. Estacionamento custa 5KN por hora.

**Meridijan Hotel** HOTEL €€
(☎492 200; www.meridijan15.hr; Starčevića bb; q 674KN; P ❄ @ ☜ ≋) Um novo quatro estrelas, com quartos muito bem equipados – todos com frigobar, mobília moderna e banheiro grande; os do andar superior têm ótimas vistas da terra e da baía. A piscina, porém, é pequena.

## Onde comer

Seria falta de educação não provar um pedaço de queijo de Pag.

**Bistro Na Tale** COMIDA TRADICIONAL €
(Radićeva 2; pratos a partir de 40KN) Confiável, informal e altamente popular, com uma varanda de frente para as salinas e outra bem sombreada. O cordeiro de Pag é realmente uma especialidade, mas pode-se optar pelo peixe fresco do dia cozido em vinho e ervas.

**Konoba Bodulo** DÁLMATIA €€
(Vangrada 19; pratos a partir de 40KN) Bem ao lado dos muros da cidade, esse atraente restaurante tradicional é conhecido pelos frutos do mar (lagostins, mexilhões ou polvo). Há uma parte agradável no pátio.

**Bistro Diogen** CROATA €€
(K Lidija Uhl 9; pratos a partir de 50KN) Opção de destaque nessa região, com extenso menu, serviço amigável e pratos de peixe e carne confiáveis – além de uma vista magnífica.

Providencie sua própria comida escolhendo frutas, verduras e queijo local na feira matinal de hortifrúti; vá ao supermercado Konzum para ingredientes mais elaborados.

## Onde beber e entretenimento

A cidade de Pag é tranquila com poucos bares ou vida noturna, embora, no verão, as coisas fiquem mais animadas.

**Cub Vanga** CLUBE
Logo depois da ponte, esse novo clube é o único lugar para dançar da cidade. As noites se alternam; toda semana há R&B, house e som dos anos 1970, 1980 e 1990. Há uma varanda para fumantes.

## Onde comprar

Pag oferece os produtos mais característicos da Croácia. Seria uma pena deixar a ilha sem comprar **renda**, já que os preços são relativamente baixos, e comprar ajuda a manter viva a tradição. Um pequeno círculo ou estrela com 10cm de diâmetro custa cerca de 125KN, mas leva umas boas 24 horas para ser feito. Caminhando por Kralja Tomislava ou Kralja Dmitra Zvonimira pode-se comprar direto das rendeiras, que cobram, praticamente todas, preços fixos.

O **queijo de Pag** não é fácil de achar, embora você possa conseguir na feira matinal. Se não, procure placas "*Paški Sir*" do lado de fora de alguma casa em estradas remotas. O preço por quilo é mais ou menos 130KN.

## Informações

**Erste Banka** (Vela 18) Troca moeda.

**Centro médico** (☎611 001; Gradska Plaža bb)

**Mediteran** (☎/fax 611 238; www.mediteran-pag.com; Vladimira Nazora 12) Agência com uma seleção ampla de hospedagem em casas particulares.

**Meridian 15** (☎612 162; www.meridijan15.hr; Ante Starčevića 1) Agência de viagem que organiza excursões na ilha e visitas aos parques nacionais, inclusive Paklenica. Também reserva hospedagem.

**Correio** (Antuna Šimića; ⌚8-20h seg-sex, às 14h sáb)

**Sunturist** (☎612 040; www.sunturist-pago.hr; Vladimira Nazora bb) Hospedagem e passeios.

**Escritório de turismo** (☎/fax 611 286; www.pag -tourism.hr; Trg Kralja Krešimira IV 1; ⌚8-22h mai-out, às 16h seg-sex nov-abr) Escritório muito antenado, com um mapa colorido da cidade que inclui as praias locais.

# Novalja

☎023 / POP. 2.084

Num país de balneários sossegados, Novalja chuta o balde – com gosto –, pois seus bares e clubes promovem uma vida noturna das mais barulhentas da Croácia. O interesse cultural fica confinado à incendiária cena de música eletrônica na vizinha praia de Zrće; não há atrações históricas. Dito isso, o calçadão é um lugar atraente para um passeio e há boas praias por perto.

## Onde dormir e comer

Procure hospedagem em casas particulares no escritório de turismo ou qualquer agência de viagem.

**Boškinac** HOTEL RURAL €€€
(☎663 500; www.boskinac.com; s/c 1.183/1.343KN; pratos a partir de 140KN; P ❄ @ ☜ ≋) Cerca de 5km a leste de Novalja, é um dos hotéis mais agradáveis da Croácia, com um restaurante/adega excelente. A localização

é um encanto rústico, cercado de parreiras. Os oito quartos e três suítes são elegantes, estilosos e simplesmente enormes, todos com sofá-cama e um banheiro adorável. Prove os vinhos da propriedade na *vinoteka* do porão, onde há uma delicatéssen com petiscos. O restaurante (menu degustação de 220KN a 490KN) é um dos melhores da Dalmácia, com uma varanda e um salão maravilhosos; o menu tem cordeiro, queijo (prove o *skuta*), azeite de oliva e até caracóis de Pag. Há planos para uma piscina, uma academia e um spa. Procure pacotes gastronômicos no site do hotel.

**Hotel Loža** HOTEL €€
(☎663 381; www.turno.hr; Trg Loža; s/c 356/734KN; P @ ) Bem no calçadão, esse hotel atraente tem quartos pequenos ajeitados, muitos com terraço de frente para o mar. Wi-fi grátis.

**Hotel Liburnija** HOTEL DE PRAIA €€
(☎661 328; www.turno.hr; Šetalište Hrvatskih Mornara bb; s/c 316/750KN; P) Numa praia de cascalho, esse hotel de tamanho médio tem um estilo meio anos 1970 e fica pertinho do centro. Os quartos são decorados com simplicidade, e todos têm frigobar e TV.

**Starac i More** FRUTOS DO MAR €
(Braće Radić; pratos a partir de 40KN) Logo à saída do porto, esse restaurante de frutos do mar é autêntico, despretensioso e famoso pela comida: experimente uma porção mista.

### Informações

**Aurora** (☎663 493; Slatinska bb) Agência bem organizada com muitos apartamentos e quartos para alugar em seus arquivos. Excursões também.

**Departamento de turismo de Novalja** (☎663 570; www.tz-novalja.hr; Šetalište Hrvatskih Mornara 1; ⏲8-21h jun-set, às 15h seg-sex out-mai) Providencia hospedagem em casas particulares e dispõe muitos horários de ônibus e barcos.

# REGIÃO DE ŠIBENIK-KNIN

Parte subestimada da Croácia, essa região é, na verdade, repleta de atrações. Há a incrível cidade medieval de Šibenik, as preservadas Ilhas Kornati e o Parque Nacional Krka, transbordando de opções para nadar e caminhar.

## Šibenik

☎022 / POP. 37.170

Šibenik está começando a chamar a atenção e não é difícil entender por quê. Embora sua orla seja arenosa, há novas atrações excitantes, restaurantes e bares abrindo todo ano, e a cidade está cheia de energia. O que é legal, mas o verdadeiro encanto de Šibenik na verdade não muda há séculos – um magnífico bairro medieval que consiste em um labirinto de pedra de ruelas íngremes, capelas antigas e uma catedral estonteante que implora para ser explorada.

A cidade também é uma importante via de acesso ao Parque Nacional Krka, às Ilhas Kornati e ao centro de aves de rapina de Sokolarski.

### História

Ao contrário de muitas outras comunidades costeiras da Dalmácia, Šibenik foi colonizada inicialmente por tribos croatas, não pelos ilírios ou pelos romanos.

Mencionada pela primeira vez no século 11 pelo rei croata Krešimir IV, a cidade foi conquistada por Veneza em 1116, mas seu controle oscilou entre Veneza, Hungria, Bizâncio e o Reino da Bósnia até Veneza assumir em 1412. Os otomanos atacaram periodicamente a cidade, arrasando o comércio e a agricultura nos séculos 16 e 17. As fortalezas construídas pelos venezianos ainda são visíveis. O controle veneziano foi derrubado pela Áustria em 1797, que ficou no comando até 1918.

Šibenik foi atacada em 1991 pelas forças federais iugoslavas e sofreu bombardeio até a liberação como parte da "Operação Tempestade" do exército croata em 1995. Há poucos danos visíveis, mas a indústria do alumínio na cidade foi abalada. No entanto, Šibenik começou uma séria retomada nos últimos anos, e o turismo vem se tornando uma parte vital da economia.

### Atrações

**Catedral de São Tiago** CATEDRAL
(Katedrala Svetog Jakova; Trg Republike Hrvatske; ⏲8-20h jun-set, às 19h out-mai) A Catedral de São Tiago é a obra-prima de Juraj Dalmatinac. Glória do litoral dálmata, a catedral, Patrimônio da Humanidade, vale um desvio considerável para ser vista. Sua característica mais incomum é o friso com 71 cabeças nas paredes externas das absides. Esses retratos – plácidos, aborrecidos, cômicos, orgulhosos e temíveis – parecem quase

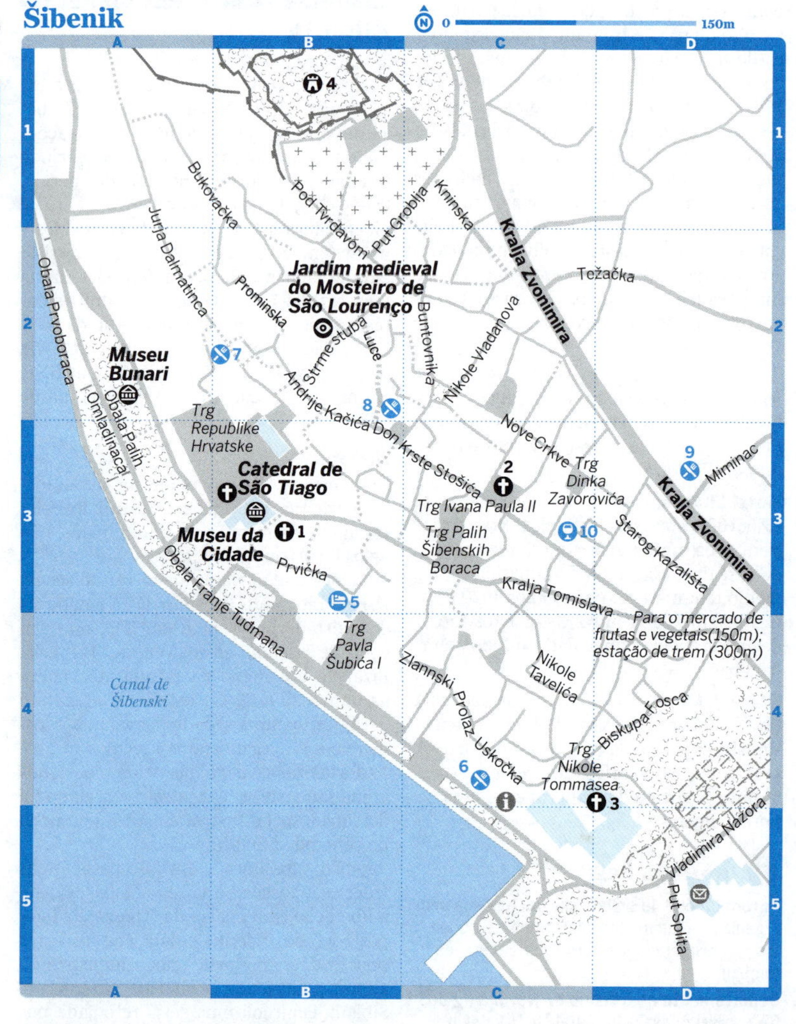


caricaturas, mas são representações de cidadãos comuns do século 15. A catedral custou muito dinheiro para ser erguida, e diz-se que, quanto mais pão-duro o indivíduo, mais caricato o retrato.

Dalmatinac não foi o primeiro (nem o último) arquiteto a trabalhar na catedral. A construção começou em 1431, mas, depois de dez anos de tentativas com vários construtores venezianos, a cidade nomeou Dalmatinac, de Zadar, que aumentou o tamanho e transformou a concepção da igreja em um estilo de transição gótico--renascentista.

Além do **friso**, outros exemplos do estilo de Dalmatinac são as escadarias duplas que descem para a sacristia, de um lado, e o refinado **batistério** (entrada 10KN), do outro, no qual três anjos sustentam a fonte batismal. Esta última foi esculpida por Andrija Aleši, a partir do projeto de Dalmatinac. Outras obras de arte internas dignas de nota são a **cripta** do bispo Šižigorić (de Dalmatinac), que apoiou a construção da catedral; as pinturas de São Fabiano e São Sebastião (de Zaniberti), no altar; a *Adoração dos Magos* (de Ricciardi); e, ao lado dela, dois relevos de anjos em mármore (de

## Šibenik



Firentinac). Repare também no **Portal do Leão,** no lado norte, criado por Dalmatinac e Bonino da Milano, em que dois leões sustentam colunas com as figuras de Adão e Eva dolorosamente envergonhados de sua nudez.

A catedral foi totalmente construída em pedra retirada das ilhas de Brač, Korčula, Rab e Krk e tem a fama de ser a maior igreja construída inteiramente de pedra, sem suporte de tijolos ou madeira. O incomum complexo da cúpula foi terminado depois da morte de Dalmatinac por Nikola Firentinac, que continuou a fachada num estilo puramente renascentista. Ela ficou pronta em 1536.

**Museu Bunari** MUSEU
(www.bunari.hr; Obala Palih Omladinaca 2; inteira/meia 15/10KN; ⏲8-0h) Localizado em um antigo reservatório de água com um teto alto em abóbada cilíndrica, é uma atração interessante. Um museu interativo, com um monte de painéis informativos e objetos sobre a história e cultura de Šibenik, tem demonstrações de habilidades locais e muita coisa para divertir as crianças (inclusive um fliperama resgatado de um naufrágio).

**Museu da Cidade** MUSEU
(Gradski Muzej; www.muzej-sibenik.hr; Gradska Vrata 3; entrada 10KN; ⏲10-13h e 18-20h jun-set, 7h30-15h30 out-mar) Esse museu reformado tem uma coleção permanente e bem projetada de artefatos históricos de Šibenik e da Dalmácia, e também abriga exposições temporárias de arte, pintura, fotografia e cerâmica.

**Jardim Medieval do Mosteiro de São Lourenço** JARDIM
(Vrt Svetog Lovre; Andrije Kačića bb; inteira/meia 15/10KN; ⏲8h30-19h30 mai-out, horário reduzido no inverno) Desenhado por Dragutin Kiš (paisagista premiado), esse jardim medieval recriado tem uma disposição formal, com plantas e ervas medicinais em canteiros bem demarcados entre as aleias. Há um café legal (apenas sorvete e refrigerante) e uns poucos óleos essenciais à venda.

**Fortaleza de São Miguel** FORTALEZA
(Tvrđava Sv Mihovila; entrada 20KN; ⏲9-21h) A murada desse enorme forte medieval tem vista magnífica de Šibenik, do rio Krk e do Adriático. Parte da construção é do século 13, e há quatro torres bem preservadas e uma entrada em estilo gótico.

Muitas das outras belas igrejas de Šibenik só abrem para missa.

**Igreja de Santo Ivan** IGREJA
(Crkva Svetog Ivana; Trg Ivana Paula II) Um belo exemplar de arquitetura gótico-renascentista do final do século 15.

**Igreja e Mosteiro Franciscanos** IGREJA
(Franjevački Samostan; Ćulinovića) Data do final do século 14. Tem belos afrescos e algumas pinturas barrocas venezianas.

**Museu de Arte Sacra** MUSEU
(Kralja Tomislava; entrada 10KN; ⏲9-13h seg-sex) Instalado na Igreja de Santa Bárbara, o museu exibe pinturas, entalhes e esculturas dos séculos 14 a 18.

### Festas e eventos

Šibenik realiza um renomado **Festival Internacional das Crianças** entre a última semana de junho e a primeira de julho. Há oficinas de artesanato, música, dança, cinema e teatro para crianças, marionetes e desfiles.

### Onde dormir

Há poucos lugares para se hospedar em Šibenik, que só tem um hotel. Primošten, Tribunj e Vodice, no litoral, são próximas.

Mulheres oferecendo *sobe* podem aparecer na alta temporada, e você pode procurar vagas particulares em agências de viagem.

**Camp Solaris** CAMPING €
(☎364 450; www.solaris.hr; Solaris; por adulto/lugar 55/143KN; ⏲meio de mar-nov; ) Se você está à procura de um camping bem equipado, esse deve ser um dos melhores da Croácia. Tem piscina de água do mar; esportes incluem tênis e minigolfe, bastante diversão para crianças e um spa. E você não terá sede – há dez bares! Fica a 6km do centro da cidade.

**Hotel Jadran** HOTEL CENTRAL €€
(☎242 000; www.rivijera.hr; Obala Oslobođenja 52; s/c 512/835KN; ) Esse antiquado prédio de cinco andares ao menos tem uma localização conveniente, bem em frente ao porto. É um pouco sem charme e caro, mas é o único. Os quartos têm TV por satélite e frigobar (mas não têm ar-condicionado e, assim, as coisas ficam quentes no verão).

## Onde comer

Há um corredor de restaurantes muito frequentado à beira-mar com ótima vista, mas, para comer bem, vá até a cidade velha.

**Pelegrini** MEDITERRÂNEA MODERNA €€
(☎485 055; www.pelegrini.hr; Obala Palih Omladinaca 2; pratos a partir de 60KN) Responsável por subir o nível culinário de Šibenik, esse é um restaurante simplesmente maravilhoso. O menu percorre o mundo em busca de sabores, com influências do Japão e da França, mas, no coração, é mediterrâneo – prove a barriga de porco grelhada com figos brancos e bacon. Bom no design, o Pelegrini consegue misturar minimalismo e história. A equipe é bem informada e poliglota. Vinhos da Dalmácia estão bem representados. Reserve por telefone uma das mesas externas pela vista excelente da catedral.

**Restoran Tinel** CROATA €€
(Trg Puckih Kapetana 1; pratos a partir de 75KN) Chique e respeitado, esse restaurante da cidade velha tem uma adorável varanda numa pracinha e salões espalhados em dois andares. Há muitos pratos interessantes, como polvo *a la tinel* (como um *goulash*), e opções vegetarianas, como salada de ricota com abobrinha.

**Uzorita** CROATA €€
(Bana Josipa Jelačića 50; pratos a partir de 60KN) O mais antigo restaurante de Šibenik é de 1899. Peça carne ou frutos do mar (prove os *kebabs*) na varanda sombreada por trepadeiras ou no interior romântico com a lareira de época.

**Konoba Kanela** CROATA €€
(Obala Franje Tuđmana 5; pratos a partir de 65KN) O melhor entre vários restaurantes medíocres para turistas de frente para o mar. Vá de mexilhões, lula ou carne cozida "sob o sino", um recipiente originalmente chamado de *peka*. No interior há paredes de pedra exposta e madeira, se o tempo estiver ruim.

**Penkala** RÚSTICA €
(Fra Jeronima Milete 17; pratos a partir de 25KN; ⏲seg-sáb) Um lugar despretensioso e barato, que serve comida caseira com foco em reconfortantes cozidos de carne.

Abasteça-se de guloseimas no **supermercado** (Kralja Zvonimira) ou na **feira de frutas e vegetais** (entre Ante Starčevića e Stankovačka).

### ÔNIBUS DE ŠIBENIK

| DESTINO | PREÇO (KN) | DURAÇÃO (H) | SAÍDAS DIÁRIAS |
|---|---|---|---|
| Dubrovnik | 226 | 6 horas | 9 |
| Murter | 25 | 45 minutos | 8 |
| Osijek | 338 | 8h e 30min | 1 |
| Primošten | 17 | 30 minutos | 7 |
| Pula | 228 | 8 horas | 3 |
| Rijeka | 181 | 6 horas | 11 |
| Split | 84 | 1h e 45min | 22 |
| Zadar | 63 | 1h e 30min | 34 |
| Zagreb | 164 | 6h e 30min | 16 |

## RESGATE DO PREDADOR

**Centro Sokolarski** CENTRO DE CONSERVAÇÃO

(☎022-330 116; www.sokolarskicentar.com; entrada 30KN; ⏲9-17h abr-out) Dedicado à proteção das aves de rapina da Croácia, esse centro realiza um trabalho de resgate e recuperação de cerca de 150 pássaros feridos por ano. Aos visitantes é feita uma apresentação excepcional, altamente interessante e educativa, pelo diretor do centro, Emilo Mendušić, que usa corujas, falcões e gaviões para mostrar a agilidade e as habilidades dessas aves.

Você aprenderá como as corujas caçam (elas conseguem escolher o pombo fraco de um grande bando), usando a visão que permite a elas ver as coisas em câmera lenta. Sua audição é tão aguçada que elas podem se concentrar em 1m² de terra e isolar os ouvidos dos sons periféricos.

A maior parte dos predadores do centro esteve envolvida em colisões nas estradas da Croácia. Outras ameaças são envenenamento ilegal, tiros e pesticida. Todos os pássaros são soltos para voar uma hora por dia, e a maioria é devolvida ao ambiente selvagem quando saudável.

O Centro Sokolarski fica a cerca de 7km de Šibenik e não há transporte público para lá. Pegue a estrada para o Parque Nacional Krka, vire a leste em Bilice e siga as placas.

## Onde beber

**No 4 Club/Četvorka** BAR, RESTAURANTE

(Trg Dinka Zavorovića 4) Lugarzinho artístico descolado que se apresenta como churrascaria, mas funciona melhor como bar informal para uma taça de vinho ou cerveja.

## Informações

**Agência de Viagens Atlas** (☎330 232; atlas-sibenik@si.t-com.hr; Kovačića 1a) Troca moeda e agenda excursões.

**Hospital** (☎334 421; Stjepana Radića 83)

**Agência de viagens NIK** (☎338 540; www.nik.hr; Ante Šupuka 5) Agência grande, com excursões para Kornati e Krka, hospedagem em casas e passagens internacionais de ônibus e avião.

**Correio** (Vladimira Nazora 51; ⏲8-19h seg-sex, 9-12h sáb) Serviços de telefone e câmbio.

**Biblioteca pública** (Gradska Knjižnica Jurga; ⏲8-12h e 18-21h seg-sáb; 📶) Acesso à internet por 10KN por hora; também há wi-fi.

**Centro de informações turísticas** (☎214 441; www.sibenik-tourism.hr; Obala Franje Tuđmana 5; ⏲8-21h jun-out, às 16h nov-abr) Dá dicas e informações excelentes em não menos do que 14 línguas.

## Como chegar

A **Jadrolinija** (☎213 468; Obala Franje Tuđmana 8; ⏲9-18h seg-sex) tem bilhetes para ferries.

A rodoviária de Šibenik é bem caída; fica perto da cidade velha.

Há um trem noturno (156KN, 8 horas) e 2 trens diurnos (11 horas) entre Zagreb e Šibenik.

# Parque Nacional de Krka

☎022

Estendendo-se do sopé ocidental da Serra Dinaric até o mar, perto de Šibenik, o rio Krka, de 72,5km de extensão e suas cachoeiras maravilhosas definem a paisagem da região de Šibenik-Knin, e o centro é o Parque Nacional Krka. As cachoeiras do Krka são um fenômeno do terreno calcário: ao longo de milênios, a água do rio criou um cânion (de até 200m de profundidade) em meio às colinas, levando o carbonato de cálcio consigo. Líquen e algas retêm o carbonato de cálcio e o incrustam em suas raízes. O material é chamado tufa e é formado por bilhões de plantas crescendo umas em cima das outras. Esse crescimento cria barreiras no rio que produzem cachoeiras espetaculares.

## Atrações e atividades

A paisagem de rochas, escarpas, cavernas e abismos é uma visão notável, mas o parque nacional contém também marcos culturais importantes. Perto da extremidade norte há um mosteiro ortodoxo; é chamado às vezes de Aranđelovac (Santo Arcanjo), ou simplesmente de **mosteiro de Krka**. Mencionado pela primeira vez em 1402 como dote de Jelena Šubić, a irmã do imperador Dušan da Sérvia, foi construído e reconstruído até o final do século 18. O mosteiro tem uma

VALE A VIAGEM

## EXCURSÕES DE ŠIBENIK

Šibenik tem conexões fáceis com várias pequenas ilhas que podem ser exploradas em viagens de um dia (ou passando a noite, se você quiser). Há também **Primošten**, no continente, de longe a cidade mais atraente ao alcance de Šibenik; fica a cerca de 20km ao sul do centro da cidade. Essa pequena aldeia de ruas medievais é dominada por um grande campanário e fica numa península. Do outro lado da baía fica outra península densamente coberta por pinheiros e margeada por praias de cascalho. Os hotéis são suficientemente discretos para não estragar a paisagem.

**Zlarin** fica a apenas 30 minutos de barco de Šibenik e é conhecida pelo coral, que era abundante, antes de ser arrancado do mar e vendido para joalherias. Como não são permitidos carros na ilha, é um retiro tranquilo de Šibenik e tem uma praia arenosa, bosques de pinheiro e um ancoradouro espaçoso.

A apenas 15 minutos além de Zlarin, **Prvić** abriga duas aldeias, Prvić Luka e Šepurine (outros 10 minutos no ferry), que conservam o sabor das simples colônias de pescadores.

A Ilha de **Murter**, 29km a noroeste de Šibenik, é separada do continente por um canal estreito. Sua íngreme costa sudoeste é recortada por pequenas enseadas, a mais notável é **Slanica**, ótima para nadar. A aldeia de Murter fica no noroeste e tem um bom ancoradouro e uma praia mediana. Procure o **escritório de turismo** (☎434 995; www.tzo-murter.hr; Rudina bb; ⌚7h30-21h30 meio de jun-meio de set, 8-12h meio de set-meio de jun) para maiores informações.

Embora não haja nada notável na aldeia de Murter, é uma ótima base para explorar as Ilhas Kornati. Reservar uma excursão a essas ilhas em Murter permitirá ver mais das ilhas do que de Šibenik ou Zadar, já que Murter é muito mais perto. A **Coronata** (☎435 933; www.coronata.hr; Žrtava Ratova 17) é uma das várias agências que fazem excursões de dia inteiro às Ilhas Kornati (adulto/meia 250/125KN) saindo de Murter.

Se você quiser ficar numa ilha Kornati, A **KornatTurist** (☎435 854; www.kornatturist.hr; Hrvatskih Vladara 2, Murter) arranja hospedagem – pequenos chalés começam em 4.763KN por semana, incluindo a conexão por barco, entregas duas vezes por semana, gás para iluminação e entrada para o Parque Nacional de Kornati. Você também pode alugar um barco a motor por 1.465KN por semana.

combinação única de arquitetura bizantina e mediterrânea.

Abaixo do mosteiro o rio vira um lago criado pela barreira **Roški Slap**, e o vale se estreita virando uma garganta de 150m. Roški Slap é um trecho de 650m de extensão que começa com degraus rasos e continua em uma série de braços e ilhotas até virar uma cachoeira de 27m de altura. No lado leste da cachoeira é possível ver moinhos d'água que eram usados para moer trigo.

O primeiro quilômetro do lago é margeado de junco e arbustos que abrigam ninhos de aves aquáticas. Em seguida, rio abaixo, fica a **garganta de Među Gredama**, com penhascos de 150m de altura, cortados em uma variedade de formatos. Daí, a garganta se abre no lago Visovac, com **Samostan Visovac**, seu adorável mosteiro na ilha. No século 14, eremitas construíram um pequeno mosteiro e uma igreja. Franciscanos bósnios ficaram ali durante o domínio turco até 1699. A igreja na ilha é do século 17, e o campanário foi erguido em 1728. Na margem ocidental há uma floresta de azinheiras, e na margem oriental, carvalhos brancos.

Seis quilômetros rio abaixo, chega-se à maior cachoeira, **Skradinski Buk**, com uma cascata de 800m de extensão cobrindo dezessete degraus e quase 46m de altura. Ali, moinhos d'água moíam trigo, pilões comprimiam feltro e enormes cestas seguravam tapetes e tecidos. Abaixo de Skradinski Buk o rio é menos interessante, por causa da construção da hidrelétrica de Jaruga, em 1904. Leva cerca de uma hora para andar por Skradinski Buk e ver as cachoeiras. Leve roupa de banho porque dá para nadar no lago inferior, embora fique muito lotado no verão.

## Onde dormir e comer

Restaurantes e lojas se alinham diante do porto. Skradinski Buk tem umas poucas lanchonetes e restaurantes baratos, e há o hotel em Skradin.

**Hotel Skradinski Buk** HOTEL €€
(771 771; www.skradinskibuk.hr; Burinovac bb, Skradin; s/c 417/652KN; P ❄ @) Hotel moderno com 29 quartos reformados, porém pequenos, todos com escrivaninha, TV por satélite e acesso à internet. Há um bom restaurante no térreo, com uma varanda coberta, que serve carne grelhada e alguns pratos dálmatas.

## Informações

O **escritório de turismo** de Skradin (771 306; www. skradin.hr, em croata; Trg Male Gospe 3; 8-21h jul e ago, 9-13h e 16-18h set-jun) fica ao lado do porto e pode contatar proprietários de casas e apartamentos. O **escritório do Parque Nacional Krka** (217 720; www.npkrka.hr; Trg Ivana Pavla II, Skradin; 9-17h seg-sex) fornece bons mapas e informações e pode arranjar excursões.

As **entradas** (inteira/meia jul e ago 95/70KN, abr-jun, set e out 80/60KN, nov-mar 30/20KN) do parque são pagas em Skradin. O tíquete inclui uma ida de ônibus ou barco até Skradinski Buk.

## Como chegar

Várias agências vendem excursões para as cachoeiras saindo de Šibenik, Zadar e outras cidades, mas não é difícil visitá-las por conta própria.

Sete (menos do que isso no inverno) ônibus diários de Šibenik fazem o trajeto de 30 minutos até Skradin. O ônibus deixa você fora da cidade velha de Skradin. Pague ali a taxa de ingresso no parque, o que permite embarcar num barco para Skradinski Buk. Se tomar um dos cinco ônibus diários para Lozovac, você pode viajar em um ônibus para Skradinski Buk (também incluído no preço do ingresso para o parque), mas perderá o trajeto de barco pelo cânion vindo de Skradin.

De Skradinski Buk há três barcos por dia de março a novembro que vão até Visovac (inteira/meia 100/55KN) e Roški Slap (130/65KN). De Roški Slap há um barco para o mosteiro de Krka (100/55KN); eles operam de abril a outubro.

VALE A VIAGEM

### KNIN E O INTERIOR

O interior da região de Šibenik-Knin inclui parte da fronteira militar (Vojna Krajina) estabelecida pelos austríacos no século 16 como proteção contra os turcos. Ela foi ocupada por Vlachs e Morlachs pertencentes à Igreja Ortodoxa e, assim, desenvolveu uma grande população sérvia. Com a declaração de independência da Croácia, em 1990, os sérvios de Krajina, com o apoio de Belgrado, fundaram seu próprio Estado e fizeram de Knin sua capital. Quando a Croácia retomou o território, em 1995, praticamente toda a população sérvia foi expulsa, deixando uma série de prédios destruídos e aldeias arruinadas. Embora os danos físicos tenham sido reparados, a economia está em frangalhos, e poucos sérvios estão voltando. Como resultado, muitas pequenas cidades antes prósperas do interior continuam pouco povoadas.

Localizado em um lugar historicamente quente na fronteira da Dalmácia com a Bósnia, Knin era um centro comercial importante na Idade Média e cruzamento de estradas que ligavam Eslavônia, Bósnia e a costa dálmata. Quando a Croácia era governada por reis croatas no século 10º, Knin era a capital. Percebendo sua vulnerabilidade, eles levantaram a fortaleza que ainda se ergue sobre a cidade da escarpada colina Spas. Quando os reis croatas caíram, Knin foi castigada por uma série de invasões, até que otomanos a capturaram em 1522. Mais tarde, Veneza passou por ali, seguida por Áustria, França e, depois, Áustria de novo.

A enorme bandeira croata drapejando do alto da colina tem mais a ver com os eventos recentes do que com a história medieval, embora a economia da cidade tenha se evaporado com a expulsão dos sérvios em 1995. Suba a fortaleza parcialmente restaurada pela vista da Bósnia e Herzegóvina; há também um café ali.

Se você for em junho, verá o melhor da cidade no dia 13, dia do santo padroeiro de Knin, quando ocorrem muitos eventos religiosos, esportivos e culturais. Passe no **escritório de turismo** (022-664 822; www.tz-knin.hr; Tuđmana 24) para mais informações. O **Hotel Mihovil** (022-664 444; www.zivkovic.hr, em croata; Vrpolje bb; q 220KN) tem proprietários amigáveis, quartos simples e boa comida; fica 3km ao norte da cidade.

Excursões em grupos organizados podem visitar o parque em outros períodos do ano.

## Ilhas Kornati

Compostas de 147 ilhas na maior parte desabitadas, ilhotas e recifes cobrindo 69km², algumas das quais são um parque nacional, as Kornatis são o maior e mais denso arquipélago do Adriático. De terreno calcário, as ilhas são perfuradas por fendas, cavernas, grutas e penhascos recortados. Uma vez que não há fonte de água doce nas ilhas, elas são, na maior parte, desoladas, às vezes com uma leve cobertura de grama. Os pinheiros e azinheiras que existiam foram queimados há muito tempo. Longe de tirar a beleza das ilhas, o desflorestamento destacou formações rochosas impressionantes, cuja brancura severa, com o azul-escuro do Adriático, forma uma visão maravilhosa e misteriosa.

### Atrações

As ilhas Kornati formam quatro grupos indo do noroeste ao sudeste. Os dois primeiros grupos de ilhas ficam mais próximos do continente e são conhecidos na região como Gornji Kornat. A maior e mais recortada dessas ilhas é **Žut**.

As outras duas séries de ilhas, que dão para o mar aberto, abarcam o **Parque Nacional de Kornati** e são as mais significativamente recortadas. A **Ilha Kornat** é, de longe, a maior do parque, estendendo-se por 25km de comprimento, mas apenas 2,5km de largura. Tanto a terra quanto o mar estão sob a proteção do parque nacional. A pesca é estritamente controlada, de modo a permitir a regeneração dos cardumes de peixes. Garoupa, linguado, côngrio, enguia, cherne, lúcio, escorpião-do-mar, sépia, lula, polvo e eperlano são alguns dos animais marinhos tentando voltar à região.

A ilha de **Piškera**, também dentro do Parque Nacional de Kornati, era habitada durante a Idade Média e servia de ponto de captura e armazenamento de pescado. Até o século 19, as ilhas eram propriedade de aristocratas de Zadar, mas, há cem anos, camponeses antepassados dos atuais habitantes de Murter e Dugi Otok compraram as ilhas, construíram muitos quilômetros de muros de pedra para dividir suas propriedades e usaram a terra para criar carneiros.

As ilhas continuam sendo particulares: 90% pertencem a moradores de Murter e o restante a moradores de Dugi Otok. Embora não haja mais habitantes permanentes nas ilhas, muitos proprietários têm chalés e campos que eles visitam de vez em quando para cuidar da terra e há casas para alugar (veja p. 194). Oliveiras respondem por 80% da terra cultivada, seguidas de vinhedos, pomares e hortas. No total, há cerca de trezentas construções nas Ilhas Kornati, a maioria aglomerada na costa sudoeste de Kornat.

### Informações

O **escritório do Parque Nacional de Kornati** (☎434 662; www.kornati.hr; Butina 2; ⏲8h30-17h seg-sex) em Murter é bem abastecido de informações. Taxas de ingresso são cobradas por embarcação; um barco pequeno custa 150KN por dia, se pagos adiantados. Licenças de pesca e mergulho custam 150KN por pessoa por dia.

### Como chegar

Não há ferries entre as Kornatis e outras ilhas ou o continente. Se não tiver seu próprio barco, terá que entrar numa excursão de Zadar, Sali, Šibenik, Split e outras cidades costeiras, ou arranjar, em Murter, hospedagem particular (ver p. 194).

A maior marina fica na Ilha de Piškera, na parte sul do estreito entre Piškera e Lavsa. Há outra marina grande em Žut e algumas enseadas pequenas espalhadas pelas ilhas, onde os navegantes podem ancorar.

# Split e Dalmácia Central

021

## Inclui »



## Melhores lugares para comer

- » Pojoda (p. 241)
- » Konoba Trattoria Bajamont (p. 210)
- » Zlatna Školjka (p. 235)
- » Konoba Jastožera (p. 243)

## Melhores lugares para ficar

- » Hotel Vestibul Palace (p. 207)
- » Hotel Peristil (p. 207)
- » Bračka Perla (p. 227)
- » Hotel San Giorgio (p. 240)

## Por que ir?

A Dalmácia Central é a parte mais variada, mais cheia de atividades e mais rica em atrações da Croácia, com lindas ilhas, portos tranquilos, montanhas, dezenas de castelos e uma culinária em ascensão, para não falar do Palácio de Diocleciano em Split e da medieval Trogir (ambos Patrimônios da Humanidade da Unesco).

Ruínas romanas, uma cidade agitada com um toque mediterrâneo e restaurantes chiques, vinho e festa na ilha mais glamorosa do Adriático, tudo pede a atenção do visitante. Sem esquecer as sedutoras praias de areia, as enseadas de cascalho escondidas em ilhas próximas e distantes e lindos refúgios nudistas. Seja qual for a sua praia, essa parte da Croácia, com a escarpada cordilheira Dinaric, de 1.500m de altitude formando um majestoso fundo para o litoral, convence o mais exigente dos visitantes.

E o melhor de tudo: a Dalmácia é sempre mais quente do que a Ístria ou o golfo de Kvarner. Dá para mergulhar no Adriático cristalino do meio de maio até o fim de setembro.

## Quando ir

### Split

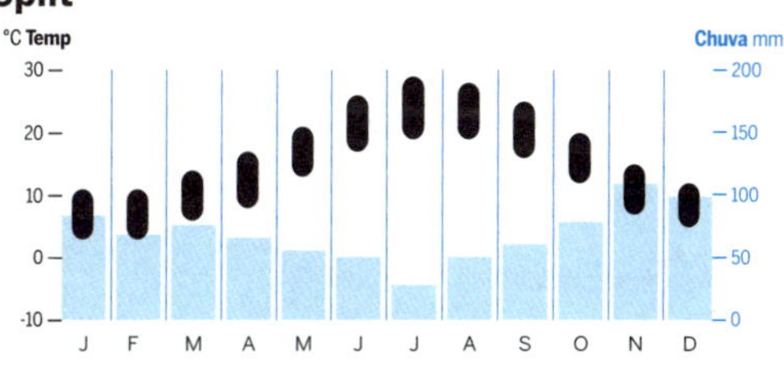


**Maio** O mar já está morno o bastante para nadar, então evite as multidões e aproveite o sol.

**Julho e agosto** Uma lista de festivais, muita ação para todo lado, e o clima está no ponto.

**Setembro** Venha pelo mar morno e os preços menores depois da partida das hordas de verão.

## Destaques

❶ Descubra o coração antigo da cidade no **Palácio de Diocleciano** (p. 200) em Split, uma região que pulsa dia e noite

❷ Saboreie a comida e as belas praias de **Vis** (p. 238), a mais remota ilha da Croácia

❸ Espreguice-se na praia mais sexy da Croácia, **Zlatni Rat** (p. 228), em Bol

❹ Se jogue no glamour e no clima de festa dos bares à beira-mar na **Cidade de Hvar** (p. 232)

❺ Suba o marcante **Monte Biokovo** (p. 223) e olhe a Itália de cima

❻ Curta a arquitetura antiga notavelmente bem preservada da minúscula **Trogir** (p. 217), Patrimônio da Humanidade na Dalmácia Central

❼ Explore a encantadora **Ilha de Hvar** (p. 231), com intermináveis campos de lavanda, vistas do mar e aldeolas abandonadas

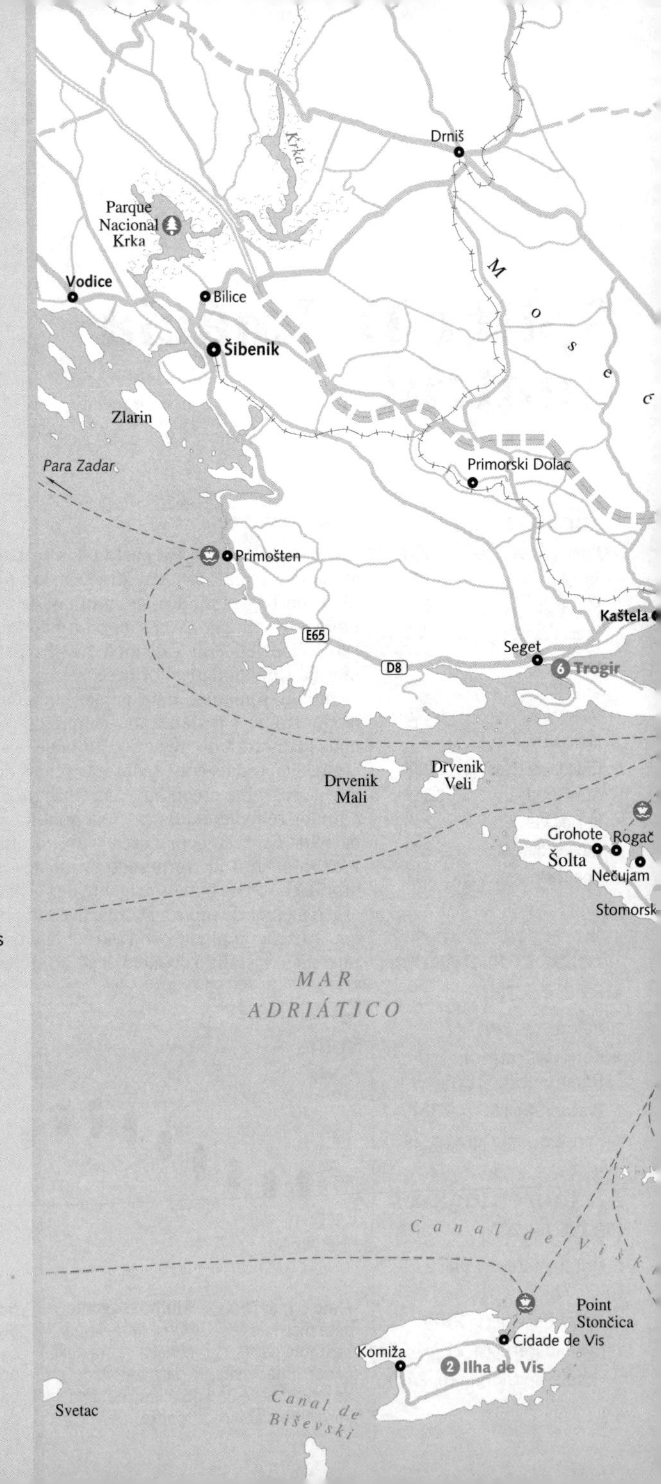

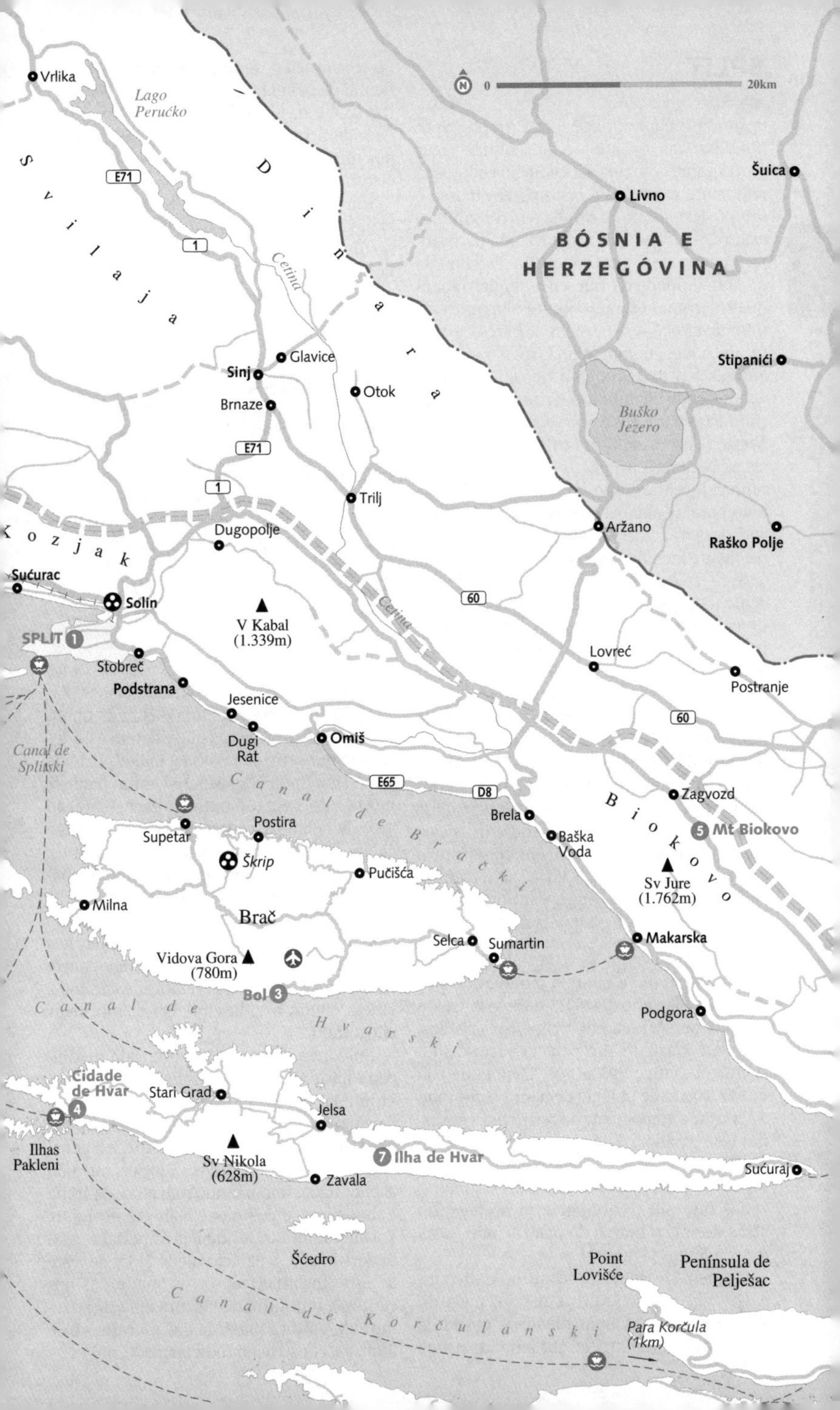
0 20km
Vrlika
Lago Perućko
Svilaja
Dinara
E71
1
Cetina
Šuica
Livno
BÓSNIA E HERZEGÓVINA
Glavice
Sinj
Otok
Brnaze
Stipanići
Buško Jezero
Trilj
Kozjak
Dugopolje
Aržano
Raško Polje
Sućurac
Solin
V Kabal (1.339m)
60
SPLIT 1
Stobreč
Podstrana
Lovreć
Postranje
Jesenice
Dugi Rat
Omiš
Canal de Splitski
E65
D8
Canal de Brački
Zagvozd
Biokovo
Brela
Baška Voda
5 Mt Biokovo
Supetar
Postira
Škrip
Pučišća
Sv Jure (1.762m)
Milna
Brač
Selca
Sumartin
Makarska
Vidova Gora (780m)
Bol 3
Podgora
Canal de Hvarski
Cidade de Hvar 4
Stari Grad
Jelsa
Ilhas Pakleni
Sv Nikola (628m)
7 Ilha de Hvar
Sućuraj
Zavala
Šćedro
Point Lovišće
Península de Pelješac
Canal de Korčulanski
Para Korčula (1km)

# SPLIT

POP. 188.694

Segunda maior cidade da Croácia, Split (*Spalato* em italiano) é um ótimo lugar para conhecer a vida da Dalmácia como ela realmente é. Livre do turismo em massa e sempre fervilhante, a cidade tem o equilíbrio exato entre tradição e modernidade. Entre no Palácio de Diocleciano (um Patrimônio da Humanidade da Unesco e um dos monumentos romanos mais impressionantes do mundo) e você verá dezenas de bares, restaurantes e lojas bombando entre as muralhas antigas dentro das quais a vida em Split vem acontecendo há milhares de anos. A localização incomparável de Split e a natureza exuberante fazem dela uma das cidades mais agradáveis da Europa. As escarpadas montanhas litorâneas são o pano de fundo perfeito para as águas turquesa do Adriático, e você terá a chance de apreciar a linda vista da cidade indo ou voltando em um ferry.

Split frequentemente é vista como um centro de transporte para as badaladas ilhas vizinhas (o que, de fato, é), mas a cidade vem florescendo por si mesma e atrai a atenção pela velha Riva (calçadão à beira-mar) reformada, que trocou o velho calçamento cimentado por um revestimento de mármore. Mesmo não tendo agradado todos os habitantes locais, a nova Riva é uma beleza. A demanda turística crescente também significa que as autoridades da cidade estão sob pressão para expandir os recursos de transporte, e fala-se em, num futuro próximo, mudar a rodoviária, hoje bem localizada, para mais longe, para dar lugar à expansão do porto e a hotéis de luxo.

## História

Split ganhou fama quando o imperador romano Diocleciano (245-313 d.C.), conhecido por sua perseguição ao primeiros cristãos, mandou construir um palácio para se aposentar ali, entre 295 e 305. Depois de sua morte, o grande palácio de pedra continuou a ser usado como lugar de retiro para governantes romanos. Quando a vizinha colônia de Salona (hoje Solin) foi abandonada no século 7º, muitos dos habitantes romanizados fugiram para Split e se protegeram atrás dos altos muros do palácio, onde seus descendentes vivem até hoje.

Primeiro o Império Bizantino e, depois, a Croácia controlaram a região, mas, do século 12 ao 14, a Split medieval gozou de uma larga margem de autonomia, o que favoreceu seu desenvolvimento. A parte ocidental da cidade velha, ao redor de Narodni trg, que é desse tempo, tornou-se o centro da vida urbana, enquanto a região interna dos muros do palácio permaneceu o centro eclesiástico.

Em 1420, a conquista de Split pelos venezianos levou a um lento declínio. Durante o século 17, muralhas foram erguidas em torno da cidade para defesa contra os otomanos. Em 1797 chegaram os austríacos, que ficaram até 1918, com uma breve interrupção durante as guerras napoleônicas.

## Atrações

Obala Hrvatskog Narodnog Preporoda – comumente chamada de Riva (bulevar à beira-mar) – é o melhor ponto de referência em Split. A maioria dos grandes hotéis, os melhores restaurantes, a vida noturna e as praias ficam a leste do porto, ao longo das baías de Bačvice, Firule, Zenta e Trstenik. Os montes Marjan, cobertos de floresta, erguem-se acima da ponta ocidental da cidade e têm muitas praias em seu sopé.

### Palácio de Diocleciano — BAIRRO ANTIGO

(Mapa p. 204) De frente para o porto, o Palácio de Diocleciano é uma das mais imponentes ruínas romanas que existem e é o lugar em que o turista passa a maior parte do tempo em Split. Não espere ver um palácio, no entanto, nem um museu – ele é o coração vivo da cidade, e suas ruas labirínticas são cheias de gente, bares, lojas e restaurantes. As ruas estreitas escondem passagens e pátios, alguns desertos e misteriosos, outras pulsam com a música dos bares e cafés, enquanto a roupa dos moradores seca nos varais acima, crianças jogam futebol entre as muralhas antigas, e velhotes sentados à janela olham a vida embaixo. É um lugar encantador.

Embora a construção tenha sido modificada na Idade Média, as alterações só serviram para aumentar o encanto desse lugar fascinante. O palácio foi construído com pedra branca polida da Ilha de Brač, e a construção demorou 10 anos. Diocleciano não economizou, importando mármore da Itália e da Grécia, e colunas e esfinges do Egito. Fortaleza militar, residência imperial e cidade fortificada, o palácio mede 215m de leste a oeste (incluindo as torres quadradas nos cantos) e tem 181m de largura em seu extremo sul. A altura máxima das muralhas é de 26m, e a construção toda ocupa 31 mil m².

Cada parede tem um portão com o nome de um metal: no extremo norte fica o **Portão de Ouro**, e no sul, o **Portão de Bronze**; o portão oriental é o **Portão de Prata** e a oeste fica o **Portão de Ferro**. Entre o portão oriental e o ocidental há uma rua reta (Krešimirova; também chamada Decumanus), que separa a residência imperial, no lado sul, com salões nobres e templos, do lado norte, antes usado pelos soldados e servos. O Portão de Bronze, na parede sul, leva da área residencial para o mar. Dois dos portões, o Bronze e o Ouro, têm, à sua frente, marcos da cidade: as **esculturas de Meštrović** do erudito literário Marko Marulić e do bispo medieval Grgur Ninski.

Há 220 construções dentro dos limites do palácio, lar de cerca de 3 mil pessoas. Cada rua tem pequenas placas no início e no fim listando o que você encontra nelas: bares, cafés, restaurantes, lojas, museus. Isso torna muito mais fácil circular por ali, embora uma das melhores coisas que se pode fazer é se perder no palácio – é pequeno o bastante para que se ache a saída facilmente. De qualquer jeito, uma vez lá dentro, esqueça nomes de ruas.

O melhor jeito de ver as principais atrações do palácio é seguir nosso roteiro a pé.

### Museu da Cidade — MUSEU

(Muzej Grada Splita; mapa p. 204; www.mgst.net; Papalićeva 1; inteira/meia 10/5KN; ⌚9-21h ter-sex, 9-16h sáb-seg jun-set, 10-17h ter-sex, 10-13h sáb-seg out-mai) Construído por Juraj Dalmatinac para um dos muitos nobres que vivia dentro do palácio na Idade Média, o Palácio Papalić é considerado um belo exemplo de estilo gótico tardio, com uma entrada elaboradamente entalhada que alardeia a importância dos moradores originais. O exterior do palácio está mais próximo do estado original do que o interior, que foi completamente restaurado para abrigar o museu. As legendas são em croata, mas painéis na parede em uma variedade de idiomas dão o contexto histórico dos itens expostos. O museu tem três andares, com desenhos, brasões, armas do século 17, móveis finos, moedas e documentos desde o século 14.

### Catedral de São Domnius — IGREJA

(Katedrala Svetog Duje; Mapa p. 204; Kraj Svetog Duje 5; entrada franca; ⌚8-20h seg-sáb, 12h30-18h30 dom jun-set) A catedral de Split foi construída para ser o mausoléu de Diocleciano. A forma octogonal original do mausoléu, circundado por 24 colunas, foi quase completamente preservada. O interior redondo, coberto por uma cúpula, tem duas fileiras de colunas coríntias e um friso mostrando o imperador Diocleciano e sua mulher, Prisca. O monumento mais antigo na catedral são as notáveis cenas da vida de Cristo nas portas de madeira da entrada. Entalhadas por Andrija Buvina no século 13, as cenas são apresentadas em 28 quadrados, 14 de cada lado, e lembram a moda das miniaturas românicas do período.

Repare no altar direito, esculpido por Bonino da Milano em 1427, e na abóbada sobre o altar com murais de Dujam Vušković. À esquerda fica o altar de Santo Atanásio (Sveti Staš; 1448) de Dalmatinac, com um relevo da *Flagelação de Cristo*, que é uma das melhores esculturas de seu tempo na Dalmácia.

O coro é decorado com estalas românicas do século 13 que são as mais antigas da Dalmácia. Cruze o altar e siga as placas até o **tesouro** (entrada 10KN), rico em relicários, ícones, paramentos, manuscritos iluminados e documentos em escrita glagolítica.

Parte da mesma construção, o **campanário** românico (entrada 10KN) foi erguido entre os séculos 12 e 16 e reconstruído em 1908 depois de ruir. Repare nas duas imagens de leões ao pé do campanário e a esfinge egípcia em pedra negra do século 15 a.C. na parede direita. Ao sul do mausoléu, há ruínas de um balneário romano, de uma construção romana com mosaico e ruínas de uma sala de jantar imperial, em vários estados de conservação.

Atente para o horário de funcionamento esporádico entre outubro e maio.

### Templo de Júpiter — TEMPLO

(Mapa p. 204; entrada 5KN; ⌚8-20h jun-set) A esfinge sem cabeça em granito preto que guarda a entrada foi importada do Egito na época da construção do templo, no século 5º. O templo tinha um pórtico apoiado em colunas; só resta uma. As paredes sustentam um teto em abóbada cilíndrica e exibem um friso decorativo. Abaixo do templo há uma cripta, que já foi usada como igreja.

### Museu Etnográfico — MUSEU

(Etnografski Muzej; Mapa p. 204; www.etnografski-muzej-split.hr, em croata; Severova 1; inteira/meia 10/5KN; ⌚9-21h seg-sex, às 13h sáb jun-meados set, 9-15h seg-sex, às 13h sáb fim de set-mai) Esse museu ligeiramente interessante tem uma coleção de fotos da velha Split, trajes folclóricos e recordações de cidadãos importantes, abrigados em dois andares e um sótão. O térreo recebe exposições temporá-

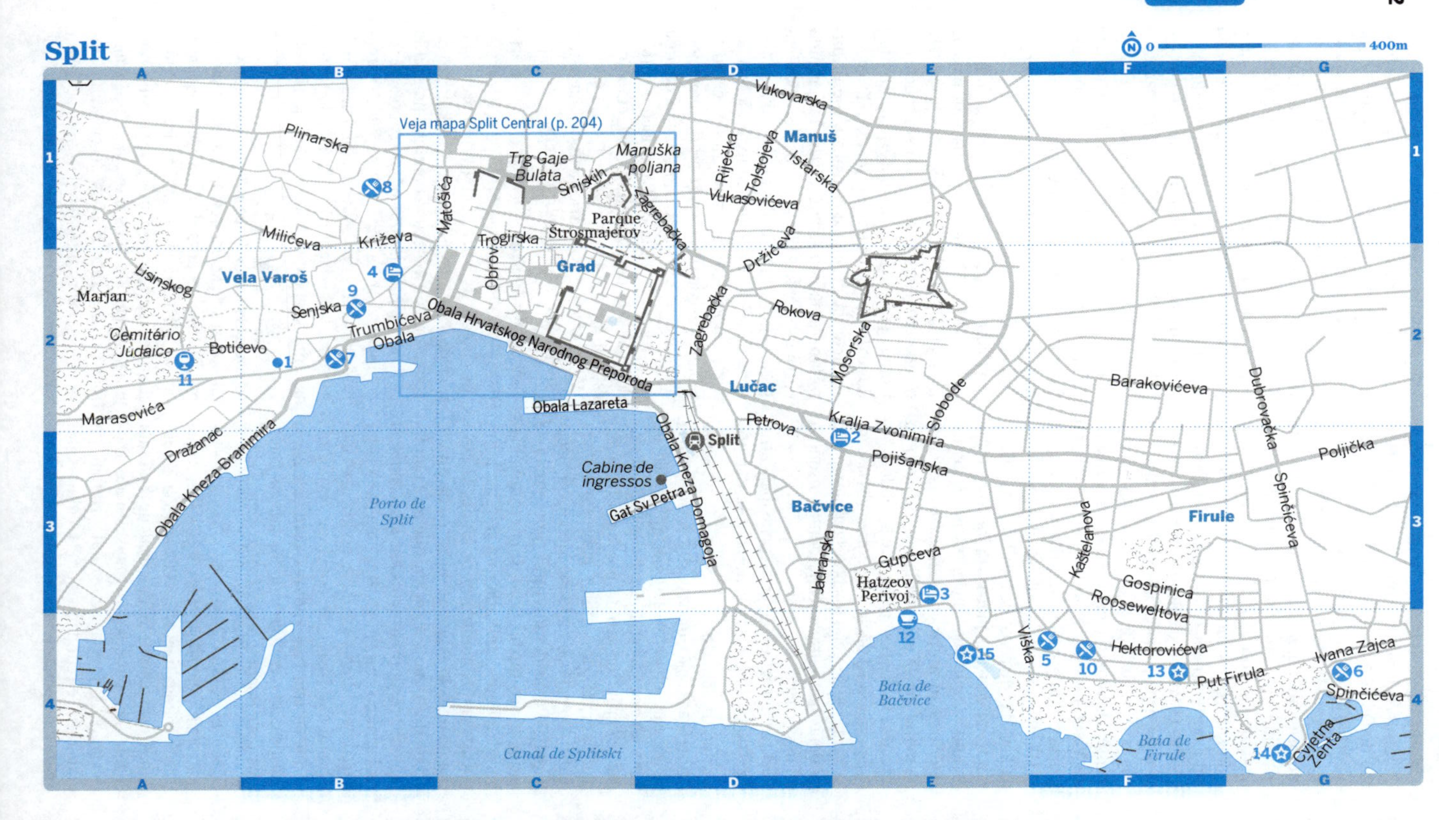
Split
0
400m
Veja mapa Split Central (p. 204)
Manuš
Grad
Lučac
Bačvice
Firule
Vela Varoš
Marjan
Cemitério Judaico
Porto de Split
Baía de Bačvice
Baía de Firule
Canal de Splitski
Cabine de ingressos
Gat Sv Petra
Obala Kneza Domagoja
Obala Lazareta
Obala Hrvatskog Narodnog Preporoda
Obala Kneza Branimira
Trumbićeva Obala
Parque Štrosmajerov
Trg Gaje Bulata
Manuška poljana
Sinjskih
Zagrebačka
Trogirska
Obrov
Matošića
Križeva
Plinarska
Milićeva
Senjska
Botićevo
Lisinskog
Marasovića
Dražanac
Vukovarska
Istarska
Tolstojeva
Riječka
Vukasovićeva
Držićeva
Rokova
Mosorska
Slobode
Kralja Zvonimira
Pojišanska
Petrova
Jadranska
Gupčeva
Hatzeov Perivoj
Barakovićeva
Dubrovačka
Spinčićeva
Poljička
Kaštelanova
Gospinica
Rooseweltova
Hektorovićeva
Put Firula
Viška
Ivana Zajca
Cvjetna Zenta
Split

## Split

**Atividades, cursos e visitas guiadas**

1 Escadaria para os montes Marjan.......B2

**Onde dormir**

2 Dalmatian Villas.................................E3
3 Hotel Park ..........................................E3
4 Villa Varoš...........................................B2

**Onde comer**

5 Boban ...................................................F4
Bruna.........................................(veja 3)
6 Kadena ................................................G4
7 Kod Fife ..............................................B2
8 Makrovega...........................................B1
9 Perun ...................................................B2
10 Pimpinella ..........................................F4

**Onde beber**

11 Vidilica ..............................................A2
12 Žbirac .................................................E4

**Entretenimento**

Egoist.........................................(veja 13)
13 Hedonist.............................................F4
Kino Bačvice ............................(veja 15)
14 O'Hara ...............................................G4
15 Tropic Club Equador.........................E4

rias. As legendas são em croata. Não deixe de passear por esse palácio do início da Idade Média e suba a escadaria românica reconstruída que leva ao terraço renascentista no canto sul do vestíbulo. A vista dali já justifica a visita ao museu.

**Salas do Porão** CONSTRUÇÃO HISTÓRICA

(Mapa p. 204; inteira/meia 25/10KN; 9-21h jun-set, às 20h seg-sáb, às 18h dom out, abr e mai, 9-18h seg-sáb, às 14h dom resto do ano) Embora basicamente vazias, salvo um ou outro item em exibição, as salas e os corredores sob o Palácio de Diocleciano exalam uma atemporalidade que enfeitiça e faz valer o preço do ingresso. A adega, cheia de balcões de venda de suvenires e artesanato, desemboca no portão sul.

**Gregório de Nin** ESTÁTUA

(Mapa p. 204; Grgur Ninski) O bispo croata do século 10º, Gregório de Nin, lutou pelo direito de usar o idioma croata na liturgia. Esculpida por Ivan Meštrović, essa obra poderosa é uma das imagens que define Split. Repare que o dedo do pé esquerdo foi polido até ficar brilhante – diz-se que esfregar esse dedo dá sorte e garante que você volte a Split.

**Museu Arqueológico** MUSEU

(Arheološki Muzej; www.armus.hr; Zrinsko-Frankopanska 25; inteira/meia 20/10KN; 9-14h e 16-20h seg-sáb jun-set, 9-14h e 16-20h seg-sex, 9-14h sáb out-mai) Logo ao norte do centro da cidade, o Museu Arqueológico vale a caminhada tranquila de 10 minutos. A ênfase é no período romano e início do cristianismo, com itens em exibição ligados à escultura funerária e escavações de Salona. A qualidade das esculturas é alta, e há relevos interessantes, baseados em figuras mitológicas ilírias. Há também joias, cerâmica e moedas em exibição.

**Galeria de Belas-Artes** MUSEU

(Galerija Umjetnina Split; mapa p. 204; www.galum.hr; Kralja Tomislava 15; inteira/meia 20/10KN; 11-19h ter-sáb, 10-13h dom jun-set, 11-19h ter-sex, 10-13h sáb e dom out-mai) Depois de uma reforma longuíssima, o museu abriu em 2009 no prédio que antes abrigava o primeiro hospital da cidade. Ele exibe quase 400 obras de arte cobrindo quase 700 anos. No andar superior fica a coleção permanente, basicamente pintura e algumas esculturas, uma viagem no tempo que começa com os velhos mestres e continua com obras de arte moderna croata como de Vlaho Bukovac e Ignjat Job. Exposições temporárias no térreo mudam a cada poucos meses. O agradável café tem uma varanda com vista para o palácio.

**Galeria Meštrović** GALERIA DE ARTE

(Galerija Meštrović; Šetalište Ivana Meštrovića 46; inteira/meia 30/15KN; 9-19h ter-dom mai-set, 9-16h ter-sáb, 10-15h dom out-abr). Nesse prestigiado museu de arte, vê-se uma coleção abrangente e bem-arrumada das obras de Ivan Meštrović, principal escultor moderno da Croácia, que construiu a galeria onde viveu de 1931 a 1939. Embora Meštrović tivesse planejado se aposentar ali, emigrou para os EUA logo depois da II Guerra Mundial. Não perca o **Kaštelet** (Šetalište Ivana Meštrovića 39; entrada com o ingresso da Galeria Meštrović; mesmo da galeria), uma fortaleza que Meštrović comprou e restaurou para abrigar seus impressionantes relevos em madeira da vida de Cristo.

### Atividades

**Bačvice** PRAIA

O alegre estilo de vida praiano dá a Split uma aura descontraída no verão. **Bačvice**

## Split Central

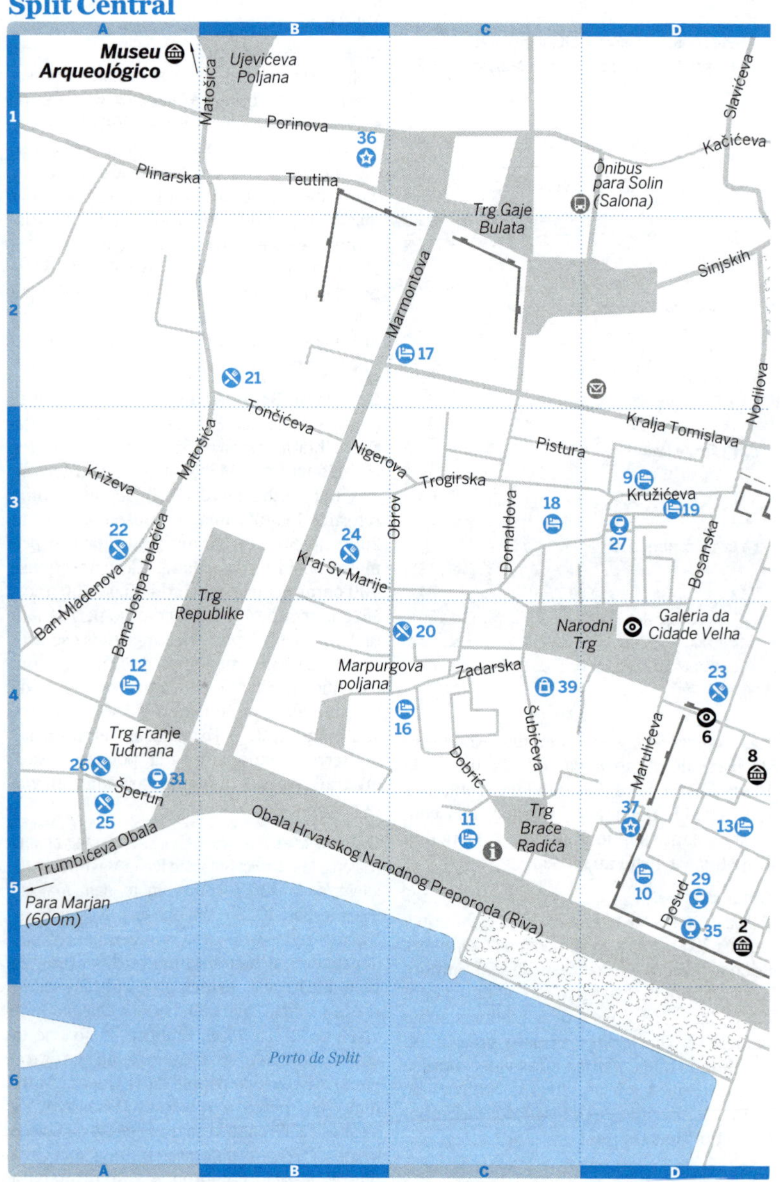


é a praia mais popular, premiada com o Blue Flag, um ecocertificado. A praia de cascalho, boa para **nadar**, tem uma clima animado onde se joga muito *picigin* (veja p. 210). Há chuveiros e vestiários em ambos os extremos da praia. Bačvice também é uma área de bares e clubes de verão, então apareça também à noite.

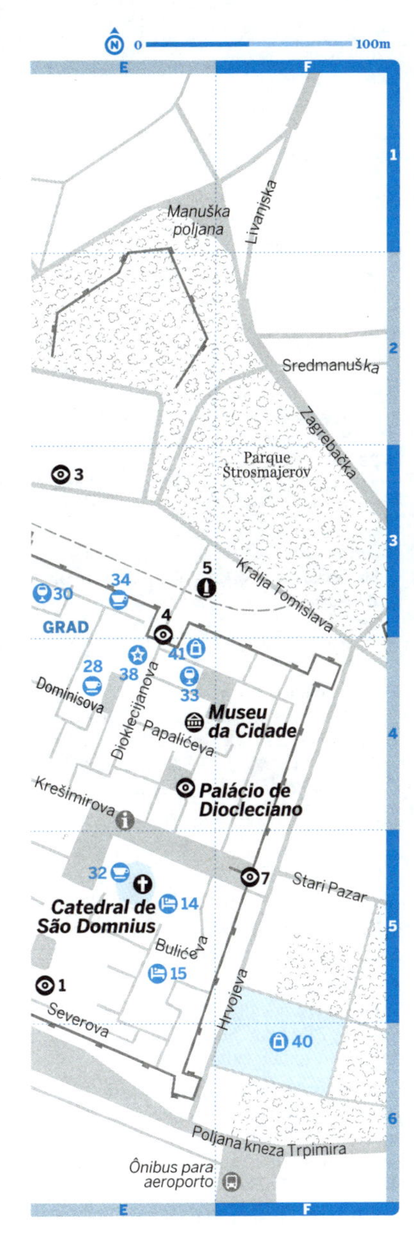


**Marjan** RESERVA NATURAL

Para uma tarde longe da agitação, Marjan (178m) é o destino perfeito. Considerada os pulmões da cidade, essa reserva natural montanhosa oferece **trilhas** através de perfumadas florestas de pinheiro, lindos **mirantes** e **capelas antigas**. Há vários jeitos de chegar a Marjan. Um é caminhar direto da Galeria Meštrović. Suba a Tonća Petrasova Marovića do lado oeste da galeria e suba direto pela escadaria até Put Meja. Vire à esquerda e ande para oeste até Put Meja 76. A trilha começa no lado oeste desse edifício. Ou então você pode começar a andar mais perto do centro, da escadaria (Marjanske Skale) em Varoš, logo atrás da Igreja de Sveti Frane. É um aclive suave ao longo da velha escadaria de pedra e uma linda caminhada de 10 minutos até o café Vidilica no topo. Dali, bem ao lado do velho cemitério judaico, pode-se seguir a trilha sinalizada, parando no caminho para ver as capelas, até a **enseada Kašjuni**, uma opção de praia mais tranquila do que a agitada Bačvice.

**Beira-mar de Marjan** PASSEIO

Outra caminhada adorável até a praia é pela beira-mar de Marjan, entrando pela ACI Marina, no bairro Meje, seguindo até a península Sustipan, na ponta sudoeste do porto de Split, passando pelo complexo de piscinas de Jadran, depois baía Zvončac e Kaštelet. Esse trecho leva cerca de 25 minutos desde a Riva. Dali, sobe-se até Šetalište Ivana Meštrovića, depois da Galeria Meštrović, e continua rumo oeste por mais vinte minutos até Kašjuni. Pode-se, também, alugar uma bicicleta por 15KN a hora em Spinutska Vrata em Marjan.

## ☞ Visitas guiadas

A Atlas Airtours faz **excursões** para as cachoeiras do Parque Nacional Krka (390KN), Hvar (440KN), Plitvice (550KN) e Kornati (500KN), assim como rafting no rio Cetina (460KN). Se você está atrás de uma excursão/balada, procure o **Split Hostel Booze & Snooze** (☎342 787; www.splithostel.com) para passeios de barco diários. O **Silver Central Hostel** (☎490 805; www.silvercentralhostel.com) oferece **viagens de barco** para Brač e Šolta (280KN), assim como passeios de um dia para Krka (315KN).

Na cidade, a **Travel 49** (Dioklecijanova 5, www.diocletianpalacetour.com) oferece um **passeio de bicicleta** de 2h e 30min por Split, diariamente entre maio e outubro por 170KN. O **passeio a pé** por Split sai do Peristil 3 vezes por dia (80KN). Eles fazem **passeios de caiaque** (220KN) diariamente, saindo da

## Split Central

**Destaques**
Museu Arqueológico ..... A1
Catedral de São Domnius ..... E5
Palácio de Diocleciano ..... E4
Museu da Cidade ..... E4

**Atrações**
1 Salas do Porão ..... E5
Portão de Bronze ..... (veja 1)
Entrada do Palácio de Diocleciano ..... (veja 1)
2 Museu Etnográfico ..... D5
3 Galeria de Belas-Artes ..... E3
4 Portão de Ouro ..... E3
5 Gregório de Nin ..... E3
6 Portão de Ferro ..... D4
7 Portão de Prata ..... F5
8 Templo de Júpiter ..... D4

**Onde dormir**
9 Al's Place ..... D3
10 B&B Kaštel 1700 ..... D5
11 Hotel Adriana ..... C5
12 Hotel Bellevue ..... A4
13 Jupiter ..... D5
14 Hotel Peristil ..... E5
15 Hotel Vestibul Palace ..... E5
16 Marmont Hotel ..... C4
17 Silver Central Hostel ..... C2
18 Split Hostel Booze & Snooze ..... C3
19 Split Hostel Fiesta Siesta ..... D3

**Onde comer**
20 Art & Čok ..... C4
22 Konoba Hvaranin ..... A3
23 Konoba Trattoria Bajamont ..... D4
24 Noštromo ..... B3
25 Šperun ..... A5
26 Šperun Deva ..... A4

**Onde beber**
27 Bifora ..... D3
28 Galerija ..... E4
29 Ghetto Club ..... D5
30 Le Petit Paris ..... E3
31 Libar ..... A4
32 Luxor ..... E5
Mosquito ..... (veja 28)
Porta ..... (veja 34)
33 Red Room ..... E4
34 Teak ..... E3
35 Tri Volta ..... D5

**Entretenimento**
36 Teatro Nacional Croata ..... B1
37 Fluid ..... D5
38 Kinoteka Zlatna Vrata ..... E4
Puls ..... (veja 37)

**Onde comprar**
Adegas de Diocleciano ..... (veja 1)
39 Izvorno ..... C4
40 Mercado ..... F6
41 Zlatna Vrata ..... E4

praia de Trstenik e terminando em Stobreč. Há aluguel de bicicleta também (100KN por 12 horas, ou 60KN por 4 horas). Outra agência com várias excursões, incluindo um **passeio ao pôr do sol** para Čiovo num barco de pesca dálmata típico, é a **Lifejacket Adventures** (www.lifejacketadventures.com), que também opera a lavanderia Modrulj.

Verifique se seu hotel organiza excursões e atividades.

## Festas e eventos

A maioria dos festivais em Split acontece na Riva. O escritório de turismo pode dar mais informações sobre todos eles. De junho a setembro, há grande variedade de diversão noturna na cidade velha, normalmente em torno do Peristil.

**Carnaval** CARNAVAL
Nesse evento tradicional de fevereiro os habitantes fantasiados dançam nas ruas por 2 dias muito divertidos.

**Festa de São Duje** FESTIVAL RELIGIOSO
Também conhecido como Dia de Split, a festa de 7 de maio tem muita música e dança em toda a cidade.

**Campeonato Mundial de Picigin** ESPORTE
Pelos últimos 6 anos, os locais vêm mostrando suas habilidades competitivas no *picigin* nesse divertido evento no início de junho em Bačvice.

**Festival de Música Pop** MÚSICA
Quatro dias de música no final de junho ou começo de julho.

**Festival de Verão de Split** ARTES
(www.splitsko-ljeto.hr) Do meio de julho ao meio de agosto, o festival apresenta ópera, teatro, balé e concertos ao ar livre.

**Festival de Jazz de Split** MÚSICA
Por cerca de uma semana em agosto, Split se anima com o jazz em palcos por toda a cidade.

**Festival de Cinema de Split** FILME
(www.splitfilmfestival.hr) Concentra-se em novos filmes internacionais e exibe muitos filmes de arte; ocorre no meio de setembro.

## Onde dormir

Boa hospedagem por preço acessível ficou mais fácil em Split nos últimos 2 anos, mas são, basicamente, hostels. Hospedagem em casas particulares é uma ótima opção, e, no verão, há uma quantidade enorme de mulheres na rodoviária oferecendo *sobe* (quartos disponíveis). Certifique-se da localização exata do quarto, ou você pode se ver a vários ônibus do centro da cidade. O melhor a fazer é reservar por meio de uma agência de viagem, mas há poucas opções no centro da cidade velha.

Espere pagar entre 200KN e 400KN por um quarto de casal; nos mais baratos você provavelmente vai dividir o banheiro com o proprietário. Se estiver de carro e não se importar em ficar fora da cidade, você achará muitas *pensions* (pousadas) ao longo da estrada principal Split-Dubrovnik, logo ao sul da cidade.

Considere também a **Dalmatian Villas** (Mapa p. 202; 340 680; www.dalmatinskevile.hr; Kralja Zvonimira 8; c/ap 370/450KN), onde se pode alugar quartos ou apartamentos em casarões de pedra reformados na cidade velha. Eles também têm chalés (350KN a 750KN) e casarões (2.000KN a 3.500KN) em Brač.

Alguns hotéis muito elegantes têm aparecido em Split. O descolado Radisson Blue abriu no verão de 2010, com um spa exclusivo, e um Hilton está em obras, também à beira-mar. Então, se você se imagina numa jacuzzi ou num centro de bem-estar perfumado depois de cultivar o ócio o dia inteiro no Adriático, Split é o lugar para ir.

**Hotel Vestibul Palace** HOTEL €€€
(Mapa p. 204; 329 329; www.vestibulpalace.com; Iza Vestibula 4; s/c 1.200/1.950KN; ) O mais chique no palácio, esse hotel butique premiado tem 7 quartos e suítes estilosos, todos com paredes antigas à mostra, couro e madeira, e toda a gama de confortos de luxo. Tem estacionamento por 100KN por dia. O anexo do hotel, Villa Dobrić, pertinho, tem 4 quartos de casal.

**Hotel Peristil** HOTEL €€€
(Mapa p. 204; 329 070; www.hotelperistil.com; Poljana Kraljice Jelene 5; s/c 1.000/1.200KN; ) Esse hotel adorável tem vista para o Peristil, no meio do Palácio de Diocleciano. O serviço é caloroso, e os 12 quartos são lindos – todos têm assoalho de tábua, detalhes antigos e boa vista, mas banheiros pequenos. O quarto 304 tem até um canto com um pouco de parede antiga à mostra e vista do Peristil.

**Marmont Hotel** HOTEL €€€
(Mapa p. 204; 308 060; www.marmonthotel.com; Zadarska 13; s/c 1.298/1.828KN; ) Hotel butique inaugurado recentemente, com 21 quartos, esse lugar estiloso exibe muito mármore, pedra à mostra, claraboias e assoalho de tábua. O terraço do segundo andar tem ótima vista da cidade. Os quartos são espaçosos, com mobília de nogueira escura, piso de carvalho e banheiros de sonho. A suíte presidencial por 13.100KN é um roubo.

**Hotel Park** HOTEL €€€
(Mapa p. 202; 406 400; www.hotelpark-split.hr; Hatzeov Perivoj 3; s/c 950/1.376KN; ) O mais antigo hotel de Split (de 1921) é amado por sua localização de frente para o mar (atrás de Bačvice), pelo lindo terraço margeado de palmeiras e pelo sensacional bufê de café da manhã. Os quartos são pequenos, mas confortáveis, com adorável vista para o mar. O restaurante do hotel, Bruna, é um lugar disputado. Fala-se de um fechamento temporário para reformas.

**Hotel Bellevue** HOTEL €€€
(Mapa p. 204; 345 644; www.hotel-bellevue-split.hr; Bana Josipa Jelačića 2; s/c 620/850KN; ) Esse romântico clássico antigo com recepção no segundo andar já teve dias melhores, mas continua um dos hotéis mais encantadores da cidade, com muita personalidade. É todo revestido por papel de parede com motivos da realeza, madeira escura e elementos *art déco*, cortinas esvoaçantes e quartos meio caídos, mas bem-arrumados, alguns com vista para o mar.

**Villa Varoš** POUSADA €€
(Mapa p. 202; 483 469; www.villavaros.hr; Miljenka Smoje 1; c/ste 500/800KN; ) O padrão intermediário ganhou melhores opções com lugares como Villa Varoš. Propriedade de um croata nova-iorquino, o Villa Varoš

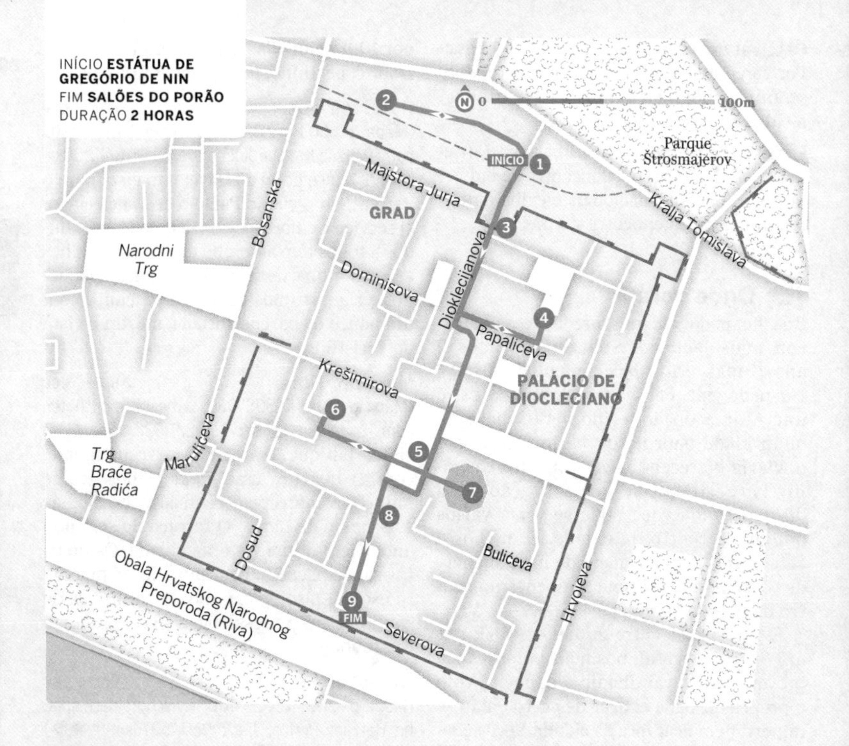


## Passeio a pé

# Palácio de Diocleciano

Comece fora do palácio, na imponente estátua de **1 Gregório de Nin** (Grgur Ninski), e esfregue o dedão dele: dá sorte. Entre a estátua e a bem conservada torre do canto ficam as ruínas da igreja pré-românica de São Bento com a **2 Capela de Arnir** do século 15. Através do vidro de proteção dá para ver a pedra do altar e o sarcófago entalhado pelo mestre do início da Renascença Juraj Dalmatinac.

A estátua é fora do **3 Portão de Ouro**, antes ponto de partida da estrada para Solin e que hoje exibe fragmentos das estátuas, colunas e arcos que o decoravam. Vire à esquerda na Papalićeva, e, no número 5, está o **4 Palácio Papalić**, que tem um pátio, um pavilhão e uma escadaria externa.

Volte para a Dioklecijanova, vire à esquerda e procure o Peristil, o pátio de entrada cerimonial, três degraus abaixo do nível da rua. O lado mais longo tem seis colunas de granito ligadas por arcos e decoradas por um friso de pedra. O lado sul é fechado pelo **5 Protiron**, a entrada dos aposentos imperiais. A praça tem um café ao ar livre, e as pedras antigas são ótimos banquinhos para relaxar e observar os passantes.

Vire à direita na estreita Kraj Sveti Ivana, que leva à antiga parte cerimonial e devocional do palácio. Podem-se ver partes das colunas e uns poucos fragmentos dos dois templos que antes ficavam nessa rua. No fim dela fica o **6 Templo de Júpiter**, mais tarde transformado em batistério.

Voltando ao Peristil, pegue a escadaria leste para a **7 Catedral de São Domnius**. Imediatamente a oeste estão os grandes degraus que descem do Protiron para o **8 vestíbulo**, a parte mais bem preservada da residência imperial. O plano circular é coberto por uma cúpula antes coberta de mosaicos e mármore, embora o centro da estrutura tenha desaparecido. Tem uma acústica tão boa que vários *klapas* (grupos de cantores) cantam à capela ali de manhã. À esquerda fica a entrada dos **9 salões do porão** do palácio.

é central, os quartos são simples, claros e arejados, e o apartamento é excelente (com uma cozinha bem equipada, uma jacuzzi e um terracinho).

**Hotel Adriana** HOTEL €€€
(Mapa p. 204; ☎340 000; www.hotel-adriana.com; Obala Hrvatskog Narodnog Preporoda 8; s/c 700/1.000KN; ) Boa relação custo-benefício, localização excelente. Os quartos não entusiasmam muito, com cortinas azul-marinho e mobília bege, mas alguns têm vista para o mar. Quem vai pegar ônibus, ferry ou trem na cidade pode alugar um quarto pelo dia por 50% do preço normal.

**Silver Central Hostel** HOSTEL €
(Mapa p. 204; ☎490 805; www.silvercentralhostel.com; Kralja Tomislava 1; dc por pessoa 150-180KN; ) Num apartamento no andar de cima, esse hostel-butique pintado de amarelo-claro tem 4 dormitórios, internet grátis, TV a cabo no agradável saguão e serviço de lavanderia. Além disso, faz passeios divertidos de um dia. Eles têm um apartamento para dois na redondeza (440 a 510KN) e outro hostel com as mesmas instalações, o **Silver Gate** (☎322 857; www.silvergatehostel.com; Hrvojeva 6; dc por pessoa 165KN), perto do mercado.

**B&B Villa Kaštel 1700** B&B €€
(Mapa p. 204; ☎343 912; www.kastelsplit.com; Mihovilova Širina 5; s/c 560/750KN; ) Entre os melhores custo-benefício de Split, esse B&B fica numa alameda dentro dos muros do palácio. É perto dos bares, com vista de Radićev trg e tem quartinhos ajeitados, serviço amigável e wi-fi grátis. Há quartos triplos, assim como apartamentos com cozinha pequena.

**Hotel Consul** HOTEL €€€
(☎340 130; www.hotel-consul.net; Tršćanska 34; s/c 690/950KN; ) Uns bons 20 minutos a pé do centro, o Hotel Consul tem quartos acarpetados espaçosos, com TV de tela plana e jacuzzis (alguns). É tranquilo, com uma varanda arborizada, bom para viajantes de carro. Se estiver a pé, suba a Držićev Prilaz saindo de Ulica Domovinskog Rata.

**Le Meridien Grand Hotel Lav** HOTEL €€€
(☎500 500; www.lemeridien.com; Grljevačka 2A; s/c 1.595/1.813KN; ) O paizão de todos os hotéis de Split, esse gigante cinco estrelas fica 8km ao sul de Split, em Podstrana, com 800m de praia, 5 prédios interligados e 381 quartos lindamente decorados. Imagine muito vermelho, vistas intermináveis do mar, uma piscina grande, jardins abundantes, uma marina para seu iate, vários restaurantes, um spa e acesso grátis a coleções de arte de Split. Veja on-line as excelentes ofertas para fim de semana.

**Hotel Globo** HOTEL €€€
(☎481 111; www.hotelglobo.com; Lovretska 18; s/c 1.113/1.298KN; ) Voltado para quem viaja a negócios, esse quatro estrelas descolado tem uma entrada com carpete vermelho, uma recepção de mármore e 33 quartos amplos elegantemente decorados, com pé direito alto e camas luxuosas. Fica a 15 minutos a pé do centro da cidade, numa área ligeiramente decadente.

**Art Hotel** HOTEL €€€
(☎302 302; www.arthotel.hr; Ulica Slobode 41; s/c 909/1.212KN; ) Esse prédio da Best Western fica entre o hotel butique e o de negócios, com quartos quatro estrelas com camas macias, frigobar e banheiros espaçosos, além de academia e spa. Peça um quarto do lado calmo. O anexo atrás tem quartos mais simples e menores com chuveiro (solteiro 658KN, casal 877KN).

**Split Hostel Booze & Snooze** HOSTEL €
(Mapa p. 204; ☎342 787; www.splithostel.com; Narodni trg 8; dc 150-180KN; ) Dirigido por uma dupla de mulheres croata-australianas, esse local festeiro no centro da cidade tem 25 camas em quatro dormitórios, uma varanda, troca de livros, internet grátis e passeios de barco. Sua filial novinha em folha, o **Split Hostel Fiesta Siesta** (mapa p. 204; Kružićeva 5; dc 150-180KN, c 440-500KN; ) tem 5 quartos coletivos e um de casal em cima do popular Charlie's Backpacker Bar.

**Al's Place** HOSTEL €
(Mapa p. 204; ☎098 91 82 923; www.hostelsplit.com; Kružićeva 10; dc 110-130KN; ) Administrado por um britânico amigável, Al, esse apartamento de dois andares tem dormitórios básicos, uma cozinha para uso dos hóspedes e atmosfera tranquila. A renda de uso da internet, do aluguel de toalhas e da lavanderia é doada a um orfanato no Camboja. Ligue antes se for chegar muito tarde ou entre 14h e 17h.

**Hotel Dujam** HOTEL €€
(☎538 025; www.hoteldujam.com; Velebitska 27; s/c 490/660KN; ) A 20 minutos a pé do centro (ou tomando o ônibus 9, do porto), o Hotel Dujam fica num prédio de

estilo socialista numa área residencial. Há 2 setores: um hostel caído (120KN por pessoa) e o hotel, com quartos acarpetados com banheiro e TV.

**Jupiter** POUSADA €
(Mapa p. 204; ☎344 801; www.sobe-jupiter.info; Grabovčeva Širina 1; q por pessoa 200-250KN; ❄📶) Esse lugar sem frescura tem banheiros coletivos. As camas são baixas, a iluminação é fraca e soturna, e o serviço é, às vezes, lerdo. A melhor coisa é a localização. Pegue o quarto 7, que tem varanda para a praça (que pode ficar barulhenta, no entanto).

**Camping Stobreč** CAMPING €
(☎325 426; www.campingsplit.com; Lovre 6, Stobreč; por adulto 40KN, barraca 39KN; @) Na metade do caminho entre Split e Solin, esse lugar bem equipado tem 2 praias (uma delas de areia e ótima para crianças), 3 bares, uma loja e um zilhão de atividades, como cavalos e rafting. Tome o ônibus número 25.

## Onde comer

**Konoba Trattoria Bajamont**
DÁLMATA €
(Mapa p. 204; Bajamontijeva 3; pratos a partir de 60KN; ⏲fechado almoço dom) Esse cantinho minúsculo dentro dos muros do palácio é um dos lugares mais autênticos onde se pode comer. É como a sala de jantar da vovó, com máquinas de costura antigas usadas como mesas de um lado e um balcão do outro. Não tem placa na porta, e o menu está escrito com canetão e pregado em um lugar pouco visível na entrada. A comida fresca feita todo dia é excelente, com destaques como peixinho frito, risoto de tinta de lula, salada de polvo e *brujet* (peixada ou frutos do mar com vinho, cebolas e ervas, servido com polenta).

**Šperun** FRUTOS DO MAR €€
(Mapa p. 204; Šperun 3; pratos a partir de 70KN) Um restaurantezinho fofo com detalhes rústicos e paredes de pedra, o Šperun é um dos favoritos dos estrangeiros – possivelmente porque os garçons, vestidos com camisetas de marinheiro, parecem falar qualquer língua do planeta. A comida é dálmata clássica, com um *brujet* decente, mexilhões frescos em molho de tomate e manjericão ou atum grelhado com alcaparras. O **Šperun Deva** (mapa p. 204), um bistrô charmoso na esquina em frente com algumas mesas do lado de fora, é mais legal ainda – com café da manhã, pratos mais leves de verão e um ótimo menu diário (a partir de 50KN).

**Kod Fife** DÁLMATA €
(Mapa p. 202; Trumbićeva Obala 11; pratos a partir de 40KN) Dragan comanda uma galera de marinheiros, artistas e desajustados que aparecem ali pela comida caseira dálmata simples, especialmente a *pašticada* (cozido de carne com vinho e especiarias), a abobrinha recheada com carne e a hospitalidade resmungona, lenta, mas adorável, de Dragan.

**Perun** DÁLMATA €€
(Mapa p. 202; Senjska 9; pratos a partir de 70KN) Um adorável lugar novo em Varoš, com toalhas xadrez azuis nas mesas dispostas numa varanda ajardinada, com paredes de pedra, uma atmosfera discreta e rústica, e frutos do mar e carnes feitos *na gradele* (na grelha), dependendo do que estiver fresco no dia. Você será recebido com *rakija* (grappa) caseira. O serviço, embora amigável, pode ser instável e lento.

**Konoba Hvaranin** DÁLMATA €€
(Mapa p. 204; Ban Mladenova 9; pratos a partir de 70KN) Negócio de pai, mãe e filho que alimenta os jornalistas e escritores de Split,

### PICIGIN

Para se divertir um pouco, junte-se aos locais e pratique o esporte mais dálmata, o *picigin*. As regras são simples: em pé com água até o joelho ou na cintura, passe a bola (do tamanho de uma bola de squash) rapidamente para os demais jogadores batendo nela com a palma da mão. A ideia é não deixar a bola cair na água; é obrigatório se jogar nela o máximo possível. Também é aconselhável espirrar água em todo mundo que esteja em volta e exibir livremente seu vigor esportivo.

Visite o "quartel-general" do *picigin* em www.picigin.org (só em croata, mas as fotos são bastante esclarecedoras) ou os vários vídeos no YouTube mostrando técnicas de *picigin* (que variam entre Split, Krk e outras partes do litoral). Tente o jogo especial de *picigin* no Ano-Novo, se achar que está à altura.

esse lugar minúsculo com poucas mesas é o favorito de longa data dos tipos criativos da cidade. Papai e mamãe preparam ótimos peixes e frutos do mar, fazem seu próprio pão e seu próprio molho de tomate. É um bom lugar para experimentar *rožata* (crème brûlé croata).

**Pimpinella** DÁLMATA €
(Mapa p. 202; Spinčićeva 2A; pratos a partir de 50KN; ⌚seg-sáb) Um dos mais típicos que você vai achar em Split, essa *konoba* (restaurante familiar simples) no térreo de uma casa ao lado do Boban serve comida despretensiosa, mas saborosa, numa varanda e num salão sem frescura. A *pašticada* de atum das sextas é um sucesso. Experimente a lula recheada de camarão, presunto dálmata e tentáculos de lula.

**Makrovega** VEGETARIANA €
(Mapa p. 202; Leština 2; pratos a partir de 40KN; ⌚9-20h seg-sex, às 17h sáb) Esse refúgio sem carne tem um interior espaçoso e cheio de estilo e bufê delicioso (55KN a 70KN). Pratos à la carte incluem opções macrobióticas e vegetarianas. Muito seitan, tofu e tempé, ótimas opções de chás e bolos excelentes.

**Galija** PIZZA €
(Mapa p. 204; Tončićeva 12; pizzas a partir de 20KN) A pizzaria mais popular de Split há décadas, Galija é o tipo de lugar onde os locais levam você para uma refeição simples e boa, onde todos relaxam nos bancos de madeira depois de saborear uma *quattro stagioni* ou *margherita*.

**Black Cat** INTERNACIONAL €
(Šegvićeva 1; pratos a partir de 45KN; ⌚seg-sáb) Se estiver cansado de comida croata e quiser uma *quesadilla*, um curry tailandês, uma salada de peixe cajun, um café da manhã inglês ou outro prato global, vá direto a esse bistrozinho, cinco minutos a pé da beira-mar e da rodoviária. A varandinha é coberta e aquecida no inverno.

**Bruna** INTERNACIONAL €€
(Mapa p. 202; Hatzeov Perivoj 3; pratos a partir de 90KN) O restaurante do Hotel Park mantém seu chefe de cozinha e sua excelente reputação há 30 anos. Tudo é da estação: dependendo de quando você estiver por lá, escolha pratos de trufas ou aspargos selvagens. É famoso pelo *steak tartar* e pelos crepes negros (de coco) decorados com ouro 24 quilates.

**Kod Joze** DÁLMATA €
(Sredmanuška 4; pratos a partir de 60KN) Uma facção radical de fãs locais mantém essa *konoba* informal viva e vibrante. Num porão escuro e numa varanda no andar superior, é tudo dálmata – presunto, queijo, risoto de sépia e tagliatelle verde com frutos do mar.

**Boban** FRUTOS DO MAR €€
(Mapa p. 202; Hektorovićeva 49; pratos a partir de 70KN) Esse é o restaurante dos executivos de Split desde 1975. Você saberá por que quando puser os dentes no suculento peixe que é selado e servido com molhos criativos, muitos com trufas. Pertence a uma família que gosta de inovar e manter a reputação em alta. Na região de Firule.

**Kadena** MEDITERRÂNEO CRIATIVO €€€
(Mapa p. 202; Ivana Zajca 4; pratos a partir de 120KN) Restaurante, vinheria e *lounge* com decoração contemporânea elegante toda branca e uma varanda arejada com vista para o mar em Zenta. Há um menu *slow food*, mais de 330 vinhos e pratos interessantes como fígado de ganso no molho de laranja e conhaque, feitos por um *chef* famoso que trabalhou no Valsabbion em Pula.

**Noštromo** FRUTOS DO MAR €€
(Mapa p. 204; Kraj Sv Marije 10; pratos a partir de 80KN) É um dos restaurantes finos favoritos de Split. Os locais o adoram, porque serve peixes comprados diariamente no *ribarnica* (mercado de peixes) em frente. Não há surpresas culinárias, apenas comida fresca e bem-feita e vinhos deliciosos.

**Art & Čok** SANDUÍCHES €
(Mapa p. 204; Obrov 2; sanduíches a partir de 14KN; ⌚seg-sáb) Sanduíches excelentes em pão caseiro. Experimente o *porchetta* (carne de porco aromatizada, pimentão vermelho tostado e pepino em conserva).

## Onde beber

A vida noturna de Split é ótima, especialmente entre a primavera e o verão. Os muros do palácio pulsam com a música nas noites de sexta e sábado, e dá para passar a noite no labirinto de ruas descobrindo lugares novos. Atenção: os bares fecham por volta da 1h (já que as pessoas moram dentro dos muros do palácio). O complexo de diversão de Bačvice tem um monte de bares e clubes ao ar livre que ficam abertos até de madrugada. Para saborear café durante o dia, o melhor é a Riva ou uma das praças dentro dos muros do palácio.

**Žbirac** CAFÉ
(Mapa p. 202; Bačvice bb) Esse café à beira-mar é como a sala de estar ao ar livre dos

locais, uma parada *cult* com ótima vista do mar, banho de mar dia e noite, jogos de *picigin* e eventuais shows.

**Bifora** CAFÉ-BAR
(Mapa p. 204; Bernardinova 5) Uma galera peculiar frequenta esse lugar criativo numa adorável pracinha, muito querido por sua atmosfera íntima e discreta.

**Ghetto Club** BAR
(Mapa p. 204; Dosud 10) Vá ao mais boêmio bar de Split num pátio recôndito em meio a floreiras, uma fonte rumorejante, ótima música e atmosfera amigável.

**Luxor** CAFÉ-BAR
(Mapa p. 204; Kraj Sv Ivana 11) Turístico, sim, mas é ótimo para um café no pátio da catedral: almofadas ficam espalhadas pela escadaria e você pode observar os locais cuidando da vida.

**Tri Volta** BAR
(Mapa p. 204; Dosud 9) Uma galera variada de desajustados, pescadores e boêmios se encontra nesse lugar lendário sob 3 abóbadas, com bebidas baratas e *sir i pršut* (queijo e presunto cru).

**Vidilica** CAFÉ-BAR
(Mapa p. 202; Nazorov Prilaz 1) Vale subir a escadaria de pedra pelo antigo bairro de Varoš para um drinque ao pôr do sol nesse café no alto do morro com uma linda vista da cidade e do porto.

**Galerija** CAFÉ-BAR
(Mapa p. 204; Vuškovićeva bb) Vá namorar ou pôr em dia a conversa com os amigos sem música alta cobrindo as vozes. O interior é retrô chique, com lindos sofás e poltronas florais, pinturas e arandelas por toda parte.

**Libar** CAFÉ-BAR
(Mapa p. 204; Trg Franje Tuđmana 3) Lugarzinho divertido com um adorável terraço superior, ótimo café da manhã e *tapas* o dia todo, além de uma TV grande para eventos esportivos. Um lugar relaxante longe do burburinho do palácio.

**Mosquito** CAFÉ-BAR
(Mapa p. 204; Vuškovićeva 4) Bem ao lado do Galerija. Sente-se na grande varanda, pegue uma bebida, ouça a música e curta com os locais.

**Le Petit Paris** CAFÉ-BAR
(Mapa p. 204; Majstora Jurja 5) Esse bar pequenininho, dirigido por um francês, serve smoothies, milk-shakes e café gelado para viagem durante o dia. Há mesas do lado de fora e happy hour das 18h às 20h.

**Teak** CAFÉ-BAR
(Mapa p. 204; Majstora Jurja 11) Situado em uma praça movimentada, o terraço do Teak é muito frequentado para café e conversa durante o dia e é cheio à noite também.

**Porta** CAFÉ-BAR
(Mapa p. 204; Majstora Jurja 4) Vá pelos coquetéis. Na mesma praça há outros bares, todos viram um só quando a noite fica agitada, por isso lembre-se do seu garçom!

**Red Room** CAFÉ-BAR
(Mapa p. 204; Carrarina Poljana 4) Cores tropicais, um balcão de oncinha e house/techno nas picapes. O Red Room hospeda um encontro de australianos às sextas, que é a noite mais movimentada.

## ☆ Entretenimento

### Casas noturnas e bares

Depois que os bares ficam tranquilos à 1h, vá para Bačvice pelas baladas sob as estrelas. Ou então procure flyers em qualquer dos bares da madrugada.

**Fluid** BAR, CLUBE
(Mapa p. 204; Dosud 1) Um bar/balada meio jazz e chique. No andar de cima, o elegante **Puls** atrai uma galera mais voltada para música eletrônica, mas os dois são praticamente indistinguíveis nas madrugadas de sexta ou sábado, quando os degraus que os unem ficam congestionados de jovens. Ótimo para ver e ser visto.

**O'Hara Music Club** CLUBE
(Mapa p. 202; Uvala Zenta 3) Para balada ao ar livre, vá a esse divertido lugar em Zenta com uma varanda à beira-mar. Caia na gandaia com um mix variado de música, dependendo da noite – de dálmata a *hits* de house a reggae.

Também recomendamos:

**Jungla** BAR, CLUBE
(Šetalište Ivana Meštrovića bb) É um terraço à beira-mar ao lado da ACI Marina que tem boas noites de electro, house e rock para uma galera divertida e jovem.

**Obojena Svjetlost** BAR, CLUBE
(Šetalište Ivana Meštrovića 35) Música ao vivo e discotecagem, terraço à beira-mar e interior enorme tornam esse lugar, logo abaixo do Kaštelet, divertido. Molhe os pés no mar ao nascer do sol.

## PALMAS PARA A KLAPA! *VESNA MARIĆ*

Não há um visitante da Croácia que não tenha ouvido as doces melodias de uma canção *klapa*. É uma música em que homens, dispostos em círculo, cantam coisas lacrimosas sobre amor, traição, patriotismo, morte, beleza e outros temas em suaves harmonias polifônicas (veja mais sobre *klapa* à p. 318).

O primeiro tenor Branko Tomić, cuja voz aguda complementa os baixos e os barítonos que o acompanham, diz: "Canto com a *klapa* de Filip Devič há 35 anos. É uma paixão para mim. Comecei no colegial e amei. Cantamos sobre tantas coisas diferentes: fazemos serenatas, cantamos música folclórica, música sentimental sobre saudade da família ou da cidade natal. É uma experiência mais delicada, mais baseada no companheirismo, embora as novas gerações comecem a preferir nossos *covers* de canções pop. É algo realmente grande na Croácia, atualmente".

Para assistir uma *klapa* em ação, vá ao Vestíbulo, onde apresentações matinais ocorrem durante a alta temporada.

**Tropic Club Equador** BAR, CLUBE
(Mapa p. 202; Bačvice bb) Balada num terraço à beira-mar com palmeiras e coquetéis de frutas, no som house, pop ou música croata (dependendo da noite) e o Adriático em volta.

**Quasimodo** CLUBE
(Gundulićeva 26) Splićani vem fazendo festas nesse miniclube térreo há décadas. Há música alternativa ao vivo e com DJs – rock, indie rock, jazz, blues... Fecha no verão.

**Kocka** CLUBE
(Savska bb) Rock gótico, drum'n'bass, punk e hip-hop animam esse porão no Centro da Juventude, é o mais underground que se consegue em Split.

**Hedonist** CLUBE
(Mapa p. 202; Put Firula bb) A galera endinheirada – iPhones e roupas de grife são obrigatórios – vem se divertir nesse clube descolado em Zenta e no irmão mais velho, **Egoist**, logo ao lado.

### Cinemas

**Kino Bačvice** CINEMA
(Mapa p. 202; Put Firula 2) A região de entretenimento noturno de Bačvice é o endereço perfeito para o cinema ao ar livre que funciona toda noite no verão.

**Kinoteka Zlatna Vrata** CINEMA
(Mapa p. 204; Dioklecijanova 7) Filmes de arte, clássicos e retrospectivas são exibidos nesse cinema ligado à universidade. Fecha em julho e agosto.

### Teatro

**Teatro Nacional Croata** TEATRO
(Mapa p. 204; ☎306 908; www.hnk-split.hr; Trg Gaje Bulata 1) Ópera, balé e apresentações musicais o ano todo. Ingressos a partir de 80KN podem ser comprados na bilheteria ou on-line. Construído em 1891, o teatro foi completamente restaurado em 1979 no estilo original; só pela arquitetura, já vale a pena.

## Onde comprar

Compradores compulsivos acharão difícil deixar o vício em Split – é a maior concentração de sapatarias da Croácia. Os muros do Palácio de Diocleciano são lotados de lojas: tanto butiques pequenas quanto cadeias internacionais. Marmontova também é preferência entre os locais para comprar.

As Adegas de Diocleciano, parte dos salões do porão do palácio, são um mercado de joias, reproduções de bustos romanos, cigarreiras de prata, candelabros, veleiros de madeira, artigos de couro e outros artefatos. Os preços não são exagerados e dá para achar o item leve perfeito para cumprir as obrigações dos presentes de viagem.

Há uma feira diária acima de Obala Lazareta onde se pode comprar frutas, vegetais, sapatos, doces, roupas, flores, suvenires e outros produtos. Se você não achar o que procura nessa feira, há chances de que não exista em Split.

**Zlatna Vrata** ANTIGUIDADES
(Mapa p. 204; Carrarina Poljana 1) Amantes de antiguidades e tralha vão se deliciar com os bibelôs – procurando um pouco acham-se

velhos relógios iugoslavos, cerâmica antiga e telefones *vintage* da era socialista.

**Izvorno** COMIDA, SUVENIRES
(Mapa p. 204; Šubićeva 6) Produtos naturais autênticos feitos na Croácia – de chás de ervas e mel a sabonete orgânico e sachês de lavanda.

##  Informações

### Acesso a internet

Vários cafés da cidade oferecem wi-fi grátis, inclusive o Luxor e o Twins na Riva.

**Backpackers Cafe** (338 548; Obala Kneza Domagoja 3; por hora 30KN; 7-21h) Também vende livros usados, oferece guarda-volumes e dá informações para mochileiros. Há um happy hour de internet entre 15h e 17h com 50% de desconto.

### Lavanderia

**Modrulj** (315 888; www.modrulj.com; Šperun 1; 8-20h abr-out, 9-17h seg-sáb nov-mar) Uma reluzente lavanderia automática com lavadoras operadas por moeda (lavar/secar 25/20KN); também oferece acesso à internet (5KN por 15 minutos) e guarda-volumes (10KN/dia).

### Guarda-volumes

**Backpackers Cafe** (338 548; Obala Kneza Domagoja 3; por peça 4KN/h; 7-21h)

**Rodoviária de Garderoba** (primeira hora 5KN, por hora subsequente 1,50KN; 6-22h); estação de trem (por dia 15KN; 6h-23h30)

### Assistência médica

**KBC Firule** (556 111; Spinčićeva 1) Hospital de Split.

### Dinheiro

Você pode trocar dinheiro em agências de viagem ou em qualquer agência de correio. Há caixas eletrônicos na rodoviária, na estação de trem e pela cidade.

### Correio

**Agência central** (Kralja Tomislava 9; 7h30--19h seg-sex, às 14h30 sáb)

### Telefone

Há um posto telefônico na agência central de correio.

### Informações turísticas

**Backpackers Cafe** (338 548; Obala Kneza Domagoja 3) Informações para mochileiros. Também tem livros usados, acesso à internet e guarda-volumes.

**Associação Croata de Hostels da Juventude** (396 031; www.hfhs.hr; Domilijina 8; 8-16h seg-sex) Vende cartões HI e tem informações sobre hostels em toda a Croácia.

**Agência oficial de turismo** (345 606; www.visitsplit.com; Peristil; 8-20h30 jul e ago, 8-20h30 seg-sáb, às 13h30 dom jun e set, 9-17 h seg-sex out-mai) Tem informações sobre Split e vende o Split Card (35KN), que dá acesso grátis ou meia entrada nas atrações de Split e desconto em aluguel de carros, restaurantes, lojas e hotéis.

### Agências de viagem

**Atlas Airtours** (343 055; www.atlasairtours.com; Bosanska 11) Excursões, hospedagem em casas particulares e câmbio.

**Daluma Travel** (338 484; www.daluma-travel.hr; Obala Kneza Domagoja 1) Providencia hospedagem em casas.

**Maestral** (470 944; www.maestral.hr; Boškovića 13/15) Estadas em mosteiros, excursões a cavalo, férias em faróis, caminhadas, caiaque e muito mais.

**Split Tours** (352 553; www.splittours.hr; Gat Sv Duje bb; fecha sáb e dom à tarde) No terminal de ferry, vende passagens da Blue Line para Ancona (Itália) e providencia hospedagem em casas particulares.

**Touring** (338 503; Obala Kneza Domagoja 10) Perto da rodoviária, representa a Deutsche Touring e vende passagens para cidades alemãs.

**Turist Biro** (347 100; www.turistbiro-split.hr; Obala Hrvatskog Narodnog Preporoda 12) É forte em hospedagem em casas particulares.

##  Como chegar

### Aéreo

**Aeroporto de Split** (www.split-airport.hr) fica 20km a oeste da cidade, apenas 6km antes de Trogir.

Entre as linhas aéreas que vão para Split estão:

**Croatia Airlines** (362 997; www.croatiaairlines.hr; Obala Hrvatskog Narodnog Preporoda 9; 8-20h seg-sex, 9-12h sáb) Opera voos de uma hora de/para Zagreb várias vezes por dia e um voo semanal para Dubrovnik.

**Easyjet** (www.easyjet.com)

**Germanwings** (www.germanwings.com)

### Barco

Ferries de carros e passageiros partem de cais separados: os de passageiros saem de Obala Lazareta e os de carro, de Gat Sv Duje. Bilhetes para ambos são vendidos no escritório central da Jadrolinija no grande terminal de ferry em frente à rodoviária, que opera todos os ferries de carro dos cais em volta do terminal de ferries, ou em uma das duas bancas perto dos cais. No verão, normalmente, é preciso reservar um ferry de carro com ao menos um dia de antecedência e pede-se chegar com várias horas de antecedência. É raro haver problemas para conseguir passagens na

## VIAGENS DA JADROLINIJA DE SPLIT

Os horários desses ferries locais valem entre junho e setembro. Fora desses meses, o serviço é reduzido.

### Ferries de carro

| DESTINO | PREÇO POR PESSOA/ CARRO (KN) | DURAÇÃO (H) | SAÍDAS DIÁRIAS |
|---|---|---|---|
| Supetar (Brač) | 33/160 | 1 hora | 12-14 |
| Stari Grad (Hvar) | 47/318 | 2 horas | 6-7 |
| Šolta | 33/160 | 1 hora | 6 |
| Vis | 54/370 | 2h e 30min | 2-3 |
| Vela Luka (Korčula) | 60/530 | 2h e 45min | 2 |

### Catamarãs

| DESTINO | PREÇO (KN) | DURAÇÃO (H) | SAÍDAS DIÁRIAS |
|---|---|---|---|
| Bol (Brač) | 22 | 1 hora | 1 |
| Jelsa (Hvar) | 22 | 1h e 30min | 1 |
| Hvar Town | 22 | 1 hora | 2 |
| Vis | 26 | 1h e 15min | 1 |
| Vela Luka (Korčula) | 27 | 1h e 45min | 1 |

baixa temporada, mas reserve com o máximo de antecedência em julho e agosto.

**Jadrolinija** (☎338 333; Gat Sv Duje bb), no grande terminal de ferries em frente à rodoviária, opera a maiora das linhas de ferry da costa e catamarãs entre Split e as ilhas. Há também um serviço de ferry 2 vezes por semana entre Rijeka e Split (164KN, 20h seg e sex, chegando às 6h). Esse mesmo ferry vai para Bari (406KN) na Itália via Stari Grad (Hvar), Korčula e Dubrovnik. Quatro vezes por semana, um ferry de carros vai de Split para Ancona, na Itália (361KN, 9 a 11 horas). Veja detalhes no quadro acima.

Outras opções de barco:

**BlueLine** (www.blueline-ferries.com) Ferries de carro para Ancona (Itália), em alguns dias via cidade de Hvar e Vis (por pessoa/carro a partir de 333KN/450KN, 10 a 12 horas).

**Krilo** (www.krilo.hr) Um barco rápido de passageiros que vai para a cidade de Hvar (22KN, 1 hora) diariamente e segue para Korčula (55KN, 2h e 45min). Compre passagens na Jadrolinija.

**LNP** (www.lnp.hr) Dois catamarãs diários para Šolta (16,50KN) e 4 por semana para Milna, em Brač (18KN).

**SNAV** (☎322 252; www.snav.it) Ferries diários para Ancona (660KN, 4h e 30min) de meados de junho até setembro e para Pescara (698KN, 6h e 30min), Itália, entre o fim de julho e agosto. No terminal de ferries.

### Ônibus

Recomenda-se comprar passagens com lugar marcado com antecedência. Há ônibus da **rodoviária principal** (☎060 327 777; www.ak-split.hr) ao lado do porto para vários destinos; veja detalhes de serviço no quadro na p. 216.

O ônibus 37 vai para o aeroporto de Split e faz paradas em Trogir (20KN, cada 20 minutos) e em Solin; ele parte de uma rodoviária local em Domovinskog Rata, 1km a nordeste do centro, mas é mais rápido e conveniente tomar um intermunicipal que vá para Zadar ou Rijeka.

Atenção: ônibus Split–Dubrovnik passam rapidamente por território bósnio, portanto mantenha seu passaporte à mão.

### Carro

Se quiser alugar um carro em Split, tente uma destas:

**Budget Rent-a-Car** (☎399 214; www.budget.hr) Filiais em Obala Lazareta 3 e no aeroporto de Split.

**Dollar Thrifty** (☎399 000; www.thrifty.com.hr) Filiais em Trumbićeva Obala 5 e no aeroporto de Split.

### Trem

Há 5 trens diários entre a **estação de trem** de Split (☎338 525; www.hznet.hr; Obala Kneza Domagoja 9) e Zagreb (179KN a 189KN, 5h e 30min a 8 horas), 2 dos quais à noite. Há 3 trens diários entre Šibenik e Split (40KN, 2 horas), com

## ÔNIBUS DE SPLIT

| DESTINO | PREÇO (KN) | DURAÇÃO (H) | SAÍDAS DIÁRIAS |
|---|---|---|---|
| Dubrovnik | 105-157 | 4h e 30min | 20 |
| Makarska | 45 | 1h e 30min | 30 |
| Međugorje (Bósnia e Herzegóvina) | 100 | 3-4 horas | 4 |
| Mostar (Bósnia e Herzegóvina) | 114 | 3h e 30min-4h e 30min | 8 |
| Pula | 397 | 10-11 horas | 3 |
| Rijeka | 305 | 8-8h e 30min | 11 |
| Sarajevo (Bósnia e Herzegóvina) | 190 | 6h e 30min-8 horas | 4 |
| Zadar | 120 | 3-4 horas | 27 |
| Zagreb | 185 | 5-8 horas | 29 |

baldeação em Perković. Também há 2 trens por dia de Split a Zadar (88KN, 5 horas) via Knin.

### Como circular

Os terminais de trem, ferry e ônibus se aglomeram no lado leste do porto, uma caminhada curta da cidade velha.

Pode-se alugar *scooters*, bicicletas, lanchas e carros na **Split Rent Agency** (☎095 887 5626; www.split-rent.com).

#### De/Para o Aeroporto

**Ônibus 37** Da rodoviária local na Domovinskog Rata (20KN, 50 minutos).

**Pleso Prijevoz** (www.plesoprijevoz.hr) Ônibus partem para o aeroporto de Split (30KN) de Obala Lazareta 3 a 6 vezes por dia.

**Promet Žele** (www.split-airport.com.hr) Ônibus entre Obala Lazareta e o aeroporto ainda mais frequentes (cerca de 18 partidas diárias).

**Táxis** Custam de 200KN a 260KN.

#### Ônibus

Ônibus locais da Promet Split ligam o centro da cidade e o porto aos bairros distantes; a cidade é dividida em 4 regiões. Um bilhete para a zona 1 custa 10KN por uma viagem no centro de Split; 20KN para os bairros em torno. Um bilhete de duas viagens na zona 1 custa 16KN em bancas; são 31KN por um bilhete de duas viagens na zona 4. Os ônibus passam mais ou menos a cada 15 minutos das 5h30 às 23h30.

# ARREDORES DE SPLIT

## Šolta

Essa adorável ilha coberta de bosques (apenas 59 km²) é um refúgio muito frequentado pelos moradores de Split que fogem do calor sufocante do verão. O único ponto de entrada na ilha é **Rogač**, onde atracam os ferries de Split, em frente ao **escritório de turismo** (☎654 491; www.solta.hr; ⌚7h30-14h30 e 15h30-21h30 jun-set) na borda de uma grande baía. Um caminho sombreado rodeia a baía e leva a prainhas rochosas, e uma estradinha sobe até um mercado. **Nečujam** fica a 7km de Rogač; situada em uma praia curva, tem um hotel, um bar e um chuveiro ao ar livre. Só há dois caixas eletrônicos na ilha, em **Stomorska** e em **Grohote**, que também tem o **escritório de turismo** (☎654 657; www.solta.hr; ⌚7h30-14h30 e 15h30-21h30 jun-set, 8-13h seg-sex out-mai).

Na alta temporada, 6 ferries diários ligam Split e Rogač (33KN, 1 hora) assim como 2 catamarãs diários (16,50KN).

## Solin (Salona)

As ruínas da antiga cidade de Solin (a Salona romana), entre os vinhedos ao pé das montanhas ao norte de Split, são as mais importantes, arqueologicamente, da Croácia.

Hoje Solin está cercada de fábricas e autoestradas barulhentas. Foi mencionada pela primeira vez em 119 a.C. como centro da tribo ilíria. Os romanos tomaram o lugar em 78 a.C. e, no governo de Augusto, tornaram-na sede administrativa da província dálmata de Roma.

Quando o imperador Diocleciano construiu seu palácio em Split, no fim do século 3 d.C., foi a proximidade de Solin que o atraiu. Solin foi incorporada ao Império Romano do Oriente no século 6º, mas foi arrasada pelos eslavos e pelos avaros em 614. Os habitantes fugiram para Split e para as ilhas vizinhas, abandonando Solin.

## Atrações

Um bom lugar para começar a visita à cidade é a entrada principal, perto do café-bar Salona, onde se vê um mapa informativo do complexo. O **Museu Tusculum** (entrada 20KN; 9-1 h seg-sáb, às 13h dom jun-set, 9-15h seg-sex, às 13h sáb out-mai) é onde se paga a entrada para toda a reserva arqueológica, inclusive para o pequeno museu com interessantes esculturas embutidas nas paredes e no jardim. Também serve como centro de informação e distribui um folheto sobre Salona. **Manastirine**, a área cercada atrás do estacionamento, era um cemitério dos primeiros mártires cristãos. As ruínas escavadas da **Basílica de Kapljuč** - construída sobre um dos primeiros cemitérios cristãos - e a **Basílica de Kapjinc**, do século 5º, que fica dentro, são os destaques, embora essa área fique fora da cidade antiga propriamente dita.

Um caminho ladeado por ciprestes vai para o muro norte da cidade de Solin. Repare no **aqueduto coberto** localizado ao sul da parede. Foi construído provavelmente por volta do século 1º d.C. e abastecia Solin e o Palácio de Diocleciano com água do rio Jadro. As ruínas que se veem em frente da muralha eram um lugar cristão antigo; elas compreendem uma **catedral** de três naves do século 5º, com um **batistério** octogonal e as ruínas da **Basílica do Bispo Honório** com plano em forma de cruz grega. **Banhos públicos** se ligam à catedral, a leste.

A sudoeste da catedral de Solin fica o portão oriental da cidade do século 1º, **Porta Caesarea**, depois engolido pelo crescimento da cidade por todos os lados. Marcas na pedra da rua deixadas por rodas antigas ainda podem ser vistas nesse portão. Ao sul do portão era o centro da cidade, o fórum, com templos a Júpiter, Juno e Minerva, nenhum dos quais visível hoje.

No extremo ocidental de Solin fica o enorme **anfiteatro** do século 2º, destruído no século 17 pelos venezianos para impedir que fosse usado como refúgio pelos invasores turcos. Ele acomodava 18 mil espectadores, o que dá uma ideia do tamanho e da importância dessa cidade antiga.

O canto sudeste do complexo contém a **Gradina**, fortaleza medieval em torno das ruínas de uma igreja paleocristã retangular.

### Como chegar

É fácil chegar às ruínas pelo ônibus municipal 1 de Split (12KN), que vai até o café-bar Salona (sente-se do lado direito e procure a placa azul e branca que indica Salona) a cada meia hora, saindo de Trg Gaje Bulata.

Do anfiteatro em Solin é fácil continuar até Trogir tomando o ônibus 37 na parada próxima na autoestrada vizinha (compre bilhete zona 4 por 20KN em Split se esse for seu plano; os bilhetes também podem ser comprados no ônibus).

Se quiser voltar a Split, cruze a estrada pelo subterrâneo e tome o ônibus 37 para leste.

# TROGIR E ARREDORES

## Trogir

POP. 12.995

A linda e minúscula Trogir (ex Trau) é harmoniosamente instalada dentro de muralhas medievais, com ruas entrelaçadas como num labirinto. Tem um largo passeio à beira-mar ladeado por bares e cafés, e iates de luxo no verão. Trogir é única, entre as cidades dálmatas, pela quantidade de arquitetura românica e renascentista (que floresceu no período de domínio veneziano); isso, junto com a magnífica catedral, valeu o status de Patrimônio da Humanidade em 1997.

Trogir é um passeio fácil de um dia de Split e um lugar relaxante para passar alguns dias, fazendo um ou dois passeios para ilhas próximas.

### História

Com montanhas altas às costas, o mar ao sul, e aconchegada em seus muros, Trogir (*Tragurium* para os romanos) mostrou-se atraente para colonizadores. Os primeiros croatas se instalaram na antiga cidade ilíria no século 7º. A posição fácil de defender permitiu a Trogir manter a autonomia durante o domínio croata e bizantino, e o comércio e as minas vizinhas garantiram a viabilidade econômica. No século 13, escul-

# Trogir

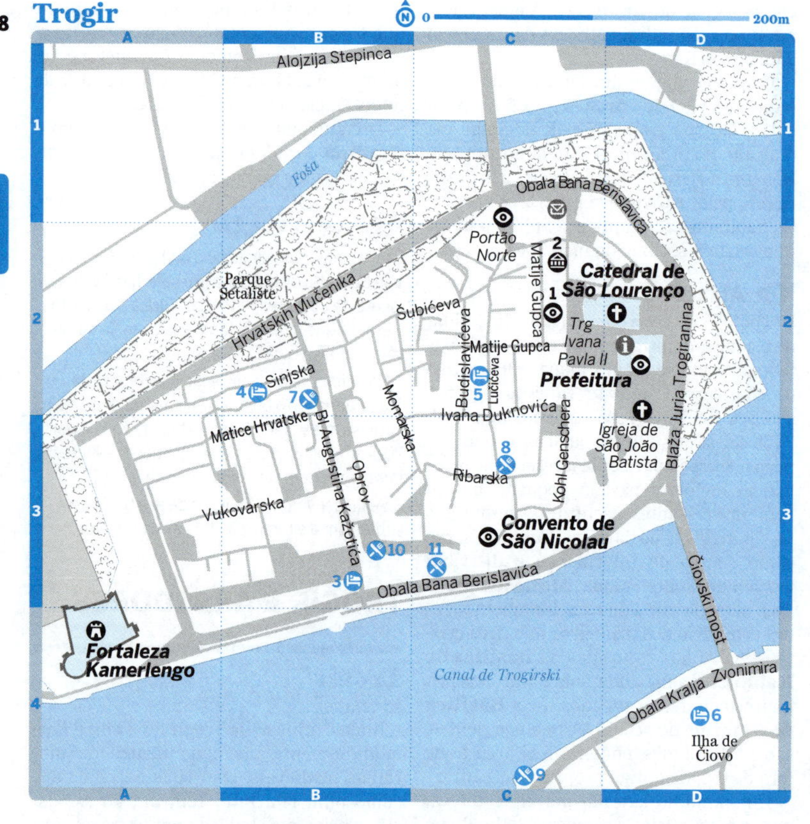




tura e pintura floresceram, manifestando uma cultura vibrante e dinâmica. Quando Veneza comprou a Dalmácia em 1409, Trogir recusou o novo governante, e os venezianos foram obrigados a submeter a cidade à força de canhões. Enquanto o resto da Dalmácia estagnou durante o domínio veneziano, Trogir continuou a produzir ótimos artistas que aumentaram a beleza da cidade.

## Atrações

Embora seja uma cidade pequena, Trogir tem muita coisa para ver. A cidade conservou intactas muitas belas construções de seu período de glória – entre os séculos 13 e 15. A cidade velha de Trogir ocupa uma minúscula ilha no estreito canal entre a Ilha de Čiovo e o continente, ao largo da estrada costeira. A maioria das atrações pode ser vista numa caminhada de 15 minutos por essa ilha.

**Catedral de São Lourenço** IGREJA
(Katedrala Svetog Lovre; Trg Ivana Pavla II; entrada 20KN; 8-20h seg-sáb, 14-20h dom jun-set, 8-18h seg-sáb, 14-18h dom abr e mai, 8-12h seg-sáb out-mar) A vitrine de Trogir é sua catedral veneziana de três naves construída entre os séculos 13 e 15, uma das melhores obras de arquitetura da Croácia. Repare, primeiro, no **portal românico** (1240) de Mestre Radovan. Os lados do portal exibem figuras de leões (símbolo de Veneza) com Adão e Eva acima deles, o primeiro exemplar de nu na escultura dálmata. No final do pórtico há outra bela peça de escultura – o **batistério** esculpido em 1464 por Andrija Aleši. Entre no prédio por uma obscura porta dos fundos para ver a **capela renascentista de Santo Ivan**, ricamente decorada pelos mestres Nikola Firentinac e Ivan Duknović de 1461 a 1497. Dentro da **sacristia** há pinturas de São Jerônimo e São João Batista. Dê uma olhada no **tesouro**, que contém

## Trogir

**Destaques**



um tríptico de marfim e várias iluminuras medievais. Pode-se até subir a **torre** da catedral, com 47m e uma vista maravilhosa.

Um cartaz informa que você deve estar "vestido decentemente" para entrar na catedral, o que significa que homens não devem estar sem camisa (mulheres também, é claro), e shorts são proibidos. Os horários de visitação podem ser irregulares.

**Fortaleza Kamerlengo** FORTALEZA
(Tvrdava Kamerlengo; entrada 15KN; 9-21h mai-out) A fortaleza, antes ligada aos muros da cidade, foi construída no século 15. Numa extremidade, vê-se um elegante coreto construído pelo marechal francês Marmont, onde ele se sentava e jogava cartas entre as ondas, durante a ocupação napoleônica da Dalmácia. Naquele tempo, o extremo ocidental da ilha era uma lagoa; os brejos de malária não foram drenados até o século 20. Há concertos na fortaleza durante o **Festival de Verão de Trogir**.

**Museu da Cidade** MUSEU
(Gradski Muzej; Kohl-Genscher 49; entrada 15KN; 10-17h jul-set, 9-14h seg-sex, às 12h sáb out-mai) Instalado no antigo Palácio Garagnin-Fanfogna, o museu tem cinco salas com livros, documentos, desenhos e roupas de época da longa história de Trogir.

**Convento de São Nicolau** CONVENTO
(Samostan Sv Nikole; entrada 20KN; 10-12h e 16-18h jun-set) O tesouro desse mosteiro beneditino guarda um estonteante relevo do século 3º de Kairos, o deus grego da oportunidade, em mármore laranja. De outubro a maio, entrada só com reserva.

**Prefeitura** EDIFÍCIO HISTÓRICO
(Gradska Vijecnica) Essa construção do século 15, em frente à catedral, tem um pátio gótico decorado com brasões e uma escadaria monumental. O poço tem um leão alado de São Marcos (brasão da República de Veneza).

**Palácio Ćipiko** PALÁCIO
(Palaca Cipiko) Esse palácio, originalmente um conjunto de construções românicas e lar de uma família proeminente do século 15, tem um maravilhoso trifório gótico, obra de Andrija Aleši.

### Festas e eventos

Todo ano, de 21 de junho ao começo de setembro, a cidade abriga o **Verão de Trogir**, festival de música com concertos clássicos e folclóricos em igrejas, praças e na fortaleza. Há cartazes anunciando os espetáculos na cidade toda.

### Onde dormir

Atlas Trogir (p. 221) providencia quartos em casas particulares a partir de 200KN o de casal. Portal também tem quartos e apartamentos, a partir de 300KN por um de casal e 450KN por um apartamento para dois. Procure também ofertas em www.trogir-online.com.

**Hotel Tragos** HOTEL €€
(884 729; www.tragos.hr; Budislavićeva 3; s/c 600/800KN; P ❄ @) Essa casa de família medieval foi cuidadosamente restaurada, com muita pedra à mostra e detalhes originais. Seus 12 quartos elegantes, lindamente decorados, tem TV por satélite, frigobar e acesso à internet. Mesmo que não se hospede, vá pela maravilhosa comida caseira servida no restaurante do hotel (pratos a partir de 60KN); prove o *trogirska pašticada* (cozido de carne à moda de Trogir).

**Hotel Pašike** HOTEL €€
(885 185; www.hotelpasike.com; Sinjska bb; s/c 650/800KN; ❄ @ ) Esse delicioso hotel numa casa do século 15 tem mobília do século 19, revestimento em nogueira e camas de ferro torcido. Cada um dos 14 apartamentos de cores fortes tem uma área de estar separada e chuveiro de hidromassagem. Os sim-

## IATE OU BARCO FRETADO

Iatistas podem querer fretar seu próprio barco. Navegantes experientes podem fretar um iate "nu" ou podem pagar um capitão local por um barco "tripulado". O preço depende do tamanho do barco, do número de acomodações e da estação.

**Cosmos Yachting** (www.cosmosyachting.com) Essa companhia do Reino Unido freta em Dubrovnik, Pula, Rovinj, Split, Trogir, Lošinj, Punat e outros lugares.

**Nautilus Yachting** (www.nautilus-yachting.com) Outra empresa britânica; aluga em Pula, Split, Dubrovnik e nas Ilhas Kornati.

**Sunsail** (www.sunsail.com) Operador internacional que oferece barcos nus e tripulados em Dubrovnik, Ilhas Kornati e Kremik, ao sul de Šibenik.



páticos funcionários usam roupas tradicionais, há um terraço com duas mesas no teto e, ao chegar, você ganha um *rafioli*, bolo de amêndoas tradicional de Trogir.

**Vila Sikaa** HOTEL €€
(881 223; www.vila-sikaa-r.com; Obala Kralja Zvonimira 13; s/c 672/728KN; P ❄ @ ) Esse hotel em Čiovo tem 10 quartos decentes com uma vista fantástica da cidade velha. Alguns têm sauna, chuveiro de massagem e jacuzzi. O quarto 14 tem terraço. Atenção: os quartos no sótão são claustrofóbicos, e o serviço pode ser lerdo. A recepção aluga *scooter*, barco ou carro.

**Hotel Palace** HOTEL €€€
(685 555; www.hotel-palace.net; Put Gradine 8; s/c 930/1.206KN; P ❄ @) Essa novidade entre os hotéis chiques de Trogir fica num prédio branco e salmão na Ilha de Čiovo, com muito mármore, chão de tábua e um restaurante. Os 36 quartos bege têm banheira e terraço. O quarto 305 tem ótima vista da cidade velha.

**Concordia** HOTEL €€
(885 400; www.concordia-hotel.net; Obala Bana Berislavića 22; s/c 450/600KN; P ❄) De frente para o mar. Os quartos um tanto desbotados são limpos, mas bem básicos, embora o serviço e a localização sejam adoráveis. Tente pegar um quarto recém-redecorado com vista para o mar. Há barcos para as praias logo à saída.

**Villa Tina** HOTEL CASEIRO €€
(888 305; www.vila-tina.hr; Arbanija; s/c 413/665KN; P ❄) Decorado com bom gosto, com quartos claros e espaçosos, o Villa Tina é excelente para quem quer relaxar e nadar. Fica a cerca de 5km a leste de Trogir, perto da praia. Aproveite a vista do terraço.

**Seget** CAMPING €
(880 394; www.kamp-seget.hr; Hrvatskih Žrtava 121, Seget Donji; por adulto 35KN, por lugar 90KN; abr-out) Localizado a apenas 2km de Trogir, esse camping aconchegante tem uma prainha de pedregulhos e uma plataforma de mergulho cimentada. Oferece tênis, bicicleta, windsurfe e várias outras atividades.

### Onde comer

**Capo** FRUTOS DO MAR €
(Ribarska 11; pratos a partir de 45KN) Taverna cheia de personalidade, administrada por uma família, escondida numa alameda da cidade velha, com área ao ar livre e interior decorado com motivos de pesca. Os pratos se baseiam em pescado: as especialidades são sardinha, *gavuni* e anchovas, tudo servido com vegetais. A família também tem uma pizzaria na Riva.

**Fontana** FRUTOS DO MAR €€
(Obrov 1; pratos a partir de 80KN) O grande terraço de frente para o mar é o principal chamariz desse velho restaurante. Pode-se pedir qualquer coisa, dos risotos e espaguetes baratos à carne grelhada, mais cara, mas a especialidade é peixe (300KN por kilo).

**Alka** INTERNATIONAL €€
(881 856; Augustina Kažotića 15; pratos a partir de 80KN) Esse restaurante tem uma varanda ao ar livre e um menu enorme, com várias especialidades da casa (como fígado de galinha enrolado no bacon) e lagosta.

**Pizzeria Mirkec** PIZZA €
(Obala Bana Berislavićeva 15; pizzas a partir de 30KN) A pizza desse local à beira-mar vem de um forno à lenha e é bem saborosa. Também serve café da manhã.

**Ćelica** RESTAURANTE NO BARCO €
(Obala Kralja Zvonimira; pratos a partir de 60KN) A melhor coisa é o balanço do mar e a ótima

vista da cidade velha. A comida, baseada em frutos do mar, é decente.

## Informações

**Atlas Trogir** (881 374; www.atlas-trogir.hr; Obala Kralja Zvonimira 10) Essa agência de viagem providencia hospedagem em casas particulares e organiza excelentes excursões.

**Garderoba** (por dia 13KN; 6h-19h30) Guarda-volumes na rodoviária.

**Agência central de correio** (Kralja Tomislava 9; 7h30-19h seg-sex, às 14h30 sáb) Há um centro telefônico lá.

**Portal Trogir** (885 016; www.portal-trogir.com; Obala Bana Berislavića 3) Hospedagem em casa particular; aluguel de bicicleta, *scooter* e caiaque; excursões – de safáris em quadriciclo a caiaque e canionismo; e acesso à internet.

**Escritório de turismo** (885 628; Trg Ivana Pavla II 1; 8-21h seg-sáb, às 14h dom jun-ago, horário reduzido set-mai) Fornece mapas básicos da cidade.

## Como chegar

Ônibus intermunicipais de Zadar para o sul (130km) e de Split para norte (28km) passam por Trogir. Tomar ônibus de Trogir para Zadar pode ser mais difícil, porque eles frequentemente chegam lotados de Split.

O ônibus 37 sai de Split a cada meia hora ao longo do dia, com parada no aeroporto de Split rumo a Trogir. Ele parte da rodoviária local e demora mais do que os intermunicipais. Você pode comprar bilhete zona 4 (20KN) com o motorista.

Há barcos de e para Split 4 vezes por dia (20KN), de Čiovo (150m à esquerda da ponte). Um barco de passageiros também sai da frente do Hotel Concordia para Okrug Gornji (10KN) a cada hora de 8h30 às 23h30 e para Medena (10KN, 10 por dia). Um ferry vai para Drvenik Veli 3 vezes por dia (17KN).

## Como circular

A agência de viagens Portal promove um passeio a pé de 90 minutos pela cidade velha 2 vezes por dia (de manhã e à tarde) de maio a outubro, saindo da própria agência.

A cidade velha fica a poucos minutos a pé da rodoviária. Depois de cruzar a ponte perto da rodoviária, passe o Portão Norte. Vire à esquerda no fim da praça e você estará na rua principal de Trogir, Gradska. As melhores atrações de Trogir ficam em volta de Trg Ivana Pavla II, em frente. À beira-mar, Obala Bana Berislavića, tem bares, restaurantes e cafés com vista da Ilha Čiovo. A cidade velha é ligada à Ilha Čiovo por uma ponte levadiça.

# Arredores de Trogir

A região em volta de Trogir é pontilhada de praias. A mais próxima é **Pantan**, 1,5km a leste da cidade velha, uma praia de areia e cascalho no estuário do rio Pantan, cercada por uma reserva natural. Para chegar à praia, siga o caminho que vai da cidade velha a Pantan. A praia mais frequentada, **Okrug Gornji**, fica 5km ao sul de Čiovo. Conhecida como Copacabana, essa faixa de cascalho de 2km está repleta de bares e cafés. Chega-se a ela pela estrada ou de barco. A 4km a sudoeste, a praia de **Medena**, na Riviera Seget, local do mega-resort **Hotel Medena** (www.hotelmedena.com), oferece mais instalações praianas.

Se quiser isolamento, é melhor ir para as praias nas ilhas Drvenik Mali e Drvenik Veli, fáceis de visitar de barco, da cidade. Os barcos partem do terminal de ferry em frente ao hotel Concordia. As ilhas são pouco povoadas e formam um refúgio idílico.

Além disso, há a bela região de Kaštela, com sete portos e vários castelos construídos pela nobreza dálmata há 500 anos.

### DRVENIK MALI E DRVENIK VELI

A ilha menor, Drvenik Mali, tem oliveiras, uma população de 56 pessoas e uma praia de areia que se curva em torno da enseada de Vela Rina. Drvenik Veli tem enseadas protegidas e oliveiras, além de alguns destaques culturais para tirar você da praia: a **Igreja de São Jorge** é do século 16 e abriga mobiliário barroco e um altar veneziano. Fora da aldeia de Drvenik Veli fica a inacabada **Igreja de São Nicolau**, do século 18, cujo construtor nunca foi além da fachada monumental.

Para chegar às ilhas, de Trogir, tome um **ferry da Jadrolinija** (www.jadrolinija.hr). Há 3 ferries diários de junho a setembro (2 na sexta-feira). O horário de volta permite visitar Drvenik Veli num passeio de um dia; Drvenik Mali é mais complicada. A viagem para Drvenik Veli (16KN) leva 1 hora; são mais 20 minutos até Drvenik Mali.

Para quem quer passar mais tempo nas ilhas, a agência Portal pode conseguir hospedagem em casas.

### KAŠTELA

Para se acomodar em segurança, nada melhor do que as montanhas atrás e o mar na frente. Ao menos foi o que a nobreza dálmata pensou quando viu os invasores otomanos

nos séculos 15 e 16. A faixa litorânea de 20km entre Trogir e Split, com o longo e baixo monte Kozjak atrás, parecia o lugar perfeito para relaxar em um castelo bem fortificado. Uma atrás da outra, as famílias ricas de Split construíram suas mansões na baía de Kaštela. Os turcos nunca as alcançaram, e elas continuam lá.

Kaštela é o nome dado a sete pequenos portos em torno desses castelos fortificados litorâneos e é uma viagem deliciosa, de Split ou Trogir. Começando no oeste, de Trogir, chega-se primeiro ao **Kaštel Štafilić**, castelo numa ilhota ligada ao continente por uma ponte levadiça. Há também uma igreja renascentista na cidade. A seguir vem o **Kaštel Novi**, construído em 1512, e, depois, o **Kaštel Stari**, de 1476, o mais velho da baía. Um claustro em arcadas fica no meio. Mais além, há o **Kaštel Lukšić**, o mais impressionante de todos. Construído em um estilo de transição renascentista-barroco em 1487, ele hoje abriga agências municipais, um pequeno museu e o escritório regional de turismo. É, também, cenário de uma história de amor bastante conturbada de um casal que se casou e está enterrado lá. Siga para o **Kaštel Kambelovac**, um castelo de defesa de formato cilíndrico erguido em 1517 por nobres proprietários de terra locais, e, depois, para o **Kaštel Gomilica**, construído por freiras beneditinas e cercado de praias de areia. Termine no **Kaštel Sućurac**, depois pegue o caminho que vai além do cemitério, subindo até o refúgio de Putalj (480m), de onde se pode subir até o topo do Kozjak.

Para hospedagem em Kaštela, entre em contato com o **escritório de turismo** (☎227 933; www.dalmacija.net/kastela.htm; Kaštel Lukšić; ⌚8-21h seg-sáb, às 12h dom jun-set, 8-15h seg-sáb out-mai).

Para chegar a Kaštela, tome o ônibus 37 de Split para Trogir (20KN, a cada 30 minutos) – ele para em todas as vilas ao longo da baía. É melhor descer no Kaštel Stafilić e percorrer o bulevar litorâneo pelas vilas até se cansar. Daí, tome o ônibus de volta na estrada principal.

# RIVIERA MAKARSKA

A Riviera Makarska é uma faixa litorânea de 58km no sopé da Serra de Biokovo, onde uma série de penhascos e montes forma um cenário impressionante para uma fileira de belas praias de cascalho. O sopé dos montes é protegido dos ventos fortes e coberto de vegetação mediterrânea abundante, como florestas de pinheiro, olivais e árvores frutíferas. As cidades litorâneas dali se orientam para pacotes de turismo; é um dos pontos mais urbanizados da costa dálmata. É ótimo para famílias, já que as instalações são grandes, e oferece muitas opções de férias ativas. Atenção: em julho e, especialmente, agosto, a Riviera toda fica congestionada de gente em férias, e muitos hotéis impõem uma estada obrigatória de sete noites. Para evitar o burburinho vá antes ou depois da temporada de verão.

## Makarska

POP. 13.716

Makarska é uma bela cidade com um centro de pedra calcária que fica rosa-alaranjado ao pôr do sol. É um lugar para se movimentar – há muita caminhada, escalada, parapente, mountain bike, windsurfe – numa paisagem natural espetacular, com o lindo Monte Biokovo por trás. É a sede dos pacotes de turismo da Croácia, centrado na longa praia de cascalho cheia de atividades, de vôlei de praia a brincadeiras para a criançada aos berros.

Makarska é apreciada pelos turistas da vizinha Bósnia e Herzegóvina, que descem em quantidade no verão. É, também, muito frequentada por idosos como destino de "turismo médico", por causa do ótimo clima e das instalações. A alta temporada é bem barulhenta, com vida noturna agitada, mas

### PERCORRENDO OS TRILHOS ATÉ MOSTAR

Um jeito ótimo de driblar a multidão e fazer algo diferente é tomar o trem de Ploče a Mostar na Bósnia e Herzegóvina. O trem lento e amuado sai de Ploče duas vezes por dia (30KN, 1h e 30min) e viaja pela paisagem escarpada da Dalmácia e da Herzegóvina, parte do tempo seguindo o curso do rio Neretva acima. Todos os ônibus para Dubrovnik que param em Makarska passam por Ploče (cerca de 50KN). Cidadãos da UE, EUA, Brasil, Austrália e Canadá não precisam de visto para a Bósnia e Herzegóvina. Os demais devem verificar em suas embaixadas.

## AVENTURA NO MONTE BIOKOVO

O maciço de calcário do Monte Biokovo, administrado e protegido pelo **Parque Nacional de Biokovo** (www.biokovo.com; entrada 35KN; ⏲8-16h abr-meio de mai e out-meio de nov, 7-20h meio de mai-set), oferece opções de caminhadas maravilhosas. Se estiver por conta própria, você tem que entrar no parque no início da "Estrada Biokovo" – basicamente a única que sobe a montanha; impossível errar – e comprar ingressos ali.

O **pico Vošac** (1.422m) é o alvo mais próximo dos caminhantes, a apenas 2,5km de Makarska. Da Igreja de São Marcos na Kačićev trg, pode-se subir a pé ou de carro até Put Makra, seguindo as placas da aldeia de Makar, de onde sai uma trilha para o Vošac. Do Vošac, uma boa trilha sinalizada vai até o **Sveti Jure** (4 horas), o pico mais alto, com 1.762m, de onde se tem uma vista espetacular do litoral croata e, em dias claros, do litoral da Itália do outro lado do Adriático. Leve muita água, protetor solar, chapéu e roupas impermeáveis – é sempre muito mais frio do que no nível do mar.

**Biokovo Active Holidays** (www.biokovo.net) oferece idas a pé ou de carro ao Monte Biokovo para todas as intensidades de esforço físico. Dá para ir parte do caminho de micro-ônibus e de lá fazer uma caminhada curta até o pico Sveti Jure, fazer uma trilha de 5h e 30min através de florestas de pinheiros e campos abundantes, ou ir motorizado ver o pôr do sol em Makarska.

também muita diversão para quem tem crianças. Se estiver interessado em bares e baladas na praia, jogar vôlei na areia e, de modo geral, ficar por aí cercado de corpos perfeitos, você gostará de Makarska. Fora da temporada, é bem tranquilo.

Sendo a maior cidade da região, Makarska é muito bem servida de transporte, tornando-a uma boa base para explorar o litoral e a vizinha Bósnia e Herzegóvina. Não deixe de se aventurar no Monte Biokovo.

## Atrações e atividades

**Mosteiro Franciscano** MOSTEIRO
(Franjevački Samostan; Franjevački Put 1; ⏲só missas) Logo a leste do centro, a igreja de uma só nave desse mosteiro tem um enorme mosaico contemporâneo na abside e um bem apresentado **museu da concha** (entrada 10KN; ⏲9-13h e 17-21h) no claustro, com, supostamente, a maior coleção de conchas e caramujos do mundo.

**Praias** PRAIAS
Makarska está situada numa grande enseada limitada pelo Cabo Osejava no sudeste e pela Península Sveti Petar no noroeste. A longa **praia da cidade**, de cascalho e ladeada de hotéis, estende-se do parque de Sveti Petar ao início de Obala Kralja Tomislava. A sudeste ficam praias mais adoráveis e rochosas, como **Nugal**, muito frequentada por nudistas (pegue a trilha sinalizada na extremidade leste da Riva).

**Jardim Botânico de Biokovo** JARDIM BOTÂNICO
Logo acima da vila de Kotišina em Biokovo, esse que já foi um destaque regional importante não oferece muito para ver, exceto um pouco de flora local e vistas deslumbrantes das ilhas de Brač e Hvar. A linda caminhada vale a pena – siga a trilha marcada a nordeste da cidade que passa embaixo de grandes picos.

**Museu da Cidade** MUSEU
(Gradski Muzej; Obala Kralja Tomislava 17/1; ⏲9-13h e 19-21h seg-sex, 19-21h sáb) Para um dia de chuva, é convidativo. Conheça a história da cidade nessa menos do que empolgante coleção de fotos, velhas pedras e relíquias marinhas.

## Onde dormir

Os hotéis de Makarska são basicamente insossos, porque são voltados aos pacotes de turismo. Não espere nada de especial, embora se possa contar com camas confortáveis e boas vistas nos mais chiques. Hospedagem em casas particulares é, como sempre, a melhor opção para economizar.

**Biokovo** HOTEL €€€
(☎615 244; www.hotelbiokovo.hr; Obala Kralja Tomislava bb; s/c 495/850KN; P ❄ ᯤ) Um dos melhores hotéis de Makarska, bem no bulevar. Pegue um quarto com terraço e voltado para o mar, por causa da ótima vista da cidade.

**Makarska** HOTEL €€
(☎616 622; www.makarska-hotel.com; Potok 17; s/c 400/640KN; P ❄) A cerca de 200m da

praia, tem quartos bem equipados, porém bregas, e anfitriões amigáveis.

**Meteor** HOTEL €€€
(☎602 686; www.hoteli-makarska.hr; Kralja Petra Krešimira IV bb; s/c 478/870KN; P ❄ ≋) Numa praia de cascalho 400m a oeste do centro, o Meteor tem tudo o que se pode querer de um gigante de 270 quartos – piscinas, loja, quadras de tênis e centro de bem-estar.

## Onde comer e beber

**Decima** DÁLMATA €
(Trg Tina Ujevića bb; pratos a partir de 50KN) Pratos básicos da cozinha dálmata bem-feitos e eventuais apresentações ao vivo de *klapa* nessa *konoba* familiar logo atrás da Riva.

**Riva** FRUTOS DO MAR €€
(Obala Kralja Tomislava 6; pratos a partir de 80KN) Esse restaurante classudo, logo que se sai da via principal, ocupa um pátio tranquilo e ajardinado. A comida é decente, especialmente o peixe e os frutos do mar frescos. Boa carta de vinhos também.

**Jež** FRUTOS DO MAR €€
(Kralja Petra Krešimira IV 90; pratos a partir de 75KN) O menu oferece uma variedade de pratos dálmatas, mas os frutos do mar são o destaque nesse restaurante um tanto formal perto da praia com mesas ao ar livre.

**Bookcafe** CAFÉ
(Kačićev trg bb) Essa aconchegante livraria-café na praça principal é muito apreciada para folhear livros e tomar café. Ela atrai a galera boêmia/intelectual e promove vários eventos, de leituras a noites de música e exposições. Também é a sede do **MaFest**, festival anual de quadrinhos em maio.

## Entretenimento

**Grota** CASA NOTURNA
(Šetalište Svetog Petra bb) Na península Sveti Petar logo depois da enseada, esse clube escondido num porão recebe DJs locais e bandas de jazz, blues e rock.

**Deep** CASA NOTURNA
(Fra Jure Radića 21) Outro clube no porão, do outro lado da cidade, em Osejava. Esse atrai um pessoal superantenado que toma drinques ao som de um DJ que toca as últimas novidades.

**Rockatansky** BAR MUSICAL
(Fra Filipa Grabovca bb) O lugar mais alternativo de Makarska, onde uma galera variada se junta para ouvir rock, grunge, metal e jazz num pequeno palco.

**Petar Pan** CASA NOTURNA
(Fra Jure Radića bb; www.petarpan-makarska.com) Esse endereço ao ar livre para 1.500 pessoas tem DJs residentes e convidados tocando eletro-house, noites de hip-hop e música ao vivo.

## Informações

Há muitos bancos e caixas eletrônicos ao longo da Obala Kralja Tomislava e pode-se trocar moeda nas agências de viagem na mesma rua.

**Atlas Travel Agency** (☎617 038; www.atlas-croatia.com; Kačićev trg 9) No fim da cidade; providencia hospedagem privada.

**Biokovo Active Holidays** (☎679 655; www.biokovo.net; Kralja Petra Krešimira IV 7b) Fonte de informações sobre o Monte Biokovo, organiza caminhadas, passeios de bicicleta, caiaque e rafting.

**Marivaturist** (☎616 010; www.marivaturist.hr; Obala Kralja Tomislava 15a) Troca moeda e reserva excursões e hospedagem no litoral de Makarska, incluindo Brela.

**Escritório de turismo** (☎612 002; www.makarska-info.hr; Obala Kralja Tomislava 16; 7-21h jun-set, 7-14h seg-sex out-mai) Publica um guia útil da cidade com mapa; disponível também nas agências de viagem.

### *RAFTING* NO RIO CETINA

O Cetina é o rio mais longo da Dalmácia Central, estendendo-se por 105km a partir da cidade com o mesmo nome. Ele passa pelos montes Dinara, pelos campos em torno de Sinj e toma impulso até mergulhar numa hidrelétrica em Omiš. É uma jornada extraordinariamente bonita. O rio azul límpido é margeado de paredes rochosas altas, cheias de vegetação. Dá para fazer *rafting* da primavera ao outono, mas as corredeiras podem ficar bem rápidas depois de chuvas fortes. O verão é melhor para quem não tem experiência. Leva de três a quatro horas para percorrer o Cetina. Para organizar uma viagem, procure a **Biokovo Active Holidays** (www.biokovo.net) em Makarska, que organiza um dia de *rafting*, canoagem e passeio nos cânions no Cetina por 395KN.

## Como chegar

Em julho e agosto há 5 ferries diários entre Makarska e Sumartin em Brač (33KN, 1 hora), reduzidos a 4 em junho e setembro. A **banca da Jadrolinija** (Obala Kralja Tomislava bb) é perto do Hotel Biokovo.

Da **rodoviária** (☎612 333; Ante Starčevića 30), subindo o morro 300m a partir do centro da cidade, saem 12 ônibus diários para Dubrovnik (116KN, 3 horas), 34 ônibus diários para Split (47KN, 1h e 15min), 4 diários para Rijeka (313KN a 363KN, 7 horas) e 10 diários para Zagreb (205KN, 6 horas). Há também 5 ônibus diários para Mostar (100KN, 2h e 15min) e dois para Sarajevo (176KN, 4 horas) na Bósnia e Herzegóvina.

# Brela

A maior e, talvez, a mais adorável costa da Dalmácia estende-se através da minúscula cidade de Brela, que tem uma ar mais chique do que a vizinha Makarska, 14km a sudeste. Seis quilômetros de praias de cascalho em volta de enseadas e florestas de pinheiro, onde se pode curtir um lindo mar transparente e um fantástico pôr do sol. Um bulevar sombreado com bares e cafés percorre as praias, que ficam em ambos os lados da cidade. A melhor praia é **Punta Rata**, uma linda faixa de pedregulho cerca de 300m a sudoeste do centro da cidade.

## Onde dormir e comer

Não há hotéis baratos em Bresla, mas muitas das opções disponíveis de hospedagem em casas particulares nas agências ou no escritório de turismo são, na verdade, pequenas pensões onde quartos de casal custam a partir de 200KN na alta temporada.

Os quatro hotéis grandes são administrados pela **Blue Sun Hotels & Resorts** (www.bluesunhotels.com). O mais recôndito é o **Hotel Berulia** (☎603 599; Frankopanska bb; s/c 837/1.164KN; P❄≋), um quatro estrelas gigante 300m a leste do centro da cidade. O **Hotel Marina** (☎608 608; s/c 662/1.022KN; P❄) é o mais acessível dos quatro e o melhor para famílias, com uma parede de pinheiros separando-o da praia de Brela.

Para uma boa refeição, vá ao **Konoba Feral** (Obala Domagoja 30; pratos a partir de 50KN), uma taverna amigável com mesas de madeira e bons peixes e frutos do mar. A lula pescada na linha é grelhada com alho e salsinha. Deliciosa!

## Informações

**Berulia Travel** (☎618 519; www.beruliatravel-brela.hr; Frankopanska 111) Arranja hospedagem em casa particular, troca moeda e agenda excursões.

**Escritório de turismo** (☎618 455; www.brela.hr; Trg Alojzija Stepinca bb; ⏲8-21h meio de jun-meio de set, 8-15h seg-sex meados set-meados jun) Fornece mapa da cidade e mapa regional para bicicleta.

## Como chegar

Todos os ônibus entre Makarska e Split param em Brela, tornando-a uma fácil visita de um dia de ambas as cidades. A parada de ônibus (sem guarda-volumes) fica atrás do Hotel Soline, a uma curta caminhada descendo até Obala Kneza Domagoja, a rua do porto e centro da cidade.

# ILHA DE BRAČ

POP. 13.500

Brač é famosa por duas coisas: sua reluzente pedra branca, da qual o Palácio de Diocleciano em Split e a Casa Branca em Washington DC (oh, yes!) foram feitos, e Zlatni Rat, a comprida praia de cascalho em Bol que se estica voluptuosamente para dentro do Adriático e enfeita 90% dos cartazes de turismo da Croácia. É a maior ilha da Dalmácia Central, com duas cidades, várias aldeias tranquilas e uma paisagem mediterrânea impressionante de penhascos íngremes, água cor de tinta e florestas de pinheiro. O interior da ilha é cheio de pilhas de pedra – resultado do extenuante trabalho de mulheres que, por centenas de anos, juntaram as pedras, preparando a terra para o cultivo de vinhedos, olivais e pomares de figo, amêndoas e cereja.

As duras condições de vida na ilha fizeram com que muita gente se mudasse para o continente em busca de trabalho, deixando o interior quase deserto. Guiar por ali e explorar as aldeias de pedra de Brač é uma das experiências mais adoráveis. Os dois centros principais, Supetar e Bol, são muito diferentes um do outro: Supetar parece uma cidade de passagem, e Bol celebra seus atrativos mais exclusivos.

## História

Restos de um assentamento do Neolítico foram achados na caverna de Kopačina perto de Supetar, mas os primeiros habitantes conhecidos da ilha foram os ilírios, que construíram um forte em Škrip para se proteger da invasão grega. Os romanos chegaram em 167 a.C. e logo se puseram a trabalhar explorando as minas de pedra perto de Škrip e construindo mansões de verão em torno da ilha. Durante os 4 séculos de domínio veneziano (1420-1797), as aldeias do interior foram devastadas pela peste e os habitantes se mudaram para assentamentos "mais saudáveis" no litoral, revitalizando as cidades de Supetar, Bol, Sumartin e Milna. Depois de um breve período sob domínio napoleônico, a ilha passou para mãos austríacas. O cultivo da vinha se expandiu até que a epidemia de *phylloxera* na virada do século 20 destruiu as vinhas da ilha e as pessoas começaram a ir para a América do Norte e do Sul, especialmente para o Chile. A ilha passou por um regime de terror na II Guerra Mundial, quando soldados alemães e italianos saquearam e queimaram aldeias, prendendo e matando os habitantes.

Embora tenha se abalado em meados dos anos 1990, a indústria do turismo se recuperou bem, e a ilha lota novamente no verão.



## Como chegar

### Avião

O **aeroporto** de Brač (☎559 710; www.airport-brac.hr) fica 14km a nordeste de Bol e 30km a sudeste de Supetar. Só há um voo semanal de Zagreb durante a alta temporada, mas não há transporte para Supetar, e você terá que tomar um **táxi** (☎098 781 377), que custa cerca de 340KN (150KN até Bol).

### Barco

Há 14 ferries de carro diários entre Split e Supetar em julho e agosto (33KN por pessoa, 160KN por carro, 50 minutos) e 12 diários em junho e setembro (menos do que isso no inverno). O ferry atraca perto do centro da cidade, a alguns passos da rodoviária. Reserve na **Jadrolinija** (☎631 357; www.jadrolinija.hr; Hrvatskih Velikana bb, Supetar), cerca de 50m a leste do porto.

Há um catamarã da Jadrolinija no verão entre Split e Bol (22KN, 1 hora) que segue para Jelsa em Hvar; compre passagem antecipada em Bol, porque elas acabam rápido na alta temporada. Há também 5 ferries de carro diários no verão entre Makarska e Sumartin (33KN, 1 hora), reduzidos a 4 em junho e setembro e 2 por dia no inverno. Atenção: você pode ter que esperar uma hora ou duas em Sumartin pelo ônibus para Supetar. Segundas, quartas, sextas e domingos há um barco rápido de passageiros da **LNP** (www.lnp.hr) entre Split e Milna (18KN, 30 minutos).

## Como circular

Transporte público para os destaques da ilha são escassos, por isso é bom ter o próprio carro se quiser visitar vários locais em pouco tempo. Pode-se alugar carros em agências de viagem na ilha ou levá-los do continente (o que, por si só, já é caro).

Supetar é o núcelo de transporte de ônibus pela ilha. Há vários ônibus diários que ligam Supetar a Bol (40 minutos) assim como Sumartin a Supetar (1h e 30min). Há menos ônibus aos domingos.

# Supetar

POP. 3.900

Supetar não é uma beleza - é mais uma cidade de passagem do que um lugar para morar. É, no entanto, um grande centro de transporte, e um passeio rápido pela cidade revela algumas ruas de pedra legais e uma linda igreja na praça. As praias de cascalho ficam a uma caminhada tranquila do centro da cidade, o que as torna um destino muito frequentado por famílias.

É fácil transitar por Supetar já que a maioria dos escritórios, lojas e agências de viagem fica na rua principal que sai do porto rumo a oeste. Chamada Porat no porto, ela vira Hrvatskih Velikana e Vlačica até Put Vele Luke. A rodoviária (sem guarda-volumes) fica ao lado do escritório da Jadrolinija.

## Atrações e atividades

**Igreja da Anunciação** IGREJA

(⏲só missas) A igreja barroca, a oeste do porto, foi construída em 1733. Embora seu exterior seja simples, exceto pela escadaria semicircular na entrada, o interior é pintado em tons pastel frios esverdeados e contém um conjunto interessante de retábulos pintados.

**Cemitério** CEMITÉRIO

O cemitério pontuado de ciprestes fica na ponta do cabo São Nicolau. Não perca o **Mausoléu da família Petrinović**. O escultor Toma Rosandić, de Split, juntou elementos bizantinos a essa construção impressionante que se ergue na ponta do cabo.

**Fun Dive Club** MERGULHO

(☎098 13 07 384; www.fundiveclub.com) Os melhores mergulhos na ilha são na costa sudoeste, entre Bol e Milna, sendo Bol uma base melhor para mergulhadores. Mesmo assim, é possível agendar mergulhos, fazer cursos e alugar equipamento nesse clube de mergulho no luxuoso **Waterman Supetrus Resort Hotel** (www.watermanresorts.com), conhecido pelos locais como Hotel Kaktus.

**Praias** PRAIA

Há 5 praias de cascalho. **Vrilo** fica cerca de 100m a leste do centro da cidade. Caminhando para oeste, chega-se primeiro às praias de **Vlačica** e, depois, **Banj**, margeadas de pinheiros. A seguir fica **Bili Rat**, local do centro de esportes aquáticos, daí, cruzando o cabo São Nicolau, chega-se à praia de **Vela Luka**, de cascalho, numa baía tranquila.

## Festas e eventos

O festival **Verão de Supetar** vai de meados de junho a meados de setembro, com apresentações de música e danças folclóricas e música clássica várias vezes por semana em lugares públicos e igrejas. Ingressos para o festival são, normalmente, gratuitos ou muito baratos. Há também exposições de arte frequentes pela cidade.

## Onde dormir

A maioria dos grandes hotéis fica num complexo turístico alguns quilômetros a leste da baía de Vela Luka. Para um empreendimento amplo desse tipo, o paisagismo é surpreendentemente agradável, com pinheiros, arbustos e a praia próxima.

Agências de viagem conseguem quartos de boa qualidade. Veja em www.supetar.hr os detalhes dos quartos e das casas disponíveis.

**Bračka Perla** HOTEL €€€

(755 530; www.brackaperla.com; Put Vele Luke; c/ste 2.016/2.459KN; P) A mais recente oferta de Supetar é esse pequeno e exclusivo "hotel de arte" com 8 suítes e 3 quartos, todos pintados pelo renomado artista Srećko Žitnik. O jardim é adorável, assim como a vista para o mar e as instalações, que incluem piscina descoberta, excelente restaurante e um pequeno centro de bem-estar.

**Hotel Amor** HOTEL €€€

(606 606; www.velaris.hr; Put Vele Luke 10; s/c 797/1.062KN; P) Esse hotel sofisticado tem 50 quartos, todos com terraço, decorados em amarelo, oliva e verde-claro. O complexo, cercado de oliveiras e pinheiros e próximo da praia, tem um spa e um centro de mergulho.

**Villa Adriatica** HOTEL €€€

(343 806; www.villaadriatica.com; Put Vele Luke 31; s/c 915/1.220KN; P) Esse lindo hotel com jardim e palmeiras fica a apenas 100m da praia. Todos os quartos cuidadosamente decorados têm terraço. O restaurante do hotel tem bons pratos vegetarianos.

**Pansion Palute** POUSADA €

(631 541; palute@st.t-com.hr; Put Pašike 16; s/c 210/380KN; P) A pequena pousada administrada por uma família tem quartos limpos e arrumados (a maioria com terraço), chão de madeira, TV e um proprietário tagarela. Serve-se uma geleia caseira sensacional no café da manhã.

**Funky Donkey** HOSTEL €

(630 937; Ive Jakšića 55; por pessoa 150-170KN; mai-out; @) Esse hostel festeiro na cidade velha oferece dormitórios e quartos de casal, wi-fi grátis, serviço de lavanderia, duas cozinhas, um terraço com vista para o mar e passeios de van pela cidade.

**Camping Supetar** CAMPING €

(630 088; por adulto/lugar 21/30KN; jun-set) Um camping de tamanho médio, cerca de 300m a leste da cidade, com acesso a uma pequena praia rochosa.

## Onde comer

**Vinotoka** FRUTOS DO MAR €

(Jobova 6; pratos a partir de 60KN) Um dos melhores da cidade, o Vinotoka tem dois espaços: uma *konoba* numa casa tradicional de pedra, decorada com peças simples de inspiração marinha, e uma varanda fechada com vidro do outro lado da rua. Os frutos do mar são excelentes, melhores se acompanhados por vinho branco local.

**Punta** PEIXE €

(Punta 1; pratos a partir de 60KN) Restaurante com localização fabulosa, com uma varanda na praia, de frente para o mar. Escolha peixe ou frutos do mar, mergulhe em alguma carne ou coma uma pizza enquanto observa as ondas e os praticantes de windsurfe se divertindo.

## Onde beber e entretenimento

**Maximus** (Put Vele Luke 7) é um velho bar na praia e próximo ao centro que mudou de dono recentemente. Ali perto, o **Benny's Bar** (Put Vela Luke bb) e o **Havana Club** (Put Vela Luke bb) também são muito frequentados.

## Informações

**Atlas** (631 105; Porat bb) Providencia excursões e hospedagem em casa particular. Perto do porto.

**Maestral** (631 258; www.travel.maestral.hr; IG Kovačića 3) Fonte de hospedagem em casas.

**Radeško** (756 694; Bračka 5) Encontra hospedagem em casas particulares, reserva hotéis e troca moeda.

**Escritório de turismo** (630 551; www.supetar.hr; Porat 1; ⏲8-22h jul e ago, 8-16h seg-sex set-jun) Tem uma coleção completa de folhetos sobre as atrações e atividades de Supetar, assim como tabelas de horário atualizadas de ônibus e ferry. Poucos passos a leste do porto.

## Arredores de Supetar

Um dos locais mais interessantes é a aldeia de **Škrip**, o mais antigo assentamento da ilha, cerca de 8km a sudeste de Supetar. Antes refúgio dos antigos ilírios, o forte foi tomado pelos romanos no século 2º a.C., seguidos pelos habitantes de Solin que fugiam dos bárbaros no século 7º d.C. e, por fim, os primeiros eslavos. Ruínas da **muralha ilíria** são visíveis em torno da cidadela no canto sudeste. O monumento romano mais intacto da ilha é o mausoléu na base da **torre Radojković**, fortificação construída durante as guerras entre turcos e venezianos; a torre é, atualmente, um museu. Há sarcófagos do início da era cristã perto da **cidadela de Cerinics**, com uma pedreira vizinha com um relevo de Hércules do século 3º ou 4º. Pode-se pegar um ônibus em Supetar de manhã e um de volta no início da tarde.

O porto de **Milna**, 20km a sudoeste de Supetar, é uma aldeia de pescadores adorável e intacta que, em outra parte do mundo, já teria, há muito tempo, sido dominada pelos pacotes turísticos. A cidade do século 17 fica na beira de um porto natural usado pelo imperador Diocleciano quando ia para Split. Trilhas e caminhos percorrem o porto, cravejado de enseadas e praias rochosas normalmente desertas. Além do lugar que parece uma pintura, há uma **Igreja de Nossa Senhora da Anunciação**, com frontão barroco e pinturas de altar do início do século 18.

O **Illyrian Resort** (☎636 566; www.illyrian-resort.hr; ap 745-905KN; P ❄ ≋), bem na praia de Milna, garante estilo e conforto em seus apartamentos, todos com terraço ou balcão. Há muita oferta de esportes aquáticos, quando espreguiçar-se à beira da piscina ficar muito entediante.

Milna é um passeio de um dia tranquilo saindo de Supetar de ônibus de manhã e voltando à tarde. No verão, o hidrofólio de Bol para em Milna antes de seguir para Split.

## Bol

POP. 1.921

A cidade velha de Bol é atraente, com casinhas de pedra e ruas tortuosas salpicadas de gerânios rosa e roxos. O verdadeiro destaque de Bol é Zlatni Rat, a sedutora praia de pedregulhos que "vaza" para o Adriático e atrai multidões de banhistas e praticantes de windsurfe nos meses de verão. Um longo bulevar, margeado de pinheiros, liga a praia à cidade velha, e, ao longo dele, fica a maioria dos hotéis da cidade. É um lugar ótimo e agitado no verão – um dos favoritos da Croácia e sempre muito frequentado.

O centro da cidade é uma área para pedestres que se estende para leste a partir da rodoviária. As atrações da cidade velha são demarcadas por painéis que explicam a herança cultural e histórica. A praia de Zlatni Rat fica 2km a oeste da cidade, entre as praias de Borak e Potočine. Nelas, há vários complexos hoteleiros, incluindo o Hotel Borak, o Elaphusa e o Bretanide.

### Atrações

**Zlatni Rat** — PRAIA

A maioria das pessoas vai a Bol para tomar sol ou fazer windsurfe em Zlatni Rat, que se estende como uma língua para dentro do mar por cerca de 500m a partir do extremo oeste da cidade. É uma linda praia de pedrinhas brancas lisas, e o formato da ponta é modificado pelo vento e pelas ondas. Pinheiros dão sombra, e penhascos rochosos erguem-se íngremes atrás da praia, fazendo dela um dos cenários mais bonitos da Dalmácia. Para chegar lá, siga o calçadão à beira-mar coberto de mármore e margeado por jardins subtropicais. Mas atenção: a praia fica lotada na alta temporada.

**Museu do Mosteiro Dominicano** — MOSTEIRO E MUSEU

(Dominikanski Samostan; Anđelka Rabadana 4; entrada 10KN; ⏲10-12h e 17-20h abr-out) A leste do centro da cidade, na Península Glavica, fica o mosteiro com a **Igreja de Nossa Senhora das Graças** anexa. O retábulo do século 16 dessa igreja do gótico tardio é notável, assim como as pinturas do teto do pintor barroco Tripo Kikolija. Ela é parcialmente pavimentada de lápides sepulcrais, algumas com inscrições glagolíticas. O pequeno museu exibe alguns itens pré-históricos escavados na gruta de Kopačina, uma coleção de moedas antigas, ânforas e paramentos litúrgicos. O destaque da coleção é o retábulo de *Nossa Senhora com o Menino e Santos*, atribuído a Tintoretto, do qual o museu guarda o recibo de 270 ducados venezianos.

NÃO PERCA

## AS CINCO MELHORES PRAIAS DA DALMÁCIA CENTRAL

» Zlatni Rat (veja à esquerda) – a famosa praia que aparece em quase toda propaganda da Croácia

» Brela (p. 225) – um fieira de enseadas de cascalho margeadas por palmeiras

» Ilhas Pakleni (p. 233) – ilhas rochosas perto de Hvar com praias onde roupa é opcional

» Šolta (p. 216) – enseadas rochosas tranquilas perto da barulhenta Split

» Stiniva (p. 242) – praia de cascalho isolada e estonteante na Ilha de Vis, flanqueada por rochas altas

**Galerija Branislav Dešković** GALERIA
(entrada 10KN; ⏲10-12h e 18-22h ter-dom mai-nov) Essa galeria reformada recentemente dentro de um casarão renascentista-barroco bem em frente ao mar exibe cerca de 300 obras de artistas croatas do século 20. Um ótimo lugar para ir num dia nublado.

**Caverna do Dragão** CAVERNA
Pode-se ir a pé para a Caverna do Dragão, um conjunto incomum de relevos que, acredita-se, foram feitos por um frade imaginativo no século 15. Anjos, animais e um dragão com a boca aberta entalhados nas paredes dessa estranha caverna misturam simbologia cristã e pagã. Primeiro, caminhe 6km até Murvica e, de lá, mais uma hora de caminhada. Atenção: a visita à caverna precisa ser marcada com um guia local que possui a chave. O melhor modo de achá-lo é pelo escritório de turismo. Custa cerca de 50KN por pessoa para chegar à caverna saindo de Murvica.

## Atividades

Bol é, sem dúvida, a capital croata do **windsurfe**, e a maior parte da ação é na praia de Potočine, a oeste da cidade. Embora o *maestral* (vento oeste forte e regular) sopre de abril a outubro, as melhores épocas para o esporte são no fim de maio e começo de junho, e no fim de julho e começo de agosto. O vento normalmente atinge o ápice no começo da tarde e depois vai morrendo até o fim do dia. A **Big Blue** (☎635 614; www.big-blue-sport.hr) aluga pranchas de windsurfe (por meio dia 250KN) e oferece cursos para principiantes (1.090KN). Fica ao lado do escritório de turismo à beira-mar. Também aluga **mountain bikes** (por hora/dia 30/110KN) e **caiaques** (por hora/dia 30/120KN).

Pode-se mergulhar com outra empresa (a partir de 180KN) que também se chama **Big Blue** (☎306 222; www.big-blue-diving.hr; Hotel Borak, Zlatni Rat). Não há naufrágios, mas pode-se mergulhar junto a corais a 40m e uma grande caverna; os barcos saem regularmente durante a alta temporada.

Há barcos para alugar na **banca do Centro Náutico de Bol** (☎635 367; www.nautic-center-bol.com; praia de Potočine; por dia a partir de 435KN), que fica em frente ao Hotel Bretanide durante o dia. À noite, a banca pode ser encontrada no porto, para onde ela se muda em busca de mais fregueses.

Há quadras de tênis de saibro de qualidade profisional no **Centro de Tênis Potočine** (☎635 222; Zlatni Rat; por hora 75KN), na estrada para Murvica. Pode-se alugar bolas e raquetes.

Se você gosta de caminhar, experimente o passeio a pé de 2 horas para **Vidova Gora** (778m), o mais alto pico da região. Há, também, trilhas de mountain bike até o topo e parapentes, a partir de lá. O escritório de turismo local pode dar informações e mapas básicos.

## Festas e eventos

O **Festival de Verão de Bol** ocorre todo ano de meados de junho até o fim de setembro, com dançarinos e músicos de todo o país apresentando-se em igrejas e lugares públicos. Um novo evento anual que ocorre no fim de junho, o **Festival Cultural Imena,** reúne escritores, artistas e músicos para alguns dias de exposições, leitura, concertos e *happenings*.

A padroeira de Bol é Nossa Senhora do Carmo. No **dia de sua festa** (5 de agosto) há uma procissão com os moradores vestidos em trajes folclóricos, assim como música e festa nas ruas.

## Onde dormir

Os campings ficam perto da cidade e são relativamente pequenos. Há poucos hotéis

VALE A VIAGEM

## REFÚGIOS TRANQUILOS DE BRAČ

**Sumartin** é um porto tranquilo e bonito com algumas praias rochosas e pouca coisa para fazer, mas é um belo refúgio dos centros turísticos mais movimentados de Bol e Supetar. A rodoviária fica no centro da cidade, perto do ferry, e há algumas placas de *sobe* pela cidadezinha para quem decidir ficar. Sumartin é a entrada para Brač, se você vier de Makarska.

A linda aldeia de **Dol** no interior da ilha é um dos assentamentos mais antigos de Brač, uma coleção de casas de pedra bem conservadas na rocha nua. É uma rara oportunidade de ver Brač como era, longe do burburinho turístico. Você pode fazer uma fantástica refeição caseira na **Konoba Toni** (www.toni-dol.info), um taverna rústica de família numa casa de pedra de trezentos anos.

Para se esconder no litoral, vá para **Pučišća** na costa norte de Brač, uma cidade histórica na Riviera Makarska onde fica um dos melhores hotéis da Croácia, o **Dešković Palace** (www.palaca-deskovic.com), luxuoso palacete do século 15 com quinze quartos.

Embora estivesse fechado no momento da pesquisa, o **eremitério de Blaca** a 12km de Bol é um ótimo passeio. A uma caminhada de três a quatro horas da cidade (ou de barco), esse antigo retiro de monges glagolíticos que se protegiam dos turcos no século 16 fica num penhasco íngreme num dos pontos mais recortados e bonitos da ilha, chamado de *pustinja* (deserto) pelos locais. Quando o eremitério está aberto, pode-se caminhar pelos aposentos e ver a coleção de relógios, litografias e instrumentos astronômicos. Pergunte no escritório de turismo em Bol.

pequenos, mas vários complexos turísticos grandes, que, surpreendentemente, misturam-se bem à paisagem. Vários hotéis incluem tudo em seus pacotes. Reservas para a maioria dos hotéis são feitas pela **Blue Sun Hotels** (www.bluesunhotels.com).

As agências de viagem podem arranjar hospedagem em casas particulares com banheiro privativo por cerca de 150KN a 200KN por pessoa. Apartamentos-estúdios para duas pessoas custam cerca de 350KN a 400KN na alta temporada; há outros tamanhos.

Os campings em Bol são pequenos e familiares. A oeste da cidade e perto dos grandes hotéis está o **Camp Kito** (☎635 551; www.camping-brac.com; Bračke Ceste bb; por adulto/barraca 50/8KN; ⏲meados abr-meados set), que é bem conservado e um lugar bonito.

Outro camping, o **Dominikanski Samostan** (☎635 132; Anđelka Rabadana; por pessoa/barraca 50/20KN; ⏲jun-out), a leste da cidade, perto do mosteiro dominicano, é administrado pelos monges. O escritório de turismo dá informações sobre mais alguns.

**Villa Giardino** HOTEL €€
(☎635 286; www.bol.hr/online/VillaGiardino.htm; Novi Put 2; c 770KN; P ❄ ᯤ) Um portão de ferro abre-se para um jardim deslumbrante ao fim do qual fica esse elegante casarão branco. Dez quartos espaçosos e reformados com bom gosto são decorados com antiguidades; alguns têm vista para o jardim, outros, para o mar. É um oásis de paz, com o jardim nos fundos.

**Hotel Borak** HOTEL €€€
(☎306 202; www.bluesunhotels.com; Zlatni Rat; s/c 938/1.230KN; P ❄ ≋) Perto de Zlatni Rat e dos esportes aquáticos, esse hotel chique não tem muita personalidade graças ao tamanho e à arquitetura de estilo socialista. É, no entanto, confortável para relaxar do windsurfe, mergulho, mountain bike, caiaque...

**Hotel Kaštil** HOTEL €€
(☎635 995; www.kastil.hr; Frane Radića 1; s/c 540/800KN; P ❄ ᯤ) Todos os 32 quartos acarpetados têm vista para o mar nesse hotel central num velho casarão barroco. A decoração é esparsa, e os banheiros são cor de granito. Há um adorável restaurante na varanda, onde os hóspedes têm desconto de 10%.

**Elaphusa** HOTEL €€€
(☎306 200; www.hotelelaphusabrac.com; Put Zlatnog Rata bb; s/c 1.155/1.540KN; P ❄ @ ≋) Enorme e reluzente, o quatro estrelas Elaphusa parece um navio de cruzeiro por dentro. Um interior suave, com divisórias de vidro, piscinas de água salgada, quartos elegantes e todas as comodidades possíveis, incluindo um centro de bem-estar. Se você

gosta de brilho e glamour, sua escolha é essa (mesmo que um pouco sem alma).

**Bretanide** HOTEL €€€
(☎740 140; www.bretanide.com; Zlatni Rat; s/c 927/1.217KN; P ❄ ≋) Em cima do morro, esse hotel grande é o mais próximo de Zlatni Rat e oferece um programa abrangente de esporte e bem-estar. Alguns quartos (mais caros) têm vista para o mar e balcão ou terraço.

## Onde comer

O panorama de restaurantes de Bol é decente, embora nada excitante. Conte com muito peixe fresco, frutos do mar e algumas tentativas de cozinha criativa.

**Konoba Gušt** DÁLMATA €€
(Frane Radića 14; pratos a partir de 70KN) Essa taverna serve jantares bons e informais em uma decoração de madeira polida, fotos antigas e bibelôs. Os frutos do mar e as carnes são simples, mas bem-feitos; experimente a peixada *gregada*. Há canções dálmatas ao vivo em algumas noites.

**Taverna Riva** DÁLMATA €€
(Frane Radića 5; pratos a partir de 80KN) Esse terraço sobre a Riva é aonde os locais vão em busca de uma boa refeição. Se você for aventureiro, experimente o *vitalac* (espeto de miúdos de cordeiro embrulhado em carne de cordeiro), ou apenas deguste deliciosos cordeiro ou polvo na *peka* (cobertura metálica para assar).

**Nº 1 Finger Food** LANCHONETE €
(Rudina 32; petiscos a partir de 25KN) Servem-se ótimos sanduíches, lula frita, café da manhã americano, frango frito e outros petiscos nesse lugar estilo bar de *tapas* recém-inaugurado, com interior minúsculo e mesas na calçada. Vira um bar divertido à noite.

**Ribarska Kućica** FRUTOS DO MAR €€
(Ante Starčevića bb; pratos a partir de 80KN; ⊙jun-nov) Uma extravagância de lagosta é a aposta nesse restaurante à beira-mar. Sente-se na varanda ou embaixo de um guarda-sol de palha numa prainha de cascalho e delicie-se com frutos do mar bem-feitos.

**Vagabundo** FRUTOS DO MAR €€
(Ante Radića 36; pratos a partir de 90KN) O famoso *chef* Vinko prepara pratos sensacionais nesse restaurante com terraço estiloso, todo branco, de frente para o mar. A lagosta vem de um tanque do próprio Vagabundo. Prove a especialidade: *paella vagabundo* (com mexilhão, frango e chouriço).

**Konoba Mlin** DÁLMATA €
(Ante Starčevića 11; pratos a partir de 65KN; ⊙15-0h) Restaurante de verão ao lado de um moinho do século 18, o lugar tem uma adorável varanda sobre o mar. O *chef* grelha frutos do mar e carnes no estilo dálmata.

## Entretenimento

**Varadero Cocktail Bar** CAFÉ-BAR
(Frane Radića bb; coquetéis 45-60KN; ⊙mai-nov) Nesse bar a céu aberto em frente ao mar pode-se tomar café e suco de laranja fresco sob um guarda-sol de palha durante o dia, e voltar à noite para bons drinques, discotecagem de DJs e se instalar em sofás e poltronas de vime.

**Marinero** CAFÉ-BAR
(Rudina 46) Um ponto de encontro cult entre os locais de Bol, subindo a escada (siga a placa), com um terraço cheio de plantas numa praça, música ao vivo em algumas noites e uma galera eclética e divertida.

## Informações

Há vários caixas eletrônicos na cidade e muitas casas de câmbio na área do porto.

**Bol Tours** (☎635 693; www.boltours.com; Obala Vladimira Nazora 18) Agenda excursões, aluga carros, troca moeda e providencia hospedagem em casas particulares.

**Interactiv** (☎092 134 327; Rudina 6; por hora 30KN; ⊙mai-out) Uma dúzia de computadores rápidos e um centro telefônico. O escritório de turismo vende vales de wi-fi, já que toda a cidade tem acesso wireless.

**More** (☎642 050; www.more-bol.com; Obala Vladimira Nazora 28) Hospedagem em casa particular, aluguel de *scooter*, passeios nas ilhas e excursões.

**Escritório de turismo** (☎635 638; www.bol.hr; Porat Bolskih Pomoraca; ⊙8h30-22h jul e ago, 8h30-14h e 16h30-21h seg-sáb, 9-12h dom set-jun) Dentro de um casarão gótico do século 15; boa fonte de informação sobre eventos na cidade e distribui muitos folhetos.

# ILHA DE HVAR

POP. 11.500

Hvar é a campeã croata dos superlativos: é a ilha mais exuberante, o lugar mais ensolarado do país (2.724 horas de sol por ano) e, junto com Dubrovnik, o destino turístico mais frequentado. A cidade de Hvar, a capital da ilha, é cheia de hotéis descolados, restaurantes elegantes, bares e clubes da moda, iatistas chiques e um sentimento generalizado de que se você se importa com ver e ser visto, esse é o lugar. As cidades litorâneas de Stari Grad e Jelsa, centros culturais e históricos da ilha, são lugares mais serenos e inteligentes.

Hvar também é famosa pelos campos lilases de lavanda que pontuam seu interior, assim como por outras plantas aromáticas como alecrim e urze. Você vai descobrir que alguns dos hotéis realmente de luxo usam produtos para a pele feitos dessas ervas lindas e cheirosas.

O interior da ilha é muito pouco percorrido por turistas e tem vilarejos antigos abandonados, picos altos e paisagem verdejante. Vale a pena explorar em um passeio de um dia, assim como o sul da ilha, que tem algumas das enseadas mais bonitas e isoladas de Hvar.

### Como chegar

O ferry de carros da Jadrolinija que sai de Split aporta em Stari Grad (47KN, 2 horas) 6 vezes por dia no verão. A Jadrolinija também tem um catamarã diário para a cidade de Hvar (22KN, 1 hora) e Jelsa (22KN, 1h e 30min). **Krilo** (www.krilo.hr), barco de passageiros rápido, viaja uma vez por dia entre Split e cidade de Hvar (22KN, 1 hora) no verão; também vai para Korčula (55KN, 2h e 45min). Pode-se comprar bilhetes na **Pelegrini Tours** (742 743; www.pelegrini-hvar.hr; Riva bb) em Hvar.

Há pelo menos 10 ferries de carro (menos do que isso na baixa temporada) entre Drvenik, no continente, e Sućuraj (16KN, 35 minutos) na ponta da Ilha de Hvar. A **agência Jadrolinija** (741 132; www.jadrolinija.hr) fica ao lado do desembarque em Stari Grad.

Há conexões para a Itália no verão. Os ferries da Jadrolinija que navegam entre Rijeka e Dubrovnik param em Hvar 2 vezes por semana, parando em Stari Grad antes de seguir para Korčula, Dubrovnik e, por fim, Bari, na Itália. Dois ferries da Jadrolinija por semana vão de Stari Grad a Ancona, na Itália. SNAV e Blue Line também operam barcos regulares para Ancona partindo da cidade de Hvar. A Pelegrini Tours em Hvar vende as passagens.

### Como circular

Ônibus coincidem com a maioria dos ferries que atracam em Stari Grad e vão para a cidade de Hvar (25KN, 50 minutos) e Jelsa (30KN). Há 7 ônibus por dia entre Stari Grad e Hvar no verão, mas o serviço é reduzido aos domingos e na baixa estação. Um táxi custa de 150KN a 350KN. O **Radio Taxi Tihi** (098 338 824) é mais barato se houver passageiros suficientes para encher a minivan. É fácil reconhecê-lo pela imagem de Hvar pintada na lateral.

Se estiver dirigindo de Stari Grad a Hvar, fique atento, porque há dois caminhos: o caminho bonito, que é uma estrada estreita serpenteando pelas montanhas do interior, e o caminho reto, que é uma autoestrada moderna (2960) que chega rápido à cidade.

## Cidade de Hvar

POP. 4.200

Núcleo da ilha e destino mais movimentado, estima-se que Hvar atraia cerca de 30 mil pessoas por dia na alta temporada. É estranho que caibam todos na cidadezinha na baía, onde muros do século 13 cercam palácios góticos lindamente ornamentados e ruas de mármore para pedestres; mas eles cabem. Os visitantes passeiam pela praça principal, exploram as atrações nas ruas tortuosas de pedra, nadam nas muitas praias ou vão às Ilhas Pakleni ficar como vieram ao mundo, mas a maioria vai embora à noite.

Há vários restaurantes bons e alguns ótimos hotéis, mas, graças aos atrativos da ilha para os endinheirados, os preços podem ser um pouco astronômicos. Não desanime, se estiver com orçamento baixo. Hospedagem em casas particulares e hostels atendem uma galera mais jovem e diversificada.

### Atrações

Não organize sua estada pelo horário de funcionamento dos museus e igrejas, já que eles são muito irregulares. Os horários indicados são para a temporada de verão, que vai mais ou menos de junho a setembro. Na baixa estação, os destaques de Hvar abrem geralmente só de manhã, se é que abrem.

Hvar é uma cidade tão pequena e fácil que nem usa nomes de ruas. Há rumores de que as ruas vão ganhar nome, mas ainda não tinha acontecido quando da pesquisa.

A rua principal é o longo calçadão à beira-mar, pontuado de prainhas rochosas, atrações, hotéis, bares e alguns restaurantes. A praça da cidade chama-se Trg Svetog Stjepana, e a parada de ônibus é a alguns minuto dali. Na encosta norte acima da praça e dentro dos antigos bastiões ficam as ruínas de alguns palácios que pertenciam à aristocracia de Hvar. Da rodoviária ao porto a cidade é fechada para automóveis, o que conserva a tranquilidade medieval.

**Praça de Santo Estêvão** PRAÇA
(Trg Svetog Stjepana) O centro da cidade é essa praça retangular, que foi formada aterrando-se um antigo braço da baía. Com 4.500m² é uma das maiores praças antigas da Dalmácia. A cidade primeiro desenvolveu-se para o norte, no século 12, e depois espalhou-se para o sul no século 15. Repare no **poço** no extremo norte da praça, construído em 1520 com uma grade de ferro batido de 1780.

**Mosteiro e Museu Franciscano** MOSTEIRO
(entrada 20KN; ⌚9-13h e 17-19h seg-sáb) Esse mosteiro do século 15 fica acima de uma enseada sombreada. O elegante **campanário** foi erguido no século 16 por uma conhecida família de pedreiros de Korčula. O **claustro renascentista** leva a um refeitório que guarda renda, moedas, mapas náuticos e documentos valiosos, como a edição de 1524 do *Atlas de Ptolomeu*. Seus olhos serão imediatamente atraídos para a *Última Ceia*, obra de 8m por 2,5m do veneziano Matteo Ingoli, do fim do século 16. Diz-se que o cipreste no **jardim do claustro** tem mais de 300 anos. A igreja anexa, **Nossa Senhora da Caridade**, tem outras boas pinturas, como os três polípticos feitos por Francesco da Santacroce em 1583, que representam o auge da obra desse pintor.

**Arsenal** PRÉDIO HISTÓRICO
(Trg Svetog Stjepana; arsenal e teatro 20KN; ⌚9-21h) No lado sul da praça, foi construído o Arsenal, em 1611, para substituir um edifício destruído pelos otomanos. Mencionado em documentos venezianos como "o mais belo e mais útil prédio de toda a Dalmácia", o Arsenal já serviu como estaleiro para reparo e reforma de galeões de guerra.

**Teatro Renascença** TEATRO HISTÓRICO
(Trg Svetog Stjepana; arsenal e teatro 20KN; ⌚9-21h) Construído em 1612, esse teatro logo acima do Arsenal é, supostamente, o primeiro da Europa frequentado por plebeus e aristocratas juntos. Permaneceu centro cultural regional por séculos. Ainda se encenavam peças lá até 2008. Depois de alguns anos de reformas, reabriu no verão de 2010. Embora boa parte ainda esteja em obras, dá para passear pelo espaço evocativo e apreciar os afrescos desbotados e os pavilhões barrocos.

**Catedral de Santo Estêvão** IGREJA
(Katedrala Svetog Stjepana; Trg Svetog Stjepana; ⌚30min antes das 2 missas diárias) A catedral forma um impressionante pano de fundo para a praça. O campanário ergue-se por 4 andares, um mais elaborado do que o outro. A catedral foi construída nos séculos 16 e 17, no auge da Renascença dálmata, no lugar de uma catedral destruída pelos turcos. Partes da antiga catedral são visíveis na nave e nos entalhes das estalas do coro, do século 15.

**Tesouro do Bispo** MUSEU DE ARTE SACRA
(Riznica; entrada 10KN; ⌚9-12h e 17-19h) Anexo à Catedral de Santo Estêvão, o tesouro abriga vasilhas de prata, paramentos bordados, inúmeras imagens de Nossa Senhora, um par de ícones do século 13 e um sarcófago elaboradamente entalhado.

**Mosteiro Beneditino** MOSTEIRO
(entrada 10KN; ⌚9h30-12h e 17-19h seg-sáb) A nordeste da praça principal fica esse mosteiro, que expõe uma recriação de uma casa da Renascença e uma coleção de rendas cuidadosamente trabalhadas por freiras com folhas secas de agave.

**Fortica** FORTALEZA
(entrada 20KN; ⌚8-21h jun-set) O portão principal da cidade, a noroeste da praça, leva a uma rede de ruazinhas com pequenos palácios, igrejas e casas antigas. De lá, pode-se subir por um parque à cidadela construída no lugar de um castelo medieval para proteger a cidade contra os turcos. Os venezianos o fortificaram em 1557, e, depois, os austríacos o reformaram no século 19, agregando um quartel. Dentro há uma minicoleção de ânforas retiradas do fundo do mar. A vista do porto é magnífica, e há uma café adorável no topo.

## Atividades

Há várias empresas de mergulho na cidade, como **Marinesa** (☎091 515 7229) e **Viking** (☎742 529; www.viking-diving.com) ambas oferecem cursos de certificação PADI e mergulhos (a partir de cerca de 250KN).

Pode-se alugar *scooters* na **Navigare** (☎718 721; www.renthvar.com; Trg Svetog Stjepana) por 200KN a 1.000KN por dia.

Há enseadas em volta dos hotéis Amfora e Dalmacija para nadar, assim como a elegante **praia Bonj Les Bains** administrada pela Sunčani Hvar Hotéis, com cabanas de pedra na praia para massagens ao ar livre, aulas de ioga diárias e espreguiçadeiras caras (350KN por dia por 2 cadeiras).

A maioria das pessoas vai para as **Ilhas Pakleni** (Pakleni Otoci), que se chamam assim, "Ilhas do Inferno" em croata, por causa de Paklina, a resina antes usada para vedar barcos e navios. Essa linda cadeia de 21 ilhotas cobertas de bosques tem um mar cristalino, praias recolhidas e lagoas desertas. Barcos táxi (15KN, 30 minutos) partem regularmente durante a alta temporada da frente do Arsenal para as ilhas de **Jerolim** e **Stipanska**, que são ilhas naturistas muito frequentadas (embora a nudez não seja obrigatória), e, de lá, seguem para **Ždrilca** e **Palmižana**, que tem uma praia de areia, e **Meneghello Place** (www.palmizana.hr), um lindo complexo-butique de casas e chalés espalhados entre jardins tropicais abundantes. Administrada pela artística família Meneghello, a propriedade é palco de recitais de música e abriga dois excelentes restaurantes e uma galeria de arte.

Procure a **Hvar Adventure** (717 813; Obala bb; www.hvar-adventure.com) para atividades de aventura, como velejar (meio dia 420KN), caiaque no mar (meio dia 350KN), caminhada e escalada.

## Visitas guiadas

Não perca a ótima excursão *off-road* da **Secret Hvar** (717 615; www.secrethvar.com), na qual o objetivo é procurar as belezas escondidas do interior da ilha, como vilarejos abandonados, lindos cânions, antigas cabanas de pedra, infindáveis campos de lavanda e o mais alto pico da ilha, o **Sveti Nikola** (626m). Vale cada lipa das 500KN, que incluem almoço numa taverna típica.

## Festas e eventos

O **Festival de Verão** de Hvar, que ocorre do fim de junho ao começo de setembro, abarca concertos de música clássica no mosteiro franciscano. O **Festival da Lavanda** acontece todo ano no vilarejo de Velo Grablje no último fim de semana de junho, com exposições, concertos, degustação de vinhos e a feira da lavanda - um evento local divertido.

## Onde dormir

Como Hvar é um dos lugares mais frequentados do Adriático, não espere muitas pechinchas. A maioria dos hotéis de Hvar é da **Sunčani Hvar Hotéis** (www.suncanihvar.com), e muitos sofreram uma transformação completa.

Hvar fica extremamente lotada em julho e agosto, mesmo com muitas casas reformadas ou construídas para acomodar a invasão de turistas. Porcure ajuda nas agências de viagem. Se chegar sem reserva, você receberá ofertas de quartos logo no cais do ferry; há também muitas placas de *sobe* na cidade. Se alugar um quarto ou apartamento de alguém no embarcadouro, certifique-se de que a casa tem um placa azul de *sobe*. Se não, o aluguel é ilegal, e você ficará desprotegido se houver problemas. Pegue um cartão, se possível. É muito fácil se perder no emaranhado de ruas sem nome da cidade velha e você pode precisar ligar para o proprietário para pedir ajuda. Calcule diárias de 150KN a 300KN por pessoa por um quarto com banheiro no centro da cidade. Fora da temporada dá para conseguir preços muito melhores.

**Hotel Adriana** HOTEL €€€
(750 200; www.suncanihvar.com; Fabrika bb; s/c 2.343/2.785KN; ) Esse hotel-spa de luxo é certificado pela Leading Small Hotels of the World, o que dá uma ideia do mundo de conforto à disposição ali. Todos os quartos claros e elegantes dão para o mar e para a cidade medieval. Entre as instalações estão o abrangente Sensori Spa, uma linda piscina no teto ao lado do bar, um restaurante chique, serviço 24 horas, excursões, tudo o que quiser.

**Hotel Riva** HOTEL €€€
(750 100; www.suncanihvar.com; Riva bb; s/c 1.390/1.492KN; ) O veterano dos hotéis de luxo de Hvar. O hotel de cem anos tem 54 quartos pequenos que jogam com preto, vermelho e branco, com pôsteres PB de estrelas de cinema e parede de vidro entre o quarto e o banheiro. Os quartos 115 e 215 são os mais espaçosos. A localização à beira-mar é perfeita para observar os iates passando - fato que o faz ser chamado de "hotel do porto dos iates".

**Hotel Croatia** HOTEL €€€
(742 400; www.hotelcroatia.net; Majerovica bb; s/c 810/1.080KN; ) A poucos passos do mar, esse prédio dos anos 1930 de tamanho médio fica em meio a jardins lindos e tranquilos. Os quartos - em tons de amarelo, laranja e lavanda - são simples e refrescantes. Muitos têm varandas para o jardim e para o mar.

**Aparthotel Pharia** HOTEL €€
(778 080; www.orvas-hotels.com; Put Podstina 1; s/c/ap 467/675/895KN; ) Esse complexo reluzente fica a apenas 50m da praia num bairro um pouco a oeste do centro da cidade, atrás do Hotel Croatia. Todos os quartos e apartamentos têm varanda, alguns de frente para o mar. Há, também, 4 casarões para 8 pessoas cada um, todos com piscina, por 3.330KN por noite.

### Luka's Lodge
HOSTEL €

(☎742 118; www.lukalodgehvar.hostel.com; Lučica bb; dc 140KN, c por pessoa 120-175KN; ❄@🛜) Luka, o amigável proprietário, realmente cuida de seus hóspedes nesse hostel caseiro, a cinco minutos a pé do centro. Todos os quartos têm frigobar, alguns, terraço. Há uma sala de estar, duas varandas, cozinha e lavanderia. Se pedir, o Luka busca no cais do ferry e até leva à sua aldeia natal, Brusje, no interior da ilha para mostrar seu campo de lavanda e ensinar como se extrai o óleo dessa planta.

### Villa Skansi
HOSTEL €

(☎741 426; hostelvillaskansi1@gmail.com; Lučica bb; dc 150-200KN, c por pessoa 200-250KN; ❄@🛜) Hostel novo a uma caminhada curta da beira-mar, com dormitórios e quartos de casal superlimpos, banheiros bacanas, internet grátis, um terraço ótimo com vista para o mar, bar e churrasqueira. Há troca de livros, lavanderia e aluguel de *scooter*, barco e bicicleta. Dirigido por um casal amigável.

### Hotel Podstine
HOTEL €€€

(☎740 400; www.podstine.com; Podstine bb; s/c 1.271/1.424KN; ❄P🛜) Apenas 2km a sudoeste do centro da cidade, na recôndita enseada Podstine, fica esse hotel dirigido por uma família com praia particular e centro de bem-estar. O jardim e a decoração são alegres. O hotel tem transporte regular de e para a cidade, mas é possível alugar bicicletas, *scooter* e lanchas. Os quartos mais baratos não têm vista para o mar.

### Green Lizard
HOSTEL €

(☎742 560; www.greenlizard.hr; Ulica Domovinskog Rata 13; dc 140KN, c por pessoa 120-175KN; ⏱abr-out; @🛜) Administrado por duas irmãs, esse hostel é uma opção barata, amigável e animada. A uma caminhada curta do ferry, os quartos são simples e limpos. Tem cozinha comunitária e lavanderia. Há alguns quartos de casal (com instalações privativas ou comuns).

### Camping Vira
CAMPING €

(☎741 803; www.campingvira.com; por adulto/lugar 50/87KN; ⏱mai-meados out; 🛜) Esse camping quatro estrelas numa linda baía cercada de floresta a 4km do centro da cidade é um dos melhores da Dalmácia. Há uma linda praia, um café-restaurante adorável e uma quadra de vôlei. As instalações são bem conservadas e de boa qualidade.

## Onde comer

A cena gastronômica de Hvar é boa e relativamente variada, embora, assim como os hotéis, os restaurantes frequentemente sejam para os clientes ricos. Não deixe de provar *hvarska gregada*, a tradicional peixada da ilha, servida em muitos restaurantes. Na maioria dos lugares, deve ser encomendada com antecedência. Atenção: muitos restaurantes fecham entre o almoço e o jantar.

Para fazer a própria comida há o supermercado próximo à rodoviária e o mercado de vegetais, ao lado, para os ingredientes frescos.

### Konoba Menego
DÁLMATA €€

(Put Grode bb; sequência de *tapas* 45-70KN) Essa velha casa rústica na escadaria para Fortica é mantida tão simples e autêntica quanto possível. Como eles dizem: sem grelha, sem pizza, sem Coca-Cola. O lugar é decorado com antiguidades de Hvar, o pessoal usa roupas tradicionais, o serviço é prestativo, e as carnes marinadas; os queijos e os vegetais são preparados ao velho estilo dálmata. Experimente a sobremesa "figo bêbado" e alguns vinhos *prošek* locais.

### Zlatna Školjka
SLOW FOOD €€€

(Petra Hektorovića 8; www.zlatna.skoljka.com; pratos a partir de 120KN) Numa ruela estreita cheia de restaurantes, esse esconderijo *slow food* se destaca pela criatividade do *chef*, uma celebridade local. O negócio familiar tem interior de pedra e uma varanda nos fundos. Os pratos inovadores incluem lula ao molho de laranja silvestre, peru com figos secos e uma imbatível *gregada* (peixada) com lagosta, caramujos e qualquer peixe de primeira pescado no dia.

### Konoba Luviji
DÁLMATA €€

(pratos a partir de 70KN) A comida tirada do forno a lenha nessa taverna de vinhos é simples, não sofisticada e sempre saborosa. Embaixo fica a *konoba* onde se servem *tapas* dálmatas, e o restaurante fica em cima no terracinho de uma casa particular, com vista da cidade velha e do mar.

### Luna
INTERNACIONAL €€

(Petra Hektorovića 1; pratos a partir de 70KN) Com paredes pintadas em cores vibrantes e um terraço no telhado, o Luna é um lugar ligeiramente maluco – uma variação refrescante no meio de todos esses restaurantes chiques ou tradicionais de Hvar. O menu é ótimo, com pratos como nhoque com trufas.

**Giaxa** FRUTOS DO MAR €€
(Petra Hektorovića 3; www.giaxa.com; pratos a partir de 100KN) Mesmo tendo mudado de donos recentemente, esse restaurante de alta classe num palacete do século 15 mantém a reputação de lugar para ser visto em Hvar. Há um adorável jardim nos fundos. A comida é excelente, com lagosta como um dos pratos mais pedidos.

**Pirate Sushi Bar** SUSHI €€
(Groda bb; www.piratehvar.com; rolinhos a partir de 30KN; ⌚só jantar jun-set) O carismático proprietário franco-croata desse minúsculo sushi-bar faz comida japonesa com peixe fresco do Adriático. A esteira rolante traz ótimos sushi, sashimi, maki e chirashi. Prove a salada de lichia de sobremesa e acompanhe tudo com saquê gelado.

**Paradise Garden** INTERNACIONAL €€
(Put Grode bb; pratos a partir de 70KN) Instalado no topo de uma escadaria no lado norte da catedral, serve um espaguete com frutos do mar honesto, além das costumeiras opções de peixe grelhado ou frito (por quilo 300KN). As mesas ficam do lado de fora em um pátio fechado.

## Onde beber e entretenimento

Hvar tem uma das melhores vidas noturnas da costa do Adriático, basicamente concentrada no porto. As pessoas vêm para cair na gandaia, assim, conte com muita atividade depois de anoitecer.

**Falko Bar** BAR DE PRAIA
(⌚10-22h meados mai-meados set) A 20 minutos a pé do centro, depois do Hula Hula e do Hotel Amfora, fica esse delicioso esconderijo, numa floresta de pinheiros logo acima da praia. Uma ótima alternativa despretensiosa aos lugares chamativos mais perto do centro, serve sanduíches e saladas apetitosos (30KN a 40KN) numa barraca, além do limoncello e *rakija* (prove a *danderica*, feita de uma frutinha vermelha local). Imagine uma atmosfera artística discreta, redes e festas eventuais com música ao vivo, exposições e outros eventos divertidos.

**Carpe Diem** BAR-CLUBE
(www.carpe-diem-hvar.com; Riva) Não procure mais – você chegou à mãe de todos os clubes da costa croata. De um café da manhã preguiçoso a um refinado coquetel de fim de noite, não há um momento do dia em que esse lugar chique não seja divertido. O som dos DJs residentes é suave, há bebida à vontade, e a galera é do tipo viajada e bem-nascida. O novo **Carpe Diem Beach** na Ilha de Stipanska é para uma balada mais forte (de junho a setembro), com diversões de praia durante o dia, restaurante, spa e festas na lua cheia ocasionais.

**Hula-Hula** BAR DE PRAIA
(www.hulahulahvar.com) O lugar para ver o pôr do sol ao som de house e techno, o Hula-Hula é famoso pelas festas pós-praia (16h às 21h), quando toda a juventude antenada de Hvar parece descer atrás de drinques ao entardecer.

**V-528** CLUBE
(www.v-528.com; ⌚a partir de 21h30) Antiga fortaleza na encosta de frente para o mar, esse clube recentemente reaberto (antes chamado Veneranda) é do primeiro dono do Carpe Diem. Concebido como centro multicultural de mídia baseado no 528 (a frequência do amor), esse lugar a céu aberto tem um visual estonteante, um ótimo sistema de som, festas movidas a DJs e uma sala de oxigênio numa antiga capela, com gongos e vasilhas tibetanos para musicoterapia.

**Kiva Bar** BAR-CLUBE
(Fabrika bb; www.kivabarhvar.com) Um lugar de *happenings* numa ruela atrás da Nautika. Fica lotado na maioria das noites, com um DJ tocando clássicos disco, pop e rock que realmente mexem com a galera. Experimente o tequila dum-dum – um garçom põe um capacete na sua cabeça e a acerta com o copo de tequila.

**Nautika** BAR-CLUBE
(Fabrika bb) Com coquetéis da moda e pista bombando sem parar – de techno a hip-hop –, esse clube é parada obrigatória para a galera notívaga de Hvar.

## Onde comprar

Lavanda, lavanda e mais lavanda é vendida em garrafinhas, garrafonas, frascos ou sachês. Dependendo da época do ano, haverá algo entre uma e cinquenta barracas ao longo do porto vendendo a substância que satura o ar com seu aroma. Vários óleos de ervas, poções, cremes para a pele e emplastros também são oferecidos. Visite a **Coral Shop** (www.coral-shop-hvar.com; Burak bb), uma loja-estúdio de um casal que faz joias sensacionais com prata, pedras semipreciosas e coral.

## Informações

**Atlas Hvar** (☎741 911; www.atlas-croatia.com) No lado oeste do porto, essa agência de viagem providencia hospedagem em casas particulares, aluga bicicletas e barcos e agenda excursões para Vis, Bol e Dubrovnik.

**Clinic** (☎741 300; Sv Katarine) Clínica médica a cerca de 700m do centro da cidade, melhor para emergências.

**Del Primi** (☎095 99 81 235; www.delprimi-hvar.com; Burak 23) Agência de viagem especializada em hospedagem em casas particulares. Também aluga jet skis.

**Fontana Tours** (☎742 133; www.happyhvar.com; Obala 16) Providencia hospedagem em casas particulares, faz excursões, agenda barcos-táxi na ilha e faz aluguéis. A agência tem um apartamento romântico e isolado para 2 pessoas por 500KN por noite.

**Garderoba** (por hora 10KN; ⏲7-22h) Guarda-volumes no banheiro ao lado da rodoviária.

**Francesco** (Burak bb; por hora 30KN; ⏲8-0h) Internet café e centro telefônico bem atrás do correio. Guarda-volumes por 35KN por dia.

**Pelegrini Tours** (☎742 743; www.pelegrini-hvar.hr; Riva bb) Hospedagem em casa particular, passagens de barco para a Itália da SNAV e da Blue Line, excursões (os passeios diários a Pakleni Otoci são muito procurados) e aluguel de bicicleta, *scooter* e barco.

**Correio** (Riva; ⏲7h30-21h seg-sex, às 14h30 sáb) Faça chamadas telefônicas lá.

**Escritório de turismo** (☎742 977; www.tzhvar.hr; ⏲8-14h e 15-21h jun e set, 8-14h e 15-22h jul e ago, 8-14h seg-sáb out-mai) Na Trg Svetog Stjepana.

# Stari Grad

POP. 2.800

Stari Grad (Cidade Velha), na costa norte da ilha, é mais tranquila, cultural e, de modo geral, mais sóbria do que sua estilosa e deslumbrante irmã. Se você não estiver atrás de vida noturna vibrante e milhares de pessoas se acotovelando nas ruas na alta temporada, vá para Stari Grad e desfrute de Hvar num ritmo mais tranquilo.

Embora a maioria dos ferries que ligam a ilha ao continente nomeiem Stari Grad como seu porto, a cidade fica, na verdade, a uns 2km do cais de ferries. Stari Grad fica numa baía em forma de ferradura com a parte velha no lado sul da ferradura. A rodoviária (sem guarda-volumes) fica no sopé da baía. O lado norte é tomado por casas, um bosquezinho de pinheiros e o espraiado complexo do Hotel Helios.

## Atrações

**Tvrdalj** FORTALEZA

(Trg Tvrdalj; entrada 10KN; ⏲10-13h e 18-21h jun-set) Tvrdalj é o castelo fortificado do século 16 de Petar Hektorović. O laguinho de peixes cercado de vegetação reflete o amor do poeta por peixes e pescadores. Seu poema *Pescaria e Conversa de Pescador* (1555) pinta um retrato atraente de seu passatempo favorito. O castelo tem também citações de obras do poeta inscritas nas paredes, em latim e croata.

**Mosteiro Dominicano** MOSTEIRO

(Dominikanski Samostan; entrada 10KN; ⏲10-13h e 18-21h jun-set) Esse velho mosteiro dominicano foi fundado em 1482, danificado pelos turcos em 1571 e, mais tarde, fortificado com uma torre. Além da biblioteca e dos achados arqueológicos do museu do mosteiro, há uma igreja do século 19 com um *Sepultamento de Cristo* atribuído a Tintoretto e duas pinturas de Gianbattista Crespi.

Stari Grad tem um pequeno, porém crescente, setor de galerias de arte:

**Fantazam** (Ivana Gundulića 6) Joalheria transada.

**Maya Con Dios** (Škvor 5) Pintura com temas marítimos.

## Onde dormir e comer

Uma das agências que arranja hospedagem em casas é **Hvar Touristik** (☎717 580; www.hvar-touristik.com; Jurja Škarpe 13), que arruma quartos de solteiro ou casal com banheiro por cerca de 120KN em julho e agosto.

**Kamp Jurjevac** CAMPING €

(☎765 843; www.heliosfaros.hr; Predraga Bogdanića; por adulto/lugar 33/33KN; ⏲fim de jun-começo de set) Perto de praias boas para nadar fora do porto a leste da cidade velha.

**Helios** COMPLEXO HOTELEIRO €€

(☎765 865; www.heliosfaros.hr; P) Esse complexo grande e um tanto sem alma se ergue na asa norte da cidade. Entre os hotéis há o **Lavanda** (☎306 330; s/c 450/720KN), o dois estrelas **Arkada** (☎306 305; s/c 500/680KN) e o **Roko** (☎306 306; s/c 350/520KN).

**Antika** DÁLMATA €€

(Donja Kola 24; pratos a partir de 70KN) Um dos mais adoráveis restaurantes de Hvar, tem três espaços distintos num combalido casarão antigo, mesas ao longo da ruela e um terraço no segundo andar que abriga um bar. É o lugar para dar um tempo à noite.

**Eremitaž** DÁLMATA €€
(Obala Hrvatskih Branitelja; pratos a partir de 70KN) A 10 minutos a pé da cidade pela beira-mar em direção ao Hotel Helios, esse refúgio do século 15 virou um restaurante fino que serve pratos dálmatas básicos bem-feitos e pratos mais criativos (como javali selvagem com *cranberries*) num interior de pedra e numa varanda para o mar.

## Informações

**Escritório de turismo** (☎765 763; www.stari-grad-faros.hr; Obala dr Franje Tuđmana bb; ⏲8-14h e 15-22h seg-sáb, 9-0h e 17h30-20h30 jun-set, 9-14h seg-sex meio de set-meio de jun) Fornece um bom mapa local e tem caixa eletrônico.

# Jelsa

POP. 1.700

Jelsa é uma cidade pequena com porto e balneário 27km a leste da cidade de Hvar, cercada por densas florestas de pinheiros e álamos. Embora não tenha as construções renascentistas de Hvar, as ruas e praças intimistas são agradáveis, e a cidade fica perto de enseadas boas para nadar e praias de areia. Como a hospedagem em hotéis é mais barata do que em Hvar, Jelsa tornou-se a segunda escolha mais popular da ilha.

Jelsa abraça uma baía e tem vários hotéis grandes em cada lado; a cidade velha fica no fundo do porto. O calçadão à beira-mar estende-se a partir do oeste da ilha e sobe a colina do lado leste, rumo a uma praia de areia. A rodoviária fica na beira da estrada principal que leva à cidade (ninguém se importa com nomes de rua).

## Atrações e atividades

Na **Igreja de São Fabiano e São Sebastião** (Crkva Sv Fabijana i Sebastijana; ⏲só missas) pode-se ver um altar barroco do século 17 do entalhador de madeira Antonio Porri, e uma imagem da Virgem Maria em madeira trazida por refugiados da aldeia de Čitluk, perto de Sinj, que fugiam dos turcos no século 16. Visitas trinta minutos antes das missas.

Há uma **praia de areia** perto do Hotel Mina, e você pode tomar um barco-táxi (caro) para as praias nudistas de **Zečevo** e **Glavica**. Alugue um veículo e cruze os morros até as praias isoladas em torno da aldeia de **Zavala**. A estrada é arrepiante, a paisagem, maravilhosa, e no caminho fica a aldeia de **Pitve**.

A **Atlanta Co** (☎761 953) aluga *scooters* por 120kn a 150kn por dia.

Para mergulhar, procure o **Centro de Mergulho Jelsa** (☎761 822; www.tauchinjelsa.de; Hotel Jadran).

## Onde dormir e comer

**Pansion Murvica** POUSADA €
(☎761 405; www.murvica.net; s/c 180/365KN; P) Essa adorável pequena *pension* fica numa rua lateral paralela à via principal para a cidade. Os confortáveis estúdios são decorados de modo atraente, e o restaurante na varanda sombreada serve boas refeições.

**Hotel Hvar** HOTEL €€€
(☎761 024; www.hotelhvar-adriatiq.com; s/c 691/1.136KN; P) Parte de um resort três estrelas, é um lugar cheio de comodidades e tem 205 quartos agradáveis com terraço, alguns com vista para o mar. Fica perto da praia também.

**Grebišće** CAMPING €
(☎761 191; www.grebisce.hr; por adulto 34KN; ⏲mai-set) Camping 5km a leste do Hotel Mina, com acesso à praia. Há também alguns bangalôs para quatro pessoas para aluguel (650KN).

**Konoba Nono** DÁLMATA €€
(pratos a partir de 80KN) Nessa charmosa taverna numa ruela atrás da igreja, encontre comida tradicional da ilha. A especialidade é peixe no espeto e carne de caça (como javali, coelho). Vegetais, azeite e vinho são produzidos pela família dona do restaurante.

## Informações

Pode-se trocar moeda em qualquer agência de viagem. Há um caixa eletrônico na praça principal.

**Agência de Viagem Atlas** (☎761 038; www.atlas-croatia.com; Riva bb) No porto. Ajuda a encontrar hospedagem em casa particular (por pessoa 120KN a 150KN) e oferece excursões.

**Escritório de turismo** (☎761 017; www.jelsa-online.com; Riva bb; ⏲8-22h seg-sáb, 10h30-12h30 e 19-21h dom jun-set, 8-14h seg-sex out-mai) Em frente à Atlas. Também providencia hospedagem em casa particular.

# ILHA DE VIS

POP. 5.000

De todas as ilhas da Croácia, Vis é a mais misteriosa – mesmo para os locais. A mais distante da costa de todas as ilhas dálmatas, Vis passou boa parte de sua história recente como base militar do Exército Nacional Iugoslavo, proibida para estrangeiros dos anos 1950 até 1989. O isolamento preservou a ilha da urbanização e forçou boa parte dos habitantes a procurar trabalho em outro lugar, deixando a ilha sub-habitada durante muitos anos.

Como aconteceu com muitas ilhas empobrecidas do Mediterrâneo, a falta de desenvolvimento tornou-se o trunfo de Vis como destino turístico. Viajantes locais e estrangeiros hoje em dia vão para Vis em busca de autenticidade, natureza, delícias culinárias, paz e tranquilidade. Vis produz alguns dos vinhos mais conhecidos da Croácia - *vugava* (branco) e *plavac* (tinto) - e milhas de vinhedos são vistas pela ilha. Também se comem os mais frescos frutos do mar ali, graças a uma tradição pesqueira ainda florescente.

Vis é dividida entre duas lindas cidadezinhas no fundo de duas grandes baías: cidade de Vis, no nordeste, e Komiža, no sudoeste. Há uma amigável rivalidade entre as duas - a cidade de Vis é historicamente associada à nobreza, e Komiža se orgulha de sua herança de pescadores e histórias de piratas. A acidentada costa em torno da ilha é pontuada de lindas enseadas, cavernas e um par de praias de areia. Os vestígios da Antiguidade na ilha, exibidos no Museu Arqueológico e outros lugares da cidade de Vis, oferecem uma fascinante visão da personalidade complexa da minúscula ilha que se tornou destino de viajantes antenados.

### História

Habitada desde o Neolítico, a Ilha de Vis foi colonizada pelos antigos ilírios, que trouxeram a idade do ferro para Vis no primeiro milênio a.C. Em 390 a.C. uma colônia grega foi fundada na ilha, chamada, então, Issa, de onde o governante grego Dionísio, o Velho, controlava outras posses no Adriático. A ilha acabou se tornando uma poderosa cidade-estado e estabeleceu suas próprias colônias em Korčula, Trogir e Stobreč. Mesmo se aliando a Roma durante as guerras ilírias, a ilha perdeu sua autonomia e tornou-se parte do Império Romano em 47 a.C. Na altura do século 10, Vis tinha sido colonizada por tribos eslavas e foi vendida a Veneza junto com outras cidades dálmatas em 1420. Fugindo de piratas dálmatas, a população mudou-se da costa para o interior da ilha.

Com a queda do império veneziano em 1797, a ilha caiu sob domínio da Áustria, da França, da Grã-Bretanha, da Áustria novamente e, depois, da Itália, durante a II Guerra Mundial, conforme as grandes potências lutavam pelo controle desse posto estratégico avançado no Adriático. Ao longo de sua história, Vis pertenceu a nove nações! Isso talvez explique por que uma ilha tão pequena tenha nada menos do que quatro dialetos.

Vis foi uma base militar importante para os guerrilheiros de Tito. Ele instalou seu quartel-general numa caverna no Monte Hum, de onde coordenava as ações diplomáticas e militares com os aliados e fez a legendária afirmação: "Não queremos o que pertence aos outros, mas não desistiremos do que nos pertence".

### Como chegar

O melhor jeito de ir à cidade de Vis é de ferry de carros de Split (54KN, 2h e 30min, duas a três vezes por dia) ou de barco rápido de passageiros (26KN, 1h e 15min, um por dia). Visitas de um dia são possíveis no verão, mas os horários irregulares dos barcos na baixa estação tornam excursões de um dia impossíveis.

O **escritório da Jadrolinija** (711 032; www.jadrolinija.hr; Šetalište Stare Isse; 8h30-19h seg-sex, 9-12h sáb) fica na cidade de Vis.

A única linha de ônibus liga a cidade de Vis a Komiža. O ônibus coincide com os ferries da Jadrolinija na cidade de Vis. As partidas são constantes em julho e agosto, mas você pode ter que esperar na baixa estação.

## Cidade de Vis

POP. 1.960

Na costa nordeste da ilha, no fundo de uma baía ampla em forma de ferradura, fica a cidade velha de Vis, a primeira ocupação da ilha. Numa caminhada curta podem-se ver as ruínas de um cemitério grego, de banhos romanos e de uma fortaleza inglesa. As chegadas dos ferries provocam surtos de atividade nessa tranquila cidade com calçadão à beira-mar, desgastados casarões do século 17 e ruelas estreitas que sobem suavemente em zigue-zague a partir da praia.

A cidade, na encosta sul do Monte Gradina, é a fusão de dois assentamentos: Luka, do século 19 na parte noroeste da baía, e a medieval Kut, no sudeste. O ferry atraca em Luka, de onde um calçadão se estende até Kut. O calçadão ladeia prainhas, embora a mais movimentada da cidade fique no lado oeste do porto, em frente ao Hotel Issa. Além delas, há enseadas de nudistas e uma série de lugares selvagens para nadar. Do outro lado, depois de Kut e do cemitério naval britânico, fica a frequentada praia de cascalhos de Grandovac, que tem um bar, uma estreita faixa de cascalho e uma fileira de praias rochosas de cada lado.

## Atrações e atividades

**Museu Arqueológico** MUSEU
(Arheološki Muzej; Šetalište Viški Boj 12; entrada 20KN; 10-13h e 17-21h seg-sex, às 13h sáb jun-set) Além da extensa coleção arqueológica, o museu também expõe uma robusta coleção etnográfica que inclui a vida secreta da pesca, construção de navios, produção de vinhos e história local recente. O segundo piso tem a maior coleção de artefatos helenísticos da Croácia: cerâmica, joalheria e escultura gregas, incluindo uma delicada cabeça de deusa (Afrodite ou Ártemis) em bronze, do século 4º. Um folheto traz um release da exposição, da história de Vis, e tem uma mapa útil das ruínas em volta da cidade. De outubro a maio, a visita precisa ser agendada no escritório de turismo.

**Exploração da Ilha** BICICLETA
A linda paisagem das **estradas costeiras**, com penhascos impressionantes e curvas de 180°, faz com que valha a pena alugar um veículo por um dia. Pode-se alugar mountain bikes (por hora/dia 20/100KN), ou *scooters* (por três horas/dia 120/200KN) da Agência de Viagem Ionios (ver p. 242). A Navigator também aluga carros por 250KN por seis horas.

**Mergulho** MERGULHO
As águas de Vis são excelentes para mergulho. Há peixes em abundância e um **navio naufragado** em 1866 numa batalha entre a Áustria e a Itália. A **Dodoro Diving Centre** (711 913; www.dodoro-diving.com; Trg Klapavica 1, Vis Town) tem amplas opções de mergulho; mergulhos com um tanque começam em 185KN.

## Visitas guiadas

A **VisIt** (www.visit.hr) oferece excursões aventureiras e exclusivas. A excursão para as **atrações militares ultrassecretas** (350KN por 4 horas de passeio) abandonadas pelo Exército Nacional Iugoslavo em 1992 é obrigatória. O passeio, em versão de um dia e de meio dia, passa por abrigos de foguetes, bunkers, locais de armazenamento de armas, "estacionamento" de submarino, a Caverna de Tito (que o ex-presidente da Iugoslávia ocupou durante a II Guerra Mundial) e abrigos nucleares que serviam de quartel-general da comunicação do serviço secreto iugoslavo. Esses lugares ficam em alguns dos pontos mais bonitos da ilha, apenas recentemente abertos ao público.

A VisIt também oferece passeios nas cavernas e grutas da ilha (a partir de 350KN), caminhadas (a partir de 200KN), uma excursão de descoberta da ilha com degustação de comida e vinhos (400KN) e passeios de barco a outras ilhas (1.000KN). O que torna as excursões notáveis é o conhecimento local dos guias nascidos e criados em Vis.

As agências de viagem Ionios e Navigator também oferecem passeios de barco que passam na Gruta Azul, na Gruta Verde e outros pontos.

## Onde dormir

Não há camping em Vis e só uns poucos hotéis, mas não é difícil achar **acomodação particular**, sejam quartos ou apartamentos, que são a melhor opção. No verão, é preciso reservar hospedagem com antecedência, já que a capacidade é limitada. A **Navigator** (717 786; www.navigator.hr; Šetalište Stare Isse 1) providencia hospedagem em casas. Paga-se 220KN por um quarto de casal com banheiro coletivo e 370KN por um com banheiro privativo e terraço. Apartamentos custam de 370KN a 470KN. A agência também tem três **casas de luxo de frente para o mar** (www.visvillas.com; villa 1.600-2.200KN) para quatro a seis pessoas.

**Hotel San Giorgio** HOTEL €€€
(711 362; www.hotelsangiorgiovis.com; Petra Hektorovića 2; s/c 780/1.180KN; P) Lindo hotel de um italiano em Kut, o San Giorgio tem dez quartos e suítes coloridos e estilosos em dois prédios. Os quartos têm piso de madeira, ótimas camas e todo tipo de conforto de hotéis de luxo, como frigobar. Alguns têm jacuzzi e terraço com vista para o mar. O restaurante serve comida mediterrânea criativa e vinhos do vinhedo do próprio hotel na ilha. O hotel aluga um farol na ilhota vizinha de Host (1.875KN por noite).

**Hotel Tamaris** HOTEL €€€
(711 350; www.vis-hoteli.hr; Svetog Jurja 30; s/c 540/820KN; P) O melhor desse hotel é a localização, numa bela construção antiga bem em frente ao mar, cerca de 100m a sudeste do cais de ferry. Seus 25 pequenos quartos são confortáveis, com ar-condicionado, telefone e TV. O adicional de 30KN por pessoa por um quarto com vista para o mar vale a pena. A mesma empresa dirige o Ho-

tel Issa, do outro lado da baía, que tem 128 quartos recém-repaginados com terraço.

**Dionis** B&B €€

(☎711 963; www.dionis.hr; Matije Gubca 1; s/c 430/504KN; ❄) Em cima da pizzaria do mesmo nome, perto da beira-mar, fica essa velha casa de pedra recém-reformada com oito quartos. Todas as unidades desse B&B pertencente a uma família têm TV, cama queen size e frigobar; alguns têm terraço. O quarto triplo no sótão tem um agradável terraço com vista para as montanhas e para a cidade.

## Onde comer

Vis tem alguns dos melhores restaurantes da Dalmácia, em duas cidadezinhas e no interior da ilha. Há algumas especialidades locais a serem provadas: *viška pogača*, um pão chato recheado de peixe salgado e cebola, e *viški hib*, figos secos ralados misturados com ervas aromáticas. Vários restaurantes da ilha também servem um excelente *prosciutto* de atum.

**Kantun** DÁLMATA €€

(Biskupa Mihe Pušića 17; pratos a partir de 70KN; ⏲só jantar) O menu pequeno, mas bem pensado, dessa adorável taverna oferece culinária local saborosa feita com ingredientes de primeira. O jardim é deslumbrante, coberto de trepadeiras, e intimista. O interior é rústico, de pedra à mostra, e de muito bom gosto. Experimente o *prosciutto* de atum e as alcachofras com ervilhas. Há uma ótima *rakija*, quarenta vinhos e uma saborosa limonada natural.

**Pojoda** FRUTOS DO MAR €€

(☎711 575; Don Cvjetka Marasovića 8; pratos a partir de 70KN) Croatas antenados deliram com esse restaurante de frutos do mar com um pátio arborizado pontuado por bambus, laranjeiras e limoeiros. Com certeza, saem de sua cozinha pratos irados com peixe (a partir de 240KN o quilo), mexilhões (260KN o quilo) e crustáceos (a partir de 230KN o quilo). Experimente o *orbiko*, o prato especial com orzo, ervilhas e camarão. Em agosto, reserve mesa.

**Karijola** PIZZA €

(Šetalište Viškog Boja 4; pizza a partir de 45KN) A melhor pizzaria da ilha, da equipe que administra a pizzaria do mesmo nome em Zagreb. Essa, de massa fina, é feita com ingredientes de alta qualidade: tomate, alho, mussarela e presunto cru. Prove a surpreendentemente boa pizza branca, sem molho.

**Villa Kaliopa** MEDITERRÂNEO €€€

(Vladimira Nazora 32; pratos a partir de 120KN) No exótico jardim da mansão Gariboldi, do século 16, o Villa Kaliopa é um restaurante chique frequentado por velejadores. Palmeiras altas, bambus e estatuária clássica compõem o cenário para o menu de especialidades dálmatas que muda diariamente. Eventualmente há concertos e exposições.

**Val** DÁLMATA €€

(Don Cvjetka Marasovića 1; pratos a partir de 70KN) O Val (Onda) fica numa casa antiga de pedra com uma varanda sombreada voltada para o mar. O menu sazonal tem um quê de italiano; prove as opções com aspargos na primavera, javali selvagem com cogumelos no inverno, e muitos pratos de peixe e vegetais frescos e ensolarados no verão. Não deixe de provar o bolo de alfarroba na sobremesa.

**Buffet Vis** FRUTOS DO MAR €

(Obala Svetog Jurja 35; pratos a partir de 40KN) É o mais barato e mais típico restaurante da cidade, no cais do ferry, ao lado da Agência Ionis. É minúsculo e sem adornos, com poucas mesas do lado de fora, sem frescura, mas com ótima relação custo-benefício, um ambiente regional e frutos do mar deliciosos.

## Onde beber e entretenimento

**Lambik** BAR

(Pod Ložu 2) O melhor bar ao ar livre de Kut fica numa ruela de pedra coberta de trepadeiras sob um pequena colunata, com mesas numa pracinha a alguns passos do mar. Bandas acústicas e cantores tocam lá em algumas noites.

**Bejbi** CAFÉ-BAR

(Šetalište Stare Isse 9) Esse bar e café em Luka, em frente ao cais do ferry, é o lugar que importa em Vis. De dia, tome café entre as idas à praia. Volte à noite pela música e pela galera em meio aos murais tropicais e às cortinas brancas. Às vezes tem música ao vivo também.

**Cinema de verão** CINEMA AO AR LIVRE

Procure pôsteres anunciando a programação do cinema de verão, que acontece numa varanda na metade do caminho entre Kut e Luka e atrai uma galera variada de locais. Ingressos a 25KN.

VALE A VIAGEM

### NADAR E COMER EM VIS

Embora haja **praias** em torno da cidade de Vis e de Komiža, algumas das melhores da ilha ficam a uma viagem de barco ou *scooter* de distância. Várias demandam descidas a pé, então leve sapatos confortáveis. Os escritórios de turismo e as agências de viagem fornecem mapas; muitas também organizam transporte.

As praias mais preservadas se encontram no lado norte da ilha. **Stiniva** é a enseada mais espetacular de Vis. Sua entrada de pedra muito estreita abre-se para uma praia de cascalho flanqueada por rochas de 35m de altura. **Srebrna** e **Milna** também valem a viagem, assim como a baía de **Stončica**, no leste de Vis, onde há uma taverna à beira da praia que serve um excelente churrasco de cordeiro.

O interior da ilha e suas praias isoladas estão se tornando o sonho dos gourmets. Nos últimos anos, várias casas rurais começaram a oferecer comida caseira que vale a viagem. Como o **Golub** (☎098 96 50 327; pratos a partir de 70KN), no vilarejo de Podselje, a 5km da cidade de Vis. As especialidades são cordeiro e polvo na *peka* (tampa em cúpula para assar) e todo tipo de peixe defumado e marinado, como o carpaccio de atum. Não perca as grappas caseiras, em todo os sabores – de cactus a urtiga e sálvia. A **Konoba Pol Murvu** (☎091 56 71 990), na aldeia de Žena Glava, é famosa pela surpreendente *pašticada* de atum, peixe cozido lentamente com vinho e especiarias. A **Konoba Roki's** (☎098 303 483) em Plisko Polje pertence a um vinhateiro local, assim, a deliciosa enguia defumada e os alimentos feitos na *peka* podem ser acompanhados por alguns dos melhores *plavac* (vinho tinto) ou *vugava* (vinho branco). Muitos desses lugares vão buscar você, frequentemente de graça, e levam de volta à cidade.

### Informações

Pode-se trocar moeda no banco, no correio ou em qualquer agência de viagem.

Vis tem vários pontos de wi-fi, para os quais é preciso comprar um cartão (a partir de 39KN), vendido nas agências de viagem.

**Biliba** (Korzo 13; por hora 30KN; ⏲8-22h seg-sáb) Terminais de internet.

**Agência de Viagens Ionios** (☎711 532; Obala Svetog Jurja 37) Providencia hospedagem em casas, troca moeda, aluga carros, bicicletas e *scooters* e organiza excursões. Também vende passagens para os barcos rápidos da **Termoli Jet** (www.termolijet.it) para Termoli, na Itália.

**Correio** (Obala Svetog Jurja 25; ⏲8-20h seg-sex, às 14h sáb)

**Escritório de turismo** (☎717 017; www.tz-vis.hr; Šetalište Stare Isse 2; ⏲8h30-16h e 18-20h seg-sex, 8h30-14h30 e 18-20h sáb, 10h30-12h30 dom meio de jun-meio de set, 8h30-14h30 seg-sex fim de set-início de jun) Bem ao lado do cais de ferry da Jadrolinija.

## Komiža

Na costa oeste, ao pé do Monte Hum, Komiža é uma cidadezinha cativante numa baía com praias de cascalho e areia na extremidade leste. Komiža tem fãs incondicionais entre os croatas, que amam o ambiente um tanto boêmio e desencanado.

Ruelas estreitas com casarões escurecidos dos séculos 17 e 18 serpenteiam a partir do porto que vem sendo usado por pescadores desde o século 12. A leste da cidade fica uma igreja do século 17 no local de um mosteiro beneditino, e, no fim do cais principal, há uma cidadela renascentista de 1585 chamada **Kaštel**. Dentro, fica o **Museu da Pesca** (⏲seg-sáb 9-12h e 18-21h; entrada 15KN), que tem algumas salas expondo equipamento de pesca empoeirado e um adorável terraço no telhado com ótima vista da cidade e do mar.

O ônibus da cidade de Vis para na beira da cidade ao lado da agência de correio e a alguns quarteirões da cidadela. Contornando o porto todo, passando o Kaštel, chega-se ao **escritório de turismo** municipal (☎713 455; www.tz-komiza.hr; Riva Svetog Mikule 2; ⏲8-21h jul e ago, 9-12h seg-sex set-jun), que oferece informações muito básicas.

### Atividades

**A Agência de Viagem Darlić & Darlić** (☎713 760; www.darlic-travel.hr; Riva Svetog Mikule 13), logo saindo da beira-mar conforme se entra na cidade vindo do ponto de ônibus, providencia hospedagem para dois em casa particular a partir de 250KN. Aluga *scooters* (300KN por dia), mountain bikes (100KN por dia), carros conversíveis (450KN por dia) e quadriciclos (400KN por dia). Tem também terminais de internet (30KN por hora) e acesso wi-fi. Seu serviço de táxi custa 20KN por quilômetro (cerca de 120KN até a cidade de Vis).

## Visitas guiadas

**A Agência de Viagem Darlić & Darlić** (☎713 760; www.darlic-travel.hr; Riva Svetog Mikule 13) promove uma divertida excursão ao pôr do sol para Hum, o ponto mais alto da ilha (75KN por 2 horas).

**A Alter Natura** (☎717 239; www.alternatura.hr; Hrvatskih Mučenika 2) é especializada em turismo de aventura como parapente, caminhada, caiaque e rapel. Também oferece excursões à Gruta Azul, às Ilhas de Brusnik, Sveti Andrija, Jabuka, Sušac e até à distante Palagruža. Também faz transporte de barco para as melhores praias da ilha, como Stiniva e Porat.

## Onde dormir e comer

A maior parte da ação na cidade se dá ao longo da beira-mar, em torno de Škor, a pracinha logo que se chega de frente para o mar.

**Villa Nonna** APARTAMENTOS €€
(☎713 500; www.villa-nonna.com; Ribarska 50; ap 600-800KN; ❄☏) Esse casarão adorável tem sete apartamentos reformados, todos com piso de madeira e cozinha; alguns têm terraço ou pátio. Ao lado fica outra casa antiga linda, Casa Nono, onde podem dormir de seis a nove pessoas (de 1.700KN a 2.000KN por dia), com um adorável jardim, três banheiros, uma sala de estar com paredes de pedra e instalações para cozinhar.

**Hotel Biševo** HOTEL €€
(☎713 279; www.hotel-bisevo.com.hr; Ribarska 72; s/c a partir de 440/660KN; ❄@) As instalações são modestas, e a decoração lembra a era socialista, mas fica perto da praia. Tente pegar um quarto reformado (com frigobar e TV), com vista para o mar (60KN extra).

**Konoba Jastožera** FRUTOS DO MAR €€
(☎713 859; Gundulićeva 6; pratos a partir de 90KN) Delícias com escamas são feitas com perfeição nesse clássico da cidade onde se senta em pranchas de madeira sobre a água, em meio a mobília antiga e parafernália de pesca. Lagostas, vivas num tanque, são a especialidade (a partir de 700KN o quilo) - grelhada, gratinada, cozida... é só pedir. Reserve antes.

**Bako** FRUTOS DO MAR €€
(Gundulićeva 1; pratos a partir de 85KN; ⊙só jantar) Um terraço para o mar e comida excelente - experimente o *brodet* de lagosta (cozido de frutos do mar com polenta) ou o supertípico *komiška pogača* (pão caseiro recheado de peixe). O interior de pedra tem um laguinho de peixes e uma coleção de ânforas gregas e romanas.

# Arredores de Komiža

### BIŠEVO

A minúscula ilhota de Biševo tem pouca coisa além de vinhedos, pinheiros e a espetacular **Gruta Azul** (Modra Špilja). Entre 11h e 12h os raios do sol passam por uma abertura subterrânea dessa caverna costeira e banham o interior de uma luz azul de outro mundo. Abaixo da água cristalina, as pedras cintilam em prata e rosa até uma profundidade de 16m. O único problema é que a água pode estar agitada demais para entrar na caverna fora do verão ou quando sopra o *jugo* (vento sul). Quando a temporada de turistas está no auge, em julho e agosto, a caverna pode estar lamentavelmente lotada, e a fila para pegar o barco até lá tão longa que desencoraja . Fora da alta estação você pode conseguir nadar lá.

Há um barco regular de Komiža para Biševo (25KN por pessoa) que parte diariamente ao longo de julho e agosto, às 8h, voltando às 16h30 (exceto sexta-feira, quando parte à tarde e volta direto), mas pode-se comprar uma excursão numa das agências de viagem. Outra opção é alugar um barco de uma das agências (entrada 30KN). Muitas excursões vão até a menos lotada **Gruta Verde** (Zelena Špilja), na pequena ilha de Ravnik.

# Dubrovnik e Sul da Dalmácia

☎020

## Inclui »



## Melhores lugares para comer

» LD (p. 273)
» Lucín Kantun (p. 258)
» Stermasi (p. 265)
» Konoba Komin (p. 273)
» Konoba Šiloko (p. 275)

## Melhores lugares para ficar

» Karmen Apartments (p. 255)
» Hotel Bellevue (p. 255)
» Hotel Korkyra (p. 275)
» Lešić Dimitri Palace (p. 272)
» Ostrea (p. 277)

## Por que ir?

Dubrovnik é simplesmente ímpar. Para Lord Byron, ela era a "joia do Adriático", enquanto George Bernard Shaw apelidou-a "paraíso na Terra". A cidade deixa muita gente sem fala: é de uma beleza encantadora e a localização, sublime. Isso não é segredo, pelo contrário: milhares de visitantes caminham por suas ruas de mármore todos os dias do ano, admirando e perdendo o fôlego, para logo ir embora. Mas é possível achar locais tranquilos para fugir das multidões.

A memorável cidade velha, circundada por imponentes muros defensivos, é a grande atração, funciona como uma espécie de cápsula do tempo para uma arquitetura barroca surpreendente.

Dubrovnik é um ponto de partida ideal para passeios pelas exuberantes ilhas da região e sua costa espetacular: a pequena e idílica Lokrum, a adorável Korčula (famosa pelos excelentes vinhos brancos e pela cidadela), o Parque Nacional de Mljet, a montanhosa Península de Pelješac e os maravilhosos Jardins de Trsteno.

## Quando ir

### Dubrovnik

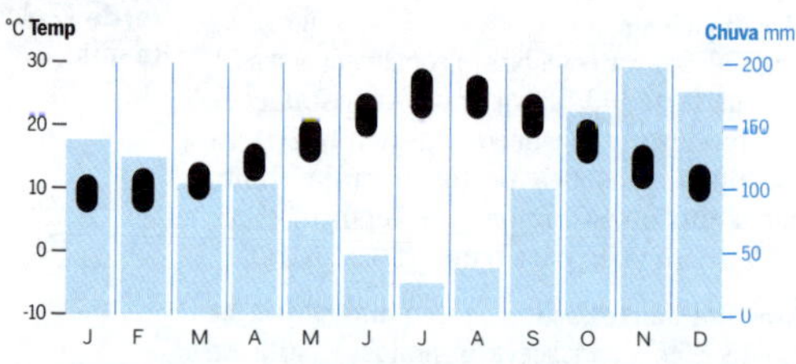


**Março ou abril** Procissões de Páscoa sensacionais pelas ruas medievais de Korčula.

**Julho e agosto** Sacie o apetite cultural durante o prestigiado Festival de Verão de Dubrovnik.

**Outubro** A temperatura do mar ainda está agradável para nadar no litoral.

## Destaques de Dubrovnik e Dalmácia do Sul

1. Deliciar-se com a tarefa mais legal e turística para cumprir: ver **Dubrovnik** (p. 246) das suas muralhas.
2. Passar alguns dias na impecável e bucólica **Mljet** (p. 263), o lugar mais parecido com uma ilha paradisíaca da Croácia.
3. Visitar a excelente galeria **War Photo Limited** (p. 247) e colocar a história croata em perspectiva.
4. Curtir a atmosfera medieval na cidade murada de **Korčula** (p. 267).
5. Fugir das multidões e explorar a intrigante ilhota de **Lokrum** (p. 262).
6. Subir as trilhas montanhosas até o cume da **Península de Pelješac** (p. 275).
7. Tomar um drinque noturno em um dos bares **Buža** (p. 259) de Dubrovnik.
8. Jantar ostras no fascinante velho porto de **Ston** (p. 277).
9. Deslizar pelo Adriático em uma prancha saindo da meca do windsurfe, **Viganj** (p. 276).

# DUBROVNIK

POP. 29.995

Seja a sua primeira ou a centésima visita a Dubrovnik, a beleza da Stradun e a sensação de encanto ao avistá-la nunca mudam. Na verdade, é difícil imaginar que alguém possa se cansar das ruas de mármore da cidade, das suas construções barrocas e do brilho ininterrupto do Adriático, ou deixar de se sentir inspirado em uma caminhada pelos muros ancestrais da cidade, que protegem essa república civilizada e sofisticada há cinco séculos.

Apesar de o bombardeio de Dubrovnik, em 1991, ter chocado o mundo, a cidade se recuperou com o vigor característico para voltar a encantar os visitantes. Acompanhe a ascensão e a queda de Dubrovnik em museus repletos de arte e artefatos. Pegue o bonde modernizado para subir o Monte Srđ. Admire o estilo de vida mediterrâneo e a interação entre pedra e luz. Explore a história até não aguentar mais e depois mergulhe no mar azul.



## História

A história de Dubrovnik começa com um ataque dos eslavos no século 7º, que aniquilou a cidade romana de Epidaurum (onde hoje fica Cavtat). Os moradores fugiram para o local mais seguro que encontraram, uma ilhota rochosa (Ragusa) separada do continente por um canal estreito. Construir muralhas era uma questão de urgência por causa da ameaça de invasão; a cidade já estava bem fortificada no século 9º, quando resistiu a um cerco sarraceno por quinze meses.

Enquanto isso, um outro povoado surgiu no continente, estendendo-se de Zaton, ao norte, até Cavtat, ao sul, e ficou conhecido como Dubrovnik, por causa da *dubrava* (azinheira), árvore que cobria a região. Os dois povoados se juntaram no século 12, e o canal que os separava foi aterrado.

No fim do século 12, Dubrovnik havia se tornado um importante centro de comércio na costa, estabelecendo uma ligação importante entre os estados do Mediterrâneo e dos Bálcãs.

Dubrovnik passou para o domínio da autoridade veneziana em 1205, conseguindo finalmente livrar-se desse controle em 1358.

No século 15, a República Ragusina (República de Ragusa) havia expandido seus limites e abrangia todo o cinturão costeiro, de Ston a Cavtat, tendo antes adquirido a Ilha de Lastovo, a Península de Pelješac e a Ilha de Mljet. Agora, era uma força a ser considerada. A cidade se voltou para o comércio marítimo e criou uma frota de navios próprios, que eram enviados para o Egito, o Levante, Sicília, Espanha, França e Istambul. Amparada por uma diplomacia perspicaz, a cidade mantinha boas relações com todos – até com o Império Otomano, para o qual Dubrovnik começou a pagar impostos no século 16.

Séculos de paz e prosperidade permitiram que arte, ciência e literatura florescessem. Tragicamente, a maior parte da arte e da arquitetura renascentista de Dubrovnik foi destruída pelo terremoto de 1667, que matou 5 mil pessoas e deixou a cidade em ruínas, só o Palácio de Sponza e o Palácio do Reitor sobreviveram. A cidade foi reconstruída em estilo barroco uniforme, com habitações modestas enfileiradas e lojas no térreo. O terremoto também marcou o início do declínio econômico da cidade, acentuado pela abertura de novas rotas de comércio para o leste e pelo surgimento de potências navais rivais na Europa Ocidental.

O *coup de grâce* final foi aplicado por Napoleão, cujas tropas entraram em Dubrovnik em 1808 e anunciaram o fim da república. O Congresso de Viena, em 1815, cedeu Dubrovnik para a Áustria, a cidade manteve a atividade marítima, mas sucumbiu à desintegração social. Ela permaneceu parte do Império Austro-Húngaro até 1918 e, então, começou lentamente a desenvolver sua indústria do turismo.

Dubrovnik estava bem no meio da guerra que devastou a ex-Iugoslávia e foi atingida por cerca de 2 mil bombas entre 1991 e 1992, sofrendo danos significativos. Todas as construções danificadas foram restauradas.

## ⊙ Atrações

Dubrovnik é hoje a cidade mais próspera, elegante e cara da Croácia. Em muitos aspectos, ainda parece uma cidade-estado, isolada do resto do país pela geografia e a história. Ela tornou-se um ímã turístico tal, que até se fala em limitar o número de visitantes na cidade velha – quando vários navios de cruzeiro despejam seus passageiros ao mesmo tempo, as principais vias podem ficar absurdamente lotadas.

Dubrovnik se estende por cerca de 6km de norte a sul. Muitos hotéis estão localizados no verdejante promontório arredondado de Lapad, no noroeste da cidade. Todas as atrações ficam na cidade velha, que é totalmente fechada para carros. O Monte Srđ, conectado a Dubrovnik por um bondinho, assoma a cidade.

O Portão de Pile é a entrada principal para a cidade velha e ponto final dos ônibus vindos de Lapad e do porto de Gruž.

### A CIDADE VELHA

**Muralhas e Fortes** MURALHAS DEFENSIVAS

(Gradske Zidine; mapa p. 250; 9h-18h30 abr-out, 10-15h nov-mar) Uma visita a Dubrovnik não estaria completa sem um passeio a pé ao redor das espetaculares muralhas da cidade, as melhores do mundo e o principal motivo da fama de Dubrovnik. Construídas entre os séculos 13 e 16, elas ainda hoje permanecem intactas.

O primeiro conjunto de muralhas fechando a cidade foi construído no século 13. Na metade do século 14 os muros de 1,5m de espessura foram fortificados com quinze fortes quadrados. A ameaça de ataque dos turcos, no século 15, levou a cidade a reforçar as fortificações existentes e acrescentar novas, de modo que toda a cidade velha ficou para dentro de uma barreira de pedra de 2km de extensão e de até 25m de altura. As paredes são mais grossas do lado terrestre - até 6m - e variam entre 1,5 e 3m do lado marítimo. A **Torre de Minčeta** protege a extremidade norte da cidade de invasão por terra, enquanto a extremidade oeste é protegida de invasão por mar e terra pelo **Forte Lovrjenac**, isolado. O Portão de Pile é protegido pela **Torre de Bokar**, e o **Forte de Reveline** protege a entrada a leste.

A vista para a cidade e o mar é sensacional, então não deixe de caminhar ao redor das muralhas (inteira/meia 70/30KN) - vai ser o ponto alto da sua visita. A entrada e a bilheteria principal para as muralhas ficam do lado do Portão de Pile. Você também pode entrar pelo Portão de Ploče, a leste (uma boa opção nos horários de pico). Só é possível fazer a caminhada no sentido horário.

**Portão de Pile** ENTRADA MONUMENTAL

(Mapa p. 250) Ponto de partida natural para qualquer visita a Dubrovnik, esse fabuloso portão para a cidade foi construído em 1537. Ao atravessar a ponte levadiça na entrada, imagine que, um dia, toda noite ela realmente era levantada, o portão trancado e a chave entregue ao príncipe. Observe a **estátua de São Brás**, patrono da cidade, que fica em um nicho sobre o arco renascentista. Passando pelo portão externo, chega-se ao portão interno que data de 1460, e, logo depois, você vai ser atingido pela maravilhosa visão da rua principal, **Placa**, mais conhecida como Stradun, o passeio de pedestres de Dubrovnik. Ela desce até o fim da cidade velha e na extremidade leste se abre para a **Praça Luža**, onde era o mercado.

**War Photo Limited** GALERIA FOTOGRÁFICA

(Mapa p. 250; 326 166; www.warphotoltd.com; Antuninska 6; entrada 30KN; 9-21h jun-set, 9-15h ter-sáb, até 13h dom mai e out) Experiência extremamente forte, essa galeria fotográfica supermoderna tem obras maravilhosamente expostas e reproduzidas, com curadoria do fotojornalista Wade Goddard, que trabalhou nos Bálcãs nos anos 1990.

A War Photo declara a intenção de "expor o mito da guerra... deixar que as pessoas vejam a guerra como ela é, crua, venal, assustadora, concentrando-se em como a guerra inflige injustiças igualmente a inocentes e combatentes". Isso é conquistado com veemência, conforme as consequências do conflito vão sendo reveladas nas imagens altamente comoventes e incisivas.

Exposições recentes incluem *Islã Problemático*, de Zijah Gafić, e *Regiões Tribais*, de Emilio Morenatti. Há uma exposição permanente no andar de cima dedicada à guerra na Iugoslávia, com imagens de Ron Haviv e recursos audiovisuais. Atenção: a War Photo fecha de novembro a abril.

**Mosteiro Franciscano e Museu** MOSTEIRO

(Muzej Franjevačkog Samostana; mapa p. 250; Placa 2; inteira/meia 30/15KN; 9-18h) Sobre a entrada do mosteiro há uma *pietà* digna de nota, esculpida pelos mestres locais Petar e Leonard Andrijić, em 1498. Infelizmente, o portal é tudo o que resta da igreja ricamente decorada, que foi destruída no terremoto de 1667. Dentro do complexo do mosteiro há uma **clausura** do século 14, uma das construções românicas tardias mais bonitas da Dalmácia. Observe como cada capitel sobre as colunas duplas incrivelmente esguias é coroado por uma escultura diferente, reproduzindo cabeças humanas, animais e arranjos florais. O pequeno jardim quadrado sob a sombra de laranjeiras e palmeiras também agrada.

## Dubrovnik

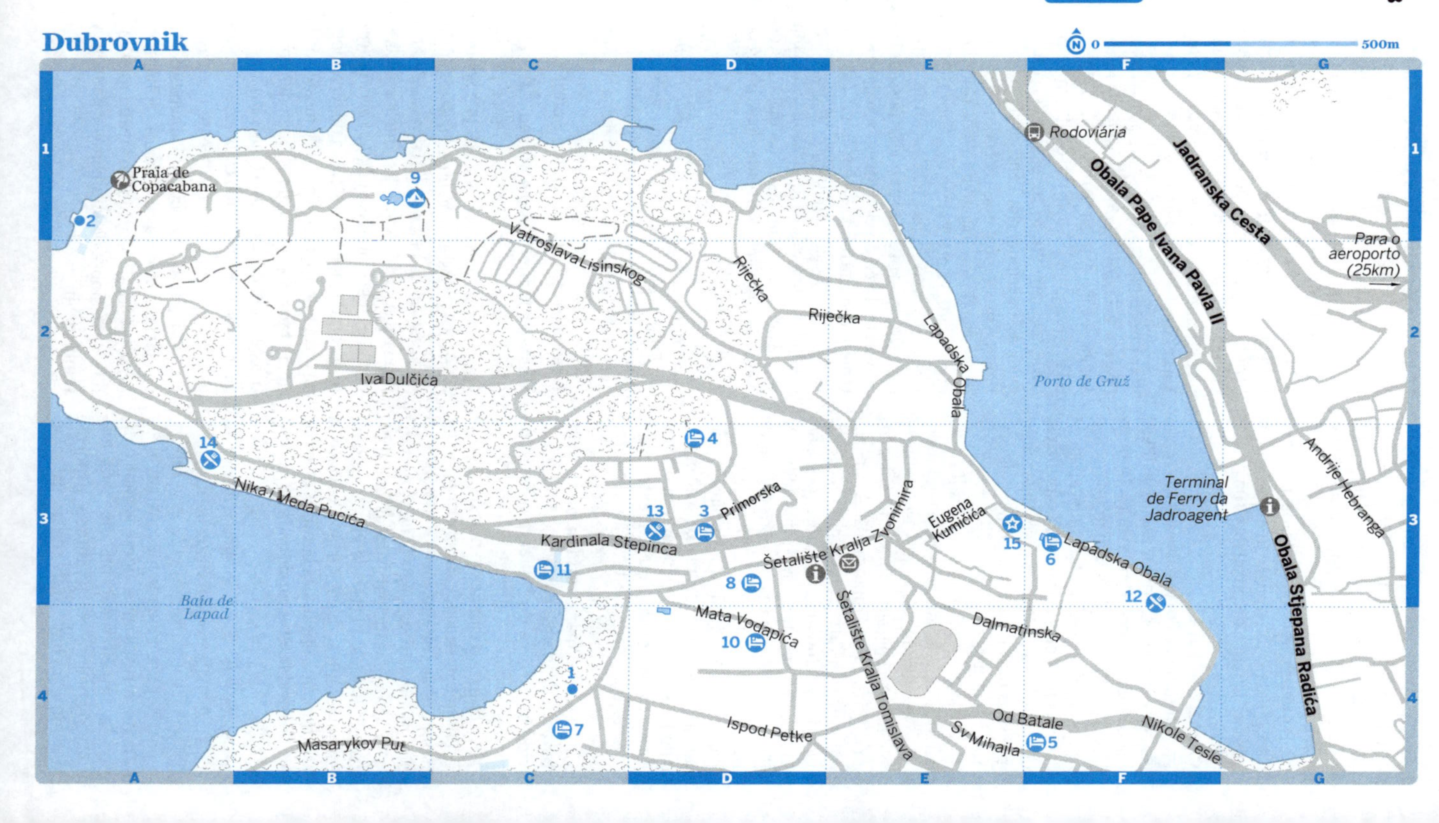
0
500m
A
B
C
D
E
F
G
1
2
3
4
Praia de Copacabana
2
9
Vatroslava Lisinskog
Riječka
Riječka
Lapadska Obala
Porto de Gruž
Rodoviária
Jadranska Cesta
Obala Pape Ivana Pavla II
Para o aeroporto (25km)
Andrije Hebranga
Terminal de Ferry da Jadroagent
Obala Stjepana Radića
Iva Dulčića
14
Nika i Meda Pucića
4
13
3
Primorska
Kardinala Stepinca
11
Šetalište Kralja Zvonimira
Eugena Kumičića
15
6
Lapadska Obala
12
8
Mata Vodapića
10
Šetalište Kralja Tomislava
Dalmatinska
Baía de Lapad
1
7
Masarykov Put
Ispod Petke
Od Batale
Sv Mihajla
5
Nikole Tesle

## Dubrovnik

**Atividades, cursos e passeios**

1 Blue Planet Diving ........ C4
2 Navis Underwater Explorers ........ A1

**Onde dormir**

3 Begović Boarding House ........ D3
4 Dubrovnik Backpackers Club ........ D3
5 Hotel Ivka ........ F4
6 Hotel Lapad ........ F3
7 Hotel Uvala ........ C4
8 Hotel Zagreb ........ D3
9 Solitudo ........ B1
10 Vila Micika ........ D4
11 Villa Wolff ........ C3

**Onde comer**

12 Blidinje ........ F3
13 Konoba Atlantic ........ D3
14 Levenat ........ A3

**Entretenimento**

15 Cinema ao ar livre ........ E3

Mais para dentro, você vai encontrar a terceira farmácia funcional mais antiga da Europa, que está na ativa desde 1391 – talvez tenha sido a primeira farmácia na Europa aberta para o público geral. O pequeno museu do mosteiro tem uma coleção de relíquias e objetos litúrgicos, incluindo cálices, pinturas e joias de ouro, e itens de farmácia, como equipamento de laboratório e livros médicos. Restos de munição que atravessaram as paredes do mosteiro durante a guerra dos anos 1990 também foram preservados.

Frequentemente há boas exposições de fotografia ou arte.

**Mosteiro Dominicano e Museu** MOSTEIRO
(Muzej Dominikanskog Samostana; mapa p. 250; saindo da Ulica Svetog Dominika 4; inteira/meia 20/10KN; ⏲9-18h mai-out, até 17h nov-abr) A estrutura imponente é um verdadeiro destaque arquitetônico em estilo gótico-renascentista transicional e possui um tesouro em pinturas. Construído por volta da mesma época que as muralhas da cidade, no século 14, o exterior austero parece mais um forte do que um complexo religioso. No interior há uma graciosa clausura do século 15, construída por artesãos locais segundo o projeto do arquiteto florentino Massa di Bartolomeo, e uma igreja grande, com uma única nave e um altar de Vlaho Bukovac. A ala leste abriga a admirável coleção de arte do mosteiro; observe as obras de Nikola Božidarević, Dobrić Dobričević e Mihajlo Hamzić.

**Palácio do Reitor** PALACE
(Mapa p. 250; Pred Dvorom 3; inteira/meia 35/15KN, audioguia 30KN; ⏲9-18h mai-out, até 16h nov-abr) O Palácio do Reitor, gótico-renascentista, foi construído no fim do século 15, e a ornamentação escultural é fantástica. Ele ainda mantém uma unidade composicional surpreendente apesar de ter sido reconstruído muitas vezes. Observe os capitéis primorosamente esculpidos que ornam a escadaria do átrio, muitas vezes utilizada para concertos durante o Festival de Verão. Também no átrio há uma **estátua** de Miho Pracat, que deixou sua fortuna para a República e foi o único não nobre nos mil anos de existência da República a ser homenageado com uma estátua (1638). A herança deve ter sido considerável. O palácio foi construído para o reitor que governava Dubrovnik e é composto pelo escritório do reitor, suas dependências privativas, salões públicos e escritórios administrativos. Curiosamente, o reitor eleito não tinha permissão para deixar o prédio durante o seu mandato de um mês sem autorização do senado. Hoje, o palácio foi transformado em **museu** com ambientes competentemente restaurados, retratos, brasões e moedas que retomam a história de Dubrovnik.

**Catedral da Assunção da Virgem** CATEDRAL
(Stolna Crkva Velike Gospe; mapa p. 250; Poljana M Držića; ⏲missa de manhã e no fim da tarde) Construída no local de uma basílica do século 7º que foi expandida no século 12, a Catedral da Assunção da Virgem original foi, supostamente, resultado de um presente do rei Ricardo I, Coração de Leão, da Inglaterra, que foi salvo de um naufrágio na Ilha de Lokrum, nas proximidades. Logo depois de a primeira catedral ter sido destruída no terremoto de 1667, começaram os trabalhos para a nova catedral, que foi terminada em 1713, em estilo barroco. A catedral destaca-se por seus belos altares, especialmente o de São João Nepomuceno, feito de mármore violeta. O **tesouro** da catedral (Riznica; inteira/meia 10/5KN; ⏲8h-17h30 seg-sáb, 11h-17h30 dom mai-out, 10-12h e 15-17h nov-abr) abriga relíquias de São Brás, além de 138 relicários de ouro e prata, a maioria fei-

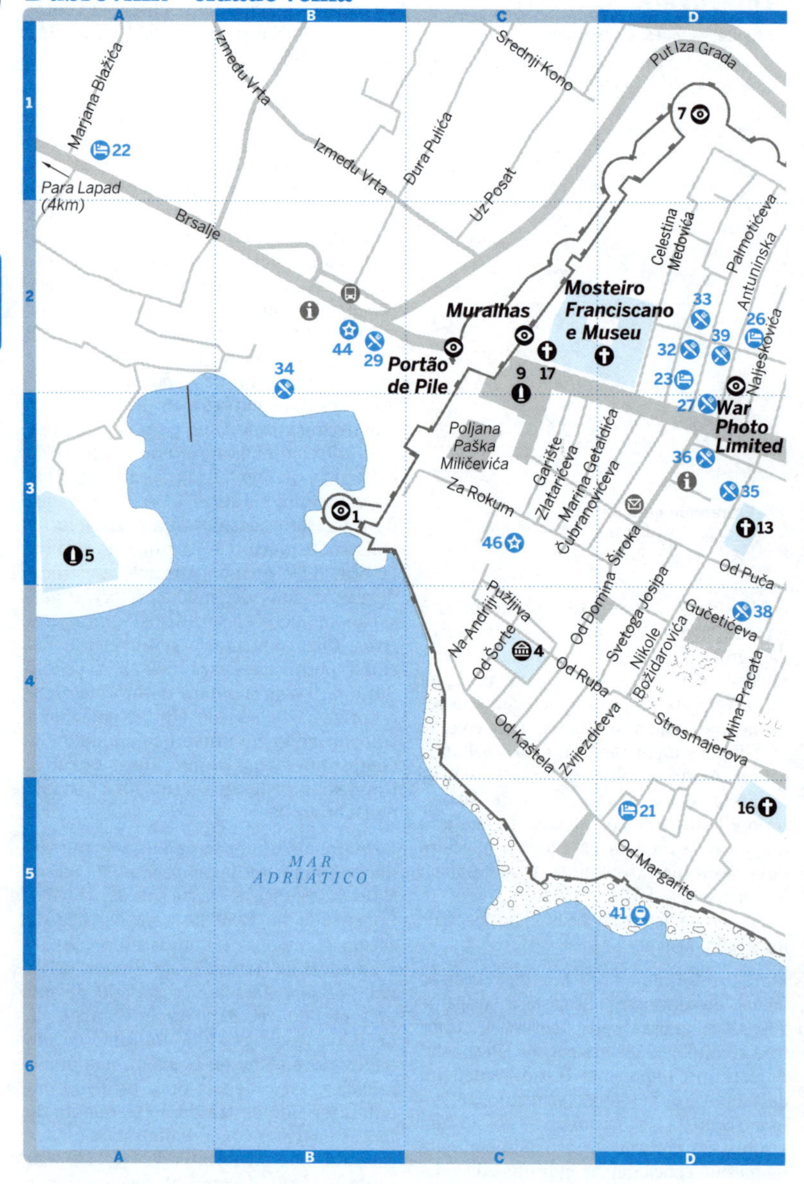


ta nas oficinas dos ourives de Dubrovnik entre os séculos 11 e 17. Entre as pinturas religiosas, a que mais impressiona é um políptico da Assunção da Virgem, feito no ateliê de Ticiano.

**Palácio de Sponza** PALÁCIO

(Mapa p. 251; Stradun) O Palácio de Sponza, do século 16, era originalmente a alfândega, depois, foi casa da moeda, tesouro do estado e banco. Agora, abriga os **Arquivos do Estado** (Državni Arhiv u Dubrovniku;

entrada 15KN; 8-15h seg-sex, até as 13h sáb), que contêm uma coleção inestimável de manuscritos de até quase mil anos. A edificação imponente é uma mistura de estilos renascentista e gótico, começando com o maravilhoso pórtico renascentista, que repousa sobre seis colunas. As janelas do primeiro andar são em estilo gótico tardio, as do segundo, renascentistas, com uma reentrância que guarda uma estátua de São Brás. Dentro, há também uma **Sala em Memória dos Defensores**

## Dubrovnik – cidade velha

**Destaques**

Teleférico ... F1
Muralhas ... C2
Mosteiro Dominicano e Museu ... F3
Mosteiro Franciscano e Museu ... D2
Portão de Pile ... C2
Palácio do Reitor ... F4
War Photo Limited ... D2

**Atrações**

1 Torre Bokar ... B3
2 Catedral da Assunção da Virgem ... E4
3 Torre do relógio ... F3
4 Museu Etnográfico ... C4
Colégio jesuíta ... (veja 16)
5 Forte Lovrjenac ... A3
6 Museu marítimo ... G4
Sala em memória dos defensores de Dubrovnik ... (veja 14)
7 Torre Minčeta ... D1
8 Feira matinal ... E4
9 Fonte de Onofrio ... C2
10 Coluna de Orlando ... E3
11 Portão Ploče ... G2
12 Forte Revelin ... G2
13 Igreja ortodoxa sérvia e Museu ... D3
14 Palácio de Sponza ... F3
15 Igreja de São Brás ... E3
16 Igreja de Santo Inácio ... D5
17 Igreja de São Salvador ... C2
Arquivos do Estado ... (veja 14)
18 Sinagoga ... E2
Tesouro ... (veja 2)

**Atividades, cursos e passeios**

19 Adriatic Explore ... F5

**Onde dormir**

20 Apartments Amoret ... E4
21 Fresh Sheets ... D5
22 Hotel Hilton Imperial ... A1
23 Hotel Stari Grad ... D2
24 Karmen Apartments ... F4
25 Pucić Palace ... E4
26 Rooms Vicelić ... D2

**Onde comer**

27 Buffet Skola ... D3
28 Defne ... E4
29 Dubravka 1836 ... B2
30 Gil's ... F3
31 Kamenice ... E4
Konzum ... (veja 8)
32 Lucín Kantun ... D2
Mercado ... (veja 16)
33 Nishta ... D2
34 Orhan ... B2
35 Pizzeria Baracuda ... D3
36 Proto ... D3
37 Revelin ... G2
38 Taj Mahal ... D4
39 Wanda ... D2

**Onde beber**

40 Buža ... E5
41 Buža II ... D5
42 Gaffe ... E3
43 Troubadur ... E4

**Entretenimento**

44 Latino Club Fuego ... B2
45 Lazareti ... H2
46 Cinema a céu aberto ... C3
Cinema Sloboda ... (veja 3)
Igreja de São Brás ... (veja 15)
Igreja de São Salavador ... (veja 17)

**Onde comprar**

47 Green Room ... E5
48 Gulliver ... E4
49 Maria ... F3
Mercado ... (veja 8)
50 Photo Gallery Carmel ... E2

**de Dubrovnik** (10-22h seg-sex, 8-13h sáb), uma tocante coleção de retratos de jovens que morreram entre 1991 e 1995.

**Igreja de Santo Inácio** IGREJA

(Crkva Svetog Ignacija; mapa p. 250; Uz Jezuite; missa à noite) Construída no mesmo estilo que a catedral e terminada em 1725, a Igreja de Santo Inácio exibe afrescos com cenas da vida de Santo Inácio, fundador da Companhia de Jesus. Adjacente à igreja, há o **colégio jesuíta**, localizado no topo de uma escadaria larga que desce até a Praça Gundulićeva Poljana, local de uma movimentada **feira matinal**. O monumento no centro da praça representa o famoso poeta de Dubrovnik, Ivan Gundulić. Os relevos do pedestal representam cenas do seu poema épico *Osman*.

**Igreja de São Brás** IGREJA

(Crkva Svetog Vlahe; mapa p. 250; Praça Luža; missas de manhã e no fim da tarde seg-sáb) Igreja imponente, construída em 1715 em estilo barroco, cuja ornamentada parte externa é muito contrastante ao lado das residências sóbrias que a circundam. O interior é famoso pelos altares de mármore e por uma estátua banhada a prata do patrono da cidade, São Brás, segurando um modelo em escala de Dubrovnik antes do terremoto.

**Fonte Onofrio** FONTE

(Mapa p. 250) Um dos marcos mais famosos de Dubrovnik, a Fonte Onofrio foi construída em 1438 como parte de um sistema de abastecimento de água que envolvia tirar água de um poço a 12 km de distância. Originalmente, a fonte era decorada com esculturas, mas ficou muito danificada no terremoto de 1667; restam apenas 16 máscaras esculpidas, com água jorrando da boca e caindo em um tanque de escoamento.

**Igreja Ortodoxa Sérvia e Museu** MUSEU DA IGREJA

(Muzej Pravoslavne Crkve; mapa p. 250; Od Puča 8; inteira/meia 10/5KN; 9-14h seg-sáb) Datando de 1877, a Igreja Ortodoxa Sérvia e seu museu têm uma fascinante coleção de ícones do século 15 ao 19. Além de representações da família bíblica originárias de Creta, Itália, Rússia e Eslovênia, há algumas obras do ilustre pintor croata Vlaho Bukovac.

**Sinagoga** SINAGOGA

(Sinagoga; mapa p. 250; Žudioska 5; entrada 10KN; 10-20h seg-sex mai-out, até as 15h nov-abr) Mais antiga sinagoga sefardita dos Bálcãs e segunda sinagoga mais antiga da região, data do século 15. Dentro, há um museu com relíquias religiosas, documentação sobre a população judaica local e vestígios da II Guerra Mundial.

**Igreja de São Salvador** IGREJA

(Crkva Svetog Spasa; mapa p. 250; Placa) Construída entre 1520 e 1528, a igreja foi uma das poucas construções que sobreviveram ao terremoto de 1667. Abre para exposições ocasionais e concertos à luz de velas.

**Museu Etnográfico** MUSEU

(Etnografski Muzej; mapa p. 250; Od Rupa; inteira/meia 40/20KN; 9-16h dom-sex) Instalado no Armazém de Rupe, do século 16, o Museu Etnográfico abriga objetos relacionados a agricultura e costumes locais.

**Coluna de Orlando** COLUNA

(Mapa p. 250) A Coluna de Orlando é um ponto de encontro muito conhecido, era o local onde decretos, festividades e vereditos eram anunciados. Esculpido em 1417, o antebraço do cavaleiro medieval era a medida linear oficial da República – o *ell* de Dubrovnik, que mede 51,1cm.

**Museu Marítimo** MUSEU

(inteira/meia 35/15KN; 9-18h mai-set, até as 16h out-abr) Traça a história da navegação em Dubrovnik com modelos de embarcações, objetos marítimos e pinturas. Dentro do Forte de São João.

### A LESTE DA CIDADE VELHA

**Bondinho** BONDINHO

(Mapa p. 250; www.dubrovnikcablecar.com; Petra Krešimira IV; inteira/meia 40/20KN; 9-22h ter-dom mai-out, hr reduzido resto do ano) Agora reaberto, depois de dezenove anos, o bondinho de Dubrovnik leva você do norte da muralha até o topo do Monte Srđ em menos de quatro minutos. No fim da linha, há uma maravilhosa vista, de uma altura de 405m, para os telhados de terracota da cidade velha e para a Ilha de Lokrum, com o Adriático e as distantes Ilhas Elafiti preenchendo o horizonte. Telescópios ajudam a ver os detalhes, muito, muito lá embaixo. Há uma lanchonete e um restaurante, e o **Museu da Guerra Interna** (atualmente em reforma) fica perto.

GRÁTIS **Museu de Arte Moderna** MUSEU

(Frana Supila 23; 10-19h ter-dom) Expõe artistas croatas contemporâneos, especialmente o pintor local Vlaho Bukovac.

## Atividades

### Praias

Há várias praias na cidade, mas muitos pegam um barco para a Ilha de Lokrum ou uma das Elafitis para maior privacidade.

A **Praia de Banje** não fica longe do Portão de Ploče e costumava ser a praia mais concorrida da cidade, mas agora que uma parte está isolada por uma corda para o exclusivo East West Club, não é mais. Lá perto, há **Sveti Jakov**, uma boa praia local, que não fica agitada e tem chuveiros, bar e restaurante. Os ônibus 5 e 8 vão para lá.

Do lado leste da cidade, passando o Portão de Pile, há praias como **Šulići**, de pedregulhos, e **Dančе**, rochosa. A melhor praia a que se pode chegar a pé saindo da cidade velha fica abaixo do Hotel Bellevue e é uma agradável enseada rodeada por penhascos (que fazem sombra na praia de pedregulhos no fim da tarde). É divertido ver crianças saltando das pedras ao mar.

## DUBROVNIK: DESTRUIÇÃO E RECONSTRUÇÃO

Muitos se lembram das inacreditáveis cenas do bombardeio de Dubrovnik na TV. Embora agora sejam passado, a lembrança do ano em guerra da cidade ainda está viva na memória dos habitantes locais – você vai ver muitas referências a isso em várias placas pela cidade velha.

As bombas atingiram 68% dos prédios da cidade velha, deixando buracos em dois a cada três telhados. As fachadas dos prédios e as pedras que pavimentam as ruas e praças sofreram 314 golpes diretos, e foram 111 os ataques à grande muralha. Nove palácios históricos foram totalmente devastados pelo fogo, e o Palácio de Sponza, o Palácio do Reitor, a Igreja de São Brás, o Mosteiro Franciscano e as esculturas das fontes Amerling e Onofrio sofreram sérios danos. A conta da reconstrução foi estimada em 10 milhões de dólares. Rapidamente foi decidido que os reparos e as reconstruções seriam feitos com técnicas tradicionais, usando materiais originais sempre que possível.

Desde então Dubrovnik recuperou a maior parte da sua grandeza original. As grandes muralhas estão novamente intactas, as resplandecentes ruas de mármore devidamente pavimentadas e os famosos monumentos, como a Fonte Onofrio, do século 15, e a Torre do Relógio, foram restaurados com capricho. Os danos ao Palácio de Sponza, ao Palácio do Reitor, à Igreja de São Brás, à catedral e a várias residências do século 17 foram reparados com a ajuda de uma brigada internacional de artesãos especialmente qualificados.



A **Baía de Lapad** (mapa p. 248) é cheia de hotéis de praia abertos ao público; tente a baía ao lado do Hotel Kompas. Pouco mais adiante fica a **Praia de Copacabana**, na península de Babin Kuk, uma boa praia rasa, com escorregador para crianças. Se você for nudista, desça até **Cava**, há sinalização perto da Praia de Copacabana.

Na cidade velha, também é possível entrar no mar abaixo dos bares Buža, do lado de fora das muralhas. Há degraus para entrar e sair e espaço cimentado entre as pedras para tomar sol.

### Mergulho, caiaque e rafting

Há ótimos locais para mergulho nas cercanias de Dubrovnik.

A **Navis Underwater Explorers** (mapa p. 248; ☎099 35 02 773; www.navisdubrovnik.com; Praia de Copacabana) oferece mergulho recreativo (inclusive nas ruínas do naufrágio do *Taranto*) e cursos. A **Blue Planet Diving** (mapa p. 248; ☎091 89 90 973; www.blueplanet-diving.com; Hotel Dubrovnik Palace, Masarykov Put 20) oferece os mesmos serviços.

Entre em contato com a **Adriatic Kayak Tours** (☎091 72 20 413; www.adriatickayaktours.com; Zrinsko Frankopanska 6) para passeios de caiaque (de passeios de meio dia até uma viagem de uma semana); também oferece rafting no rio Tara, em Montenegro.

## Visitas guiadas

**Caminhadas por Dubrovnik** PASSEIO HISTÓRICO

(☎095 80 64 526; www.dubrovnikwalks.com) Excelentes caminhadas guiadas, em inglês. Passeios de uma hora pela cidade velha (70KN) acontecem diariamente às 10h e também às 18h (maio, junho, setembro e outubro) ou 19h (julho e agosto). Oferece também caminhadas de 1h e 30min pelas muralhas e fortes de Dubrovnik (140KN) diariamente às 9h30 e às 15h30 (17h30 julho e agosto). O ponto de encontro é o Latino Club Fuego, perto do Portão de Pile. Não é preciso reservar.

**Adriatic Explore** EXCURSÕES

(Mapa p. 250; ☎323 400; www.adriatic-explore.com; Bandureva 4) As viagens de um dia para Mostar e Montenegro (ambas 380KN) são bem concorridas. Oferece também excursões para Mljet, Korčula e para as Ilhas Elafiti (250KN).

## Festas e eventos

O **Festival de Verão de Dubrovnik** (☎326 100; www.dubrovnik-festival.hr) é o mais prestigiado da Croácia. Por cinco semanas, entre julho e agosto, uma programação de teatro, concertos e dança é apresentada em palcos ao ar livre pela cidade. Apresentam-se artistas nacionais e grupos folclóricos regionais, assim como artistas internacionais. As produções teatrais incluem peças shakespearianas e tragédias gregas, e há apresentações de orquestras sinfônicas e de câmara. Ingressos (50KN a 300KN) disponíveis na bilheteria do festival, na Placa ou no local uma hora antes do início de cada apresentação. Você também pode reservar e comprar on-line.

O **Libertas Film Festival** (www.libertasfilmfestival.com) acontece entre 29 de junho e 4 de julho com filmes, documentários e curtas exibidos ao ar livre em locais da cidade velha.

A **Festa de São Brás** (3 de fevereiro) é outro evento que toma a cidade e é marcado por peregrinos e procissões. Há também festas de comemoração do **carnaval** anunciando a chegada da Quaresma, em fevereiro.

## Onde dormir

Dubrovnik não é uma cidade grande, mas, como atrai muita gente, há hospedagem por toda parte. É a cidade mais cara do país – prepare-se para pagar mais por um quarto. Há muitos hotéis intermediários em Lapad, a 4km do centro; são muito poucos os lugares para dormir na cidade velha. Como o sistema de ônibus é bom, não é tão ruim ficar longe do centro. Reserve toda a estada com bastante antecedência, principalmente na temporada de verão.

Se você quiser ser econômico, não vai ter muita escolha fora acomodação em casas particulares: contate as agências de viagem recomendadas ou o escritório de turismo para opções. Cuidado com proprietários de casas amontoados nos terminais de ônibus e ferry: alguns fornecem o que dizem, outros são golpistas – procure checar a localização antes, se quiser ir a pé para a cidade velha. Observe que, hospedando-se em um local sem licença, você vai ficar desprotegido se tiver algum problema; todos os locais registrados devem ter uma placa azul de *sobe* (quartos disponíveis). Calcule pagar a partir de 300KN por um quarto de casal e a partir de 500KN por um apartamento na alta estação.

### CIDADE VELHA E ARREDORES

**Hotel Bellevue** HOTEL DE LUXO €€€
(330 000; www.hotel-bellevue.hr; Petra Čingrije 7; c a partir de 835KN; P) Ignore a fachada de vidro escuro, um pouco datada, o hotel é superclassudo. Localizado em um penhasco com vista para o Adriático, todos os quartos têm terraços que valorizam ao máximo a vista inspiradora. Decoração moderna, comodidades excelentes e pessoal atencioso; o restaurante Vapor é de primeira. O melhor de tudo é a praia recôndita, acessível diretamente do hotel por elevador. A academia é simples, mas o spa é bom. Fica a quinze minutos a pé do Portão de Pile.

**Fresh Sheets** HOSTEL €
(Mapa p. 250; 091 79 92 086; www.igotfresh.com; Sv Šimuna 15; dc/c 210/554KN; @) O único hostel da cidade velha é um clássico dos mochileiros, acolhedor, com um verdadeiro espírito de festa. Fica em um lugar sossegado, perto da muralha e do bar Buža. Todos os quartos e as áreas comuns são de cores inusitadas. Embaixo, há um espaço social e cerveja na geladeira. Em cima, você vai encontrar 2 dormitórios funcionais com oito camas, armário com cadeado e ventilador (os colchões, porém, são um pedaço de espuma) e um quarto de casal privativo. O pessoal do Fresh Sheets é acolhedor e festeiro; eles organizam festas lendárias regadas a bebida.

**Hotel Excelsior** HOTEL DE LUXO €€€
(353 353; www.hotel-excelsior.hr; Frana Supila 12; s/c a partir de 1.640/1.960KN; P@) O melhor endereço de Dubrovnik voltou a funcionar, depois de uma impressionante reforma de €22 milhões. O hotel está na moda, é frequentado pela realeza e por estrelas de Hollywood. Os quartos e as suítes são simplesmente maravilhosos, a decoração é estilosa, e muitos têm uma vista inesquecível para a cidade murada. Os 4 restaurantes servem de tudo, de cozidos com páprica da Eslavônia a sushi. A área de lazer é de primeira (piscinas ao ar livre e coberta), e o serviço é refinado. A uma curta caminhada da cidade velha.

**Karmen Apartments** APARTAMENTOS €€
(Mapa p. 250; 323 433, 098 619 282; www.karmendu.com; Bandureva 1; ap 437-1.165KN;) Gerenciados por MarcVan Bloemen, um inglês que mora em Dubrovnik há décadas, os 4 apartamentos aconchegantes oferecem uma ótima localização, a um pulo do Porto de Ploče. Cada um tem sua personalidade, a decoração é individualizada, com arte, toques de cor, mobília de bom gosto e livros para folhear. O apartamento 2 tem um pequeno terraço, enquanto o 1 tem uma linda vista para o porto. Marc e a mãe cuidam realmente bem de

seus hóspedes. Reserve com bastante antecedência.

**Apartments Amoret** APARTAMENTOS €€
(Mapa p. 250; ☎091 53 04 910; www.dubrovnik-amoret.com; Dinke Ranjine 5; ap 655-874KN; ❄📶) Espalhados por 3 prédios históricos no coração da cidade velha, a Amoret oferece 11 apartamentos compactos reformados de alta qualidade, todos com banheiro e wi-fi. Decoração elegante e mobília de bom gosto, com uma pitada de arte e piso de assoalho. As cozinhas são compactas. O Amoret 1 tem um agradável terraço para os hóspedes. Não oferece café da manhã.

**Apartments & Rooms Biličić** QUARTOS €
((☎417 152; www.geocities.com/apartments_bilicic; Privežna 2; q/ap 437/874KN; ❄) Um lugar muito aconchegante para ficar, dá para ir a pé para a cidade velha (via uma escadaria vertiginosa). Oferece quartos claros, limpos e agradáveis, com ar caseiro e TV (mas os banheiros não são dentro do quarto). O jardim é lindo, com plantas subtropicais e bancos originais; há uma cozinha para hóspedes. Marijá, a proprietária, supersimpática e hospitaleira, vai buscar você nos terminais de transporte locais e dá conselhos sobre o que fazer em Dubrovnik.

**Villa Klaić** ACOMODAÇÃO PARTICULAR €€
(☎411 144; Šumetska 11; s/c 288/492KN; P❄@🏊) Em termos de serviço, hotéis cinco estrelas teriam muito a aprender com o dono, Milo Klaić, uma pessoa hospitaleira e experiente, que faz de tudo para ter certeza de que seus hóspedes estão satisfeitos. Os quartos são simples, mas confortáveis, todos têm chuveiro, e 2 têm ar-condicionado. Oferece traslado grátis e piscina privativa. A localização é saindo da principal via da costa, acima da cidade, mas as passagens de ônibus estão inclusas (tudo bem se você não quiser encarar a subida).

**Hotel Stari Grad** HOTEL-BUTIQUE €€€
(Mapa p. 250; ☎322 244; www.hotelstarigrad.com; Od Sigurate 4; s/c 1.180/1.580KN; ❄📶) O melhor desse hotel na cidade velha é a localização – fica muito perto do Portão de Pile e saindo da Stradun. Os 8 quartos são asseados, atraentes e meio pequenos, mas são bem apresentados e não falta conforto. O pessoal é gentil, e você pode apreciar uma linda vista da cidade no terraço do telhado. Atenção, o hotel é cheio de escadas (e não tem elevador).

**Pucić Palace** HOTEL HISTÓRICO €€€
(Mapa p. 250; ☎326 222; www.thepucicpalace.com; Od Puča 1; s/c 2.294/3.751KN; ❄@📶) É o único hotel de luxo dentro das muralhas da cidade. Situado em uma mansão aristocrática adaptada, tem localização excelente, perto da Praça Luža. Os quartos são bem decorados e altamente confortáveis (lençóis de algodão egípcio e antiguidades), mas o design não chega a impressionar. Tem classe e é conveniente, mas a localização impõe um preço estratosférico (pelo menos dá livre acesso a uma praia particular nas proximidades). O serviço poderia ser melhor.

**Grand Villa Argentina** ACOMODAÇÃO DE LUXO €€€
(☎440 555; www.gva.hr; Frana Supila 14; c a partir de 1.457KN; P❄@📶🏊) Espécie de cidade-estado de luxo, o hotel cinco estrelas expandiu seu império incorporando 4 vilas de luxo. Estão todas agrupadas a 10 minutos a pé do Portão de Ploče, na cidade velha. A decoração é um pouco cafona, com colchas e tapetes exagerados, mas a vista para as muralhas é invejável e o nível de conforto impecável. Piscinas cobertas e ao ar livre, spa e academia.

**Hotel Hilton Imperial** HOTEL DE LUXO €€€
(Mapa p. 250; ☎320 320; www.hilton.com; Blažića 2; c a partir de 1.821KN; P❄@📶🏊) Não tem nada daquela coisa corporativa insossa, é uma grandiosa mansão Habsburgo do século 19, renovada com cuidado e localizada a poucos passos do Portão de Pile. A sensação de grandeza é evidente nas imponentes áreas da recepção, enquanto os quartos são mais contemporâneos (muitos têm vista para o Forte de Lovrjenac). Tem uma boa academia, mas não tem piscina externa.

**Apartments Darrer** APARTAMENTOS €€
(☎098 92 43 105; www.villadarrer.hr; Bosanka; ap 437-815KN; P❄📶🏊) Acima da cidade, na aldeia de Bosanka, não longe do Monte Srđ, o lugar é bem isolado, mas muito tranquilo, e tem uma boa piscina (só no verão), um jardim e 5 apartamentos impecáveis, modernos e bem equipados. Fica na rota do ônibus 17, a cerca de 7km do centro.

**Rooms Vicelić** QUARTOS €€
(Mapa p. 250; ☎098 97 90 843; www.roomsvicelic.hostel.com; Antuninska 9 e 10; q 585KN; ❄@📶) Lugar peculiar, na cidade velha, ge-

rido por uma família simpática, com quartos ou meio caídos ou modernos e ajeitados – você escolhe. Todos têm banheiro privativo (alguns, porém, não são contíguos) e há lugar para cozinhar. Só aceita dinheiro.

**YHA Hostel** HOSTEL €
(☎423 241; dubrovnik@hfhs.hr; Vinka Sagrestana 3; dc 148KN; @) Boa localização em uma área sossegada a 1km da cidade velha, esse hostel de tamanho médio tem dormitórios decentes e espaçosos, apesar de um pouco sem graça (tem um quarto de casal). Se der para escolher cama (é raro), os melhores dormitórios são o 31 e o 32, que dividem um terraço. O preço inclui café da manhã. Reserve antes.

### LAPAD

A cerca de 4km da cidade velha, a verdejante península de Lapad é um lugar tranquilo para ficar, com uma mistura de áreas residenciais e turísticas, incluindo alguns hotéis com bons preços. Uma caminhada ao longo da costa, passando pelo Hotel Kompas, leva a muitos locais para tomar sol e nadar. O ônibus 6 liga o Portão de Pile e Lapad.

**Begović Boarding House** HOSPEDAGEM PARTICULAR €
(Mapa p. 248; ☎435 191; www.begovic-boarding-house.com; Primorska 17; dc/q/ap 146/292/364KN; P@) A uma caminhada íngreme do ancoradouro de Lapad, o local concorrido e acolhedor é administrado por uma família, que fala inglês e faz de tudo por seus hóspedes. Os quartos com acabamento em pinho são um pouco pequenos, mas muito limpos, com roupa de cama caprichada, e alguns se abrem para um maravilhoso jardim comum, com uma vista linda. Oferece traslado gratuito do terminal de ônibus ou do ferry. O café da manhã é à parte, o acesso à internet é grátis, e tem uma cozinha. A família também organiza excursões.

**Hotel Ivka** HOTEL €€
(☎362 600; www.hotel-ivka.com; Put Sv Mihajla 21; s/c 585/760KN; P❄@) Hotel três estrelas moderno, quartos agradáveis e espaçosos com piso de madeira (a maioria tem terraço) e wi-fi grátis. Alto nível de conforto para o preço. Fica mais perto de Lapad e do terminal do ferry do que da cidade velha, mas tem uma rota de ônibus regular.

**Dubrovnik Backpackers Club** HOSTEL €
(Mapa p. 248; ☎435 375; www.dubackpackers.com; Mostarska 2d; dc 120-170KN; P@) Lugar sociável, popular entre mochileiros, administrado por uma família acolhedora, onde você vai encontrar internet, ligações locais e chá/café grátis (e de vez em quando doses grátis de *rakija*). Você precisa pagar pela cama (!) e um extra por um dormitório com banheiro. Tem uma cozinha para hóspedes e terraço com vista para a baía, e oferece viagens para Mostar.

**Vila Micika** HOSPEDAGEM ECONÔMICA €€
(Mapa p. 248; ☎437 332; www.vilamicika.hr; Mata Vodapića; dc 290KN; P❄) Prédio de pedra de 2 andares, bonito, com dois bem cuidados dormitórios de 3 camas e 5 quartos simples, todos com banheiro. Fica a cerca de 300m da praia e tem um terraço para fazer social. Bom custo-benefício, mas cobra extra por café da manhã, estada curta e ar-condicionado.

**Dubrovnik Palace** HOTEL DE LUXO €€€
(☎430 000; www.dubrovnikpalace.hr; Masarykov Put 20; q a partir de 1.780KN; P❄@) Esparramado na encosta de um morro em Lapad, o hotel grande e moderno tem quartos com ampla vista para o Adriático. O serviço é bom e as instalações excelentes: spa, piscinas aberta/coberta e loja de mergulho. Bem ao lado do ponto final do ônibus 6, que funciona até tarde, indo e voltando da cidade velha.

**Hotel Uvala** HOTEL €€€
(Mapa p. 248; ☎433 580; www.hotelimaestral.com; Masarykov Put 6; q a partir de 979KN; P❄@) Hotel quatro estrelas reformado com piscinas aberta e coberta e um centro de bem-estar que impressiona: completo, tem hidromassagem, banhos turcos e sauna. Os quartos são um pouco sem graça, mas confortáveis e espaçosos; vista para o mar e internet são extra. O Uvala trabalha bastante com pacotes turísticos.

**Solitudo** CAMPING €
(Mapa p. 248; ☎448 200; www.camping-adriatic.com; por pessoa/lugar 52/80KN; ⊙abr-nov) Perto do ancoradouro de Lapad, o local fica a cerca de 5km da cidade velha e perto da praia. As alas dos chuveiros são claras e modernas, e tem um bar-café.

Também recomendamos:

**Hotel Zagreb** HOTEL €€€
(Mapa p. 248; ☎430 930; www.hotels-sumratin.com; Šetalište Kralja Zvonimira 27; q 1.110KN; P ❄ ☎) Hotel do século 19, tem boa aparência e 23 quartos confortáveis, apesar de um pouco datados, o tamanho varia bastante, todos têm ar-condicionado. Wi-fi à parte.

**Hotel Lapad** HOTEL DE LUXO €€€
(Mapa p. 248; ☎432 922; www.hotel-lapad.hr; Lapadska Obala 37; q a partir de 1.455KN; ⏲mai-out; P ❄ @ ☎) Hotel histórico bonito, com decoração elegante e mobília moderna (mas cuidado com as chatas atividades recreativas).

**Villa Wolff** SMALL HOTEL €€€
(Mapa p. 248; ☎438 710; www.villa-wolff.hr; Nika i Meda Pucića 1; q/ste 1.356/1.569KN; P ❄ @ ☎) Em um gostoso calçadão perto do mar, o Wolff tem 5 quartos de bom gosto, jardim verdejante e serviço de altíssimo padrão. Mas as diárias são bem caras.

## Onde comer

Há muitos restaurantes medianos em Dubrovnik, escolha com cuidado. Os preços são os mais altos da Croácia.

### CIDADE VELHA E ARREDORES

É preciso ter cuidado ao sair para comer na cidade velha. Muitos lugares partem do pressuposto de que você só vai passar o dia (como muitos dos passageiros de cruzeiros) e não vai voltar. Duas ruas em que comida mais ou menos é a norma são a Stradun e a Prijeko; dirija-se para as ruas mais distantes para restaurantes mais interessantes.

**Lucín Kantun** CROATA €€
(Mapa p. 250; ☎321 003; Od Sigurate bb; refeições cerca de 140KN) Lugar com decoração despojada/chique e algumas mesas na calçada, mas as aparências enganam – o restaurante serve uma das comidas mais criativas de Dubrovnik. Praticamente tudo no cardápio curto, estilo *meze*, é excelente, como a sensacional lula (recheada com presunto defumado e servida com molho de limão e manteiga), uma criação com camarão e lentilhas, queijos (como o *paški sir*) e presuntos dálmatas. Tudo é feito na hora em uma cozinha aberta; às vezes é preciso esperar um pouco quando está cheio.

**Wanda** ITALIANA €€
(Mapa p. 250; ☎098 94 49 317; www.wandarestaurant.com; Prijeko 8; pratos a partir de 70KN) Salva sozinho a reputação dos restaurantes da Prijeko, pois é um italiano com muita classe. Os pratos incluem ossobuco com risoto de açafrão e massas preparadas com primor. Peça um dos menus degustação a preço fixo (150KN a 580KN) para ver do que os *chefs* são capazes. Você também vai encontrar alguns ótimos vinhos croatas para degustar.

**Defne** MEDITERRÂNEA €€
(Mapa p. 250; ☎326 200; www.thepucicpalace.com; Od Puča 1; pratos a partir de 85KN) Aprecie o ambiente privilegiado na cidade velha nesse belo restaurante, que tem um imenso terraço ao ar livre e serve comida mediterrânea (principalmente do leste), muita cozinha turca, grega e dos Bálcãs. O cardápio é um pouco irritante, pois os pratos têm nomes temáticos asiáticos – Sonhos do Sultão é carne embrulhada no alumínio com ervas –, mas a comida é boa e o lugar, uma delícia.

**Gil's** MEDITERRÂNEA €€€
(Mapa p. 250; ☎322 222; www.gilsdubrovnik.com; Ulica Svetog Dominika bb; prato principal a partir de 170KN) Cheio de glamour ou ridiculamente pretensioso, todo mundo tem uma opinião sobre o Gil's. Não importa qual seja a sua, o certo é que a cozinha atinge os píncaros – vitela recheada com camarão, linguado com *confit* de limão e pinoli –, e a adega tem um estoque de 6 mil garrafas. O ambiente é inigualável, no alto da muralha, com mesas posicionadas de forma que permite ver o porto por entre as ameias.

**Dubravka 1836** RESTAURANTE E CAFÉ €
(Mapa p. 250; www.dubravka1836.hr; Brsalje 1; pratos a partir de 49KN) O terraço do restaurante pode ser considerado o melhor de Dubrovnik, fica logo ao lado do Portão de Pile e tem uma linda vista para a muralha e o Adriático. Embora atraia uma clientela turística e tenha menu internacional, os moradores da cidade aprovam o peixe fresco, os risotos, as saladas, pizzas e massas. Bons preços para a localização.

**Taj Mahal** BÓSNIA INTERNACIONAL €
(Mapa p. 250; www.tajmahaldubrovnik.com; Nikole Gučetićeva 2; pratos a partir de 40KN) Parece a caverna do Aladim, o interior é cheio de objetos decorativos turcos e a iluminação suave. Peça *džingis kan*, com sabores tipicamente bósnios, ou regale-se com a picante *sudžukice* (linguiça de carne bovina). Os vegetarianos vão encontrar muitas opções, como as *aubergines alla edina*

(berinjela recheada com queijo). Há 3 mesas na calçada.

**Nishta** VEGETARIANA €
(Mapa p. 250; www.nishtarestaurant.com; Prijeko bb; pratos a partir de 59KN; fecha seg) Restaurante vegetariano agradável e descontraído. Os pratos do Nishta dão a volta ao mundo; você vai encontrar *leće u šumia* (bolos de lentilha e cogumelo), *missoshiro*, nachos, comida indiana, *curries* tailandeses e *chow mien* no mesmo cardápio (às vezes no mesmo prato).

**Buffet Skola** CAFÉ €
(Mapa p. 250; Antuninska 1; lanches a partir de 17KN) Para um lanche rápido entre pontos turísticos é o melhor. Peça o sanduíche de queijo e presunto, feito com presunto cru local (*pršut*) e queijo curado no óleo, servido em um pão caseiro maravilhoso. Humm!

**Revelin** MEDITERRÂNEA €€
(Mapa p. 250; www.revelinclub-dubrovnik.com; Ulica Svetog Dominika bb; pratos a partir de 65KN) O local se alterna entre ser um bar-restaurante no verão e um bar-balada no inverno. Tem um terraço sensacional com vista para o porto e um cardápio moderno com boas massas e saladas, peixe fresco do Adriático e pratos complexos como filé ao tartufo (filé com creme e trufas da Ístria).

Também vale a pena experimentar:

**Orhan** INTERNACIONAL €€€
(Mapa p. 250; 414 183; Od Tabakarije 1; pratos 50-170KN) Restaurante chique com bons peixes e frutos do mar. Mas a ótima localização, ao lado do Portão de Pile, custa caro.

**Proto** FRUTOS DO MAR €€
(Mapa p. 250; 323 234; www.esculap-teo.hr; Široka 1; pratos a partir de 80KN) Elegante e caro, o lugar é recomendado para peixes e frutos do mar, os molhos são leves e tem todo um clima de cidade velha.

**Kamenice** FRUTOS DO MAR, ECONÔMICO €
(Mapa p. 250; Gundulićeva Poljana 8; pratos a partir de 40KN) Tem ares de restaurante da era socialista e preços que combinam com a aparência. Peça lula, anchova ou *kamenice* (ostras).

**Pizzeria Baracuda** PIZZA €
(Mapa p. 250; Nikole Božidarevića 10; pratos a partir de 35KN) Pizzaria simpática e barata, com mesas em um pátio tranquilo.

Há uma **feira matinal** (mapa p. 250; Gundulićeva Poljana; 7-13h) onde são vendidos produtos frescos (e caros) toda manhã; existe um pequeno supermercado Konzum na mesma praça.

### LAPAD

A rua principal de Lapad, a Šetalište Kralja Tomislava, está cheia de cafés, bares e restaurantes.

**Levanat** CROATA €€
(Mapa p. 248; 435 352; Nika i Meda Pucića 15; pratos a partir de 50KN) O Levanat tem vista para o mar, de um morro coberto de mata, entre a baía de Lapad e Babin Kuk. A cozinha é inovadora, com muitos frutos do mar e alguns molhos inusitados – como camarões com mel e sálvia – e deliciosas opções vegetarianas. Há sinalização na estrada principal e na trilha costeira.

**Konoba Atlantic** MEDITERRÂNEA €
(Mapa p. 248; Kardinala Stepinca 42; pratos a partir de 45KN) Restaurante descontraído, acolhedor e barato, conhecido por suas massas caseiras (experimente o ravióli recheado com espinafre e ricota), mas o peixe fresco e o nhoque com molho de coelho também são deliciosos.

**Blidinje** CARNES €€
(Mapa p. 248; 358 794; Lapadska Obala 21; pratos a partir de 70KN) *Point* dos locais, ideal para se esbaldar com a carne. Ligue antes e peça cordeiro ou vitela, cozidos lentamente sob carvão em brasa. Depois de umas duas horas, apareça para comer um prato perfeito.

## Onde beber

Você não vai passar sede em Dub – a cidade tem de tudo, de bares *lounge* metidos a pubs irlandeses, bares boêmios em escarpas rochosas e muitos, muitos cafés-bares estilo croata. E isso só na cidade velha.

**Buža** BAR BOÊMIO
(Mapa p. 250; Ilije Sarake) Encontrar o isolado bar em um penhasco é uma verdadeira aventura, você vai se abaixando e levantando ao redor das muralhas da cidade até encontrar o túnel de entrada. Logo acima do mar, tem um cenário e tanto, boa música (soul, funk), e um público descontraído curte a atmosfera, a vista (e o sol). É isso. Peça uma bebida gelada, instale-se em uma plataforma de concreto e aproveite.

**Buža II** BAR BOÊMIO
(Mapa p. 250; Crijevićeva 9) Um pouco mais chique que o original, fica um pouco mais abaixo nas pedras e tem um terraço som-

VALE A VIAGEM

## ATRAVESSANDO A FRONTEIRA

Dubrovnik fica a uma viagem curta de ônibus de **Montenegro** e das maravilhosas cidades de Kotor, Herceg Novi e Budva. Todas têm lindos centros históricos, com ruas sinuosas de mármore e bela arquitetura, enquanto Koto fica em um dos maiores estuários da Europa, a Baía de Kotor. Se você quiser realmente explorar a região com tempo, é melhor alugar um carro, mas também dá para usar o transporte público. Ônibus diários vão para Montenegro, passando por Herceg Novi, Kotor e seguindo para Budva (3 horas). Cidadãos brasileiros, da UE, dos EUA, da Austrália, da Nova Zelândia e do Canadá não precisam de visto para entrar em Montenegro a turismo pelo período máximo de 3 meses; outras nacionalidades devem checar com a sua embaixada.

Os ônibus também vão para **Mostar** (veja p. ao lado), uma oportunidade para ver a emblemática ponte de Mostar e entrar no mundo da Bósnia e Herzegóvina. É bem difícil fazer uma viagem de um dia com transporte público, mas algumas agências de turismo, como a Adriatic Explore e a Atlas, organizam excursões de um dia (cerca de 380KN) em micro-ônibus próprios. Eles partem perto das 8h e passam pela aldeia de Počitelj, uma linda fortificação incrível, chegando em Mostar por volta de 11h30. Depois de um tour guiado (geralmente bem curto), você fica por conta própria até as 15h – o que não deixa muito tempo para almoçar e explorar a cidade. Mostar ainda é muito dividida por linhas croatas e bósnias (o rio serve de fronteira), mas a maioria dos locais históricos fica do lado bósnio.

breado onde você pode beliscar batata chips, amendoim ou um sanduíche e passar um dia muito agradável, hipnotizado pela vista do Adriático.

**Gaffe** PUB IRLANDÊS
(Mapa p. 250; Miha Pracata bb) Superconcorrido (principalmente em dia de jogo de futebol), o enorme pub é aconchegante e tem um longo terraço lateral coberto. Os atendentes são simpáticos, a comida satisfaz, mas é um pouco caro.

**Troubadur** MUSIC BAR
(Mapa p. 250; ☎412 154; Bunićeva Poljana 2) O bar de esquina passa despercebido durante o dia, mas nas noites de verão fica bem animado quando há apresentações de jazz ao vivo – muitas vezes (mas não sempre) quem se apresenta é Marko, o dono, e a sua banda.

**EastWest Club** BAR-CLUB
(www.ew-dubrovnik.com; Frana Supila bb) Durante o dia, o local, na Praia de Banje, aluga cadeiras de praia e guarda-sóis e serve bebidas para os banhistas que vão lá para relaxar e se reidratar. Mais tarde, vira bar e restaurante e recebe frequentadores descolados aos montes.

## ☆ Entretenimento

**Lazareti** CENTRO CULTURAL
(Mapa p. 250; ☎324 633; www.lazareti.com; Frana Supila 8) Melhor centro cultural de Dubrovnik, o Lazareti tem noites de cinema, balada, música ao vivo e basicamente todas as coisas mais legais.

**Cinema ao ar livre** CINEMA
(Mapa p. 248; Kumičića, Lapad) Em dois endereços, abre toda noite em julho e agosto; as exibições começam depois do pôr do sol. Também na **Za Rokom**, na cidade velha (mapa p. 248).

**Igreja de São Brás** FOLCLORE
(Mapa p. 250; Praça Luža; entrada franca) Apresentações folclóricas ao ar livre são realizadas em frente à igreja todo domingo às 11h, em maio, junho e setembro.

**Igreja de São Salvador** CONCERTOS
(Mapa p. 250; Igreja de São Salvador, Placa) O quarteto de cordas de Dubrovnik faz concertos no local no outono, nas noites de segunda.

**Sloboda Cinema** CINEMA
(Mapa p. 250) O cinema mais central de Dubrovnik.

## Onde comprar

A Stradun é cheia de lojas bregas de suvenires; as melhores butiques ficam nas ruas laterais.

**Green Room** JARDIM DE JOIAS
(Mapa p. 250; www.dubrovnikgreenroom.com; Buićeva Poljana; ⌚mai-out) É uma proposta conceitual, o trabalho de seis de-

signers de joias fica exposto em um lindo jardim. Trabalhos de alto nível (a partir de 200KN), muitas peças são únicas.

**Photo Gallery Carmel** GALERIA
(Mapa p. 250; www.photogallerycarmel.com; Zamanjina 10; ⏲seg-sáb) Galeria fotográfica com imagens impactantes de artistas locais e internacionais em exposição. As fotos estão à venda.

**Maria** BUTIQUE
(Mapa p. 250; www.maria-dubrovnik.hr; Ulica Svetog Dominika bb) Entre nessa loja para comprar bolsas Miu Miu, peças de Stella McCartney e Givenchy e lindos vestidos Celine.

**Gulliver** BUTIQUE
(Mapa p. 250; Gundulićeva Poljana 4) Butique chique, cheia de bolsas, sapatos, cintos e acessórios maravilhosos.

Dê uma olhada na **feira matinal** (mapa p. 250; Gundulićeva Poljana; ⏲7-13h) para artesanato e produtos locais.

## Informações

### Livrarias

**Algebra** (Placa 9) Suvenires e livros (inclusive guias em inglês).

**Algoritam** (Placa 8) Tem um estoque de livros em inglês.

### Acesso a internet

**Netcafé** (www.netcafe.hr; Prijeko 21; a hora 30KN) Local para descansar, mesmo sem navegar; tem conexões rápidas, gravação em CD, wi-fi, impressão de fotos, scanner, boas bebidas e cafés.

### Guarda-volumes

**Garderoba** (primeira hora 5KN, depois por hora 1,50KN; ⏲4h30-22h) Na rodoviária.

### Assistência médica

**Hospital** (☎431 777; Dr Roka Mišetića) Um quilômetro ao sul da baía de Lapad.

### Dinheiro

Há muitos caixas eletrônicos na cidade, em Lapad, na rodoviária e no terminal do ferry. Agências de viagem e correio também trocam dinheiro.

### Correio

**Correio e Central Telefônica de Lapad** (Šetalište Kralja Zvonimira 21)

**Correio central** (esq. Široka e Od Puča)

### Informações turísticas

**Escritório de turismo** (www.tzdubrovnik.hr; ⏲8-20h jun-set, 8-15h seg-sex, 9-14h sáb out-mai) rodoviária (☎417 581; Obala Pape Ivana Pavla II 44a); Porto de Gruž (☎417 983; Obala Stjepana Radića 27); Lapad (☎437 460; Šetalište Kralja Zvonimira 25); cidade velha (☎323 587; Široka 1); cidade velha 2 (☎323 887; Ulica Svetog Dominika 7) Mapas, informações e o indispensável guia *Dubrovnik Riviera*. Um novo escritório chique em construção, perto do Portão de Pile, abriu em 2011.

### Agências de viagem

**Agência de Viagens Atlas** (www.atlas-croatia.com) Porto de Gruž (☎418 001; Obala Papa Ivana Pavla II 1); Portão de Pile (☎442 574; Sv Đurđa 1) Organiza excursões na própria Croácia e para Mostar e Montenegro.Também providencia hospedagem particular.

**OK Travel & Trade** (☎418 950; okt-t@du.t-com.hr; Obala Stjepana Radića 32) Perto do terminal do ferry da Jadrolinija.

### ÔNIBUS DE DUBROVNIK

| DESTINO | PREÇO (KN) | DURAÇÃO (H) | SAÍDAS DIÁRIAS |
|---|---|---|---|
| Korčula | 95 | 3 horas | 2 |
| Kotor | 96 | 2h e 30min | 2-3 |
| Mostar | 105 | 3 horas | 3 |
| Orebić | 84 | 2h e 30min | 2 |
| Plitvice | 330 | 10 horas | 1 |
| Rijeka | 357-496 | 13 horas | 4-5 |
| Sarajevo (Bósnia e Herzegóvina) | 210 | 5 horas | 2 |
| Split | 122 | 4h e 30min | 19 |
| Zadar | 174-210 | 8 horas | 8 |
| Zagreb | 250 | 11 horas | 7-8 |

## Como chegar

### Avião

Voos (três diariamente) de ida ou volta de Zagreb pela **Croatia Airlines** (☎01 66 76 555; www.croatiaairlines.hr). As tarifas variam entre promocionais de 270KN a até cerca de 760KN para flexíveis. A Croatia Airlines também faz voos sem escalas para Frankfurt e voos sazonais para cidades como Roma, Paris e Amsterdã.

Mais de vinte outras linhas aéreas de toda a Europa operam no aeroporto de Dubrovnik. A British Airways (saindo de Londres Gatwick) e a Easy Jet (saindo de Londres Stansted) têm voos o ano inteiro. FlyBe, BmiBaby, Jet2, Palmair, Wizz Air e Thompson Airways operam voos sazonais saindo do Reino Unido.

### Barco

Duas vezes por semana, o ferry costeiro da **Jadrolinija** (☎418 000; www.jadrolinija.hr; Porto de Gruž) navega rumo ao norte, para Korčula, Hvar, Split, Zadar e Rijeka. Um ferry local sai de Dubrovnik em direção a Sobra e Polače, em Mljet (60KN, 2h e 30min) o ano todo; no verão, são dois ferries por dia. Alguns ferries diários vão o ano todo para as afastadas ilhas de Koločep, Lopud e Šipan, nas Ilhas Elafiti.

Há ferries também de Dubrovnik para Bari, no sul da Itália; são seis por semana na temporada de verão (291KN a 401KN, 9 horas) e dois nos meses de inverno.

A **Jadroagent** (☎419 000; Obala Stjepana Radića 32) reserva passagens de ferry e fornece informações.

### Ônibus

Para rotas internacionais, veja a p. 332. Os ônibus que saem da **rodoviária** de Dubrovnik (☎060 305 070; Obala Pape Ivana Pavla II 44a) lotam, por isso faça reservas com antecedência no verão.

Os ônibus Split-Dubrovnik passam rapidamente por território bósnio, deixe o passaporte à mão para pontos de passagem pela fronteira.

Todos os horários dos ônibus estão detalhados em www.libertasdubrovnik.hr.

## Como circular

### De/para o aeroporto

O aeroporto internacional de Čilipi (www.airport-dubrovnik.hr) fica a 24km de Dubrovnik. Ônibus da Atlas saem da rodoviária principal sem regularidade, supostamente duas horas antes dos voos domésticos da Croatia Airlines, mas é melhor checar o horário atualizado no escritório da Atlas ao lado do Portão de Pile. Os ônibus para o aeroporto param em Dubrovnik na Zagrebačka cesta, logo ao norte da cidade velha, já saindo da cidade (mas *não* no Portão de Pile). Os ônibus saem do aeroporto em direção à rodoviária de Dubrovnik (via Portão de Pile nesse percurso) algumas vezes por dia, o horário coincide com as chegadas; se o seu voo estiver atrasado, geralmente ainda tem um esperando.

Um táxi para a cidade velha custa cerca de 240KN.

### Ônibus

Dubrovnik tem um serviço de ônibus excelente; os ônibus são frequentes e geralmente pontuais. As principais linhas turísticas funcionam até as 2h no verão, se você estiver hospedado em Lapad, não precisa correr para casa. A tarifa é 10KN se comprar do motorista, mas 8KN se comprar passagem em uma *tisak* (banca de jornal). Horários disponíveis em www.libertasdubrovnik.hr.

Para chegar à cidade velha da rodoviária pegue os ônibus 1a, 1b, 3 ou 8. Para Lapad pegue o ônibus 7.

Do Portão de Pile, pegue o ônibus 6 para Lapad ou o 4 para o Hotel Dubrovnik Palace.

### Carro

A cidade velha inteira é área de pedestres. O trânsito é pesado o ano todo, e mais ainda no verão. O **estacionamento** (70KN a diária; ⏲24 horas) com a melhor localização para o centro fica na Ilijina glavica, a 10min a pé acima do Portão de Pile. E as seguintes locadoras de carro:

**Budget Rent-a-Car** (☎418 998; www.budget.hr; Obala Stjepana Radića 24)

**Gulliver** (☎313 313; www.gulliver.hr; Obala Stjepana Radića 31)

**OK Travel & Trade** (☎418 950; okt-t@du.t-com.hr; Obala Stjepana Radića 32) Perto do terminal do ferry da Jadrolinija.

# ARREDORES DE DUBROVNIK

Dubrovnik é um ótimo ponto de partida para viagens de um dia até as regiões vizinhas. Você pode dar um pulo nas Ilhas Elafiti para tomar sol sossegado, ir para as lindas ilhas de Korčula e Mljet atrás de boa comida e vinho, e sentir o aroma inebriante dos Jardins de Trsteno. Cavtat é uma alternativa mais sossegada para Dubrovnik, boa para um delicioso dia com paisagens, praia e frutos do mar.

## Ilha de Lokrum

O ferry atravessa aproximadamente de hora em hora no verão para a verdejante Ilha de Lokrum (40KN ida e volta, o último volta às 18h), parque nacional protegido pela Unesco. É um lugar lindo, coberto de mata, com azinheiras, freixos-negros, pinheiros e oliveiras – uma escapada ideal da urbana Dubrovnik. As praias são ótimas para nadar, apesar de rochosas. A **praia de nudismo** (sinalizada com FKK) faz a alegria dos nudistas e é sucesso entre a comunidade gay. Visite o belo **jardim botânico**, que tem uma seção de cactos com agaves gigantes e palmeiras nativas do Brasil e da África do Sul. As ruínas do **mosteiro beneditino** medieval estão sendo restauradas.

O agradável restaurante **Lacroma** (pratos a partir de 80KN) tem lanches, refeições e sorvete; fica logo acima do ancoradouro. Às vezes tem violão ao vivo.

Observe que ninguém pode passar a noite lá e que é proibido fumar em qualquer lugar da ilha.

## Ilhas Elafiti

Uma viagem de um dia para uma das ilhas desse arquipélago a noroeste de Dubrovnik é a escapada ideal das multidões do verão. As ilhas mais procuradas são **Koločep**, **Lopud** e **Šipan**. Uma forma de visitar as três ilhas em um dia é com um dos **passeios** "Três ilhas e Piquenique de Peixe" (250KN incluindo bebidas e almoço) oferecidos por algumas operadoras que atendem no ancoradouro do Portão de Ploče. No entanto, como eles saem às 10h e voltam antes das 18h, só dá tempo de dar uma olhada rápida em cada ilha.

Koločep é a ilha mais próxima e é habitada por apenas 150 pessoas. Há algumas praias com areia e pedregulhos, penhascos e cavernas marítimas, assim como florestas de pinheiros centenárias, olivais e pomares cheios de laranjeiras e limoeiros.

Lopud, onde carros não circulam, tem algumas igrejas e mosteiros interessantes que datam do século 16, quando as expedições marítimas de seus habitantes eram lendárias. A aldeia de Lopud é composta de casas de pedra circundadas por jardins exóticos. Você pode caminhar pelo alto da ilha até a linda **praia de Šunj**, de areia; lá há um pequeno bar que serve sardinhas grelhadas e outros peixes.

Šipan é a maior ilha e era a predileta da aristocracia de Dubrovnik, que construiu casas no local no século 15. O barco aporta em **Šipanska Luka**, onde há vestígios de uma vila romana e um palácio gótico de um duque, do século 15. Vá ao **Kod Marka** (☎758 007; Šipanska Luka; pratos a partir de 50KN), você vai comer frutos do mar magnificamente preparados – experimente a peixada à moda de Korčula.

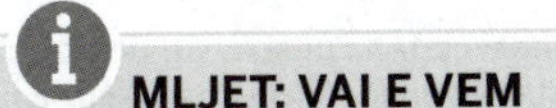

### MLJET: VAI E VEM

Os barcos de turismo de Korčula e os catamarãs de Dubrovnik vão para o cais de Polače na alta estação; os ferries da Jadrolinija usam o porto de Sobra, perto do centro da ilha. O ponto de entrada para o **Parque Nacional de Mljet** (www.np-mljet.hr; inteira/meia 90/40KN) fica entre Pomena e Polače. A entrada inclui traslado de ônibus e barco para o mosteiro beneditino. Passando a noite na ilha, você só paga a entrada do parque uma vez.

### Como chegar e circular

Pode-se chegar às ilhas com o ferry de carros da **Jadrolinija** (www.jadrolinija.hr), que faz três viagens por dia o ano todo e para em Koločep (15KN, 30 minutos), Lopud (18KN, 50 minutos) e Šipan (23KN, 1 hora). Os preços diminuem um pouco no inverno.

## Ilha de Mljet

POP. 1.232

De todas as ilhas do Adriático, Mljet (mil-yet) é das mais sedutoras. A maior parte da ilha é coberta por florestas, e o restante é pontuado por campos, vinhedos e pequenos vilarejos. A metade noroeste da ilha constitui o **Parque Nacional de Mljet**, em que a exuberante vegetação, florestas de pinheiros e sensacionais lagos de água salgada são absolutamente lindos. É um oásis de tranquilidade intocado que, diz a lenda, cativou Ulisses por sete anos. Com certeza ele nunca se arrependeu.

### História

Os gregos antigos chamavam a ilha de "Melita" ou "mel" por causa das inúmeras abelhas das florestas. Ao que parece, marinheiros gregos iam à ilha para se abrigar de tempestades e apanhar água nas fontes. Naquele tempo, a ilha era habitada pelos ilírios, que ergueram fortes nos morros e estabeleciam comércio com o continente. Em 35 a.C., eles foram conquistados pelos romanos, que expandiram o povoado ao redor de Polače com a construção de um palácio, termas e dependências para serviçais.

A ilha caiu sob domínio do Império Bizantino no século 6º e mais tarde sofreu invasões de eslavos e avaros, no século 7º. Depois de alguns séculos de governo regional a partir do continente, no século 13 Mljet foi entregue à ordem dos beneditinos, que construiu um mosteiro no meio do Veliko Jezero. Dubrovnik anexou a ilha formalmente em 1410.

Embora o destino de Mljet depois disso tenha ficado atrelado ao de Dubrovnik, os habitantes mantiveram suas atividades tradicionais de agricultura, viticultura, criação de animais e navegação. Fora navegação, as outras continuam a ser as atividades centrais até hoje. A criação do parque nacional em 1960 colocou Mljet no mapa, mas a ilha não foi tomada pelo turismo, quase todos os visitantes vão para o enclave turístico ao redor de Pomena. Se estiver atrás de sossego, não vai ser difícil de achar.

## Atrações

As grandes atrações da ilha são o **Malo Jezero** e o **Veliko Jezero**, os dois lagos na parte oeste da ilha, conectados por um canal. O Veliko Jezero está ligado ao mar pelo Canal de Soline, o que torna os lagos sujeitos a inundações por causa da maré.

No meio do Veliko Jezero há uma ilhota com um **mosteiro beneditino**. O mosteiro foi construído originalmente no século 12, mas foi reconstruído algumas vezes, acrescentando características renascentistas e barrocas à estrutura românica. Lá dentro há a **Igreja de Santa Maria** (Crkva Svete Marije). Além de construir o mosteiro, os beneditinos afundaram e alargaram a passagem entre os dois lagos, aproveitando a invasão de água do mar para dentro do vale para construir um **moinho** na entrada do Veliko Jezero. O mosteiro foi abandonado em 1869, e o moinho abrigou o departamento florestal governamental da ilha até 1941. Depois, ele foi convertido em um hotel, que foi destruído na guerra dos anos 1990. Hoje, há no local um restaurante caro, mas muito agradável: o Melita.

Há um barco que sai de Mali Most (a cerca de 1,5km de Pomena) no Malo Jezero e vai até o mosteiro da ilha de hora em hora, dez minutos depois de cada hora cheia. Não é possível dar a volta toda no lago maior a pé, porque não existe ponte sobre o canal que liga os lagos ao mar. Se você for tentar atravessar a nado, cuidado: a corrente pode ser forte.

Polače tem várias ruínas que datam dos século 1º ao 6º. As que mais impressionam são as do **palácio romano**, provavelmente do século 5º. A planta era retangular e nos cantos frontais há duas torres poligonais separadas por uma estrutura com pilastras. Do morro acima da cidade, dá para ver as ruínas de uma **fortificação** do fim da Antiguidade, ruínas de uma **basílica cristã** dos primórdios e de uma **igreja** do século 5º.

## Atividades

Alugar uma bicicleta (20/100KN hora/dia) é uma ótima forma de explorar o parque nacional. Vários locais, como o Hotel Odisej em Pomena, têm bicicletas. Atenção, Pomena e Polače são separadas por um morro íngreme. A trilha de bicicleta ao longo do lago é uma pedalada mais fácil, e a paisagem é linda, mas ela não liga as duas cidades. A **Radulj Tours** (☎091 88 06 543), em Polače, tem carros conversíveis (260KN por 5 horas) e *scooters* (180KN por 5 horas) para alugar se você ficar com preguiça; a **Mini Brum** (☎745 084) oferece a mesma coisa e atende também em Sobra.

Você pode alugar um **barco** e remar até o mosteiro, mas vai precisar de energia.

A ilha oferece algumas possibilidades incomuns de **mergulho**. Há um navio romano naufragado do século 3º em águas relativamente rasas. Os restos do navio, incluindo ânforas, foram se calcificando ao longo dos séculos, e isso evitou que fossem saqueados. Há ainda um torpedeiro alemão da II Guerra Mundial e algumas paredes para mergulhar. Contate a **Kronmar Diving** (☎744 022; Hotel Odisej).

## Visitas guiados

Agências de Dubrovnik e Korčula oferecem excursões para Mljet. Os passeios (cerca de 390KN e 245KN respectivamente) vão mais ou menos das 8h30 até as 18h e incluem a entrada do parque.

## Onde dormir

O escritório de turismo de Polače providencia acomodação particular (a partir de cerca de 260KN por quarto de casal), mas é indispensável combinar antes da alta temporada. Você vai encontrar mais avisos de *sobe* em Pomena do que Polače, e praticamente nenhum em Sobra. Restaurantes também alugam quartos.

**Stermasi** APARTAMENTOS €€€
(☎098 93 90 362; Saplunara; ap 401-546KN; P ❄) Do "outro" lado de Mljet, esses apartamentos são ideais para quem quer aproveitar a vida simples e a beleza natural da ilha. Os 9 têm boa apresentação, são claros e modernos, acomodam de 2 a 4 pessoas e têm varanda ou sacada. Praias de areia à sua porta, e a família de proprietários não poderia ser mais solícita. É possível providenciar transporte. Os hóspedes têm 20% de desconto no maravilhoso restaurante de lá.

**Soline 6** ECO HOTEL €€
(☎744 024; www.soline6.com; Soline; c 546KN) Uma empreitada comprometida e conceitual, o lugar é superverde e o único para se hospedar dentro do parque nacional. Tudo foi construído com produtos recicláveis, a água da chuva é reutilizada, e o lixo orgânico transformado em composto. Os banheiros não têm água e não há eletricidade (até agora). Se estiver esperando uma comunidade hippie, esqueça: os 4 apartamentos compactos são modernos e *clean* e têm banheiro privativo, terraço e uma cozinha.

**Hotel Odisej** RESORT HOTEL €€€
(☎744 022; www.hotelodisej.hr; Pomena; c a partir de 580KN; P ❄ @ ) Única opção convencional de hotel em Mljet e, infelizmente, não é das melhores. Tem um clima persistente de Iugoslávia e é meio impessoal: o serviço às vezes não é muito simpático, e a decoração mudou pouco desde os anos 1970. Dito isso, as tarifas não são um absurdo e costuma ter vagas o ano todo.

Também recomendamos:

**Camping Mungos** CAMPING €
(☎745 300; www.mungos-mljet.com; Babino Polje; por pessoa 52KN; ⊙mai-set) Perto da praia e da encantadora gruta de Ulisses, o camping tem restaurante, câmbio e mercadinho.

**Marina** CAMPING €
(☎745 071; Ropa; por pessoa/lugar 25/47KN; ⊙jun-set) Pequena área de camping em Ropa, a cerca de 1km do parque.

## Onde comer

Pomena tem mais opções, com locais agradáveis enfileirados junto ao mar. Peixes e frutos do mar são frescos e fáceis de achar, mas não são baratos. O cabrito e o cordeiro também agradam, assados "debaixo da cúpula" (com carvão quente por cima e por baixo). Dica para quem estiver de barco: você pode atracar grátis em qualquer restaurante se for comer lá.

**Stermasi** DÁLMATA €€€
(☎098 93 90 362; Saplunara; pratos a partir de 90-360KN) Um dos melhores restaurantes da Dalmácia, e tudo é muito bem-feito mesmo. O mais importante é que a comida é saborosa, autêntica e preparada com competência. As especialidades da casa incluem vegetais, polvo ou cabrito preparados "debaixo da cúpula" (200/260/300KN respectivamente); o javali selvagem com nhoque (360KN) fica perto de satisfazer 4 pessoas. Ou opte por uma peixada à moda de Mljet. A vista do terraço para as minúsculas ilhas da baía de Saplunara é sensacional.

**Melita** CROATA €€
(www.mljet-restoranmelita.com; Ilha de Santa Maria, Veliko Jezero; pratos a partir de 60KN) Não existe nenhum lugar mais romântico (e turístico) na ilha – esse é o restaurante anexo à igreja na ilhota no meio do lago grande. Regale-se com pratos de peixe, frutos do mar e carnes, lagosta de Mljet, polvo, risoto negro e queijos regionais.

**Konoba Ankora** CROATA €€
(Polače; prato principal a partir de 70KN) Encostado no mar, é o melhor restaurante entre os enfileirados em Polače. O cardápio curto, escrito com giz em uma lousa, geralmente inclui cordeiro grelhado de Mljet, caça, cabrito e pescados variados frescos – experimente o *brodetto* (peixada mista).

**Triton** CARNE GRELHADA €€
(☎745 131; Sršenovići 43, Babino Polje; pratos a partir de 70KN) Especializado em carnes, serve a melhor vitela e cabrito preparados "debaixo da cúpula" – reserve com antecedência. Termine a refeição bicando os destilados caseiros da coleção do dono.

## Informações

O **escritório de turismo** (☎744 186; www.mljet.hr; ⊙8-13h e 17-19h seg-sáb, 9-12h dom jun-set, 8-13h seg-sex out-mai) fica em Polače e há um caixa eletrônico ao lado. Você pode comprar um bom mapa para caminhada, também oferece folhetos. Há outro caixa eletrônico no Hotel Odisej em Pomena.

Babino Polje, a 18km de Polače, é a capital da ilha. Lá há outro **escritório de turismo** (☎745 125; www.mljet.hr; ⏲9-17h seg-sex) e uma agência de correio.

##  Como chegar e circular

Os ferries da Jadrolinija param só em Sobra (32KN, 2 horas), mas o **catamarã Melita** (☎313 119; www.gv-line.hr; Vukovarska 34, Dubrovnik) vai para Sobra (22KN, 1 hora) e Polače (50KN, 1h e 30min) nos meses de verão, saindo do porto de Gruž em Dubrovnik duas vezes por dia (9h15 e 18h15) e voltando diariamente uma vez de Polače às 16h e duas de Sobra (6h15 e 16h40). *Não* é possível fazer reserva antes para esse serviço; chegue ao guichê no ancoradouro com bastante antecedência na alta temporada para garantir lugar (bicicletas normalmente não são permitidas). No inverno há só um catamarã por dia. Os barcos turísticos de Korčula também vão para o ancoradouro de Polače na alta temporada.

Ônibus esparsos conectam Sobra e Polače.

# Cavtat

POP. 2.021

Sem Cavtat, Dubrovnik não existiria. Bem, pelo menos não essa Dubrovnik que nós conhecemos e adoramos. Os habitantes desse povoado (originalmente grego) fugiram dos eslavos e se instalaram em Dubrovnik, fundando a cidade em 614. Mas Cavtat é interessante por si só. Muito mais "local" do que Dubrovnik - leia-se, não é invadida por turistas todos os dias -, ela tem seu charme. Circundando um porto muito bonito, ladeado por praias e tendo ao fundo uma cortina de morros imponentes, o lugar é lindo.

### História

Originalmente um povoado grego chamado Epidaurus, Cavtat virou colônia romana por volta de 228 a.C. e mais tarde foi destruída durante as invasões eslavas do século 7º. Ao longo da maior parte da Idade Média, fez parte da República de Dubrovnik e tinha participação na vida econômica e cultural da cidade. A personalidade mais famosa de Cavtat é o pintor Vlaho Bukovac (1855-1922), um dos principais expoentes do Modernismo croata.

## Atrações

Cavtat tem algumas atrações interessantes.

O **Palácio do Reitor** (Obala Ante Starčevića 18; inteira/meia 10/5KN; ⏲9h30-13h seg-sáb) abriga uma biblioteca magnífica (que pertenceu ao advogado e historiador do século 19 Baltazar Bogišić), litografias e uma pequena coleção arqueológica. Ao lado, há a **Igreja de São Nicolau** (Crkva Svetog Nikole; entrada 10KN; ⏲10-13h), barroca, com esplêndidos altares de madeira.

A **casa onde nasceu Vlaho Bukovac** (Rodna Kuća Vlahe Bukovca; Bukovca 5; entrada 20KN; ⏲10-13h e 16-20h ter-sáb, 16-20h dom), o filho mais famoso de Cavtat, fica no fim da Obala Ante Starčevića. A arquitetura do começo de século 19 é um bom pano de fundo para os objetos e quadros do pintor mais famoso da Croácia. Ao lado, fica o **Mosteiro de Nossa Senhora da Neve** (Samostan Snježne Gospe; Bukovca), que vale a visita para conhecer algumas obras renascentistas dignas de nota.

Uma trilha morro acima sai do mosteiro para o cemitério, onde fica o **mausoléu** (entrada 5KN; ⏲10-12h e 17-19h jul e ago) da família Račić, construído por Ivan Meštrović. O monumento elaborado reflete a preocupação do escultor com questões religiosas e espirituais.

## Onde dormir e comer

Para hospedagem em casa particular tente a Atlas ou alguma das outras agências de turismo no centro da cidade.

**Castelletto** B&B €€
(☎478 246; www.dubrovnikexperience.com; Tiha bb; s/c 640/910KN; P ❄ @ 📶 ≋) O lugar bem cuidado, pertencente a uma família, tem 13 quartos espaçosos e limpos, com mobília moderna de bom gosto, em um casarão adaptado. Todos têm ar-condicionado e TV por satélite, e muitos têm ampla vista para a baía. A localização é tranquila, bem afastada do porto, que fica a uns 10 minutos a pé, uma caminhada rápida e agradável. A piscina é só para se refrescar, não dá para nadar. Serviço excelente; internet e traslado grátis.

**Hotel Major** HOTEL RURAL €€€
(☎773 600; www.hrmajor.hr; Uskoplje bb; ste 893KN, pratos a partir de 75KN; P ❄ @ 📶 ≋) A 5 minutos de carro para o interior, saindo de Cavtat, o pequeno hotel rural tem 5 suítes a um bom preço, todas com ar-condicionado, aquecimento e vista para o mar ou as montanhas. O pessoal não poderia ser mais atencioso, e o restaurante também vale a pena - tem um imenso terraço e cardápio com um marcante sabor dálmata (experimente o ossobuco de vitelo ensopado) e muitos vinhos em taça.

**Galija** FRUTOS DO MAR €€
(www.galija.hr; Vuličelićeva 1; pratos a partir de 70KN) Existe há tempos e é muito respeitado, tem um belo terraço virado para o mar, sob a sombra de pinheiros, e interior aconchegante, com paredes de pedra. Comece provando algumas entradas estilo dálmata (como sopa de ouriço-do-mar). Peixes e frutos do mar predominam entre os pratos principais - experimente a excelente bandeja de frutos do mar (com ostras, mariscos e camarão). Caro, mas vale a pena.

Na orla do porto você vai encontrar cafés e restaurantes próximos um do outro, para uma refeição barata e informal.

## Informações

**Antares** (479 707; www.antarestravel.hr; Vlaha Paljetka 2) Reserva excursões e oferece hospedagem particular.

**Agência de Viagens Atlas** (479 031; www.atlas-croatia.hr; Trumbićev Put 2) Excursões e hospedagem particular.

**Correio** (Kneza Domagoja 4; 9h-18h30 seg--sáb) Perto da rodoviária.

**Escritório de turismo** (479 025; www.tzcavtat-konavle.hr; Tiha 3; 8-19h jul e ago, 8h-15h30 seg-sex, 9-12h sáb set-jun) Muito bem abastecido de folhetos e fornece um bom mapa colorido.

## Como chegar

O ônibus 10 sai de hora em hora para Cavtat (18KN, 45 minutos) da rodoviária de Dubrovnik, os últimos voltam perto da meia-noite. Ou você pode ir de barco (ida e volta 80KN, 12 por dia junho a setembro, 3 a 5 por dia resto do ano) saindo do ancoradouro de Lokrum, perto do Portão de Ploče.

# Jardins de Trsteno

A apenas 13km de Dubrovnik, esses jardins maravilhosos valem a visita. Trsteno se destacou no século 16, quando a nobreza de Dubrovnik dedicava uma atenção extra à aparência de seus jardins - Ivan Gučetić plantou as primeiras sementes no local e lançou a moda.

Os descendentes de Ivan Gučetić mantiveram o jardim ao longo dos séculos, até o terreno ser encampado pela Academia de Ciências (antes iugoslava, agora croata), que o transformou em um **arboreto** (751 019; inteira/meia 30/15KN; 8-19h jun-set, até as 16h out-mai). O jardim tem uma linda disposição renascentista, com um composição de formas geométricas feitas de plantas e arbustos mediterrâneos (lavanda lilás, alecrim verde, brinco-de-princesa e primavera), e pomares de cítricos perfumando o ar. O paisagismo, porém, é parcial - uma boa parte permanece maravilhosamente selvagem. Há um **labirinto** divertido para crianças, uma bela coleção de palmeiras (incluindo palmeiras moinho-de-vento da China) e um lindo **lago** com uma estátua de Netuno, muitos nenúfares brancos e dezenas de rãs. Não perca os dois **plátanos** na entrada do povoado de Trsteno - cada um tem mais de 400 anos e cerca de 50m de altura.

O camping local, o **Autocamp Trsteno** (751 060; www.trsteno.hr/camping.htm; por pessoa/barraca 26/20KN), é bem equipado e tem um bom bar. Fica a 5 minutos a pé da costa, onde há enseadas rochosas.

Para chegar a Trsteno, pegue qualquer ônibus (30 minutos, 19 por dia) em direção a Split na rodoviária de Dubrovnik.

# ILHA DE KORČULA

POP. 16.438

Korčula é cheia de vinhedos, olivais e pequenos vilarejos. As densas matas da ilha levaram os primeiros colonizadores gregos a chamá-la de Korkyra Melaina (Korčula Negra). A cidade principal, Korčula, é uma linda grade de ruas de mármore e arquitetura impressionante. A escarpada costa sul é pontilhada de enseadas tranquilas e pequenas praias, enquanto a costa norte, mais plana, é cheia de pequenas baías naturais. As tradições são muito vivas em Korčula, com cerimônias religiosas ancestrais, música e danças folclóricas que continuam a ser executadas para um fluxo cada vez maior de turistas. Os enófilos vão adorar experimentar o vinho, especialmente o vinho de sobremesa feito com a uva *grk* cultivada nos arredores de Lumbarda.

Korčula é separada da Península de Pelješac por um canal estreito. É a sexta maior ilha adriática, com quase 47km de comprimento.

### História

Uma caverna neolítica (Vela Špilja) localizada perto de Vela Luka, na extremidade oeste da ilha, aponta para a existência de um assentamento pré-histórico, mas foram os gregos que começaram a se espalhar

## Cidade de Korčula

pela ilha, por volta do século 6º a.C. O assentamento mais importante era na área da atual Lumbarda, por volta do século 3º a.C. Os romanos conquistaram Korčula no século 1º, dando lugar aos eslavos no século 7º. A ilha foi conquistada por Veneza no ano 1000 e depois passou para o domínio húngaro. Fez parte rapidamente da República de Dubrovnik antes de, em 1420, sucumbir mais uma vez aos venezianos, que permaneceram até 1797. Sob domínio veneziano, a ilha ficou conhecida por sua pedra, que era extraída e cortada para exportação. A construção de navios também prosperou.

Depois da conquista da Dalmácia por Napoleão, em 1797, os destinos de Korčula acompanharam os da região, que passou pelas mãos de franceses, austro-húngaros e ingleses antes de se tornar parte da Iugoslávia, em 1921. Hoje, Korčula está rapidamente se tornando uma das ilhas mais prósperas da Croácia, a capital histórica atrai cada vez mais turistas.

### Como chegar e circular

**Barco**

A ilha tem dois portos de entrada principais – Cidade de Korčula e Vela Luka. Todos os ferries

## Cidade de Korčula

**Destaques**

Defesas da cidade .......... B3
Catedral de São Marcos .......... C2
Museu da cidade .......... C3

**Atrações**

1 Igreja de todos os santos .......... D3
2 Palácio de Arneri .......... C2
3 Museu de Ícones e Igreja .......... D3
4 Torre Kula Kanovelić .......... C1
5 Grande torre do governador .......... B3
6 Museu Marco Polo .......... D2
Museu Moreška .......... (veja 10)
7 Museu Riznica .......... C3
8 Pequena torre do governador .......... B3
9 Torre do portão marítimo oeste .......... B2
10 Torre Veliki Revelin .......... C4

**Atividades, cursos e passeios**

11 Rent a Đir .......... C4

**Onde dormir**

12 Hotel Korčula .......... B2
13 Lešic Dimitri Palace .......... D2

**Onde comer**

14 Buffet-Pizzeria Doris .......... B5
15 Cukarin .......... B5
16 Gradski Podrum .......... C3
17 Konoba Komin .......... C3
18 Konoba Marinero .......... D3
19 LD .......... D2
20 Supermercado .......... C4

**Onde beber**

21 Cocktail Bar Massimo .......... C1
22 Vinum Bonum .......... B5

**Entretenimento**

23 Moreška Sword Dance .......... B3

da Jadrolinija entre Split e Dubrovnik param na cidade de Korčula.

Se estiver viajando entre Split e Korčula, você tem várias opções. Há um barco rápido diário, o **Krilo** (www.krilo.hr), que vai de Split para Korčula (55KN, 2h e 45min) o ano todo, com parada em Hvar no caminho. A Jadrolinija opera um catamarã para passageiros diariamente, de junho a setembro, de Split para Vela Luka (60KN, 2 horas), parando em Hvar e depois seguindo para Lastavo. Há também um ferry para carros regulares entre Split e Vela Luka (45KN, 3 horas), que geralmente para em Hvar (mas os carros não podem desembarcar em Hvar).

Da Península de Pelješac, você vai encontrar barcos ligando Orebić e Korčula com bastante regularidade. Lanchas de passageiros (15KN, 10 minutos, 13 por dia jun a set, pelo menos 5 por dia no resto do ano) vão para o coração da cidade de Korčula. Os ferries de carro (17KN, 15 minutos, no mínimo 14 por dia, o ano todo) também fazem essa rota, mas usam o ancoradouro de Dominče, mais fundo, a 3km da cidade de Korčula. (As conexões de ônibus são ruins e as tarifas de táxi, abusivas – 80KN por um percurso de 3km – tente usar a lancha se estiver a pé.)

### Ônibus

Há ônibus para Dubrovnik (85KN, 3 horas, 1 a 3 por dia) e um para Zagreb (239KN, 11 horas). Reserve com antecedência no verão.

## Cidade de Korčula

POP. 3.135

A cidade de Korčula é surpreendente. Cercada por defesas imponentes, a cidadela costeira esbanja história, com ruas de mármore recheadas de arquitetura renascentista e gótica. A fascinante disposição em espinha de peixe foi projetada de forma inteligente, a fim de abrir a cidade para o refrescante vento *mistral* (forte, constante, oeste) do verão, ao passo que as ruas a leste são curvadas para minimizar a força do vento *bura* (vento frio, nordeste) do inverno. A cidade cerca uma enseada, acima da qual há torres de defesa redondas e um agrupamento compacto de casas com telhado vermelho.

Há palmeiras sussurrantes por toda parte e várias praias a uma caminhada fácil de distância. É a ilha preferida das famílias, por isso, se quiser sossego, você vai precisar sair da cidade para praias mais remotas. A cidade de Korčula é a melhor base para viagens de um dia a Lumbarda, à ilhota de Badija, à cidade de Orebić na Península de Pelješac e à Ilha de Mljet.

### História

Apesar de documentos indicarem a existência de uma cidade murada no local no século 13, a cidade atual só foi construída no século 15. A construção coincidiu com o apogeu da atividade de esculpir em pedra na ilha, dando às construções e às ruas um estilo inconfundível. No século 16, os artesãos acrescentaram às fachadas dos prédios elementos decorativos como colunas ornamentadas e brasões, o que deu um ar renascentista à base original gótica.

As pessoas começaram a construir casas ao sul da cidade velha nos séculos 17 e 18, quando a ameaça de invasão diminuiu e elas não precisavam mais se proteger atrás de muralhas. As ruas estreitas e casas de pedra no "novo" subúrbio atraíram mercadores e artesãos, e ainda hoje é onde se concentra a maior parte da atividade comercial.

## Atrações

**Defesas da Cidade** ESTRUTURAS DEFENSIVAS

As torres de Korčula (e o que resta das muralhas) são mais impressionantes quando vistas ao se aproximar delas por mar, a sua presença era um aviso aos piratas de que a cidade não seria moleza. Originalmente, as defesas eram muito mais imponentes, uma barreira de pedra completa contra invasores, com doze torres e paredes de 20m de altura.

No ancoradouro a oeste, a **Grande Torre do Governador** (1483) e a **Pequena Torre do Governador** (1449) protegiam o porto, as embarcações e o Palácio do Governador, que ficava perto do paço municipal. No sentido horário em torno da borda da península da cidade velha, a **Torre do Portão Marítimo Oeste** tem uma inscrição em latim de 1592, afirmando que Korčula foi fundada depois da queda de Troia. Em seguida, você vai chegar à **Torre Kula Kanovelić**, restaurada, em formato de semicírculo, com ameias no topo e, depois, a uma torre menor que agora foi transformada, de maneira bizarra, no Cocktail Bar Massimo.

A entrada para a cidade velha é pelo portão terrestre ao sul, na **Torre Veliki Revelin**. Construída no século 14 e depois expandida, essa fortificação é adornada por brasões dos doges venezianos e dos governadores de Korčula. Havia originalmente uma ponte levadiça de madeira no local, mas ela foi substituída no século 18 pelos largos degraus de pedra que dão um ar de grandeza à entrada. A melhor parte remanescente das muralhas se estende para oeste saindo desse ponto. A parte superior da torre abriga um pequeno **museu** (entrada 15KN; 9-21h jun-set, 10-16h mai e out, fechado no resto do ano) dedicado à tradição da dança Moreška; possui algumas roupas e fotos antigas.

**Catedral de São Marcos** CATEDRAL

(Katedrala Svetog Marka; Statuta 1214; 9-21h jul e ago, só para missa set-jun) Dominando a Trg Svetog Marka (Praça São Marcos), a magnífica Catedral de São Marcos, do século 15, foi construída com pedra calcária de Korčula em estilo gótico-renascentista por artistas italianos e locais. Sobre o portal solene, a cornija triangular é decorada com uma sereia de dois rabos, um elefante e outras esculturas. A **torre do sino** que se ergue acima da catedral sobre a cidade tem no topo uma balaustrada e uma cúpula ornamentada, uma linda obra do artista natural de Korčula, Marko Andrijić.

O interior é absolutamente memorável, a nave se ergue a 30m de altura e é acompanhada por uma colunata dupla de pilares de pedra calcária. Fique atento ao cibório, também esculpido por Andrijić e, atrás dele, ao retábulo com a pintura *Três Santos*, de Tintoretto. Há outro quadro atribuído a Tintoretto ou a seu ateliê, *A Anunciação*, que está no altar barroco da Santo Antônio. Outras obras dignas de nota incluem uma estátua de bronze de São Brás, de Meštrović, perto do altar da nave norte, e um quadro do artista veneziano Jacopo Bassano, na abside da nave sul. Veja também as esculturas modernas do **batistério**, incluindo uma *pietà* de Ivan Meštrović.

**Museu Municipal** MUSEU

(Gradski Muzej; Statuta 1214; entrada 15KN; 9-21h jun-ago, 9-13h seg-sáb set-mai) Ocupando o Palácio Gabriellis, do século 16, esse museu traça a história e a cultura de Korčula ao longo dos tempos. Não é lá muito organizado, mas algumas coisas interessantes podem ser encontradas distribuídas pelos quatro andares - como uma placa registrando a presença grega na ilha no século 3º a.C. A coleção de objetos esculpidos em pedra segue o desenvolvimento dessa atividade com esculturas e ferramentas, e instalações de construção naval exibem modelos de barcos locais. Há também uma coleção arqueológica com objetos pré-históricos e alguns exemplos de arte, vestimenta, mobília, têxteis e retratos locais. Explicações em inglês.

Antes de ir embora da praça, observe o elegante e elaborado **Palácio Arneri**, vizinho do museu e que se estende por uma rua estreita com o mesmo nome.

**Museu Marco Polo** MUSEU NA TORRE

(De Polo; entrada 15KN; 9-19h jun-set, 10-16h mai e out) Dizem que Marco Polo nasceu em Korčula, em 1254, e, embora muitos locais aleguem ser esse o local de nascimento dele, há evidências razoáveis de que isso pode

### DANÇAS DA ESPADA MOREŠKA

Uma das tradições mais coloridas da ilha é a dança da espada Moreška, executada em Korčula desde o século 15. Embora a dança provavelmente seja de origem espanhola, atualmente Korčula é o único lugar onde ela é executada. Ela conta a história de dois reis – o Rei Branco (vestido de vermelho) e o Rei Negro – que lutam por uma princesa raptada pelo Rei Negro. Na introdução falada, a princesa declara seu amor pelo Rei Branco, e o Rei Negro se recusa a ceder. Os dois exércitos puxam suas espadas e "lutam"em uma dança complexa, acompanhada por uma banda. Os locais entusiasmados executam a dança, que acontece do lado de fora do portão sul. Embora tradicionalmente executada apenas no dia da cidade de Korčula, 29 de julho, a dança atualmente acontece às segundas e quintas à noite, de junho a setembro.

As danças Kumpanija também são executadas na ilha regularmente, em Pupnat, Smokvica, Blato e Čara. Essa dança também envolve uma "luta" entre exércitos rivais e culmina com uma imensa bandeira sendo desfraldada. É acompanhada por *mišnice* (instrumento local que parece uma gaita de foles) e tambores.

mesmo ser verdade. O museu, pequeno e claustrofóbico, fica em uma torre estreita da casa em que supostamente ele morou. Dentro, você vai encontrar mapas e cartas relacionados às viagens de Polo, retratos e bustos do grande aventureiro. Mas talvez o grande apelo do lugar seja a vista. Suba os degraus muito íngremes para uma vista bem detalhada da península de Korčula e do Adriático. Atenção, a escadaria não é segura para crianças pequenas.

**Museu Riznica** ARTE

(Statuta 1214; entrada 15KN; ⌚9h-19h30 seg-sáb mai-nov) Localizado no Palácio da Abadia, do século 14, o Museu Riznica tem uma antessala com uma coleção de ícones e um hall de arte dálmata com uma excelente coleção de pinturas do séculos 15 e 16. A obra de maior destaque é o políptico *A Virgem*, de Blaž Trogiranin. Há também itens litúrgicos, joias, mobília e documentos antigos relacionados à história de Korčula.

**Museu de Ícones e Igreja** MUSEU

(Trg Svih Svetih; entrada 10KN; ⌚10-12h e 17-19h seg-sáb) O modesto Museu de Ícones tem uma pequena coleção de interessantes ícones bizantinos pintados sobre madeira com fundo dourado e objetos de rituais do séculos 17 e 18. Os visitantes ganham um bônus: entrar na linda e antiga **Igreja de Todos os Santos** (Crkva Svih Svetih), vizinha. A igreja barroca do século 18 tem um painel de madeira esculpida e pintada, do século 15, e uma *pietà* do fim do século 18, além de muitas pinturas religiosas locais.

## Atividades

Há trilhas excelentes para percorrer de bicicleta e a pé em Korčula; pegue um mapa da ilha no escritório de turismo ou na Kantun Tours (que aluga bicicletas por 100KN a diária). *Scooters* (291KN por 24 horas) e barcos (580KN a diária) podem ser encontrados na **Rent a Đir** (☎711 908; www.korcula-rent.com; Biline 5). Não perca a bela cidade de Orebić, que fica próxima à água, tem uma praia gostosa e boas trilhas para caminhadas.

No verão, barcos-táxi oferecem viagens para a **Ilha de Badija**, que tem um mosteiro franciscano do século 15 e uma praia de nudismo.

## Visitas guiadas

As agências de viagens organizam passeios pelas ilhas ou viagens para Mljet e oferecem passeios de mountain bike (195KN), caiaque e mergulho com snorkel (220KN).

## Festas e eventos

As comemorações da **Semana Santa** são especialmente caprichadas em Korčula. Começando no Domingo de Ramos, a semana que antecede a Páscoa é inteira dedicada a cerimônias e procissões organizadas pelas irmandades religiosas locais, vestidas com roupas tradicionais. Os moradores entoam canções e hinos medievais, acontecimentos bíblicos são encenados, e os portões da cidade são abençoados. As procissões mais solenes acontecem na Sexta-Feira Santa, quando membros de todas as irmandades desfilam pelas ruas. A programação está disponível no escritório de turismo.

## Onde dormir

A oferta de hotéis de Korčula se concentra mais em resorts e hotéis grandes, mas os listados aqui são todos decentes. Se não quiser hotéis desse tipo, uma opção mais pessoal é hospedagem particular. A Atlas e a Marko Polo Tours providenciam quartos particulares (a partir de 250KN na temporada).

**Lešić Dimitri Palace** HOSPEDAGEM-BUTIQUE €€€
(715 560; www.lesic-dimitri.com; Don Pavla Poše 1-6; ap 2.731-8.741KN; ) Em uma categoria própria, o lugar é extraordinário em todos os sentidos (inclusive preço). Espalhadas por alguns casarões, as 6 "residências" têm acabamento impecável de alto nível. Todas têm nomes relacionados às viagens de Marco Polo, a chinesa tem um (leve) toque asiático, a da Índia reflete sutilmente o subcontinente. Todos os detalhes – iPods, banheiros de mármore, máquinas de café expresso – estão presentes, enquanto características originais como vigas expostas, antigas paredes e chão de pedra preservam a sensação de que você está em um lugar muito especial. Ah, o restaurante também é o melhor da redondeza.

**Hotel Bon Repos** HOTEL RESORT €€
(726 800; www.korcula-hotels.com; c 524KN; P@) No caminho para Lumbarda, o imenso hotel tem jardins bem cuidados e uma piscina grande voltada para uma pequena praia. Os quartos estão apresentáveis, o preço é justo, e as instalações são boas, tem inclusive quadras de tênis. Oferece serviço de barcos-táxi para a cidade de Korčula; a pé são 30 minutos.

**Hotel Liburna** HOTEL RESORT €€€
(726 006; www.korcula-hotels.com; Put Od Luke 17; c a partir de 815KN; P@) Hotel grande, muitos quartos têm uma linda vista para o mar. Tem piscina, quadras de tênis e é possível praticar windsurfe saindo da praia de concreto, mas os quartos são meio sem graça.

**Hotel Korčula** HOTEL HISTÓRICO €€€
(711 078; www.hotelkorcula.com; Obala Franje Tuđmana 5; s/c 720/960KN; P) A localização na enseada a oeste é ótima, mas está precisando urgentemente de uma repaginada. Escolha o quarto com cuidado se puder, alguns têm janelas pequenas e vista muito limitada para a baía. A decoração é totalmente anos 1960, não tem ar-condicionado (nem elevador).

**Villa DePolo** UNIDADES €
(711 621; tereza.depolo@du.t-com.hr; Svetog Nikole bb; c 330KN; ) Ótima opção econômica, os quartos (e o apartamento) são pequenos e simples, mas modernos e atraentes, em cores suaves, com camas confortáveis; um deles tem um terraço com uma vista linda. A localização é excelente, a uma curta caminhada tanto da cidade velha como da rodoviária. A distribuição da DePolo é flexível, as unidades podem acomodar duas, quatro ou seis pessoas. Cobra taxa para estadas curtas no verão.

**Pansion Hajduk** PENSÃO €
(711 267; olga.zec@du.t-com.hr; c a partir de 430KN; ) Fica a uns poucos quilômetros da cidade, na estrada para Lumbarda, mas a recepção é calorosa, os quartos têm ar-condicionado e TV e há uma piscina e alguns balanços para as crianças. O restaurante é decente.

**Ojdanić** POUSADA €
(091 51 52 555; www.korcula-roko.com; ap a partir de 420KN; ) A uma caminhada de 3 minutos da cidade velha, pela enseada, o lugar tem dois apartamentos muito simples, limpos e baratos. O "Ela" é compacto; o "Roko" pode acomodar uma família com duas crianças pequenas e tem um terraço com uma bela vista para o continente. Rotko, o dono, tem um barco-táxi e pode levar você para pescar.

Há um camping grande e vários pequenos. O **Autocamp Kalac** (711 182; www.korculahotels.com; por pessoa/lugar 54/48KN; mai--out) é o mais próximo da cidade velha (30 minutos a pé) e é um lugar agradável, cheio de pinheiros. Tem quadras de tênis e fica em frente a uma praia estreita, mas lota muito no verão.

Cerca de 10km a oeste da cidade, perto de Račišće, existem três campings pequenos que oferecem mais privacidade e acesso a praias sem lotação. Todos abrem de junho até meados de setembro e custam cerca de 90KN por pessoa, incluindo barraca e carro: **Kamp Oskorušica** (710 747); **Kamp Tri Žala** (721 244; trizala@vip.hr); **Kamp Vrbovica** (721 311).

## Onde comer

Você pode comprar comida para piquenique e coisas básicas no supermercado.

**LD** MEDITERRÂNEA MODERNA €
(☎715 560; www.lesic-dimitri.com; Don Pavla Poše 1-6; prato principal a partir de 45KN) O melhor restaurante de Korčula é diferente dos demais, oferece um cardápio moderno e bem executado. Comece com pequenos *crostini* cobertos com deliciosas combinações de ingredientes mediterrâneos (só 8KN cada um) e depois passe para um picante ensopado de linguiça eslavônio, robalo, cordeiro de Pag ou *carpaccio* de atum defumado. Deixe o *sommelier* selecionar vinhos em taça para acompanhar cada prato; há muitas maravilhosas opções croatas. O lugar também é magnífico, com mesas logo acima da água. Dada a qualidade dos ingredientes e o ambiente, o preço é ótimo.

**Konoba Komin** DÁLMATA €
(☎716 508; Don Iva Matijace; prato principal a partir de 45KN) Muito aconchegante, a ótima *konoba* tem um ar quase medieval, com o *komin* (fogueira), as carnes assando, paredes de pedra antigas e mesas de madeira maciça. Cardápio simples e delicioso, com bons pratos de cordeiro, peixe, mexilhão (na época) e caça, e vinhos locais à disposição. Gerido por uma família, é pequeno, por isso faça reserva.

**Konoba Maslina** DÁLMATA €
(Lumbarajska cesta bb; pratos a partir de 50KN) Tudo o que se pode esperar de uma *konoba* rural, o restaurante tradicional oferece rusticidade e comida do interior realmente honesta. O *chef* e proprietário explica o cardápio e dá sugestões: peixe fresco, cordeiro e vitela, presunto e queijo locais têm forte presença. A cerca de 3km da cidade, na estrada para Lumbarda.

**Konoba Marinero** FRUTOS DO MAR €€
(Marka Andrijića; pratos a partir de 50KN) O simpático Marinero, com temática marinha, é aconchegante e familiar. Os filhos pescam, e os pais preparam o peixe segundo receitas tradicionais variadas.

**Cukarin** DELICATÉSSEN €
(Hrvatske Bratske Zajednice; bolos a partir de 10KN) Essa *delicatessen* serve surpreendentes criações à moda de Korčula, como *klajun* (doce de nozes) e *amareta* (saboroso bolo de amêndoas redondo). Também vende vinho, geleia e azeite da ilha.

**Gradski Podrum** CROATA €€
(Kaporova; pratos a partir de 70KN) Restaurante romântico na cidade velha, vale a pena pela peixada à moda de Korčula.

**Buffet-Pizzeria Doris** RESTAURANTE €
(Tri Sulara; pratos a partir de 40KN) Local simples que serve um pouco de tudo, incluindo massas, pizza, frutos do mar, carnes e saborosas travessas de vegetais grelhados.

## Onde beber

**Vinum Bonum** BAR DE VINHOS
(Punta Jurana 66; ⏲11-14h e 18-0h) Escondida em uma travessa para pedestres saindo do ancoradouro, vá até essa vinheria descontraída para experimentar alguns dos melhores vinhos da ilha (em taça, se você preferir). Serve petiscos dálmatas, como queijo de cabra e presunto local.

**Dos Locos** BAR
(Šetalište Frana Kršinića 14) Ponto de encontro dos jovens em Korčula, tem seleção musical como R&B e videoclipes projetados na lateral de um prédio. Logo atrás da rodoviária.

**Cocktail Bar Massimo** BAR NA TORRE
(Šetalište Petra Kanavelića) O bar fica em uma torre e só é acessível por escada; as bebidas sobem em um elevardozinho. Vá até lá pela vista para a costa e a catedral, não pelos coquetéis chinfrins. Crianças não entram.

## Entretenimento

Todo mundo que vai a Korčula no verão acaba indo à **dança da espada Moreška** (p. 271), que acontece todas as segundas e quintas às 21h, de junho a setembro, ao lado do portão da cidade velha. As entradas custam 100KN e podem ser compradas no local ou em qualquer agência de turismo. As danças Kumpanija das aldeias de Pupnat, Smokvica, Blato e Čara são uma noitada divertida, mas você vai precisar de transporte próprio para ir até lá.

## Informações

Há alguns caixas eletrônicos na cidade, inclusive um no HVB Splitska Banka. Você também pode trocar dinheiro no correio ou em qualquer agência de turismo.

**Agência de Viagens Atlas** (☎711 231; atlas-korcula@du.htnet.hr; Trg 19 Travnja bb) Representa a American Express, organiza excursões e providencia hospedagem particular.

**Hospital** (☎711 137; Kalac bb) Cerca de 1km depois do Hotel Marko Polo.

**Kantun Tours** (☎715 622; www.kantun-tours.com; Plokata 19 Travnja bb) Provavelmente a maior agência e a mais organizada, oferece hospedagem privada, muitas excursões, aluguel de carro e passagens de barco. Também tem acesso à internet (25KN a hora) e guarda-volume.

**PC Centrar Doom** (Obvjeknik Vladimir DePolo) Acesso à internet (25KN a hora) e ligações internacionais relativamente baratas.

**Correio** (Trg Kralja Tomislava)

**Escritório de Turismo** (☎715 701; www.korcula.net; Obala Franje Tuđmana 4; ⌚8-15h e 17-20h seg-sáb, 9-13h dom jul e ago, 8-14h seg-sáb set-jun) No porto oeste; excelente fonte de informações.

### Como chegar

Para informações sobre como chegar e sair da cidade de Korčula, veja a p. 268. Há um **escritório da Jadrolinija** (☎715 410) a cerca de 25m do porto oeste.

## Lumbarda

Cercada de vinhedos e enseadas, Lumbarda é uma cidadezinha descontraída, localizada ao redor de uma enseada na ponta sudeste da Ilha de Korčula. O solo arenoso é perfeito para vinhedos, e o vinho da uva *grk* é o produto mais famoso de Lumbarda. No século 16, os aristocratas de Korčula construíram casas de veraneio ao redor de Lumbarda, e ela ainda é um refúgio bucólico para a cidade de Korčula, mais urbanizada. As praias da cidade são pequenas, mas de areia. Há uma boa praia (Plaza Pržina) do outro lado dos vinhedos, depois do supermercado.

### Onde dormir e comer

Há vários campings pequenos e baratos subindo o morro, saindo da rodoviária.

**Zure** HOTEL RURAL €€
(☎712 008; www.zure.hr; ap a partir de 590KN; ⌚mai-nov; P ❄ @ 👪) Maravilhoso *agroturizam* gerenciado por um acolhedor casal croata/alemão e sua família, em um lugar tranquilo. As acomodações consistem em dois apartamentos modernos e bem equipados e uma casa pequena, todos com terraço. Vinhos *grk* e *plavac mali*, queijo e presunto cru locais; peixe fresco e frutos do mar (experimente a *buzara*) no restaurante (prato principal a partir de 70KN).

**Pansion Marinka** HOTEL RURAL €
(☎712 007; marinka.milina-bire@du.t-com.hr; c 380KN; ⌚mai-nov) É uma fazenda produtiva e um vinhedo, com instalações agradáveis, recém-renovadas (quartos de casal e 3 apartamentos). A localização campestre é adorável e dá para ir a pé até a praia. Os donos produzem vinhos, azeite e queijo excelentes, pescam e defumam o próprio peixe.

**Hotel Borik** HOTEL €€
(☎712 215; www.hotelborik.hr; c 720KN; P ❄ @ 📶) O hotel tem 23 quartos reformados e estilosos, em linhas simples, ar-condicionado e TV por satélite (e um anexo grande com muito mais). Fica afastado da estrada, em um pequeno morro no centro da cidade, e tem um terraço muito gostoso. Tem bicicletas para alugar.

### Informações

O **escritório de turismo** (☎/fax 712 005; www.lumbarda.hr; ⌚8-12h e 16-20h meados de jun-ago, hr reduzido no resto do ano) providencia hospedagem.

### Como chegar

Na cidade de Korčula, barcos-táxi esperam passageiros para Lumbarda no porto leste. Os ônibus para Lumbarda (10KN, 15 minutos) saem a cada hora, até o meio da tarde; o ônibus não roda aos domingos.

## Vela Luka

Vela Luka, perto da extremidade oeste de Korčula, é um porto bem bonitinho, em uma adorável baía natural. Há enseadas para nadar por perto, mas não praias. Pequenos barcos levam você às ilhotas idílicas de Proizd e Osjak (quadro acima, mesma p.), lá perto.

> VALE A VIAGEM
>
> **ILHAS IDÍLICAS**
>
> Para ficar no maior sossego na praia, nada melhor do que as ilhas costeiras de **Proizd** e **Osjak**. A água azul transparente e as pedras brancas de Proizd são deslumbrantes, enquanto Osjak, a ilha maior, é conhecida por sua floresta. Leve muito protetor solar, porque a sombra é pouca. Há opções baratas para comer nas duas ilhas. Entre julho e agosto, vários barcos pequenos saem de Vela Luka toda manhã e voltam para buscar os passageiros à tarde.

Cercada de morros e coberta de oliveiras, a produção e a comercialização do famoso azeite de Korčula são vitais para a economia local. Turismo e pesca são as outras atividades principais.

## Atrações e atividades

A orla de Vela Luka é agradável para um passeio, mas há poucas atrações por perto. Você pode visitar a caverna neolítica **Vela Špilja**, ela é tão espaçosa que faz morar em caverna parecer uma opção viável. A sinalização, saindo da cidade, indica o caminho até lá; ela tem vista para a cidade e a enseada. A entrada fica trancada na maior parte do ano, mas passe no escritório de turismo e eles emprestam a chave. Dentro, há painéis informativos (em inglês e croata) que explicam tudo.

Há ainda o **Museu do Azeite** (entrada 20KN; jun-set), a 2km de Vela Luka, na estrada principal, que tem algumas prensas de azeite restauradas, utensílios de colheita de vime e azeite de boa qualidade à venda.

Gradina, a 5km de Vela Luka, é uma baía agradável e tranquila, cheia de iates. Não há praias, mas é gostoso entrar na água rasa, e o restaurante é ótimo. Você vai precisar de transporte próprio para chegar lá.

## Onde dormir e comer

O grupo **Hum Hotels** (www.humhotels.hr) tem várias opções na área.

**Hotel Korkyra** HOTEL DE LUXO €€
(601 000; www.hotel-korkyra.com; Obala 3; c/ste 626/918KN; P) O hotel, totalmente reformado, melhorou muito o padrão de hospedagem em Vela Luka. Os 58 quartos têm acabamento de altíssimo nível, decoração contemporânea moderna e banheiros estilosos. Esse padrão continua nas áreas comuns, com bancos e iluminação superchiques. A academia, com vista para a baía, é bem gostosa, há uma piscina nos fundos e um bom restaurante. O custo-benefício é excepcional.

**Hotel Dalmacija** HOTEL €€
(812 022; www.humhotels.hr; Obala bb; q 526KN) Pequeno hotel duas estrelas de frente para o mar, com 14 quartos modernos em cores mediterrâneas suaves e sacadas voltadas para o mar.

**Camp Mindel** CAMPING €
(813 600; www.mindel.hr; por adulto/barraca 28/25KN; mai-set) Local compacto e barato, a 5km da cidade, ideal para caminhadas campestres. Nenhum ônibus vai até lá.

**Konoba Šiloko** FRUTOS DO MAR €€
(Gradina; pratos a partir de 50KN) Bem na baía de Gradina, a 5km da cidade, o fabuloso restaurante de frutos do mar é administrado por uma família e faz sucesso entre o pessoal dos barcos. Peixe grelhado, lagosta fresca direto do tanque, risoto negro de sépia e mexilhões são só algumas das tentadoras opções. Também serve queijo de Pag e cordeiro de Korčula. Mesas com vista para o mar e as ilhas da costa.

**Nautica** INTERNACIONAL €
(Obala 2; pratos a partir de 35KN; @) Café-restaurante descontraído com um belo terraço voltado para o mar. O cardápio inclui *burritos*, peixes e saladas a bons preços, a pizza é a melhor das redondezas.

## Informações

**Agência de Viagens Atlas** (812 078; www.atlas-velaluka.com; Obala 3) No cais; providencia hospedagem e oferece acesso à internet (25KN a hora).

**Escritório de turismo** (/fax 813 619; www.tzvelaluka.hr; Ulica 41; 8-14h e 17-20h seg-sex, 9-12h sáb jun-set, 8-14h seg-sex out-mai) Bem na orla, os atendentes são solícitos.

## Como chegar

Para informações sobre como chegar a Vela Luka veja a p. 268.

# PENÍNSULA DE PELJEŠAC

A estreita Península de Pelješac, em forma de dedo, é o que há de descontraído na costa da Croácia. Abençoada por uma cadeia de montanhas escarpadas, vales amplos e enseadas idílicas, é um lugar glorioso para uma visita. Só tem um resort minúsculo.

## Orebić

POP. 1.954

Orebić, na costa sul da Península de Pelješac, tem as melhores praias do sul da Dalmácia – enseadas de areia cercadas de tamargueiras e pinheiros. A apenas 2,5km pelo mar, saindo da cidade de Korčula, é perfeita para uma viagem de um dia ou como ponto de partida alternativo. Depois de ficar à toa na praia, você pode aproveitar para subir no Monte Ilija (961m) ou xeretar as igrejas e os museus. O Monte Ilija protege a cidade dos fortes ventos norte, permitindo que a vegetação cresça. A tem-

### O VENTO CERTO

Se você gosta de windsurfe, vá para **Viganj**, um vilarejo perto da extremidade sudoeste de Pelješac que tem três escolas e uma das melhores condições para esse esporte na Croácia. A cidade se espalha pela costa e tem poucos visitantes fora os fãs de windsurfe. O **Antony-Boy** (☎719 077; www.antony-boy.com; por pessoa/barraca 39/39KN; @ ) , atrás de uma praia de pedregulhos, é uma boa opção de camping e tem uma escola de windsurfe. Viganj não é um lugar agitado, mas tem um ou outro restaurante e um animado bar na praia, o **Karmela 2** (☎719 097; @ ), que serve alguns pratos (só em julho e agosto) e tem pebolim, mesa de bilhar e uma ótima atmosfera no verão.



peratura normalmente é alguns graus mais alta do que em Korčula; a primavera chega cedo, e o verão vai embora tarde.

### História

Orebić e a Península de Pelješac tornaram-se parte de Dubrovnik em 1333, quando foram compradas da Sérvia. Até o século 16, a cidade era conhecida como Trstenica (o nome da baía leste) e era um importante centro marítimo. O nome Orebić vem de uma rica família de navegantes que, em 1658, construiu uma cidadela como defesa contra os turcos. Muitas das casas e jardins exóticos construídos por prósperos capitães do mar ainda embelezam a área. O ápice da navegação em Orebić ocorreu nos séculos 18 e 19, quando ela era a sede de uma das maiores companhias da época: a Associazione Marittima di Sabioncello. Com o declínio da navegação, Orebić começou a se voltar para o turismo.

## Atrações e atividades

Tanto as lanchas de passageiros como os ferries de Korčula atracam a poucos passos do escritório de turismo e da rodoviária. A principal rua comercial, Bana Josipa Jelačića, é paralela à enseada.

**Trstenica** PRAIA

Há uma praia estreita a oeste da doca, mas a melhor é a longa faixa em Trstenica, a cerca de 700m a leste da doca. Uma linda meia-lua larga de areia e pequenos pedregulhos, ladeada por árvores maduras e suas águas protegidas são de um turquesa quase caribenho.

**Museu Marítimo** MUSEU

(Obala Pomoraca; entrada 10KN; ⏲10-12h e 17-20h seg-sáb mai-out, hr reduzido no inverno) Ao lado do escritório de turismo, o museu é suficientemente interessante para uma visita. Há quadros de navios, objetos relacionados a barcos, suporte navegacional e descobertas pré-históricas de escavações arqueológicas em Majsan, perto de lá. Explicações em inglês.

**Caminhadas** CAMINHADAS

Orebić é ótima para caminhadas, apanhe um mapa das trilhas (grátis) no escritório de turismo. Uma trilha entre bosques de pinheiros vai do Hotel Bellevue até um **mosteiro franciscano** (entrada 10KN; ⏲15-20h seg-sex), do século 15, que fica 152m acima do nível do mar. Do seu posto de observação, as patrulhas de Dubrovnik podiam ficar de olho nos barcos venezianos atracados em Korčula e avisar as autoridades no caso de alguma movimentação suspeita. O povoado de **Karmen**, perto do mosteiro, é o ponto de partida para caminhadas até pitorescos povoados mais elevados e para a subida mais ousada, o **Monte Ilija**, o maciço desnudo e cinza que assoma Orebić. A recompensa é uma visão de toda a costa. Em um morro a leste do mosteiro, há a **Igreja de Nossa Senhora de Karmen** (Gospa od Karmena), ao lado de ciprestes imensos, um **pavilhão** barroco e **ruínas** do castelo de um duque.

## Onde dormir e comer

O escritório de turismo e a Orebić Tours providenciam hospedagem em apartamentos ou quartos particulares (a partir de 170KN por pessoa).

A oeste da cidade há alguns resorts modernos da **HTP Orebić** (www.orebic-htp.hr).

**Hotel Indijan** HOTEL €€€

(☎714 555; www.hotelindijan.hr; Škvar 2; s/c 735/1.245KN; P ) Novo e bem projetado, tem um ar contemporâneo. Todos os quartos são modernos e bem equipados, e alguns têm sacada com uma bela vista para o Adriático e Korčula. A piscina aquecida é minúscula, mas tem um telhado de vidro retrátil, então pode ser usada o ano inteiro. O serviço é de alto padrão, e o hotel oferece excursões de vinho na península.

**Glavna Plaža** CAMPING, APARTAMENTOS €
(☎713 399; www.glavnaplaza.com; Trstenica; camping por adulto/lugar 29/22KN, ap 375-885KN; ⏲abr-set) Pequeno camping gerenciado por uma família, com vista para a longa praia de Trstenica e suas areias, também dispõe de quatro apartamentos simples (dois compactos e um que acomoda 6 pessoas) em cores neutras. Próximo a lojas e cafés.

**Hotel Bellevue** HOTEL RESORT €€
(☎713 148; www.orebic-htp.hr; Svetog Križa 104; q por pessoa a partir de 400KN; P ❄ @ ≋ ♿) Hotel grande, à beira-mar, com 140 quartos modernos e funcionais, alguns com sacadas voltadas para o Adriático. As instalações incluem quadra de tênis e esportes aquáticos. É o mais perto da cidade.

**Dalmatino** CROATA €
(Jelačića 47; pratos a partir de 40KN; ♿) Perto do ancoradouro, de frente para o mar, esse lugar concorrido tem uma atmosfera agradável e mesas à sombra de pinheiros. É um bom local para fazer uma horinha esperando um barco e tem uma área para crianças. O cardápio tem lula (75KN), peixe (290KN o quilo), camarão, carnes e massas.

## Informações

**Orebić Tours** (☎713 367; www.orebic-tours.hr; Bana Josipa Jelačića 84a) Providencia hospedagem particular, troca moeda e marca excursões, inclusive de vinhos, e viagens de barco.

**Correio** (Trg Mimbeli bb) Ao lado do escritório de turismo.

**Escritório de turismo** (☎713 718; www.tz-orebic.com; Trg Mimbeli bb; ⏲8-20h jul e ago, 8-14h seg-sex set-jun) Tem um bom mapa da península para caminhadas e bicicleta e muitos folhetos. Também providencia hospedagem.

## Como chegar

Há três ou quatro ferries diários (sete no verão) de Ploče para Trpanj, com conexão de ônibus para Orebić. Os ônibus de Korčula para Dubrovnik, Zagreb e Sarajevo param em Orebić (na orla, ao lado do porto do ferry). Para mais informações sobre ônibus ou ferry, veja a p. 268.

# Ston e Mali Ston

POP. 722

Ston e Mali Ston ficam a 59km de Dubrovnik, em um istmo que conecta a Península de Pelješac com o continente. Anteriormente parte da República de Dubrovnik, Ston foi e ainda é uma importante cidade produtora de sal. A sua importância econômica para Dubrovnik levou, em 1333, à construção de um muro de 5,5km, uma das fortificações mais longas da Europa. Arquitetos, inclusive Juraj Dalmatinac, participaram do projeto e da construção, que inclui quarenta torres e cinco fortes. O muro ainda está de pé, protegendo um agrupamento de construções medievais no centro da cidade. Mali Ston, um pequeno povoado e um porto, a 1km de Ston, foi construído junto com o muro como parte do sistema de defesa. As duas cidades são destinos gastronômicos importantes, ali encontram-se os melhores frutos do mar da Croácia - elas são famosas, com motivo, por suas ostras e mexilhões, criados no local desde o tempo dos romanos.

## Atrações e atividades

A principal atração de Ston são as **muralhas** (entrada 30KN; ⏲10h-até escurecer) do século 14, que se estendem de ambas as cidades, subindo pelo morro. Estão totalmente restauradas, é possível percorrer longas extensões pelo alto, o ar claro permite belas visões da península.

Você também pode passar para ver as **salinas** (www.solanaston.hr; entrada 10KN; ⏲10-18h mai-out) de Ston, que trouxeram tanta riqueza e funcionam ainda hoje. O sal é recolhido entre o fim de julho e setembro, e são necessários voluntários para ajudar - é uma espécie de trabalho de férias; veja o site para informações.

Não há praias na cidade, mas são uns 4km até Prapratno, a sudoeste da cidade, com uma linda enseada, camping e uma bela **praia de pedregulhos**, mas cuidado com os ouriços-do-mar na água rasa.

## Onde dormir e comer

**Ostrea** HOTEL HISTÓRICO €€€
(☎754 555; www.ostrea.hr; Mali Ston; s/c a partir de 690/890KN; P ❄ @) Atraente construção histórica de pedra, com charmosas venezianas verdes. O pessoal é receptivo e profissional, e fica a apenas alguns passos do belo porto de Mali Ston. São três categorias de quartos elegantes; os nove têm piso de madeira e banheiros modernos, e o restaurante é um dos melhores da cidade (opções de meia pensão são um bom negócio).

**Camping Prapratno** CAMPING €
(☎754 000; www.duprimorje.hr; por adulto/lugar 45/37KN; ) O camping é grande e fica a 4km de Ston, bem na Baía de Prapratno. Tem boas instalações, inclusive quadras de tênis e basquete, supermercado e restaurante.

**Stagnum** INTERNACIONAL €
(Imena Isusova 23, Ston; pratos a partir de 45KN; ⌚abr-out) Você vai passar bem nesse restaurante em um pátio, que serve porções generosas e saborosas de mexilhões frescos, carne, peixe assado e risoto.

**Kapetanova Kuća** FRUTOS DO MAR €€
(☎754 452; Mali Ston; pratos a partir de 75KN) É um dos restaurantes de frutos do mar mais veneráveis da região. Saboreie as ostras e os mexilhões de Ston no terraço sombreado.

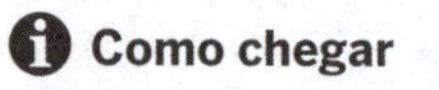

## Informações

A rodoviária fica no centro de Ston, perto do escritório de turismo e do correio. O **escritório de turismo** (☎754 452; www.ston.hr; Peljestki put 1; ⌚8-20h jun-set, 8-14h e 16-19h mai e out, 8-14h seg-sex nov-abr) disponibiliza folhetos e o horário dos ônibus e pode providenciar hospedagem particular.

## Como chegar

Cinco ônibus diários vão de Ston para Dubrovnik (56KN 1h e 30min) e um para Zagreb (219KN, 9 horas).

# Entenda a Croácia

# Croácia Hoje

## A virada da Croácia

Dividida entre os Bálcãs e a Europa Central, a Croácia tem uma espécie de caso de amor e ódio com a UE e seus vizinhos – e até com seus próprios políticos.

O maior drama pelo qual a política croata contemporânea passou foi a renúncia surpresa do primeiro-ministro, Ivo Sanader, em julho de 2009. Dizem os rumores que, após abandonar a política, ele foi velejar em seu iate. O parlamento rapidamente aprovou sua vice, a ex-jornalista Jadranka Kosor, como a primeira chefe de governo mulher da Croácia. Em uma decisão malvista pelos opositores, Kosor formou um governo com praticamente o mesmo gabinete de Sanader.

A eleição de Ivo Josipović em janeiro de 2010 foi outra grande mudança. O candidato do Partido Social Democrata da Croácia (PSD) venceu o candidato independente Milan Bandić (o prefeito de Zagreb, que está em seu quarto mandato) com 60,26% dos votos no segundo turno. Tomou posse como o terceiro presidente da Croácia em fevereiro de 2010. Josipović é conhecido por usar seu perfil no Facebook para comentar diversas questões políticas. Compositor, anunciou durante sua campanha eleitoral que escreveria uma ópera baseada no assassinato de John Lennon. Muitos croatas consideram Josipović ineficiente, fantoche de um regime corrupto. Outros o consideram um pró-europeu, com suas (para alguns, fracas) tentativas de estimular o investimento estrangeiro e adotar uma política de tolerância zero à corrupção.

As negociações para entrar na União Europeia continuam, enquanto a Croácia lida com a repercussão da recessão econômica mundial em seu território. O país pretende tornar-se membro da UE em 2012, mas isso vai depender das negociações e do tratado de adesão ser ratificado pelos 27 membros. As posturas em relação à entrada da Croácia na UE

## Melhores leituras

» **Black lamb and grey falcon** (Rebecca West) Relata a viagem da escritora pelos Bálcãs em 1941.

» **Another fool in the Balkans** (Tony White) White recorda a viagem de Rebecca West, justapondo a vida moderna na região com sua história política.

» **Cafe Europa – Life after communism** (Slavenka Drakulić) Detalha com humor a infiltração da cultura ocidental no Leste Europeu.

## Sobre a Iugoslávia

» **Croatia: a nation forged in war** (Marcus Tanner)

» **The fall of Yugoslavia** (Misha Glenny)

» **The death of Yugoslavia** (Laura Silber and Alan Little)

» **A paper house** (Mark Thompson)

## grupos religiosos
(% da população)

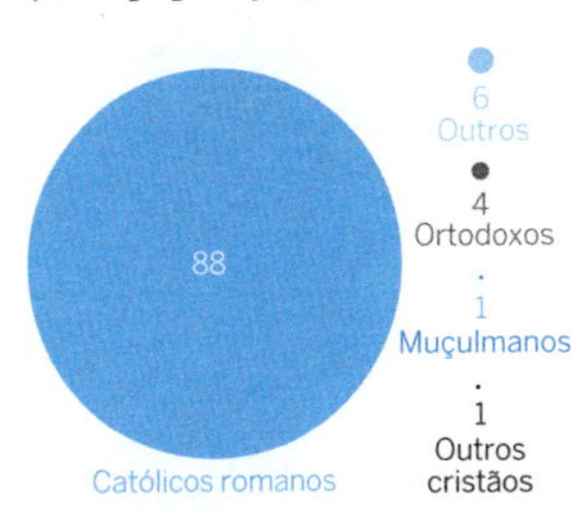


## Se a Croácia tivesse 100 pessoas

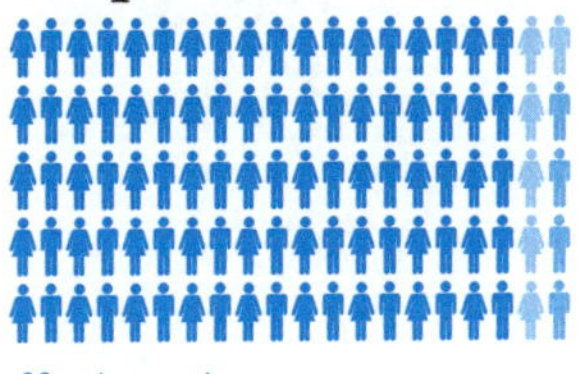

90 seriam croatas
6 seriam imigrantes
4 seriam sérvios

são divididas. Muitas pessoas apoiam, mas, segundo os locais, um pouco menos agora, por causa de "uma lista infinita de regras" apresentada ao país. Previsivelmente, as gerações mais novas são mais favoráveis à adesão, enquanto os mais velhos lamentam a perda inevitável da independência industrial e da agricultura quando o país se tornar membro. Ainda resta saber se a Croácia vai cumprir sua parte.

## Economia

Há uma década, a Croácia tinha acabado de sair de um período conturbado, que atingiu o ápice com uma série de escândalos de corrupção no fim dos anos 1990. Entre 2000 e 2007, o cenário parecia melhor, com um crescimento regular do PIB e a kuna estável, em grande parte graças à recuperação do turismo. Então, outros casos de corrupção e subornos apareceram, e o governo fez pouco progresso nas investigações e nos julgamentos. A chance de a Croácia entrar para a UE gerou aumento dos investimentos externos, especialmente da Áustria e da Itália no setor bancário, da Alemanha nas telecomunicações e da Hungria na indústria do petróleo, mas com cautela. E, naturalmente, existe o turismo, responsável por cerca de 15% do PIB.

Do ponto de vista do croata comum, a vida é difícil, e a crise financeira mundial se fez sentir. O desemprego é alto, as aposentadorias são ridiculamente baixas, o seguro-desemprego não é muito melhor, e o custo de vida continua a aumentar. Cerca de 17% dos croatas, a maioria em áreas rurais, vivem abaixo da linha de pobreza. Há também a enorme dívida externa, os impostos excessivos e a profunda dependência econômica do país em relação ao turismo. Todos esses obstáculos estão no caminho da Croácia rumo a tornar-se membro da UE.

» População: 4.489.409

» PIB per capita: $17.500 (2009)

» Inflação anual: 2,4% (2009)

» Desemprego: 16,1% (2009)

» Taxa de alfabetização: 98,1%

» Salário mensal médio: 5.277KN

## Melhores filmes

» **Balkan ghosts: a journey through history** (Robert D Kaplan)

» **Europe's backyard war** (Mark Almond)

» **Occupation in 26 Pictures** (*Okupacija u 26 slika*; 1978) Lordan Zafranović

» **You Only Love Once** (*Samo jednom se ljubi*; 1981) Rajko Grlić

» **Cyclops** (*Kiklop*; 1982) Antun Vrdoljak

» **How the War on my Island Started** (*Kako je počeo rat na mom otoku*; 1997) Vinko Brešan

» **A Wonderful Night in Split** (*Ta divna splitska noć*; 2004) Arsen A Ostojić

» **Armin** (2006) Ognjen Sviličić

## População

De acordo com o censo mais recente (2001), a Croácia tem uma população de 4,5 milhões de pessoas, menor que a população de quase 5 milhões antes da guerra. Cerca de 59% vivem em áreas urbanas. Por volta de 280 mil sérvios (50% da população sérvia) foram embora no início dos anos 1990; estima-se que 110 mil tenham voltado. Na crise econômica após a independência, de 120 mil a 130 mil croatas imigraram, mas quase a mesma quantidade de refugiados de etnia croata chegaram da Bósnia e Herzegóvina e mais 30 mil vieram da região de Vojvodina, na Sérvia. A maior população de sérvios fica na porção oriental da Eslavônia, que também tem um número considerável de húngaros e tchecos. Os italianos concentram-se na Ístria, enquanto os albaneses, bósnios e ciganos são encontrados em Zagreb, na Ístria e em algumas cidades da Dalmácia.

Para saber as últimas novidades sobre tudo o que é croata, na Croácia e fora dela, entre no www.croatiantimes.com.

A guerra e uma perspectiva econômica pouco promissora são as responsáveis pelo declínio da população croata, pois os jovens mais bem preparados buscam oportunidades melhores no exterior. Não é fácil resolver esse problema, mas o governo espera encorajar os filhos de imigrantes a voltar para a Croácia.

Cerca de um milhão de croatas vivem em outros estados da antiga Iugoslávia, principalmente na Bósnia e Herzegóvina, no norte de Vojvodina e ao redor da baía de Kotor, em Montenegro. Mais ou menos 2,7 milhões de pessoas de etnia croata vivem em outros países, principalmente nos EUA, Alemanha, Austrália, Canadá e Argentina. Pittsburgh e Buenos Aires têm as maiores comunidades croatas fora da Europa. Os imigrantes têm direito de votar nas eleições nacionais, e muitos votam. Muitos têm uma postura nacionalista forte e tendem a votar nos partidos de direita.

## Mídia

» Redes de TV: HRT (estatal), Nova e RTL

» Jornais: *Vjesnik*, *Večernji List*, *Jutarnji List*

» Revistas: *Globus*, *Nacional*, *Gloria*

## Não irrite um croata

» Não se refira à Croácia como Leste Europeu; os croatas se consideram com orgulho parte da Europa Central.

» Vista-se discretamente quando for visitar igrejas.

» Seja delicado ao falar da recente guerra.

» Espere ser convidado para chamar alguém pelo primeiro nome.

» Se for convidado para ir a um restaurante ou bar, deixe o anfitrião pagar a conta.

# História

A Croácia possui uma longa e fervorosa trajetória, o que ajudou a definir a identidade dos croatas e contribuiu para a formação do país. Desde tempos imemoriais, pessoas têm ido e vindo, invadido, negociado e colonizado. Por grandes períodos, os croatas foram dominados por ou tiveram de expulsar outros povos - venezianos, otomanos, húngaros, Habsburgos, franceses e alemães. A criação da Iugoslávia depois da II Guerra Mundial deu a aparência de unidade às nações eslavas do sul, mas isso não durou muito. Depois da morte do líder iugoslavo Tito, em 1980, a Iugoslávia foi aos poucos se desintegrando, até eclodir uma guerra civil. A Croácia declarou sua independência em 1991, mas foi apenas após o Acordo de Dayton, em dezembro de 1995, que a Croácia começou a se recuperar de suas feridas de guerra. Hoje, trata-se de um país em transição, uma jovem democracia que recentemente elegeu um presidente. Apesar das dificuldades, entre as quais a corrupção generalizada no governo, um nacionalismo às vezes exacerbado e a disputa de fronteiras com a vizinha Eslovênia, a Croácia está aos poucos cavando seu caminho para a União Europeia. Até que sua admissão de fato aconteça, provavelmente em 2012, a Croácia continuará à margem da Europa: esta é a sua maldição e, ao mesmo tempo, seu encanto.

ADRIÁTICO

O termo Adriático descende do nome da antiga tribo ilíria de Ardeioi.

## Croácia antes do cristianismo

### Primeiros habitantes

Há cerca de 30 mil anos, a Croácia era habitada por neandertais, que se acomodaram, não sem certa dificuldade, nas colinas da Eslavônia. O Museu de História Natural da Croácia, em Zagreb, exibe relíquias dessa era longínqua, e o novo Museu do Neandertal de Krapina, em Kaprina, reproduz com fidelidade a vida dos neandertais.

Em cerca de 1000 a.C., os ilírios haviam se espalhado pela área que hoje pertence à Croácia, à Sérvia e à Albânia. Eles tinham de lidar com os gregos, que, por volta do século 5º a.C, fundaram colônias na costa do mar

**LINHA DO TEMPO**

**300 a.C.**

Tribos ilírias alcançam a supremacia nos Bálcãs com a fundação de cidades-estado – entre elas, Histri (o antigo nome de Ístria) e Liburnia – e instituindo-as como as potências marítimas do mar Adriático.

**11 a.C.**

A província romana de Illyricum (ou Ilíria), que ocupava a região da atual Dalmácia, é estendida até o Danúbio após a derrota das tribos da Panônia. A nova província engloba a maior parte da Croácia atual.

**257 d.C.**

Salona (hoje Solin), a capital romana, torna-se a primeira diocese da Dalmácia, fundando assim o primeiro ponto católico da região. Trinta anos depois, o Bispo de Salona tornou-se papa.

Adriático, como Vis, e em outros lugares, e também com os celtas, que chegavam do norte.

Em 231 a.C., uma notável ilíria, a rainha Teuta, cometeu um erro tático fatal em sua tentativa de conquistar várias colônias gregas. Os gregos pediram ajuda militar aos romanos. Esses, por sua vez, forçaram sua entrada na região e, em 168 a.C., derrotaram Gentio, o último rei ilírio. E, assim, gradualmente, os ilírios foram se latinizando.

### Melhores ruínas romanas

- » Palácio de Diocleciano em Split, na Dalmácia Central
- » Salona em Solin, sul da Dalmácia
- » Arena em Pula, Ístria

## Roma e o Império Bizantino

Os romanos rapidamente fundaram a província de Ilíria, depois expandiram seu controle pela costa da Dalmácia. Em cerca de 11 a.C., Roma já havia conquistado as tribos panônias, que habitavam a região, e conseguiu estender seu poder até o Danúbio. A região dominada por Roma seria mais tarde dividida em províncias: a Dalmácia (antiga Ilíria) e a Panônia do Norte e do Sul, que englobava a maior parte do interior da Croácia atual.

Os romanos concentravam seu poder na sede administrativa em Salona (hoje Solin). Entre outras importantes cidades romanas, estavam Jadera (Zadar), Parentium (Poreč) e Polensium (Pula). Nesta última, o anfiteatro é uma recordação desse tempo glorioso – e sanguinolento.

Para facilitar o comércio e a expansão da cultura romana, os romanos construíram estradas entre o mar Egeu e o mar Negro e o Danúbio. As estradas também aceleraram a disseminação do cristianismo, religião inicialmente perseguida pelos romanos.

Diocleciano, que se tornou imperador no ano 285, tentou simplificar esse império conflituoso, dividindo-o em duas partes administrativas. Ele plantou, assim, a semente para a divisão entre os Impérios Romanos do Ocidente e do Oriente, que seria estabelecida mais tarde. No ano 305, Diocleciano se retirou para seu palácio em Spalato (Split), hoje o maior resquício da era romana no Leste Europeu.

O último líder romano a governar todo o império foi Teodósio, o Grande, que afastou ameaças de invasão dos visigodos, que vinham do norte. Com a morte de Teodósio em 395, o império foi oficialmente dividido entre Ocidental e Oriental. A metade Oriental tornou-se o Império Bizantino, que se estendeu até 1453. O Império Romano do Ocidente caiu no século 5º, como resultado de invasões de visigodos, hunos e lombardos.

Embora os croatas sejam claramente parentes de outros povos eslavos, o nome pelo qual eles se chamam – Hrvat – não é uma palavra eslava. Uma teoria indica que Hrvat seria um termo persa e que os croatas seriam uma tribo eslava dominada por pouco tempo pelos alanos, um povo da Ásia Central, falante de persa, responsável por lhes dar o nome.

## A chegada dos eslavos

No rastro dessas tribos bárbaras e da queda do Império Romano, os croatas e outros grupos eslavos se dirigiram ao sul, deixando para trás seu antigo território, ao norte dos Cárpatos. Na mesma época, os avaros (nômades eurásios) atacavam as fronteiras do Império Bizantino nos Bálcãs. Os avaros atacaram as antigas cidades romanas de Salona e Epidauro, cujos habitantes se refugiaram em Spalato e Ragusa (atual Dubrovnik), respectivamente.

**395**

Após a morte de Teodósio, o Grande, o Império Romano é dividido em dois. A Eslovênia, a Croácia e a Bósnia passam a pertencer ao Império Bizantino, junto com a Sérvia, Kosovo e a Macedônia.

**614**

Bárbaros da Ásia Central, os avaros, saqueiam Salin e Epidauro. Alguns defendem que os croatas seguiram o mesmo caminho; outros, que o imperador Heráclio pediu aos croatas que expulsassem os avaros.

WAYNE WALTON

» Anfiteatro em Solin

Na metade do século 7º, os eslavos do oeste dos Bálcãs se dividiram em dois grupos. Os croatas se estabeleceram em Panônia e na Dalmácia, formando comunidades ao redor das cidades dálmatas de Jadera, Aeona (Nin) e Tragurium (Trogir), enquanto os sérvios se concentraram mais na região central dos Bálcãs. No século 8º, os croatas da Panônia e da Dalmácia formaram dois grupos tribais poderosos, cada um liderado por um *knez* (duque).

## Cristianismo e reis croatas

Os francos de Charlemagne gradualmente dominaram a Europa Central e, no ano 800, conquistaram a Dalmácia. Os croatas, antes pagãos, foram batizados em massa. Depois da morte de Charlemagne em 814, os croatas da Panônia se revoltaram, sem sucesso, contra o poder franco, sem o apoio, entretanto, dos croatas da Dalmácia, cujas grandes cidades litorâneas permaneceram sob a influência do Império Bizantino.

Trpimir, que foi *knez* de 845 a 864, é considerado o fundador oficial da dinastia croata. Seus sucessores conseguiram manter o poder entre as várias forças que rondavam o mar Adriático na época. A maior reviravolta para os croatas veio quando Branimir se revoltou contra o Império Bizantino e ganhou o reconhecimento do papa João VIII. Isso aproximou os croatas do Vaticano, e é por isso que o catolicismo foi um traço definidor na formação da identidade nacional da Croácia.

Tomislav, o primeiro governador da unificação entre a Panônia e a Dalmácia, também foi o primeiro a se coroar rei em 925. O reino de Tomislav englobava, virtualmente, toda a Croácia moderna, assim como partes da Bósnia e da costa de Montenegro.

Durante o século 11, os bizantinos e os venezianos forçaram seu poder novamente sobre a costa dálmata. Novos adversários, os húngaros, emergiram do norte e avançaram sobre a Panônia. Krešimir IV (c. 1058-74) conseguiu virar a mesa e reconquistou o controle sobre a Dalmácia, mas a revanche croata durou pouco. Krešimir foi sucedido por Zvonimir e Stjepan, e nenhum dos dois gerou herdeiros. Os húngaros sorrateiramente invadiram a região e deram fim à era de reis croatas, no fim do século 11.

## Vizinhos invejosos: Hungria e Veneza

Em 1102, o rei húngaro Koloman impôs o *Pacta conventa*. Ficou decidido, pretensamente, que a Hungria e a Croácia eram entidades separadas, mas sob o julgo de uma mesma monarquia – a húngara. Na prática, embora a Croácia tenha mantido um *ban* (vice-rei ou governador) e um *sabor* (um Parlamento), os húngaros marginalizavam a nobreza croata.

Sob o poderio da Hungria, a Panônia ficou conhecida como Eslavônia, e as cidadezinhas de Zagreb, Vulkovar e Varaždin tornaram-se centros pulsantes de comércio e cultura. Em 1107, Koloman convenceu a nobreza dál-

### Melhores construções góticas

- » Catedral de São Domnius em Split, Dalmácia Central
- » Catedral de Santa Anastásia em Zadar, no Norte da Dalmácia
- » Catedral da Assunção da Virgem Maria, em Zagreb
- » Catedral de São Tiago em Šibenik, no Norte da Dalmácia

A raça de cachorros dálmata é considerada uma das mais antigas, e não há provas de que eles sejam realmente originários da Dalmácia. Alguns especialistas acreditam que dálmatas foram levados à região pelos romanos.

**845-64**

Trpimir funda a primeira linhagem da realeza croata. Ele luta e derrota a poderosa Bulgária e também combate com sucesso os bizantinos. O território croata expande-se bem e ocupa o que hoje é a Bósnia.

**869**

Sob o comando do Império Bizantino, os monges macedônios Metódio e Cirilo criam o alfabeto cirílico, com o principal objetivo de acelerar a disseminação do cristianismo entre os eslavos.

**910-28**

Tomislav proclama-se rei enquanto expande seus territórios à custa dos húngaros e derrotando o búlgaro Simão I no território atual da Bósnia. Tomislav une panônios e croatas da Dalmácia.

**1000**

Veneza aproveita-se da falta de estabilidade da Croácia para invadir a costa da Dalmácia. Começa, então, uma luta de poderes pelo domínio dessa região.

*Croatia through history*, de Branka Magaš, apresenta um relato detalhado da história do país, focando em eventos-chave e delineando com clareza o desenvolvimento gradual da identidade nacional da Croácia.

mata a incluir em seu domínio também a costa, há muito tempo almejada por reis húngaros que não tinham acesso ao mar. Mas os venezianos não demoraram a voltar. Com a morte de Koloman em 1116, Veneza começou uma nova série de ataques em Biograd e nas ilhas de Lošinj, Pag, Rab e Krk.

Enquanto isso, Zadar já havia se tornado a maior e mais próspera cidade da Dalmácia. Ela conseguiu contra-atacar e expulsar duas expedições navais vindas de Veneza nos anos 1190. Mas a vingança veneziana veio em 1202, quando soldados da Quarta Cruzada foram pagos para atacar e saquear Zadar; eles fizeram isso antes de invadirem, também, Constantinopla.

Havia problemas à vista. Em 1242, ocorreu uma invasão mongol na Europa Central que passou também pela Hungria. O rei Bela IV da Hungria se refugiou em Trogir, mas o interior croata foi devastado. Os venezianos, muito oportunistas, aproveitaram a confusão para consolidar seu domínio de Zadar. A morte do rei Bela, em 1270, desencadeou uma nova luta por poder entre nobres croatas, que permitiu a Veneza acrescentar Šibenik e Trogir entre suas conquistas.

O rei Luís I da Hungria (c. 1342-82) reestabeleceu o controle do país e até convenceu Veneza a abrir mão da Dalmácia. Mas a vitória húngara durou pouco, pois novos conflitos surgiram após a morte do monarca. A nobreza croata uniu-se a Ladislau de Nápoles, que foi coroado rei em Zadar em 1403. Mas, sem recursos, Ladislau vendeu Zadar para Veneza em 1409 pela bagatela de 100 mil ducados e renunciou aos seus direitos sobre a Dalmácia. No início do século 15, Veneza fortaleceu seu domínio sobre a costa dálmata ao sul de Zadar e manteve o domínio sobre a região até a invasão napoleônica em 1797. Apenas os espertos cidadãos de Ragusa conseguiram preservar sua independência.

## A OPRESSÃO DE VENEZA

Por quase oitocentos anos, os doges de Veneza tentaram controlar, colonizar e explorar a costa da Croácia. Cidades litorâneas e ilhas de Rovinj, no norte, a Korčula, no sul, ainda exibem a influência veneziana em sua arquitetura, culinária e cultura, mas, como aconteceu em outras regiões ocupadas por Veneza, o período de dominação não foi feliz.

Enquanto Veneza dominou a Dalmácia e a Ístria, houve ininterrupta exploração econômica. Os venezianos extraíam a madeira da região sistematicamente para reforçar sua frota de navios. O monopólio estatal impôs baixos preços ao azeite de oliva, aos figos, ao vinho, ao peixe e ao sal, garantindo assim o consumo fácil para compradores venezianos, enquanto mercadores e produtores locais empobreciam. A construção de navios foi proibida, pois Veneza não tolerava a competição com sua frota. Não foram construídas nem estradas nem escolas, nem a indústria local recebeu investimentos.

**1058–74**

Logo depois da ruptura da Igreja entre as alas ortodoxa e católica, em 1054, o papa reconhece Krešimir IV como rei da Dalmácia e da Croácia. A estratégia coloca a Croácia na esfera católica.

**1091–1102**

O rei húngaro Ladislau, parente do antigo rei Zvonimir, reivindica o trono da Eslavônia; seu sucessor, Koloman, derrota o último rei croata e estabelece o controle húngaro sobre a Croácia com o *Pacta conventa*.

**1242**

Os mongóis massacram as casas reais da Hungria e da Croácia. As famílias nobres de Šubić e Frankopan assumem o poder político e econômico, o que continuou por séculos.

**Anos 1300**

Os húngaros da dinastia de Anjou assumem a autoridade real da Croácia por meio dos reis Carlos e Luís. Eles tentam expulsar os venezianos, que tinham o domínio do território da Dalmácia.

## Enfrentando os otomanos

Como se já não fosse suficiente lidar com venezianos, húngaros e outros povos no que restou do antigo Estado croata, outra ameaça veio do leste durante o século 14. Os turcos otomanos haviam vindo da Anatólia no começo dos anos 1300 e rapidamente se espalharam pelos Bálcãs.

Os sérvios haviam lutado contra os turcos em Kosovo Polje em 1389 e outra cruzada anti-Turquia ocupou a Hungria em 1396. Mais tarde, em 1463, a Bósnia foi tomada. Quando os nobres da Croácia finalmente enfrentaram os otomanos em 1493 em Krbavsko Polje, eles também foram derrotados.

Apesar da demonstração de certa unidade entre as famílias nobres restantes, uma cidade após a outra foi sendo tomada pelos sultões otomanos. A elite de Zagreb fortificou a catedral em Kaptol, que permaneceu intacta, mas os portões da cidade de Knin caíram em 1521. Cinco anos depois os otomanos lutaram com os húngaros em Mohács. Mais uma vez os turcos saíram vencedores, neutralizando o poder das tropas húngaras. Como efeito colateral, a era de domínio da Hungria sobre a Croácia também chegou ao fim.

A gravata vem da *cravat*, que se originou na Croácia como parte do uniforme militar, que seria adotado no século 17 também pelos franceses. O nome "cravat" é uma contração de croata e Hrvat.

## A chegada dos Habsburgo

Após se livrarem dos húngaros, os croatas recorreram aos austríacos para protegê-los. O Império Habsburgo, comandado por Viena, incorporou uma faixa estreita de território ao redor de Zagreb, Karlovac e Varaždin. Os turcos ameaçaram a costa do mar Adriático, mas nunca conseguiram de fato conquistá-la, enquanto Ragusa manteve sua independência durante as turbulências.

Os constantes ataques turcos causaram um massacre nos Bálcãs. Cidades e vilas foram destruídas, e cidadãos foram escravizados e incluídos na máquina de guerra otomana, enquanto refugiados se espalharam pela região. A Casa de Habsburgo tentou construir um escudo contra os otomanos, criando a Vojna Krajina (Fronteira Militar). Nessa região composta por uma fileira de fortes ao sul de Zagreb, um exército formado em sua maioria por valacos e sérvios enfrentou os otomanos.

Exatamente um ano depois de mais essa derrota dos otomanos, os croatas conseguiram se vingar dos turcos. Em Sisak, em 1593, o exército Habsburgo, composto também por soldados croatas, finalmente conseguiu derrotar os otomanos. Em 1699, em Sremski Karlovci, os otomanos pediram por paz pela primeira vez, e o domínio turco na Europa Central chegou ao fim.

Os Habsburgos reivindicaram a Eslavônia pouco tempo depois, expandindo assim a Krajina. Iniciou-se um período de retorno à estabilidade e de avanços na produção agrícola, mas a cultura e a língua croata definharam. Enquanto isso, os venezianos, sem a perturbação constante dos otomanos, invadiram novamente a costa da Dalmácia.

**1358**

Ragusa (a moderna Dubrovnik) liberta-se de Veneza e torna-se uma cidade-estado independente, bastante desenvolvida e liberal, enquanto se livra das tentativas de domínio de venezianos e otomanos.

**1409**

Ladislau de Nápoles assume o trono da Croácia, mas é afastado pela falta de estabilidade na dinastia. Ele vende a Dalmácia para Veneza por 100 mil ducados. O domínio dos venezianos logo se expande de Zadar a Ragusa.

**1493**

Em Krbavsko Polje, uma união dos exércitos húngaro e croata luta contra as forças da Turquia, mas é derrotada, abrindo assim caminho para a invasão turca na Croácia. O avanço dos turcos causou tumulto, fugas e fome.

**1526–27**

Na Batalha de Mohács, os turcos otomanos aniquilam a nobreza húngara, acabando com o controle da Hungria sobre a Croácia. O rei húngaro Luís morre sem deixar herdeiro, permitindo dessa forma a ascensão da Casa de Habsburgo, da Áustria.

## A REPÚBLICA DE RAGUSA

Enquanto por muitos anos a maior parte da costa da Dalmácia sofria sob o domínio de Veneza, Ragusa (hoje Dubrovnik) levava uma vida muito agradável, mantendo-se como república independente. Uma elite de negociantes com habilidades diplomáticas garantia a estabilidade e um poder acima das capacidades aparentes dessa minúscula cidade-estado, que desempenhava um papel importante em sua região e além dela.

Os ragusanos pediram permissão ao papa para fazer comércio com os turcos em 1371 e, em seguida, estabeleceram vários centros comerciais no Império Otomano. Com o comércio, foi aberto o caminho para o desenvolvimento das artes e das ciências. Descritos como "calmos e nobres", os ragusanos eram impressionantemente liberais para a época, abolindo o comércio de escravos ainda no século 15. Também eram avançados no campo científico e adotaram o sistema de quarentena em 1377.

Apesar de tudo isso, os ragusanos estavam em uma posição delicada, entre os interesses otomanos e venezianos. Um terremoto em 1667 causou grandes perdas, e Napoleão finalmente engoliu a região em 1808.

## Napoleão e as províncias ilírias

*Dubrovnik: a history*, de Robin Harris, oferece um relato e um olhar sensível dessa grande cidade, investigando os principais fatos de sua história, suas personalidades e os movimentos que contribuíram para a formação da arquitetura e da cultura da "pérola do Adriático".

O apoio da Casa de Habsburgo para a restauração da monarquia na França levou Napoleão a invadir os estados italianos em 1796. Depois de conquistar Veneza em 1797, ele concordou em ceder a Dalmácia para a Áustria no Tratado de Campoformio, em troca de outras concessões. A esperança velada da Croácia de unir novamente a Dalmácia e a Eslavônia foi rapidamente perdida, conforme os Habsburgos deixavam claro que os dois territórios continuariam administrados separadamente.

O controle austríaco da Dalmácia durou apenas até a vitória de Napoleão sobre as forças austríacas e prussianas em Austerlitz em 1805, obrigando assim a Áustria a ceder a costa da Dalmácia para a França. A cidade de Ragusa teve de se render às forças francesas, que também dominaram Kotor, em Montenegro. Napoleão chamou a área conquistada de "províncias ilírias" e logo iniciou reformas no território. Um programa de plantio de árvores foi implementado para reflorestar as colinas vazias. Estradas e hospitais foram construídos e algumas novas culturas agrícolas, introduzidas. Como quase a população inteira era analfabeta, o novo governo fundou escolas primárias e de ensino médio, e até uma faculdade em Zadar. Ainda assim, o regime francês não agradava à população.

Depois da campanha de Napoleão na Rússia e da queda de seu império, o Congresso de Viena de 1815 reconheceu a reivindicação da Áustria sobre a Dalmácia e colocou o restante da Croácia sob jurisdição de província húngara da Áustria. Para os dálmatas, o novo regime significava um retrocesso, já

**1537–40**

Os turcos ocupam Klis, o último domínio da Croácia na Dalmácia. O avanço turco continua até tomar Sisak, logo ao sul de Zagreb. Por razões desconhecidas, os turcos nunca tentam dominar Zagreb.

WAYNE WALTON

» Fortaleza de Klis, perto de Split

**1593**

Em Sisak, antes um domínio otomano, os Habsburgos conseguem derrotar os otomanos pela primeira vez, desencadeando assim o longo e lento fim da ocupação dos turcos na Europa Central.

que os austríacos devolveram o poder à elite italiana, enquanto os húngaros impuseram sua língua e cultura à população do norte da Croácia.



## A caminho da autonomia

Repleto de fervor iluminista, Napoleão tentou criar um espírito eslavo do sul. Esse senso de identidade compartilhada por fim se manifestou como um movimento ilírio nos anos 1830, focado no resgate da língua croata. O grande plano de Napoleão era patrocinar também a cultura sérvia, mas a Sérvia continuava sob o controle otomano.

Tradicionalmente, a elite da Dalmácia falava italiano, e os croatas do norte falavam alemão ou húngaro. A fundação do primeiro jornal ilírio em 1834, escrito em dialeto de Zagreb, levou o *sabor* croata a exigir o ensino de línguas eslavas nas escolas.

Após a revolução de 1848 em Paris, os húngaros começaram a fazer pressão por uma mudança no Império de Habsburgo. Os croatas viram nisso uma oportunidade de reconquistar algum controle e unificar a Dalmácia, a Krajina e a Eslavônia. Os Habsburgos quiseram falsamente agradar os croatas e indicaram Josip Jelačić como *ban* da Croácia. Jelačić logo organizou eleições, reivindicou um mandato e declarou guerra contra os agitadores húngaros, retribuindo assim o favor aos Habsburgos. Mas eles não aceitaram seus pedidos de autonomia. Jelačić está imortalizado em posição de luta no centro de Zagreb.

Ivan Vučetić (1858-1925), que desenvolveu a datiloscopia (identificação das digitais), nasceu na Ilha de Hvar, no mar Adriático.



## Sonhos da Iugoslávia

A desilusão se espalhou após 1848 e aumentou ainda mais após a criação da monarquia austro-húngara em 1867. A monarquia colocava a Croácia e a Eslavônia sob a administração da Hungria, enquanto os dálmatas permaneciam sob o domínio da Áustria. Qualquer forma de governo levemente independente, de que croatas tenham desfrutado durante o período dos Habusburgos, desapareceu.

A onda de descontentamento gerou duas diretrizes opostas que dominaram o cenário político por todo o novo século. O antigo movimento "ilírio" tornou-se o Partido Nacional, dominado pelo bispo Josif Juraf Strossmayer, que acreditava que os Habsburgos e os húngaros enfatizavam as diferenças entre sérvios e croatas e que apenas por meio da Jugoslavenstvo (unificação eslava no sul) as aspirações dos dois povos seriam alcançadas. Strossmayer apoiava a luta por independência da Sérvia, mas favorecia a entidade da Iugoslávia (ou sul eslavo) com a aceitação do Império Austro-Húngaro, em vez de uma completa independência.

Faust Vrančić (1551-1617), nascido em Šibenik, fez o primeiro paraquedas bem-sucedido.

Do outro lado, o Partido de Direitos, liderado pelo militar antissérvios Ante Starčević, tinha por objetivo libertar a Croácia composta pela Eslavônia, Krajina, Dalmácia, Eslovênia e Ístria, além de parte da Bósnia e Herzegóvina. Naquele tempo, a Igreja ortodoxa encorajava os sérvios a

**1671**
Uma campanha liderada por Franjo Frankopan e Petar Zrinski, com o objetivo de livrar a Croácia da dominação húngara, acaba malsucedida. Ambos são enforcados, e suas terras são confiscadas pelos Habsburgos.

**1699**
No tratado de Karlovci, os otomanos renunciam a todas as reivindicações sobre a Croácia. Veneza e Hungria tomam conta de todas as terras libertadas pelos 20 anos que se seguiram.

**Anos 1780**
A Casa de Habsburgo começa o processo de germanização, ordenando que toda a administração seja realizada em língua alemã. Isso desencadeia uma onda de sentimentos nacionalistas entre os súditos não germânicos.

**1797–1815**
Napoleão acaba com a República de Veneza; os domínios venezianos são inicialmente passados para os Habsburgos, mas, em 1806, Napoleão conquista a costa do mar Adriático, que ele divide em "províncias ilírias".

formarem uma identidade nacional baseada na religião. Até o século 19, habitantes ortodoxos da Croácia se identificavam como vlacos, morlacos, sérvios, ortodoxos e até gregos. Com a ajuda dos ataques de Starčević, o desejo de uma identidade sérvio-ortodoxa, separada da croata, se solidificou.

Seguindo a teoria de "dividir e governar", o novo *ban* da Croácia, apontado pelos húngaros, favoreceu os sérvios e a Igreja ortodoxa, mas a estratégia dele teve efeito contrário. A primeira resistência organizada formou-se na Dalmácia. Os croatas de Rijeka e os sérvios de Zadar juntaram-se em 1905 para exigir a unificação da Dalmácia e da Eslavônia, com a garantia formal da igualdade da Sérvia como nação. Mas esse espírito de unidade decolou, e, em 1906, as alianças sérvio-croatas dominaram o governo da Dalmácia e da Eslavônia, compondo uma séria ameaça à estrutura de poder húngara.

## O Reino dos Sérvios, Croatas e Eslovenos

Com o início da II Guerra Mundial, o futuro da Croácia mais uma vez ficou incerto. Sentindo que seria submetida novamente ao poder de outros países mais fortes, a delegação croata, por meio do "Comitê Iugoslavo", convenceu o governo sérvio a fundar uma monarquia parlamentar que governaria os dois países. O Comitê tornou-se o Conselho Nacional de Eslovenos, Croatas e Sérvios após a queda do Império Austro-Húngaro, em 1918. O conselho rapidamente negociou a fundação do Reino dos Sérvios, Croatas e Eslovenos, com sede em Belgrado. Apesar de muitos croatas não estarem cientes das intenções sérvias, eles tinham certeza do propósito dos italianos, já que a Itália não perdeu tempo ao tentar anexar as cidades de Pula, Rijeka e Zadar em novembro de 1918. Entre ceder à Itália ou à Sérvia, a Croácia optou pela Sérvia.

*The Balkans*, escrito pelo renomado historiador Mark Mazower, é uma ótima introdução ao conhecimento sobre a região. Traz panoramas claros a respeito da geografia, da cultura e da história dos Bálcãs.

Problemas no novo reino se iniciaram quase que imediatamente. Como sob os Habsburgos, os croatas desfrutavam de pouca autonomia. A mudança na moeda beneficiava os sérvios à custa dos croatas. Um tratado entre a Iugoslávia e a Itália cedeu a Ístria, a cidade de Zadar e muitas ilhas croatas à Itália. Uma nova constituição aboliu o *sabor* da Croácia e o poder centralizado em Belgrado, enquanto novos distritos eleitorais contavam com pouca participação dos croatas.

A oposição ao novo regime era liderada pelo croata Stjepan Radić, favorável à ideia de uma só Iugoslávia, mas querendo transformá-la em uma democracia federal. Sua aliança com o sérvio Svetozar Pribićević mostrou-se ameaçadora ao regime, e Radić foi morto em 1928. Tirando proveito do medo de uma guerra civil, em 6 de janeiro de 1929, o rei Aleksandar, em Belgrado, acabou com qualquer esperança de transformação democrática, proclamando uma ditadura real e abolindo partidos políticos, além de suspender o governo parlamentar. Enquanto isso, durante os anos 1920, o Partido Comunista Iugoslavo ascendeu, e Josip Broz Tito tornou-se seu líder em 1937.

**1830–50**

O espírito eslavo é despertado, e os cidadãos procuram se proteger da influência húngara e germânica imposta pelos Habsburgos. Um dos movimentos é a Renovação Nacional Croata.

**1867**

O trono dos Habsburgos passa a ser ocupado pela monarquia dupla do Império Austro-Húngaro. O território croata é dividido entre elas: a Dalmácia é passada para a Áustria, e a Eslavônia fica sob o poder húngaro.

**1905**

O nacionalismo croata manifesta-se com mais clareza na Resolução de Rijeka, que clama por democracia e pela reunificação da Dalmácia e da Eslavônia.

**1908**

O Império Austro-Húngaro assume o controle da Bósnia e Herzegóvina, trazendo os muçulmanos eslavos para sua esfera de responsabilidade, criando assim o núcleo para a futura federação iugoslava.

## A ascensão do Ustaše e a Segunda Guerra Mundial

Um dia após o anúncio, um croata bósnio, Ante Pavelić, organizou o Ustaše, ou Movimento de Libertação da Croácia, em Zagreb, inspirado por Mussolini. O objetivo declarado era fundar um estado independente, nem que fosse à força. Com medo de ser preso, ele fugiu para Sófia, na Bulgária, e entrou em contato com revolucionários macedônios anti-Sérvia. Depois foi para a Itália, onde fundou um campo de concentração para a sua organização sob o olhar benevolente de Mussolini. Em 1934, ele e os macedônios assassinaram o rei Aleksandar em Marselha. A Itália respondeu fechando seu campo de concentração e levando Pavelić e outros seguidores à prisão.

Quando a Alemanha invadiu a Iugoslávia em 6 de abril de 1941, os exilados Ustaše foram rapidamente bem recebidos por alemães e italianos, que queriam reivindicar território da Dalmácia. Dias depois, o Estado Independente da Croácia (NDH; Nezavisna Država Hrvatska), liderado por Pavelić, publicou uma série de decretos elaborados para perseguir e eliminar os "inimigos" do regime, com uma referência velada a judeus, romenos e sérvios. A maioria da população judia foi enviada para campos de concentração entre 1941 e 1945.

Os sérvios tiveram destino um pouco melhor. O programa Ustaše explicitamente expôs seus planos para com os sérvios: "um terço dos sérvios mortos, um terço expulso e um terço convertido ao catolicismo". E esses planos foram levados a cabo com brutalidade. As cidades cumpriam separadamente seus próprios programas contra os sérvios, e campos de concentração foram organizados, o mais conhecido deles em Jasenovac (ao sul de Zagreb), onde romenos e croatas antifascistas foram mortos. O número exato de sérvios assassinados é incerto e controverso. Ao todo, calcula-se que um a cada seis sérvios foram mortos.

## Tito e os Partidários

Nem todos os croatas apoiavam essas políticas, e alguns se manifestavam contra elas. O regime Ustaše conseguiu maior apoio na região de Lika, a sudoeste de Zagreb, e no oeste da Herzegóvina. O acordo de Pavelić, que previa ceder boa parte da Dalmácia para a Itália, tornou-se muito impopular, e o Ustaše não tinha praticamente nenhum aliado naquela região.

A resistência armada ao regime ganhou a forma de "Četnik", liderada pelo General Draža Mihailović. Os Četniks começaram como uma rebelião antifascista, mas logo retaliaram o Ustaše, com massacres de croatas no leste da Croácia e da Bósnia.

A luta antifascista mais efetiva foi conduzida pelas unidades do Partido da Liberação Nacional e seu líder, Josip Broz, conhecido como Tito. Os Partidários, que tinham sua raiz no Partido Comunista Iugoslavo, considerado

### TITO

Para um olhar inusitado e talvez até de admiração sobre Tito, visite este site: www.titoville.com. Veja fotos dele em pose de "comandante da nação", o roteiro de seus discursos, sua lista de "esposas" e piadas a seu respeito.

**1918**

O Reino de Sérvios, Croatas e Eslovenos é criado após a separação entre a Áustria e a Hungria. O príncipe sérvio Aleksander Karađorđević assume o trono.

**1920**

Stjepan Radić funda o Partido Republicano Camponês Croata, que se torna a primeira voz a favor dos interesses croatas diante da dominação sérvia.

**1941**

Ante Pavelić proclama o Estado Independente da Croácia (NDH), na verdade uma marionete na mão dos nazistas. Ustaše começa a perseguir sérvios, romenos e judeus; os sérvios respondem formando os Četniks, que atacam os croatas.

**1943**

Os partidários do comunismo de Tito conquistam vitórias militares e constroem uma frente popular antinazista. Eles reivindicam território, expulsando brigadas italianas. Os britânicos e os Estados Unidos oferecem apoio militar.

fora da lei, atraíram intelectuais iugoslavos, croatas ofendidos pelos ataques do Četnik, sérvios revoltados com os massacres de Ustaše e antifascistas de todo tipo. Os Partidários ganharam grande apoio popular com um manifesto, que previa uma Iugoslávia pós-guerra baseada em uma federação mais livre.

Embora os Aliados tenham de início apoiado os Četniks sérvios, ficou evidente que os Partidários estavam muito mais focados no combate ao nazismo. Com o apoio diplomático e militar a Churchill e outras forças dos Aliados, os Partidários controlaram a maior parte da Croácia no ano de 1943. Eles estabeleceram governos locais no território que dominavam, o que mais tarde facilitaria sua transição ao poder. Em 20 de outubro de 1944, os Partidários entraram em Belgrado junto com o Exército Vermelho. Quando a Alemanha se rendeu em 1945, Pavelić e Ustaše fugiram, e os Partidários tomaram Zagreb.

Os que ficaram do exército NDH, desesperados para não caírem nas mãos dos Partidários, tentaram cruzar a fronteira com a Áustria. Um pequeno contingente britânico os encontrou no caminho e prometeu protegê-los fora de território iugoslavo. Era uma armadilha. As tropas foram forçadas a entrar em trens de volta para a Iugoslávia, onde eram esperadas por Partidários. O massacre arrasou com a vida de 30 mil homens (embora haja dúvidas quanto ao número oficial) e deixou uma mancha irreparável no governo da Iugoslávia.

## O nascimento da Iugoslávia

Explicando séculos de fatos complicados com clareza, o livro *Croatia: a nation forged in war*, de Marcus Tanner, cobre da era romana ao presidente Tuđman, passando por todas as turbulências da história da Croácia, com um estilo vigoroso e interessante de ler.

A tentativa de Tito de manter o controle sobre a cidade italiana de Trieste e de partes do sul da Áustria falhou diante da oposição dos Aliados. Mas a Dalmácia e a maior parte de Ístria tornaram-se parte da Iugoslávia pós-guerra. Criando o Partido Federal Popular da República da Iugoslávia, Tito estava determinado a formar um Estado no qual nenhum grupo étnico dominaria o cenário político. A Croácia tornou-se uma de seis repúblicas da federação – junto com a Macedônia, a Sérvia, Montenegro, Bósnia e Herzegóvina e a Eslovênia. Tito mexeu com um delicado equilíbrio ao criar um Estado de um partido só e excluir toda a oposição.

Durante os anos 1960, a concentração de poder em Belgrado foi ficando cada vez mais complicada quando ficou claro que o dinheiro das repúblicas mais ricas, a Eslovênia e a Croácia, estava sendo repassado para províncias autônomas de Kosovo e para a Bósnia e Herzegóvina. O problema parecia pior na Croácia, que viu a renda do turismo no mar Adriático, um negócio muito próspero, indo direto para os cofres de Belgrado. Ao mesmo tempo, os sérvios da Croácia ocupavam em grande número cargos no governo, nas forças armadas e na polícia.

Na Croácia, a falta de tranquilidade atingiu o auge durante a Primavera Croata, em 1971. Foi liderada por reformadores do Partido Comunista da

**1945–48**
A República Socialista Federativa da Iugoslávia é fundada. Tito se afasta de Stálin e consegue realizar uma manobra entre os blocos do leste e do oeste, fundando um movimento independente.

**Anos 1960**
A Croácia sofre com a centralização do poder em Belgrado. O uso do dinheiro croata para sustentar as províncias mais pobres é sentido de maneira negativa, assim como o excesso de sérvios entre os representantes do governo.

**1971**
Durante a Primavera Croata, reformadores do Partido Comunista, intelectuais, estudantes e nacionalistas reivindicam maior autonomia econômica e constitucional para a Croácia.

**1980**
O presidente Tito morre. Um luto geral e sincero se espalha, e celebrações ocorrem em todo o mundo. A Iugoslávia se afunda com a inflação, o desemprego e a dívida externa.

## TITO

Josip Broz nasceu em Kumrovec em 1892 de pai croata e mãe eslovena. Quando a I Guerra Mundial eclodiu, Tito foi retirado do exército austro-húngaro e levado como prisioneiro pelos russos. Ele conseguiu escapar logo antes da revolução de 1917, tornou-se comunista e se juntou ao Exército Vermelho. Voltou à Croácia em 1920 e tornou-se líder de sindicato enquanto trabalhava em metalúrgicas.

Como secretário do comitê do Partido Comunista, então considerado fora da lei, trabalhou na unificação do partido e no aumento de suas cadeiras. Quando os nazistas invadiram a região em 1941, adotou o nome Tito e organizou pequenas guerrilhas, que compuseram o núcleo do movimento partidário. Suas campanhas bem-sucedidas atraíram apoio militar dos britânicos e dos americanos, mas a União Soviética, apesar de partilhar de sua ideologia comunista, recusou com frequência seus pedidos de ajuda.

Em 1945, se tornou primeiro-ministro de uma Iugoslávia reconstituída. Embora preservando a ideologia comunista e mantendo sua lealdade à Rússia, Tito adotou uma postura independente. Em 1948, rompeu com Stálin e adotou uma política conciliatória com o Ocidente.

As crises nacionalistas internas da Iugoslávia tornaram-se a maior dor de cabeça de Tito, e ele simplesmente eliminava essas dissidências, tentando assegurar também a representação aliada no alto escalão do governo. Como comunista comprometido, ele via as disputas étnicas como desvios na busca pelo bem comum.

Ainda assim, Tito tinha consciência das tensões étnicas que fervilhavam sob a superfície da Iugoslávia. Preparações para a sua sucessão começaram ainda no início da década de 1970, pois ele gostaria de equilibrar o poder entre os diferentes grupos étnicos iugoslavos. Organizou uma presidência coletiva, na qual líderes se revezavam anualmente, mas o sistema provou-se inviável. Eventos posteriores revelaram o quão dependente de seu líder carismático a Iugoslávia era.

Quando Tito morreu em maio de 1980, seu corpo foi levado de Liubliana (Eslovênia) para Belgrado (Sérvia). Milhares de cidadãos enlutados encheram as ruas para homenagear o homem que havia unido um país tão complicado por 35 anos. Foi a última emoção coletiva compartilhada pelas frágeis nações da Iugoslávia.

Croácia, intelectuais e estudantes que queriam afrouxar os laços do país com a Iugoslávia. Além disso, buscavam mais autonomia econômica e uma reforma constitucional para a Croácia, e outros aspectos nacionalistas também se manifestaram. Tito lutou contra eles, oprimindo a liberalização que estava crescendo na Iugoslávia. Os sérvios assistiram ao renascimento do Movimento Ustaše; como resposta, os reformadores acusavam os sérvios por seus problemas. Formou-se o cenário para o crescimento do nacionalismo e para as guerras dos anos 1990.

DIANA MAYFIELD

» Estátua de Tito, Kumrovec

**1989**

O sistema comunista começa a ruir no Leste Europeu; Franjo Tuđman cria o primeiro partido não comunista da Iugoslávia, a União Democrática Croata (HDZ). Ele é eleito presidente em 1990.

**1991**

O parlamento croata, chamado *sabor*, proclama a independência da Croácia; sérvios da Krajina, por sua vez, declaram sua independência da Croácia, com o apoio de Slobodan Milošević. Explode a guerra entre croatas e sérvios.

## O fim da Iugoslávia

Tito deixou uma Iugoslávia instável quando morreu em maio de 1980. Com a economia em estado periclitante, a presidência que se revezava entre as seis repúblicas não conseguiu compensar a perda da mão de ferro de Tito. A autoridade do governo central afundou junto com a economia, e uma antiga falta de confiança entre os grupos étnicos da Iugoslávia ressurgiu.

Em 1989, a repressão da maioria albanesa na província sérvia de Kosovo reacendeu o pavor da hegemonia sérvia e precipitou o fim da Federação Iugoslava. Com as mudanças políticas varrendo o Leste Europeu, a Eslovênia embarcou na luta por sua independência. Muitos croatas também sentiram que havia chegado o momento para a sua autonomia. Nas eleições croatas de abril de 1990, a União Democrática Croata (HDZ; Hrvatska Demokratska Zajednica) conquistou 40% dos votos, contra 30% do Partido Comunista, que manteve a lealdade da comunidade sérvia, assim como os eleitores de Ístria e Rijeka. Em 22 de dezembro de 1990, uma nova constituição croata mudou o status dos sérvios na Croácia de "nação constituinte" para uma minoria nacional.

*The Balkans: nationalism, war & the great powers, 1804-1999*, de Misha Glenny, explora a história da influência externa sobre os Bálcãs. Seu outro livro, *The fall of Yugoslavia*, foca nos eventos históricos e culturais que levaram às guerras dos anos 1990.

A constituição não conseguiu garantir os direitos da minoria e causou demissões em massa do serviço público na Sérvia. Isso incentivou 600 mil cidadãos de etnia sérvia a pedirem autonomia na Croácia. No começo de 1991, extremistas sérvios ensaiaram ataques, forçando assim a intervenção das forças militares. Em maio de 1991, um referendo (boicotado pelos sérvios) mostrou 93% de eleitores a favor da independência croata. Quando a Croácia declarou sua independência em 25 de junho de 1991, o enclave sérvio da Krajina também proclamou sua independência da Croácia.

## A guerra da Croácia

Sob a pressão da União Europeia, a Croácia declarou uma moratória de três meses de sua independência, mas conflitos pesados eclodiram em Krajina, Baranja e na Eslavônia - a fase é conhecida como a Guerra de Independência da Croácia. O Exército Popular da Iugoslávia, dominado pelos sérvios, começou a intervir em apoio às tropas insurgentes sérvias sob o pretexto de dar fim a violência étnica. Quando o governo croata ordenou o fechamento de instalações militares na República da Croácia, a marinha iugoslava bloqueou a costa do Adriático e sitiou a estratégica cidade de Vukovar, à beira do Danúbio. Durante o verão de 1991, um quarto da Croácia caiu sob o julgo militar da Sérvia e do Exército Popular da Iugoslávia.

Ao final de 1991, o exército federal e a milícia de Montenegro avançaram sobre Dubrovnik (leia mais no quadro da p. 254), e o palácio presidencial de Zagreb foi atingido por mísseis iugoslavos, numa aparente tentativa de assassinato do presidente Tuđman. Quando enfim a moratória de três meses chegou ao fim, a Croácia declarou sua total independência. Pouco depois, Vukovar finalmente caiu com a invasão do exército iugoslavo, num dos atos

**1992**

Um cessar-fogo exigido pelas Nações Unidas é respeitado temporariamente. A União Europeia reconhece a independência da Croácia, e essa é admitida nas Nações Unidas. A guerra eclode na vizinha Bósnia.

**1995**

Na campanha militar de "Oluja", as forças croatas reivindicam territórios perdidos da Croácia e expulsam sérvios da Krajina. Essa manobra conduz ao Acordo de Dayton, que traz paz e restabelece as fronteiras croatas.

DAVID RYAN

» Escultura em tributo à reconstrução de Vukovar

mais sanguinários das guerras iugoslavas (veja p. 92). Durante seis meses de luta na Croácia, 10 mil pessoas morreram, centenas de milhares fugiram, e dezenas de milhares de casas foram destruídas.



## O envolvimento das Nações Unidas

A partir de 3 de janeiro de 1992, a exigência das Nações Unidas de cessar-fogo foi seguida a contento. Permitiu-se ao exército federal a retirada de suas bases na Croácia, e assim as tensões diminuíram. Ao mesmo tempo, a União Europeia, cedendo à pressão da Alemanha, reconheceu a Croácia como país. Os Estados Unidos tiveram participação nesse reconhecimento, e, em maio de 1992, a Croácia foi admitida como membro das Nações Unidas.

O plano de paz das Nações Unidas para Krajina pretendia desarmar as formações paramilitares sérvias, repatriar refugiados e devolver a região à Croácia. Em vez disso, a situação ficou como estava, e uma solução definitiva nunca foi oferecida. Em janeiro de 1993, o exército croata atacou repentinamente o sul da Krajina, expulsando sérvios de algumas áreas e retomando alguns pontos estratégicos. Os sérvios da Krajina prometeram nunca obedecer ao controle de Zagreb e, em junho de 1993, votaram em maioria para se juntarem aos sérvios bósnios (e, por fim, à Grande Sérvia). Após a "limpeza étnica", restaram apenas novecentos croatas em Krajina – antes, eram 44 mil. No começo de 2004, um cessar-fogo geral reduziu substancialmente a violência da região. "Zonas separatistas" desmilitarizadas foram estabelecidas entre as duas partes.

*Labyrinth*, de Blanka Raguz, tem como pano de fundo a trágica queda de Vukovar, expondo um retrato duro, porém humano, de fatos pouco conhecidos pelo restante do mundo.



## Problemas na Bósnia

Enquanto isso, a região vizinha Bósnia e Herzegóvina havia sido objeto de um tratamento similar nas mãos do exército iugoslavo e dos paramilitares sérvios. De início, em face dos avanços sérvios, croatas e muçulmanos da Bósnia haviam se unido, mas, em 1993, os dois grupos começaram a brigar entre si. Os croatas bósnios, com o apoio tácito de Zagreb, foram responsáveis por horríveis ataques na Bósnia, entre eles a destruição de uma antiga ponte em Mostar. A série de ataques foi interrompida quando os Estados Unidos fomentaram o desenvolvimento da federação muçulmano-croata em 1994, enquanto o mundo assistia com horror à ocupação sérvia em Sarajevo.

Ao mesmo tempo em que a Bósnia e Herzegóvina era vítima dessas tragédias, o governo croata começou, silenciosamente, a se armar com ajuda externa. Em 1º maio de 1995, o exército croata e a polícia ocuparam o oeste da Eslavônia, a leste de Zagreb, e assumiram o controle da região apenas alguns dias depois. Os sérvios da Krajina responderam a isso com um ataque a Zagreb com saldo de sete mortos e 130 feridos. Conforme os militares croatas consolidaram seu poder sobre o oeste da Eslavônia, cerca de 15 mil sérvios fugiram da região, apesar de o governo croata assegurar-lhes que estariam seguros.

O silêncio de Belgrado durante a campanha mostrou que os sérvios da Krajina haviam perdido o apoio de seus "padrinhos" sérvios, encorajando,

**1999**

O primeiro presidente da Croácia, Franjo Tuđman, morre; as eleições no mês de janeiro seguinte são ganhas pela coalizão de centro dos partidos anti-Tuđman, lideradas por Ivica Račan (primeiro-ministro) e Stipe Mesić (presidente).

**2003**

O HDZ retorna ao poder, abandonando a bagagem nacionalista que havia sido cultivada sob o poder de Tuđman. Há planos para uma reforma econômica e o objetivo de integrar as Nações Unidas e a OTAN.

**2005**

O suspeito de crimes de guerra Ante Gotovina é capturado e conduzido ao Tribunal Internacional de Crimes de Guerra. A prisão de Gotovina gera polêmica na Croácia, mas é vista positivamente pela União Europeia.

**2006**

A Comissão Europeia publica um relatório que exige mais trabalho por parte da Croácia nas áreas de corrupção e de discriminação e intolerância contra povos não croatas.

assim, o ato da Croácia. Em 4 de agosto, o exército croata atacou Knin, a capital da rebelião sérvia. O exército sérvio se dirigiu em direção ao norte da Bósnia, junto com 150 mil civis cuja ascendência estava ligada a Krajina havia séculos. A operação militar acabou dias depois, mas foi seguida por meses de terror, incluindo saques e incêndios em vilas sérvias.

O Acordo de Dayton, assinado em Paris em dezembro de 1995, reconheceu as fronteiras tradicionais da Croácia e providenciou o retorno do leste da Eslavônia ao poder croata. A transição aconteceu de maneira relativamente tranquila, mas as duas populações ainda se olham com suspeita e hostilidade.

O livro *To end a war*, de Richard Holbrooke, relata as circunstâncias do Acordo de Dayton. Como diplomata americano envolvido na negociação, com a missão de firmar um acordo de paz entre as duas partes, Holbrooke beneficiou-se de uma observação privilegiada das personalidades e da política da região.

## Croácia pós-guerra

Uma vez vencidas as hostilidades, a Croácia alcançou certo grau de estabilidade. Uma condição-chave para o acordo foi a garantia dada pelo governo croata de que o retorno de refugiados sérvios não seria dificultado – mas essa promessa ficou longe de ser cumprida. Embora a sede do governo em Zagreb tenha transformado em prioridade o retorno dos refugiados, de acordo com a exigência da comunidade internacional, seus esforços foram frequentemente deturpados pelas autoridades locais, que queriam manter a pureza étnica em suas regiões.

Em muitos casos, refugiados croatas da Bósnia e Herzegóvina ocuparam casas abandonadas por sérvios. Mas os sérvios que quiseram reivindicar suas propriedades tiveram de encarar impedimentos legais para isso, além de dificuldades de conseguir emprego nessas que são hoje áreas economicamente precárias. Quinze anos depois do fim dos conflitos, apenas cerca de metade deles conseguiu retornar.

No cenário político, Franjo Tuđman, homem forte do período de guerra, viu sua popularidade cair, uma vez que o país já não se encontrava sob ameaças. Sua combinação de autoritarismo e controle da mídia, além da restauração do antigo simbolismo do Partido Independente da Croácia (NDH) e de tendências radicais de direita, não mais conquistava os cidadãos croatas. Em 1999, os partidos opositores se uniram contra Tuđman e o HDZ. Tuđman foi hospitalizado e morreu de repente no fim daquele ano. As eleições planejadas para a época foram adiadas para janeiro de 2000. Ainda assim, os eleitores mostraram-se a favor de uma coalizão de centro-esquerda, eliminando assim o HDZ do quadro e votando no centrista Stipe Mesić para presidente.

## Entrada na Europa

Os resultados da eleição de 2000 ilustraram a tendência croata de se aproximar do Ocidente, buscando a integração com a Europa moderna. O país começou aos poucos a receber mais turistas, e a economia se abriu à competição internacional. Essa ocidentalização perdeu um pouco de sua força quando o Tribunal de Crimes de Guerra acusou dois generais croatas de crimes contra a população sérvia de Krajina. O general Norac foi levado ao Tribunal de Haia em 2001, fato

**2007**

As eleições parlamentares em novembro resultam na vitória do HDZ, que ocupa a maior parte das cadeiras, mas uma coalizão de parceiros é necessária para compor a maioria.

**2008**

Em janeiro, o Parlamento aprova a nova coalizão do governo encabeçada pelo primeiro-ministro Ivo Sanader. Em abril, a Croácia é convidada para entrar na OTAN em uma conferência em Bucareste.

GUY MOBERLY

» Memorial em Zagreb em homenagem às vítimas da guerra

que dividiu a opinião do povo croata e que talvez explique o retorno do HDZ ao poder nas eleições do fim de 2003, quando Ivo Sanader assumiu o posto de primeiro-ministro. Apesar disso, o HDZ já havia, a essa altura, abandonado a estância radical da era Tuđman e estava, como os partidos de centro, focado na reforma econômica e na tentativa de entrada na União Europeia e na OTAN.

Acima de tudo, a passagem pacífica do poder foi interpretada pela Europa como prova da maturidade da democracia croata. A ida do general Ante Gotovina ao Tribunal de Haia em 2005 foi a principal condição para que as negociações acerca da entrada da Croácia na União Europeia começassem. Quando ele fugiu e foi preso na Espanha, parecia que a Croácia estava pronta para virar membro. Mas, no mesmo ano, várias turbulências atrapalharam a entrada do país na organização. O governo da Eslovênia declarou uma zona ecológica no Adriático e, em resposta, a Croácia pediu ajuda internacional para resolver a disputa de fronteira entre os dois países. Quando a Comissão Europeia publicou um relatório em 2006 exigindo que a Croácia desse atenção aos casos de corrupção e de discriminação contra não croatas, o processo de aceitação na União Europeia tornou-se ainda mais lento.

Em novembro de 2007, o HDZ saiu vitorioso das eleições parlamentares, conquistando a maior parte das cadeiras, mas ainda precisava do apoio de alianças para conseguir a maioria. Após alguns meses confusos e controversos, o parlamento aprovou Ivo Sanader como primeiro-ministro em janeiro de 2008. Em março de 2008, os ex-generais croatas Ante Gotovina, Ivan Čermak e Mladen Markač foram a julgamento em Haia e negaram as acusações de assassinato contra sérvios-croatas nos anos 1990. Gotovina é reverenciado e encarado como herói por muitos de seus conterrâneos da região de Zadar, e seu julgamento levantou aspectos polêmicos da Guerra de Independência da Croácia.

Na primavera de 2008, a Croácia foi oficialmente convidada para integrar a OTAN na conferência de Bucareste; exatamente um ano depois, juntou-se à aliança. Nesse entretempo, o ano de 2008 foi marcado por uma série de assassinatos ligados à máfia na Croácia, o que forçou o governo a iniciar sua luta contra a corrupção e o crime organizado. Por fim, entregou-se de vez a essa luta, a qual é uma condição importante para a Croácia se tornar membro da União Europeia. A disputa de fronteira com a Eslovênia também não ajudou em nada – no início de 2009, a Eslovênia ameaçou impedir a entrada de sua vizinha na União Europeia. A Croácia foi repreendida pela organização por não resolver essa disputa, e as negociações para sua entrada foram canceladas – seriam retomadas apenas em outubro de 2009, quando os dois países permitiram que mediadores internacionais se envolvessem na briga. Reformas judiciais ainda estão em progresso, assim como a luta contra a corrupção e a melhora das condições para abrir negócios próprios no país. Tudo isso precisa se desenvolver a contento antes que a Croácia possa colocar o pé dentro do almejado clube europeu.

**2009**

A Eslovênia ameaça bloquear a entrada da Croácia na União Europeia por causa de uma disputa de fronteira na pequena baía de Piran, no mar Adriático, que já durava 18 anos. Em abril, a Croácia entra para a OTAN.

**Julho 2009**

Ivo Sanader renuncia repentinamente do cargo de primeiro--ministro. A ex--jornalista Jadranka Kosor assume a posição, tornando-se a primeira mulher a ocupá-la na Croácia.

**2010**

Ivo Josipović, do Partido Social Democrata da Croácia (SDP), de oposição, é eleito presidente do país.

**Junho 2010**

A Eslovênia vota em um referendo para resolver a disputa de fronteiras com a Croácia. Pouco mais da metade dos eslovenos apoia a decisão de concessão, abrindo caminho para a entrada da Croácia na União Europeia.

# A cultura e o povo da Croácia

## A personalidade dividida da Croácia

Com sua capital no continente e a maioria de suas cidades na costa, a Croácia fica dividida entre uma mentalidade mais típica da Europa Central em Zagreb e no norte do país (onde se come muita carne, a arquitetura austríaca predomina e há um interesse maior pelo desenvolvimento individual acima do prazer) e um caráter mais mediterrâneo no litoral, que é mais aberto e relaxado. A população da Ístria, por exemplo, fluente em italiano e croata, tem costumes muito semelhantes aos italianos, enquanto os dalmacianos são em geral bem desencanados e fáceis de conviver – lá, muitos escritórios fecham às quinze horas, para que as pessoas possam aproveitar as longas horas do pôr do sol na praia ou em um café ao ar livre.

Para obter informações sobre eventos culturais na Croácia, acesse o site www.culturenet.hr.

A maioria das pessoas envolvidas na indústria do turismo fala alemão, inglês e italiano, embora o inglês seja mais falado entre os mais jovens. Os croatas podem parecer desinteressados e até rudes, mesmo os que trabalham no turismo, e talvez diretos demais para o gosto de alguns. É apenas a maneira deles de ser, e, uma vez que se supera essa fase inicial, eles podem se tornar amigos para a vida toda.

## Croácia: Leste ou Oeste

A maioria dos croatas se identifica mais com a Europa Ocidental e prefere se ver como mais ocidental do que seus vizinhos bósnios e sérvios. Dizer que a Croácia faz parte do Leste Europeu não fará de você um visitante muito querido. A ideia de que a Croácia é a última parada antes do Leste Otomano prevalece em todos os segmentos da população,

### CROATAS: PESSOAS NORMAIS

O posicionamento em relação às guerras de independência dos anos 1990 varia conforme a região. A destruição de Vukovar, o bombardeio de Dubrovnik e Osijek e a limpeza étnica dos sérvios de Krajina (contra eles e praticada por eles também) traumatizaram as regiões dos arredores. Questionamentos a respeito da total razão por parte dos croatas e o absoluto erro por parte dos sérvios não serão bem recebidos, provavelmente. Em outras partes do país, os croatas costumam ser mais abertos a uma discussão mais leve sobre os fatos das últimas décadas.

A palavra "normal" aparece bastante quando os croatas se referem a si mesmos. "Queremos um país normal", eles também podem dizer. Eles mesmos distinguem, em geral, os nacionalistas radicais das "pessoas normais", que só querem viver em paz. O isolamento internacional é percebido com dor pela maioria dos croatas, e é por isso que a Croácia se rendeu à pressão internacional para condenar seus criminosos de guerra.

## FRATERNIDADE E UNIDADE OU EMBURRECIMENTO PURO?

O "turbo folk" – uma versão turbinada e eletrônica da música popular sérvia – é difícil de ser classificado como qualquer outra coisa que não ele mesmo. Muito ouvido na Croácia, na Sérvia, em Montenegro, na Macedônia e na Bósnia e Herzegóvina, trata-se de uma ligação que se mantém entre esses países e, portanto, um elemento de unificação da antiga Iugoslávia. A rainha do turbo folk, sem dúvida, é Svetlana "Ceca" Ražnatović, viúva do sérvio Arkan, que foi acusado pelas Nações Unidas de envolvimento em crimes contra a humanidade. Ceca já produziu muitos álbuns, e seus shows costumam ficar lotados em toda a região.

O ritmo musical apareceu durante o regime de Milošević e é bastante relacionado a mafiosos. A própria Ceca já foi presa (mas depois inocentada) por conexões com membros do clã Zemun, responsável pelo assassinato do primeiro-ministro sérvio Zoran Đinđić, em 2003. Algumas *folkotekas* (casas onde o turbo folk é tocado) possuem detectores de metal em sua entrada e, sobretudo na Bósnia e Herzegóvina, às vezes sofrem ataques com bomba associados a "negócios mal resolvidos" entre membros da máfia. A elite intelectual vê o turbo folk como um emburrecimento da geração atual, mas sua popularidade crescente é inegável.



embora essa noção seja questionável, já que um ritmo musical sérvio, o turbo folk, tornou-se recentemente muito popular na Croácia – durante a guerra, torcia-se o nariz para esse tipo de música. Ao que parece, uma vez vencidas as tensões dos anos 1990, a ligação com elementos da cultura dos Bálcãs é um ganho bem-aceito em algumas partes da sociedade croata.

## Um país esportivo

O futebol, o tênis e o esqui são bastante populares, e a Croácia tem colaborado com um bom número de atletas de renome mundial em cada uma dessas modalidades.

### Futebol

De longe o esporte mais popular da Croácia, o futebol desempenha um papel no estímulo ao patriotismo e, às vezes, é até uma maneira de expressar oposição política. Quando Franjo Tuđman assumiu o poder, foi decidido que o nome do principal clube de Zagreb, Dinamo, era "comunista demais", por isso ele o mudou para "Croácia". Mas a decisão revoltou os torcedores, que aproveitaram para expressar também sua oposição ao novo regime. Embora o governo seguinte tenha restaurado o nome original, é possível ver ainda *Dinamo volim te* (Dinamo, eu te amo) em grafites nas paredes de Zagreb. O principal rival do Dinamo é o Hajduk de Split, que ganhou esse nome em homenagem aos que resistiram ao domínio romano há muitos séculos. Torcedores dos dois times costumam ser rivais fervorosos fora do estádio também, causando tumultos quando se encontram.

Encarne o espírito local e mantenha--se informado sobre as notícias futebolísticas do Dinamo de Zagreb em www.nk-dinamo.hr.

A seleção da Croácia em geral vai bem em campeonatos mundiais, mas não chegou a se classificar para a Copa do Mundo de 2010, na África do Sul. Ao final de sua carreira, Davor Šuker havia feito 46 gols internacionais, 45 deles vestindo a camisa da Croácia; ele é o maior artilheiro de todos os tempos da seleção. Em 2004, o rei Pelé o apontou como um dos 125 melhores jogadores de futebol ainda vivos.

### Basquete

É o esporte mais popular depois do futebol, seguido com bastante entusiasmo. Os times de Split, Zadar e Cibona, de Zagreb, são conhecidos por toda a Europa, embora ninguém tenha repetido o êxito dos

## UM PEDAÇO DA CROÁCIA PARA LEVAR PARA CASA

O mais fino produto do artesanato croata é a renda da Ilha de Pag, que é parte de uma tradição secular que se mantém cada vez mais forte. Pode-se comprar a renda diretamente das artesãs que a confeccionaram.

Tecidos bordados também são facilmente achados em lojas de suvenires. O bordado croata em geral é vermelho, bem alegre e feito em estampas geométricas sobre tecido branco. Há toalhas de mesa, fronhas para travesseiro e até roupas.

Sachês de lavanda e de outras ervas aromáticas ou óleos são bem populares, além de opções baratas de lembrancinhas. Você pode encontrá-los na maior parte das ilhas centrais da Dalmácia, sobretudo em Hvar, que é conhecida por seus campos de lavanda.

A Ilha de Brač é famosa por sua pedra lustrosa. Cinzeiros, vasos, candelabros e outras miudezas (ainda assim pesadas) de pedra Brač são vendidas em todo o seu território.

grandes times dos anos 1980, quando jogadores como Dražen Petrović, Dino Rađa e Toni Kukoč formaram o Cibona e se tornaram campeões europeus. Para se informar sobre o basquete na Croácia, acesse www.kosarka.hr.

## Tênis

"Eu não sei como é a água na Croácia, mas todos os jogadores parecem ter mais de dois metros de altura" (Andy Roddick).

Não exatamente. Ainda assim, a Croácia tem produzido ótimos jogadores – e bem altos.

Em 2001, o país comemorou a vitória de Goran Ivanišević, de 1,93m, em Wimbledon com festas no país inteiro, particularmente na cidade de Split. Esse jogador carismático ganhou admiração por sua personalidade envolvente, e também por suas táticas na quadra, e manteve-se no ranking dos dez melhores jogadores do mundo durante os anos 1990. Lesões forçaram sua aposentadoria em 2004, mas a Croácia manteve-se no topo das quadras com a vitória de Ivan Ljubičić (atualmente o 15º do mundo) na Copa Davis de 2005, e também com Mario Ančić. Nascido em Split, Mario foi apelidado de "Bebê Goran" pelo próprio Ivanišević. Marin Čilić também é uma estrela em ascensão na Croácia.

A celebrada atleta croata Blanka Vlašić ganhou sua quarta medalha de ouro em salto em altura nos campeonatos mundiais de Doha, em março de 2010.

Entre as mulheres, Iva Majoli, nascida em Zagreb, ganhou Roland Garros em 1997 com uma maneira agressiva de jogar, mas não chegou a conquistar outras vitórias no Grand Slam.

Na Croácia, o tênis é mais do que um esporte de espectadores. Na costa, as quadras de saibro são bem comuns. O maior torneio interno é o Aberto de Umag, em Ístria, que acontece em julho.

## Esqui

Se a Croácia tivesse uma deusa nacional, ela seria Janica Kostelić, a melhor esquiadora do país. Depois de ganhar a Copa do Mundo de Esqui Alpino em 2001, Janica conquistou três medalhas de ouro e uma de prata nas Olimpíadas de Inverno de 2002 – as primeiras medalhas dessa Olimpíada conquistadas por um atleta croata na história. Aos vinte anos de idade, ela se tornou a primeira esquiadora a ganhar três medalhas de ouro em uma Olimpíada. Desde 2002, porém, Janica sofre de uma lesão no joelho e das consequências da retirada de sua tireoide, mas isso não a impediu de conquistar outra medalha de ouro na prova de revezamento feminino e uma medalha de prata no Super-G das Olimpíadas de Inverno de Torino, em 2006.

Talvez sejam os genes: o irmão de Janica, Ivica Kostelić, conquistou o título mundial de *slalom* da Copa do Mundo de 2002 e levou para casa a medalha de prata pela prova de revezamento masculino em Torino, em 2006.

## Religião

De acordo com o censo mais recente, 87,8% da população se identifica como católicos, 4,4% como ortodoxos, 1,3% como muçulmanos, 0,3% como protestantes e 6,2% de outras religiões. Em sua maioria, os croatas são católicos romanos, enquanto os sérvios pertencem principalmente à Igreja Ortodoxa, uma divisão com raízes ligadas à queda do Império Romano. Na verdade, apenas a religião separa esses dois povos etnicamente idênticos. Além de diversas diferenças doutrinárias, os cristãos ortodoxos veneram ícones, permitem o casamento de padres e não aceitam a autoridade do papa.

Seria difícil definir até que ponto o catolicismo molda a identidade nacional da Croácia. Os croatas formaram a aliança com a Igreja Católica ainda no século 9º, ganhando assim o direito de rezar missas e traduzir escritos religiosos para sua língua, que por fim se tornou a escrita glagolítica. Os papas apoiavam os primeiros reis da Croácia, que, em troca, construíram monastérios e igrejas para disseminar ainda mais o catolicismo. Durante os longos séculos de dominação da Croácia por forças estrangeiras, o catolicismo foi o elemento de união, conferindo um senso de nação ao povo.

Tragicamente, a fé que fomentou o nacionalismo na Croácia se transformou em intolerância homicida no período de guerra sob o regime de Ustaše. A cumplicidade das paróquias locais na "limpeza" da população de judeus e sérvios levou Tito a suspender a religião - e, ele esperava, também o nacionalismo - quando assumiu o poder. Embora a religião não tenha sido oficialmente proibida, ir à missa era visto como "politicamente incorreto". Não é à toa que o Vaticano foi a primeira instituição a reconhecer a independência da Croácia em 1991.

Ainda hoje, a Igreja desfruta de uma posição de prestígio na vida cultural e política do país, e o Vaticano ainda presta particular atenção à Croácia. Quase 76% dos católicos croatas que participaram de uma pesquisa se consideram religiosos, e cerca de 30% deles frequenta a missa semanalmente. A Igreja também é considerada a instituição mais confiável da Croácia, perdendo apenas para os militares.

Nota-se uma grande presença de croatas no clero católico, tanto entre os que vivem no país como os que vivem no exterior. Feriados

**TESLA**

Nikola Tesla (1856–1943), o pai do rádio e da tecnologia de correntes elétricas alternadas, nasceu na cidadezinha de Smiljan, na Croácia. O nome da unidade Tesla, de indução magnética, é uma homenagem a ele.



### COTIDIANO

Croatas gostam de conforto e status, desfilando com orgulho a última moda e telefones celulares de última geração. As ruas são bem limpas e as roupas, estilosas e muitas vezes compradas em lojas de grife – quanto mais luxuosa a marca, melhor. Mesmo com o aperto na economia, as pessoas preferem cortar despesas com restaurantes e cinema para viajar à Itália e à Áustria para comprar roupas novas.

Bater papo em cafés e bares é um hábito importante da cultura local, e com frequência o turista se pergunta quem está trabalhando no país enquanto tantas pessoas investem no lazer. Mas talvez seja justamente aquele tempinho para o café que as faça produzir o dobro e mais rápido quando voltam aos seus escritórios.

O culto à fama também é muito forte na Croácia – revistas no mais puro estilo "imprensa marrom" estão cheias de subcelebridades e suas últimas futilidades. Mesmo os intelectuais do país, embora não o admitam publicamente, sabem detalhes íntimos da vida de VIPs classe A e classe B.

## QUESTÕES DE FAMÍLIA

A maioria das pessoas possui casa própria, comprada nos anos pós-comunismo, quando as casas que antes pertenciam ao Estado foram vendidas aos inquilinos por preços baixos. As propriedades são passadas de geração em geração.

Os filhos costumam morar com os pais até a vida adulta, o que é considerado uma tradição pouco questionável. Essa tradição diz respeito especialmente aos homens, que chegam até mesmo a trazer suas esposas para viver com a família – mas isso é mais comum na zona rural e em cidadezinhas do interior.

A família é muito importante para os croatas, e os laços de parentesco em geral são fortes e cultivados.



religiosos são celebrados com fervor, e a missa de domingo recebe muitos fiéis.

# Igualdade na Croácia

As mulheres ainda enfrentam algumas dificuldades na Croácia, embora a situação esteja melhorando. Sob o socialismo moderado de Tito, as mulheres eram encorajadas a se engajar politicamente, e a participação de suas representantes no *Sabor* croata (o Parlamento) aumentou em 18%. Hoje, 25% dos parlamentares são mulheres, incluindo a primeira-ministra Jadranka Kosor.

Mais e mais donas de casa e mães precisam sair para trabalhar, mas, ainda assim, são na maioria das vezes responsáveis pelas atividades domésticas. Poucas mulheres são vistas em cargos executivos.

Em vilarejos tradicionais, a vida das mulheres costuma ser mais difícil do que em áreas urbanas, e, após a Guerra de Independência da Croácia, o impacto sobre elas foi pior do que sobre os homens. Muitas das fábricas que fecharam, sobretudo na região leste da Eslavônia, tinham mais mulheres em seu quadro de funcionários.

A ocorrência de violência doméstica e de assédio sexual no trabalho continua bastante comum na Croácia, e o sistema de leis não acolhe as mulheres como deveria.

Embora a postura em relação à homossexualidade esteja mudando aos poucos, a Croácia ainda é um país predominantemente católico, com um posicionamento conservador em relação à sexualidade. Em uma pesquisa recente, 58% dos entrevistados afirmaram considerar os gays como "pessoas normais com uma orientação sexual diferente". O restante declarou se tratar de uma perversão. A maioria dos homossexuais mantém-se discreta, por medo da reação no que diz respeito à sua orientação sexual.

# A culinária da Croácia

Se ao pensar na cozinha croata logo lhe vem à cabeça a imagem de um bife gorduroso acompanhado por batatas cozidas e *sauerkraut*, é hora de mudar essa visão. Embora preserve forte ligação com a culinária do Leste Europeu e agrade ao paladar carnívoro característico dos Bálcãs, a comida da Croácia abrange uma deliciosa combinação de sabores, refletindo as diversas culturas que influenciaram o país ao longo de sua história. Nota-se, na verdade, uma clara divisão: de um lado, a forte presença da culinária italiana na costa; do outro, a influência dos sabores húngaros, austríacos e turcos no interior do país. Da perca grelhada com azeite de oliva na Dalmácia ao substancioso ensopado de carne com páprica na Eslavônia, há comida para todos os paladares. Cada região tem uma especialidade, mas, em geral, é surpreendente a qualidade dos alimentos, todos frescos e preparados com ingredientes da safra.

Ístria e Kvarner logo se posicionaram no topo da cadeia gastronômica, mas outros lugares não ficam para trás. Uma nova geração de *chefs* está atualizando pratos croatas tradicionais e integrando o culto aos *chefs*-celebridades – pois é, essa tendência chegou até à Croácia! A ilustre produção de vinhos e de azeite também foi retomada, e há todo um emaranhado de estradas bem sinalizadas que levam a redutos desses néctares dos deuses.

O sal extraído das reservas de Pag e Ston é considerado o mais limpo de toda a região do Mediterrâneo.

## A cultura do comer

Embora os croatas não sejam muito inovadores na gastronomia, eles são simplesmente apaixonados por comida. Podem passar horas discutindo a qualidade do cordeiro ou de um peixe de primeira classe e por que essas iguarias são superiores a qualquer outra. A cultura gastronômica está em ascensão no país, bastante inspirada pelo movimento conhecido como *slow food*, que privilegia ingredientes frescos, da safra, e também a alegria de curtir lentamente a refeição.

O preço e a qualidade das refeições variam pouco em restaurantes comuns, mas, se quiser esbanjar, é possível passar horas provando iguarias *slow food* ou experimentando misturas inventivas de jovens *chefs*

### LANCHES RÁPIDOS

Na Croácia, a pizza costuma ser uma boa opção para quem está em busca de algo rápido e barato para comer. As massas variam de finas e crocantes a mais grossas e macias, e os ingredientes do recheio em geral são frescos. Outras opções de lanches são *ćevapčići* (pequenas almôndegas de carne de vaca, cordeiro ou porco), *pljeskavica* (uma versão de hambúrguer da antiga Iugoslávia), *ražnjići* (espetinho de carne de porco) e *burek* (salgado recheado com carne moída, espinafre ou queijo). Todos são vendidos em quiosques fáceis de encontrar.

em ascensão. Há um limite de preço para os habitantes locais, por isso a maior parte dos restaurantes mantém-se em uma faixa mediana – poucos são baratinhos e também poucos muito caros. Mas, mesmo com o dinheiro contado, é difícil comer mal na Croácia, seja lá em que cidade for. Outra vantagem é que, quando o clima está quente, as mesas são colocadas fora dos estabelecimentos.

## As especialidades regionais da Croácia

### Zagreb e Noroeste da Croácia

Em Zagreb e na parte noroeste do país, a comida reconfortante e substanciosa lembra a de Viena. O suculento *pečenje* (assado) é preparado com *janjetina* (cordeiro), *svinjetina* (carne de porco) e *patka* (pato) e servido acompanhado de *mlinci* (macarrão) ou *pečeni krumpir* (batatas assadas). Carne cozida lentamente sob a *peka* (tampa abaulada) é deliciosa, mas precisa ser pedida com antecedência em muitos restaurantes. *Purica* (peru) com *mlinci* é praticamente uma instituição nos cardápios de Zagreb e Zagorje, assim como o *zagrebački odrezak* (bife de vitela à milanesa recheado com queijo e presunto) – outra especialidade que não poupa calorias. Mais uma iguaria local é o *sir i vrhnje* (queijo tipo cottage com creme de leite), encontrado em mercados. Para quem gosta de doces, a *palačinke* (panqueca fininha) com os mais variados recheios e coberturas é uma das sobremesas mais comuns.

O segredo por trás do sabor forte do *paški sir* (queijo de Pag) é a dieta das ovelhas, composta sobretudo por ervas selvagens.

### Eslavônia

Mais carregada no tempero do que em outras regiões, a culinária da Eslavônia não economiza na páprica e no alho. A influência húngara é mais evidente nessa parte da Croácia: muitos pratos típicos, como o *čobanac* (ensopado de carne), são, na verdade, adaptações do *gulaš* (goulash). Ali perto, o rio Drava fornece peixe fresco, como carpa, lúcio e perca, que é cozido em molho de páprica e servido com macarrão em um prato conhecido como *fiš paprikaš*. Outra especialidade é o *šaran u rašljama*

**SLOW FOOD**

Até que demorou um pouco para o movimento *fast food*, com sua visão plastificada e industrializada da alimentação, encontrar uma inimiga à altura. Agora, para enfrentar essa tendência que tomou conta do mundo, chegou – surpresa! – a *slow food*. Esse estilo começou na Itália nos anos 1980 e agora já é propagado em 120 países, em uma tentativa de preservar a cultura das culinárias tradicionais. Vegetais, sementes e carnes são produzidos de maneira também tradicional.

Existem muitas interpretações para a *slow food*, e a Croácia tem uma maneira própria de promover seus ingredientes frescos da safra. Dá-se muita atenção ao ato de comer, assim como à apresentação da comida. Os pratos são servidos em pequenas porções e trazidos em ordem. Há uma longa pausa entre os pratos, e todos são devidamente harmonizados com vinhos. A alegria de comer e entender de onde vem o que se come faz parte dessa experiência.

Quando Nenad Kukurin, proprietário do restaurante Kukuriku, em Rijeka, introduziu esse conceito há uma década, foi apelidado de "terrorista gastronômico". Hoje, o Kukuriku é um destino por si só e razão suficiente para viajar até o golfo de Kvarner. Lá, pães e massas são artesanais, os ingredientes, recém-chegados do mercado, e as ervas, colhidas no jardim do restaurante. O proprietário frequenta o mercado de Rijeka todos os dias e consulta o *chef* por telefone: juntos, eles criam o cardápio do dia de acordo com o que é oferecido de melhor nas barracas. Seja o aspargo selvagem de Učka, trufas da floresta de Motovun ou o cordeiro do vilarejo vizinho, você experimentará ingredientes praticamente puros, sem elaboração demais. Como diz Nenad Kukurin, "o propósito de uma boa refeição é fazê-lo ir embora se sentindo leve e feliz".

## CURSOS DE CULINÁRIA

Cursos de culinária estão se tornando mais populares na Croácia, mas principalmente entre os mais abastados, já que não são baratos. **Culinary Croatia** (www.culinary-croatia.com) é uma ótima fonte de informação e oferece uma variedade de aulas culinárias e passeios de vinhos, sobretudo na Dalmácia. **Delicija 1001** (www.1001delicija.com), em Zagreb, organiza cursos de culinária e eventos gourmets. As opções e os preços variam bastante, dependendo do destino da sua aventura culinária.

(carpa no espeto), assada na sua própria gordura sobre uma fogueira. As linguiças da região também são muito apreciadas, sobretudo a *kulen*, aromatizada com páprica, curada por nove meses e, em geral, servida com queijo cottage, pimentão, tomate e, às vezes, *turšija* (picles).

### Kvarner e Dalmácia

A cozinha em Kvarner e na Dalmácia, ambas litorâneas, é tipicamente mediterrânea, isto é, capricha no uso de azeite de oliva, alho, peixes frescos e moluscos, além de ervas. Ao longo da costa, experimente a *lignje* (lula à milanesa) como prato principal; a lula do Adriático é, em geral, mais cara do que a de outras regiões. É costume abrir as refeições com um prato de massa, como espaguete, ou *rižoto* (risoto) com frutos do mar. Como petisco especial, pode-se pedir o *paški sir* (queijo de Pag), um queijo de sabor acentuado da Ilha de Pag. O *brodet* (ensopado de peixe servido com polenta, também conhecido como brodetto) da Dalmácia é outra especialidade regional, servida em porções para duas pessoas. A *pašticada* (carne cozida no vinho com temperos e servida com nhoque) dálmata também aparece nos cardápios do litoral e também do interior. O cordeiro de Cres e Pag é conhecido como o melhor da Croácia, pois é alimentado apenas com ervas frescas, o que favorece muito o sabor de sua carne.

### Ístria

A culinária da Ístria tem atraído gourmets de todo o mundo nos últimos anos, em virtude de sua longa tradição gastronômica, dos ingredientes frescos e das especialidades singulares. Entre os pratos típicos, estão a *maneštra*, uma sopa espessa de feijão e vegetais, parecida com o minestrone; o *fuži*, uma massa artesanal servida com *tartufi* (trufas) ou *divljač* (carne de caça); e *fritaja* (omelete servida com vegetais da safra, como aspargo selvagem). Fatias finas de *pršut* (prosciutto), curado a seco – que também é excelente na Dalmácia –, são petiscos comuns; é uma opção cara por causa das horas de trabalho necessárias no processo de defumação da carne. O azeite da Ístria é muito apreciado e, inclusive, premiado. O conselho de turismo criou uma rota de azeites – seguindo-a, pode-se visitar produtores locais e degustar azeites direto da fonte. Os melhores ingredientes sazonais são as trufas brancas (veja quadro na p. 124), colhidas no outono, e aspargos selvagens, colhidos na primavera.

## OSTRAS

Pesquisas provam que as ostras tão apreciadas da região de Ston, na Península de Pelješac, são cultivadas desde a época romana.

## Bebidas na Croácia

A Croácia é famosa por seu *rakija* (conhaque), que existe em diferentes sabores. Os mais comuns são o *loza* (conhaque de uva), *šljivovica* (de ameixa) e o *travarica* (de ervas). A grappa da Ístria é particularmente boa e varia em sabores: de *medica* (mel) a *biska* (visco) e várias frutinhas. A Ilha de Vis é famosa por seu delicioso *rogačica* (conhaque de alfarrobeira). É costume tomar um pouco de conhaque antes das refeições. Outras bebidas populares são o *vinjak* (também um tipo de conhaque), maraschino (licor de cereja feito em Zadar), *prosecco* (vinho doce de sobremesa) e *pelinkovac* (licor de ervas).

## O AZEITE DE OLIVA DA ÍSTRIA

Como já foi provado, há uma oliveira em Veli Brijun, nas Ilhas Brijuni, de 1.600 anos de idade. Manuscritos gregos e romanos elogiavam a qualidade do azeite produzido na Ístria. Hoje, ocorre um retorno à atividade agrícola à moda antiga, praticada por 94 produtores na península, em uma rede de estradas cheias de placas indicando azeites. Na Ístria, a oliveira é cultivada com atenção especial, e cada árvore é tratada com amor e carinho. Muitos agricultores receberam prêmios de relevância internacional, o que não é dizer pouco quando se trata de um mercado tão competitivo.

Duilio Belić é relativamente novo nesse cenário. Filho de um mineiro, ele cresceu em Raša e tornou-se um executivo importante em Zagreb antes de investir na tendência gastronômica do momento na Croácia – degustação de azeites. Com sua mulher, Bosiljka, especialista em agricultura, ele comprou uma velha plantação de oliveiras perto de Fažana há sete anos e começou o que se tornou uma verdadeira moda entre os gourmets. Agora possui cinco plantações em três localidades da Ístria, com um total de 5.500 árvores. Sob o nome Oleum Viride, elas produzem dez tipos de azeite extravirgem, quatro dos quais feitos com variedades nativas de azeitonas – Buža, Istarska Bjelica, Rosulja e Vodnjanska Crnica. O principal azeite produzido ali é o Selekcija Belić, que combina seis variedades e possui sabor de baunilha e chicória.

Enquanto tomamos um café em Fažana, Duilio me lembra de um simples fato que a maioria das pessoas esquece: a azeitona é uma fruta e o azeite, portanto, um suco de fruta. Assim como o vinho branco, alguns azeites combinam com alguns pratos, realçando seus sabores. Selekcija Belić, por exemplo, é um ótimo acompanhamento para o cordeiro e a vitela cozidos sob a *peka* (tampa abaulada) ou para uma omelete de aspargos selvagens. O azeite de Buža, muito elogiado, vai muito bem com peixe e carne crua, assim como com cogumelos e vegetais grelhados. O Istarska Bjelica, dourado-esverdeado, com

Os dois tipos mais populares de *pivo* (cerveja) na Croácia são a Ožujsko, de Zagreb, e a Karlovačko, de Karlovac. A Velebitsko, mais exclusiva, é bastante apreciada entre conhecedores de cerveja, mas é encontrada apenas em alguns bares e lojas, a maior parte deles no interior da Croácia. Não deixe de brindar com um *živjeli!* (saúde!).

O *kava* (café expresso), servido em xícaras pequenas, é comum em toda a Croácia. Pode-se tomá-lo com leite (*macchiato*) ou como cappuccino. Embora alguns lugares ofereçam a opção descafeinada, isso é considerado quase um sacrilégio, já que os croatas amam o seu café. Chás herbais são também facilmente encontrados, mas o chá mais comum *(čaj)* pode ser considerado muito fraco entre os aficionados. A água de torneira é potável.

## Vinhos croatas

O vinho é uma parte importante das refeições na Croácia, mas enófilos ficarão frustrados ao ver que os croatas costumam diluir seu vinho na água. Essa bebida é chamada de *bevanda* (vinho tinto com água) na Dalmácia e de *gemišt* (vinho branco com água mineral) no interior do país, sobretudo em Zagorje.

Todos os anos em 1º de abril, a cidade de Ludbreg, no norte da Croácia, faz jorrar vinho em vez de água em sua fonte principal.

Embora não tenham alcançado renome mundial, os vinhos croatas têm sido cada vez mais consumidos e às vezes até se destacam. Virtualmente, todas as regiões do país produzem vinhos próprios, e os da Ístria são os mais elogiados, sendo as principais uvas da região a *malvazija* branca, a *teran* vermelha e a *muškat* doce. O conselho de turismo marcou bem as rotas do vinho na península, por isso é fácil visitar produtores e suas adegas. Entre os melhores, estão Coronica, Kozlović, Matošević, Markežić, Degrassi e Sinković.

A região de Kvarner é conhecida por seu *žlahtina* de Vrbnik, na Ilha Krk; Katunar é o produtor mais conhecido dali. A Dalmácia possui uma tradição antiga na produção de vinhos - procure por nomes como *pošip*, *rukatac* e *grk* em Korčula, *dingač* e *postup* na Península de aroma de capim e uma nota de radíquio, combina com sorvete de chocolate e com bolo de chocolate amargo com avelãs.

Mas tudo isso continua abstrato para mim, por isso passamos para o restaurante Vodnjanka (p. 121), onde Duilio apresenta uma caixa com uma seleção de seus azeites e pede uma variedade de entradas. É nesse momento que aprendo a degustar azeite de oliva. Um pouco de azeite é despejado em uma taça de vinho branco, que pode ser aquecida em sua mão para que o azeite fique na temperatura do corpo. Em seguida, você cobre a taça com a mão para que o azeite libere seu aroma natural. Você então passa uma gota de azeite sobre os lábios, mistura um pouco o conteúdo da taça e engole de uma só vez.

Degustações como essa tornaram-se moda entre os gourmets croatas. Duilio organiza reuniões para os amigos e está planejando recebê-los em sua fazenda de oliveiras no futuro. Enquanto isso, seus azeites podem ser degustados nos melhores restaurantes da Croácia: Bevanda (p. 142) em Opatija, Valsabbion (p. 102) e Milan (p. 102) em Pula, Kukuriku (p. 138) em Rijeka, Foša (p. 175) em Zadar e Damir i Ornella (p. 119) em Novigrad.

Faço a minha última pergunta a Duilio enquanto degustamos Vodnjanska Crnica com *maneštra* (uma sopa espessa de vegetais e feijão, similar ao minestrone). Quero saber o que faz da Ístria um território tão bom para o plantio de azeitonas. "É a sua localização", ele explica. "Além disso, colhemos as azeitonas cedo no ano, diferentemente do que é feito na Dalmácia, para preservar os nutrientes e antioxidantes naturais. Os azeites podem ser um pouco mais amargos, mas são também mais saudáveis."

Quando me despeço, fascinado pela paixão desse homem por azeites, pergunto o que o fez entrar nesse novo universo. "É simples – eu amo comida, amo vinhos, amo todas as coisas boas da vida", ele responde. "E o azeite é uma delas."



Pelješac, *mali plavac* em Hvar (a vinícola Plenković é a melhor) e *brač* e *vugava* em Vis. Já a Eslavônia produz excelentes vinhos brancos, como o *graševina,* riesling do Reno e *traminac* (veja p. 90).

## Celebrações à moda croata

Os croatas adoram comer e nem precisam de justificativa para fazer festa, por isso feriados e ocasiões especiais, como casamentos e batizados, são um paraíso para os glutões.

Como em outros países católicos, a maioria dos croatas não come carne no Badnjak (véspera de Natal), mas, sim, peixe. Na Dalmácia, o prato típico da noite de Natal é o *bakalar* (bacalhau seco e salgado). No próprio dia de Natal, o almoço consiste em carne de porco assada, peru com *mlinci* ou outra carne. O *sarma* (enrolados de repolho recheados com carne moída) também é bastante servido na data. O pão típico de Natal, chamado *badnji kruh*, costuma ocupar a travessa principal da mesa – ele é feito com mel, castanhas e frutas secas. Outra iguaria tradicional é uma rosca trançada feita com noz-moscada, uvas-passas e amêndoas. Em geral, é decorada com trigo e velas e deixada sobre a mesa até o Dia de Reis (6 de janeiro), quando é partida e servida. Entre as sobremesas, o *rahnjača* (bolo de nozes), *fritule* (massa doce frita) e *makovnjača* (bolo de papoula) são comuns nas celebrações.

O famoso licor maraschino, de cereja, foi criado no século 16 por farmacêuticos que trabalhavam para o monastério dominicano de Zadar.

Já na Páscoa, o prato mais comum é o presunto com ovos cozidos, servido com vegetais frescos. *Pinca,* um tipo de pão mais firme, é outra tradição de Páscoa, sobretudo na Dalmácia.

## Onde comer e beber

O *restauracija* ou *restoran* (restaurante) está no topo da cadeia gastronômica, oferecendo, em geral, uma experiência mais formal e uma carta de vinhos elaborada. Em seguida, vem a *gostionica* ou *konoba*, uma espécie de taverna familiar que pode servir ingredientes cultivados ali mesmo,

## VEGETARIANOS E VEGANS

A frase *Ja ne jedem meso* (Não como carne) já ficou comum, mas, ainda assim, corre-se o risco de encontrar pedacinhos de bacon nadando na sua sopa. Essa alma carnívora dos croatas aos poucos está mudando, e o número de vegetarianos, crescendo, mas isso somente nas grandes cidades. Zagreb, Rijeka, Split e Dubrovnik hoje têm restaurantes vegetarianos, e mesmo restaurantes comuns dessas metrópoles começam a oferecer opções vegetarianas. Para os vegetarianos, a região norte (Zagorje) e leste (Eslavônia) podem ser mais desafiadoras, pois nelas a carne costuma ser a estrela do cardápio. Entre as especialidades que não levam carne, há a *maneštra od bobića* (sopa de milho fresco com leguminosas) e a *juha od krumpira na zagorski način* (sopa de batata de Zagorje). Outras opções são *štrukli* (bolinhos assados de queijo) e *blitva* (escarola cozida servida com batatas, azeite e alho). Ao longo da costa, é fácil encontrar massas e risotos que levam apenas legumes e queijos deliciosos. Quem come peixe e frutos do mar vai se deliciar em todas as partes da Croácia.

no jardim. Uma *pivnica* parece-se mais com um pub, com muitas opções de cerveja e, às vezes, alguns pratos quentes ou sanduíches. *Kavana* é um tipo de café, onde se pode passar horas com seu café ou, com sorte, comer um bolo ou tomar sorvete. A *slastičarna* (confeitaria) serve sorvete, bolo, strudel e às vezes café, mas em geral não há lugar para sentar. O *samoposluživanje* é como um restaurante self-service e pode ser ideal para uma refeição rápida. A qualidade da comida não é garantida, mas não deixa de ser prático, já que é preciso apenas apontar para o que se quer comer.

Há 17 mil produtores de vinho na Croácia, com 2.500 vinhos de origem controlada e 200 variedades de vinhas.

VINHO

Quem estiver hospedado em um hostel ou em uma casa alugada pode ter dificuldade de conseguir um café da manhã mais elaborado, por isso é melhor comprar o café em uma cafeteria e salgados ou pães na padaria. Se preferir, outra opção é comprar pão, queijo e leite no supermercado e preparar um lanche reforçado. Nos hotéis, o bufê de café da manhã inclui cereais, pão, iogurte, frios, suco de caixinha e queijo. Em hotéis mais caros, há também ovos, linguiça, pães e bolos caseiros.

Para o almoço, vale a pena comprar alguns queijos e pão no mercado e presunto na casa de frios, montando assim um piquenique bem saudável. Se você pedir com gentileza, o vendedor pode preparar lá mesmo um sanduíche de *sir* (queijo) ou *pršut* (presunto cru) pelo mesmo preço dos ingredientes.

## Costumes e tradições

Em toda a antiga Iugoslávia, servia-se *burek* no *doručak* (café da manhã). Na atualidade, porém, croatas optam por alimentos mais leves para começar o dia — em geral, apenas café preto e um salgado, acompanhados de iogurte e uma fruta.

Os restaurantes costumam abrir para o *ručak* (almoço) ao meio-dia, mais ou menos, e funcionam sem parar até meia-noite, o que é uma facilidade para quem chega à cidade em um horário alternativo ou quer passar mais tempo na praia durante o dia. Quando almoçam cedo, os croatas comem algo mais barato e substancioso, que chamam de *marenda* ou *gablec*, ou almoçam mais tarde e melhor. O *večera* (jantar) em geral é bem mais leve, mas a maioria dos restaurantes adaptou seus pratos de acordo com as necessidades dos turistas, que tendem a comer bem à noite. Poucos croatas podem comer fora com frequência; quando saem para comer, em geral é com a família, no sábado à noite ou na tarde de domingo.

Os croatas têm orgulho de sua culinária e a preferem acima de todas as outras (com exceção, talvez, da italiana). Fora das cidades maiores, há poucos restaurantes de comida internacional (a maior parte chinesa e mexicana) e também não muitas variações dos tradicionais pratos croatas.

# A arquitetura na Croácia

**Por Dominko Blažević**

Dominko Blažević escreve sobre arquitetura na Croácia

Graças à sua dupla localização no continente europeu e, ao mesmo tempo, na costa do Mediterrâneo, a área que hoje pertence à Croácia tem sido habitada e cobiçada por vários conquistadores, desde os tempos pré-históricos. Seus monumentos são numerosos e diversos, embora exemplos pré-romanos tenham sido encontrados apenas em ruínas. As cidades de Dubrovnik, Korčula, Rovinj, Trogir, Zadar e Šibenik, além de cidadezinhas nas colinas da Ístria, são famosas pela beleza arquitetônica e, portanto, não se pode deixar de conhecê-las.

## A era romana

O mais deslumbrante exemplo da arquitetura romana é o Palácio de Diocleciano em Split, construído para quando o imperador quisesse se aposentar, no fim do século 3º. Eleito pela Unesco como Patrimônio Cultural, esse é o palácio de um imperador romano mais bem preservado de todo o mundo – e não é habitado desde a morte do imperador, em 315 d.C. O aqueduto que leva água ao palácio, nos arredores da cidade, funciona ainda hoje.

Nos arredores, fica Salona (hoje Solin), a cidade romana que era sede administrativa e comercial da província e também o local de nascimento do imperador (por isso é que lá fica seu palácio). Entre suas ruínas, há os vestígios de um anfiteatro.

Vale a pena, ainda, ver outros dois exemplos pré-eslavos, ambos na Ístria: o Anfiteatro de Pula (uma espécie de coliseu da Croácia), razoavelmente grande, uma arena do século 1º d.C. e a antiga Basílica Eufrasiana cristã, em Poreč, do século 6º d.C., que possui camadas de outros edifícios incorporadas em suas paredes e um belo mosaico em seu abside.

## Igrejas pré-românicas

A chegada dos eslavos deu início ao período chamado de Croata Antigo, ou pré-romanesco. Os melhores exemplos dessa arquitetura são encontrados na costa da Dalmácia, começando pela impressionante Igreja de São Donato em Zadar, do século 9º, construída so-

**ARQUITETURA NA CROÁCIA**

**390 a.C. – c. 400 d.C.**
Os primeiros gregos, e depois os romanos, chegam às praias do leste do mar Adriático, deixando em sua passagem pela região cidades, construções e infraestrutura extraordinárias.

**Início do século 4º**
O Palácio de Diocleciano é finalizado. Ele ainda é o núcleo da atual Split.

**Século 9º**
A Igreja de São Donato é construída onde hoje é Zadar, em estilo característico do início do período bizantino.

**Séculos 11 a 15**
A arquitetura romanesca monumental, seguida pelo elegante estilo gótico, incentiva o desenvolvimento da cidade, as inovações estruturais e um detalhamento cada vez mais acentuado.

**1431–1535**
A Catedral de São Tiago, projetada por Juraj Dalmatinac, é construída em Šibenik em estilo gótico renascentista.

**Séculos 17 e 18**
Começa a era do ouro do barroco de Varaždin, assim como um período de reconstrução em Dubrovnik, após ser atingida por um terremoto.

**Século 19**
Dos períodos classicista e historicista, a Croácia herda algumas de suas construções mais marcantes.

**Anos 1930-1970**
Durante o período modernista, a arquitetura croata fica em sintonia com o estilo internacional. Já o período socialista resulta em exemplos muito sofisticados e esteticamente maduros de arquitetura pública e residencial.

bre ruínas romanas. Ela possui uma estrutura central arredondada e três absides semicirculares. Entre outras preciosidades dessa época, estão muitas igrejas da região, a Igreja da Cruz Sagrada de Nin, do século 11, que foi construída em formato de cruz, com duas absides e um domo sobre o ponto central, e a linda São Nicolas (Sv Nikola), nos arredores da cidade de Nin. Há vestígios de igrejas circulares pré-romanescas em Split (a igreja da Sagrada Trindade) e Trogir. Igrejas menores em Šipan e Lopud, perto de Dubrovnik, também foram construídas com base em projetos em forma de cruz, indicando uma influência cada vez maior da cultura bizantina naquela época.



## A Croácia fica gótica

A Catedral de São Domnius (séculos 3º e 4º d.C.), em Split, é a menor e mais antiga catedral do mundo, pois faz parte do mausoléu original de Diocleciano.

CATEDRAL

A tradição romanesca da Idade Média persistiu pela costa mesmo após a disseminação do estilo gótico por toda a Europa. Os exemplos mais antigos do estilo gótico datam do século 13 e ainda apareciam misturados às formas romanescas. O mais deslumbrante trabalho desse período é o portal da Catedral de São Lovro, em Trogir, esculpido pelo mestre Radovan em 1240. As figuras humanas desempenhando atividades cotidianas marcaram uma ruptura clara com os motivos de santos e apóstolos característicos do estilo bizantino. Outra obra-prima gótica é o singular portal da Catedral de São Domnius em Split, feito com 28 motivos quadrangulares por Andrija Buvina. Em Zadar, ficam a Catedral de Santa Anastásia, construída sobre as fundações de uma antiga basílica cristã nos séculos 12 e 13, e a Igreja de São Crisógono, de 1175.

A Catedral da Assunção da Virgem Maria (antiga Catedral de São Estevão), em Zagreb, foi a primeira expressão do estilo gótico no norte da Croácia. Embora reconstruída muitas vezes, a sacristia ainda possui resquícios de murais do século 13.

As construções de estilo gótico maduro foram comandadas, em sua maioria, pelo arquiteto e escultor Juraj Dalmatinac, nascido em Zadar no século 15. Seu trabalho de maior destaque é a Catedral de São Tiago, em Šibenik, que marca a transição entre os períodos gótico e renascentista. Dalmatinac construiu a igreja inteiramente de pedra e adornou as absides com uma grinalda em que as figuras dos habitantes locais foram esculpidas de maneira realista. Outra joia do período é a Catedral de São Marcos, em Korčula, do século 15.

## A Renascença

A Renascença manifestou-se com força na Croácia, sobretudo em Ragusa (Dubrovnik), que era independente. Na segunda metade do século 15, influências renascentistas começaram a aparecer em estruturas antes góticas. O Palácio Sponza, antiga Alfândega, é um belo exemplo dessa fusão de estilos. No meio do século 16, traços da Renascença começaram a se sobrepor ao estilo gótico nos palácios e nas residências de veraneio construídos pela nobreza em Ragusa e ao redor da cidade. Infelizmente, muitas construções foram destruídas no terremoto de 1667, e

### O PLETER CROATA

O primeiro estilo característico da Croácia foi o *pleter* (ornamentos trançados), que apareceu em cerca de 800 d.C., na fonte batismal do duque de Višeslav de Nin, na Igreja da Cruz Sagrada. O *pleter* aparece com frequência em entradas de igrejas e em móveis do início do período medieval (Croata Antigo). No fim do século 10º, o trabalho de treliça passou a ganhar detalhes de folhas e anelados. Esse estilo é tão relacionado à cultura do país que o antigo presidente Franjo Tuđman o usou em um pôster de sua campanha como um sinal de resgate da tradicional cultura croata.

hoje Dubrovnik é mais conhecida pela fusão do gótico com o romanesco em seu Monastério Franciscano; pela coluna Orlando, do século 15; pela Fonte Onofrio; pela Igreja barroca de São Blaise; pela Igreja Jesuíta de Santo Inácio; e pela Catedral da Assunção da Virgem.

A Catedral de São Tiago, em Šibenik (1431-1535), é o único edifício renascentista da Europa que usou a técnica de empilhar peças de pedra pré-fabricadas.

## Estilo Barroco

O norte da Croácia é conhecido pelo estilo Barroco, que foi introduzido por monges jesuítas no século 17. A cidade de Varaždin era a capital da região nos séculos 17 e 18 e, graças à sua localização, experimentou um grande intercâmbio de artistas, artesãos e arquitetos do norte da Europa. A combinação de riqueza e de um ambiente criativamente fértil fez de Varaždin a cidade croata mais conhecida no que diz respeito à arte barroca. É possível perceber o estilo nas igrejas e casas restauradas e, sobretudo, no grande castelo.

Em Zagreb, há bons exemplos do estilo Barroco na parte norte da cidade. Preste atenção na Igreja jesuíta de Santa Catarina e nas mansões barrocas restauradas que agora compõem o Museu de História Croata e o Museu Croata de Arte Naïf. Famílias abastadas construíram mansões barrocas ao redor de Zagreb, como em Brezovica, Miljana, Lobor e Bistra.

## A arquitetura hoje

Com suas duas escolas de arquitetura (uma em Zagreb e outra recém-inaugurada em Split), hoje a Croácia pode se orgulhar de uma cena arquitetônica vibrante, que já foi internacionalmente reconhecida e premiada. Após as guerras dos anos 1990, muitas competições abertas foram organizadas pelo Estado e por investidores privados. Arquitetos jovens, na faixa etária dos vinte ou trinta anos, de repente ganharam a oportunidade de mostrar seus talentos, trazendo com eles um novo espírito.

Alguns dos exemplos mais importantes dessa fase são o Órgão do Mar, em Zadar, assinado por Nikola Bašić, e o novo Museu de Arte Contemporânea em Zagreb, de Igor Franić.

# A natureza da Croácia

A moeda da Croácia, a kuna, foi chamada assim por causa da pele de martas que vivem nas pedras, que era usada como escambo entre os venezianos.

KUNA

## Situação geográfica

A Croácia tem a forma de um bumerangue: das planícies panônias da Eslavônia entre os rios Sava, Drava e Danúbio, cruzando o interior montanhoso até a península de Ístria, depois passando pela Dalmácia, ao longo da costa rugosa do Adriático. A geografia incomum dificulta a tarefa de circundar o país. Se estiver explorando a Croácia a partir de Zagreb, você pode voar de Dubrovnik de volta para Zagreb para pegar o voo para seu país, viajar por terra passando por Split ou subir dirigindo pela Bósnia e Herzegóvina, para entrar na Croácia pelo leste.

A estreita faixa litorânea da Croácia, aos pés dos Alpes Dináricos, possui 1.778km de comprimento. Mas é tão denteada que parece ter apenas 600km. Somando-se os 4.012km de litoral das ilhas a esse total, o comprimento da costa croata vai para 5.790km. A maioria das praias "serrilhadas" consiste em tablados de pedra povoados por naturistas. Não vá atrás de areia, mas as águas são límpidas, até nas cidades grandes.

As ilhas da Croácia são tão bonitas quanto as da Grécia. Há 1.244 ilhas e ilhotas ao longo da alameda tectônica submersa no mar Adriático, mas apenas cinquenta são habitadas. As maiores são Cres, Krk, Mali Lošinj, Pag e Rab ao norte; Dugi Otok no centro; e Brač, Hvar, Korčula, Mljet e Vis no sul. A maior delas não possui muita vegetação e é alongada de noroeste a sudeste, com montanhas altas que parecem se erguer a partir do mar.

## A vida selvagem da Croácia

### Animais na Croácia

A população de veados é abundante nas florestas do Parque Nacional Risnjak, assim como ursos marrons, gatos selvagens e *ris* (linces), dos quais vem o nome do parque. Às vezes, um lobo ou um javali podem

**OBSERVAÇÃO DE PÁSSAROS**

O abutre-fouveiro (*Gyps fulvus*), com envergadura de asa de 2,6m, possui uma colônia permanente em Cres. No Parque Nacional Paklenica, pode-se observar falcões-peregrinos, milhafres, pequenos falcões, búteos e corujas. O Parque Nacional Krka é um importante ponto na rota de migração e uma boa moradia de inverno para os pássaros pantaneiros, como garças, patos selvagens, gansos e grous, assim como de raras águias douradas e de águias-de-dedo-curto. Já o Parque Natural de Kopački Rit, perto de Osijek, no leste da Croácia, é também um refúgio para pássaros de grande relevância.

### REFÚGIO DOS URSINHOS

No vilarejo de Kuterevo, ao norte das montanhas de Velebit, fica o **refúgio Kuterevo** (www.kuterevo-medvjedi.hr, em croata) para ursos jovens. Fundado em 2002, ele protege jovens ursos órfãos que correm risco devido ao tráfico e à caça. A responsável pelos ursinhos é a Associação Kuterevo de Velebit (VUK), que trabalha em colaboração com os habitantes de Kuterevo. Foi construída uma creche para ursos bebês (com dois a seis meses) e outra divisão para ursos um pouco maiores fora da cidade.

Todos os verões, o refúgio atrai voluntários que trabalham por duas ou três semanas (cerca de seis horas por dia). Não há nenhum luxo (apenas banheiros químicos, chuveiros aquecidos com energia solar e uma cozinha comunitária), mas a hospedagem custa apenas 40KN por dia (80KN com banheiro privativo), refeições inclusas.

Da primavera ao fim do outono, pode-se visitar o refúgio de ursos bebês, que hoje recebe cerca de 10 mil visitantes por ano. O site está em croata, mas e-mails são respondidos em inglês.

aparecer, mas é raro. O Parque Nacional dos Lagos Plitvice, no entanto, é um importante refúgio de lobos. A rara lontra-do-mar também é protegida nesse parque, assim como no Parque Nacional Krka. Duas cobras venenosas são endêmicas em Paklenica – a víbora de chifre no nariz e a víbora europeia. A cobra-leopardo, a cobra-de-quatro-linhas, a cobra de jardim e a cobra-lagarto podem ser encontradas em ambos os parques nacionais (Paklenica e Krka).

## Plantas na Croácia

No que diz respeito à vegetação, as áreas mais ricas da Croácia concentram-se na cordilheira de Velebit e em parte das Montanhas Dináricas, que são o pano de fundo da parte central da costa da Dalmácia. Botânicos contabilizaram 2.700 espécies e 78 plantas endêmicas lá, incluindo o edelvais, que corre risco de extinção. O Parque Nacional Risnjak é outro bom cenário para se encontrar o edelvais, assim como orquídeas de baunilha, lírios e rododendros, que são bem mais bonitas que o nome. O clima seco do Mediterrâneo na costa é perfeito para arbustos baixos que florescem em todo o litoral, mas especialmente na Ilha de Mljet. Também é possível encontrar oleandros, jasmins e árvores de zimbro na costa, e a lavanda é bastante cultivada na Ilha de Hvar. Figueiras e oliveiras são abudantes.

A temperatura do mar Adriático varia muito: sobe de 7°C em dezembro para moderados 23°C em setembro

# Parques nacionais da Croácia

Quando a Iugoslávia caiu, oito de seus melhores parques nacionais ficaram em território croata. Eles cobrem 1,097% do país e somam 961km² de área, dos quais 742km² são compostos por terra e os outros 219km² por água. Cerca de 8% da Croácia pertencem a essas áreas protegidas.

## Parques nacionais no continente

O Parque Nacional Risnjak, a sudoeste de Zagreb, é o mais intocado dos parques florestados, parcialmente em razão do clima inóspito em suas grandes altitudes, com temperatura média de 12,6°C em julho. Os invernos são longos e cheios de neve, mas, quando a primavera finalmente chega, no fim de maio ou começo de junho, tudo floresce de uma só vez. O parque não possui, propositadamente, estrutura para turista, pois a ideia é que apenas os amantes da montanha se aventurem por ali. A entrada principal fica no hotel e centro de informações em Crni Lug.

Penhascos de rocha calcária típica da Croácia (Kvart) dramaticamente formados compõem o Parque Nacional Paklenica, na costa do mar

Visite o site do Ministério de Proteção Ambiental (www.mzopu.hr) para saber as últimas notícias sobre o meio ambiente na Croácia

Adriático, próximo a Zadar. É um ponto de encontro de escaladores de rocha, e a competição europeia de escalada acontece ali todos os anos, em maio. Abismos rochosos e cavernas cheias de estalactites e estalagmites também tornam o parque interessante para os que gostam de explorar cavernas, e há muitos quilômetros de trilhas também para quem prefere caminhar. Há boa infraestrutura para turistas.

Mais desafiador é o Parque Nacional de Velebit, ao norte, uma linda colcha de retalhos de florestas, picos, campinas e montanhas que protege como uma muralha o norte da Dalmácia e a região de Šibenik-Knin.

As cachoeiras do Parque Nacional dos Lagos Plitvice são formadas por musgos que retêm carbonato de cálcio quando o rio passa pela rocha karst. O travertino e o tufo calcário vão se formando, fazendo brotar várias camadas de plantas que compõem uma barreira para o rio. O parque foi nomeado pela Unesco como Patrimônio Mundial da Humanidade, e é fácil chegar a ele a partir de Zagreb ou Zadar. As cachoeiras ficam mais cheias e vistosas na primavera.

O Parque Nacional Krka tem um conjunto ainda maior de lagos e cachoeiras. Os rios Zrmanja, Krka, Cetina e Neretva formam cachoeiras, mas a usina de Manojlovac pode interferir nesse escoamento, que fica mais lento entre julho e agosto. O ponto principal de acesso é o Skradinski Buk, com a maior cascata de todas, de 800m de altura.

## Parques nacionais nas ilhas

As Ilhas Kornati são compostas por 140 ilhas com vegetação escassa, além de ilhotas e recifes espalhados por 300km². Suas formas serrilhadas e as extraordinárias formações rochosas fazem delas as estrelas do Adriático. A menos que tenha um barco, você terá de se juntar a um passeio organizado partindo de Zadar.

A metade noroeste da ilha de Mljet foi nomeada parque nacional por causa de dois grandes lagos de água salgada, cercados por vegetação exuberante. Os arbustos são mais cheios e altos em Mljet do que em qualquer outro lugar do Mediterrâneo, por isso se trata de um refúgio natural para muitos animais. As cobras praticamente dominavam a ilha até a introdução do mangusto da Índia, em 1909. É fácil chegar a essa ilha idílica nos barcos que partem de Dubrovnik.

As Ilhas Brijuni são o mais cultuado parque nacional, pois se desenvolveram como destino para turistas ainda no final do século 19. Eram o refúgio de Tito e hoje atraem gente da alta sociedade e seus empregados e iates. A maioria dos animais e das plantas foi trazida de fora (elefantes

### CAVERNAS DE KARST E CACHOEIRAS

A formação geológica de maior destaque na Croácia é uma rocha calcária dolomítica denominada karst (ou carso). De Ístria a Montenegro e cobrindo grandes partes do interior do país, o karst é formado pela absorção da água na superfície da pedra calcária, que passa então por uma corrosão, permitindo que a água entre na camada mais interna. Por fim, a água forma correntes internas, abrindo fissuras e cavernas antes de chegar de novo à superfície e passar à outra caverna, até desaguar no mar. As cavernas e as nascentes de água são comuns nas paisagens de karst, o que explica a formação do Abismo de Pazin, dos lagos de Plitvice e das cachoeiras de Krka, assim como a caverna Manita Peć em Paklenica. O exterior da rocha é dramático: serrilhado e pouco coberto por vegetação. O desmatamento, o vento e a erosão tornaram a terra ao redor estéril para a agricultura. Quando a pedra calcária se desfaz, uma espécie de bacia (conhecida como *polje*) se forma – este sim é um local cultivável, embora possa se tornar um lago temporário e a drenagem não seja ideal.

não vivem, em geral, à beira do mar Adriático), mas as ilhas são lindas. O acesso é restrito, mas pode-se organizar uma visita.



## Problemas ecológicos na Croácia

A ausência de indústria pesada na Croácia tem um feliz efeito sobre o meio ambiente, deixando florestas, rios, o litoral e o ar em geral frescos e despoluídos. Uma melhora nos investimentos e no desenvolvimento, porém, sempre traz problemas e ameaças ao meio ambiente.

Com o *boom* turístico por que tem passado o país, a demanda por peixe fresco e moluscos tem aumentado exponencialmente. Como já não dá para escapar do problema, a única alternativa é produzir frutos do mar. Nas fazendas de criação de peixes, a produção de perca, brema e atum (para exportação) vem crescendo bastante, resultando em uma pressão na sustentabilidade do litoral. As fazendas de atum, principalmente, capturam os animais ainda jovens, antes que tenham a chance de se reproduzir e equilibrar a população de peixes selvagens.

Florestas na costa e nas ilhas também lidam com o problema do desmatamento. Primeiro atacadas pelos venezianos, que construíam seus navios de madeira, depois por habitantes locais desesperados por combustível, as florestas passaram por anos de negligência, o que resultou em ilhas e montanhas litorâneas completamente estéreis. Os verões secos e os ventos *maestrals* (fortes e constantes, vindos do oeste) também já causaram muitos incêndios ao longo da costa. Nos últimos vinte anos, o fogo destruiu 7% das florestas croatas.

# Artes na Croácia

A premiada Dubravka Ugrešić e outras quatro escritoras foram acusadas de serem "bruxas" por uma revista croata por não apoiarem claramente a Guerra de Independência da Croácia

As artes têm grande importância na Croácia, desde suas formas mais tradicionais - música clássica, teatro, dança e belas-artes - até os estilos mais modernos, como pop art, rock e música eletrônica, arte de vanguarda, dança e teatro experimentais, moda e *spoken word*, como é chamado um estilo de performance literário-artística. A música popular e o artesanato também recebem bastante atenção.

## Literatura na Croácia

A língua croata se desenvolveu nos séculos que se seguiram à grande imigração da Eslavônia e da Dalmácia. Para converter os eslavos ao cristianismo, os missionários gregos Cirilo e Metódio aprenderam a língua, e foi Cirilo quem criou sua escrita, que ficou conhecida como escrita glagolítica. O exemplo mais antigo é do século 11 e está em uma abadia beneditina, na Ilha de Krk.

### Poetas e dramaturgos

A primeira manifestação literária na Croácia aconteceu na Dalmácia, que foi muito influenciada pelo Renascimento italiano. Os trabalhos do poeta Marko Marulić (1450-1524), de Split, ainda são venerados no país. Sua peça *Judita* foi a primeira obra produzida por um autor croata em sua língua materna. O poema épico *Osman*, de Ivan Gundulić (1589-1638), celebra a vitória dos poloneses sobre os turcos em 1621, a qual o autor viu como um primeiro passo para a destruição do poder otomano. As peças de Marin Držić (1508-67), em particular *Dundo Maroje*, que expressam ideias humanistas e ideais renascentistas, ainda são levadas ao palco, sobretudo em Dubrovnik.

A figura mais proeminente após o período de guerra nos anos 1990 foi Vesna Parun, com seu estilo lírico e às vezes satírico. Embora Parun tenha sido frequentemente acusada pelo governo de escrever uma poesia "decadente e burguesa", sua obra publicada *Collected poems* influenciou uma nova geração, que se identifica com a sua visão a respeito da loucura do tempo de guerra.

### Romancistas

Ivan Gundulić (1589-1638), de Ragusa (Dubrovnik), é frequentemente considerado o maior dos poetas croatas.

A grande figura literária da Croácia é o romancista e dramaturgo Miroslav Krleža (1893-1981). Sempre engajado politicamente, Krleža rompeu com Tito em 1967, pois defendia a igualdade entre as línguas sérvia e croata no que dizia respeito à literatura. Focados nas preocupações em torno das mudanças por que passava a Iugoslávia, seus romances mais populares são *The return of Philip Latinovicz* (1932) e *Banners* (1963-65), uma saga de vários volumes sobre a vida da classe média na Croácia na virada para o século 20 (ambos disponíveis em inglês).

É preciso mencionar, ainda, Ivo Andrić (1892-1975), que ganhou o Prêmio Nobel de Literatura em 1961 por uma trilogia histórica inspirada na Bósnia: *The bridge on the Drina, Bosnian story* e *Young miss*, como pode ser encontrada em inglês. Nascido como croata católico na Bósnia, o escritor usava o dialeto sérvio e viveu em Belgrado, mas se identificava como iugoslavo.



*Gold, Frankincense and Myrrh*, de Slobodan Novak, originalmente publicado na Iugoslávia em 1968 e também encontrado em inglês, se passa na Ilha de Rab, onde uma boa samaritana idosa está morrendo e o homem que cuida dela - o narrador - entrega-se a reminiscências sobre a vida, o amor, o Estado, a religião e a própria memória. É considerado um dos trabalhos-chave da literatura do século 20.

O romance *Night* (2004), de Vedrana Rudan, disponível no Brasil em inglês, ilustra sua linguagem dura e os temas antinacionalistas um tanto polêmicos que sempre mexem um pouco com o cenário literário na Croácia.



### Escritores contemporâneos

Alguns escritores contemporâneos foram profundamente marcados pelas implicações de uma Croácia independente. O jornalista Alenka Mirković escreveu um memorial marcante sobre a ocupação de Vukovar. Já Goran Tribuson utiliza-se do gênero de suspense e ação para examinar as mudanças na sociedade croata do pós-guerra. Em *Oblivion*, como foi traduzido para o inglês, Pavao Pavličić também usa uma história de detetive para explorar problemas da memória histórica coletiva. Josip Novakovich, que vive nos Estados Unidos, demonstra a nostalgia que sente por sua terra natal em suas obras. Seu romance mais popular, *April Fool's Day* (2005), é um relato absurdo e corajoso sobre as guerras que assolaram a região. Slavenka Drakulić é outro nome relevante da literatura, com livros que despertam questionamentos políticos e sociológicos, sempre sagazes e inteligentes. Entre suas ótimas obras, está a conhecida *Cafe Europa – Life after Communism* (1999). A escritora Dubravka Ugrešić é uma figura controversa na Croácia, mas é celebrada em outros lugares. Hoje, exilada por vontade própria, vive na Holanda e é conhecida por seus romances *The culture of lies* (1998) e *The ministry of pain* (2006). Ela também publicou *Nobody's home* em 2007, que é uma coletânea de histórias e ensaios sobre suas viagens pela Europa e pelos Estados Unidos, e sobre a relação entre o Oriente e o Ocidente.

Miljenko Jergović, nascido em Sarajevo e vivendo na Croácia, é um escritor provocativo e perspicaz, cujas obras *Sarajevo Marlboro* (1994) e *Mama Leone* (1999) retratam a atmosfera pré-guerra da Iugoslávia.

Uma boa introdução aos escritores croatas contemporâneos é a coletânea de contos *Croatian nights* (2005), organizada por Tony White, Borivoj Radaković e Matt Thorne. Essa excelente antologia de 19 contos reúne escritores proeminentes da Croácia e do Reino Unido.

## Cinema na Croácia

O cinema iugoslavo era dominado por diretores sérvios, mas a Croácia possui dois nomes importantes na sétima arte: Krešo Golik (1922-98), que dirigiu comédias populares como *Plavi 9* (traduzido para o inglês como *Blue 9*; 1950) e *Tko pjeva zlo ne misli* (*He who sings never means harm*; 1970); e Branko Bauer (nascido em 1921), que dirigiu suspenses, dramas de guerra e filmes de aventura. A Croácia tem um maior destaque, porém, no cinema experimental e intelectual (não necessariamente popular) - entre os nomes desse universo, estão Branko Babaja, Zvonimir Berković, Lordan Zafranović e Vatroslav Mimica.

O governo de Franjo Tuđman trouxe uma crise ao cinema da Croácia, e os anos 1990 são considerados o ponto mais baixo da produção cinematográfica croata desde a II Guerra Mundial.

Algumas figuras de destaque do cinema atual são Brešan (nascido em 1964) e Goran Rušinović (1968). *Kako je počeo rat na mom otoku* (*How the war started on my island*; 1996), de Brešan, e *Maršal* (*Marshal Tito's spirit*; 1999) fizeram muito sucesso na Croácia. O filme *Mondo Bobo* (1997), de Rušinović, é um estiloso drama em preto e branco inspirado nas obras de Jim Jarmusch e Shinya Tsukamoto e foi o primeiro longa independente produzido na Croácia.

*Fine mrtve djevojke* (*Fine dead girls*; 2002), de Dalibor Matanić, tornou-se um suspense de sucesso, enquanto *Karaula* (2006), de Rajko Grlić, recorda os tempos de guerra da Iugoslávia de maneira hilariante.

Para conhecer mais sobre a música de raiz da Croácia, incluindo os nomes da moda do cenário contemporâneo, acesse www.croatianrootsmusic.com



# Música na Croácia

## Popular

Embora a Croácia tenha tido grandes músicos e compositores de música clássica, sua contribuição musical mais original e rica está na tradição popular. A música croata reflete muitas influências, algumas medievais, da época em que húngaros e venezianos controlavam o país. Franz Joseph Haydn (1732-1809) nasceu próximo a um domínio croata na Áustria, e seu repertório clássico foi bastante influenciado por canções populares croatas.

O instrumento mais comumente usado na música popular da Croácia é a *tamburica,* um bandolim de três ou cinco cordas que é sanfonado ou dedilhado. Introduzido pelos turcos no século 17, o instrumento rapidamente ganhou notoriedade no leste da Eslavônia e passou a ser relacionado às aspirações nacionalistas croatas. A música *tamburica* continuou a ser tocada em casamentos e festivais locais durante o período da Iugoslávia.

A música vocal seguiu a tradição do *klapa*, que pode ser traduzido como "grupo de pessoas". Esse estilo é originário dos corais de igreja e é mais popular na Dalmácia, especialmente em Split, e pode reunir até dez vozes cantando harmoniosamente sobre o amor, a tragédia e a perda. Tradicionalmente, os corais eram compostos apenas por homens, mas as mulheres estão se envolvendo mais nisso, embora haja poucos corais mistos. Para saber mais sobre o *klapa*, veja p. 213.

Outra linha da música popular, muito influenciada pela vizinha Hungria, emana da região de Međimurje, no nordeste da Croácia. O instrumento predominante é a *citura* (cítara). A canção é lenta e melancólica e, em geral, fala de amores perdidos. Novos artistas trouxeram vigor a esse estilo tradicional, entre os quais Lidija Bajuk e Dunja Knebl, duas cantoras que ressuscitaram a música e, com isso, ganharam muitos fãs.

## Pop, rock e outros

Há uma riqueza de talentos no cenário da música pop e do rock na Croácia. Uma das bandas mais proeminentes é a Hladno Pivo (Cerveja Gelada), que toca música cheia de energia, com traços punk e letras politizadas e inteligentes. O single de estreia da banda de indie rock Pips, Chips & Videoclips, "Dinamo ja te volim" (Dinamo, eu te amo), é uma referência à mudança de nome imposta por Tuđma ao principal time de futebol de Zagreb, mas, desde então, eles têm se mostrado

### MÚSICA POPULAR: SUGESTÕES DE ÁLBUNS

» *Croatie: music of long ago* é um bom ponto de partida para entrar em contato com a variedade da música croata.

» *Lijepa naša tamburaša* é uma seleção de canções da Eslavônia acompanhadas pelo som da *tamburica* (um bandolim de três ou cinco cordas).

» *Omiš 1967-75* é um panorama da música *klapa* (um estilo originário dos corais de igreja).

» *Pripovid O Dalmaciji* é uma excelente seleção de *klapa* na qual a influência dos corais de igreja fica ainda mais clara.

### DANÇAS POPULARES

Na dança, procure pelo *drmeš*, uma espécie de polca acelerada dançada por casais em grupos pequenos. O *kolo*, dança circular na qual homens e mulheres se alternam na roda, é acompanhado por violinistas de estilo romeno. Na Dalmácia, o *poskočica* também é dançado por casais, que criam diversas coreografias diferentes.

Como na música, as danças tradicionais da Croácia são cultivadas em festivais locais e nacionais. O melhor é o Festival Internacional do Folclore em Zagreb, que acontece em julho. Se não conseguir ir, porém, não se preocupe: os grupos folclóricos viajam durante o verão pela costa, passando pela maioria das cidades litorâneas e das ilhas. Informe-se no escritório de turismo local sobre o calendário.

apolíticos. Vještice (As Bruxas) é uma banda de Zagreb que mistura um pouco do jazz sul-africano, da música popular de Međimurje e de punk rock.

O grupo Gustafi canta no dialeto da Ístria e mistura rock com sons populares da região, enquanto o deliciosamente louco Let 3, de Rijeka, é famoso por suas melodias e performances malucas, nas quais os membros da banda muitas vezes aparecem nus, com apenas um pedaço de cortiça sobre o traseiro (isso mesmo). A opção hip-hop de Split é o TBF (The Beat Fleet, ou A Frota da Batida), que usa gírias locais para falar de problemas atuais, dramas familiares, dor de cotovelo e também de alegrias. O cantor de hip-hop Edo Maajka, nascido na Bósnia mas morador da Croácia, é outra voz esperta do estilo.

A fusão de jazz e pop com o popular tem sido bem-sucedida na Croácia há bastante tempo. Dois nomes de destaque nessa cena são os talentosos Tamara Obrovac, da Ístria, que canta no dialeto antigo da região que já não é mais falado, e Mojmir Novaković, antigo membro da banda Legen.

A rainha do pop na Croácia é Severina, famosa por sua beleza e também por sua tumultuada vida pessoal, que é vastamente coberta pelas revistas de fofoca locais. Gibonni é outro cantor muito popular, bastante influenciado por Oliver Dragojević, um lendário cantor romântico. Os três (Severina, Gibonni e Dragojević) são de Split.

Afion é um grupo de música folk progressiva de Zagreb que mistura músicas étnicas tradicionais da Croácia, da Macedônia e da Bósnia (com toques de sons de Kosovo e da Armênia) com notas de jazz, influências da world music e vocais fortes em apresentações acústicas.

Se há algo que une as antigas repúblicas da Iugoslávia é a música. O bósnio Goran Bregović juntou-se ao cineasta sérvio Emir Kusturica para criar lindas trilhas sonoras, e sua música ainda é amada em toda a região.

**FUSÃO**

Não perca a música de Miroslav Evačić (www.miroslavevacic.com), que combina blues e elementos da música tradicional húngara, numa fusão chamada por ele de "Csardas Blues".

## Pintura e escultura na Croácia

O pintor Vincent de Kastav produziu lindos afrescos nas igrejas da Ístria no século 15. A pequena igreja de Santa Maria, perto de Beram, ainda exibe obras dele, das quais se destaca *A dança da morte*. Outro notório pintor istriano do século 15 é Ivan de Kastav, que deixou afrescos por toda a Ístria, sobretudo na parte eslovena da região.

Muitos artistas nascidos na Dalmácia foram influenciados pelo estilo renascentista italiano e também o influenciaram. Os escultores Lucijan Vranjanin e Frano Laurana, o miniaturista Julije Klović e o pintor Andrija Medulić deixaram a Dalmácia enquanto a região estava sob a ameaça otomana no século 15 para trabalhar na Itália. Museus em Londres, Paris e Florença abrigam exemplares das obras deles, mas algumas de suas criações são exibidas na própria Croácia.

Vlaho Bukovac (1855-1922) foi o pintor croata de maior destaque do fim do século 19. Depois de trabalhar em Londres e Paris, ele voltou a Zagreb em 1892 e produziu retratos e pinturas inspiradas em temas históricos em estilo bem vívido. No começo do século 20, os pintores de maior renome eram Miroslav Kraljević (1885-1913) e Josip Račić (1885-1908), mas o escultor Ivan Meštrović (1883-1962) foi quem alcançou maior reconhecimento internacional, criando muitas obras-primas inspiradas em temas croatas. Antun Augustinčić (1900-79) foi outro escultor reconhecido internacionalmente, cujo *Monumento à Paz* fica em frente ao prédio das Nações Unidas, em Nova York. Um pequeno museu com seu trabalho fica na pequena cidade de Klanjec, ao norte de Zagreb.

## Arte naïf

Após a I Guerra Mundial, os artistas experimentaram com o expressionismo abstrato, mas esse período é mais lembrado pela arte naïf que começou em 1931 com a exposição *Zemlja* (*Solo*) em Zagreb, que apresentou ao público os trabalhos de Ivan Generalić (1914-92) e de outros pintores que retratavam o campo. Comprometido com o propósito de produzir arte de fácil compreensão, que pudesse ser admirada por leigos também, Generalić recebeu o apoio dos também pintores Franjo Mraz (1910-81) e Mirko Virius (1889-1943) e do escultor Petar Smajić (1910-85) na campanha pelo reconhecimento da arte naïf.

## Arte abstrata

A arte abstrata se disseminou após a II Guerra. O mais célebre pintor croata do modernismo é Edo Murtić (1921-2005), que se inspirava na zona rural da Dalmácia e da Ístria. Em 1959, alguns artistas - Marijan Jevšovar (1922-88), Ivan Kožarić (nascido em 1921) e Julije Knifer (1921-2004) - criaram o grupo Gorgona, que desafiava os limites da arte abstrata. Djuro Pulitika (1922-2006), celebrado pintor de Dubrovnik, ficou conhecido por suas paisagens coloridas, assim como Antun Masle (1919-67) e Ivo Dulčić (1916-75).

## Arte contemporânea

Após a II Guerra Mundial, a tendência da arte de vanguarda evoluiu para instalações, para o minimalismo, para a linha conceitual e para a arte em vídeo. Entre os artistas contemporâneos de maior relevância, estão Lovro Artuković (nascido em 1959), cujo estilo ultrarrealista na pintura contrasta com instalações surrealistas, e Sanja Iveković (1949) e Dalibor Martinis (1947), representantes da vídeo-arte. Os trabalhos multimídia de Andreja Kulunčić (1968), as instalações de Sandra Sterle (1965) e os vídeos de Renata Poljak (1974), que mora em Paris, têm atraído a atenção internacional. Os trabalhos do artista multimídia Slaven Tolj (1964), nascido em Dubrovnik, entre os quais instalações e vídeo-arte, já receberam elogios da crítica internacional. Lana Šlezić (1973) é uma fotógrafa croata que mora e trabalha em Toronto, no Canadá - suas excelentes fotografias retratam, em geral, a própria Croácia.

A Galeria de Arte Moderna de Zagreb dá um ótimo panorama dos últimos duzentos anos de arte croata. Também há um bom número de galerias independentes em Zagreb, que exibem o trabalho de artistas locais. Veja na p. 48.

# › Guia de sobrevivência

# Informações úteis A-Z

## Acesso à internet

» Os cybercafés estão indicados nos capítulos das regiões deste guia; o acesso à internet custa cerca de 30KN por hora.

» O escritório de turismo local pode informar sobre estabelecimentos com acesso à internet.

» Em cidades menores, os escritórios de turismo às vezes deixam visitantes checarem seus e-mails rapidamente, se pedirem com educação.

» Bibliotecas públicas podem ter acesso à internet, mas o tempo de uso em geral é limitado.

» Hotéis diferenciados quase sempre disponibilizam wi-fi, assim como hotéis voltados para executivos. Algumas casas particulares também possuem wi-fi, mas não todas.

## Acomodações

No padrão deste guia, a acomodação econômica inclui opções de camping, hostels e casas particulares e custa cerca de 450KN por um quarto de casal. As acomodações de preço médio variam de 450 a 800KN pelo quarto de casal, enquanto as opções de preço elevado começam em 800KN e podem chegar a até 4.000KN pelo quarto de casal. As resenhas estão organizadas em ordem de preferência. No caso dos hotéis, listamos o preço mais baixo da alta estação com café da manhã incluso.

Alugar uma casa ou um quarto na casa de moradores locais fica muito mais barato na Croácia, por isso muitas vezes vale a pena. Pode ser uma ótima forma de se hospedar para quem não se importa com os confortos oferecidos por um hotel.

Ao longo da costa, o preço da hospedagem é calculado de acordo com as quatro estações, variando de lugar para lugar.

Os proprietários das casas são responsáveis pelo registro dos viajantes na polícia local, como é exigido por autoridades croatas. Para fazer isso, eles precisam ficar com o seu passaporte de um dia para o outro.

» De novembro a março são os meses mais baratos. Apenas um ou dois hotéis ficam abertos nos balneários da costa, mas as diárias, em compensação, valem a pena – não custam mais de 350KN por um quarto de casal em um bom hotel três estrelas e

### INFORMAÇÕES PRÁTICAS

» **Jornais e revistas** Entre os jornais mais lidos estão *Večernji List*, *Jutarnji List*, *Slobodna Dalmacija* e *Feral Tribune*. O mais respeitado é o estatal *Vjesnik*. As revistas semanais mais populares são a *Nacional* e a *Globus*. A edição croata do *Metro* foi lançada em 2006.

» **Rádio** A rádio mais popular é a Narodni Radio, que transmite música croata, seguida pela Antena Zagreb e pela Otvoreni Radio. A rádio croata transmite notícias em inglês diariamente, às 20h e 05min, nas frequências 88.9, 91.3 e 99.3 FM.

» **Gorjeta** As contas incluem o serviço, mas é costume arredondar o valor.

» **Eletricidade** Para aparelhos eletroeletrônicos, o fornecimento de energia é de 220v 50hz ac. A Croácia usa plugues redondos com dois pinos.

» **Pesos e medidas** A Croácia adota o sistema métrico.

» **TV e vídeo** O sistema de vídeo é o PAL, incompatível com o sistema francês SECAM e com o norte-americano NTSC.

## RESERVAS ON-LINE

Veja mais recomendações de hospedagem feitas por autores da Lonely Planet em hotels.lonelyplanet.com/Croatia. Você encontrará resenhas independentes e também recomendações sobre as melhores opções de hospedagem. O melhor é que as reservas podem ser feitas on-line.

cerca de 250KN em estabelecimentos mais simples.

» Em geral, abril, maio e outubro também são meses baratos.

» A alta temporada vai de junho a setembro.

» Em julho e agosto, o preço vai às alturas. O período de pico vai do fim de julho ao meio ou fim de agosto. Para esses dois meses, é bom reservar com antecedência.

» Muitos lugares cobram uma taxa de 30% para hospedagens inferiores a 3 dias e também uma "taxa de residência", que sai por cerca de 7KN por pessoa por dia. Os preços neste guia não incluem a taxa de residência.

» A hospedagem na Dalmácia costuma ser mais barata (exceto em Dubrovnik e Hvar) do que em Kvarner e na Ístria.

## Reservas

» Neste guia você encontra o número de telefone da maioria das opções de hospedagem.

- Uma vez que seu roteiro estiver traçado, é recomendável começar a ligar para se informar sobre preços e disponibilidade.
- A maioria dos atendentes fala inglês.

» Está cada vez mais difícil reservar sem ter de fazer um depósito como adiantamento, sobretudo na alta temporada.

» Em hotéis, é possível fazer a reserva com o cartão de crédito.

» Algumas casas para alugar podem pedir uma transferência via swift (seu banco transfere diretamente para o banco deles). As taxas dos bancos variam, mas custam, em geral, de US$15 a US$30. Uma alternativa a isso é fazer a reserva por meio de uma agência.

## Camping

Há cerca de cem áreas para camping na costa da Croácia. A maioria fica aberta do meio de abril ao meio de setembro, embora alguns funcionem de março a outubro. Na primavera e no outono, é melhor ligar com antecedência para assegurar-se de que o camping estará aberto. Não se guie apenas pelas datas fornecidas pelos escritórios de turismo, em panfletos ou até neste guia, pois elas podem mudar.

### PREÇOS DE CAMPING

Muitos campings na Ístria são, na verdade, enormes acampamentos de estrada, cheios de restaurantes, lojas e fileiras de trailer, mas na Dalmácia eles são menores e mais familiares.

» Os preços neste livro são por adulto.

» Espere pagar 100KN para ficar em alguns campings maiores.

» A maioria dos campings cobra de 40KN a 60KN por pessoa por noite.

» A taxa de barraca às vezes está incluída no preço, mas pode ser cobrada também como extra, custando de 10 a 15KN.

» A taxa pelo veículo também está inclusa, muitas vezes; mas pode custar um extra de 10 a 50KN.

» Estacionamentos para trailers custam cerca de 30% mais; nem sempre a eletricidade está incluída, mas pode custar um extra de 15KN por noite.

» A taxa de permanência custa 7KN extras por pessoa por noite, mas varia conforme a temporada e a região.

### TIPOS DE CAMPING

» Apesar de pequenos, os campings familiares estão começando a se multiplicar, embora a maioria deles ainda fique nas estradas.

» Se preferir um ambiente com mais privacidade, o escritório de turismo da cidade indicará opções de campings menores, mas talvez você precise insistir.

» Campings naturistas (marcados com FKK) estão entre os melhores, pois suas localizações garantem paz e tranquilidade.

» Campings não oficiais são proibidos.

» Veja www.camping.hr para informações sobre campings e links.

## Hostels

O **yha Croata** (☎01 48 29 291; www.hfhs.hr; Savska 5/1, Zagreb) opera hostels em Rijeka, Dubrovnik, Pula, Punat, Zadar e Zagreb. Quem não é membro paga 10KN extras por pessoa para ganhar um selo no cartão de boas-vindas – com seis selos, você se torna membro.
O yha croata também pode dar informações sobre hostels privados em Krk, Dubrovnik, Zadar e Zagreb.

» A maioria dos hostels agora fica aberta no inverno, mas nem sempre há atendentes durante o dia. É melhor ligar com antecedência.

» Os preços deste guia correspondem às altas temporadas em julho e agosto; no restante do ano, os preços caem.

## Hotéis

» Antes propriedade do governo, os complexos

hoteleiros que datam das décadas de 1970 e 1980 continuam os mesmos.

» Pousadas familiares são opções econômicas e também oferecem uma experiência mais personalizada.

» Algumas pousadas estão neste guia, mas vale a pena perguntar no escritório de turismo local, pois novas opções aparecem a cada temporada.

» Quartos de casal têm bom tamanho, e quase todos os quartos da Croácia possuem banheiro privativo.

» A maioria dos hotéis da Croácia estão na faixa de preço médio: cerca de 800KN por quarto de casal na alta temporada ao longo da costa; cerca de 450KN (no fim da primavera e começo de outono). Nessa faixa de preço, pode-se pagar por um banheiro privativo, telefone e, às vezes, TV a cabo.

» Em geral, há uma taxa extra para estadas curtas (menos de três ou quatro noites) durante a temporada de verão na costa e nas ilhas.

» Apartamentos têm também cozinha, uma ou mais camas e um banheiro.

» A maioria dos hotéis dá a opção de meia pensão. Em redutos turísticos distantes da cidade, a meia pensão pode ser a única opção. Em geral, as refeições são compostas por cortes baratos de carne e acompanhamentos, embora alguns hotéis comecem a oferecer agora opções vegetarianas.

» O sistema de estrelas na Croácia é incoerente e não muito útil.

## Acomodação particular

A maneira mais econômica de se hospedar na Croácia é alugar um quarto ou apartamento particular, em geral ligados à casa do proprietário. Não só é uma maneira mais barata, mas o serviço também será mais amigável e mais eficiente – e a comida, melhor.

### ALUGUÉIS PARTICULARES: O QUE EVITAR

» Se decidir tratar direto com os proprietários (em geral são mulheres) na rodoviária ou na estação de trem, informe-se sobre a localização exata do imóvel, ou pode acabar muito longe do centro da cidade.

» Pergunte se o preço é por pessoa ou por quarto.

» Evite pagar mais caro especificando quantos dias irá ficar e a que horas fará o check-out.

» Se alugar um quarto ou apartamento que não tiver uma placa azul indicando *sobe* ou *apartmani* do lado de fora, o proprietário está alugando ilegalmente (sem pagar o imposto exigido). Provavelmente, ele se mostrará relutante em fornecer seu nome completo ou número de telefone, e você não terá a quem recorrer caso haja algum problema.

Reserve uma acomodação particular por meio de agências de viagem, falando diretamente com o proprietário (que se encontrará com você na rodoviária ou estação de trem) ou batendo na porta de casas que tenham a placa *sobe* ou *zimmer* (quartos disponíveis).

### RESERVANDO POR AGÊNCIA

» Reservas por meio de agências costumam ser mais profissionais.

» As agências podem resolver reclamações (muitas vezes em inglês), se algo der errado.

» Em caso de estadas de menos de quatro noites é cobrada uma taxa de pelo menos 30% do valor; algumas agências insistem em pacotes de sete noites na alta temporada.

### BATENDO NA PORTA

Casas com placas de *sobe* ou *zimmer* (quartos disponíveis) oferecem hospedagem.

» Comece o dia cedo, pois os proprietários em geral precisam sair à tarde.

Deixe sua bagagem no *garderoba* (guarda-volumes) antes de entrar na cidade – vai ser mais fácil negociar um bom preço assim.

### PECHINCHANDO

» Não hesite em negociar, sobretudo se for ficar por uma semana. Na alta temporada, ao longo da costa, pode ser impossível encontrar um proprietário que queira alugar um quarto por apenas uma noite.

» Quartos de solteiro são escassos.

» O banheiro com chuveiro quase sempre está incluído, mas não o café da manhã, então pergunte o preço da refeição.

### RESERVA DE MEIA PENSÃO

Se possível, pode valer a pena pagar pelo sistema de meia pensão e se hospedar com uma família. A maioria das famílias na costa tem jardim, um vinhedo e acesso ao mar. Lá, você pode começar suas noites com um aperitivo caseiro antes de passar para uma salada feita com ingredientes da horta, batatas plantadas no quintal e peixe fresco grelhado, tudo acompanhado pelo vinho produzido por seu anfitrião.

### TIPOS DE ACOMODAÇÃO PARTICULAR

Agências de viagem classificam hospedagens particulares de acordo com o sistema de estrelas:

**Três estrelas** As mais caras; dispõem de banheiro privativo

**Duas estrelas** O banheiro é compartilhado com outro quarto

**Uma estrela** O banheiro é compartilhado entre mais quartos e, às vezes, com o próprio proprietário

Apartamentos pequenos com cozinha custam um pouco mais do que um quarto de casal, mas lembre-se de que preparar refeições na Croácia pode sair caro. Se estiver viajando com um grupo pequeno, pode valer a pena conseguir um apartamento. As hospedagens particulares nunca incluem telefone, mas TV por assinatura está ficando mais comum.

**DIÁRIAS E PREÇOS**

Os preços em geral são fixados pelas associações turísticas locais e não variam de agência para agência, embora algumas não trabalhem com quartos da categoria mais barata, enquanto outras só administram apartamentos. Em hospedagens legais, há sempre uma "taxa de registro" para que você (turista) seja registrado na polícia.

Os preços neste guia levam em conta uma hospedagem de quatro noites durante a alta temporada. Fora de julho e agosto, as diárias despencam.

## Atividades

**Clube Internacional Adriático da Croácia** (www.aci-club.hr) Administra 21 marinas na costa.

**Associação de Turismo Náutico** (Udruženje Nautičkog Turizma; ☎051 209 147; Bulevar Oslobođenja 23, Rijeka) Representa todas as marinas da Croácia.

**Cro Challenge** (www.crochallenge.com) Associação de esportes radicais.

**Federação de Aeronáutica da Croácia** (www.caf.hr) Clube de paraquedismo.

**Associação Croata de Turismo de Mergulho** (www.croprodive.info)

**Federação Croata de Mergulho** (www.diving-hrs.hr, em croata)

**Associação Croata de Montanhismo** (www.plsavez.hr, departamento espeleológico www.speleologija.hr) Informações sobre escaladas, exploração de cavernas e trilhas.

**Associação de Windsurfe da Croácia** (www.hukjd.hr) Informação sobre windsurfe.

**Huck Finn** (www.huck-finn.hr) Agência com sede em Zagreb especializada em canoagem, caiaque, rafting e trilhas.

**Pedala** (www.pedala.com.hr) Informações sobre ciclismo.

**NGO Bicikl** (www.bicikl.hr) Informações sobre ciclismo.

**Outdoor** (www.outdoor.hr) Turismo de aventura e incentivo ao meio ambiente.

**Pro Diving Croatia** (www.diving.hr)

**Riverfree** (www.riverfree.hr, em croata) Clube de rafting e canoagem.

## Cartões de desconto

» A maioria dos museus, galerias, teatros e festivais na Croácia oferece desconto de 50% para estudantes.

» A Carteira Internacional de Estudante (ISIC) é a melhor certificação no exterior para estudantes.

» Menores de 26 anos que não forem estudantes podem tirar a Carteira Internacional de Jovens Viajantes (IYTC).

» A Croácia é membro da **European Youth Card Association** (www.euro26.hr) que oferece descontos em lojas, restaurantes e bibliotecas nos países participantes. O cartão pode ser usado em cerca de 1.400 estabelecimentos na Croácia.

» Para viajar como estudante e se informar sobre todos os cartões citados aqui, entre em contato com o departamento de viagens da **Croatian YHA** (www.hfhs.hr).

## Dinheiro

A moeda da Croácia é a kuna (KN). As cédulas mais comuns são de 500, 200, 100, 50, 20, 10 e 5 kuna, que têm imagens de heróis nacionais, como Stjepan Radić e Ban Josip Jelačić. Cada kuna é dividida em 100 lipa. Há moedas prateadas de 50 e 20 lipa; a de 10 lipa é bronze.

A kuna possui um lastro fixo relacionado ao euro. O governo torna a moeda mais cara no verão, quando há muitos turistas. A melhor taxa de câmbio perdura da metade de setembro até o meio de junho. Afora isso, a taxa varia pouco de ano a ano. As passagens de barco são estabelecidas em euros, embora você as pague em kuna. Neste guia, listamos os preços de hotéis, campings e hospedagem em casas particulares em kuna. Para mais informações, sobre despesas e câmbio, veja a p. 14.

### Caixas eletrônicos

» Há caixas eletrônicos em quase todos os lugares da Croácia e eles podem facilitar a vida de quem precisa trocar dinheiro. A maioria aceita Cirrus, Plus, Diners Club e Maestro.

» O Privredna Banka em geral possui caixas eletrônicos para saque de cartões American Express.

» A maioria dos caixas eletrônicos permite que você retire dinheiro usando o cartão de crédito; lembre-se de que você paga juros imediatamente e também uma taxa pelo saque.

» Todos os correios permitem que você faça retiradas em dinheiro com cartões MasterCard ou Cirrus, e muitos estão começando a aceitar o Diners Club também.

## Câmbio

Há muitos lugares onde se pode trocar dinheiro na Croácia, e todos oferecem cotações parecidas; pergunte em agências de viagem para se informar sobre casas de câmbio próximas.

» Correios fazem câmbio e ficam abertos o dia todo.

» A maioria dos lugares cobra uma taxa de 1% a 1,5% para trocar dinheiro, mas alguns bancos não cobram taxa.

» *Traveler's checks* só podem ser trocados em bancos.

» A kuna só pode ser trocada por moeda estrangeira em bancos, e apenas se você tiver o recibo do câmbio anterior.

» A moeda húngara (o florim) é difícil de trocar na Croácia.

» Pode-se pagar a conta do restaurante e outros pequenos serviços em euros, mas a conversão não é vantajosa.

» Pode-se alugar casas em euros.

## Cartões de crédito

Cartões de crédito (Visa, Diners Club, MasterCard, American Express) são aceitos em todos os hotéis, mas não em casas particulares. Restaurantes e lojas menores também não costumam aceitar cartões.

Clientes do Amex podem contatar as agências de viagem Atlas em Dubrovnik, Opatija, Poreč, Pula, Split, Zadar e Zagreb para se informar sobre os serviços disponíveis do cartão, como retiradas em dinheiro e correspondências. A rede de bancos Privredna Banka oferece muitos serviços para clientes Amex.

A seguir estão os sites das maiores empresas de cartão de crédito presentes na Croácia:

**American Express** (www.americanexpress.hr)

**Diners Club** (www.diners.com.hr)

**Eurocard/MasterCard** (www.zaba.hr)

**Visa** (www.splitskabanka.hr)

## Impostos e reembolsos

Viajantes que gastarem mais de 740KN em uma única loja têm direito ao reembolso do imposto sobre produto, que equivale a 22% do valor da compra. Para pedir o reembolso, o comprador precisa preencher um formulário, que deve então apresentar ao escritório da alfândega antes de deixar o país. Em até seis meses, deve-se mandar uma cópia do formulário para a loja, que fará o reembolso em seu cartão de crédito do valor devido.

Há também um serviço chamado Sistema de Reembolso Global, que devolverá o valor em dinheiro no aeroporto ou em outros escritórios licenciados. Os correios de Zagreb, Osijek, Dubrovnik, Split, Rijeka, Pula e de algumas outras cidades participam desse sistema. Para a lista completa, visite www.posta.hr.

## Eletricidade

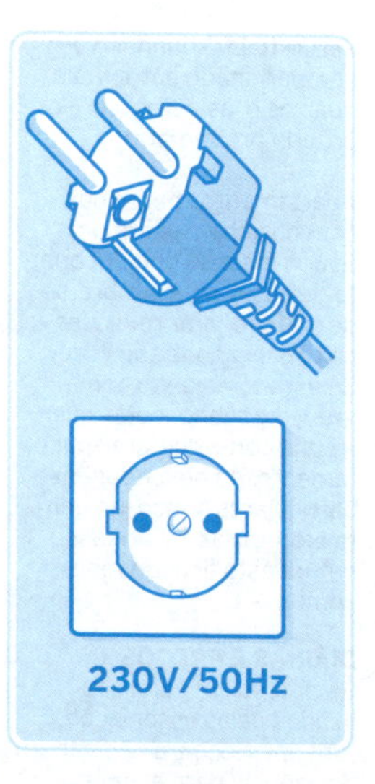


## Embaixadas e Consulados em Zagreb

**Brasil** (☎ +385 (11) 400 2250, Trg Nikole Šubića Zrinskog, 10/I, 10.000)

**Portugal** (☎ +385 (1) 488.221.0, Trg Bana Jelacica 5/II Kat, 10.000)

## Feriados nacionais

Os croatas levam seus feriados muito a sério. Lojas e museus fecham, e o funcionamento dos barcos é restrito. Em feriados religiosos, as igrejas ficam lotadas; é uma boa oportunidade para conhecer a decoração de igrejas que em geral ficam fechadas. Veja na pág. 18 a programação de eventos e festivais.

Feriados nacionais da Croácia:

**Ano-Novo** 1º de janeiro

**Dia de Reis** 6 de janeiro

**Páscoa** Março/abril

**Dia do Trabalho** 1º de maio

**Corpus Christi** 10 de junho

**Dia da Resistência Anti-**

**fascista** 22 de junho; marca a eclosão da resistência em 1941
**Dia do Estado** 25 de junho
**Dia de Ação de Graças** 5 de agosto
**Festa da Assunção** 15 de agosto
**Dia da Independência** 8 de outubro
**Dia de Todos os Santos** 1º de novembro
**Natal** 25 e 26 de dezembro

## Fotografia

» Ainda é possível encontrar filmes coloridos produzidos pela Kodak e pela Fuji em lojas de fotografia e de suvenires para turistas. Mas custam caro na Croácia, por isso, se for precisar, é bom fazer um estoque antes.

» O tamanho padrão de fotos reveladas na Croácia é de 9x13cm.

» A revelação de imagens digitais é comum em Zagreb e outras cidades grandes, mas poucos lugares revelam filmes APS.

» Não é costume revelar filmes em uma hora.

» Filmes para a câmera podem ser facilmente comprados em todas as cidades maiores e pontos turísticos, mas pode ser difícil encontrá-los em lugares mais afastados.

» Instalações militares não podem ser fotografadas, e o risco de fotografar praias de nudismo é acabar com várias pessoas peladas correndo atrás de você.

## Fuso horário

A Croácia obedece ao Horário da Europa Central (GMT/UTC + 1h). O horário de verão começa no fim de março, quando os relógios são adiantados em uma hora. No fim de setembro, são atrasados uma hora. A Croácia usa o sistema de 24 horas.

### NOMES DE RUA

Especialmente em Zagreb e Split, você pode perceber a discrepância entre os nomes usados neste guia e os nomes que você verá nas ruas. Em croata, o nome da rua pode ser usado na forma nominativa ou possessiva. A diferença aparece no final do nome. Por isso, Ulica Ljudevita Gaja (rua de Ljudevita Gaja) torna-se Gajeva ulica (rua de Gaja). A última versão é uma das mais comuns e usadas em conversas do dia a dia. O mesmo se aplica a *trg* (praça), que pode ser vista como Trg Petra Preradovića ou Preradovićev trg. Alguns dos nomes mais comuns são Trg Svetog Marka (Markov trg), Trg Josipa Jurja Strossmayera (Strossmayerov trg), Ulica Andrije Hebranga (Hebrangova), Ulica Pavla Radića (Radićeva), Ulica Augusta Šenoe (Šenoina), Ulica Nikole Tesle (Teslina) e Ulica Ivana Tkalčića (Tkalčićeva). Trg Nikole Šubića Zrinskog também é quase sempre chamada de Zrinjevac.

No endereço, as letras "bb" que seguem o nome da rua (como Placa bb) indicam *bez broja* (sem número), ou seja, o edifício não é numerado.

## Gays e lésbicas

A homossexualidade é legalmente aceita na Croácia desde 1977 e é bastante tolerada, mas não recebida de braços abertos. Demonstrações públicas de carinho entre casais do mesmo sexo podem ser vistas com certa hostilidade, em especial fora das grandes cidades.

» Casas noturnas exclusivamente gays são uma raridade fora de Zagreb, mas raves e clubes maiores atraem um público eclético.

» Na costa, Rovinj, Hvar, Split e Dubrovnik são populares entre homens gays, que em geral frequentam suas praias naturistas.

» Em Zagreb, acontece na última semana de abril o **Queer Zagreb Festival** (www.queerzagreb.org) e no ultimo domingo de junho o dia do **Orgulho Gay de Zagreb**.

» Estabelecimentos *gay friendly* são indicados ao longo deste guia.

» A maioria dos sites que cobrem a cena gay na Croácia está escrita em croata, mas um bom ponto de partida é o http://travel.gay.hr.

» **LORI** (www.lori.hr, em croata) é uma organização lésbica com sede em Rijeka.

## Horário comercial

Os croatas acordam cedo: às 7h já há muitas pessoas na rua, e muitos lugares já estão abertos. Ao longo da costa, a vida é mais tranquila – as lojas e os escritórios fecham ao meio-dia, mais ou menos, para uma pausa e reabrem às 16h.
As resenhas deste guia só listam os horários de funcionamento quando eles fogem ao padrão das informações a seguir.

» O horário de funcionamento oficial dos escritórios é de 8h às 16h ou de 9h às 17h de segunda a sexta-feira, e até 13h ou das 9h às 14h no sábado.

» O horário dos bancos é mais longo, de 8h ou 9h às 19h em dias úteis, e a mesma jornada dos escritórios aos sábados.

» Correios ficam abertos das 7h30 às 19h em dias úteis e

de 8h às 12h aos sábados. Durante a temporada de verão, os correios do litoral ficam abertos por ainda mais tempo.

» Muitas lojas ficam abertas das 8h às 20h em dias úteis e até 14h ou 15h no sábado. Shoppings ficam abertos por mais tempo.

» Supermercados funcionam das 8h às 20h de segunda a sexta-feira. Aos sábados, alguns fecham às 14h, enquanto outros ficam abertos até 20h. Apenas alguns supermercados abrem aos domingos, durante o verão.

» Restaurantes ficam abertos até mais tarde, em geral das 12h às 23h ou até 0h, e costumam fechar aos domingos fora da alta temporada.

» Os cafés costumam abrir das 8h até 0h, e os bares funcionam das 9h até 0h.

» Em Zagreb e Split, as casas noturnas ficam abertas o ano todo, mas no litoral costumam abrir apenas no verão.

» As agências de viagem da costa ficam abertas das 8h ou 9h até 22h todos os dias durante a alta temporada, mas por menos tempo conforme passa a temporada turística. No interior da Croácia, a maioria das agências mantém horários de funcionamento similares aos dos escritórios.

## Informação turística

O **Conselho Nacional de Turismo da Croácia** (www.croatia.hr) é uma boa fonte de informação. Escritórios de turismo locais:

**Distrito de Dubrovnik-Neretva** (www.visitdubrovnik.hr)

**Distrito de Ístria** (www.istra.com)

**Distrito de Krapina-Zagorje** (www.tz-zagorje.hr)

**Distrito de Osijek-Baranja** (www.tzosbarzup.hr)

**Distrito de Primorje-Gorski Kotar** (www.kvarner.hr)

**Distrito de Šibenik-Knin** (www.sibenikregion.com)

**Distrito de Split-Dalmácia** (www.dalmatia.hr)

**Distrito de Zadar** (www.zadar.hr)

**Distrito de Zagreb** (www.tzzz.hr)

Escritórios de turismo municipais oferecem panfletos grátis e informações sobre eventos da cidade. Dados para contato com os escritórios de turismo locais estão listados nos respectivos capítulos das regiões.

Informação turística também pode ser obtida em agências de viagem como a **Atlas** (www.atlas-croatia.com) e a **Generalturist** (www.generalturist.com).

## Mapas

A Freytag & Berndt publica uma série de mapas do país, das regiões e da cidade. Seu mapa 1:600.000 da Croácia, da Eslovênia e da Bósnia e Herzegóvina pode ser muito útil para quem está viajando pela região. Há outros também, como *Croatia, Slovenia* (1:800.000), do GeoCenter, e *Hrvatska, Slovenija, Bosnai Hercegovina* (1:600,000), de Naklada Naprijed, em Zagreb. Escritórios de turismo regionais dispõem de mapas das estradas. Para cidades como Zagreb, Split, Zadar, Rijeka e Dubrovnik, há poucos mapas de boa qualidade. Os escritórios de turismo locais oferecem mapas úteis.

## Mulheres desacompanhadas

A Croácia não oferece riscos específicos para mulheres. Já houve casos de mulheres sozinhas serem assediadas e seguidas nas grandes cidades da costa, mas isso não é comum.

Nem sempre a polícia leva a sério relatos de sexo não consensual em encontros marcados. Portanto, tome cuidado ao ficar sozinha com um estranho.

O *topless* é tolerado nas praias, mas o melhor é escolher uma das muitas praias de nudismo.

## Normas alfandegárias

» Viajantes podem entrar com objetos pessoais no país, com 1 litro de bebida alcoólica, 1 litro de vinho, 500g de café, 200 cigarros e 50ml de perfume.

» O máximo de kuna para importação ou exportação é de 15.000KN por pessoa.

» Equipamento para camping, barcos e eletroeletrônicos devem ser declarados ao entrar no país.

» Não há período de quarentena para animais levados ao país, mas é preciso apresentar um certificado de vacinação. Se não tiver o documento, o veterinário local pode examinar o animal, mas ele pode não estar disponível no momento de sua chegada.

## Portadores de deficiência

Tem sido dada mais atenção a pessoas com deficiências na Croácia em virtude do número de veteranos de guerra.

» Banheiros públicos nas rodoviárias, nas estações de trem, nos aeroportos e em muitos locais públicos possuem acesso para cadeirantes.

» Hotéis grandes também têm acesso a cadeirantes, mas outras hospedagens nem sempre possuem essa facilidade.

» Rodoviárias e estações de trem em Zagreb, Zadar, Rijeka, Split e Dubrovnik

têm acesso para cadeira de rodas, mas os ferries da Jadrolinija não têm.
Para mais informações, contate **Hrvatski Savez Udruga Tjelesnih Invalida** (01 48 12 004; www.hsuti.hr; Šoštarićeva 8, Zagreb).

## Questões legais

Embora a possibilidade de entrar em conflito com a polícia seja remota, é importante levar documentos consigo, pois a polícia tem o direito de parar turistas e exigir um documento de identidade. Com base em um acordo internacional, você tem o direito de avisar a autoridade consular se for preso. O consulado pode indicar advogados, embora não os pague para atendê-lo.

## Saúde

» O atendimento médico na Croácia é bastante acessível.
» Farmacêuticos podem dar conselhos valiosos e vender medicamentos sem receita para doenças menos graves.
» O tratamento dentário costuma ser bom, mas é sempre bom ir ao dentista antes de uma longa viagem.
» A encefalite transmitida por carrapatos é uma séria infecção cerebral. A vacina é indicada para quem vai a lugares onde é difícil evitar a mordida de carrapato, como campings ou trilhas. Duas doses da vacina garantem proteção por um ano; três doses, por até três anos.
» O excesso de calor pode provocar perda de líquidos, desidratação e reposição inadequada de sal. Entre os sintomas, podem ocorrer dor de cabeça, tontura e cansaço. A desidratação já está acontecendo quando a pessoa começa a sentir sede – portanto, deve beber água suficiente para que a urina fique clara e diluída. Para tratar esse quadro, é importante repor os fluidos bebendo muita água ou suco de fruta e refrescar o corpo com água fria e ventiladores. Já a perda de sal pode ser tratada com alimentos líquidos salgados, como sopa ou Bovril, ou com um pouco mais de sal na comida.
» A insolação, por sua vez, é um quadro mais sério, provocando sintomas como comportamento irracional e hiperativo e até mesmo perda de consciência e morte. Resfriar o corpo rapidamente, borrifando água e ligando ventiladores sobre ele é o ideal. Fluidos de emergência e reposição eletrolítica por infusão venosa são recomendados.
» Tome cuidado com ouriços-do-mar em praias rochosas. Se os espinhos entrarem na sua pele, use azeite para soltá-los. Se não conseguir retirá-los, pode infeccionar. Como precaução, use sapatos de borracha quando for andar nessas praias, ou mesmo para tomar banho de mar.
» Para evitar picadas de cobra, não ande com os pés descalços nem coloque a mão em buracos e fendas. Metade das pessoas picadas por cobras não é infectada pelo veneno, portanto, em caso de picada, não entre em pânico. Imobilize o membro atingido com uma tala (por exemplo, um pedaço de pau) e envolva o local firmemente com curativos, da mesma maneira que se faz com um pé torcido. Não use um torniquete, nem corte ou chupe a mordida. Consulte um médico o mais rápido possível para que seja ministrado o antídoto ao veneno, se necessário.

## Segurança

### Minas terrestres

Foram enterradas muitas minas na antiga faixa de conflito entre a Croácia e as forças federais no começo dos anos 1990, e há mais de um milhão de minas no terreno a leste da Eslavônia, próximo a Osijek, e nas regiões mais longínquas ao norte de Zadar. Embora o governo tenha investido fortemente em operações para retirar as minas, a tarefa é demorada. Em geral, as áreas minadas são bem sinalizadas com caveiras e ossos cruzados e fitas amarelas, mas não passeie por terrenos sensíveis antes de se informar direito com um habitante local. E não se meta a xeretar casas abandonadas e/ou destruídas.

## Seguro

Seguros de viagem válidos no mundo todo podem ser obtidos no site www.lonelyplanet.com/travel_services. É possível comprar, estender sua validade e pedi-lo a qualquer momento – mesmo se já estiver viajando.

Para mais informações sobre seguro, veja o capítulo Transporte (p. 331).

## Telefone

### Códigos de área

» Para ligar para a Croácia do exterior, tecle o código da operadora, em seguida 385 (o código telefônico da Croácia), depois o código de área (sem o 0) e o número local.
» Para ligar de uma região para outra da Croácia, comece pelo código de área (com o 0); não use o código se estiver ligando para uma cidade na mesma região.
» Telefones com o prefixo 060 são ou gratuitos ou cobrados com uma taxa especial, portanto preste atenção ao que está indicado.
» Números de celular começam com 09, e as ligações para celulares saem bem mais caras do que para telefones fixos.

## Telefones celulares

» Se você possui um celular 3G habilitado para o exterior, pode comprar um cartão SIM por cerca de 50KN, que dá direito a 20 minutos de conexão. Você pode escolher entre as seguintes operadoras: **VIP** (www.vip.hr), **T-Mobile** (www.t-mobile.hr), **Tomato** (www.tomato.com.hr) e **Tele2** (www.tele2.hr).

» Também é possível comprar um celular ou um plano de cartão pré-pago em qualquer loja de operadora por cerca de 150KN, incluindo o tempo de conexão.

» Não há aluguel de celular na Croácia.

## Cartões telefônicos

Para usar telefones públicos, é preciso ter um cartão telefônico.

» O preço dos cartões varia conforme a quantidade de *impulsa* (unidades); existem cartões com 25 (15KN), 50 (30KN), 100 (50KN) e 200 (100KN) unidades.

- Pode-se comprar cartões no correio e na maioria das tabacarias e bancas de jornal.
- Uma ligação de três minutos da Croácia com um cartão telefônico custará cerca de 12KN para a Europa e a Grã-Bretanha e cerca de 15KN para o Brasil, os Estados Unidos e a Austrália.
- Ligações locais custam 0,80KN a qualquer hora do dia.

» Muitas cabines telefônicas são equipadas com um botão no alto, à esquerda, com uma bandeira. Aperte-o para ouvir instruções em inglês.

» É possível fazer ligações do correio sem a necessidade de um cartão telefônico.

- Para telefonemas locais e nacionais, a tarifa é simbólica em hotéis mais acessíveis, mas aumenta de maneira significativa em quatro ou cinco estrelas.
- A hospedagem em casas particulares não inclui telefone, mas você pode pedir para usar o telefone do proprietário.

## Visto

Cidadãos do Brasil, dos Estados Unidos, do Canadá, da Austrália, da Nova Zelândia, de Israel, da Irlanda, de Cingapura e da Grã-Bretanha não precisam de visto para estadas de até 90 dias.

Se quiser ficar na Croácia por mais de três meses, o melhor a fazer é cruzar a fronteira até a Itália ou a Áustria e voltar.

As autoridades croatas aconselham estrangeiros de todos os lugares a se registrarem na polícia local toda vez que chegarem a uma nova parte do país, mas esse é um procedimento em geral realizado pelo hotel, hostel, camping ou pela agência que providenciou a hospedagem.

Se for ficar em outro lugar (como na casa de amigos), seu anfitrião pode cuidar disso para você.

Veja na p. 331 mais informações sobre como entrar no país.

## Voluntariado

Para programas curtos de voluntariado, você pode escolher entre o centro de proteção ao abutre-fouveiro (p. 153), em Beli, na Ilha de Cres; o refúgio Kuterevo para ursos jovens (p. 313), na cordilheira Velebit; o Centro Sokolarski (p. 193), perto de Šibenik, e a Blue World (p. 150), na Ilha Lošinj.

# Transporte

## COMO CHEGAR

Chegar à Croácia está ficando cada vez mais fácil, especialmente se você for no verão. Companhias aéreas europeias com preços acessíveis estão começando a realizar voos para o país, e também é possível chegar de barco e de ônibus à costa. Voos, passeios e passagens de trem podem ser reservados no site www.lonelyplanet.com/bookings.

### Entrando no país

Com uma economia que depende muito do turismo, a Croácia recusa poucos visitantes estrangeiros. O único incômodo são as longas filas nos postos de imigração do aeroporto.

### Avião

Há voos diretos para a Croácia de várias cidades da Europa; apesar disso, não há, porém, voos diretos dos Estados Unidos, nem do Brasil.

Há muitos aeroportos grandes na Croácia.

**Dubrovnik** (www.airport -dubrovnik.hr) Voos diretos de Bruxelas, Colônia, Frankfurt, Hanover, Londres (Gatwick), Manchester, Munique e Stuttgart.

**Pula** (www.airport-pula.com) Voos diretos de Londres (Gatwick) e Manchester.

**Rijeka** (www.rijeka-airport.hr) Voos diretos de Colônia e Stuttgart.

**Split** (www.split-airport.hr) Voos diretos de Colônia, Frankfurt, Londres, Munique, Praga e Roma.

**Zadar** (www.zadar-airport.hr) Voos diretos de Bari, Bruxelas, Dublin, Londres, Munique e outras cidades.

**Zagreb** (www.zagreb-airport.hr) Voos diretos de todas as capitais europeias, além de Colônia, Hamburgo e Stuttgart.

### Barco

Estas são as companhias de barco que levam da Croácia à Itália e vice-versa:

**Blue Line** (www.blueline-ferries.com)

**Commodore Cruises** (www.commodore-cruises.hr)

**Emilia Romagna Lines** (www.emiliaromagnalines.it)

**Jadrolinija** (www.jadrolinija.hr)

**SNAV** (www.snav.com)

**Split Tours** (www.splittours.hr)

**Termoli Jet** (www.termolijet.it)

**Ustica Lines** (www.usticalines.it)

**Venezia Lines** (www.venezialines.com)

#### VIAGEM E MUDANÇA CLIMÁTICA

Todas as formas de transporte com combustível à base de carbono geram emissão de $CO_2$, que é a maior causa de mudança do clima do planeta provocada pelos humanos. O modo moderno de viajar inclui, muitas vezes, o avião, que usa menos combustível por quilômetro e por pessoa do que a maioria dos carros, mas também viaja distâncias muito maiores. A altitude em que a aeronave libera gases (entre eles o $CO_2$) e partículas poluidoras também contribui para o impacto sobre o clima. Muitos sites oferecem "calculadoras de carbono", que permitem estimar a emissão de carbono gerada pela viagem e, para aqueles que assim desejarem, compensar os efeitos da emissão de gases do efeito estufa com contribuições para iniciativas antipoluidoras e preocupadas com o clima de todo o mundo. A Lonely Planet compensa a emissão de carbono das viagens de sua equipe e de autores.

## Terrestre

A Croácia faz fronteira com a Hungria, a Eslovênia, a Bósnia e Herzegóvina, a Sérvia e com Montenegro.

### Áustria

#### ÔNIBUS

**Eurolines** (www.eurolines.com) opera linhas de ônibus que saem de Viena e levam a várias cidades da Croácia.

**Osijek** €40, 9 horas, 2 por semana

**Rijeka** €43, 9 horas, 2 por semana

**Split** €51, 11h e 30min, 2 por semana

**Zadar** €43, 8h e 15min, 2 por semana

**Zagreb** €32, 5 a 7 horas, 2 ao dia (um direto, outro com baldeação em Varaždin)

#### TREM

Há dois trens diurnos e dois noturnos que vão diariamente de Viena a Zagreb, passando pela Eslovênia ou pela Hungria. O preço da passagem varia de € 47 a €57, e a viagem leva de 5h e 45min a 6h e 30min. Em Zagreb, é possível fazer baldeação para outras cidades da Croácia.

### Bósnia e Herzegóvina

A fronteira entre a Bósnia e a Croácia é bastante movimentada. É fácil chegar aos principais destinos, como Sarajevo, Mostar e Međugorje, partindo de Zagreb, Split, Osijek e Dubrovnik.

#### ÔNIBUS

Ônibus partem da Croácia para um grande número de destino na Bósnia e Herzegóvina.

#### TREM

Trens partem de Sarajevo para os seguintes destinos:

**Osijek** €21, 6 horas, diariamente

**Ploče** (parando em Mostar e Banja Luka) €13, 4 horas, 2 ao dia

**Zagreb** €30, 9h e 30min, 2 ao dia

### Alemanha

#### ÔNIBUS

Há muitas opções de ônibus entre os dois países, e as passagens são mais acessíveis do que as de trem.

Todos os ônibus são da companhia **Deutsche Touring GmbH** (www.deutsche-touring.de). Não há escritórios dela na Croácia, mas muitas agências de turismo e rodoviárias vendem passagens.

Partidas da/para Alemanha:

**Ístria** Semanais de/para Frankfurt; de Munique, 2 por semana.

**Split** Diariamente de/para Colônia, Dortmund, Frankfurt, Main, Mannheim, Munique, Nuremberg e Stuttgart; de Berlim (por Rijeka), 2 por semana.

**Rijeka** De/para Berlim, 2 por semana.

**Zagreb** Diariamente de Colônia, Dortmund, Frankfurt, Main, Mannheim, Munique, Nuremberg e Stuttgart; de Berlim, 4 por semana.

#### TREM

Há três trens diários saindo de Munique para Zagreb (€39 a €91, com duração de 8h e 30min a 9 horas), parando em Salzburg e Liubliana. Reservas são necessárias para quem viaja na direção norte.

### Hungria

Os principais pontos de entrada e saída entre a Hungria e a Croácia:

**Donji Miholjac** Localizado 7km ao sul de Harkány.

**Gola** Localizado 23km a leste de Koprivnica.

**Goričan** Entre Nagykanizsa e Varaždin.

**Terezino Polje** Em frente a Barcs.

Donji Miholjac e Goričan são os mais importantes.

#### TREM

Há 3 trens diários saindo de Zagreb para Budapeste (€ 30 ida e volta, 6 a 7 horas).

### Itália

#### ÔNIBUS

Trieste é bem conectada à costa da Ístria. Note que há menos ônibus aos domingos.

**Dubrovnik** 410KN, 15 horas, 1 ao dia

**Poreč** 69KN, 2 horas, 3 ao dia

#### ÔNIBUS DA BÓSNIA E HERZEGÓVINA

| DE | PARA | PREÇO APROXIMADO (€) | DURAÇÃO (H) | SAÍDAS |
|---|---|---|---|---|
| Međugorje | Dubrovnik | 18 | 3 horas | 1 diária |
| Mostar | Dubrovnik | 15 | 3 horas | 4 diárias |
| Sarajevo | Dubrovnik | 20 | 5 horas | 1 diária |
| Sarajevo | Rijeka | 40 | 10 horas | 2 semanais |
| Sarajevo | Split (para em Mostar) | 25 | 7 horas | 2 diárias |
| Sarajevo | Zagreb | 26 | 8 horas | 3 diárias |

**Pula** 105KN, 2h e 30min a 3h e 45min, 6 ao dia

**Rijeka** 65KN, 2 horas, 5 ao dia

**Rovinj** 88KN, 3 horas, 2 ao dia

**Split** 279KN, 10h e 30min, 2 ao dia

**Zadar** 188KN, 7h e 30min, 1 ao dia

Há também um ônibus de Pádua que passa por Veneza, Trieste e Rovinj e tem ponto final em Pula (235KN, 6 horas). Funciona de segunda a sábado.

#### CARRO E MOTO

Muitas companhias de seguro em geral não cobrem carros alugados para viagens à Croácia. Os oficiais da fronteira sabem disso e recusam a entrada, a menos que a permissão para dirigir na Croácia esteja claramente indicada nos documentos de seguro.

A maioria das empresas de aluguel de carros em Trieste e Veneza sabe disso e fornece a permissão necessária. Se não fizeram, faça esse pedido específico.

#### TREM

Entre Veneza e Zagreb (€25 a €40, 7h e 30min), há apenas um trem noturno direto e muitos outros que passam por Liubliana.

### Montenegro

Há três ônibus diários que ligam Kotor a Dubrovnik (100KN, 2h e 30min); partem de Bar e param em Herceg Novi.

### Sérvia

Há muitos cruzamentos na fronteira, especialmente na estrada que liga Zagreb a Belgrado.

#### ÔNIBUS

Há seis ônibus diários de Zagreb a Belgrado (199KN a 204KN, 6 horas). Em Bajakovo, na fronteira, um ônibus sérvio vai a Belgrado.

#### TREM

Há quatro trens diários que ligam Zagreb a Belgrado (159KN, 6h e 30min).

### Eslovênia

Há 26 pontos nos quais se pode cruzar a fronteira entre a Croácia e a Eslovênia.

#### ÔNIBUS

A Eslovênia é bem conectada à costa da Ístria. Os seguintes destinos são cobertos por ônibus que partem de Liubliana:

**Rijeka** 180KN, 2 h e 30min, 2 ao dia

**Rovinj** 173KN, 4 horas, 3 ao dia

**Split** 310KN, 10 horas, 1 ao dia

Há também um ônibus que parte nos dias úteis de Rovinj para Koper (87KN, 2h e 45min), parando em Poreč, Portorož e Piran.

#### TREM

Trens que vão para a Croácia a partir de Liubliana:

**Rijeka** 100KN, 2h e 30min, 2 ao dia

**Zagreb** 100KN a 160KN, 2h e 30min, 7 ao dia

# COMO CIRCULAR

## Avião

**Croatia Airlines** (☎01 66 76 555; www.croatiaairlines.hr) é a única companhia aérea da Croácia. Há voos diários entre Zagreb e Dubrovnik, Pula, Split e Zadar.

Lembre-se de que todas as pilhas e baterias devem ser retiradas das malas em todos os aeroportos da Croácia.

## Bicicleta

Pedalar é uma ótima forma de explorar as ilhas. Relativamente planas, Pag e Mali Lošinj oferecem o terreno mais tranquilo para pedalar, mas as colinas cheias de vento de outras ilhas também oferecem vistas espetaculares.

» É fácil alugar bicicletas na costa e nas ilhas.

» Alguns escritórios de turismo, sobretudo em Kvarner e nas regiões da Ístria, possuem mapas das estradas e podem indicar também locadoras de bicicletas.

» Pedalar na costa ou no continente exige cuidado: a maioria das estradas possui apenas duas pistas movimentadas, sem ciclovias.

» Embora o site www.pedala.hr não esteja ainda totalmente traduzido para o inglês, trata-se de uma boa referência para encontrar as estradas ideias para pedalar na Croácia.

## Barco

### Balsas da Jadrolinija

A Jadrolinija opera uma grande rede de balsas e catamarãs em toda a costa do mar Adriático. Os ferries são muito mais confortáveis do que os ônibus, embora sejam mais caros.

**Frequência** O ano todo, mas com horários reduzidos no inverno.

**Reservas** As cabines devem ser reservadas com uma semana de antecedência. Há espaço no deque na maioria das embarcações.

**Passagens** É preciso comprar as passagens com antecedência em uma agência ou em um escritório da Jadrolinija. Passagens não são vendidas a bordo.

**Carros** Chegue com duas horas de antecedência nos meses de verão.

**Comida** Há menus de preço fixo por cerca de 100KN, mas a comida não é das melhores. A cantina oferece apenas sanduíches de presunto e queijo (30KN). Siga o exemplo dos croatas: leve sua própria comida e bebida.

## Balsas locais

Elas ligam as maiores ilhas umas às outras e ao continente, mas são muito mais comuns os ferries que vão da costa às ilhas do que os que transitam entre as ilhas.

**Frequência** Na maioria das ilhas, o funcionamento é mais restrito de outubro a abril. No verão, ao contrário, são colocados à disposição barcos a mais, que costumam ser mais rápidos, confortáveis e, claro, mais caros.

**Reservas** Em itinerários curtos (por exemplo, de Jablanac a Mišnjak), os ferries não param de ir e vir durante o verão, por isso a reserva não é necessária.

**Passagens** Compre em uma agência Jadrolinija ou em um quiosque perto do ferry (que abre 30 minutos antes da partida, em geral). Não são vendidas passagens na embarcação. No verão, o ideal é chegar com 1 ou 2 horas de antecedência, mesmo se já tiver comprado a passagem.

**Carros** Há uma taxa adicional para o carro, calculada de acordo com o tamanho, e, em geral, é bem cara. Reserve com a maior antecedência possível e chegue horas antes da partida.

**Bicicletas** É preciso pagar uma pequena taxa para levá-las.

**Comida** Não há serviço de bordo; você tem de comprar bebidas e lanches na cantina do barco. A maioria dos passageiros leva lanche.

# Ônibus

» O serviço de ônibus é excelente e relativamente barato.

» Há muitas companhias que operam os mesmos itinerários, e os preços podem variar bastante.

» É cobrada uma taxa para colocar a mala no bagageiro do ônibus (7KN por volume, seguro incluso).

## Companhias de ônibus

As maiores da Croácia são as seguintes:

**Autotrans** (051 660 300; www.autotrans.hr) Com sede em Rijeka. Leva a Ístria, Kvarner, Varaždin e Zagreb.

**Brioni Pula** (052 535 155; www.brioni.hr) Com sede em Pula. Leva a Ístria, Pádua, Split, Trieste e Zagreb.

**Contus** (023 315 315; www.contus.hr) Com sede em Zadar. Leva a Split e Zagreb.

**Croatiabus** (01 61 13 213; www.croatiabus.hr) Liga Zagreb a cidades de Zagorje e Ístria.

**Samoborček** (01 48 19 180; www.samoborcek.hr) Liga Zagreb a cidades da Dalmácia.

## Passagens e horários

» Em grandes rodoviárias, compre passagens de ônibus no balcão, não dos motoristas.

» Tente marcar com antecedência para garantir o lugar, especialmente no verão.

» As listas de embarque (acima dos guichês, como no Brasil) nas rodoviárias indicam onde você deve comprar as passagens para o ônibus que procura.

» No quadro de horários de ônibus croatas, *vozi svaki dan* significa "todos os dias", e *ne vozi nedjeljom i blagdanom* significa "não funciona aos domingos e feriados".

## DISTÂNCIAS RODOVIÁRIAS (KM)

| | Dubrovnik | Osijek | Rijeka | Split | Zadar | Zagreb |
|---|---|---|---|---|---|---|
| Dubrovnik | --- | | | | | |
| Osijek | 495 | --- | | | | |
| Rijeka | 601 | 459 | --- | | | |
| Split | 216 | 494 | 345 | --- | | |
| Zadar | 340 | 566 | 224 | 139 | --- | |
| Zagreb | 572 | 280 | 182 | 365 | 288 | --- |

» Alguns ônibus viajam durante a noite, e assim você pode economizar uma diária de hotel. Mas não espere conseguir dormir: as luzes ficam acesas, e a música toca a noite toda.

» Tome cuidado para não ser deixado para trás nas paradas, que são feitas, em geral, a cada duas horas.

# Carro e moto

A Croácia fez recentemente um grande investimento em infraestrutura, e a estrela da reforma é uma estrada que liga Zagreb a Split. Não se sabe se essa rodovia ainda se estenderá até Dubrovnik. Zagreb e Rijeka são agora ligadas por uma rodovia, e a rodovia de Ístria diminuiu bastante o tempo de viagem para a Itália.

Apesar de estarem todas em ótimas condições, há trechos em que a infraestrutura e os postos de gasolina são escassos.

## Aluguel de carro

Para alugar um carro:

» Você precisa ter 21 anos.

» Precisa ter um cartão de crédito internacional.

» É necessário ter carteira de habilitação internacional.

Companhias locais independentes são, em geral, bem mais baratas do que as redes internacionais, embora as companhias maiores ofereçam aluguel só de ida (você entrega o carro em outro lugar). Pode ser possível conseguir um aluguel mais acessível reservando o carro ainda no país de origem, ou montando um itinerário que combine avião e carro.

### Seguro de carro

Seguro para terceiros está incluído por lei em aluguéis de carros, mas verifique se a sua cobertura prevê também batidas – essa cobertura é chamada de "collision damage waiver" (CDW). Em outras situações, sua responsabilidade pelos danos no veículo é determinada com base no valor do carro, começando em cerca de 2.000KN.

### Permissão para dirigir

Para dirigir na Croácia é necessário ter carteira de habilitação internacional (PID) que pode ser solicitada nos postos do Detran.

O **Hrvatski Autoklub** (HAK; Croatian Auto Club; ☎01 46 40 800; www.hak.hr; Avenija Dubrovnik 44, Zagreb) oferece ajuda e informações. Para socorro na estrada, você pode solicitar a assistência com cobertura nacional do **HAK road assistance** (Vučna Služba; ☎987).

### Na estrada

» Postos de gasolina ficam abertos, em geral, das 7h às 19h, às vezes até 22h no verão.

» A gasolina é Eurosuper 95, Super 98, normal ou diesel. Veja em www.ina.hr os preços atualizados dos combustíveis.

» Você tem de pagar pedágios em todas as rodovias expressas, para usar o túnel Učka entre Rijeka e Ístria, para usar a ponte para a Ilha Krk e na estrada que vai de Rijeka a Delnice.

» Para notícias sobre as rodovias croatas e os pedágios, veja www.hak.hr.

» A estação de rádio HR2 transmite notícias sobre o tráfego em inglês a cada hora de julho a setembro.

### Regras na estrada

» Na Croácia você dirige à direita, e o uso de cinto de segurança é obrigatório.

» A menos que a sinalização indique outra coisa, os limites de velocidade são os seguintes:

- 50km/h em áreas em reforma.
- 100km/h nas principais rodovias.
- 130km/h nas rodovias expressas.

» Em rodovias com apenas duas faixas, é ilegal ultrapassar um comboio militar ou uma fileira de carros presa atrás de um caminhão lento.

» É ilegal dirigir com nível de álcool no sangue de mais de 0,5%.

» Mesmo durante o dia, é preciso dirigir com o farol aceso.

## Transporte local

A forma mais comum de transporte local é o ônibus (embora Zagreb e Osijek também tenham um bom sistema ferroviário).

» Ônibus em cidades maiores, como Dubrovnik, Rijeka, Split e Zadar saem a cada 20 minutos, mas com menos frequência aos domingos.

» A passagem de ida custa cerca de 8KN, com um pequeno desconto se você comprar passagens em uma *tisak* (banca de jornal).

» Pequenas cidades medievais na costa são, em geral, fechadas para carros e não possuem estradas de ligação com os arredores.

» Nas ilhas, o transporte de ônibus não é muito comum, pois a maioria dos habitantes possui carro.

## Visitas guiadas

**Atlas Travel Agency** (www.atlas-croatia.com) Oferece uma grande variedade de passeios de ônibus, combinações aéreas e rodoviárias e excursões em toda a Croácia.

**Huck Finn** (www.huck-finn.hr) É uma agência especializada em turismo de aventura. Administra vários passeios cheios de adrenalina na Croácia: caiaque no rio e no mar, rafting, canoagem, passeios de bicicleta, cavernas, pesca, trilhas e até para os que gostam de velejar.

**Inselhüpfen** (www.island-hopping.de) Essa agência alemã une amantes de barco e bicicleta, levando grupos de estrangeiros ao sul da Dalmácia, à Ístria ou às Ilhas Kvarner de barco e

### VOCABULÁRIO PARA O TREM

Alguns termos que você pode encontrar quando for ler os horários do trem ou nas estações ferroviárias:

**brzi** – trem rápido
**dolazak** – chegadas
**polazak** – saídas
**ne vozi nedjeljom i blagdanom** – não funciona em domingos e feriados
**poslovni** – classe executiva
**presjedanje** – baldeação
**putnički** – classe econômica / linha regional
**rezerviranje mjesta obvezatno** – é preciso reservar assento
**vozi svaki dan** – funciona diariamente

parando todos os dias para um passeio de bicicleta.

**Katarina Line** (www.katarina-line.hr) Oferece cruzeiros de uma semana que vão da Opatija para Split, Mljet, Dubrovnik, Hvar, Brač, Korčula, Zadar e as Ilhas Kornati, em um belo barco de madeira.

**Southern Sea Ventures** (www.southernseaventures.com) Essa agência sediada na Austrália organiza viagens de caiaque de 9 a 16 dias na Croácia, incluindo um passeio gourmet de caiaque.

## Trem

Trens são menos frequentes do que ônibus, mas mais confortáveis. Para informações de horários, preços e saídas, contate **Croatian Railways** (Hrvatske Željeznice; ☎060 333 444; www.hznet.hr).

Zagreb é o núcleo do sistema ferroviário da Croácia. Não há trens na costa, e apenas algumas cidades litorâneas são conectadas a Zagreb. Para os viajantes, as seguintes linhas são as mais importantes:

» Zagreb-Osijek

» Zagreb-Rijeka-Pula (por Lupoglava, onde há uma baldeação)

» Zagreb-Varaždin-Koprivnica

Zagreb-Zadar-Šibenik-Split

Classes e custos:

» Trens domésticos são expressos ou regionais.
- Os trens expressos possuem vagões de 1ª e 2ª classe, além de áreas para fumantes e não fumantes.
- É recomendável reservar lugar nos trens expressos com antecedência.
- Trens expressos são mais caros do que os regionais.

» Os preços neste guia são apenas para 2ª classe sem reserva.

» Não há leito em trens regionais.

» Há vagões com leito em trens noturnos entre Zagreb e Split.

» Levar a bagagem no trem não tem custo adicional; a maioria das estações possui guarda-volumes e cobra cerca de 15KN por volume por dia.

» Viajantes com o passe europeu InterRail podem usá-lo na Croácia para viajar sem outros custos. Para os que forem apenas para a Croácia, talvez não valha a pena comprar um passe desse tipo.

## QUER MAIS?

Para informações mais aprofundadas sobre o idioma e frases úteis, veja o *Croatian Phrasebook* da Lonely Planet, em inglês. Você o encontra em **shop.lonelyplanet.com**, ou como aplicativo da Lonely Planet na Apple App Store.

O croata pertence ao grupo ocidental da família de línguas eslavas do sul. É muito parecido com outras línguas desse grupo, entre elas o sérvio, o bósnio e o montenegrino (juntas, são comumente chamadas de servo-croata), e há apenas poucas variações de pronúncia e vocabulário entre elas.

Em croata, na maioria dos casos, a sílaba mais acentuada da palavra é a primeira – as últimas sílabas nunca são reforçadas. Neste guia de pronúncia, a sílaba mais forte é indicada com itálico. As variantes formal (for) e informal (inf) serão indicadas em algumas frases.

Não existe artigo definido nem indefinido no idioma croata, e o gênero das palavras é identificado pela última letra quando elas estão no nominativo, ou seja, são sujeito da frase e por isso não se declinam, sendo:

• **gênero masculino**: palavras que no singular terminam em consoante

• **gênero feminino**: palavras que no singular terminam em A e no plural em I

• **gênero neutro**: palavras que terminam em E e O

## Pronúncia

A pronúncia da língua croata é bastante exata: fala-se como se escreve. Ela tem algumas letras especiais, próprias do idioma, que têm som similar a algumas letras do alfabeto da língua portuguesa.

As consoantes em croata devem ser mudas, pois são consoantes puras. Elas não são seguidas do som de vogais como em português.

Por exemplo:

**med** – med e não medi (mel)

**klozet** – clo·zet e não clo·ze·ti (banheiro)

**stolica** – sto·li·tsa e não e·sto·li·tsa (cadeira)

Da mesma maneira, o "**S**" tem som de "**SS**" sempre, o "**L**" tem som de "**L**" sempre, "**G**" tem som de "**G**" (ga, go, gu) sempre, e "**E**" tem som de "**E**" sempre, não variando como em português.

Na língua croata, não existe nasalização na pronúncia de palavras com "**M**" ou "**N**" precedidas de "**A**" ou "**O**", como ocorre no português.

• **banana** – *bá*·ná·na e não ba·nã·na (banana)

• **mama** – *má*·ma e não mãma (mãezinha)

| **SLOVO** (letra) | **IZGOVOR** (pronúncia) |
|---|---|
| **C**<br>curica = menina | **ts**<br>*tsu*·ri·tsa |
| **Č**<br>čarape = meias | **tch** (som mais forte)<br>*tcha*·ra·pe |
| **Ć**<br>ćelav = careca | **tch** (som mais fraco)<br>*tche*·lav |
| **Đ** (*)<br>đavao = diabo | **dj** (*som mais fraco)<br>*dja*·vao |

| **SLOVO** (letra) | **IZGOVOR** (pronúncia) |
|---|---|
| **Dž**<br>džem = geleia | **dj** (som mais forte)<br>djem |
| **G**<br>glava = cabeça<br>general = general | **g** (com as vogais a, o, u) gu (com as vogais e, i)<br>*gla*·va<br>gue·ne·ral |
| **H**<br>Hrvatska = Croácia | agá aspirado como o som de **rr**<br>*hr*·va·tsca |
| **J**<br>jaje = ovo | **Ii**<br>*ia*·ie |
| **K**<br>kutija = caixa<br>kino = cinema | **c** (como as vogais a, o,u) **qu** (com as vogais e, i)<br>*cu*·ti·ia<br>*qui*·no |
| **Lj**<br>ljut = bravo, zangado | **lh**<br>lhut |
| **Nj**<br>Njemačka = Alemanha | **nh**<br>Nhe·ma·tchca |
| **R** | **r** (um pouco mais vibrante) |
| **S**<br>salveta = guardanapo<br>engleski = inglês<br>slovo = letra<br>desno = à direita<br>gospodin = senhor | **s** (mesmo entre vogais ou na frente de consoantes como k, l, n, p)<br>sal·ve·ta<br>*en*·gless·qui<br>*ssla*·va<br>*dess*·no<br>goss·*po*·din |
| **Š**<br>škola = escola | **ch**<br>chco·la |
| **Ž**<br>žut = amarelo | **j**<br>jut |

# INFORMAÇÕES BÁSICAS

| | | |
|---|---|---|
| **Olá.** | *Bog.* | bog |
| **Tchau.** | *Zbogom.* | *zbo*·gom |
| **Sim./Não.** | *Da./Ne.* | da/ne |
| **Por favor.** | *Molim.* | *mo*·lim |
| **Obrigado.** | *Hvala.* | *hva*·la |
| **De nada.** | *Molim.* | *mo*·lim |
| **Não há de que.** | *Nema na čemu.* | *ne*·ma na *tche*·mu |
| **Bem-vindo!** | *Dobrodošao! (m)* | do·bro·*do*·chao |
| **Bem-vinda!** | *Dobrodošla! (f)* | do·bro·*do*·chla |
| **Com licença.** | *Oprostite.* | o·*pros*·ti·te |
| **Desculpe-me.** | *Žao mi je.* | *ja*·o mi ie |

**Como você está?**
*Kako ste/si?* — *ca*·co ste/si (for/inf)

**Bem. E você?**
*Dobro.* — *do*·bro
*A vi/ti?* — a vi/ti (for/inf)

**Meu nome é ...**
*Zovem se ...* — *zo*·vem se ...

**Qual é o seu nome?**
*Kako se zovete/ zoveš?* — *ca*·co se *zo*·ve·te/ *zo*·vech (for/inf)

**Você fala (inglês)?**
*Govorite/ Govoriš li (engleski)?* — *go*·vo·ri·te/ *go*·vo·rich li (*en*·gle·squi) (for/inf)

**Eu (não) entendo.**
*Ja (ne) razumijem.* — ia (ne) ra·*zu*·miem

# HOSPEDAGEM

**Vocês têm quartos disponíveis?**
*Imate li slobodnih soba?* — *i*·ma·te li *slo*·bod·nih *so*·ba

**O café da manhã está incluso no preço?**
*Je li doručak uključen u cijenu?* — *je* li *do*·ru·tchac *uc*·lhu·tchen u *cie*·nu

**Quanto custa (por noite/por pessoa)?**
*Koliko je (noćenje/po osobi)?* — *co*·li·co ie (*no*·tche·nhe/po *o*·sso·bi)

| | | |
|---|---|---|
| **Você tem um quarto...?** | *Imate li ... sobu?* | *i*·ma·te li ... *so*·bu |
| **solteiro** | *jednokrevetnu* | *ied*·no·cre·vet·nu |
| **casal** | *dvokrevetnu* | *dvo*·cre·vet·nu |
| **acampamento** | *kamp* | camp |
| **pousada** | *privatni smještaj* | *pri*·vat·ni *smiech*·tai |
| **hotel** | *hotel* | *ho*·tel |
| **quarto** | *soba* | *so*·ba |
| **hostel** | *prenoćište za mladež* | *pre*·no·tchich·te za *mla*·dej |
| **ar-condicionado** | *klima-uređaj* | *cli*·ma·u·re·djai |
| **banheiro** | *kupaonica* | cu·pa·o·ni·tsa |
| **cama** | *krevet* | *cre*·vet |
| **cama de solteiro** | *dječji krevet* | *die*·tchii *cre*·vet |
| **wi-fi** | *bežični internet* | *be*·jitch·ni *in*·ter·net |
| **janela** | *prozor* | *pro*·zor |

# ENDEREÇOS

**Onde é ...?**
*Gdje je ...?* gdie ie ...

**Qual é o endereço?**
*Koja je adresa?* co·ia ie a·dre·ssa

**Você poderia me mostrar (no mapa)?**
*Možete li mi to pokazati (na karti)?* mo·je·te li mi to po·ca·za·ti (na car·ti)

| | | |
|---|---|---|
| **na esquina** | *na uglu* | na u·glu |
| **no semáforo** | *na semaforu* | na se·ma·fo·ru |
| **atrás** | *iza* | i·za |
| **em frente a** | *ispred* | iss·pred |
| **longe (de)** | *daleko (od)* | da·le·co (od) |
| **esquerda** | *lijevo* | li·ie·vo |
| **perto** | *blizu* | bli·zu |
| **próximo a** | *pored* | po·red |
| **do outro lado** | *nasuprot* | na·su·prot |
| **direita** | *desno* | de·ssno |
| **seguindo em frente** | *ravno naprijed* | rav·no na·pri·ied |

# COMIDAS E BEBIDAS

**O que você recomendaria?**
*Što biste nam preporučili?* chto bi·ste nam pre·po·ru·tchi·li

**O que vem nesse prato?**
*Od čega se sastoji ovo jelo?* od tche·ga se sa·stoi o·vo ie·lo

**Estava delicioso!**
*To je bilo izvrsno!* to ie bi·lo u·cus·no

**Por favor, traga a conta.**
*Molim vas donesite račun.* mo·lim vas do·ne·si·te ra·tchun

| | | |
|---|---|---|
| **Gostaria de reservar uma mesa ...** | *Želim rezervirati stol za ...* | je·lim re·zer·vi·ra·ti stol za ... |
| **às (oito)** | *(osam) sati* | (o·ssam) sa·ti |
| **(uma) hora** | *(jedan) sat* | (ie·dan) sa·t |
| **(duas) (três) (quatro) horas** | *(dva) (tri) (četiri) sata* | (dva) (tri) (tche·ti·ri) sa·ta |

**Obs.: 1 hora =** *1 sat*
**De 2 até 4 horas =** *sata*
**De 5 até 20 horas =** *sati*
**21 horas =** *21 sat*
**De 22 até 24 horas =** *sata*

| | | |
|---|---|---|
| **Não como ...** | *Ja ne jedem ...* | ia ne ie·dem ... |
| **peixe** | *ribu* | ri·bu |
| **nozes** | *orahe* | o·ra·he |

## EXPRESSÕES BÁSICAS

Para se virar na Croácia, use estas expressões completando-as com as palavras de sua escolha:

**Quando é (a próxima excursão)?**
*Kada je (idući dnevni izlet)?* ca·da ie (i·du·tchi dnev·ni iz·let)

**Onde é (o mercado)?**
*Gdje je (tržnica)?* gdie ie (trj·ni·tsa)

**Onde posso (comprar uma entrada)?**
*Gdje mogu (kupiti kartu)?* gdie mo·gu (cu·pi·ti car·tu)

**Você tem (outros/outras)?**
*Imate li (kakve druge) (m) (f) (p)?* i·ma·te li (cac·ve dru·gue)

**Você teria (um cobertor)?**
*Imate li (deku)?* i·ma·te li (de·cu)

**Quero (aquele prato).**
*Želim (ono jelo).* je·lim (o·no ie·lo)

**Gostaria de (alugar um carro).**
*Želio/Željela bih (iznajmiti automobila).* je·li·o/je·lhe·la bih (iz·nai·mi·ti au·to·mo·bila) (m/f)

**Posso (tirar uma fotografia sua)?**
*Mogu li (vas/te slikati)?* mo·gu li (vas/te sli·ca·ti) (pol/inf)

**Você poderia (ajudar)?**
*Molim vas, možete li (mi pomoći)?* mo·lim vas mo·je·te li (mi po·mo·tchi)

**Eu preciso (pagar)?**
*Trebam li (platiti)?* tre·bam li (pla·ti·ti)

| | | |
|---|---|---|
| **aves** | *meso od peradi* | me·sso od pe·ra·di |
| **carne vermelha** | *crveno meso* | tsr·ve·no me·sso |

## Palavras-chave

| | | |
|---|---|---|
| **almoço** | *ručak* | ru·tchac |
| **aperitivo** | *predjelo* | pre·dye·lo |
| **bar** | *bar* | bar |
| **café da manhã** | *doručak* | do·ru·tchac |
| **café** | *kafić/ kavana* | ca·fitch/ ca·va·na |
| **colher** | *žlica* | jli·tsa |
| **com/sem** | *sa/bez* | sa/bez |
| **comida de bebê** | *hrana za bebe* | hra·na za be·be |
| **comida** | *hrana* | hra·na |
| **copo** | *čaša* | tcha·cha |
| **faca** | *nož* | noj |
| **(muito) frio** | *(pre)hladno* | (pre·)hlad·no |

**Placas**

| | |
|---|---|
| **Izlaz** | Saída |
| **Muškarci** | Homens |
| **Otvoreno** | Aberto |
| **Ulaz** | Entrada |
| **Zabranjeno** | Proibido |
| **Zahodi** | Banheiros |
| **Zatvoreno** | Fechado |
| **Žene** | Mulheres |

| | | |
|---|---|---|
| **garfo** | *viljuška* | vi·lhuch·ca |
| **garrafa** | *boca* | bo·tsa |
| **jantar** | *večera* | ve·tche·ra |
| **menu** | *jelovnik* | ie·lov·nic |
| **mercado** | *tržnica* | trj·nhi·tsa |
| **picante** | *pikantan (m)*<br>*pikantna (f)*<br>*pikantno (n)* | pi·can·tan<br>pi·can·tna<br>pi·cant·no |
| **prato (comida)** | *jelo* | ie·lo |
| **prato principal** | *glavno jelo* | glav·no ie·lo |
| **prato** | *tanjur* | ta·nhur |
| **prato vegetariano** | *vegetarijanski obrok* | ve·gue·ta·rian·squi o·broc |
| **restaurante** | *restoran* | re·sto·ran |
| **tigela** | *zdjela* | zdie·la |

## Carnes e peixe

| | | |
|---|---|---|
| **carne de vaca** | *govedina* | go·ve·di·na |
| **cordeiro** | *janjetina* | ia·nhe·ti·na |
| **frango** | *piletina* | pi·le·ti·na |
| **peixe** | *riba* | ri·ba |
| **porco** | *svinjetina* | svi·nhe·ti·na |
| **vitela** | *teletina* | te·le·ti·na |

## Frutas e vegetais

| | | |
|---|---|---|
| **abóbora** | *bundeva* | bun·de·va |
| **alface/salada** | *zelena salata* | ze·le·na sa·la·ta |
| **ameixa** | *šljiva* | chlhi·va |
| **batata** | *krumpir* | crum·pir |
| **cebola** | *luk* | luc |
| **cenoura** | *mrkva* | mrc·va |
| **cereja** | *trešnja* | trech·nha |
| **cogumelo** | *gljiva* | glhi·va |
| **damasco** | *marelica* | ma·re·li·tsa |
| **ervilhas** | *grašak* | gra·chac |
| **fruta** | *voće* | vo·tche |
| **laranja** | *naranča* | na·ran·tcha |
| **lentilha** | *leća* | le·tcha |
| **maçã** | *jabuka* | ia·bu·ca |
| **melancia** | *lubenica* | lu·be·ni·tsa |
| **milho** | *kukuruz* | ku·ku·ruz |
| **morango** | *jagoda* | ia·go·da |
| **noz** | *orah* | o·rah |
| **pepino** | *krastavac* | cra·ssta·vats |
| **pera** | *kruška* | crush·ca |
| **pêssego** | *breskva* | bres·cva |
| **repolho** | *kupus* | ku·pus |
| **tomate** | *rajčica* | rai·tchi·tsa |
| **uva** | *grožđe* | groj·dje |
| **vagem** | *mahuna* | ma·hu·na |
| **vegetais** | *povrće* | po·vr·tche |

## Outros

| | | |
|---|---|---|
| **açúcar** | *šećer* | che·tcher |
| **arroz** | *riža* | ri·ja |
| **geleia** | *džem* | djem |
| **manteiga** | *maslac* | ma·slats |
| **massa** | *tjestenina* | tie·ste·ni·na |
| **mel** | *med* | med |
| **óleo** | *ulje* | u·lhe |
| **ovo** | *jaje* | ia·ie |
| **pão** | *kruh* | cruh |
| **pimenta** | *papar* | pa·par |
| **queijo** | *sir* | sir |
| **sal** | *sol* | sol |
| **vinagre** | *ocat* | o·tsat |

## Bebidas

| | | |
|---|---|---|
| **água (mineral)** | *(mineralna) voda* | (mi·ne·ral·na) vo·da |
| **café** | *kava* | ca·va |
| **cerveja** | *pivo* | pi·vo |
| **chá** | *čaj* | tchai |
| **leite** | *mlijeko* | mli·ie·co |
| **suco** | *sok* | soc |
| **vinho (tinto/branco)** | *(crno/bijelo) vino* | (tsr·no/bie·lo) vi·no |

# EMERGÊNCIAS

**Socorro!**
*Upomoć!* u·po·motch

**Estou perdido.**
*Izgubio/ Izgubila sam se.* iz·gu·bi·o/ iz·gu·bi·la sam se (m/f)

**Deixe-me em paz!**
*Ostavite me na miru!* o·sta·vi·te me na *mi*·ru

**Houve um acidente!**
*Desila se nezgoda!* de·ssi·la se *nez*·go·da

**Chame um médico!**
*Zovite liječnika!* zo·vi·te li·*ietch*·ni·ca

**Chame a polícia!**
*Zovite policiju!* zo·vi·te po·*li*·tsi·iu

**Estou doente.**
*Ja sam bolestan/ bolesna.* ia sam *bo*·le·sstan/ *bo*·le·ssna (m/f)

**Dói aqui.**
*Boli me ovdje.* *bo*·li me *ov*·die

**Sou alérgico a ...**
*Ja sam alergičan/ alergična na ...* ia sam a·*ler*·gi·tchan/ a·*ler*·gicth·na na ... (m/f)

## COMPRAS E SERVIÇOS

**Gostaria de comprar ...**
*Želim kupiti ...* *je*·lim *cu*·pi·ti ...

**Só estou olhando.**
*Ja samo razgledam.* ia *sa*·mo *raz*·gle·dam

**Posso olhar?**
*Mogu li to pogledati?* *mo*·gu li to *po*·gle·da·ti

**Quanto custa?**
*Koliko košta?* co·li·ko *co*·chta

**Está caro demais.**
*To je preskupo.* to ie *pre*·sscu·po

**Você tem uma opção mais barata?**
*Imate li nešto jeftinije?* *i*·ma·te li *nech*·to ief·*ti*·ni·ie

**Há um erro na conta.**
*Ima greška na računu.* *i*·ma *grech*·ca na ra·*tchu*·nu

| | | |
|---|---|---|
| **caixa eletrônico** | *bankovni automat* | *ban*·cov·ni au·*to*·mat |
| **cartão de crédito** | *kreditna kartica* | *cre*·dit·na *car*·ti·tsa |
| **cybercafé internet** | *internet kafić* | *in*·ter·net *ca*·fitch |
| **correio** | *poštanski ured* | *poch*·tan·squi *u*·red |
| **escritório de turismo** | *turistička agencija* | tu·*ri*·stich·ca a·*guen*·tsi·ia |

### Perguntas básicas

| | | |
|---|---|---|
| **Como?** | *Kako?* | *ca*·co |
| **O quê?** | *Što?* | chto |
| **Quando?** | *Kada?* | *ca*·da |
| **Onde?** | *Gdje?* | gdie |
| **Quem?** | *Tko?* | tco |
| **Por quê?** | *Zašto?* | *za*·chto |

## TEMPO E DATAS

**Que horas são?**
*Koliko je sati?* co·*li*·co ie *sa*·ti

**São (dez) horas.**
*(Deset) je sati.* (*de*·set) ye *sa*·ti

**(Dez) e meia.**
*(Deset) i po.* (*de*·set) i po

| | | |
|---|---|---|
| **manhã** | *jutro* | *iu*·tro |
| **tarde** | *poslijepodne* | *po*·sli·ie·*pod*·ne |
| **noite** | *večer* | *ve*·tcher |
| **ontem** | *jučer* | *iu*·tcher |
| **hoje** | *danas* | *da*·nas |
| **amanhã** | *sutra* | *su*·tra |

| | | |
|---|---|---|
| **Segunda** | *ponedjeljak* | po·*ne*·die·lhac |
| **Terça** | *utorak* | *u*·to·rac |
| **Quarta** | *srijeda* | sri·*ie*·da |
| **Quinta** | *četvrtak* | *tchet*·vr·tac |
| **Sexta** | *petak* | *pe*·tac |
| **Sábado** | *subota* | *su*·bo·ta |
| **Domingo** | *nedjelja* | *ne*·die·lha |

| | | |
|---|---|---|
| **Janeiro** | *siječanj*<br>*januar* | si·*ie*·tchanh<br>*ia*·nu·ar |
| **Fevereiro** | *veljača*<br>*februar* | *ve*·lha·hcha<br>*fe*·bru·ar |
| **Março** | *ožujak*<br>*mart* | *o*·ju·iac<br>mart |
| **Abril** | *travanj*<br>*april* | *tra*·vanh<br>*a*·pril |
| **Maio** | *svibanj*<br>*maj* | *svi*·banh<br>mai |
| **Junho** | *lipanj*<br>*jun* | *li*·panh<br>*iu*·ni |
| **Julho** | *srpanj*<br>*juli* | *sr*·pan'<br>*iu*·li |
| **Agosto** | *kolovoz*<br>*august* | *co*·lo·voz<br>*au*·gust |
| **Setembro** | *rujanj*<br>*septembar* | *ru*·ianh<br>*sep*·tem·bar |
| **Outubro** | *listopad*<br>*oktobar* | *li*·sto·pad<br>*oc*·to·bar |
| **Novembro** | *studeni*<br>*novembar* | *stu*·de·i<br>*no*·vem·bar |
| **Dezembro** | *prosinac*<br>*decembar* | *pro*·si·nats<br>*de*·tsem·bar |

Obs.: os croatas usam os nomes dos meses da primeira opção, nomes tipicamente croatas, mas no litoral croata é comum eles usarem a segunda opção, que é derivada do latim.

**Números**

| | | |
|---|---|---|
| 1 | *jedan (m)*<br>*jedna (f)*<br>*jedno (n)* | ie·dan<br>ie·dna<br>ie·dno |
| 2 | *dva (m)*<br>*dva (f)*<br>*dva (n)* | dva<br>dvi·ie<br>dva |
| 3 | *tri* | tri |
| 4 | *četiri* | tche·ti·ri |
| 5 | *pet* | pet |
| 6 | *šest* | chest |
| 7 | *sedam* | se·dam |
| 8 | *osam* | o·ssam |
| 9 | *devet* | de·vet |
| 10 | *deset* | de·sset |
| 20 | *dvadeset* | dva·de·sset |
| 30 | *trideset* | tri·de·sset |
| 40 | *četrdeset* | tche·tr·de·sset |
| 50 | *pedeset* | pe·de·sset |
| 60 | *šezdeset* | chez·de·sset |
| 70 | *sedamdeset* | se·dam·de·sset |
| 80 | *osamdeset* | o·sam·de·sset |
| 90 | *devedeset* | de·ve·de·sset |
| 100 | *sto* | sto |
| 1000 | *tisuću* | ti·su·tchu |

# TRANSPORTE

## Transporte público

| | | |
|---|---|---|
| **avião** | *avion*<br>*zrakoplov* | a·vi·on<br>zra·co·plov |
| **barco** | *brod* | brod |
| **ônibus** | *autobus* | au·to·bus |
| **tram** | *tramvaj* | tram·vai |
| **trem** | *vlak* | vlac |

**Quero ir para ...**
*Želim ići u ...* — je·lim i·tchi u ...

**Vai parar em (Split)?**
*Je li staje u (Splitu)?* — ie li sta·ie u (spli·tu)

**A que horas sai?**
*U koliko sati kreće?* — u co·li·co sa·ti cre·tche

**Quanto tempo leva até (Zagreb)?**
*U koliko sati stiže u (Zagreb)?* — u co·li·co sa·ti sti·je u (za·greb)

**Você poderia me avisar quando chegar (a Arena)?**
*Možete li mi reći kada stignemo kod (Arene)?* — mo·je·te li mi re·tchi ca·da stig·ne·mo cod (a·re·ne)

**Gostaria de descer em (Dubrovnik).**
*Želim izaći u (Dubrovniku).* — je·lim i·za·tchi u (du·brov·ni·cu)

| | | |
|---|---|---|
| **Uma passagem...** | *Jednu ... kartu.* | ied·nu ... car·tu |
| **primeira classe** | *prvorazrednu* | pr·vo·raz·red·nu |
| **segunda classe** | *drugorazrednu* | dru·go·raz·red·nu |
| **só ida** | *jednosmjernu* | ied·no·ssmier·nu |
| **volta** | *povratnu* | po·vrat·nu |

| | | |
|---|---|---|
| **o primeiro** | *prvi (m)*<br>*prva (f)*<br>*prvo (n)* | pr·vi<br>pr·va<br>pr·vo |
| **o último** | *posljednji (m)*<br>*posljednja (f)*<br>*posljednjo (n)* | poss·lhed·nhi<br>poss·lhed·nha<br>poss·lhed·nho |
| **próximo** | *sljedeći (m)*<br>*sljedeća (m)*<br>*sljedeće (m)* | sslhe·de·tchi<br>sslhe·de·tcha<br>sslhe·de·tche |
| **assento no corredor** | *sjedište do prolaza* | sie·dish·te do pro·la·za |
| **atrasado** | *u zakašnjenju* | u za·cash·nhe·nhu |
| **cancelado** | *poništeno* | po·nich·te·no |
| **plataforma** | *peron* | pe·ron |
| **bilheteria** | *blagajna* | bla·gai·na |
| **horário** | *red vožnje* | red voj·nhe |
| **estação de trem** | *kolodvor / željeznička stanica* | co·lo·dvor<br>je·lhez·nitch·ca<br>sta·ni·tsa |
| **ponto de ônibus** | *autobusna stanica* | au·to·bus·na sta·ni·tsa |
| **rodoviária** | *autobusni kolodvor* | au·to·bus·ni co·lo·dvor |
| **assento na janela** | *sjedište do prozora* | sie·dich·te do pro·zo·ra |

## Dirigir e pedalar

| | | |
|---|---|---|
| **Gostaria de alugar ...** | *Želim iznajmiti ...* | je·lim iz·nai·mi·ti ... |
| **bicicleta** | *bicikl* | bi·tsi·cl |
| **carro** | *automobil* | au·to·mo·bil |
| **jipe** | *džip* | jip |
| **moto** | *motocikl* | mo·to·tsi·cl |

| | | |
|---|---|---|
| **bomba de bicicleta** | *pumpa za bicikl* | pum·pa za bi·tsi·cl |
| **cadeirinha de criança** | *sjedalo za dijete* | sie·da·lo za di·ie·te |
| **capacete** | *kaciga* | ca·tsi·ga |

| | | |
|---|---|---|
| **diesel** | *dizel gorivo* | *di*·zel *go*·ri·vo |
| **gasolina** | *benzin* | *ben*·zin |
| **oficina mecânica** | *auto-mehaničar* | au·to·me·*ha*·ni·tchar |
| **posto de gasolina** | *benziska stanica* | *ben*·zin·sca *sta*·ni·tsa |

**Esta é a estrada para ...?**
*Je li ovo cesta za ...?* ie li *o*·vo *tse*·sta za ...

**(Por quanto tempo) Posso estacionar aqui?**
*(Koliko dugo) Mogu ovdje parkirati?* (co·*li*·co *du*·go) *mo*·gu ov·die par·*qui*·ra·ti

**O carro/a moto quebrou (em Knin).**
*Automobil/ Motocikl se pokvario (u Kninu).* au·to·*mo*·bil/ mo·to·*tsi*·cl se poc·*va*·ri·o (u *kni*·nu)

**O pneu furou.**
*Imam probušenu gumu.* *i*·mam *pro*·bu·che·nu *gu*·mu

**Está sem gasolina.**
*Nestalo mi je benzina.* *ne*·sta·lo mi ie ben·*zi*·na

**Perdi as chaves.**
*Izgubio/ Izgubila sam ključeve.* iz·*gu*·bi·o/ iz·*gu*·bi·la sam *klyu*·che·ve (m/f)

# GLOSSÁRIO



*(m) indica gênero masculino, (f) gênero feminino e (pl) plural*

**amphora** (s), **amphorae** (pl) – ânfora; jarra grande, com duas alças, para vinho e água

**apse** – altar da igreja

**autocamps** – campings enormes com restaurantes, lojas e uma fileira de trailers estacionados

**Avars** – povo do leste europeu que lutou contra o Império Bizantino entre os séculos 6 e 9

**ban** – governador

**bb** – em um endereço, as letras "bb" após o nome de uma rua (como Placa bb) indicam bez broja (sem número), portanto o edifício não tem numeração

**bura** – vento frio do nordeste

**cesta** – estrada

**crkva** – igreja

**fortica** – fortaleza

**galerija** – galeria

**garderoba** – guarda-volumes

**Glagolitic** – antiga língua eslava transformada em escrita por Cirilo e Metódio

**gora** – montanha

**HDZ** – Hrvatska Demokratska Zajednica; União Democrática da Croácia

**Illyrians** – antigos habitantes da costa do mar Adriático, derrotados pelos romanos no século 2º a.C.

**jezero** – lago

**karst** – rocha muito porosa, calcária e dolomítica

**klapa** – um estilo de música que descende dos corais de igreja

**konoba** – é o termo tradicional para um restaurante pequeno e íntimo, geralmente no porão; hoje em dia, se aplica a vários tipos de restaurantes, em geral mais simples e familiares

**maestral** – vento forte e constante do oeste

**maquis** – vegetação densa de arbustos e pequenas árvores

**muzej** – museu

**nave** – parte central da igreja, nave

**NDH** – Nezavisna Država Hrvatska; Estado Independente da Croácia

**obala** – porto; zona à beira-mar

**otok** (s), **otoci** (pl) – ilha

**pension** – pensão, pousada

**plaža** – praia

**polje** – solo calcário sobre o qual se cultiva alimentos

**put** – caminho, trilha

**restoran** – restaurante

**rijeka** – rio

**sabor** – parlamento

**šetalište** – calçada

**sobe** – quartos disponíveis

**sveti** – santo

**svetog** – santo, são (caso genitivo – por exemplo, Igreja de São José)

**tisak** – banca de jornal

**toplice** – spa; local de descanso

**trg** – praça

**turbo folk** – versão de música sérvia

**ulica** – rua

**uvala** – baía

**velik** – grande

**vrh** – pico

**zimmer** – quartos disponíveis (a palavra é alemã)

# bastidores

## ESCREVA PARA NÓS

Adoramos ouvir notícias dos viajantes – seus comentários nos mantêm mais ligados e nos ajudam a melhorar nossos livros. Nossa viajada equipe lê cada palavra a respeito daquilo que você amou ou odiou neste guia. Embora não possamos responder individualmente, sempre asseguramos que suas mensagens sejam remetidas ao autor adequado a tempo da próxima edição. Cada pessoa que nos enviar informações receberá agradecimentos na próxima edição.

Visite **lonelyplanet.com/contact** para enviar suas atualizações e sugestões, ou para pedir ajuda. Nosso premiado site também contém inspiradores relatos de viagem, notícias e discussões.

Atenção: podemos editar, reproduzir e incorporar seus comentários em produtos Lonely Planet, tais como guias, sites e produtos digitais. Então, nos informe se você não deseja que seus comentários sejam reproduzidos ou que seu nome seja citado. Para conhecer a nossa política de privacidade, visite lonelyplanet.com/privacy.


## NOSSOS LEITORES

**A Lonely Planet agradece os viajantes que usaram a última edição deste guia em inglês e enviaram dicas, orientações úteis e histórias interessantes:**

**A** Carol Abel, Declan Alcock **B** Boris Bakarić, Urška H Barišić, Dvora Baruch, Lucy Bickerton, Tad Boniecki, Julie-Anne Bosomworth, Andrew Bowen-Ashwin, Nancy Bratby, Nicole Brouwers, Doug Bryce **C** Paolo Campegiani, Neil Carter, Kaung Chiau Lew, Eric Chung, Annie Cook, Luca Cornacchioli, Rory Cox **D** Antoinette Daley, Paul Das, Monica Davis, Jose de Zubeldia, Karin de Boef, Deborah Dees, Rob Den Exter, Markus Deutsch, Veronique Dupuis, Robert Dutilh **F** Brian Fawcus, Marvin e Carole Feldman, Gary Fine, Julia Fuchs, David Fulton **G** Richard Gault, Jesse Göbel, Kate Goldman, Noni Gove, Mario Guajardo, Renata Gukovas **H** Douglas Hagan, Brent Hanson, Mulle Harbort, Helen Harper, Rachel Harper, Dusty Haverty, Andrew Hedges, Helen Hencz, Steve Hilton, T e B Horn, Neville Horner, Maggie Huges **J** Joanna Jeans, Alma Jenkins, Anders Jeppsson, Louise Jones **K** Simon Kamronn, Stefan Kanduymski, Jerome Kenyon, Mirian Kesseler, Hrvoje Korbar, Zeljka Kozulic **L** Andrew Lampitt, Bruce Lawson, Stephen Leong, Mikael Lypinski **M** Sarah Marshall, Mark McConnell, Kay McKenzie, Susan Metcalf, Vanessa Mikulic, Marie Miller, Julian Mompalao de Piro, Sean Murray, Sinead Murray **N** Pamela Nelson, Jo e Paul Noakes **O** Eleanor O'Brien **P** Liis Parre, Jure Pezo, Barbara Pickup, David Pumphrey, Leona Purvis **Q** Suzanne Quartermain **R** Deborah Rees, Johan Reyneke, Joie Risk, Rebecca Rosen, Ophelia Rubinich, Adam Russell, Virginia Ryan **S** Charlotte Samiec, Oliver Selwyn, Eva Sharpe, Bill Smith, Carrie Smith, Ed Smith, Knirie Søgaard, Mia Šoškic, Cathy Spinage, Lisa Spratling, Noah Strang, Robert Szabo **T** Cristy Tapia, Julie Teague, Charlotte Thackrah, Bev Thompson, Ruby Tuke **V** Glenn Van Der Knijff, Maurice Van Dael, Loeki Vereijken, Margaret Vile, Ana Vinkerlic, Stacey Vos **W** Heather Walker, Kylie Webster, Jonathan Wheatley, David Whyman, Philippa Woon

## AGRADECIMENTOS DOS AUTORES

### Anja Mutić

*Hvala mama*, por sua culinária e suas risadas. *Gracias* à família de Barcelona, em especial ao meu sobrinho Biel. *Obrigada*, Hoji, por se fazer presente antes, durante e depois. Um grande *hvala* a todos os meus amigos na Croácia, que me passaram inúmeros contatos e sugestões – este livro não seria o mesmo sem vocês. Lidija, você sempre tem ótimas ideias! Um obrigada para o meu coautor, Iain Stewart. E, finalmente, à memória inspiradora de meu pai, já falecido, que ainda viaja comigo.

### Iain Stewart

Obrigado a Jo Potts, por me convidar a embarcar nessa grande jornada na Croácia, e à coautora Anja. À colhedora de cogumelos Jasmin, da Eslavônia, que me apresentou aos pântanos de Kopački Rit e a outros lugares, além de me servir *funghi*. Também gostaria de dizer *hvala* a Ivana, de Zadar, Goran, de Rijeka, e Zoran, de Dubrovnik. Foi ótimo passar um bom tempo com a minha família – querida Fiona, Aubs, Susan, Louis e Monty Stewart – na linda costa da Dalmácia. Logo voltaremos!

## CRÉDITOS

Dados do mapa climático adaptados de Peel MC, Finlayson BL & McMahon TA (2007) 'Updated World Map of the Köppen-Geiger Climate Classification', Hydrology and Earth System Sciences, 11, 163344.

Fotografia da capa: Porto de Dubrovnik, Croácia/Jean-Pierre Lescourret, LPI. Muitas das imagens deste guia estão disponíveis para utilização com permissão no banco Lonely Planet Images: www.lonelyplanetimages.com.

## ESTE GUIA

Esta é a tradução para o português da 6ª edição em inglês de *Croatia*, pesquisada e escrita por Anja Mutić e Iain Stewart. A 5ª edição foi pesquisada e escrita por Vesna Marić e Anja Mutić; Will Gourlay escreveu o capítulo História, e as informações de Saúde foram adaptadas de escritos da Dra. Caroline Evans. As primeiras quatro edições deste guia foram escritas por Jeanne Oliver. Sob a responsabilidade do escritório de Londres da Lonely Planet, esta edição (ou a edição original em inglês) foi produzida por:

**Editora Responsável** Joanna Potts
**Coordenação Editorial** Penelope Goodes, Martine Power
**Coordenação de Cartografia** Jolyon Philcox
**Coordenação de Arte** Jessica Rose
**Editora Sênior** Katie Lynch
**Editora Executiva** Annelies Mertens
**Cartógrafos Executivos** Shahara Ahmed, Herman So
**Designers Executivos** Indra Kilfoyle, Celia Wood
**Editores Assistentes** Liz Anglin, Jackey Coyle, Andrea Dobbin, Helen Koehne
**Cartógrafos Assistentes** Enes Basic, Di Duggan, Xavier di Toro
**Editores Assistentes de Arte** Adrian Blackburn, Paul Iacono, Jacqui Saunders
**Pesquisa para a Capa** Naomi Parker
**Pesquisa Interna de Fotos** Rebecca Skinner
**Conteúdo Idiomático** Branislava Vladisavljevic
**Agradecimentos a** Mark Adams, Imogen Bannister, David Connolly, Laura Crawford, Melanie Dankel, Stefanie Di Trocchio, Janine Eberle, Ryan Evans, Joshua Geoghegan, Mark Germanchis, Michelle Glynn, Lauren Hunt, Laura Jane, David Kemp, Yvonne Kirk, Lisa Knights, Nic Lehman, John Mazzocchi, Dan Moore, Wayne Murphy, Darren O'Connell, Trent Paton, Adrian Persoglia, Piers Pickard, Averil Robertson, Lachlan Ross, Michael Ruff, Julie Sheridan, Lyahna Spencer, Amanda Sierp, Laura Stansfeld, John Taufa, Sam Trafford, Gina Tsarouhas, Dora Whitaker, Juan Winata, Emily Wolman, Nick Wood

# índice



Páginas de mapas **p000**
Páginas de fotos **p000**

Páginas de mapas **p000**
Páginas de fotos p000

Páginas de mapas **p000**
Páginas de fotos p000

Páginas de mapas **p000**
Páginas de fotos p000

Páginas de mapas **p000**
Páginas de fotos p000



## Q



## R

## S



## T



## U



## V



Páginas de mapas **p000**
Páginas de fotos p000

## W



## Z



Páginas de mapas **p000**
Páginas de fotos p000

# NOSSOS AUTORES

**Anja Mutić**

Autora-coordenadora, responsável por Zagreb, Zagorje, Ístria, Split e Dalmácia Central. Já faz 18 anos que Anja deixou a Croácia, país em que nasceu. Uma longa viagem a levou a muitos países, antes de ela se estabelecer em Nova York, há 11 anos. Mas as raízes falam alto, e ela tem retornado à Croácia com frequência, a trabalho e a lazer e com o intuito de descobrir novos lugares para visitar, seja em parques naturais, em uma nova cidade da moda ou em uma ilha remota. Ela está feliz por ver as belezas da Croácia apreciadas por pessoas de todo o mundo, mas também sente saudade do tempo em que se podia tomar um café no Stradun de Dubrovnik sem ter de enfrentar uma fila de espera. Em sua última viagem, ela adorou explorar as áreas militares abandonadas de Vis e Hvar, cheias de plantações de lavanda. Anja escreve em seu blog sobre suas viagens: www.everthenomad.com.

Leia mais sobre Anja em
lonelyplanet.com/members/anjamutic

**Iain Stewart**

Responsável por Eslavônia, Kvarner, Norte e Sul da Dalmácia e Dubrovnik. Iain visitou a Croácia pela primeira vez em 1987 e desde então retorna regularmente a esse país culturalmente riquíssimo e repleto de ilhas. Já escreveu mais de 30 guias, em geral cobrindo destinos tropicais, como o sudeste da Ásia e a América Central – esta é a primeira vez que Iain escreve sobre a Croácia. Para a pesquisa, o autor andou de caiaque na floresta alagada às margens do Danúbio, explorou trilhas nos parques nacionais de Paklenica e Plitvice e andou pelas muralhas de Dubrovnik.

4 Sabado - Aeroporto / Zadar (pg. 170)
5 Domingo - Ilha de Pag (pag. 185)
6 Segunda - Zadar / Šibenik (pag. 189)
7 terça - Sibenik
8 Quarta - Sibenik / Trogir (pag 217)
9 Quinta - Split (pag. 200)
10 sexta - Ilha de Hvar (pag. 231)
11 sabado - Split / Aeroporto

# como usar este guia

**Estes símbolos vão ajudar você a encontrar o que precisa.**

- Atrações
- Praias
- Atividades
- Cursos
- Passeios
- Festas e eventos
- Onde dormir
- Onde comer
- Onde beber
- Entretenimento
- Onde comprar
- Informação/ Transporte

**Estes símbolos dão a você informações vitais:**

- Números de telefones
- Horários de funcionamento
- Estacionamento
- Proibido fumar
- Ar-condicionado
- Acesso à Internet
- Acesso a wi-fi
- Piscina
- Seleção vegetariana
- Cardápios em inglês
- Bom para família
- Aceita animais de estimação
- Ônibus
- Ferry
- Metrô
- Metrô
- Metrô de Londres
- Bonde
- Trem

**Preste atenção nestes ícones:**

- Nossa recomendação
- GRÁTIS Entrada franca
- Opção verde ou sustentável

*Nossos autores apresentam esses lugares para demonstrar um forte compromisso com a sustentabilidade – por exemplo, apoiando projetos conservacionistas e produtores e comunidades locais que operam de forma ambientalmente não agressiva.*

## Legenda dos mapas

**Atrações**
- Praia
- Budista
- Castelo
- Cristã
- Hindu
- Islâmica
- Judaica
- Monumento
- Museu/Galeria
- Ruína
- Vinícola/Vinhedo
- Zoo
- Outras atrações

**Atividades, cursos e passeios**
- Mergulho, snorkell
- Canoagem/Caiaque
- Esqui
- Surfe
- Natação, piscina
- Caminhada
- Windsurfe
- Outras atividades/ Curso/Passeio

**Onde dormir**
- Onde dormir
- Camping

**Onde comer**
- Onde comer

**Onde beber**
- Onde beber
- Café

**Entretenimento**
- Entretenimento

**Onde comprar**
- Compras

**Informação**
- Correio
- Informação turística

**Transporte**
- Aeroporto
- Posto de fronteira
- Ônibus
- Teleférico/ Funicular
- Ciclismo
- Ferry
- Metrô
- Monotrilho
- Estacionamento
- S-Bahn (trem de subúrbio)
- Táxi
- Trem/Ferrovia
- Tram
- Estação de metrô
- U-Bahn (metrô)
- Outros transportes

**Rede viária**
- Rodovia pedagiada
- Autoestrada
- Via primária
- Via secundária
- Via terciária
- Travessa
- Via não pavimentada
- Praça/Calçadão
- Escada
- Túnel
- Passarela
- Passeio a pé
- Roteiro alternativo
- Caminho

**Fronteiras**
- Internacional
- Estadual/Provincial
- Em litígio
- Regional/Suburbana
- Parque marinho
- Montanhosa
- Muralha antiga

**Cidades e vilas**
- Capital nacional
- Cidade grande
- Capital estadual/ provincial
- Vila

**Geografia**
- Cabana/Abrigo
- Farol
- Mirante
- Montanha/Vulcão
- Oásis
- Parque
- Passagem
- Área de piquenique
- Queda d'água

**Hidrografia**
- Rio, córrego
- Rio intermitente
- Pântano/Mangue
- Recife
- Canal
- Água
- Lago seco/salgado/ intermitente
- Geleira

**Áreas destacadas**
- Praia/Deserto
- Cemitério cristão
- Cemitério de outro tipo
- Parque/Floresta
- Recinto esportivo
- Atração (edifício)
- Superatração (edifício)

# NOSSA HISTÓRIA

Um carro velho, uns poucos dólares no bolso e um desejo de aventura. Em 1972, era tudo que Tony e Maureen Wheeler precisavam para fazer a viagem de suas vidas – cruzar a Europa e a Ásia e em seguida a Austrália. A jornada durou muito meses e, ao final – quebrados, mas inspirados –, eles se sentaram à mesa de sua cozinha e escreveram juntos o seu primeiro guia de viagem, *Across Asia on the cheap*. Em uma semana apenas, foram vendidos 1.500 exemplares. Nascia a Lonely Planet.

Hoje, a Lonely Planet tem escritórios em Melbourne, Londres e Oakland, com mais de 600 autores e funcionários. Nós compartilhamos da crença de Tony de que "um grande guia precisa fazer três coisas: informar, educar e divertir".

**Lonely Planet Publications Pty Ltd**
ABN 36 005 607 983

**Austrália** (escritório central)
Locked Bag 1, Footscray, Victoria 3011
☎ 61 3 8379 8000, fax 61 3 8379 8111
www.lonelyplanet.com – talk2us@lonelyplanet.com.au

**EUA** – 150 Linden St, Oakland, CA 94607
☎ 510 250 6400, ligação grátis 800 275 8555
fax 510 893 8572, info@lonelyplanet.com

**Reino Unido** – BBC Media Centre - 201 Wood Lane, London, W12 7TQ
☎ +44 (0)20 7106 2129
go@lonelyplanet.co.uk

**Croácia**
1ª edição do guia em português – março de 2012.

Diretor Editorial: Marcos Strecker
Editora: Melissa Rodriguez Leite
Assistentes editoriais: Érika Nogueira Vieira e Rebeca Michelotti
Tradução: Catarina Lapa Cavalari, Cynthia Costa e Marcelo Musa Cavalari
Preparação: Fabiana Medina e Maria Irene Incaó
Revisão: Márcia Moura e Thiago Lins
Paginação: Douglas K. Watanabe | Conjunto 31 – criação e design
Consultoria linguística: Danijela Pavičić

**Editora Globo S/A**
Avenida Jaguaré, 1485 - 05346-902 - São Paulo - SP
www.globolivros.com.br
Edição autorizada para a Editora Globo S/A com exclusividade para a língua portuguesa.

ISBN 978-85-250-5067-0



Texto fixado conforme as regras do novo Acordo Ortográfico da Língua Portuguesa, assinado em Lisboa em 16 de dezembro de 1990 (Decreto Legislativo do Congresso Nacional do Brasil nº 54, de 1995).

Impressão: Prol Editora Gráfica Ltda.
Impresso em São Paulo, Brasil.



Dados Internacionais de Catalogação na Publicação (CIP)
(Câmara Brasileira do Livro, SP, Brasil)

Mutic, Anja
Lonely Planet : Croácia / Anja Mutic, Iain Stewart. – São Paulo : Globo, 2012.

Título original: Lonely Planet: Croatia
Vários tradutores.

1. Croácia - Descrição e viagens - Guias
I. Stewart, Iain. II. Título.

12-00532 CDD-914.972

Índices para catálogo sistemático:
1. Croácia : Guias de viagem 914.972
2. Guias de viagem : Croácia 914.972